安徽省高校教育振兴人才计划项目 (2013)
安徽省质量工程项目"名师（大师）工作室"（2014msgzs133）

下 册

魏晋南北朝史新编

庄华峰 ◎ 著

中国社会科学出版社

第三编

文化篇

第十七章 政治制度

魏晋南北朝时期，由于王朝更迭频繁，政治动荡剧烈，这一时期的政治制度游移不稳，变化无常。但从总的发展趋势看，处于汉唐两个重要朝代之间的魏晋南北朝时期，其政治制度又呈现出明显的承前启后与继往开来的特点。

第一节 官制

魏晋南北朝时期，中央政府机构及职官制度发生较大的变化：一是完成了尚书、中书、门下三省制的过渡；二是尚书省机构繁密，职能扩大；三是诸卿废置无常，职权侵夺。在地方官制方面，是以州、郡、县三级行政制度为固定的政权体制。

一 中央官制

在东汉的基础上，魏晋南北朝的中央行政管理体制形成三省、丞相、八公、十二卿、御史台等机构。以下分述之。

（一）三省制度的形成

先叙尚书省的形成。

西汉末年设置尚书台，至东汉，尚书台虽形式上仍隶属少府，但已成为事实上的全国最高行政管理机构。降及魏晋，尚书台乃最后脱离少府，成为完全独立的中央政府机构。

《三国会要》卷9《职官》云：

> 尚书令，掌知选举，总典纲纪，所居曰：尚书台，出征则以行台从，汉犹隶少府，魏时，政归台阁，则不复隶矣。

又《三国志》卷22《桓二陈徐卫卢传》云：

> 魏世事统台阁，重内轻外，故八座尚书，即古六卿之任也。

西晋时，尚书台的地位更为重要。
《晋书》卷34《羊祜传》云：

> （尚书台）总齐机衡，允厘六职，朝政之本也。

又《通典》卷22《职官·尚书令》云：

> 魏晋以下，任总机衡，事无大小，咸归令、仆。

随着尚书台机构的扩大，地位的日趋重要，刘宋时已有尚书省之称。
《通典》卷22《职官·尚书省》云：

> 宋曰尚书寺，亦曰尚书省，亦谓之内台。

又《南齐书》卷16《百官志》云：

> 尚书令总领尚书台二十曹，为内台主。

又《渊鉴类函》卷73《尚书总载》引《齐职仪》云：

> 魏晋宋齐并曰尚书台。

可见在宋齐时，虽有"尚书省"之名的出现，但通常仍习称"尚书台"。至梁时遂正式称尚书省，并设六曹尚书。
《隋书》卷26《百官上》云：

> （梁）尚书省，置令，左、右仆射各一人。又置吏部、祠部、度

支、左户、都官、五兵等六尚书。左、右丞各一人。吏部、删定、三公、比部、祠部、仪曹、虞曹、主客、度支、殿中、金部、仓部、左户、驾部、起部、屯田、都官、水部、库部、功论、中兵、外兵、骑兵等郎二十三人。令史百二十人，书令史百三十人。

北朝尚书正式称为省，则始于北齐。
《通典》卷22《职官·尚书省》云：

> 北齐尚书省亦有录、令、仆射，总理六尚书事，谓之都省、亦称之北省。

魏晋南北朝时的尚书省所属各部的组织体系和分工，比之东汉尚书台更为严密，它反映了封建国家对人民统治的加强和封建官僚机构适应社会发展的要求日趋强化。
次叙中书省的形成。
曹魏在曹丕称帝以后，为牵制尚书台日益发展的权力，维护以皇权为中心的封建君主专制制度，将原有的秘书监改为中书省，设中书监、令。
《通典》卷21《职官·中书令》云：

> 文帝黄初初，改（秘书令）为中书令，又置监，以秘书左丞刘放为中书监，右丞孙资为中书令，并掌机密。中书监、令，始于此也。

中书省成立后，负责审理章奏，草拟诏旨，掌管机要，成为政府出令机构，也就是起宰相作用。而尚书省渐从内朝走向外朝，成为行政执行机构。关于两者之间的权力变化，《通典》卷22《职官·尚书省》有云：

> 魏置中书省，有监、令，遂掌机衡之任，而尚书之权渐减矣……自魏晋重中书之官，居喉舌之任，则尚书之职，稍以疏远。

又《文献通考》卷49《职官·宰相》云：

魏之东，司马师、昭为丞相，而三公则王祥、郑冲，尚书令、中书监则贾充、荀勖、钟会之徒也。盖是时凡任中书者，皆运筹帷幄，佐命移祚之人，凡任三公者皆备员高位，畏权远势之人，而三公之失权任，中书之秉机要，自此判矣。

晋代中书监、令是实际上的宰相。
《文献通考》卷49《职官·宰相》云：

（晋）中书监令常管机要，多为宰相之任。

《册府元龟》卷308《宰辅总序》云：

晋司徒、丞相两不并置，中书之署，实总机要，是为宰相，以毗大政。

至刘宋，中书监、令仍居宰相之任，综理朝政。迄至梁陈，中书监、令仍然是清贵之职。
《通典》卷21《职官·中书令》云：

梁中书监、令，清贵华重，大臣多领深究。

又永瑢《历代职官表》卷2《内阁》上云：

中书之职，至梁陈而弥重，故大臣之预国论者，必兼中书监、令，尤为政本之地。

但南朝皇帝多寒门武人出身，他们对于士族权贵们把持国柄，虽按制度的常例不得不沿袭下来，却又多存戒备之心。故自刘宋以降，中书之权渐渐转移于中书舍人。皇帝对高门华族的尊官无法指挥，因而倚重寒门出身的中书舍人，所以在南朝，中书舍人号为"恩倖"，拥有很大的实权。
《南史》卷77《恩倖传》云：

至如中书所司，掌在机务……在晋中朝，常为重寄，于时舍人之任，位居九品，江左置通事郎，管司诏诺，其后郎还为侍郎，而舍人亦称通事。元帝用再琅邪刘超，以谨慎居职。宋文世，秋当、周赳并出寒门。孝武以来，士庶杂选，如东海鲍照以才学知名，又用鲁郡巢尚之，江夏王义恭以为非选……及明帝世，故母颢、阮佃夫之徒，专为佞倖矣。齐初亦用久劳及以亲信关谳表启，发置诏敕，颇涉辞翰者，蛮为诏文，侍郎之局复见侵矣。建武世，诏命始不关中书，专出舍人。省内舍人四人，所置四省，其下有主书令史，旧用武官，宋改文吏，人数无员，莫非左右要密。天下文簿板籍，入副其省，万机严秘，有如尚书外司。

又同上《恩倖吕文显传》云：

吕文显，临海人也……永明元年，为中书通事舍人……与茹法亮等迭出入为舍人，并见亲幸福……时中书舍要四人各住一省，世谓之"四户"。既总重权，势倾天下。

又同上《恩倖茹法亮传》云：

茹法亮，吴兴武康人也。宋大明中，出身为小史。历斋干扶侍。孝武末年，鞭罚过度，校猎江右，选白衣左右百八十人，皆面首富室，从至南州，得鞭者过半。法亮忧惧，因缘启出家得为道人……武帝即位，仍为中书通事舍人……与会稽吕文度、临海吕文显并以奸佞谄事武帝……法亮、文度并势倾天下，太慰五俭常谓人曰："我虽有大位，权寄岂及茹公！"

北魏、北齐亦置中书省，其监、令同为宰相之职。不过总的来看，北朝因为侍中之权特重，中书舍人，不似南朝能专断权力。

再叙门下省的形成。

门下省的长官侍中，秦已置，西汉隶属少府，具有加官性质，因入宫廷侍候天子，故称侍中。曹魏时侍中之权增大，常与尚书共参机衡。

《三国志》卷14《程昱传》裁：

今外有公卿、将校总统诸署，内有侍中、尚书综理万机……皆高选贤才以充其职。

西晋时侍中独立发展为门下省，其长官侍中，受皇帝亲信的程度较尚书令仆、中书监令为高。

《晋书》卷45《任恺传》载：

任恺宗之褒，乐安博昌人也……晋国建，为侍中，封昌国县侯……恺有经国之干，万机大小多管综深究。性，忠直，以社稷为己任，帝器而昵之，政事多谘焉。

又《通典》卷21《职官·门下省》云：

门下省，后汉谓之侍中寺。《晋志》曰：给事黄门侍郎与侍中，俱管门下众事，或谓之门下省。

又《文献通考》卷50《职官·门下省》云：

东晋以来，天子以侍中常在左右，多与之议政事，不专任中书，于是又有门下，而中书权始分矣。

南朝时的侍中，其受皇帝亲信的程度要超过坐而论道的三公。北魏、北齐尤重门下省，多以侍中辅政。

《通典》卷21《职官·门下省》云：

至齐，亦呼侍中为门下，领给事黄门侍郎、公车、太学、太医等令丞及内外殿中监、内外骅骝厩、散骑常侍、给事中、奉朝请、驸马都尉等官。梁门下省有侍中、给事黄门侍郎四人，掌侍从宾相，尽规献纳，纠正违阙，监合尝御药、封玺书。后魏尤重。北齐门下省掌献纳谏正及司进御之职，有侍中、给事黄门侍郎各六人，统左、右局，尚食、尚药、尚衣、殿中，凡六局焉。

又《南齐书》卷16《百官志·侍中》云：

> 侍中。汉世为亲近之职。魏、晋选用，稍增华重，而大意不异。宋元帝元嘉中，王华、王昙首、殷景仁等，并为侍中，情在亲密，与帝接膝共语，貂拂帝手，拔貂置案上，语毕复乎插之。

又《魏书》卷21上《高阳王传》云：

> 雍表曰："臣初入柏堂，见诏旨之行，一由门下。"

魏晋南北朝时期形成的中央三省制度，对封建国家的政治体制有深远影响。它不仅是皇权不断削弱相权的结果，同时也是政府机构得到不断调整、完善的过程。在这一过程中形成的三省长官互相牵制的格局，从政治体制上来说无疑是一大进步。

(二) 丞相与八公

先叙丞相。

丞相始置于秦，西汉时与太尉、御史大夫合称三公。西汉末改为大司徒，东汉末复称丞相。魏晋南北朝时期，或改司徒，或称大丞相、相国，废置不常，多由权臣担任。

《通典》卷21《职官·宰相》云：

> 魏黄初年，改为司徒。而文帝复置中书监、令，并掌机密，自是中书多为枢机之任。其后定制，置大丞相，第一品。后又有相国，齐王以司马师为之。高贵乡公以司马昭为之。
>
> 晋惠帝永宁元年，罢丞相，复置司徒。永昌元年，罢司徒并丞相，则与司徒不并置矣。其后或有相国，或有丞相，省置无恒，而中书监、令常管机要，多为宰相之任。自魏晋以来，相国、丞相多非寻常人臣之职……宋孝武帝初，惟以南郡王义宣为丞相，而司徒府始如故。亦有相国。丞相金章紫绶，进贤三梁冠，绛朝服，佩山玄玉，相国则绿綟绶也。齐丞相不用人，以为赠官。梁罢相国，置丞相；罢丞相，置司徒。陈又置相国，位列丞相上，并丞相并为

赠官。

……

后魏旧制，有大将军，不置太尉；有丞相，不置司徒。自正光以后，始俱置之，然而尤重门下官，多以侍中辅政，则侍中为枢密之任。

北齐乾明中，置丞相。河清中分为左、右，各置府僚。然而为宰相秉持朝政者，亦多为侍中。

后周大冢宰亦其任也，其后亦置左、右丞相。大象三年，以杨坚为大丞相，遂罢左、右丞相官。

次叙八公。

两晋、宋齐梁陈与北魏、北齐均以太尉、司徒、司空为三公。上述六公加上"两大"——大司马、大将军合称八公。

关于八公的省置情况，《通典》卷20《职官·三公总序》有云：

至献帝建安十三年，乃罢三公馆。魏初复置，与后汉同，然皆无事，不与朝政。初封司空崔林为安阳亭侯。三公封列侯，自林始也。黄初二年，又分三公户邑，封子弟各一人为列侯。末年增置太保。

晋武帝即位之初，以安平王孚为太宰，郑冲为太傅，王祥为太保，义阳王子初为太尉，何曾为司徒，荀顗为司空，石苞为大司马，陈骞为大将军，凡八公，同时并置，惟无丞相焉，时所谓"八公同辰，攀云附翼"者也。遂以太傅、太保为上公，论道经邦，燮理阴阳。无其人则阙，盖居者甚寡。其太尉、司徒、司空，自汉历魏，皆为三公。及晋迄于江左，相承不改。前代三公策拜，皆设小会，所以崇宰辅之制也。自魏末废而不行，至晋拜石鉴为左光禄大夫、开府，领司徒，始有诏令会，遂以为常。

宋皆有八公之官，而不言为八公也。《宋志》曰："三公黄阁，前史无有义。按《礼记》：'士韠与天子同，公侯、大夫则异。'郑玄注云：'士贱，与君同，不嫌也。'夫朱门洞启，当阳之正色也。三公之与天子礼秩相亚，故黄其阁以示谦，不敢斥天子，宜是汉旧制也。"

齐时，三公唯有太傅。

梁有丞相、太宰、太傅、太保、大司马、大将军、太尉、司徒、司空、开府仪同三司等官，诸公及从公开府者，亦置官属。

陈以丞相、太宰、太傅、太保、大司马、大将军并为赠官。三公之制，开黄阁，厅事置鸱尾。

后魏以太师、太傅、太保谓之三师，上公也。大司马、大将军谓之二大，太尉、司徒、司空谓之三公。

北齐皆有三师、二大、三公之官，并置府，其府三门，当中门黄阁，设内屏。三师、二大置佐吏，则同太尉府。

后周置六卿之外，又改三师官谓之三公，兼置三孤以贰之。而以司徒为地官，大司马为夏官，司空为冬官，如姬周之制，无复太尉、三师之号。宣帝又置四辅官。

以下简要叙述八公的设置情况。

太尉

《通典》卷20《职官·太尉》云：

> 太尉，秦官。汉因之……魏亦有之。晋太尉进贤三梁冠，介帻，绛朝服，金章紫绶，佩山玄玉。若郊庙，冕服七旒，玄衣纁裳，七章。宋制，武冠，山玄玉。齐制，九旒。后魏初，与大将军来并置。正光之后，亦皆置焉。历代唯后周无，其余皆有，悉为三公。

司徒

《通典》卷20《职官·司徒》云：

> 司徒，古官……建安为相国。魏黄初元年，改为司徒。晋司徒与丞相通职，更置迭废，未尝并立。至永嘉元年，始两置焉。宋制，司徒金章紫绶，进贤三梁冠，佩山玄玉，掌治民事，郊祀则省牲，视涤濯，大丧安梓官。凡四方功课，岁尽则奏其殿最而行赏罚，亦与丞相并置。齐司徒之府，领天下州郡名数，户口簿籍。梁罢丞相，置司徒，历代皆有。后周以司徒为地官，谓之大司徒卿，掌邦教，职如《周礼》。

司空

《通典》卷20《职官·司空》云：

> 司空，古官……献帝建安十三年，又罢司空……魏初，又置司空，冠绶及郊庙之服与太尉同。宋制：进贤三梁冠，佩山玄玉。掌治水土，祠祀掌扫除乐器，大丧掌将校复土。历代皆有之。至后周为冬官，谓之大司空卿。

太师

《通典》卷20《职官·太师》云：

> 太师……魏世不置。晋初置三上公，以景帝讳师，故置太宰，以代太师之名，（《晋书》曰：惠帝太安元年，以齐王冏为太师。当时撰述者之误也。）秩增三司。（蜀李雄僭号时，范长生自西山乘素舆诣成都，雄拜长生为天地太师，封西山侯。）
> 后魏、北齐、后周、隋、大唐皆有之。

太傅

《通典》卷20《职官·太傅》云：

> 魏初置太傅，以钟繇字元常，迁太傅，有疾。时华歆亦以高年病，朝见，皆使乘舆上殿就坐。是后三公有疾，遂以为故事。晋宋金章紫绶，进贤三梁冠，介帻，绛朝服，佩山玄玉。梁、后魏、北齐、后周及大唐皆有。

太保

《通典》卷20《职官·太保》云：

> 太保……魏初不置，末年始置太保，以郑冲为之，位在三司上。晋武初践祚，以王祥为太保，进爵为公，加置七官之职。太保，所以训护人主，导以德义者也。章绶佩服冠秩与太傅同。梁、后魏、北齐、后周、隋及大唐皆有之。

大司马

《通典》卷 20《职官·大司马》云：

> 魏文帝黄初二年，复置大司马，以曹仁居之，而太尉如故。则太尉、大司马、大将军各自为官，位在三司上。晋定令，亦在三司上。武冠，绛朝服，金章紫绶，佩山玄玉，与大将军同。宋时唯元嘉中用彭城王义康为之，冠玉与晋同。至齐以为赠。梁时置官属。陈以为赠。后魏、北齐与大将军为二大，位居三师之下、三公之上。后周以为夏官，谓之大司马卿。自隋而无闻。

大将军

《通典》卷 29《职官·大将军》云：

> 魏黄初中，又有上大将军，以曹真为之。明帝青龙三年，晋宣帝自大将军为太尉，然则大将军在三司下矣。其后又在三司上。自汉东京，大将军不常置，为之者皆擅朝权。
>
> 至晋景帝为大将军，亦受非常之任。后以权父孚为太尉，奏改大将军在太尉后，位次三司下。后复旧，在三司上。太康元年，琅邪王伷迁大将军，复制在三司下。伷薨，复如旧。冠绶佩服与大司马同。宋惟彭城王义康为之，章绶冠佩亦与晋同……后周建德四年，增置上大将军。

（三）十二卿

秦汉时始设九卿，其权任极重，以致九卿有疾，皇帝特遣使者临问。然至魏晋南北朝时期，各朝虽备九卿或十二卿之位，但其职权渐受侵夺，非前代可比。不过，九卿制度相沿已久，完全废除九卿机构则非易事，部分省并也难以办到。因此，在魏晋南北朝时期，诸卿制度虽然衰微，其机构却一直沿袭下来。

魏晋南北朝时期共有十二卿，即太常、光禄勋、卫尉、太仆、廷尉、宗正、大司农、少府、大鸿胪九卿和太府、将作大匠、都水使者三卿。

关于魏晋南北朝时期十二卿的省置情况，《通典》卷 25《职官·总论诸卿》有云：

> 汉以太常、光禄勋、卫尉、太仆、廷尉、大鸿胪、宗正、大司农、少府谓之九寺大卿……魏九卿与汉同。晋以太常等九卿。兼将作大匠、太康四年，增九卿礼秩。宋、齐及梁初，皆因旧制。（宋卿、尹皆银章青绶，进贤两梁冠，佩水苍玉，卫尉则武冠。晋服制以九卿皆文冠，乃进贤两梁冠，非旧也。）梁武帝天监七年，以太常为太常卿，加置宗正卿，以大司农为司农卿，三卿是为春卿。加置太府卿，以少府为少府卿，加置太仆卿，三卿是为夏卿。以卫尉为卫尉卿，廷尉为廷尉卿，将作大匠为大匠卿，三卿是为秋卿。以光禄勋为光禄卿，大鸿胪为鸿胪卿，都水使者为舟卿，三卿是为冬卿。凡十二卿，皆置丞及功曹、主簿。后魏又以太常、光禄勋、卫尉谓之三卿。太仆、廷尉、大鸿胪、宗正、大司农、少府为六卿，各有少卿。（太和十五年，初置少卿，官掌同大卿。）北齐以太常、光禄、卫尉、宗正、太仆、大理、鸿胪、司农、太府是为九寺，（晋荀勖曰："九寺可并于尚书"。后魏亦有三府、九寺，则九卿称九寺久矣。然通其名，不连官号。其官寺连称，自北齐始也。）置卿、少卿、丞各一人，各有功曹、五官、主簿、录事等员。

以下简要叙述十二卿的设置情况。
太常卿
《通典》卷25《职官·太常卿》云：

> 建安中为奉常。魏黄初元年改为太常。魏晋皆银章青绶，进贤两梁冠，绛朝服，佩水苍玉。宋、齐皆有之，旧用列曹尚书，好迁选曹尚书领护。梁视金紫光禄大夫。陈因之。后魏为上卿，兼职少卿官。《周礼》有小宗伯中大夫二人，即其任。北齐曰太常寺，置卿及少卿、丞各一人，掌陵庙、群祀、礼乐、仪制、天文、术数、衣冠之属。后周建六官，置大宗伯卿一人，是为春官。隋曰太常，与北齐同。

太常卿属官有国子祭酒、太史令、太庙令、太乐令、明堂令、诸陵令与协律校尉等令、丞。

光禄勋

《通典》卷 25《职官·光禄卿》云：

> 魏黄初元年，复为光禄勋。东晋哀帝兴宁二年，省光禄勋，并司徒。孝武宁康元年，复置。自魏晋以后，无复三署郎，而光禄不复居禁中，惟外官朝会，则以名到焉。二台奏劾，则符光禄加禁止，解禁止亦如之。其官殿门户，至宋文犹属焉。梁除"勋"字，谓之光禄卿。卿旧视列曹尚书，天监中，视中庶子，职与汉同。后魏又置少卿。北齐曰光禄夺，置卿、少卿。兼掌诸膳食、帐幕。

光禄勋属官有丞、功曹、主簿、五官等，领守宫、黄门、华林园、暴室等令。

卫尉卿

《通典》卷 25《职官·卫尉卿》云：

> 后汉有卫尉卿一人，职与汉同。晋银章青绶，五时朝服，武冠，佩水苍玉，掌冶铸，领冶金。晋江左不置卫尉。宋孝武复置。南齐掌宫城管钥。梁卫尉卿位视侍中，职与汉同。卿每月、丞每旬行宫徼，纠察不法。陈因之。后魏亦有之。北齐为卫尉寺，有卿及少卿各一人。

卫尉卿属官，代各有异，除丞及主簿、功曹等外，余官省置不一，魏有武库令、公车司马令、宫掖门司马等。西晋卫尉统有武库、公车、卫士、诸冶等令。南朝宋增置一丞，梁有武库令、公车司马令。后魏增置少卿，北齐卫尉寺统城门寺，又领公车、武库、卫士等署令。

太仆卿

《通典》卷 25《职官·太仆卿》载：

> 后汉太仆与汉同，亦掌车马，天子每出，奏驾上卤簿用，大驾则执驭。魏因之。晋初有之，银章青绶，五时朝服，进贤两梁冠，佩水苍玉，领典牧、乘黄、骅骝、龙马等厩令。自元帝过江之后，或置或

省。太仆既省，故骅骝厩为门下之职。晋、宋以来，不常置，郊祀则权置太仆执辔，事毕则省。齐亦然。梁太仆卿位视黄门侍郎，统南牧、左右牧、龙厩、内外厩。陈因之。后魏兼置少卿。北齐太仆寺统骅骝、左右龙、左右牝、乘黄、车府署，卿及少卿各一人。后周如古周。

太仆卿属官有少卿、丞、主簿、功曹、车府令、诸厩署令及诸牧官等。

廷尉卿

《通典》卷25《职官·大理卿》载：

> 今大理者……秦为廷尉，汉因之……景帝中六年，更名大理……建安中，复为大理。魏黄初元年，改为廷尉。历代皆为廷尉。梁国初建，曰大理；天监元年，复改为廷尉。旧用黄门，后视秘书监。有正、监、平三人。元会，廷尉三官与建康三官，皆法冠玄衣朝服，以监东、西、中华门，手执方木，长三尺，方一寸，谓之"执方"。陈因之。后魏亦曰廷尉。北齐曰大理寺，置卿、少卿各一人。后周有刑部大中夫，掌五刑之法，附万人之罪，属大司寇，亦其任也。

廷尉卿重要属官有正、监、平，谓之三官，又有少卿、丞、主簿、律博士、司直、明法等。

宗正卿

《通典》卷25《职官·宗正卿》载：

> 秦置宗正，掌亲属。汉因之，更以叙九族……两汉皆以皇族为之，不以他族。魏亦然。晋兼以庶姓。咸宁三年，又置宗师，以扶风王亮为之，使皇室戚属奉率德义，所有施行，必令谘之。东晋省之，属太常。宋齐不置宗正。梁天监七年，复置之，视列曹尚书，主皇室外戚之籍，以皇族为之。陈因之。后魏有宗正卿、少卿。北齐亦然。后周有宗师中大夫，属大冢宰。宗正属官较他卿为少，且通常以皇族为之，其重要者有少卿、丞、主簿、崇玄署、诸陵署、太庙令、太医令史、司牧掾等。

司农卿

《通典》卷26《职官·司农卿》载：

> 魏黄初元年，又改为司农。晋初因之，渡江，哀帝末，省司农并都水，孝武复置。宋齐皆有之。梁司农卿位视散骑常侍，主农功仓廪。陈因之。后魏曰大司农。北齐曰司农寺，有卿、少卿各一人，掌仓市薪米，园地果实。后周有司农上士一人，掌三农、九谷、稼穑之政令，属大司徒。

司农卿属官有少卿、丞、主簿，以及太仓、导官、上林、钩盾令丞，又有诸典农、劝农等官。

少府卿

《通典》卷27《职官·少府监》载：

> 少府，秦官。汉因之……晋制，银章青绶，五时朝服，进贤两梁冠，绛朝服，佩水苍玉。哀帝末，省并丹阳尹，孝武复置。宋少府领左右尚方、御府、东冶、南冶、平准等令、丞。齐又加领左右银锻署。梁少府为夏卿，位视尚书左、右丞。陈因之。后魏少府谓之六卿（以少府、宗正、太仆、廷尉、司农、鸿胪为六卿）。至孝文太和中，易制官品，遂改少府为太府。北齐无少府，其尚方等署皆隶太府。

少府属官先后有丞、主簿、甄官署、三尚方、左藏、司染、诸冶东西道署、黄藏、右藏、细作等署令、丞。署之下又设有若干局丞。

鸿胪卿

《通典》卷26《职官·鸿胪卿》载：

> 后汉大鸿胪卿一人……魏及晋初皆有之。自东晋至于宋、齐，有事则权置兼官，毕则省。梁除"大"字，但曰鸿胪卿，位视尚书左丞，常导护赞拜。后魏曰鸿胪寺，有卿、少卿各一人，亦掌蕃客朝及吉凶吊祭。后周司寇有蕃部中大夫，掌诸侯朝觐之叙；有宾部中大夫，掌大宾客之仪。

鸿胪卿属官有少卿、丞、主簿、功曹，以及大行、客馆、园池、华林园、钩盾、典寺、司仪等令丞。

太府卿

《通典》卷26《职官·太府卿》载：

《周官》有太府下大夫，掌贡赋之贰，受其货贿之入，颁其货贿于受藏之府。历代不置，然其职在司农、少府。至梁天监七年，置太府卿，位视宗正，掌金帛府帑及关津市肆。陈因之。后魏太和中，又改少府为太府卿，兼有少卿，掌财物库藏。北齐曰太府寺，亦有卿、少卿各一人，又兼掌造器物。后周有太府中大夫，掌贡赋货贿，以供国用，属大冢宰。

太府卿属官有少卿、丞、主簿、左右藏令、上库丞、诸市令，左中右三尚方、司染、诸冶东西道、黄藏、细作、左校、甄官等署令丞。

将作大匠

《通典》卷27《职官·将作监》载：

秦有将作少府，掌治宫室。汉景帝中元六年，更名将作大匠……魏晋因之，江左至宋、齐，皆有事则置，无事则省。而梁改为匠卿，陈因之。后魏亦有之。北齐有将作寺，其官曰大匠。后周有匠师中大夫，掌城廓宫室之制；又有司木中大夫，掌木工之政令。

将作大匠属官有丞、主簿、功曹、录事及左右校令等员，北齐若有营作，则立将、副将、长史、司马、主簿、录事各一人。

都水使者

《通典》卷27《职官·都水使者》载：

汉之水衡都尉，本主上林苑，魏世主天下水军舟船器械。晋武帝省水衡，置都水台，有使者一人，掌舟航及运部，而河堤为都水官属。元康中，复有水衡都尉。怀帝永嘉六年，胡贼入洛阳，都水使者奚浚先出督运得免。江左省河堤。宋都水使者，铜印墨绶，进贤两梁冠，与御史中丞同。孝武帝初，省都水台，罢都水使者，置水衡令，孝建元年复置。齐有都水台使者一人。梁初与齐同，天监七年，改都水使者为大舟卿，位视中书郎，列卿之最末者，主舟航河堤。陈因之。后魏初皆有水衡都尉及河堤谒者、都水使者官，至永平二年，都水台依旧置二使者。北齐亦置二使者。

都水使者属官有河堤谒者、参军、丞、主簿、诸津吏、船曹吏以及录事、令史等。

除十二卿外，北周还曾设六官。

《通典》卷19《职官·历代官职总序》云：

> 后周之初据关中，犹依魏制。及平江陵之后，别立宪章，酌《周礼》之文，建六官之职。

又《北史》卷9《周恭帝纪》云：

> 恭帝三年，正月……帝以汉魏官繁，思革前弊。大统中，乃令苏绰、卢辩，依周制改创其事，寻亦置六卿官。然为撰次未成，众务犹归台阁，至是始毕，乃命行之。

又《隋书》卷27《职官志中》云：

> 周太祖初据关内，官名未改魏号。及方隅粗定，改创章程，命尚书令卢辩，远师周之建制，置三公三孤，以为谕道之官。次置六卿，以分司庶务。

（四）御史台

魏晋南北朝时期的监察机关，中央是御史台，或称宪台，梁及北魏、北齐称南台，北周又称作司宪。

《通典》卷24《职官·御史台》云：

> 御史……至秦汉，为纠察之任。所居之署，汉谓之御史府，亦谓

之御史大夫寺。亦谓之宪台……后汉以来，谓之御史台，亦谓之兰台寺。梁及后魏、北齐或谓之南台。后魏之制，有公事，百官朝会，名簿自尚书令、仆以下，悉送南台。后周曰司宪，属秋官府。

御史台长官为御史中丞。魏晋南北朝时期，御史中丞的权力颇大，与司隶校尉分督百僚，甚至中台，即尚书台（省）也在中丞监察的权力范围之内。

《通典》卷24《职官·中丞》载：

> 魏初，改中丞为宫正，举鲍勋为之，百僚严惮。后复为中丞。晋亦因汉，以中丞为台主，与司隶分督百僚。自皇太子以下，无所不纠。初不得纠尚书，后亦纠之。中丞专纠行马内，司隶专纠行马外。虽制如是，然亦更奏众官，实无其限。宋中丞一人，每月二十五日，绕行宫垣白壁。铜印墨绶，进贤月梁冠，佩水苍玉，介帻，绛朝服。孝武帝孝建二年，制中丞与尚书令分道，虽丞、郎下朝相值，亦得断之。余内外众官，皆受停驻。齐中丞职无不察，专道而行，驺辐禁呵，加以声色，武将相逢，辄致侵犯，若有卤簿，至相殴击。梁国初建，又置御史大夫。天监元年，复曰中丞。中丞一人，掌督司百僚，皇太子，在其宫门行马内违法者，皆纠弹；虽在行马外，而监司不纠，亦得奏之。专道而行……自齐梁皆谓中丞为南司。陈因梁制。江左中丞虽亦一时髦彦，然膏粱名士犹不乐。后魏为御史中尉，督司百僚，其出入，千步清道，与皇太子分路，王公百辟，咸使逊避，其余百僚，下马弛车止路傍。其违缓者，以棒棒之。其后，洛阳令得与分道。自东魏徙邺，无复此制。北齐武成以其子琅琊王俨兼为御史中丞，欲雄宠之，复兴旧制。俨出北宫，凡京畿之步骑，领军之官属，中丞之威仪，司徒之卤簿，莫不毕备。武成观之，遣中使驰马趣仗，不得入，自言奉敕，赤棒应声碎其鞍，马腾人颠，观者倾京邑。后周有司宪中大夫二人，掌司寇之法，辨国之五禁，亦其任也。

御史中丞属官有治书（《通典》避唐讳改为治书）侍御史、侍御史、殿中侍御史。

关于治书侍御史，《通典》卷24《职官·中丞》有云：

魏晋以来，持书侍御史分掌侍御史所掌诸曹，若尚书二丞。宋代掌举劾，齐、梁并同，皆统侍御史。自宋、齐以来，此官不重，自郎官转持者，谓之"南奔"。梁天监初，始重其选，车前依尚书二丞给三驺，执盛印青囊，旧事纠弹官印绶在前故也。后魏掌纠禁内朝会失时，服章违错，飨宴会见，悉所监之。北齐亦有焉。后周有司宪上士二人，亦其任也。

关于侍御史，《通典》卷24《职官·侍御史》云：

二汉侍御史所掌凡有五曹：一曰令曹，二曰印曹，三曰供曹，四曰尉马曹，五曰乘曹。豹尾之内，便为禁省。魏置御史八人。当大会，殿中御史簪白笔，侧陛而坐。帝问左右："此何官？何主？"辛毗曰："此谓御史，旧时簪笔以奏不法。何当如今者，直备位，但耳毛笔耳。"晋侍御史九人，颇用郡守为之，品同持书，而有十三曹。（十三曹者，谓吏曹、课第曹、直事曹、印曹、中都督曹、外都督曹、媒曹、符节曹、水曹、中垒曹、营军曹、法曹、筭曹。及江左初，省课第曹、置库曹，掌厩牧马牛市租。后分库曹，置左库、外左库二曹。）宋代多并诸曹，凡十御史焉。自汉以来，皆朝服法冠。齐有十人，梁、陈皆九人，居曹纠察不法。后魏御史甚重，必以对策高和经者补之。侍御史与殿中侍御史昼则外台受事，夜则番直内台。御史旧式不随台主简代，延昌中，王显有宠于宣武，为御史中尉，始请革选。此后踵其事，每一中尉，则更简代御史。北齐有八人，亦重其选。后周有司宪中士，则其任也。

关于殿中侍御史，《通典》卷24《职官·殿中侍御史》云：

殿中侍御史：魏兰台遣二御史居殿中，察非法，即殿中侍御史之始也。晋置四人，江左多置二人。梁有四人，掌殿内禁卫内事。后魏、北齐皆有之。

魏晋以来还有监搜史之设。

叶梦得《石林燕语》谓：

> 凡入殿奏事官，以御史一人管殿订外，搜索而后许入，谓之监搜御史。

二　地方官制

魏晋以降，承东汉末年州牧刺史职权发展的趋势，遂以州、郡、县三级行政制度为固定的地方政权体制。州置刺史或牧，郡置太守，县置令长。县之下设乡，乡设乡官，主一乡之事。

（一）州郡县三级行政长官

先叙刺史与牧。

《通典》卷32《职官·州牧刺史》云：

> 魏晋为刺史，任重者为使持节都督，轻者为持节，皆铜印墨绶，进贤两梁冠，绛朝服；领兵者武冠。而晋罢司隶校尉，置司州，江左则扬州刺史。自魏以来，庶姓为州而无将军者，谓之单车刺史。凡单车刺史，加督进一品，都督进二品，不论持节、假节。晋制，刺史三年一入奏。宋与魏同。梁刺史受拜之明日，辞宫庙而行，皆持节。后魏天赐二年，又制，诸州置三刺史，皇室一人，异姓二人，比古之上中下三士也。郡置三太守，县置三令长。孝文太和中，次职令。自后魏、北齐，则司州曰牧。而北齐制州为上中下三等，每等又有上中下之差，自上上州至下下州凡九等。后周则雍州曰牧。而制刺史初除，奉辞之日，备列卤簿。凡总管刺史则加使持节诸军事，以此为常。乃苏绰为六条之制，初文帝秉魏政，令百官诵习，其牧守令长非通六条及计帐者，不得居官。静帝大象元年，诏总管刺史及行兵者加持节，馀悉罢之。

需要指出的是，南朝宋齐时，君主为加强对方镇的控制，皆以亲近左右领典签，委以该州政事，其权尤重，少年王子出任州刺史，多受制于典签。

清赵翼《廿二史札记》卷12"齐制典签之权太重"条云：

齐制，诸王出镇，其年小者，则置行事及典签以佐之，一州政事以及诸王之起居饮食，皆听命焉，而典签尤为切近。《齐书·孝武诸子传论》谓，帝子临州，年皆幼小，故辅以上佐，简自帝心。州国府第，先事后行，饮食起居，动应闻启。行事执其权，典签制其肘，处地虽重，行己莫由。斯宋氏之余风，在齐而弥甚也。

又《南史》卷77《恩幸传吕文显传》云：

故事，府州部内论事，皆签前直叙所论之事，后云谨签，日月下又云某官某签，故府州置典签以典之。本五品吏，宋初改为七职。宋氏晚运，多以幼少皇子为方镇，时主皆以亲近左右领典签，典签之权稍重。大明、泰始，长王临蕃，素族出镇，莫不皆出内教命，刺史不得专其任也。宗悫为豫州，吴喜公为典签。悫刑政所施，喜公每多违执。大怒曰："宗悫年将六十，为国竭命，政得一州如斗大，不能复与典签共临！"喜公稽颡流血乃止。自此以后，权寄弥隆，典签递互还都，一岁数反，时主辄与间言，访以万事。刺史行事之美恶，系于典签之口，莫不折节推奉，恒虑不安。于是威行州郡，权重蕃君。

次叙太守。
《通典》卷33《职官·郡太守》云：

三国时有郡守、国相、内史。晋郡守皆加将军，无者为耻。晋宋守、相、内史，并银章青绶，进贤两梁冠。后魏初，郡置三太守。孝文初，二千石能静二郡至三郡者，迁为刺史。太和中，次职令，郡太守、内史、相、县令，并以六年为限。北齐制，郡为上中下三等，每等又有上中下之差，自上上郡至下下郡凡九等。后周郡太守各以户多少定品命。

再叙令长。
《通典》卷33《职官·县令》云：

晋制，大县令有治绩，官报以大郡……不经宰县，不得入为台郎。宋诸县、署令，铜印墨绶，进贤两梁冠。自晋宋以后，令、长、国相皆如汉制。后魏县置三令长。孝文初制县令能静一县劫盗者，兼理三县，即食其禄；能静二县者，兼理三县，三年迁为郡守。二千石能静二郡者，兼理，至三郡，亦如之，三年迁为刺史。太和中，次职令，其禄甚厚。其后令长用人益杂，但选勤旧令史为之，而缙绅之流耻居其位。北齐制县为上中下三等，每等又有上中下之差，自上上县至下下县凡九等。然犹因循后魏，用人滥杂，至于士流耻居之。元文遥遂奏于武成帝，请革之，乃密令搜扬世胄子弟，恐其辞诉，总召集神武门，宣旨慰谕而遣。自此县令始以士人为之。

又《北堂书钞》卷78引《晋令》云：

县千户以上，州郡治五百以上，皆为令；不满此为长。

又《抱朴子·外篇》卷28《百里》云：

三台九列，坐而论道；州牧郡守，操纲举领。其官愈大，其事愈优。烦剧所钟，其唯百里。众役于是乎出，诛求之所丛赴。牧守虽贤，而令长不堪，则国事不举，万机有缺，其损败岂徒止乎一境而已哉？令长尤宜得才，乃急于台省之官也。

（二）乡官

三国时乡制大抵沿袭汉制，县置诸乡，大乡设有秩一人，掌一乡之民。秩百石；乡小者置啬夫一人，掌一乡之民。民有什伍，伍有伍长；百家为里，里有里魁；十里一亭，亭有亭长；十亭为乡。乡官除了有秩、啬夫之外，尚有乡佐、三老、游徼各一人。乡佐主赋税，三老主教化，游徼主治安。

关于晋代乡官的设置，《晋书》卷24《职官志》有云：

郡国及县，农月皆随所领户多少为差，散吏为劝农。又县五百以上皆置乡，三千以上置二乡，五千以上置三乡，万以上置四乡。乡置啬夫一人，乡户不满千以下置治书史一人，千以上置史、佐各一人，正一人，五千五百以上置吏一人，佐二人，县率百户置里吏一人。其土广人稀，听随宜置里吏，限不得减五十户。户千以上置校官掾一人。

南朝乡官的设置亦因汉之旧。其中有关刘宋乡官的设置，《宋书》卷40《百官志下》有云：

> （宋）五家为伍，伍长主之；二五为什，什长主之；十什为里，进而魁主之；十进而为亭，亭长主之；十亭为乡，乡有乡佐、三老、有秩、啬夫、游徼各一人。乡佐主有秩主赋税，三老主教化，啬夫主争讼，游徼主奸罪。其余诸曹，略同郡职。

北魏以北方游牧民族入侵中原，其基层社会组织，初期尚未能脱离血缘部落之俗。至孝文帝迁洛，实行一系列的改革，从中央到地方始采用汉魏典章制度。其乡官制度采用李冲建议，实行三长制：五家为邻，设一邻长；五邻为里，置一里长；五里为党，立一党长。关于三长制的设立，《魏书》卷1《高祖纪上》云：

> 魏初不立三长，故民多荫附。荫附者皆无官役，豪疆微敛，倍于公赋。（太和）十年，给事中李冲上言："宜准古，五家立一邻长，五邻立一里长，五里立一党长，长取乡人疆谨者。邻长复一夫，里长二，党长三……"诏曰："夫任土错贡，所以通有无；井乘定赋，所以均劳逸。有无通则民财不匮，劳逸均则人乐其业。此自古之常道也。又邻里乡党之制，所由来久……是以三典所同，随世浡降；二监之行，从时损益。故郑侨复丘赋之术，邹人献盍彻之规。虽轻重不同，而当时俱适……今革旧从新，为里党之法，在所牧守，宜以喻民，使知去烦即简之要"。

（按"任土错贡"典出《周礼·地官·载师》，谓"掌任土地之法"，郑玄注云："任土者，任其力势所生育，且以制贡赋也。"由于能够按土地的肥瘠定赋税的轻重，按年成的丰歉定纳粮的多寡，所以能够"通有无"。"井乘定赋"语出《孟子·藤文公上》："方里而井，井九百亩，其中为公田。八家皆私百亩，同养公田；公事毕，然后治私事"，此即"所以均劳逸"也。）在历史经验和儒家思想的启发下，孝文帝认识到北魏王朝旧有的赋税制度已难以推行，必须尽快实行新的税制，于是接受李冲建议实行三长制。

三长制推行之初，阻力重重。《魏书》卷53《李冲传》谓：

> 旧无三长，唯立宗主督护，所以民多隐冒，五十、三十家方为一户。冲以三正治民，所由来远，于是创三长之制而上之。文明太后览而称善，引见公卿议之。中书令郑羲、秘书令高佑等曰："冲求立三长者，乃欲混天下一法。言似可用，事实难行。"羲又曰："不信臣言，但试行之，事败之后，当知愚言之不谬。"太尉元丕曰："臣谓此法若行，于公私有益。"咸称方今有事之月，校比民户，新旧未分，民必劳怨，请过今秋，至冬闲月，徐乃遣使，于事为宜。冲曰："民者，冥也，可使由之，不可使知之。若不因调时，百姓徒知立长校户之勤，未见均徭省赋之益，心必生怨。宜及课调之月，令知赋税之均。即识其事，又得其利，因民之欲，为之易行。"著作郎傅思益进曰："民俗既异，险易不同，九品差调，为日已久，一旦改法，恐成扰乱。"太后曰："立三长，则课有常准，赋有恒分，苞荫之户可出，侥幸之人可止，为何而不可？"群议虽有乖异，然惟以变法为难，更无异义。遂立三长，公私便之。

第二节 军制

魏晋南朝是一个大分裂、大动荡、众多民族相互争夺而至融合、战争频繁的时代。在这样的历史条件下形成的军事制度，呈现出前代不曾有过的丰富多彩的局面。

一 魏晋南朝的军制

魏晋南朝时期各国普遍实行中、外军制度。这种制度滥觞于三国时期。曹魏把军队区分为中央军和州郡地方军两部分，而中央军又分为中军和外军。中军是屯驻于京城地区的中央直辖军队，主要由武卫、中领、中护、中坚、中垒五营组成，它是魏军的核心力量。外军是屯戍外地的中央军。中、外军的最高统帅是皇帝之下的都督中外诸军事。

《文南通考》卷151《兵考三》谓：

> 魏制略如东汉，南北军如故。魏武的相国，置武卫营，相府以领军主之。文帝增置中营，于是合武卫、中垒二营，以领军将军并五校统之。是时，有中、左、右前军各一帅，又有中护、中领军、领、护军将军各一人。黄初中，复令州郡典兵，州置都督。寻加四征、四镇将军之号，又置大将军都督中外。兵之柄，世在司马氏，而魏祚移矣。

又《玉海》卷137谓：

> 魏武为相，以韩浩为护军，史涣为领军，非汉官也。建安十二年，改护军为中护军，领军为中领军。

又《三国志》卷15《司马朗传》谓：

> （司马）朗以为天下土崩之势，由秦灭五等之制，而郡国无搜狩习战之备故也。今虽五等未可复行，可令州郡并置兵，外备四夷，内威不轨，于策为长。又以为宜复井田。往者以民各有累世之业，难中夺之，是以至今。今承大乱之后，民人分散，土业无主，皆为公田，宜及此时复之。议虽未施行，然州郡领兵，朗本意也。

孙吴多舟师，营校略异丁汉。兵有解烦、敢死两部，又有车下虎士、丹阳青巾、交州义士及健儿、武射之名，调度亦无法。

《文献通考》卷151《兵制》载：

> 吴多舟师，而兵有解烦、敢死两部。又有车下虎士、丹阳青巾、交州义士，及健儿、武射之名，调度亦无法。大率强者为兵，羸者补户。

蜀汉置五军，其将校略如汉，其兵有突将、无前、赍叟、青羌、散骑、武骑之别。

《文献通考》卷150《兵考二》载：

> 昭烈初置五军，其将校略如汉，而兵有突将、无前、赍叟、青羌、散骑、武骑之别。诸葛亮率，蜀兵耗矣。

蜀军的将士，或来自蜀土之少数民族，或来自蜀土之外其他地方。《华阳国志》卷4《南中志》谓：

> 建兴三年春，（诸葛）亮南征……夏五月，亮渡泸，进征益州，生虏孟获……秋，遂平四郡……移南中劲卒青羌万余家于蜀，为五部，所光无前，号为飞军。

又《三国志》卷35《诸葛亮传》裴注引《汉晋春秋》云：

> （建兴六年）十一月，（诸葛亮）上言曰："……自臣到汉中，中间期年耳，然丧赵云……等及曲长、屯将七十余人，突将无前、赍叟、青羌散骑、武骑一千余人，此皆数十年之内所纠合四方之精锐，非一州之所有，若复数年，则损三分之二也。"

两晋的中央军同三国时期的中央军一样，也分中军和外军两部分。中军主要由七军、五校、东宫卫率等组成。外军是驻守诸州方镇的军队。

关于中央军的"七军""五校"，钱仪吉《补晋兵志》有云：

> 晋初宿卫禁兵，有"七军""五校"。七军者，左卫、右卫、前军、后军、左军、右军、骁骑也。皆有将军，而中领军总统之。其前后左右，补称四军。五校者，屯骑、越骑、步兵、长水、射声也。各领千千兵为营，皆在城中。又有翊军营……积弩营，亦典宿卫。

又《文献通考》卷151《兵考三》云：

> 武帝以代吴，遂分左右各一将军。又置羽林、虎贲、上骑、异力

四部，皆领于骁骑。又有左、右、前、后四军，四护军领之。凡二卫左右前后骁骑七军，皆以中军将军羊祜领之。

晋的外军由都督诸州军事统率。遇战事，由皇帝委任将领征伐。骠骑将军、车骑、卫将军、伏波、抚军、镇军、四征、四镇、龙骧、典军、上车、辅国等将军称号均是战前或执行军事任务时临时加封的官号。

刘宋建国后，设置领军将军一人掌内军，护军将军一人掌外军，内外军是以刘裕原来统率的以北府兵为骨干和中坚组成的军队，亦称台军。内、外军属于刘宋的中军。刘宋的外军是驻守在京城以外各战略要地的军队，由都督统领，而实际操纵各军镇大权的则是典签。

《宋书》卷40《百官志下》云：

> 领军将军，一人。掌内军。魏武为丞相，相府自置领军，非汉官也。文帝即魏王位，魏始置领军，主五校、中垒、武卫三营。晋武帝初省，使中军将军羊祜统二卫前后左右骁骑七军营兵，即领军之任也。祜还能，复置北军中候。北军中候置丞一人。怀帝永嘉中，改曰中领军。元帝永昌元年，复改曰北军中候。寻复为领军。成帝世，复以为中候，而陶回居之。寻复为领事。领军今犹有南军都督。

> 护军将军，一人。掌外军。秦时护军都尉，汉因之……魏武为相，以韩浩为护军，史奂为领军，非汉官也。建安十二年，改护军为中护军，领军为中领军，置长史、司马。魏初因置护军，主武官选，隶领军，晋世则不隶也。晋元帝永昌元年，省护军并领军。明帝太宁二年，复置。魏、晋江右领、护各领营兵；江左以来，领军不复别置营，总统二卫骁骑材官诸营；护军犹别有营也。领护资重者为领军、护军将军，资轻者为中领军、中护军。

刘宋的指挥系统，在名称上较魏晋时已有变化。大致以军为基本建制单位，军的主将称军主。全军划分为若干个军团性质的单位，军团主帅由高级将军充任。顺帝时，荆州刺史沈攸之反叛，当时宋国实际掌权者萧道成，曾作了进讨的兵力部署。通过《宋书·沈攸之传》所载当时准备西进的战斗序列，可以看出宋军的指挥关系。

南齐、梁、陈的军制一如刘宋。

魏晋南朝时期，普遍实行世兵制度。世兵制的形成，与质任制有关。质任即人质。曹魏政权为防止用强制手段征募收降而来的士兵逃亡，遂沿用将领的质任方式，将士兵的家属也聚居一处集中管理，严加控制，这样就自然地形成了军户。《三国志》卷15《梁习传》有一则记载，颇能说明军户的形成过程：

> 梁习字子虞，陈郡柘人也，为郡纲纪。太祖为司空，辟召为漳长，累转乘氏、海西、下邳令，所在有治名。还为西曹令史，迁为属。并土新附，习以别部司马领并州刺史。时承高干荒乱之余，胡狄在界，张雄跋扈，吏民亡叛，入其部落，兵家拥众，作为寇害，更相扇动，往往群聚。习到官，诱谕招纳，皆礼召其豪右，稍稍荐举，使诣幕府；豪右已尽，乃次发诸丁强以为义从；又因大军出征，分请以为勇力。吏兵已去之后，稍移其家，前后送邺，凡数万口；其不从命者，兴兵致讨，斩首千数，降附者万计。

世兵制的主要特点就是军户、民户分离，军户被统治集团强制实行父死子代、兄终弟及、世代为兵。

又《晋书》卷49《王尼传》谓：

> 尼字孝孙，本兵家子，寓居于洛阳。

又《晋书》卷36《刘卞传》载：

> 卞字叔龙，本兵家子。卞兄为太子长兵，既死，兵例须代。

军户的义务除世代为兵外，还要充当官府杂役。
《宋书》卷83《黄回传》载：

> 黄回，竟陵郡军人（军户）也，出身充郡府杂役。

又《太平御览》卷743《疾病部·咳嗽》引刘弘《教》云：

> 吾昨四鼓中起，闻西城上兵，咳深，即呼省之，年过六十，羸病无襦，而督将差以持时。持时备不虞耳，此既无防捍，又老羸病冻，不隐恤，必至死亡，督将岂可乃尔邪！

魏晋南朝除世兵制外，募兵和征兵也是这一时期保证兵源的重要兵役制度。东晋淝水之战中，大败苻坚的晋军主力，即招募徐、兖二州骁勇组成的"北府兵"。

《晋书》卷84《刘牢之传》谓：

> 太元初，谢玄北镇广陵，时苻坚方盛，玄多募劲勇，牢之与东海何谦……及晋陵孙无终筹以骁勇应选。玄以牢之为参军，领精锐为前锋，百战百胜，号为北府兵。此强制奴隶和罪人为兵。

又《文献通考》卷151《兵考三》载：

> 元帝南渡，有大将军都督、四镇、四征、四平之号，然调兵不出三吴，大发毋过三万。每议出讨，多取奴兵。

又《晋书》64《会稽王道子传》载：

> 发东土诸郡免奴为客者，号曰"乐属"，移置京师，以充兵役。东土嚣然，人不堪命，天下苦之矣。

募兵制到了南朝时期，弊病丛生。
《南史》卷70《郭祖深传》载：

> 杨、徐之人，逼以众投，多投其募，利其货财。皆虚名上簿，止产达出三津，名在远役，身归乡里。又惧本属检问，于是逃主恨他境，侨户之兴，良由此故。

在兵力不足时，良人（平民）亦被征发为兵。
《宋书》卷95《索虏传》载：

是岁军旅大起，王公妃主及朝士牧守，各献金帛等物，以助国用，下及富室小民，亦有献私财至数十万者。又以兵力不足，尚书左仆射何尚之参议发南兖州三五民丁，父祖伯叔兄弟仕州居职从事，及仕北徐兖为皇弟皇子从事、庶姓主簿、诸皇弟皇子府参军督获国三令以上相府舍者，不在发例，其余悉倩暂行征。符到十日装束，缘江五郡集广陵，缘淮三郡集盱眙。又募天下弩手，不问所从，若有马步众艺武力之士应科者，皆加厚赏。有司又奏军用不充，扬、南徐、兖、江四州富有之民，家资满五十万，僧尼满二十万者，并四分换一，过此率计，事息即还。

二　北朝的军制

北魏初期，实行部落兵制。

《魏书》卷113《官氏志》云：

其诸方杂人来附者，总谓之乌丸，各以多少称酋、庶长，分为南北部，复置二部大人以统摄之。

北魏孝文帝时，仿南朝军制进行改革，推行征兵制，中央设宿卫兵——羽林、虎贲，由左右卫、武卫等将军分别统率，而以领军将军为总管。

《北史》卷3《魏孝文帝纪》谓：

（太和）十九年……秋八月……乙巳，以充宿卫……二十年……冬十月戊戌，以代迁之士，皆为羽林、武贲。司州之人，十二夫调一吏，为四年更卒，岁开番假，以供公私力役。

东魏及北齐之初，军制继承北魏，兵民（兵农）分离，兵由鲜卑充当，汉人主要从事耕织。

《资治通鉴》卷157《梁纪》武帝大同三年条云：

（高）欢每号令军士，常令丞相属代郡张华原宣旨，其语鲜卑则曰："汉民是汝奴，夫为汝耕，妇为汝织，输汝粟帛，令汝温饱，汝何为陵之？"其语华人则曰："鲜卑是汝作客，得汝一斛粟，一匹绢，为汝击贼，令汝安宁，汝何为疾之？"时鲜卑共轻华人，唯惮高敖曹。欢号令将士，常鲜卑语，敖曹在列，则为之华言。

到北齐文宣帝时，对军制有所创革，出现了"百保鲜卑"和"勇夫"。

《隋书》卷24《食货志》云：

> 魏武西迁，连年战争，河、洛之间，又并空竭。天平元年，迁都于邺，出粟一百三十万石，以赈贫人。是时六坊之众，从武帝而西者，不能万人，余皆北徙，并给常廪，春秋二时赐帛，以供衣服之费……（齐）文宣受禅，多所创革。六坊之内徙者，更加简练，每一人必当百人，任其临阵必死，然后取之，谓之"百保鲜卑"。又简华人之勇力绝伦者，谓之"勇夫"，以备边要。

此时北齐的军制，并未改变兵民（兵农）、胡汉分治的性质。武成帝河清三年（564），创立了一种新的制度。

《隋书》卷24《食货志》云：

> 至河清三年定令，乃命人居十家为比邻，五十家为闾里，百家为族党。男子十八以上，六十五以下为丁；十六以上，十七以下为中；六十六以上为老；十五以下为小。率以十八受田，输租调，二十充兵，六十免力役，六十六退田，免租调。

又同书卷27《百官志中》云：

> 五兵统左中兵（掌诸郡督告身、诸宿卫官等事）、右中兵（掌内丁帐、事力、蕃兵等事）、左外兵（掌河南及潼关已东诸州丁帐，及发召征兵等事）、右外兵（掌河北及潼关已西诸州，所典与左外同）、都兵（掌鼓吹、太乐、杂户等事）五曹。

至此，胡人当兵、汉人耕织的时代，军镇与州县分治的时代已成过去，此乃北朝军制上的一个很大的变化。

西魏、北周在军制上实行府兵制度。府兵制度创建于西魏大统年间（535—551），废于唐玄宗天宝年间（742—756），前后凡二百年。它的发展以隋代为界，分前后两期。西魏、北周乃府兵前期，宇文泰、苏绰是府兵制的创建人。

府兵制的创立有一个过程。宇文泰为了与高欢争衡于中原，曾招诱过六镇军人。

《北齐书》卷24《杜弼传》谓：

> （杜）弼以文武在位，罕有廉洁，言之于高祖（高欢）。高祖曰："弼来，我语尔。天下浊乱，习俗已久。今督将家属多在关西，黑獭常相招诱，人情去留未定。江东复有一吴儿老翁萧衍者，专事衣冠礼乐，中原士大夫望之以为正朔所在。我若急作法网，不相饶借，恐督将尽投黑獭，士子悉奔萧衍，则人物流散，何以为国？尔宜少待，吾不忘之。"

然而宇文泰利用家属招诱高欢督将的策略，并未奏效。在与高欢的战争中，宇文泰虽有胜利之时，但基本上处于劣势。

《周书》卷2《文帝纪下》记沙苑等战役云：

> （大统三年）冬十月壬辰，（太祖宇文泰）至沙苑，距齐神武（高欢）军六十余里……遂进军至渭曲，背水东西为阵……大破之……齐神武夜遁，追至河上……前后虏其卒七万。留其甲士二万……还军渭南……（大统四年）八月……太祖至谷城，莫多娄贷文、可朱浑元来逆，临阵斩贷文，元单骑遁免，悉虏其众送弘农……及旦，太祖率轻骑追之，至于河上……大捷。斩高敖曹……虏其甲士一万五千。

这是很大的胜利，可在大统四年（538）和大统九年的芒山之役中，宇文泰却连连失利。《周书》卷2《文帝纪下》谓：

（大统）四年……八月庚寅，太祖……率轻骑追之（侯景），至于河上。景等北据河桥，南属邙山为阵，与诸军合战。太祖马中流矢，惊逸，遂失所之，因此军中扰乱……是日置阵既大，首尾悬远……独孤信、李远居右，赵贵、怡峰居左，战并不利……开府李虎、念贤等为后军，遇信等退，即与退还。由是乃班师，洛阳亦失守。大军至弘农，守将皆已弃城西走。所虏降卒在弘农者，因相与闭门拒守。进攻拔之……大军之东伐也，关中留守兵少，而前后所虏东魏士卒，皆散在民间，乃谋为乱。及李虎等至长安，计无所出，乃与公卿辅魏太子出次渭北。关中大震恐，百姓相剽劫。于是沙苑所俘军人赵青雀、雍州民于伏德等遂反……魏帝留止阌乡，遣太祖讨之……关中于是乃定。

（大统）九年，太祖以芒山之战，诸将失律，上表请自贬。魏帝报曰："……宜抑此谦光，恤予一人。"于是广募关陇豪右，以增军旅。

大统九年是建立府兵制的后一年。从上述史实可以看出：建立府兵制及广募关陇豪杰以增军旅，与邙山之战关系至密。

关于府兵制的创立，《文献通考》卷51《兵考三》云：

周太祖辅西魏时，用苏绰言，始仿周典，置六军。

又《周书》卷16传末谓：

初，魏孝庄帝以尔朱荣有翊戴之功，拜荣柱国大将军，位在丞相之上。荣败后，此官遂废。大统三年，魏文帝复以太祖建中兴之业，始命为之。其后功参佐命，望实俱重者，亦居此职。自大统十六年以前，任者凡有八人。太祖位总百揆，督中外军。魏广陵王欣，元氏懿戚，从容禁闱而已。此外六人，各督二大将军，分掌禁旅，掌爪牙御侮之寄。当时荣盛，莫与为比。故今之称门阀者，咸推八柱国家云。

《北史》卷60传末写到府兵的组织与性质，其言谓：

（柱国大将军六人，各督二大将军）每大将军督二开府，凡为二十四员，分团统领，是二十四军。每一团，仪同二人。自相督率，不编户贯。都十二大将军。十五日上，则门栏陛戟，警昼巡夜；十五日下，则教旗习战。无他赋役。每兵唯办弓刀一具，月简阅之。甲槊戈弩，并资官给。

又《玉海》卷138《兵制三》引《邺侯家传》及《文献通考》卷151《兵考》写到府兵的成分。

《邺侯家传》云：

初置府兵，皆于六户中等已上家有三丁者，选材力一人，免其身租庸调。

又《通考》云：

籍六等之民，择魁健材力之士以为之首，尽蠲蜀租调。

尤可注意者，府兵并不只是一个军事团体，它还有选举治民官吏之权。

《周书》卷3《孝闵帝纪》云：

今二十四军宜举贤良堪治民者，军列九人。

北周武帝对府兵制作过一些改革，主要是改军士为侍官，即变更府兵的部属观念，使府兵直隶于君主。同时大量征募汉人为府兵。

《周书》卷5《武帝纪上》云：

建德三年十二月戊子，大会卫官及军人以上，赐钱帛各有差。辛卯，诏荆、襄、安、延、夏五州总管内，有能率其从军者，授官各有差。其贫下户给复三年。丙申，改诸军军士并为侍官。

又《隋书》卷24《食货志》云：

建德二年（《周书》卷5《武帝纪》作"三年"），改军士为侍官。募百姓充之，除其县籍，是后夏人半为兵役。

第三节 刑法

在魏晋南北朝的近四百年中，由于社会长期动荡不安、阶级矛盾、民族矛盾及统治阶级内部的矛盾都很尖锐，所以，各朝统治者都注重运用法律武器来巩固自己的统治，因而各朝立法频繁，律学发达，儒家思想开始全面入律，这是封建法制的一个重要发展时期。

一 律令

三国时期，魏、晋、吴各有自己编纂的法律，其中最有影响的是《魏律》。魏明帝时，鉴于东汉以来律令紊乱、繁杂之弊，命陈群、刘昭等增删旧科，参酌《汉律》，撰就《魏律》18篇，于太和三年（229）颁行。惜《魏律》至隋代全文业已失传，只是在《晋书》卷30《刑法志》中保存有《魏律·序略》。其言云：

> 天子又下诏改定刑制，命司空陈群、散骑常侍刘昭、给事黄门侍郎韩逊……删约旧科，旁采《汉律》，定为《魏法》，制《新律》18篇……其序略曰：旧律所难知者，由于六篇篇少故也。篇少则文荒，文荒则事寡，事寡则罪漏。是以后人稍增，更兴本体相离。今制新律，宜都总事类，多其篇修。

《魏律》将汉代的《具律》改为《刑名》，列于篇首，这种结构形式一直为后世的封建法典所沿用。

曹魏末期司马昭为晋王时，鉴于前代律令本注过于繁杂，命贾充、杜预等参酌《汉律》和《魏律》修定法律。但律未修讫，晋已代魏。至晋武帝泰始三年（267）修律完成，次年颁行天下，是为《泰始律》，又称《晋律》。

《晋书》卷30《刑法志》云：

> 文帝为晋王，患前代律令本注烦杂，陈群、刘邵虽经改革，而科纲本密，又叔孙、郭、马、杜诸儒章句，但取郑氏，又为偏党，未可承用。于是令贾充定法律，令舆太传郑充、司徒荀觊、中书监荀勖、中军将军羊祜、中获军王业、廷尉杜友、守河南尹杜预、散骑侍郎裴楷、颖川太守周雄、晋相郭颀、骑都尉成公绥、尚书郎柳轨及吏部令史荣邵等十四人典其事，就汉九章增十一篇，仍其族类，正其体号，改旧律为刑名、法例，辨囚律为告劫、击讯、断狱，分盗律为请赇、诈伪、水火、毁亡，因事类为卫官、违制，撰周官为诸侯律，合二十篇，六百二十条，二万七千六百五十七言。蠲其苛秽，存其清约，事从中典，归于益时。其余未宜除者，若军事、田农、酤酒，未得皆从人心，权设其法，太平当除，故不入律，悉以为令。施行制度，以此设教，违令有罪则入律。凡律令合二千九百二十六条，十二万六千三百言，六十卷，故事三十卷。泰始三年，事毕，表上……武帝亲自临讲，使裴楷执读。四年正月，大赦天下，乃班新事。

《晋律》20篇的篇名，史文未尽列，据《唐六典》卷6《尚书刑部》所载，《晋律》之篇名为：

> 晋氏受命……命贾充等十四人，增损汉魏律为二十篇，一《刑名》，二《法例》，三《盗律》，四《贼律》，五《诈伪》，六《请赇》，七《告劫》，八《捕律》，九《系讯》，十《断狱》，十一《杂律》，十二《户律》，十三《擅兴律》，十四《毁律》，十五《卫官》，十六《水火》，十七《厩律》，十八《关市》，十九《违制》，二十《诸侯》，凡一千五百三十条。

《晋书·刑法志》谓《晋律》20篇计620条，《唐六典》则说是1530条，两个数字相差甚巨，前数不及后数之半，检《通典》卷164《刑制中》有云：

> 齐武帝令删定郎王植之，集注张杜旧律，合为一书，凡千五百三十条。事未施行，其文殆灭。

原来南朝宋齐相沿，承用张斐、杜预所注《晋律》，至南齐永明七年（489），尚书删定郎王植（或作王植之），奉命撰定律章，王植即采张杜二家之书，调整合并为一书，《南齐书》卷48《孔稚珪传》载其事云：

> 先是七年，尚书删定郎王植撰定律章表奏之，曰："臣寻《晋律》，文简辞约，旨通大纲，事之所质，取断难释。张斐、杜预周注一章，而生杀永殊。自晋泰始以来，唯斟酌参用……陛下……爰发德音，删正刑律，敕臣集定张、杜二注。谨砺愚蒙，尽思详撰，削其烦害，录其尤衷。取张注七百三十一条，杜注七百九十一条。或二家两释，于义乃备者。又取一百七条。其注相同者，取一百三条。集为一书。凡一千五百三十二条，为二十卷。请付外详校，摘其违谬。"从之。于是公卿、八座参议考正旧注。有轻重处，竟陵王子良下意，多使从轻。其中朝议不能断者，制旨平决。至九年，稚珪上表曰："臣与公卿、八座共删注律……始应民立律文二十卷，录叙一卷，凡二十一卷。今以奏闻，请付外施用，宜下四海。"

传文中记王植取张、杜二家注总数1532条，与《通典》《唐六典》的1530条基本吻合。《晋书·刑法志》所记条数，当为《晋律》修讫时20篇的总条数，而《唐六典》则采用了王植将张、杜二家律注合并后的总条数，故两处条数相差甚远。

晋代在刑法理论方面的贡献较为突出。这主要体现在晋明法掾张斐对新律精神的阐述上，其对《晋律》的注释颇有创见，值得重视。这里节选部分内容如次。

《晋书》卷30《刑法志》谓：

> （泰始）四年正月，大赦天下，乃班新律。其后，明法掾张斐又注律，表上之，其要曰：……夫律者，当慎其变，审其理。若不承用诏书，无故失之刑，当从赎。谋反之同伍，实不知情，当从刑。此故失之变也。卑舆尊，皆为贼。之加兵刃水火中，不得为戏，之重也。向信室庐室径射，不得为过，失之禁也。都城人众中走马杀人，当为贼贼之似也。过失似贼，戏似，而杀伤傍人，又似误，盗伤缚守似强盗，呵人取财似受赇，囚辞所连似告劾，诸勿听理似故纵，持质似恐

獨。如此之比，皆伪无常之格也。

五刑不简，正于五罚，五罚不服，正于五过，意善功恶，以金赎之。故律制，生罪不过十四等，死刑不过三，徒加不过六，囚加不过五，累作不过十一岁，累笞不过千二百，刑等不过一岁，金等不过四两。月赎不计日，日作不拘月，岁数不疑闰。不以加至死，并死不复加。不可累者，故有并数；不可并数，乃累其加。以加论者，但得其加；于加同者，连得其本。不在次者，不以通论。以人得罪与人同，以法得罪与法同。侵生害死，不可晋其防；亲疏公私，不可常其教。礼乐崇于上，故降其刑；刑法闲于下，故全其法。是故尊卑叙，仁义明，九族亲，王道平也……

夫刑者，司理之官；理者，求情之机；情者，心神之使。心感则情动于于，而形于言，畅于四支，发于事业。是故奸人心愧而面赤，内怖而色夺。论罪者务本其心，审其情，精其事，近取诸身，远取诸物，然后乃可以正刑。仰手似乞，俯手似夺，捧手似谢，拟手似诉，拱臂似自首，攘臂似格，矛壮似威，怡悦似福，喜怒优欢，貌在声色。奸真猛弱，候在视息。出口有言当为告，下手有禁当为贼，喜子杀怒子当为戏，怒子杀喜当为贼。诸如此类，自非至精不能极其理也……

南朝时，刘宋完全援用《晋律》。南齐曾拟订律令，但未颁行，实际实施的仍是《晋律》。至梁、陈时，才对律令加以修改。

《隋书》卷 25《刑法志》云：

梁武帝……时……得齐时旧郎济阳蔡法度，家传律学，云齐武时，删定郎王植之，集注张、杜旧律，合为一书，凡一千五百三十条，事未施行，其文殆灭。法度能言之。于是以为兼尚书删定郎，使损益植之旧本，以为梁律。天监元年八月，乃下诏曰："律令不一，实难云弊。杀伤有法，昏墨有刑，此盖常科，易为条例。至如三男一妻，县首造狱，事非虑内，法出恒钧。前王之律，后王之令，因循创附，良各有以。若游辞费句，无取于实录者，宜悉除之。求文指录，可适变者，载一家为本，用众家以附。丙丁俱有，则去丁以存丙。若丙丁二事，注释不同，则二家兼载。咸使百司，议其可不，取其可安，以为标例。宜云'某等如干人同议，以此为长'，则定以为梁律。留尚书比部，悉使备文，若班下州郡，止撮机要。可无二门侮法之弊。"

法度又请曰："魏、晋撰律，止关数人，今若皆谘列位，恐缓而无决。"

又云：

陈氏承梁季丧乱，刑典疏阔。及武帝即位，思革其弊，乃下诏曰："朕闻唐、虞道盛，设画象而不犯，夏、商德衰，虽孥戮其未备。洎乎末代，纲目滋繁，矧蜀乱离，章遗紊。朕始膺实厉，思广政权，外可搜举良才，删改科令，群僚博议，务存平简。"于是稍求得梁时明法吏，令与尚书删定郎范泉，参定律令。又来尚书仆射沈钦、吏部尚书徐陵、兼尚书左丞宗元饶、兼尚书左丞贺朗参知其事，制《律》三十卷，《令律》四十卷。采酌前代，条流冗，纲目虽多，博而非要。

北朝时期各国大都比较注重封建法律的修订，其中北魏和北齐律令，上承汉魏，下启隋唐，在中国古代刑法史上起着承前启后的作用。

关于《北魏律》的制定，《文献通考》卷165《刑考四》有云：

道武既平定中原，患旧制太峻，命三公郎王德除其酷法，约定科令。

又《文献通考》卷165《刑考四》云：

太武帝……正平中，又命太子少傅游雅、中书侍郎胡方回等改定律制，凡三百七十条，门房之诛四，大辟百四十五，刑二百二十一。

又《通典》卷164《刑二》云：

孝文帝……又令高闾修改旧文，随便增减。凡八百三十二章，门房之诛十有六，大辟深究罪二百三十五，刑三百七十七。

《北魏律》凡20篇，据《唐六典》注称"史失篇名"，《唐律疏议》引有《刑名》《法例》《宫卫》《违制》《户律》《厩牧》《擅兴》《贼律》《盗律》《斗律》《系讯》《诈伪》《杂律》《捕亡》《断狱》等15篇。

《北齐律》是在总结历代定律经验的基础上制定的，特别是吸取了汉魏以后立法和司法的实践经验，又经律学家长期编纂，故以"法令明审，科条简要"而著称。

《通典》卷164《刑制中》载：

> 北齐文宣帝受禅后，命群官刊定魏朝《麟趾格》。又议造《齐律》，积年不成。其决狱犹依魏旧（式）。

> 武成帝河清三年，尚书令、赵郡王睿等，奏上《齐律》十二篇：一曰《名例》，二曰《禁卫》，三曰《（卢婚）[婚户]》，四曰《擅兴》，五曰《违制》，六曰《诈（欺）[伪]》，七曰《斗讼》，八曰《贼盗》，九曰《捕断》，十曰《毁损》，十一曰《厩牧》，十二曰《杂》。其定罪，九百四十九条。又上《新令》三十卷，大抵采魏晋故事。

《北齐》律又列"重罪十条"，成为后世法典的重要内容之一。

《通典》卷164《刑制中》载：

> 又列重罪十条：一曰反逆，二曰大逆，三曰叛，四曰降，五曰恶逆，六曰不道，七曰不敬，八曰不孝，九曰不义，十曰内乱。其犯十（罪）者，不在八议论赎之限。是后法令明审，科条简要，又敕仕门子弟，常讲习之，故齐人多晓法律。其不可为定法者，别制《权令》二卷，与之并进。（具《舞絭篇》。）

二 刑名

《魏律》刑名为死刑、髡（徒）刑、完刑、作刑、赎刑、罚金、杂抵罪7种。

《晋书》卷30《刑法志》云：

> 改汉旧律不行于魏者皆除之，更依古义制为五刑。其死刑有三，髡刑有四，完刑、作刑合三，赎刑十一，罚金六，杂抵罪七，凡三十七名，以为律首。又改贼律，但以言语及犯宗庙园陵，谓之大逆无道，要斩，家属从坐，不及祖父母、孙。至于谋反大逆，临时捕之，或汙潴，或枭菹，夷其三族，不在律令，所以严绝恶迹也。贼斩杀人，以劫而亡，许依古义，听子得追杀之。会赦及过误相杀，不得报仇，所以止杀害也。正杀继母，与亲母同，防继假之隙也。

《晋律》制定刑名5种，即大辟、髡、赎、杂抵罪及罚金。与汉魏相比，刑罚有所减省，因而被称为"简志"。

《晋书》卷30《刑法志序》云：

> 世祖武皇帝接三统之微，酌千年之范，乃命有司，大明刑宪。于时诏书颁新法于天下，海内同轨，人甚安之。条纲虽没，称为简志。

又同书同卷《刑法志》云：

> 魏文帝……旁采汉律，定为魏法……更依古义制为五刑。其死刑有三，髡刑有四，完刑、作刑各三，赎刑十一，罚金六，杂抵罪七，凡三十七名，以为律首……文帝为晋王……令贾充定法律……蠲其苛秽，存其清约，事从中兴，归于益时……减枭斩族诛从坐之条……省禁锢相告之条，去捕亡、亡设为官奴婢之制。轻过误、老、少、女人，当罚金杖罚者，皆令半之。

南朝各代刑名的制定，多本魏晋，虽间有变化，但没有大的出入。
南朝刑法的特点是颇重清议。《隋书》卷25《刑法志》云：

> 梁……士人有禁锢之科，亦有轻重为差，其犯清议，则终身不齿。

又云：

> 陈……武帝……定律令，其制唯重清议禁锢之科。若缙绅之族，犯亏名教，不孝及内乱者，发诏弃之，终身不齿。先与士人为婚者，许妻家夺之。

北魏刑罚严峻，以杀戮立威，所制刑名，名目繁杂。《魏书》卷1《帝纪一》谓：

> （穆皇帝）八年，晋帝进帝为代王……先是，国俗宽简，民未知禁。至是，明刑峻法，诸部民多以违命得罪。凡后期者皆举部戮之，或有室家相携而赴死所，人问"何之"，答曰"当往就诛"。

又《文献通考》卷165《刑考四》谓：

> 道武……季年被疾，刑法滥酷，太宗承之，吏文亦深。

又《通典》卷164《刑制中》谓：

> 至太武帝神中，诏崔浩定律令。除五岁、四岁刑，增一年刑。大逆不道腰折，诛其同籍，年十四以下腐刑，女子没县官。害其亲者，帐之。为蛊毒者，男女皆斩，焚其家。巫蛊者，负羖羊，抱犬，沈诸泉。当刑者赎，贫则加鞭二百。几内人富者烧炭于山，贫者役于圊圂，女子入舂稿，其瘤疾不逮于人，守苑囿。王官阶九品，得以官爵除刑，妇人当刑而孕，产后百日乃决。

至孝文帝时，刑罚才有所减省。《通典》卷164《刑制中》谓：

> 故事，斩皆裸形伏。[孝文]太和初，制不令裸刑……除群行剽劫首谋门诛，律重者止枭首。

又《魏书》卷7上《高祖孝文帝纪上》谓：

> 太和五年，三月……诏曰：……其五族者，降止同祖；三族，止

一门；门诛，止身。

《北齐律》制定刑名五种，即死、流、刑、鞭、杖。其中死刑有轘、枭首、斩、绞四等；流刑不分等，并服苦役六年；徒刑自一年至五年五等；鞭刑五等；杖刑三等，通计十八等。

《通典》卷164《刑制中》载：

> 其制，刑名五：一曰死。重者轘之，其次枭首，并陈尸三日，无市者列于乡亭；其次斩刑，殊身首；其次绞刑，列而不殊。凡四等。二曰流刑。谓论犯可死，原情可降，鞭笞各百，髡之，投之边裔，以为兵卒，未有道理之差。其不合远配者，男子长徒，女子配舂，并六年。三曰刑罪。即耐罪也。有五岁、四岁、三岁、二岁、一岁之差，凡五等。各加鞭百。其五岁者，又加笞八十，四岁者六十，三岁者四十，二岁者二十，一岁者无笞。并锁输作左校而不髡。无保者钳之。妇从配舂及掖庭织。四曰鞭。二百、八十、六十、五十、四十之差，凡五等。五曰杖。有三十、二十、一十之差，凡三等。当加者上就次，当减者下就次。

北周《大律》刑名为杖、鞭、徒、流、死五种，其中徒刑仍为高限五年；流刑六年；死刑为磬、绞、斩、枭首、裂五等，其余也都各为五等。

《通典》卷164《刑制中》载：

> 其制罪：一曰杖刑五，自十至五十。二曰鞭刑五，自六十至于百，三曰徒刑五，徒一年者，鞭六十，笞十；徒二年者，鞭七十，笞二十；徒三年者，鞭八十，笞三十；徒四年者，鞭九十，笞四十；徒五年者，鞭百，笞五十。四曰流刑五，流卫服，去皇几二千五百里者，鞭百，笞六十；流要服，去皇三千里者，鞭百，笞七十；流荒服，去皇三千五百里者，鞭百，笞八十；流镇服，去皇四千里者，鞭百，笞九十；流藩服，去皇四千五百里者，鞭百，笞百。五曰死刑五，一曰磬，二曰绞，三曰斩，四曰枭，五曰裂。五刑之属各有五，合二十五等。

第十八章　哲学与政治思想的发展

魏晋南北朝是中国思想文化史上颇具特色的历史时期。它走过了一段激流险滩、峰回路转的航程，在中国思想史上留下了辉煌的一页。这一时期，由于魏晋思想的觉醒，哲学与政治思想发展到了一个新的阶段。如汉末三国时期的重天、重名教的思想嬗变为重人、重人谋和重人才的思想；魏末晋初，产生了以客观唯心主义为基础的玄学；两晋时期，一些进步思想家开启了中国人民批判封建专制君权的优良传统；南北朝时期，又诞生了神灭论与物种变异学说。因此可以说，魏晋南北朝是我国政治与哲学思想的一个大放异彩的时代。

第一节　魏晋思想的觉醒

黄巾起义以后，东汉王朝的统治坍塌了，天（神）人合一与独尊儒术思想也随之动摇与式微，以儒学为核心的封建社会典章制度、伦理规范、等级名分等也受到怀疑甚至抨击。就北方而言，曹操和仲长统的思想可以说明这一问题。

曹操不信天命、鬼神，认为人可以长寿，但无法长生不死，至于得道成仙则是虚无"未闻"之事。这种思想在他的一些诗歌中有较多表露。

《文选》卷24引曹植《赠白马王彪诗》李善注谓：

> 魏武帝《善哉行》：痛哉世人，见欺神仙。

又《乐府诗集》卷36《秋胡行》谓：

> 天地何长久，人道居之短……世言伯阳，殊不知老。赤松王乔，

亦云得道。得之未闻，庶以寿考。

又《三国志》卷1《武帝纪》注引《魏书》谓：

太祖……秉政，遂除奸邪鬼神之事，世之淫祀由此遂绝。

曹操反对天命、鬼神，认为自己所处的时代，是"特求贤之急时"；他不求天，不求神，而求贤能之人。他反对用人因德废才的做法，这是对汉朝独尊儒术的否定。

《乐府诗集》卷27引曹操《度关山》谓：

天地间，人为贵。

又同书卷36《秋胡行》谓：

二仪合圣化，贵者独人不。

又《三国志》卷1《武帝纪》注引《魏书》谓：

昔伊挚、傅说出于贱人，管仲，桓公贼也，皆用之以兴。萧何、曹参，县吏也，韩信、陈平负汙辱之名，有见笑之耻，卒能成就王业，声著千载……或不仁不孝而有治国用兵之术：其各举所知，勿有所遗。

仲长统是与曹操同时代的人。他反对汉朝以天道为本，以人事为末的说教，提出"人事为本，天道为末"的主张，认为"无天道之学"，奉行天命的皇帝，俱是下愚之主。

《群书治要》引仲长统《昌言》谓：

故审我己善不复恃守天道，上也；疑我未善，引天道以自济者，其次也；不求诸己而求诸天者，下愚之主也。

仲长统不仅否定天道，还否定"王道三纲"，从而使统治者赖以统治人民的三纲六纪发生了动摇。他说到父子关系问题，《群书治要》引仲长统《昌言》谓：

> 父母怨咎人不以正，己审其不然，可违而不可报也；父母欲与人以官位爵禄，而才实不可，可违而不可从也；父母欲为奢泰侈靡，以适心快意，可违而不许也；父母不好学问，疾子孙为止，可违而学也；父母不好善士，恶子孙交之，可违而友也；士友有患故，待己而济，父母不欲其行，可违而往也。

蜀汉的诸葛亮也反对天道。他与汉代宣扬天人合一，人神合一的思想相反，而是重人不重天、不重神，强调人的作用。
《诸葛亮集·文集》卷2《阴符经序》谓：

> 造化在乎手，生死在乎人。

诸葛亮主张对于国事要"治实不治名"，重视多见多闻，认为人的作用是最重要的。
《三国志》卷35《诸葛亮传》注引《袁子》谓：

> （诸葛亮）治实不治名。

又谓：

> 多见为智，多闻为神。

又《诸葛亮集·文集》卷3《便宜十六策·视听》谓：

> 万物当其目，众音佐其耳。

诸葛亮"集思广益"的话，是一句带有民主性的名言，也是他办事的原则，即要听察采纳众家之言，而不是个人专断。

《三国志》卷39《董和传》谓：

（诸葛亮）集众思，广忠益。

又同上《便宜十六策·视听》谓：

听察采纳众下之言，谋及庶士。

与诸葛亮同时代的孙吴杨泉，是一位反对天命鬼神的唯物论者。他撰写了名著《物理论》卷16，惜全书今不存，仅有后人的辑本。从辑本中亦可看出：杨泉认为天地间万事万物，无不由"元气"陶化、播流而产生。

辑本《物理论》谓：

夫天，元气也……皓然而已，无他物焉。
星者，元气之英也……气而发升，精华上浮，宛转随流，名之曰天河，一曰云汉，众星出焉。
激气成风，涌气成雨……热气散而为电。

又谓：

人，含气而生，精尽而死。死犹澌也，灭也。譬如火焉，薪尽而火灭，则无光矣。故火灭之余，无遗炎焉；人死之后，无遗魂矣。

随着以儒学独尊为内核的文化模式的崩解，新的学说与观念乘机而起，构成一幅色彩缤纷的文化多元走向的图景。

第二节　玄学的分派与论辩

玄学是魏晋南北朝时期哲学思想的主流。玄学原本伏流于两汉，创始于曹魏，正统的玄学家当推何晏与王弼。他们由研究名理而发展到无名，虽然把无名凌驾于有名之上，但不反对名教。到了两晋时期的思想主流，是综合儒道两派的玄学。这种思想至此已缺乏生机，尤其是"八王之乱"以后，那种以自然为本，以名教为末，名教即自然的老调，已经是言者谆谆，听者藐藐了。持此论者甚至被指责清谈误国，是西晋乱亡的原因之一。当时玄学以嵇康、鲍敬言等人的思想具有生命力。

何晏、王弼的"贵无论"是其宇宙本源说的核心。何晏在理论上的重要贡献，在于首次提出了玄学的"无"与"无为"。

《晋书》卷43《王戎传附从弟衍传》谓：

> 魏正始中，何晏、王弼等祖述《老》《庄》，立论以为：天地万物皆以无为本，无也者，开物成务，无往不存者也。阴阳恃以化生，万物恃以成形，贤者恃以成德，不肖恃以免身。故无之为用，无爵而贵矣。

嵇康提出了带有民主性的政治思想——"以天下为公"。
《嵇康集·难自然好学论》谓：

> 洪荒之世，大朴未亏。君无文于上，民无竞于下，物全理顺，莫不自得。

鲍敬言反对君主专制主义，认为君不是天授，"有君"是一切祸害的总根源。
《抱朴子·外篇》卷48《诘鲍篇》谓：

> 儒者曰："天生烝民而数之君。"岂其皇天谆谆言，亦将欲者为辞哉？夫强者凌弱，则弱者服之矣。智者诈愚，则愚者事之矣。服之，故君臣之道起焉。事之，故力寡之民制焉。

一　何晏与王弼

何晏与王弼虽都标榜"无""无为"，但二人的说法有质的区别。何晏把"无"和"有"对立起来，倡言圣人无喜怒哀乐怨；而王弼认为"圣人体无"，但"无"产生"有"，这就是"五情"喜怒哀乐怨。"无"和"有"并非对立的关系，而是第一性和第二性的关系。

先叙何晏。

何晏（190—249）字叔平，南阳宛人。正始初年，曹爽辅政，为散骑常侍，迁侍中，任吏部尚书。何晏与王弼等倡导玄学，后遭司马懿杀害。著有《道德论》《贵无论》和《论语集注》等。

何晏、王弼的"贵无论"是其宇宙本源说的核心。何晏在理论上的重要贡献，在于首次提出了玄学的"无"与"无为"。

何晏以为"无"与"无为"可生宇宙万物，这种"无"与"无为"即是"道"。

《列子》卷1《天瑞篇》张湛《注》引何晏《道论》云：

> 有之为有，恃无以生，事而为事，由无而成。夫道之无语，名之而无名，试之而无形，听之而无声，则道之全焉。故能昭音响而除气物，包形神而彰无影。玄以之黑，素以之白。矩以之方，规以之员。员方得形，而此无形。黑白得名，而此无名也。

又《列子》卷4《仲尼篇》注引何晏《无名论》云：

> 夫道者，唯无所有者也。自天地以来，皆有所有矣，然犹谓之道者，以其能复用无所有也。故虽处有名之域，而没其无名之象，由以在阳之远体，而忘其自有阴之远类也。夏侯玄云："天地以自然运，圣人以自然用。"自然者，道也。道本无名，故老氏曰："疆为之名。"仲尼称尧"荡荡无能名焉"，下云"巍巍成功"，则疆为之名，取世所知而称耳，岂有名而更当云无能名者邪？夫惟无名，故可得徧以天下之名名之，然岂其名也哉？惟此足喻，而终莫悟，是观泰山崇崛而谓元气不浩浩者也。

何晏以为"道"是"无""无为"，而且"无名"。

《列子》卷4《仲尼篇》注引何晏《无名篇》云：

> 为民所誉，则有名者以无誉无名者也。若夫圣人，名无名，誉无誉，谓无名为道，无誉为大，则夫无名者可以言有名矣，无誉者可以言有誉矣。然与夫可誉可名者，岂同用哉？此比于所有，故皆有所有

矣。而于有所有之中，当与无所有相从，而与夫有所有者不同。同类无远而相应，异类无近而相违。

次叙王弼。

王弼（226—249）字辅嗣，山阳高平人。自幼聪慧，善于清谈，辞才逸辩，为当时名士所称赞。曾任尚书郎，与何晏、夏侯玄等人同开玄学清谈之风。著有《周易注》《周易略例》《老子注》和《论语释疑》等。

王弼认为凡"有"皆生于"无"，"无"生万物。

《老子注》1章谓：

> 凡有皆始于无。故未形无名之时，则为万物之始。及其有形有名之时，则长之、育之、亭之、毒之，为其母也。

又《晋书》卷43《王戎传附从弟衍传》谓：

> 何晏、王弼等祖述《老》《庄》，立论以为天地万物皆以无为本。

王弼也标榜"无"及"无为"，但其说法与何晏有所不同。何晏认为圣人无喜怒哀乐，而王弼则以为不然。

《三国志》卷28《钟会传》注云：

> 何晏以为圣人无喜怒哀乐，其论甚精……弼与不同，以为圣人茂于人者神明也，同于人者五情也，神明茂，故能体冲和以通无，五情同，故不能无哀乐以应物，然则，圣人之情，应物而无累于物者也。今以其无累，便谓不复应物，失之多矣。

王弼认为"无"就是"道"，道法自然，万物由"道"而生，他提出"名教本于自然"的见解。

《老子注》34章云：

> 万物皆由道而生，既生而不知其所由，故天下常无欲之时，万物各得其所。

又《周易注》云：

> 统说观之为道，不以刑制使物，不以观感化物者也。神，则无形者也。不见天之使四时而四时不忒，不见圣人之使百姓而百姓自服也。

王弼认为"名教"出于"自然"，他从哲学上对"自然"和"名教"进行辨析，指出万物皆从"自然"而来，只可顺应自然，而不可违背自然。

《老子注》29章云：

> 万物以自然为性，故可因而不可为也，可通而不可执也。物有常性，而造为之，故不必败也。物有往来，故必失矣。

又《论语释疑》云：

> 故则天成化，道同自然，不私其子而君其臣，凶者自罚，善者自功，功成而不立其誉，罚加而不任其刑，百姓日用而不知其所以然，夫又何名也。

王弼提倡"无名"与不尚名。

又《老子注》28章云：

> 本在无为，母在无名。弃本舍母，而适其子。功虽大焉，必有不济。名虽美焉，伪亦必生。

同书38章云：

> 用不以形，御不以名。故名，仁义可显，礼敬可彰也。夫载之以大道，镇之以无名，则物无所尚，志无所营，各任其贞事用其诚，则仁德厚，行义正焉，礼敬清焉。弃其所载，舍其所生，用其成形，役

其聪明，仁则诚焉，义其竞焉，礼其争焉。故仁德之厚，非用仁之所能也。行义之正，非用义之所成也。礼敬之清，非用礼之所济也。载之以道，统之以母，故显之而无所尚，彰之而无所竞。用夫无名，故名以笃焉。用夫无形，故形亦成焉。守母以成其子，崇本以举其末，则形名俱有而邪不生，大美配天而华不作。故母不可远，本不可失。仁义，母之所生，非可以为母。形器，匠之所成，非可以为匠也。舍其母而用其子，弃其本而适其末，名则有所分，形则有所止，虽极其大，必有不周。虽盛其美，必有忧患。功在为之，岂足处也。

王弼的崇尚事功以及"无私于物，唯贤是与"的政治观念，目的在使人"无避无应，尽用其情，各言所知，各为所能"。

《老子注》29章云：

能者与之，资者取之。能大则大，资贵则贵。物有其宗，事有其主。如此则可冕旒充目而不惧于欺，黈纩塞耳而无戚于慢，又何为劳一身之聪明以察百姓之情哉？夫以明察物，物亦竞以其明应之；以不信察物，物亦竞以其不信应之。夫天下之心不必同，其所应不敢异，则莫肯用其情矣。甚矣害之大也，莫大于用其明矣。夫在智则人与之讼，在力则人与之争。智不出于人而立乎讼地，则穷矣。力不出于人而立乎争地，则危矣。未有能使人无用其智力乎己者也。如此，则已以一敌人，而人以千万敌已也。若乃多其法网，烦其刑罚，塞其径路，攻其幽宅，则万物失其自然，百姓丧其手足，鸟乱于上，鱼乱于下。是以圣人之于天下歙歙焉心无所主也，为天下浑心焉，意无所适莫也。无所察焉，百姓何避？无所求焉，百姓何应？无避无应，则莫不用其情矣。人无为舍其所能而为其所不能，舍其所长而为其所短。如此，则言者言其所知，行者行其所能。百姓各皆注其耳目焉，吾皆孩之而已。

二　嵇康与阮籍

嵇康与阮籍关于"名教"和自然的观点，是曹魏和司马氏统治集团相互斗争的产物。嵇、阮崇尚自然，鄙夷礼法，提出"越名教而任自然"的口号。

《嵇康集·难自然好学论》谓：

> 造立仁义，以婴其心；制其名分，以检其外；劝学讲文，以神其教。故六经纷错，百家繁炽，开荣利之涂，故奔骛而不觉。

《阮籍集》卷上《大人先生传》谓：

> 汝君子之礼法，诚天下残贼、乱危、死亡之术耳，而乃目以为美行不易之道，不亦过乎！今吾乃飘摇于天地之外，与造化为友，朝飧阳谷，夕饮西海，将变化迁易，与道周始。此之于万物岂不厚哉！

先叙嵇康。

嵇康（223—262）字叔夜，谯国铚县（今安徽宿县西南）人，博览群书，好《老》《庄》之学，拜中散大夫，世称"嵇中散"，是三国魏哲学家、文学家、音乐家，因拒绝与司马氏合作，被司马昭杀害。著有《养生论》《太师箴》《难张辽叔自然好学论》《释私论》和《声无哀乐论》等，有《嵇中散集》十卷传世。

嵇康第一次提出"越名教而任自然"的口号，他反对何晏、王弼一派玄学家把儒家的名教说成宇宙的一种绝对精神，这种绝对精神是派生万物的本源。嵇康认为名教，"仁义""廉让"并"非自然所出"。

《嵇康集·难自然好学论》谓：

> 六经以抑引为主，人性以从欲为欢。抑引则违其愿，从欲则得自然。然则自然之得，不由抑引之六经；全性之本，不须犯情之礼律。故仁义务于理伪，非养真之要术；廉让生于争夺，非自然之所出也……今之学者岂不先计而后学邪？苟计而后动，则非自然之应也。

嵇康主张自然，鄙夷礼法。

《三国志》卷21《王粲传》注引《嵇康传》云：

> 以为神仙者，禀之自然，非积学所致。超然独达，遂放世事，纵意于尘埃之表。撰录上古以来圣贤、隐逸、遁心、遗名者，集为传

赞，自混沌至于管宁，凡百一十有九人，盖求之于宇宙之内，而发之乎千载之外者矣。故世人莫得而名焉。

又《嵇康集·释私论》谓：

夫称君子者，心无措乎是非，而行不违乎道者也。何以言之？夫气静神虚者，心不存于矜尚；体亮心达者，情不系于所欲。矜尚不存乎心，故能越名教而任自然；情不繫系于所欲，故能审贵贱而通物情。物情顺通，故大道无违；越名任心，故是非无措也。

嵇康认为天地之间客观存在的"声音"是无哀乐的，与有哀乐的人的主观情感是"二物"，从而正确地区别了客观的声音和主观的情感之间的差异。

《嵇康集·声无哀乐论》谓：

外内殊用，彼我异名。声音自当以善恶为主，则无关于哀乐；哀乐自当以情感而后发，则无系于声音。名实俱去，则尽然可见矣……声音以平和为体，而感物无常。心志以所俟为主，应感而发。然则声之与心，殊途异轨，不相经纬，焉得染太和于欢戚，缀虚名于哀乐哉？

嵇康认为命定之说不可信。
《嵇康集·声无哀乐论》谓：

夫推类辨物，当先求之自然之理；理已定，然后借古义以明之耳。今未得之于心，而多恃前言以为谈证，自此以往，恐巧历不能纪。

嵇康提出形神相即的观点，认为精神与形体之间，有着相互依存的关系。他主张"少私寡欲"，消极养生。
《嵇康集·养生论》谓：

> 君子知形恃神以立，神须形以存，悟生理之易失，知一过之害生。故修性以保神，安心以全身，爱憎不栖于情，忧喜不留于意，泊然无感而体气和乎；又呼吸吐纳，服食养身，使形神相亲，表里俱济也。

又云：

> 清虚静泰，少私寡欲。知名位之伤德，故忽而不营，非欲而强禁也。识厚味之害性，故弃而弗顾，非贪而后抑也。外物以累心不存，神气以醇白独著。旷然无忧患，寂然无思虑，又守之以一，养之以和，和理日济，同乎大顺。然后蒸以灵芝，润以醴泉，晞以朝阳，绥以五弦，无为自得，体妙心玄，忘欢而后乐足，遗生而后身存，若此以往，庶可与羡门比寿，王乔争年。

次叙阮籍。

阮籍（210—263）字嗣宗，陈留尉氏（今河南尉氏县）人，为人放达，好老庄之学。曾任步兵校尉等职，世称"阮步兵"。曹魏著名的文学家和思想家。著有《乐论》《通易论》《达庄论》和《大人先生传》等。

阮籍思想可分为三个时期，早期的阮籍有济世之志，崇尚儒学，本属有为。

《晋书》卷49《阮籍传》谓：

> 籍本有济世志，属魏晋之际，天下多故，名士少有全者，籍由是不与世事，遂酣饮为常。

《阮籍集》卷上《乐论》谓：

> 尊卑有分，上下有等，谓之礼；人安其生，情意无哀，谓之乐……礼逾其制，则尊卑乖；乐失其序，则亲疏乱。礼定其象，乐平其心；礼治其外，乐化其内。礼乐正而天下平。

又同上《通易论》谓：

"先王"何也，大人之功也。故"建万国，亲诸侯"，树其义也；"作乐""荐上帝"，正其命也；"省方、观民"，施其令也；"明罚勑法"，督其正也；"闭关""不行"，静民乱也；茂时畜德，应显其福也；"享帝立庙"，昭其禄也；称圣王所造，非诚平之谓也。

中期的阮籍调和儒道，提出道法自然，向往无贫贱富贵、无君主礼法的社会。

《阮籍集》卷上《通老论》谓：

圣人明于天人之理，达于自然之分，通于治化之体，审于大慎之训。故君臣垂拱，完太素之朴；百姓熙怡，保性命之和……道者，法自然而为化。侯王能守之，万物将自化。《易》谓之太极，《春秋》谓之元，《老子》谓之道。

又同书同卷《通易论》谓：

《易》顺天地，序万物。方圆有正体，四时有常位，事业有所丽，鸟兽有所萃，故万物莫不一也……是故圣人以建天下之位，守尊卑之制，序阴阳之适，别刚柔之节。顺之者存，逆之者亡，得之者身安，失之者身危。

晚期的阮籍反对礼教，讥笑礼法之士为裈中之虱，倡导"无君"之说。

《晋书》卷49《阮籍传》谓：

籍曰："礼岂为我设！"……籍著《大人先生传》，其略曰："世人所谓君子，惟法是修，惟礼是克。"手执圭璧，足履绳墨。行欲为目前检，言欲为无穷则。少称乡党，长闻邻国。上欲图三公，下不失九州牧。独不见群虱之处裈中。逃乎深缝，匿乎坏絮，自以为吉宅也。行不敢离缝际，动不敢出裈裆，自以为得绳墨也。然炎丘火流，焦邑灭都，群虱处于裈中而不能出也。君子之处域内，何异夫虱之处裈中乎!

又《阮籍集》卷上《大人先生传》云：

> 汝君子之处寰区之内，亦何异夫虱之处裈中乎？盖无君而庶物定，无臣而万事理，保身修性，不违其纪。惟兹若然，故能长久。今汝造音以乱声，作色以诡形，外易其貌，内隐其情，怀欲以求多，诈伪以要名。君立而虐兴，臣设而贼生。坐制礼法，束缚下民。欺愚诳拙，藏智自神。强者睽眠而凌暴，弱者憔悴而事人。假廉以成贪，内险而外仁。罪至不悔过，幸遇则自矜。驰此以奏除，故循滞而不振。
>
> 夫无贵则贱者不怨，无富则贫者不争，各足于身而无所求也。

阮籍的哲学观点与政治思想，较之何晏、王弼的"贵无论"前进了一步，然而由于"魏晋之际，天下多故，名士少有全者"的社会现实，形成其消极的自然主义人生观。

《阮籍集》卷上《达庄论》谓：

> 人生天地之中，体自然之形。身者，阴阳之精气也。性者，五行之正性也。情者，游魂之变欲也。神者，天地之所以驭者也。以生言之，则物无不寿；推之以死，则物无不夭。自小视之，则万物莫不小；由大观之，则万物莫不大。殇子为寿，彭祖为夭。秋毫为大，泰山为小。故以死生为一贯，是非为一条也……故求得者丧，争明者失，无欲者自足，空虚者受实。夫山静而谷深者，自然之道也；得之道而正者。君子之实也。是以作智造巧者害于物，明著是非者危其身，修饰以显洁者惑于生，畏死而荣生者失其贞。

又同上《大人先生传》谓：

> 不避物而处，所睹则宁；不以物为累，所遇则成。彷徉足以舒其意，浮腾足以逞其情。故至人无宅，天地为客；至人无主，天地为所；至人无事，天地为故。无是非之别，无善恶之异，故天下被其

泽，而万物所以炽也。若夫恶彼而好我，自是而非人，忿激以争求，贵志而贱身，伊禽生而兽死，尚何显而获荣？悲夫，子之用心也！薄安利以忘生，要求名以丧体，诚与彼其无诡，何枯槁而遒死？子之所好，何足言哉？吾将去子矣。

三　向秀与郭象

向秀早年崇儒。他主张儒道互补，儒道合一，在宇宙本源说方面，与何晏、王弼的"本无"论相似而不相同。而郭象在向秀"以儒道为一"的思想基础上，力图化解"名教"与"自然"的矛盾，提出"名教"即"自然"的主张。

先叙向秀。

向秀，字子期，河内怀县人。清悟有远识，好《老》《庄》之学；曾任散骑侍郎，转黄门侍郎、散骑常侍。著有《儒道论》《庄子注》和《周易向氏义》等。

向秀早年崇尚玄学。

《世说新语》卷下之下《文学》云：

初，注《庄子》者数十家，莫能究其旨要。向秀于旧注外为解义，妙析奇致，大畅玄风。

又同书注引向秀《别传》谓：

秀与嵇康、吕安为友……后秀将注《庄子》，先以告康、安。康、安咸曰："此书讵复须注，徒弃人作乐事耳！"及成，以示二子。康曰："尔故复胜不？"安乃惊曰："庄周不死矣！"后注《周易》，大义可观，而与汉世诸儒互有彼此，未若隐《庄》之绝伦也。

向秀认为"万物"由"无"被动生成。

《列子》卷1《天瑞篇》张湛引向秀语云：

吾之生也，非吾之所生，则生自生耳。生生者岂有物哉？故不生也。吾之化也，非物之所化，则化自化耳。化化者岂有物哉？无物也，故不化焉。若使生物者亦生，化物者亦化，则与物俱化，亦奚异于物，明夫不生不化者，然后能为生化之本也。

向秀主张人性自然，反对清心寡欲，提倡物质享受，认为这就是"自然"。

《全晋文》卷72引向秀《难嵇叔夜〈养生论〉》谓：

口思五味，目思五色，感而思室，饥而求食，自然人之理也。但当节之以礼耳……燕婉娱心，荣华悦志，服飨滋味，以宣五情；纳御声色，以达性气。此天理之自然。

向秀于嵇康被杀后，畏祸改节，弃老庄之自然，遵周礼之礼教。
《世说新语》卷上之上《言语》云：

嵇中散既被诛，向子期举郡计入洛，（司马）文王引进，问曰："闻君有箕山之志，何以在此？"对曰："巢、许狷介之士，不足多慕！"王大咨嗟。

又注引《向秀别传》云：

（秀）少为同郡山涛所知，又与谯国嵇康、东平吕安友善，并有拔俗之韵，其进止无不同，而造事营生业亦不异。常与嵇康偶锻于洛邑，与吕安灌园于山阳，不虑家之有无，外物不足怫其心。弱冠著《儒道论》……后康被诛，秀遂失图，乃应岁举到京师，诣大将军司马文王。文王问曰："闻君有箕山之志，何能自屈？"秀曰："常谓彼人不达尧意，本非所慕也。"一坐皆悦，随次转至黄门侍郎、散骑常侍。

《庄子注》的作者是向秀还是郭象，迄今仍属悬案。今以《世说新语·文学》刘孝标注为例，于二家思想，不复划分。
《世说新语》卷上之上《文学》谓：

初，注《庄子》者有数十家，莫能究其旨要。向秀于旧注外为解义，妙析奇致，大畅玄风。惟《秋水》《至乐》二篇未竟而秀卒。秀子幼，义遂零落，然犹有别本。郭象者，为人薄行，有俊才，见秀义不传于世，遂窃以为己注。乃自注《秋水》《至乐》二篇，又易《马蹄》一篇，其余众篇，或定点文句而已。后秀义别本出，故今有向、郭二《庄》，其义一也。

又《晋书》卷49《向秀传》载：

庄周著内外数十篇，历世才士虽有观者，莫适论其旨统也。（向）秀乃为之隐解，发明奇趣，振起玄风，读之者超然心悟，莫不自足一时也。惠帝之世，郭象又述而广之。

次叙郭象。

郭象（252—312）字子玄，籍贯不详。少有才理，好老、庄，能清言；官至黄门侍郎，东海王越太傅府主簿。著有《论语体略》和《庄子注》等。

郭象以为"无"不能生"有"，物各自生，从而否定了何晏、王弼主张的"无"能生万物的观点。

《庄子注·齐物论》注云：

无既无矣，则不能生有，有之未生，又不能为生，然则生生者谁哉？块然而自生耳！自生耳，非我生也。我既不能生物，物亦不能生我，则我自然矣……而或者谓天籁役物使从己也，夫天且不能自有，况能有物哉？故天者也，万物之总名也。莫适为天，谁主役物乎？故物各自生，而无所出焉，此天道也。

郭象提出"名教"即"自然"的理论，指出天下万物原非完美无缺，冶锻为器是符合自然之理的。他认为体现有为的"名教"正是"自然"的表现。

《庄子注·大宗师》谓：

天下之初，未必皆自成也。自然之理，亦有须冶锻为器者耳。

又谓：

物无非天也，天也者自然也。人皆自然，则治乱成败，遇与不遇非认为也，皆自然耳。

又同上《逍遥游》谓：

天地者万物之总名也。天地以万物为体，而万物必以自然为正。

又同上《秋水》谓：

人之生也，可不服牛乘马乎？服牛乘马，可不穿落之手？牛马不辞穿落者，天命之固当也。苟当乎天命，则虽寄之人事，而本在乎天也。穿落之可也，若乃走作过分，驱步失节，则天理灭矣。不因其自为而故为之者，命其安在乎？

郭象认为"仁义"既是名教，也是人的自然性情；君臣上下等级名分，是"名教"，也是"天理自然"，大小之殊，各有定分。

《庄子注·骈姆》谓：

夫仁义自是人之情性，但当任之耳。恐仁义非人情而忧之者，真可谓多忧也。

又同上《人间世》谓：

千人聚，不以一人为主，不乱则散。故多贤不可以多君，无贤不可以无君。此天人之道，必至之宜。

又同上《齐物论》谓：

> 夫时之所贤者为君，才不屈世者为臣。若天之自高，地之自卑，首自在上，足之居下，岂有递哉！虽无错于当而必自当也。

郭象提出"内圣外王"与"神人即圣人"的观点，以调和"名教"与"自然"的矛盾。

《全晋文》卷75引郭象《庄子序》谓：

> 通天地之统，序万物之性，达死生之变，而明内圣外王之道，上知造物无物，下知有物之自造也。其言宏绰，其旨玄妙，至至之道，融微旨雅，泰然遣放，放而不敖。故曰不知义之所适，猖狂妄行，而蹈其大方。含哺而熙乎澹泊，鼓腹而游乎混芒。至人极乎无亲，孝慈终于兼忘，礼仪复乎巳能，忠信发乎天光。用其光则朴自成，是以神器独化于玄冥之境，而源流深长也。

又《庄子注·逍遥游》谓：

> 夫神人即今所谓圣人也。夫圣人虽在庙堂之上，然其心无异于山林之中，世岂识之哉？徒见其戴黄屋，佩玉玺，便谓足以缨绂其心矣；见其历山川，同民事，便谓足以憔悴其神矣；岂知至至者不亏哉！

第三节　进步思想家对封建专制君权的批判

形成于曹魏时期的正始玄风，逮至两晋，盛炽一时。当时最具生命力的是嵇康、鲍敬言、陶潜等人的思想，他们对儒学和封建专制君权发起了猛烈的抨击与批判。认为仁、礼、刑、教都是为"凭尊恃势"的封建君主所"造立"的，"君主益侈"，祸害益烈。而今"丧乱弘多""祸蒙山丘"的总根源就在于君位之侈和君主权力过大。嵇康主张废除君主和国家机器，他的"穆然以无事为业，坦尔以天下为公"的理想，从其反对专制主义及其所处时代来看，无疑是具有一定进步意义的。

先叙嵇康。

嵇康"非汤武而薄周礼"，对封建君主专制主义进行了猛烈攻击。他指出名教不出于自然,而是统治者制造出来的,他们利用"名教""六经"等,束缚人们的思想,便于他们"开荣利之便"。

《嵇康集·难自然好学论》谓:

> 造立仁义,以婴其心;制其名分,以检其外;劝学讲文,以神其教。故六经纷错,百家繁炽,开荣利之便,故奔骛而不觉。

嵇康认为君主被抬到神圣的地位,势必祸害尤烈,丧乱更多。
《嵇康集·太师箴》谓:

> 季世凌迟,继体承资,凭尊恃势,不友不师,宰割天下,以奉其私。故君位益侈,臣路生心,竭智谋国,不吝灰沉。赏罚虽存,莫劝莫禁。若乃骄盈肆志,阻兵擅权,矜威纵虐,祸蒙丘山,刑本惩暴,今以胁贤。昔为天下,今为一身,下疾其上,君猜其臣,丧乱弘多,国乃殒颠。

嵇康对名教之士所谓"六经为太阳,不学为长夜"的言论,予以辩驳。
《嵇康集·难自然好学论》谓:

> 今若以明堂为丙舍,以讽诵为鬼语,以六经为芜秽,以仁义为丑腐,睹文籍则目瞧,修揖让则变伛,袭章服则转筋,读礼典则齿龋;于是兼而弃之,与万物为更始,则吾子虽好学不倦,犹将阙焉。则向之不学未必为长夜,六经未必为太阳也!

嵇康提出了"以天下为公"的带有民主性的政治思想。
《嵇康集·答难养生论》谓:

> 穆然以无事为业,坦尔以天下为公。虽居君位,飨万国,恬若素士接宾客也。虽建龙旗,服华衮,忽若布衣之在身。

嵇康被司马氏以"言论放荡,非毁典谟"的罪名所诛杀。

《世说新语·雅量》引注《文士传》云：

> 上不臣天子，下不事王侯，轻是傲世，不为物用，无益于今，有败于俗……今不诛康，无以清洁王道。

次叙鲍敬言。

鲍敬言，两晋之间与葛洪（284—364）同时代的人。好老、庄之书，治剧辩之言，是著名政治思想家。所著《无君论》是六朝无君论思潮的杰出代表。

鲍敬言认为君权并非天授，人君的设立，是强者凌弱，智者诈愚的结果。

《抱朴子·外篇》卷48《诘鲍篇》谓：

> 鲍生敬言好老、庄之书，治剧辩之言，以为古者无君胜于今世。故其著论云："儒者曰：'天生烝民，而树其君。'岂其皇天谆谆言，亦将欲之者为辞哉！夫强者凌弱，则弱者服之矣；智者诈愚，则愚者事之矣。服之，故君臣之道起焉；事之，故力寡之民制焉。然则隶属役御，由乎争强弱而校愚智，彼苍天无果无事也。"

鲍敬言主张"无君"，认为立君不是民意，立君违反自由，禁锢人们的思想，并历数君主弊病和罪恶。

《抱朴子·外篇》卷48《诘鲍篇》谓：

> （鲍敬言曰）夫役彼黎烝，养此在官，贵者禄厚而民亦困矣。夫死而得生，欣喜无量，则不如向无死也。让爵辞禄，以钓虚名，则不如本无让也。天下逆乱焉，而忠义显矣；六亲不和焉，而孝慈彰矣……降及秒季，智用巧生，道德既衰，尊卑有序，繁升降损益之礼，饰绂冕玄黄之服，起土木于凌霄，构丹绿于棼撩，倾峻搜宝，泳渊辨珠。聚玉如林，不足以极其变；积金成山，不足以赡其费。澶漫于淫荒之域，而叛其大始之本。去宗日远，背朴弥增……造剡锐之器，长侵割之患。弩恐不劲，甲恐不坚，矛恐不利，盾恐不厚，若无凌暴，此皆可弃也。故曰："白玉不毁，孰为珪璋？道

德不废,安取仁义?"使夫桀、纣之徒,得燔人,辜谏者,脯诸侯,葅方伯,剖人心,破人胫。穷骄淫之恶,用炮烙之虐。若令斯人,并为匹夫,性虽凶奢,安得施之?使彼肆酷恣欲,屠割天下,由于为君,故得纵意也。君臣既立,众慝日滋,而欲攘臂乎桎梏之间,愁劳于涂炭之,人主忧慄于庙堂之上,百姓煎扰乎困苦之中,闲之以礼度,整之以刑罚。是犹辟滔天之源,激不测之流,塞之以撮壤,障之以指掌也。

鲍敬言向往一种"无君"的美好社会。

同上《诘鲍篇》谓:

(鲍敬言曰)曩古之世,无君无臣,穿井而饮,耕田而食,日出而作,日入而息。泛然不系,恢尔自得,不竞不营,无荣无辱。山无蹊径,泽无舟梁,川谷不通,则不相并兼;士众不聚,则不相攻伐……势利不萌,祸乱不作;干戈不用,城池不设。万物玄同,相忘于道。疫疠不流,民获考终。纯白在胸机心不生,含铺而熙,鼓腹而游。其言不华,其行不饰。安得聚敛以夺民财?安得严刑以为坑穽?

再叙陶潜。

陶潜(365—472)字渊明,又字元亮,浔阳郡柴桑人。少有高趣,博学,善属文,颖脱不群,任真自得。曾任江州祭酒、镇军、建威参军和彭泽县令。有《陶渊明集》问世。

陶潜是一位亦儒亦道的文学家,东晋末年,在他的思想中,也闪现出反对封建君主专制主义的思想光芒。

陶潜向往一种保留家庭组织、私有财产,没有剥削压迫,没有战争祸患的理想社会。

《陶渊明集·桃花源诗并记》云:

复行数十步,豁然开朗。土地平旷,屋舍俨然,有良田美池桑竹之属;阡陌交通,鸡犬相闻。其中往来种作,男女衣著,悉如外人,黄发垂髫,并怡然自乐……相命肆农耕,日入从所憩;桑竹垂余荫,菽稷随时艺。春蚕收长丝,秋熟靡王税。

秦是封建专制政治的建立者，陶潜所说"避秦时乱"就是避封建专制制度。

《陶渊明集·桃花源诗并记》云：

> 自云先世避秦时乱，率妻子邑人来此绝境，不复出焉；遂与外人间隔。问今是何世，乃不知有汉，无论魏晋。此人一一为具言所闻，皆叹惋。

陶潜将封建专制及其维护的封建制度，斥为桎梏人民的罗网。
《陶渊明集·感士不遇赋》云：

> 咨大块之受气，何斯人之独灵……世流浪而遂徂，物群分以相形，密网裁而鱼骇，宏罗制而鸟惊；彼达人之善觉，乃逃禄而归耕。

陶潜站在封建专制的对立面，主张人人都劳动，圣君也概莫能外。
《陶渊明集·劝农诗》云：

> 哲人伊何？时维后稷；赡之伊何？实曰播殖；舜既躬耕，禹亦稼穑；远若周典，八政始食。

第四节　神灭论与物种变异学说

南朝齐、梁之际，是佛教大肆泛滥时期，神不灭与因果报应等宗教迷信之说甚嚣尘上。上自皇帝、王公和诸大臣，下至平民百姓和怨女痴男，都以敬奉佛法行事。而神灭论者却迥然脱俗，他们不信佛法和鬼神，不信因果报应和生死轮回之说，并探索了物种变异的原因，遂使这一时期的神灭论，发出了前所未有的光彩。当时反对神不灭论，提出神灭学说的主要人物有：陶潜、何承天、范缜、刘峻和邢邵等。

一　陶潜

陶潜反对神不灭论，是最早主张神灭论的思想家。他的《形影神三首》就是针对佛教僧徒所谓"形尽神不灭"理论而写的。

《陶渊明集·形影神三首·序》云：

> 贵贱贤愚，莫不营营以惜生，斯甚惑焉；故极陈形影之苦言，神辨自然以释之。好事君子，共取其心焉。

陶潜借形与影的关系，说明人虽灵智，但必有死。"惜生"没有用，长生亦无术。

《陶渊明集·形影神三首·形赠影》云：

> 天地长不没，山川无改时。草木得常理，霜露荣悴之；谓人最灵智，独复不如兹。适见在世中，奄去靡归期。奚觉无一人，亲识岂相思。但余平生物，举目情凄洏。我无腾化术，必尔不复疑。愿君取吾言，得酒莫苟辞。

陶潜主张人的生死一应自然，尽期终会到来，不必为"惜生"劳神。《陶渊明集·形影神三首·神释》云：

> 三皇大圣人，今复在何处？彭祖爱永年，欲留不得住。老少同一死，贤愚无复数……甚念伤吾生，正宜委运去；纵浪大化中，不喜亦不惧，应尽便须尽，无复独多虑。

陈寅恪先生曾指出："观此首结语'应尽便须尽，无复独多虑'之句，则陶渊明固亦与范缜同主神灭论者。"他还在《陶渊明之思想与清谈之关系》一文中指出：

> 子真（范缜）所著《神灭论》云："若知陶甄禀于自然，森罗均于独化，忽焉自有，怳尔而无，来也不御，去也不追，乘乎天理，各安其性。"则与渊明《神释》诗所谓"纵浪大化中，不喜亦不惧。应尽便须尽，无复独多虑"，及《归去来辞》所谓"聊乘化以归尽，乐夫天命复奚疑"等语旨趣符合，惟渊明生世在子真之前，可谓"孤

明先发"(《高僧传》赞美道生之语)耳①。

二 何承天

何承天(370—447),东海郯(今山东郯城)人。博涉经史,精历算,官至国子博士、御史中丞;著有《达性论》《报应论》《安边论》,删定《礼论》,考定《元嘉历》等,有集20卷,明人辑《何衡阳集》。何承天是当时主张"神灭论"的代表人物之一。

何承天提出"神形相资"之说。

《全宋文》卷23引何承天《答宗居士书》谓:

> 形神相资,古人譬以薪火,薪弊火微,薪尽火灭,虽有其妙,岂能独得?

何承天认为人有生死,身死神散。

《全宋文》卷24引何承天《达性论》谓:

> 生必有死,形毙神散,犹春荣秋落,四时代换,奚有于更受形哉?

何承天批驳了佛教的因果报应论。

《全宋文》卷24引何承天《报应问》谓:

> 夫欲知日月之行,故假察于璇玑,将申幽明之信,直取符于见事……是知杀生者无恶报,为福者无善应。

三 范缜

范缜,字子真,南乡舞阴(今河南泌阳西北)人。约生于公元450年,约卒于515年。博通经术,尤精《三礼》。萧梁时,先后任尚书左丞、中书郎和国子博士等职;他坚信无佛,不信鬼神。著有《神灭论》

---

① 陈寅恪:《金明馆丛稿初编·陶渊明之思想与清谈之关系》,上海古籍出版社1980年版,第200页。

《答曹思文难神灭论》等,有《文集》十卷。范缜不仅反对神学,阐发了神灭论的观点,而且对物质的变化提出了辩证的看法。

范缜主张形存则神存,形谢则神灭,反对形灭神不灭的荒唐论点。
《全梁文》卷45引范缜《神灭论》谓:

> 神即形也,形即神也。是以形存则神存,形谢则神灭也……形者神之质,神者形之用,是则形称其质也。

范缜阐明了形神之间的主次和统一关系。
《全梁文》卷45引范缜《神灭论》谓:

> 犹刀之于利。利之名非刀也,刀之名非利也。然而舍利无刀,舍刀无利,未闻刀没而利存,岂容形亡而神在？

范缜以天道自然论反对因果报应论。
《全梁文》卷45引范缜《神灭论》谓:

> 若陶甄禀于自然,森罗均于独化,忽焉自有,怳尔而无,来也不御,去也不追,乘夫天理,各安其性。

又《梁书》卷48《儒林·范缜传》谓:

> 人之生譬如一树花,同发一枝,俱开一蒂,随风而堕,自有拂簾幌坠于茵席之上,自有关篱墙落于粪溷之侧。坠茵席者,殿下是也;落粪溷者,下官是也。贵贱虽复殊途,因果竟在何处？

又《全梁文》卷45引范缜《神灭论》谓:

> 妖怪茫茫,或存或亡,强死者众,不皆为鬼,彭生、伯有,何独能然……人灭而为鬼,鬼灭而为人,则未之知也。

范缜指出佛教危害国家,浪费资财,祸害人民。

《全梁文》卷45引范缜《神灭论》谓：

> 浮屠害政，桑门蠹俗，风惊雾起，驰荡不休。吾哀其弊，思拯其溺。夫竭财以赴僧，破产以趋佛，而不恤亲戚，不怜穷匮者何？……家家弃其亲爱，人人绝其嗣续。致使兵挫于行间，吏空于官府，粟罄于惰游，货殚于泥木。所以奸宄弗胜，颂声尚拥，惟此之故，其流莫已，其病无限。

范缜认为物物各殊，本质各异，不能混同。

《全梁文》卷45引范缜《神灭论》谓：

> 人之质非木质也，木之质非人质也……生形之非死形，死形之非生形，区已革矣，安有生人之形骸，而有死人之骨骼哉？

范缜认为一事物变为性质不同的另一事物的过程，其间有渐变，亦有突变。

《全梁文》卷45引范缜《神灭论》谓：

> 生灭之体，要有其次故也。夫欻而生者必欻而灭，渐而生者必渐而灭。欻而生者，飘骤是也；渐而生者，动植是也。有欻有渐，物之理也。

四 刘峻

刘峻（462—512），字孝标，平原郡平原县（今属山东）人。家贫好学，常燃麻炬，通宵苦读。萧梁时曾任荆州户曹参军，不得志。著有《辩命论》、注《世说新语》，有文集六卷及《类苑》等。

刘峻反对佛教因果报应之说。他所说的"命"，系指自然规律或法则，他认为万物的生与灭，是自然规律的作用，是无意志的。

《全梁文》卷57载刘峻《辩命论》谓：

> 自然者物见其然，不知所以然，同焉皆得，不知所以得。鼓动陶铸而不为功，庶类混成而非其力。生之无停毒之心，死之岂虐刘之

志？坠之渊泉非其怒，升之霄汉非其悦，荡乎大乎，万宝以之化，确乎纯乎，一化而不易。化而不易，则谓之命。

刘峻认为"命"是自然之命，是客观的必然，佛不能主宰善恶，因果报应并不存在。

《全梁文》卷57载刘峻《辩命论》谓：

为善一，为恶均，而祸福异其流，废兴殊其迹。荡荡上帝，岂如是乎？……然则君子居正体道，乐天知命，明其无可奈何，识其不由智力，逝而不召，来而不拒，生而不喜，死而不戚。

五　邢邵

邢邵，字子才，河间郡鄚县（今河北任丘县北）人。少年聪颖，十岁能文，年未二十岁，文动衣冠。北齐时，官至太常卿、中书监、摄国子祭酒。有文集三十卷行世。邢邵主张"神灭论"，是北方反对佛教的著名人物。

邢邵认为人既死，精神也就尽了，人死不能还生。

《北齐书》卷24《杜弼传》载：

邢邵以为人死还生，恐为蛇画足……死之言"澌"，精神尽也……神之在人，犹光之在烛，烛尽则光穷，人死则神灭。

邢邵还提出"类化"的观点。认为只有同类事物才能转化，不同类则不能转化。

《北齐书》卷24《杜弼传》载：

鹰化为鸠，鼠变为鴽，黄母为鳖，皆是有生之类也。类化而相生，犹光去此烛，复燃彼烛。

又说：

欲使土化为人，木生眼鼻，造化神明，不应如此。

邢邵反对佞信佛教而修庙镌窟，造成浪费。

《北齐书》卷36《邢邵传》谓：

> 颇省永宁土木之功，并减瑶光材瓦之力，兼分石窟镌琢之劳，及诸事役非世急者……美榭高墉严壮于外，槐宫棘寺显丽于中。

第十九章　文学的蓬勃发展

魏晋南北朝是文学自觉的时代。此时代的文学，摆脱经学、史学等附庸的地位，走上了独立，取得了全面的发展，不仅涌现出一大批影响深远的重要作家、作品，而且产生了像刘勰、钟嵘那样的理论家、批评家；不仅诗歌艺术汇源导流，走向成熟，而且有赋、骈文、小说等多种体裁的长足进步。

第一节　建安文学的振兴

建安是东汉末年献帝的年号，建安时代，由于当时的社会变革，促进了人们思想的解放，从而带来了文学的振兴和繁荣。

一　曹操

曹操（155—220），博学多才，是建安文学的主将，是诗人兼散文家。本有文集三十卷，佚。后人所辑《汉魏六朝百三家集·魏武帝集》，有诗二十余首，文百四十余篇。

（一）诗歌

曹操的《蒿里行》《薤露行》和《却东西门行》等诗，写当时社会的丧亡之乱和百姓痛苦。

《乐府诗集》卷27《蒿里行》云：

关东有义士，兴兵讨群凶，初期会盟津，乃心在咸阳。军合力不齐，踌躇而雁行。势利使人争，嗣还自相戕。淮南弟称号，刻玺于北方。铠甲生虮虱，万姓以死亡，白骨露于野，千里无鸡鸣。生民百遗一，念之断人肠！

又同上《薤露行》云：

惟汉二十世，所任诚不良。沐猴而冠带，知小而谋强。犹豫不敢断，因狩执君王。白虹为贯日，己亦先受殃。贼臣持国柄，杀主灭宇京。荡覆帝基业，宗庙以燔丧。播越西迁移，号泣而且行。瞻彼洛城郭，微子为哀伤。

又同上卷37《却东西门行》云：

鸿雁出塞北，乃在无人乡，举翅万余里，行止自成行，冬节食南稻，春日复北翔。田中有转蓬，随风远飘扬，长与故根绝，万岁不相当。奈何此征夫，安得去四方！戎马不解鞍，铠甲不离傍，冉冉老将至，何时反故乡？神龙藏深泉，猛虎步高岗，狐死归首丘，故乡安可忘！

曹操的《短歌行》和《步出夏门行》等诗，抒写了岁月匆匆，人生易老的感慨，和建功立业，老当益壮，奋发进取的精神。

《乐府诗集》卷30《短歌行》云：

对酒当歌，人生几何！譬如朝露，去日苦多。慨当以慷，忧思难忘，何以解忧？唯有杜康。青青子衿，悠悠我心，但为君故，沉吟至今。呦呦鹿鸣，食野之苹，我有嘉宾，鼓瑟吹笙。明明如月，何时可掇？忧从中来，不可断绝。越陌度阡，枉用相存，契阔谈䜩，心念旧恩。月明星稀，乌雀南飞，绕树三匝，何枝可依？山不厌高，海不厌深，周公吐哺，天下归心。

又同上卷37《步出夏门行》云：

云行雨步，超越九江之皋。临观异同，心意怀游豫，不知当复何从。经过至我碣石，心惆怅我东海。

又《观沧海》云：

东临碣石，以观沧海。水何澹澹，山岛竦峙。树木丛生，百草丰茂。秋风萧瑟，洪波涌起。日月之行，若出其中。星汉灿烂，若出其里。幸甚至哉，歌以咏志。

又《龟虽寿》云：

神龟虽寿，犹有竟时；腾蛇乘雾，终为土灰。老骥伏枥，志在千里；烈士暮年，壮心不已。盈缩之期，不但在天；养怡之福，可得永年。幸甚至哉，歌以咏志。

（二）文

曹操在《军谯令》《存恤从军吏士家室令》和《赡给灾民令》等文中，对战死将吏的亲属给予关怀优抚，对受灾百姓的救助等，都有具体的安置和要求。

《三国志》卷1《武帝纪》载《军谯令》谓：

吾起义兵，为天下除暴乱。旧土人民，死丧略尽，国中终日行，不见所识，使吾凄怆伤怀。其举义兵已来，将士绝无后者，求其亲戚以后之，授土田，官给耕牛，置学师以教之。为存者立庙，使祀其先人。魂而有灵，吾百年之后何恨哉！

又同卷《武帝纪》载《存恤从军吏士家室令》谓：

自顷以来，军数征行，或遇疫气，吏士死亡不归，家室怨旷，百姓流离，而仁者岂乐之哉？不得已也。其令死者家无基业不能自存者，县官勿绝廪，长吏存恤抚循，以称吾意。

又同卷《武帝纪》注引《赡给灾民令》谓：

去冬天降疫疠，民有凋伤，军兴于外，垦田损少，吾甚忧之。其令吏民男女：女年七十已上无夫、子，若年十二已下无父母兄弟，及目无所见，手不能作，足不能行，而无妻子父兄产业者，廪食终身。幼者至十二止。贫穷不能自赡者，随口给贷。老耄须待养者，年九十已上，复不事家一人。

曹操在《请增封荀彧表》《举贤勿拘品行令》等文中，充分肯定将吏们的贡献，不掠美，有功必赏；主张用人要看主流，要求乡无遗贤。

《曹操集·文集》卷1《请增封荀彧表》谓：

> 昔袁绍作逆，连兵官渡。时众寡粮单，图欲还许。尚书令荀彧，深建宜住之便，远恢进讨之略，起发臣心，革易愚虑，坚营固守，徼其军实；遂摧扑大寇，济危以安。绍既破败，臣粮亦尽，将舍河北之规，改就荆南之策。彧复备陈得失，用移臣议，故得反旆冀土，克平四州。各使臣退军官渡，绍必鼓行而前，敌人怀利以自百，臣众怯沮以丧气，有必败之形，无一捷之势。复若南征刘表，委弃兖、豫，饥军深入，逾越江、沔，利既难要，将失本据。而彧建二策，以亡为存，以祸为福，谋殊功异，臣所不及。是故先帝贵指纵之功，薄搏获之赏；古人尚帷幄之规，下攻拔之力。原其绩效，足享高爵，而海内未喻其状，所受不侔其功，臣诚惜之。乞重平议，增畴户邑。

又同上《举贤勿拘品行令》谓：

> 昔伊挚、傅说出于贱人，管仲，桓公贼也，皆用之以兴。萧何、曹参，县吏也，韩信、陈平负汙辱之名，有见笑之耻，卒能成就王业，声著千载。吴起贪将，杀妻自信，散金求官，母死不归，然在魏，秦人不敢东向，在楚，则三晋不敢南谋。今天下得无有至德之人放在民间，及果勇不顾，临敌力战；若文俗之吏高才异质，或堪为将守；负汙辱之名，见笑之行，或不仁不孝而有治国用兵之术：其各举所知，勿有所遗。

关于对曹操文学方面的评价，《三国志》卷10《荀彧传》注引《彧别传》有云：

（曹操）外定武功，内兴文学。

又刘勰《文心雕龙·乐府篇》谓：

至于魏之三祖，气爽才丽，宰割辞调，音靡节平。

又钟嵘《诗品下》载：

曹公古直，甚有悲凉之句。

又谭元春《古诗归》卷7谓：

此老诗歌中有霸气，而不必其王，有菩萨气，而不必其佛。"山不厌高，水不厌深"，"水何澹澹，山岛竦峙"，吾即取为此老诗品。

又方东树《昭昧詹言》卷2谓：

大约武帝诗沈郁直朴，气直而逐层顿断，不一顺平放，时时提笔换气换势，寻其意绪，无不明白，玩其笔势文法，凝重屈蟠，诵之令人意满。

二 曹丕

曹丕（187—226），爱好文学，下笔成章，博闻强识，才艺兼该。他在乐府诗歌、辞赋和文学理论方面，有较大的成就，原有诗百余首，现存约四十首，有文集二十三卷，佚。后人辑有《汉魏六朝百三家集·魏文帝集》。

（一）诗歌

曹丕的《黎阳作诗》《至广陵于马上作诗》等诗，写出了战士出征时战无不胜的信心和威武雄壮的声势。

《魏文帝集·黎阳作诗》云：

千骑随风靡，万骑正龙骧。金鼓震上下，干戚纷纵横。白旄若素霓，丹旗发朱光。追思太王德，胥宇识足臧。经历万岁林，行行到黎阳。

又同集《至广陵于马上作诗》谓：

观兵临江水，水流何汤汤，戈矛咸山林，玄甲耀日光。猛将怀暴怒，胆气正纵横。谁云江水广，一苇可以航。不战屈敌虏，戢兵称贤良。古公宅岐邑，实始剪殷商。孟献营虎牢，郑人惧稽颡。克国务耕殖，先零自破亡。兴农淮泗间，筑室都徐方，量宜运权略，六军咸悦康。岂如东山诗，悠悠多忧伤。

曹丕的《陌上桑》写出了战乱造成满目荒凉的景象以及从征战士与家人分离的悲惨心情。

《魏文帝集·陌上桑》谓：

弃故乡，离室宅，远从军旅万里客。披荆棘，求阡陌，侧足独客，步路局窄。虎豹嗥动，鸡惊禽失，群鸣相索。登南山。奈何蹈盘石，树木丛生郁差错。寝蒿草，荫松柏，涕泣雨面沾枕席。伴旅单，稍稍日零落。惆怅窃自怜，相痛惜。

曹丕的《燕歌行》与《杂诗二首》，均系游子诗。《燕歌行》写妻子怀念远游不归的丈夫，此诗是现今所能见到的最早最完整的七言诗。

《魏文帝集·燕歌行》谓：

秋风萧瑟天气凉，草木摇落露为霜。群燕辞归鹄南翔，念君客游思断肠。慊慊思归恋故乡。君何淹留寄他方？贱妾茕茕守空房，忧来思君不敢忘，不觉泪下沾衣裳。援琴鸣统发清商。短歌微吟不能长。明月皎皎照我床，星汉西流夜未央。牵牛织女遥查望，尔独何辜限河梁。

又同集《杂诗二首》谓：

漫漫秋夜长，烈烈北风凉。辗转不能寐，披衣起彷徨。彷徨忽已久，白露沾我裳。俯视清水波，仰看明月光。天汉回西流，三五正纵横。草虫鸣何悲，孤雁独南翔。郁郁多悲思，绵绵思故乡。愿飞安得翼，欲济河无梁。向风长叹息，断绝我中肠。

又云：

西北有浮云，亭亭如车盖。惜哉时不遇，适与飘风会。吹我东南行，行行至吴会。吴会非我飨，安得久留滞？弃置无复陈，客子常畏人。

(二) 文

曹丕的散文结构严谨，语言简洁，叙事真实，有感而发。他的《与吴质羽》，追念亡友，情辞异美。

《三国志》卷21《王粲传》注引《魏略·与吴质书》谓：

岁月易得，别来行复四年，三年不见，东山犹叹其远，况乃过之？思何可支！虽书疏往返，未足解其劳结。

昔年疾疫，亲故多离其灾，徐、陈、应、刘，一时俱逝，病何可言邪！昔日游处，行则连舆，止则接席，何曾须臾相失，每至觞酌流行，丝竹并奏，酒酣耳热，仰而赋诗。当此之时，忽然不自知乐也，谓百年已分，长共相保，何图数年之间，零落略尽，言之伤心，顷撰其遗文，都为一集。观其姓名，已为鬼录。追思昔游，犹在心目，而此诸子化为粪壤，可复道哉！

观古今文人，类不护细行，鲜能以名节自立，而伟长独怀文抱质，恬淡寡欲，有箕山之志，可谓"彬彬君子"矣。著中论二十余篇，成一家之言，辞义典雅，足传于后，此子为不朽矣，德琏常斐然有述作意，才学足以著书。美志不遂，良可痛惜。

间历觉诸子之文，对之抆泪，既痛逝者，行自念也。孔璋章表殊健，微为繁富。公干有逸气。但未遒耳，至其五言诗绝妙当时。元瑜书记翩翩，致足乐也。仲宜独自善于辞赋，惜其体弱，不足起其文，至于所善，古人无以远过也。昔伯牙绝弦于钟期，仲尼覆醢于子路，痛知音之难遇，伤门人之莫逮也。诸子但为未及古人，自一时之俊也。今之存者，已不逮矣。后生可畏，来者难诬，然吾与足下不及见也。

行年已长大，所怀万端，时有所虑，至通夕不瞑。何时复类昔日！已成老翁，但未白头耳。光武言"年已三十，在军中十年，所更非一"。吾德虽不及，年与之齐矣。以犬羊之质，服虎豹之文，无众星之明，假日月之光；动见瞻观，何时易邪？恐永不复得为昔日游也！少壮真当努力，年一过往，何可攀缘！古人思秉烛夜游，良有以也。

顷何以自娱？颇复有所造述不？东望于邑，裁书叙心。

关于曹丕文学成说的评价，刘勰《文心雕龙·才略篇》有云：

魏文之才，洋洋清绮。

又钟嵘《诗品中》谓：

魏文帝，其源出于李陵。颇有仲宣之体则，新奇百许篇，率皆鄙直如偶语。惟"西北有浮云"十余首，殊美赡可玩，始见其工矣。不然，何以铨衡群彦，对扬厥弟者耶？

又王夫之《古诗评选》卷1载：

读子桓乐府，即如引人于张乐之野，冷风善月，人世陵嚣之气，淘汰俱尽。古人所贵于乐者，将无在此。

沈德潜《古诗源》卷5载：

子桓诗有文士气，一变乃父悲壮之习矣。要其便娟婉约，能移人情。

三 曹植

曹植（192—232），字子建，曹丕的胞弟。曹植少年聪颖，才华横溢。他写了大量反映战乱和百姓疾苦以及揭露社会黑暗的诗文；也写了一些歌咏享乐和追求长生永寿的作品。他的文赋存有四十多篇，诗有九十余首，以五言为主，原有文集三十卷，佚。后人辑有《陈思王集》。

（一）诗歌

曹植的《送应氏》诗，写出东汉末年战乱洛阳的荒凉景象。

《文选》卷20《送应氏》云：

其一

步登北邙阪，遥望洛阳山。洛阳何寂寞，宫室尽烧焚。垣墙皆顿擗，荆棘上参天。不见旧耆老，但睹新少年。侧足无行径，荒畴不复田。游子久不归，不识陌与阡。中野何萧条，千里无人烟。念我平常居，气结不能言。

其二

清时难屡得，嘉会不可常。天地无终极，人命若朝霜。愿得展燕婉，我友之朔方，亲昵并集送，置酒此河阳。中馈岂独薄？宾饮不尽觞。爱至望苦深，岂不愧中肠？山川阻且远，别促会日长。愿为此翼鸟，施翮起高翔。

《杂诗六首》非全系同时之作，内容亦无关联，但大多是思念亲人、怀才不遇和述志的作品。

《文选》卷29《杂诗六省》云：

其一

高台多悲风，朝日照北林。之子在万里，江湖迥且深。方舟安可极，离思故难任。孤雁飞南游，过庭长哀吟。翘思慕远人，愿欲托遗音，形影忽不见，翩翩伤我心。

其二

转蓬离本根,飘摇随长风。何意回飙举,吹我入云中。高高上无极,天路安可穷?类此游客子,捐躯远从戎。毛褐不掩形,薇藿常不充。去去莫复道,沉忧令人老。

其三

西北有织妇,绮缟何缤纷!明晨秉机杼,日昃不成文。太息经长夜,悲啸入青云。妾身守空闺,良人行从军。自期三年归,今已历九春。飞鸟绕树翔,嗷嗷鸣索群,愿为南流景,驰光见我君。

其四

南国有佳人,容华若桃李。朝游江北岸,日久宿湘沚。时俗薄朱颜,谁为发皓齿?俯仰岁将暮,荣耀难久恃。

其五

仆夫早严驾,吾将远行游。远游欲何之?吴国为我仇。将骋万里途,东路安足由?江介多悲风,淮泗驰急流,愿欲一轻济,惜哉无方舟。闲居非吾志,甘心赴国忧。

其六

飞观百余尺,临牖御棂轩。远望周千里,朝夕见平原。烈士多悲心,小人偷自闲。国仇亮不塞,甘心思丧元。拊剑西南望,思欲赴太山,弦急悲声发,聆我慷慨言。

曹植的《赠白马王彪并序》,是一首长诗,共分七章。此诗揭露了统治阶级内部的矛盾,抒发了内心的愤懑和痛苦,有启示后人认识的意义。
《文选》卷24《赠白马王彪并序》谓:

序曰：黄初四年五月，白马王、任城王与余俱朝京师，会节气。到洛阳，任城王薨。至七月与白马王还国。后有司以二王归藩，道路宜异宿止。意毒恨之。盖以大别在数日，是用自剖，与王辞焉。愤而成篇。

一章

谒帝承明庐，逝将归旧疆。清晨发皇邑，日夕过首阳。伊洛广且深，欲济川无梁。泛舟越洪涛，怨彼东路长。顾瞻恋城阙，引领情内伤。

二章

太谷何寥廓，山树郁苍苍。霖雨泥我途，流潦浩纵横。中逵绝无轨，改辙登高岗。修坂造云日，我马玄以黄。

三章

玄黄犹能进，我思郁以纡，郁纡将难进？亲爱在离居。本图相与偕，中更不克俱。鸱枭鸣衡扼，豺狼当路衢。苍蝇间白黑，谗巧令亲疏。欲还绝无蹊，揽辔止踟蹰。

四章

踟蹰亦何留？相思无终极。秋风发微凉，寒蝉鸣我侧。原野何萧条，白日忽西匿。归鸟赴乔林，翩翩厉羽翼。孤兽走索群，衔草不遑食。感物伤我怀，抚心长太息。

五章

太息将何为？天命与我违。奈何念同生，一往形不归。孤魂翔故城，灵柩寄京师。存者忽复过，亡没身自衰。人生处一世，去若朝露晞。年在桑榆间，影响不能追。自顾非金石，咄唶令心悲。

六章

心悲动我神，弃置莫复陈。丈夫志四海，万里犹比邻。恩爱苟不亏，在远分日亲。何必同衾帱，然后展殷勤。忧思成疾疢，无乃儿女仁。仓卒骨肉情，能不怀苦辛？

七章

苦辛何虑思？天命信可疑。虚无求列仙，松子久吾欺。变故在斯须，百年谁能持？离别永无会，执手将何时？王其爱玉体，俱享黄发期，收泪即长路，援笔从此辞。

曹植的《野田黄雀行》诗，以一少年救雀于罗网为喻，抒发自己不能救友人于危难的悲愤心情。

《乐府诗集》卷39《野田黄雀行》云：

高树多悲风，海水扬其波。利剑不在掌，结友何须多！不见篱间雀，见鹞自投罗。罗家得雀喜，少年见雀悲，拔剑捎罗网，黄雀得飞飞。飞飞摩苍天，来下谢少年。

曹植在《赠丁仪》诗中，劝勉其心胸应坦荡，不要为未获封赏而感不安。

《文选》卷24《赠丁仪》谓：

初秋凉气发，庭树微销落。凝霜依玉除，清风飘飞阁。朝云不归山。霖雨成川泽。黍稷委畴陇，农夫安所获？在贵多忘贱，为恩谁能博？狐白足御冬，焉念无衣客？思慕延陵子，宝剑非所惜。子其宁尔心，亲交义不薄。

曹植的《白马篇》，写一英雄少年为国戍边，勇敢杀敌，洋溢着爱国豪情。

《乐府诗集》卷63《白马篇》云：

> 白马饰金羁，连翩西北驰。借问谁家子？幽并游侠儿。少小去乡邑，扬声沙漠垂。宿昔秉良弓，楛矢何参差！控弦破左的，右发摧月支，仰手接飞猱，俯身散马蹄，狡捷过猿猴，勇剽若豹螭。边城多警急，胡虏数迁移，羽檄从北来，厉马登高堤，长驱蹈匈奴，左顾凌鲜卑。弃身锋刃端，性命安可怀！父母且不顾，何言子与妻，名编壮士籍，不得中顾私，捐躯赴国难，视死忽如归。

《美女篇》以美女未能得到理想配偶，比喻自己怀美才而不能施用的痛苦处境。

同卷《美女篇》云：

> 美女妖且闲，采桑歧路间，柔条纷冉冉，落叶何翩翩。攘袖见素手，皓腕约金环。头上金爵钗，腰佩翠琅玕，明珠交玉体，珊瑚间木难。罗衣何飘飘，轻裾随风还。顾盼遗光彩，长啸气若兰。行徒用息驾，休者以忘餐。借问女何居？乃在城南端，青楼临大道，高门结重关。容华耀朝日，谁不希令颜！媒氏何所营？玉帛不时安。佳人慕高义，求贤良独难，众人徒嗷嗷，安知彼所观，盛年处房室，中夜起长叹。

《七步诗》据说系受曹丕逼迫而作，《世说新语》卷上之下《文学》载《七步诗》云：

> 煮豆持作羹，漉菽以为汁，萁在釜下燃，豆在釜中泣，本自同根生，相煎何太急！

（二）赋、文

曹植之赋、文一如其诗，文采藻丽，多骈俪句式，叙事和抒情兼备。《洛神赋》是其赋中的名篇。

《文选》卷19《洛神赋并序》云：

黄初三年，余朝京师，还济洛川。古人有言，斯水之神名曰宓妃。感宋玉对楚王神女之事，遂作斯赋。其辞曰：

余从京域，言归东藩。背伊阙，越轘辕，经通谷，陵景山。日既西倾，车殆马烦，尔乃税驾乎蘅皋，秣驷乎芝田，容与乎阳林，流眄乎洛川。于是精移神骇，忽焉思散。俯则未察，仰以殊观。睹一丽人，于岩之畔，乃援御者而告之曰："尔有觌于彼者乎？彼何人斯？若此之艳也！"御者对曰："臣闻河洛之神，名曰宓妃。然则君王所见，无乃是乎？其状若何？臣愿闻之。"

余告之曰：其形也，翩若惊鸿，婉若游龙，荣曜秋菊，华茂春松，仿佛兮若轻云之蔽月，飘飖兮若流风之回雪。远而望之，皎若太阳升朝霞，迫而察之，灼若芙蕖出渌波。秾纤得衷，修短合度。肩若削成，腰如约素。延颈秀项，皓质呈露。芳泽无加，铅华弗御。云髻峨峨，修眉联娟，丹唇外朗，皓齿内鲜，明眸善睐，靥辅承权。瓌姿艳逸，仪静体闲。柔情绰态，媚于语言，奇服旷世，骨像应图。披罗衣之璀粲兮，珥瑶碧之华琚。戴金翠之首饰，缀明珠以耀躯。践远游之文履，曳雾绡之轻裾。微幽兰之芳蔼兮，步踟蹰于山隅。于是忽焉纵体，以遨以嬉。左倚采旄，右荫桂旗。攘皓腕于神浒兮，采湍濑之玄芝。

余情悦其淑美兮，心振荡而不怡。无良媒以接欢兮，托微波而通辞。愿诚素之先达兮，解玉佩以要之。嗟佳人之信修，羌习礼而明诗。抗琼珶以和予兮，指潜渊而为期。执眷眷之款实兮，惧斯灵之我欺。感交甫之弃言兮，怅犹豫而狐疑。收和颜而静志兮，申礼防以自持。

于是洛灵感焉，徙倚彷徨，神光离合，乍阴乍阳。竦轻躯以鹤立，若将飞而未翔。践椒涂之郁烈，步蘅薄而流芳。超长吟以永慕兮，声哀厉而弥长。尔乃众灵杂还，命俦啸侣，或戏清流，或翔神渚，或采明珠，或拾翠羽。从南湘之二妃，携汉滨之游女，叹匏瓜之无匹兮，咏牵牛之独处。扬轻袿之猗靡兮，翳修袖以延伫。体迅飞凫，飘忽若神，陵波微步，罗袜生尘，动无常则，若危若安。进止难期，若往若还，转眄流精，光润玉颜。含辞未吐，气若幽兰。华容婀娜，令我忘餐。

于是屏翳收风，川后静波，冯夷鸣鼓，女娲清歌，腾文鱼以警乘，鸣玉鸾以偕逝。六龙俨其齐首，载云车之容裔。鲸鲵踊而夹毂，水禽翔而为卫。于是越北沚，过南冈。纡素领，迴清扬，动朱唇以徐言，陈交接之大纲。恨人神之道殊兮，怨盛年之莫当。抗罗袂以掩涕兮，泪流襟之浪浪。悼良会之永绝兮，哀一逝而异乡，无微情以效爱兮，献江南之明珰。虽潜处于太阴，长寄心于君王。忽不悟其所舍，恨神宵而蔽光。

于是背下陵高，足往神留，遗情想象，顾望怀愁。冀灵体之复形，御轻舟而上溯。浮长川而忘反，思绵绵而增慕。夜耿耿而不寐，沾繁霜而至曙。命仆夫而就驾，吾将归乎东路，揽騑辔以抗策，恨盘桓而不能去。

在曹植的散文中，其《与杨德祖书》，情趣盎然，睥睨自豪，表现了其气盛自负的个性。

《三国志》卷19《陈思王传》注引《典略·与杨德祖书》谓：

杨修字德祖，太尉彪子也。谦恭才博。是时，军国多事，修总知外内，事皆称意。自魏太子已下，并争与交好。又是时临菑侯植以才捷爱幸，来意投修，数与修书，书曰："数日不见，思子为劳；想同之也。仆少好词赋，迄至于今二十有五年矣，然今世作者，可略而言也，昔仲宣独步于汉南，孔璋鹰扬于河朔，伟长擅名于青土，公干振藻于海隅，德琏发迹于大魏，足下高视于上京，当此之时，人人自谓握灵蛇之珠，家家自谓抱荆山之玉也。吾王于是设天网以该之，顿八纮以掩之，今尽集兹国矣。然此数子，犹不能飞翰绝迹，一举千里也。以孔璋之才，不闲辞赋，而多自谓司马长卿同风，譬画虎不成还为狗者也。前为书嘲之，反作论盛道仆赞其文，夫钟期不失听，于今称之。吾亦不敢玄叹者，畏后之嗤余也。世人著述，不能无病，仆常好人讥弹其文；有不善者，应时改定。昔丁敬礼尝作小文，使仆润饰之，仆自以才不能过若人，辞不为也。敬礼云：'卿何所疑难乎！文之佳丽，吾自得之。后世谁相知定吾文者邪？'吾常叹此达言，以为美谈。昔尼父之文辞，与人通流，至于制春秋，游、夏之徒不能错一字,过此而言不病者,吾未之见也。盖有南威之容,乃可以论于淑媛;有龙渊之利,乃可以议于割断,刘季绪才不逮于作者,而好诋呵文章,掎摭利病。昔田巴毁五帝,罪三王,呰五伯于稷下,一旦而服千人。鲁连一说,使终身杜口,刘生之辩未若田氏,今之仲连求之不难,可无叹息乎!人各有所好尚,兰茞荪蕙之芳,众人之所好,而海畔有逐臭之夫;咸池、六英之发,众人所乐,而墨翟有非之之论,岂可同哉!今往仆少小所著词赋一通相与。夫街谈巷说,必有可采,击辕之歌,有应风雅,匹夫之思,未易轻弃也。辞赋小道,固未足以揄扬大义。彰示来世也。昔扬子云,先朝执戟之臣耳,犹称'壮夫不为'也;吾虽薄德,位为藩侯,犹庶几戮力上国,流惠下民。建永世之业。流金石之功,岂徒以翰墨为勋绩。辞颂为君子哉?若吾志不果,吾道不行,亦将采史官之实录,辨时俗之得失,定仁义之衷,成一家之言,虽未能藏之名山,将以传之同好,此要之白首,岂可以今日论乎!其言之不怍。恃惠子之知我也。明早相迎,书不尽怀。"

关于曹植诗文的评价,刘勰《文心雕龙·指瑕》谓:

陈思之文,群才之俊也。

又钟嵘《诗品上》谓:

魏陈思王植,其源出于《国风》,骨气奇高,词采华茂,情兼雅怨,体被文质,粲溢古今,卓尔不群……

又王世贞《艺苑卮言》卷3谓:

子桓之《杂诗》,子建之《杂诗六首》,可入《十九首》,不能辨也。

又胡应麟《诗薮内篇》谓:

子建《杂诗》,全法《十九首》意象,规模酷省,而奇警绝到弗如……

> 子建《名都》《白马》《美女》诸篇，辞极瞻丽，然句颇尚工，语多致饰，视东西京乐府天然古质，殊自不同。

又沈德潜《古诗源》卷5谓：

> 子建诗，五色相宣，八音朗畅，使才而不矜才，用博而不逞博……

四　"建安七子"及其诗文

建安时期的文学创作活动频繁，尤其是诗坛相当繁荣。当时的作者堪称"俊才云蒸"。除三曹父子外，代表作者有所谓"建安七子"，即孔融、陈琳、王粲、徐干、刘桢、阮瑀、应玚，另外尚有蔡琰等。

（一）孔融

孔融（153—208），字文举，年少时即有异才。官至北海相，后征为少府，被曹操以"败伦乱理"的罪名杀害。其作品流传不多，后人辑有《孔少府集》一卷。

孔融的《杂诗》中第二首，是悼亡诗，表达对幼子夭折的悲伤亲情，真挚感人；《论盛孝章术》系孔融出面解救挚友盛孝章时所写一封书信，情辞委婉真切。

《孔少府集·杂诗》云：

> 远送新行客，岁暮乃未归。入门望爱子，妻妾向人悲。闻子不可见，日已潜光辉。孤坟在西北，常念若来迟。褰裳上墟丘，但见蒿与薇。白骨归黄泉，肌体乘尘飞。生时不识父，死后知我谁？孤魂游穷暮，飘飘安可依？人生图嗣息，尔死我念追。俯仰内伤心，不觉泪沾衣。人生自有命，但恨生日希。

又《三国志》卷51《孙韶传》注引《会稽典录·论盛孝章书》谓：

> 岁月不居，时节如流。五十之年，忽焉已至，公为始满，融又过二。海内知识，零落殆尽，惟会稽盛孝章尚存。其人困于孙氏，妻孥

烟没，单子独立，孤危愁苦，若使忧能伤人，此子不得复永年矣。春秋传曰："诸侯有相灭亡者，桓公不能救，则桓公耻之。"今孝章实丈夫之雄也，天下谭士依以扬声；而身不免于幽执，命不期于旦夕。是吾祖不当复论损益之友，而朱穆所以绝交也。公诚能驰一介之使，加咫尺之书，即孝章可致，友道可弘矣。

今之少年，喜谤前辈，或能讥平孝章。孝章要为有于下大名，九牧之民所共称欢，燕君市骏马之骨，非欲以骋道里，乃当以招绝足也。惟公匡复汉室；宗社将绝，又能正之。正之之术，实须得贤。珠玉无胫而自至者，以人好之也；况贤者之有足乎？昭王筑台以尊郭隗，隗虽小才，而逢大遇，竟能发明主之至心，故乐毅自魏往，剧辛自赵往，邹衍自济往。向使郭隗倒悬而王不解，临溺而王不拯，则士亦将高翔远引，莫有北首燕路者矣。凡所称引，自公所知，而复有云者，欲公崇笃斯义，因表不悉。

(二) 陈琳

陈琳（？—219），字孔璋。擅长章表书记，诗歌流传至今者仅四首，以《饮马长城窟行》最为著名。后人辑《陈记室集》一卷。《饮马长城窟行》，写筑长城给百姓造成深重苦难，诗用对话形式，具民歌色彩。

《乐府诗集》卷38《饮马长城窟行》谓：

饮马长城窟，水寒伤马骨。往谓长城吏："慎莫稽留太原卒！""官作自有程，举筑谐汝声！""男儿宁当格斗死，何能怫郁筑长城！"长城何连连，连连三千里，边城多健少，内舍多寡妇。作书与内舍："便嫁莫留住！善侍新姑嫜，时时念我故夫子。"报书往边地："君今出语一何鄙？""身在祸难中，何为稽留他家子？生男慎勿举，生女哺用脯。君独不见长城下，死人骸骨相撑拄？""结发行事君，慊慊心意关，明知边地苦，贱妾何能久自全？"

关于陈琳诗文的评价，《三国志》卷21《王粲传》注引《典略》谓：

琳作诸书及檄，草成呈太祖。太祖先苦头风，是日疾发，卧读琳所作，翕然而起曰："此愈我病。"数加厚赐。

又同书卷21《王粲传》注引《典略》谓：

孔璋章表殊健，微为繁富。

又沈德潜《古诗源》卷6谓：

陈琳《饮马长城窟行》无问答之痕，而神理自然，可与汉乐府竞爽矣。

又宋长白《柳亭诗话》卷14谓：

《饮马长城窟行》，以长短句行之，遂为鲍照先鞭。

又刘熙载《艺概诗概》谓：

陈孔璋《饮马长城窟》，机轴开鲍明远。帷陈纯手质，而鲍济以妍。

（三）王粲

王粲（177—217），字仲宣，少有异才，曾受到蔡邕的赏识，诗文兼擅，才华横溢，被誉为"七子之冠冕。"曾任丞相掾、军谋祭酒和侍中等职。其诗赋多写乱离景象。发语悲凉，反映了当时社会动乱和百姓的疾苦，流传诗二十余首，后人辑有《王侍中集》一卷。

王粲的《七哀诗》共三首，第一首是其初离长安，前往荆州避乱时所作，写沿途难民离乡背井的凄惨情景；《登楼赋》写游子思乡盼归之情和怀才不遇的郁闷；《从军行》等五首，写随从曹操率大军取道谯郡征吴，沿途的所见所闻。

《文选》卷23《七哀诗》（第一首）云：

西京乱无象，豺虎方遘患，复弃中国去，远身适荆蛮。亲戚对我悲，朋友相追攀。出门无所见，白骨蔽平原。路有饥妇人，抱子弃草间，顾闻号泣声，挥涕独不还："未知身死处，何能两相完！"驱马弃之去，不忍听此言。南登霸陵岸，回首望长安，悟彼《下泉》人，喟然伤心肝。

又同书卷11《登楼赋》谓：

登兹楼以四望兮，聊暇日以销忧，览斯宇之所处兮，实显敞而寡仇，挟清漳之通浦兮，倚曲沮之长洲。背坟衍之广陆兮，临泉隰之沃流。北弥陶牧，西接昭丘。华实蔽野，黍稷盈畴。虽信美而非吾土兮，曾何足以少留！

遭纷浊而迁逝兮，漫逾纪以迄今。情眷眷而怀归兮，孰忧思之可任！凭轩槛以遥望兮，向北风而开襟。平原远而极目兮，蔽荆山之高岑。路逶迤而修迥兮，川既漾而济深。悲旧乡之壅隔兮，涕横坠而弗禁。昔尼父之在陈兮，有归欤之欢音，钟仪幽而楚奏兮，庄舄显而越吟；人情同于怀土兮，岂穷达而异心！

惟日月之逾迈兮，俟河清其未极。冀王道之一平兮，假高衢而骋力。惧匏瓜之徒悬兮。畏井渫之莫食。步栖迟以徙倚兮，白日忽其将匿，风萧瑟而并兴。天惨惨而无色。兽狂顾以求群兮，鸟相鸣而举翼，原野阒其无人兮，征夫行而未息，心凄怆以感发兮，意忉怛而惨恻。循阶除而下降兮。气交愤于胸臆。夜参半而不寐兮，怅盘桓以反侧。

又《乐府诗集》卷32《从军行》（第五首）谓：

悠悠涉荒路，靡靡我心愁。四望无烟火，但见林与丘。城郭生榛棘，蹊径无所由。雚蒲竟广泽，葭苇夹长流。日夕凉风发，翩翩漂吾舟，寒蝉在树鸣，鹳鹄摩天游。客子多悲伤，泪下不可收。朝入谯郡界，旷然消人忧。鸡鸣达四境，黍稷盈原畴。馆宅充廛里，士女满庄馗。自非圣贤国，谁能享斯休。诗人美乐土，虽客犹愿留。

关于王粲诗文的评价，《陈思王集·王仲宣诔》谓：

（王粲）文若春华，思若涌泉。发言可咏，下笔成篇。何道不洽，何艺不闲。

又刘勰《文心雕龙·才略篇》谓：

仲宣溢才，捷而能密，文多兼善，辞少瑕累，摘其诗赋，则七子之冠冕乎？

又钟嵘《诗品上》谓：

魏侍中王粲。其源出于李陵，发愀怆之词，文秀而质羸，在曹（植）、刘（桢）间别构一体，方陈思不足，比魏文有余。

又沈德潜《古诗源》卷6王粲《七哀诗》谓：

此杜少陵《无家别》《垂老别》诸篇之祖也。

又方东树《昭昧詹言》卷2谓《七哀诗》：

苍凉悲慨，才力豪健，陈思而下，一人而已。

又刘熙载《艺概·诗概》谓：

曹子建、王仲宣诗出于《骚》……王仲宣、潘安仁诗悲而不壮。

（四）徐干

徐干（171—218），字伟长。历任军谋祭酒、五官中郎将文学；博览群书，"言则成章，操翰成文"有学术著作《中论》二卷传世，存诗四首，均为五言。

徐干的长诗《室思》，分为六章。前五章写妻子对远方丈夫的思念，末章写希望丈夫旧情勿忘，感情缠绵，思绪委婉。此诗句式整齐，音韵和谐，语言畅达，为建安五言长篇之名作。

《玉台新咏》卷1《室思》谓：

沉阴结愁忧，愁忧为谁兴？念与君生别，各在天一方。良会未有期，中心摧且伤。不聊忧餐食，慊慊常饥空。端坐而无为，仿佛君容光。（其一）

峨峨高山首，悠悠万里道。君去日已远，郁结令人老。人生一世间，忽若暮春草。时不可再得，何为自愁恼？每诵昔鸿恩，贱躯焉足保。（其二）

浮云何洋洋，愿因通我词。飘飘不可寄，徙倚徒相思。人离皆复会，君独无返期。自君之出矣，明镜暗不治。思君如流水，何有穷已时。（其三）

惨惨时节尽，兰华凋复零。喟然长叹息，君期慰我情。展转不能寐，长夜何绵绵。蹑履起出户，仰望三星连。自恨志不遂，泣涕如涌泉。（其四）

思君见巾栉，以益我劳勤，安得鸿鸾羽，觏此心中人。诚心亮不遂，搔首立悁悁。何言一不见，复会无因缘。故如比目鱼，今隔如参辰。（其五）

人靡不有初，想君能终之。别来历年岁，旧恩何可期。重新而忘故，君子所尤讥。寄身虽在远，岂忘君须臾。既厚不为薄，想君时见思。（其六）

关于徐干诗的评价，谭元春《古诗归》谓：

（《室思》）宛笃有《十九首》风格。

沈德潜《古诗源》卷6谓：

（《室思》）此托言闺人之词也。

（五）刘桢

刘桢（？—217），字公干。曾任曹操丞相掾属，转为五官中郎将文学。才思敏捷，诗负盛名，与曹植并列，号称"曹刘"。存诗15首，均系五言，后人辑有《刘公干集》1卷。

刘桢的《赠从弟》诗三首，全以比兴的手法，分别以苹藻、松柏和凤凰勉励其从弟，要有高洁的品格，远大的理想，坚贞的操守。

《文选》卷23《赠从弟》谓：

其一

泛泛东流水，磷磷水中石。苹藻生其涯，华纷何扰弱。采之荐宗庙，可以羞嘉宾。岂无园中葵，懿此出深泽。

其二

亭亭山上松，瑟瑟谷中风。风声一何盛，松枝一何劲。冰霜正惨凄，终岁常端正，岂不罹凝寒，松柏有本性。

其三

凤凰集南岳，徘徊孤竹根。于心有不厌，奋翅凌紫氛。岂不常勤苦，羞与黄雀群。何时当来仪？将须圣明君。

关于刘桢诗文的评价，刘勰《文心雕龙·体性篇》谓：

公干气褊，故言壮而情骇。

又钟嵘《诗品上》谓：

魏文学刘桢。其源出于《古诗》，仗气爱奇，动多振绝，真骨凌霜，高风跨俗。但气过其文，雕润恨少。然自陈思以下，桢称独步。

又王世贞《艺苑卮言》卷3谓：

刘桢、王粲，诗胜于文，兼至者独临淄耳。

又陈祚明《采菽堂古诗选》卷7谓：

公干诗笔隽逸，善于琢句，古而有韵。

又刘熙载《艺概·诗概》谓：

公干气胜，仲宣情胜，皆有陈思之一体，后世诗不越此两宗。

（六）阮瑀

阮瑀（约165—212），字元瑜。曾从蔡邕学习，曹操任其为司空军谋祭酒，与陈琳共同掌管记室，当时军国书檄，多系阮、陈所拟，今存诗十二首，后人辑有《阮元瑜集》一卷。

阮瑀的《驾出北郭门行》，是运用对话形式的五言诗，富于乐府民歌的风味。诗中揭露冷酷无情的后母虐待孤儿，诗人对此深感不平，有劝世意义。

《乐府诗集》卷61《驾出北郭门行》谓：

驾出北郭门，马樊不肯驰，下车步踟蹰，仰折枯杨枝。顾闻丘林中，噭噭有悲啼。借问啼者出，"何为乃如斯？""亲母舍我殁，后母憎孤儿。饥寒无衣食，举动鞭捶施。骨消肌肉尽，体若枯树皮。藏我空室中，父还不能知。上冢察故处，存亡永别离。亲母何可见，泪下声正嘶。弃我于此间，穷厄岂有赀！"传告后代人，以此为明规。

关于阮瑀诗文的评价，《文选》卷42引曹丕《与吴质书》谓：

元瑜书记翩翩。

又陈祚明《采菽堂古诗选》谓：

《驾出北郭门行》，质直悲酸，犹近汉调。

(七) 应场

应场（？—217），字德琏。曹操征召为丞相掾属，后为五官中郎将文学。其现存诗数量既少，质量亦平平。后人辑有《应德琏集》。曹丕在《现吴质书》中，对应场的才志评道："德琏常斐然有述作之意，其才学足以著书，美志不遂，良可痛惜！"大概是客观原因，影响了应场文学上的成就。

五 蔡琰与其他作者的诗文

（一）蔡琰

蔡琰，字文姬。汉末文学家蔡邕之女，博学有才辩，善于音律。曾被掠至南匈奴，嫁左贤王生二子，滞留十二年。后曹操将其赎回，再嫁屯田都尉董祀。其五言自叙体《悲愤诗》，共二章，第一章先叙述汉末大乱和被虏经过，次写胡地生活和被赎情形。最后写归途见闻和回归后对家乡凄凉情景的感叹。

《后汉书》卷84《列女陈留董祀妻传》载《悲愤诗》第1章谓：

> 汉季失权柄，董卓乱天常，志欲图篡弑，先害诸贤良。逼迫迁旧邦，拥主以自强。海内兴义师，欲共讨不祥，卓众来东下，金甲耀日光。平土人脆弱，来兵皆胡羌。猎野围城邑，所向悉破亡。斩截无孑遗，尸骸相撑拒。马边悬男头，马后载妇女。长驱西入关，迥路险且阻，还顾邈冥冥，肝脾为烂腐。所略有万计，不得令屯聚。或有骨肉俱，欲言不敢语。失意机微间，辄言毙降虏。要当以亭刃，我曹不活汝。岂复惜性命，不堪其詈骂，或便加棰杖，毒痛参并下。旦则号泣行，夜则悲吟坐。欲死不能得，欲生无一可。彼苍者何辜，乃遭此厄祸！

> 边荒与华异，人俗少义理。处所多霜雪，胡风春夏起，翩翩吹我衣，肃肃入我耳。感时念父母，哀叹无穷已。有客从外来，闻之常欢喜。迎问其消息，辄复非乡里。邂逅徼时愿，骨肉来迎己。已得自解免，当复弃儿子。天属缀人心，念别无会期。存亡永乖隔，不忍与之辞。儿前抱我颈，问母欲何之？"人言母当去，岂复有还时！阿母常仁恻，今何更不慈？我尚未成人，奈何不顾思！"见此崩五内，恍惚生狂痴。号泣手抚摩，当发复回疑。兼有同时辈，相关告离别。慕我

独得归，哀叫声摧裂。马为立踟蹰，车为不转辙。观者皆歔欷，行路亦呜咽。

去去割情恋，遄征日遐迈。悠悠三千里，何时复交会？念我出腹子，胸臆为摧败。既至家人尽，又复无中外。城郭为山林，庭宇生荆艾。白骨不知谁，从横莫覆盖。出门无人声，豺狼号且吠，茕茕对孤景，怛咤糜肝肺。登高远眺望，魂神忽飞逝。奄若寿命尽，旁人相宽大。为复强视息，虽生何聊赖。托命于新人，竭心自勖厉。流离成鄙贱，常恐复捐废。人生几何时，怀忧终年岁。

蔡琰的《胡笳十八拍》以浪漫主义手法描述个人遭遇，情调激昂，感情真挚，对命运作了有力的抗争和控诉。

《诗纪》卷4载《胡笳十八拍》云：

我生之初尚无为，我生之后汉祚衰，
天不仁兮降乱离，地不仁兮使我逢此时。
干戈日寻兮道路危，民卒流亡兮共哀悲；
烟尘蔽野兮胡虏盛，志意乖兮节义亏。
对殊俗兮非我宜，遭恶辱兮当告谁？
笳一会兮琴一拍，心愤怨兮无人知！

戎羯逼我兮为室家，将我行兮向天涯。
云山万重兮归路遐，疾风千里扬尘沙；
人多暴猛兮如虺蛇，控弦被甲兮为骄奢。
两拍张弦兮弦欲绝，志摧心折兮自悲嗟。

越汉国兮入胡城，亡家失身兮不如无生！
毡裘为裳兮骨肉震惊，羯膻为味兮杜遏我情；
鞞鼓喧兮从夜达明，胡风浩浩兮暗塞营。
伤今感昔兮三拍成，衔悲畜恨兮何时平？

无日无夜兮不思我乡土，禀气含生兮莫过我最苦。
天灾国乱兮人无主，唯我薄命兮没戎虏。

殊俗心异兮身难处，嗜欲不同兮谁可与语？
寻思涉历兮多艰阻，四拍成兮益凄楚。

雁南征兮欲寄边心。雁北归兮为得汉音。
雁南飞兮渺难寻，空断肠兮思愔愔。
攒眉向月兮抚雅琴，五拍泠泠兮意弥深。

冰霜凛凛兮身苦寒，饥对肉酪兮不能餐。
夜闻陇水兮声呜咽，朝见长城兮路杳漫。
追思往日兮行李艰，六拍悲兮欲罢弹。

日暮风悲兮边声四起，不知愁心兮说向谁是？
原野萧条兮烽戍万里，俗残老弱兮少壮为美。
逐有水草兮安家葺垒，牛羊满野兮聚如蜂蚁。
草尽水竭兮羊马皆徙，七拍流恨兮恶居于此！

为天有眼兮，何不见我独漂流？
为神有灵兮，何事处我天南海北头？
我不负天兮，天何配我殊匹？
我不负神兮，神何殛我越荒州？
制兹八拍兮拟排忧，何知曲成兮心转愁。

天无涯兮地无边，我心愁兮亦复然。
生倏忽兮，如白驹之过隙；
愁不得欢乐兮，当我之盛年。
怨兮欲问天，天苍苍兮上无缘，
举手仰望兮空云烟。九拍怀情兮谁与传？

城头烽烟不曾灭，疆场征战何时歇，
杀气朝朝冲塞门，胡风夜夜吹边月，
故乡隔兮音尘绝，哭无声兮气将咽，
一生辛苦缘离别，十拍悲深兮泪成血。

我非贪生而恶死，不能捐身兮心有以。
生仍冀得兮归桑梓，死当埋骨兮长已矣！
日居月诸兮在戎垒，胡人宠我兮有二子。
鞠之育之兮不羞耻，愍之念之兮生长边鄙。
十有一拍兮因兹起，哀响缠绵兮彻心髓。

东风应律兮暖气多，知是汉家天子兮布阳和，
羌胡舞蹈兮共讴歌，两国交欢兮罢兵戈。
忽遇汉使兮称近诏，遣千金兮赎妾身，
喜得生还兮逢圣君，嗟别稚子兮会无因。
十有二拍兮哀乐均，去住两情兮难具陈。

不谓残生兮却得旋归，抚抱胡儿兮泣下沾衣。
汉使迎我兮四牡騑騑，失声号兮谁得知？
与我生死兮逢此时，愁为子兮日无光辉，
焉得羽翼兮将汝归？
一步一远兮足难移，魂销影绝兮恩爱遗！
十有三拍兮弦急调悲，肝肠搅刺兮人莫我知！

身归国兮儿莫之随，心悬悬兮长如饥。
四时万物兮有盛衰，唯有愁苦兮不暂移。
山高地阔兮见汝无期，更深夜阑兮梦汝来斯。
梦中执手兮一喜一悲，觉后痛吾心兮无休歇时！
十有四拍兮涕泪交垂，河水东流兮心是思。

十五拍兮节调促，气填胸兮谁识曲？
处穹庐兮偶殊俗，愿得归来兮天从欲，
再还汉国兮欢心足。心有怀兮愁转深！
日月无私兮曾不照临。子母分离兮意难任，
同天隔越兮如商参，生死不相知兮何处寻？

十六拍兮思茫茫，我与儿兮各一方，
日东月西兮徒相望，不得相随兮空断肠！
对萱草兮忧不忘，弹鸣琴兮情何伤！
今别子兮归故乡，旧怨平兮新怨长：
泣血仰叹兮诉苍苍，胡为生我兮独罹此殃？

十七拍兮心鼻酸，关山修阻兮行路难！
去时怀土兮心无绪，来时别儿兮漫漫。
塞上黄蒿兮枝枯叶干，沙场白骨兮刀痕箭瘢，
风霜凛凛兮春夏寒，人马饥豗兮筋力单。
岂知重得兮入长安，叹息欲绝兮泪阑干！

胡笳本是出胡中，缘琴翻出音律同。
十八拍兮曲虽终，响有余兮思无穷。
是知丝竹微妙兮均造化之功，
哀乐各随人心兮有变则通。
胡与汉兮异域殊风，天与地隔兮子西母东；
若我怨气兮浩于长空，六合虽广兮受之应不容！

关于蔡琰五言《悲愤诗》的真伪及评价，《苏轼文集》卷67《题跋诗词》载《题蔡琰传》谓：

《列女传》蔡琰二诗，其词明白感慨，颇类世所传木兰诗，东京无此格也。建安七子，犹涵养圭角，不尽发见，况伯喈女乎？又：琰之流离，必在父死之后。董卓既诛，伯喈及遇祸。今此诗乃云为董卓所驱虏入胡，尤知其非真也。盖拟作者疏略，而范晔荒浅，遂载之本传。可以一笑也。

又张玉谷《古诗赏析·悲愤诗注》谓：

"长驱西入关"，当即指卓所将羌胡兵。琰以为山东兵，亦误；然其驳苏处，则具眼也。且琰与建安七子正复同时，何见其必效七子

而非琰作。

又沈德潜《古诗源》卷3谓蔡琰《悲愤诗》：

> 段落分别，而灭去脱卸转接痕迹，若断若续，不碎不乱。少陵《奉先咏怀》、《北征》等作，往往似之。

关于《胡笳十八拍》真伪问题。参看《胡笳十八拍讨论集》。

(二) 繁钦

繁钦（？—218），字休伯，曾为丞相主簿，善于诗赋，率皆巧丽，存诗及残诗八首。其诗赋及文章分别见逯钦立《先秦汉魏晋南北朝诗》和徐陵《玉台新咏》等。

繁钦与建安七子同时，但最不得志，其《定情诗》是一首文人乐府诗。诗分四部分，以自叙和对话的口吻，叙述一女子失恋的悲愁，实为诗人自伤之作。

徐陵《玉台新咏》卷1引徐陵《定情诗》云：

> 我出东门游，邂逅承清尘。思君即幽房，侍寝执衣巾。时无桑中契，迫此路侧人。我既媚君姿，君亦悦我颜。
>
> 何以致拳拳？绾臂双金环。何以致殷勤？约指一双银。何以致区区？耳中双明珠。何以致叩叩？香囊系肘后。何以致契阔？绕腕双跳脱。何以结恩情？美玉缀罗缨。何以结中心？素缕连双针。何以结相于？金薄画搔头。何以慰别离？耳后玳瑁钗。何以答欢忻？纨素三条裙。何以结愁悲？白绢双中衣。
>
> 与我期何所？乃期东山隅。日旰兮不来，谷风吹我襦。远望无所见，涕泣起踟蹰。
>
> 与我期何所？乃期山南阳。日中兮不来，飘风吹我裳。逍遥莫谁睹，望君愁我肠。
>
> 与我期何所？乃期西山侧，日夕兮不来，踯躅长叹息。远望凉风至，俯仰正衣服。
>
> 与我期何所？乃期山北岑，日暮兮不来，凄风吹我襟。望君不能坐，悲苦愁我心。

爱身以何为，惜我华色时。中情既款款，然后克密期。褰衣躐茂草，谓君不我欺。厕此丑陋质，徙倚无所之。自伤失所欲，泪下如连丝。

（三）吴质

吴质（177—230），字季重。建安时代著名文人，与曹丕、曹植关系密切，"善处其兄弟间"，官至侍中。今存诗一首，文七篇，均见严可均《全三国文》。

吴质《答东阿王书》，主要是向曹植倾诉自己被贬为县令后的苦闷心情，期盼能予以援引，使其有机会施展抱负。

《全三国文》卷30引吴质《答东阿王书》谓：

质白：信到，奉所惠贶。发函伸纸，是何文采之巨丽，而慰喻之绸缪乎，夫登东岳者，然后知众山之逦迤也。奉至尊者，然后知百里之卑微也。

自旋之初，伏念五六日，至于旬时，精散思越，惘若有失，非敢羡宠光之休，慕猗顿之富。诚以身贱犬马，德轻鸿毛，至乃历玄阙，排金门，升玉堂，伏虚槛于前殿，临曲池而行觞。既威仪亏替，言辞漏渫，虽恃平原养士之懿，愧无毛遂耀颖之才；深蒙薛公折节之礼，而无冯谖三窟之效；屡获言陵虚左之德，又无侯生可述之美。凡此数者，乃质之所以愤积于胸臆，怀眷而悒邑者也。

若追前宴，谓之未究；倾海为酒，并山为肴，伐竹云梦，斩梓泗滨，然后极雅意，尽欢情，信公子之壮观，非鄙人所庶几也。若质之志，实在所天。思投印释黻，朝夕侍坐，钻仲父之遗训，览老氏之要言，对清酤而不酌，抑嘉肴而不享；使西施出帷，嫫母侍侧。斯盛德之所蹈，明哲之所保也。

若乃近者之观，实荡鄙心。秦筝发徽，二八迭奏，损箫激于华屋，灵鼓动于座右，耳嘈嘈于无闻，情踊跃于鞍马，谓可北慑肃慎，使贡其楛矢；南震百越，使献其白雉。又况权备，夫何足视乎！

还治讽采所著，观省英玮，实赋颂之宗，作者之师也。众贤所述，亦各有志。昔赵武过郑，七子赋诗，《春秋》载列，以为美谈。质，小人也，无以承命。又所答贶，辞丑义陋，申之再三，赧然汗下。此邦之人，闲习辞赋，三事大夫，莫不讽诵，何但小吏之有乎？

重惠苦言，训以政事，恻隐之恩，形乎文墨。墨子回车，而质四年，虽无德与民，式歌且舞。儒墨不同，固以久矣。然一旅之众，不足以扬名；步武之间，不足以骋迹。若不改辙易御，其何以效其力哉！今处此而求大功，犹绊良骥之足，而责以千里之任；槛猿猴之势，而望其巧捷之能者也。不胜见恤。谨附遣白答，不敢繁辞。吴质白。

（四）仲长统

仲长统（180—220），字公理，建安时代著名散文家和哲学家，提出"人事为本，天道为末"的命题，曾任尚书郎。著有《昌言》三十四篇，十余万言，多数已散佚，较完整者仅存三篇，见《后汉书》卷49《仲长统传》。

仲长统的《理乱篇》是一篇政论文章，以春秋至汉末这段历史为例证，说明国家政权兴衰治乱的原因与过程，并对虚妄的天命论进行有力辩驳。

《后汉书》卷49《仲长统传》载其《理乱篇》谓：

豪杰之当天命者，未始有天下之分者也。无天下之分，故战争者竞起焉。于斯之时，并伪假天威，矫据方国，拥甲兵与我角才智，程勇力与我竞雌雄，不知去就，疑误天下，盖不可数也。角智者皆穷，角力者皆负，形不堪复伉，势不足复校，乃始羁首系颈，就我之衔绁耳。夫或曾为我之尊长矣，或曾与我为等侪矣。或曾臣虏我矣，或曾执囚我矣。彼之蔚蔚，皆匈置腹诅，幸我之不成，而以奋其前志，讵肯用此为终死之分邪？

及继体之时，民心定矣。普天之下，赖我而得生育，由我而得富贵，安居安业，长养子孙，天下晏然，皆归心于我矣。豪杰之心既绝，士民之志已定，贵有常家，尊在一人。当此之时，虽下愚之才居之，犹能使恩同天地，威侔鬼神。暴风疾霆，不足以方其怒；阳春时雨，不足以喻其泽；周、孔数千，无所复角其圣；贲、育百万，无所复奋其勇矣。

彼后嗣之愚主，见天下莫敢与之违，自谓若天地之不可亡也。乃奔其私嗜，骋其邪欲，君臣宣淫，上下同恶。目极角觚之观，耳穷郑、卫之声。入则耽于妇人，出则驰于田猎。荒废庶政，弃亡人物，澶漫弥流，无所底极。信任亲爱者，尽佞谄容说之人也；宠贵隆丰者，尽后妃姬妾之家也。使饿狼守庖厨，饥虎牧牢豚，遂至熬天下之脂膏，斲生人之骨髓。怨毒无聊，祸乱并起，中国扰攘，四夷侵叛，土崩瓦解，一朝而去。昔之为我哺乳之子孙者，今尽是我饮血之寇仇也。至于运徙势去，犹不觉悟者，岂非富贵生不仁，沈溺致愚疾邪？存亡以之迭代，政乱从此周复，天道常然之大数也。

又政之为理者，取一切而已，非能斟酌贤愚之分，以开盛衰之数也。日不如古，弥以远甚，岂不然邪？汉兴以来，相与同为编户齐民，而以财力相君长者，世无数焉。而清洁之士，徒自苦于茨棘之间，无所益损于风俗也，豪人之室，连栋数百，膏田满野，奴婢千群，徒附万计。船车贾贩，周于四方；废居积贮，满于都城。琦赂宝货，巨室不能容；马牛羊豕，山谷不能受。妖童美妾，填乎绮室；倡讴伎乐，列乎深堂。宾客待见而不敢去，车骑交错而不敢进。三牲之肉，臭而不可食；清醇之酎，败而不可饮。睇盼则人从其目之所视，喜怒则人随其心之所虑。此皆公侯之广乐，君长之厚实也。苟能运智诈者，则得之焉，苟能得之者，人不以为罪焉。源发而横流，路开而四通矣。求士之舍荣乐而居穷苦，弃放逸而赴束缚，夫谁肯为之者邪！夫乱世长而化世短。乱世则小人贵宠，君子困贱。当君子困贱之时，跼高天，蹐厚地，犹恐有镇压之祸也，逮至清世，则复入于矫枉过正之检。老者耄矣，不能及宽饶之俗；少者方壮，将复困于衰乱之时。是使奸人擅无穷之福利，而善士挂不赦之罪辜。苟目能辨色，耳能辨声，口能辨味，体能辨寒温者，将皆以修洁为讳恶，设智巧以避之焉，况肯有安而乐之者邪？斯下世人主一切之愆也。

昔春秋之时，周氏之乱世也。逮乎战国，则又甚矣。秦政乘并兼之势，放虎狼之心，屠裂天下，吞食生人，暴虐不已，以招楚汉用兵之苦，甚于战国之时也。汉二百年而遭王莽之乱，计其残夷灭亡之数，又复倍乎秦、项矣。以及今日，名都空而不居，百里绝而无民者，不可胜数。此则又甚于亡新之时也。悲夫！不及五百年，大难三起，中间之乱，尚不数焉。变而弥猜，下而加酷，推此以往，可及于尽矣。嗟乎！不知来世圣人救此之道，将何用也？又不知天若穷此之数，欲何至邪？

关于仲长统文章的评价，同卷《仲长统传》谓：

> 文章足继西京董（仲舒）、贾（谊）、刘（向）、扬（雄）。

刘熙载《艺概·文概》谓：

> 《昌言》俊发，略近贾长沙。

（五）应璩

应璩，字休琏。与弟应瑷、兄应场，并称"魏三应"，应璩博学善文，善于书记，受曹丕赏识，官至侍中、大将军长史。存文四十四篇，见严可均《全三国文》。流传《百一诗》若干首，收入逯钦立《先秦汉魏晋南北朝诗》和丁福保《全三国诗》等。

应璩的《与侍郎曹长思书》以含蓄委婉的手法，表达求助之意，希望能有人荐拔自己，达到仕途的发展。本文句式骈偶，工巧整饬，近似六朝骈体文，"尺幅有喷薄之势。"

《全三国文》卷30引应璩《与侍郎曹长思书》谓：

> 璩白：足下去后，甚相思想。叔田有无人之歌。阃阓有匪存之思，风人之作，岂虚也哉！
>
> 王肃以宿德显授，何曾以后进见拔，皆鹰扬虎视，有万里之望。薄援助者，不能追参于高妙，复敛翼于故枝。块然独处，有离群之志。汲黯乐在郎署，何武耻为宰相，千载揆之，知其有由也。
>
> 德非陈平，门无结驷之迹，学非杨雄，堂无好事之客；才劣仲舒，无下帷之思；家贫孟公，无置酒之乐。悲风起于闺闼，红尘蔽于机榻，幸有袁生，时步玉趾，樵苏不爨，清谈而已，有似周党之过闵子。
>
> 夫皮朽者毛落，川涸者鱼逝；春生者繁华，秋荣者零悴。自然之数，岂有恨哉！聊为大弟陈其苦怀耳，想还在近，故不益言。璩白。

第二节 魏末晋初文学的演进

魏末晋初，由于司马氏为夺取曹魏政权，造成政治上的恐怖局势，文学的政治氛围大变。建安时代那种题材丰富，境界广阔，讲求风骨，词彩等文学特色，均受到掩抑。为适应险恶环境，作品文字隐晦曲折，诗文内容沉郁艰深，显示出与建安时代迥然不同的风格。

一 正始文学

正始时期的文学家，主要以嵇康、阮籍为代表。

（一）嵇康

嵇康是当时重要的思想家和文论家，其四言诗有突出成就。后人辑有《嵇中散集》十卷。

诗歌

嵇康的四言诗，于《诗经》三百篇之外，另辟蹊径，独具一格；现存诗五十四首，其代表作是在狱中所写《幽愤诗》。他满怀幽愤，追溯了四十年的生活历程，表达了愤世嫉俗和高洁的志向；阐述了自己孤傲的性格和矛盾的心理。作品结构严整，清峻秀逸。

《文选》卷23引嵇康《幽愤诗》载：

> 嗟余薄祜，少遭不造，
> 哀茕靡识，越在襁褓。
> 母兄鞠育，有慈无威；
> 恃爱肆姐，不训不师。
> 爰及冠带，冯宠自放，
> 抗心希古，任其所尚，
> 托好老庄，贱物贵身，
> 志在守朴，养素全真。
> 曰余不敏，好善暗人，
> 子玉之败，屡增惟尘。
> 大人含弘，藏垢怀耻，
> 民之多僻，政不由己。

惟此褊心，显明臧否；
感悟思愆，怛若创痏。
欲寡其过，谤议沸腾，
性不伤物，频致怨憎。
昔惭柳惠，今愧孙登；
内负宿心，外恧良朋。
仰慕严、郑，乐道闲居，
与世无营，神气晏如。
咨余不淑，缨累多虞。
匪降自天，实由顽疏。
理蔽患结，卒致囹圄。
对答鄙讯，絷此幽阻。
实耻颂免，时不我与！
虽曰义直，神辱志沮；
澡身沧浪，岂云能补？
嗈嗈鸣雁，奋翼北游，
顺时而动，得意忘忧。
嗟我愤叹，曾莫能俦；
事与愿违，遘兹淹留；
穷达有命，亦又何求！
古人有言："善莫近名"，
奉时恭默，咎悔不生。
万石周慎，安亲保荣。
世务纷纭，祗搅予情。
安乐必诫，乃终利贞。
湟煌灵芝，一年三秀；
予独何为？有志不就！
惩难思服，心焉内疚。
庶勖将来，无馨无臭；
采薇山阿，散发岩岫；
永啸长吟，颐性养寿。

文

嵇康的散文思路开阔，语言犀利，挥写自如，多用典故、排句、叠句，有其特殊的散文风格，"此等文字，终晋之世不多见"。《与山巨源绝交书》表达了他强烈的反抗精神。

《文选》卷43引《嵇康·与山巨源绝交书》谓：

> 康白：足下昔称吾于颍川，吾常谓之知言，然经怪此意，尚未熟悉于足下，何从便得之也？前年从河东还，显宗阿都说足下议以吾自代，事虽不行，知足下故不知之！足下旁通，多可而少怪；吾直性狭中，多所不堪，偶与足下相知耳。间闻足下迁，惕然不喜，恐足下羞庖人之独割，引尸祝以自助，手荐鸾刀，漫之膻腥，故具为足下陈其可否。
>
> 吾昔读书，得并介之人，或谓无之，今乃信其真有耳。性有所不堪，真不可强。今空语同知有达人无所不堪，外不殊俗而内不失正，与一世同其波流，而悔吝不生耳。老子、庄周，吾之师也，亲居贱职，柳下惠、东方朔达人也，安乎卑位；吾岂敢短之哉！又仲尼兼爱，不羞执鞭，子文无欲卿相，而三登令尹，是乃君子思济物之意也。所谓达能兼善而不渝，穷则自得而无闷。以此观之，故尧舜之君世，许由之岩栖，子房之佐汉，接舆之行歌，其揆一也。仰瞻数君，可谓能遂其志者也。故君子百行，殊途而同致，循性而动，各附所安，故有处朝廷而不出，入山林而不返之论。且延陵高子臧之风，长卿慕相如之节，志气所托，不可夺也。
>
> 吾每读尚子平台孝威传，慨然慕之，想其为人。少加孤露，母兄见骄，不涉经学，性复疏嬾，筋驽肉缓；头面常一月十五日不洗，不大闷痒，不能梳也；每常小便而忍不起，令胞中略转乃起耳。又纵逸来久，情意傲散；简与礼相背，嬾与慢相成，而为侪类见宽，不攻其过；又读庄、老，重增其放，故使荣进之心日颓，任实之情转笃。此由禽鹿少见驯育，则服从教制，长而见羁，则狂顾顿缨，赴蹈汤火，虽饰以金镳，飨以嘉肴，逾思长林而志在丰草也。阮嗣宗口不论人过，吾每师之，而未能及，至性过人，与物无伤，唯饮酒过差耳；至为礼法之士所绳，疾之如雠，幸赖大将军保持之耳。吾不如嗣宗之贤而有慢弛之阙；又不识人情，暗于机宜；

无万石之慎，而有好尽之累。久与事接，疵衅日兴，虽欲无患，其可得乎？

又人伦有礼，朝廷有法。自惟至熟，有必不堪者七，甚不可者二：卧喜晚起，而当关呼之不置，一不堪也；抱琴行吟，弋钓草野，而吏卒守之，不得妄动，二不堪也；危坐一时，痹不得摇，性复多虱，把搔无已，而当裹以章服，揖拜上官，三不堪也；素不便书，又不喜作书，而人间多事，堆案盈机，不相酬答，则犯教伤义，欲自勉强，则不能久，四不堪也；不喜吊丧，而人道以此为重，已为未见恕者所怨，至欲见中伤者，虽惧然自责，然性不可化，欲降心顺俗，则诡故不情，亦终不能获无咎无誉，如此，五不堪也；不喜俗人，而当与之共事，或宾客盈坐，鸣声聒耳，嚣尖臭处，千变百伎，在人目前，六不堪也；心不耐烦，而官事鞅掌，机务缠其心，世故烦其虑，七不堪也。每每非汤、武而薄周、孔，在人间不止，此事会显，世教所不容，此甚不可一也，刚肠疾恶，轻肆直言，遇事便发，此甚不可二也。以促中小心之性，统此九患，不有外难，必有内病，宁可久处人间邪？

又闻道士遗言：饵术黄精，令人久寿；意甚信之。游山泽，观鱼鸟，心甚乐之。一行作吏，此事便废，安能舍其所乐而从其所惧哉？夫人之相知，贵识其天性，因而济之，禹不逼伯志子高，全其节也；仲尼不假盖于子夏，护其短也；近诸葛孔明不逼元直以入蜀，华子鱼不强幼安以卿相，此可谓能相终始，趋相知者也。足下见直术，必不可以为轮；曲者，不可以为桷；盖不欲以枉其天才，令得其所也。故四民有业，各以得志为乐，唯达者为能逼之，此足下度内耳。不可自见好章甫，强越人以文冕也。已嗜臭腐，养鸳雏以殆鼠也。吾顷学养生之术，方外荣华，去滋味，游心于寂寞，以无为为贵。纵无九患，尚不顾足下所好者；又有心闷疾，顷转增笃，私意自试，必不能堪其所不乐，自卜已审，若道尽途穷则已耳，足下无事冤之，令转于沟壑也。吾新失母兄之欢，意常凄切。女年十三，男年八岁，况复多病，顾此恨恨，如何可言！今但愿守陋巷，教养子孙，时与亲旧叙阔，陈说平生，浊酒一杯，弹琴一曲，志愿毕矣。足下若嬲之不置，不过欲为官得人，以益时用耳。足下旧知吾潦倒粗疏，不切事情，自惟亦皆不如今日之贤能也。若以俗人皆喜荣华，独能离之以为快。此最近之可得言耳。然使长才广度，无所不淹而能不营，乃可贵耳；若吾多病困，欲离事自全，以侯余年，此真秘乏耳，岂可见黄门而称贞哉？若趣欲共登王途，期于相致，时为欢益，一旦迫之，必发狂疾，自非重怨，不至于此也！野人有快炙背而美芹子者，欲献之至尊，虽有区区之意，亦已疏矣，愿足下勿似之。其意如此，既以解足下，并以为别。嵇康白。

关于嵇康诗文的评价，刘勰《文心雕龙·才略篇》谓：

嵇康师心以遣论，阮籍使气以命诗，殊声而合响，异翮而同飞。

又钟嵘《诗品中》谓：

晋中散嵇康，颇似魏文，过为峻切，许直露才，伤渊雅之致，然托谕清远，良有鉴裁，亦未失高流矣。

又王夫之《古诗评选》卷2谓：

中散五言颓唐不成音理，而四言居胜。

又陈祚明《采菽堂古诗选》卷8谓：

步夜诗实开晋人之先，四言中饶隽语，以全不似《三百篇》，故佳。

（二）阮籍

阮籍是阮瑀之子，父子均擅长诗文，是三国曹魏著名文学家，有"大小阮"之称。

阮籍的诗，总题为《咏怀诗》五言诗的共八十二首，另有《咏怀诗》三首，为四言体，尚有《大人先生传》中的《采薇者歌》（杂言）和《大人先生歌》（楚辞体）各一首。其《咏怀诗》感慨很深，格调高浑。以隐晦的言辞，象征的手法，表达其忧愤时政之情，给当时腐朽的统治以刺讥。在五言诗的发展过程中，产生了积极影响。

《阮步兵集·咏情诗》谓：

其一

夜中不能寐，起坐弹鸣琴，薄帷鉴明月，清风吹我襟。孤鸿号外野，翔鸟鸣北林。徘徊将何见？忧思独伤心。（原列第一）

其二

嘉树下成蹊，东园桃与李。秋风吹飞藿，零落从此始。繁华有憔悴，堂上生荆杞，驱马舍之去，去上西山趾。一身不自保，何况恋妻子，凝霜被野草，岁暮亦云已。（原列第三）

其三

平生少年时，轻薄好弦歌。西游咸阳中，赵李相经过。娱乐未终极，白日忽蹉跎。驱马复来当，反顾望三河。黄金百镒尽，资用常苦多。北临太行道，失路将如何！（原列第五）

其四

昔闻东陵瓜，近在青门外。连畛距阡陌，子母相钩带。五色曜朝日，嘉宾四面会。膏火自煎熬，多财为患害。布衣可终身，宠禄岂足赖？（原列第六）

其五

灼灼西聩日，余光照我衣。回风吹四壁，寒鸟相因依。周周尚衔羽，蛩蛩亦念饥。如何当路子，磬折忘所归？岂为夸誉名，憔悴使心悲。宁与燕雀翔，不随黄鹄飞。黄鹄游四海，中路将安归？（原列第八）

其六

湛湛长江水，上有枫树林。泉闽被径路，青骊逝骎骎。远望令人悲，春气感我心。三楚多秀士，朝云进荒淫。朱华振芬芳，高蔡相追寻。一为黄雀哀，涕下谁能禁。（原列第十一）

其七

昔年十四五，志尚好书诗。被褐怀珠玉，颜闵相与期。开轩临四野，登高望所思。丘墓蔽山冈，万代同一时。千秋万岁后，荣名安所之？乃悟羡门子，噭噭今自嗤。（原列第十五）

其八

独坐空堂上，谁可与欢者？出门临水路，不见行车马。登高望九州，悠悠分旷野。孤鸟西北尽，离兽东南下。日暮思亲友，晤言用自写。（原列第十七）

其九

驾言发魏都，南向望吹台。箫管有遗音，梁王安在哉？战士食糟糠，贤者处蒿莱。歌舞曲未终，秦兵已复来。夹林非吾有，朱宫生尘埃。军败华阳下，身竟为土灰。（原列第三十一）

其十

朝阳不再盛，白日忽西幽。去此若俯仰，如何以九秋？人生若尘露，天道邈悠悠。齐景升丘山，涕泗纷交流。孔圣临长川，惜逝忽若浮。去者余不及，来者吾不留。愿登太华山，上与松子游。渔父知世患，乘流泛轻舟。（原列第三十二）

其十一

炎光延万里，洪川荡湍濑，弯弓挂扶桑，长剑倚天外。泰山成砥砺，黄河为裳带。视彼庄周子，荣枯何足赖？捐身弃中野，乌鸢作患害。岂若雄杰士，功名从此大。（原列第三十八）

关于阮籍诗文的评价，刘勰《文心雕龙·体性篇》谓：

嗣宗倜傥，故响逸而调远。

又《太平御览》卷586《文部·诗》引《钟嵘诗品》载：

阮籍诗其源出于《小雅》，虽无雕斫之巧，而《咏怀》之作，可以陶性灵，发幽致。言在耳目之内。情寄八荒之表。洋洋乎会于风雅矣。

又王夫之《古诗评选》卷4谓：

步兵《咏怀》自是旷代绝作，远绍《国风》。近出于《十九首》，而以高朗之怀，脱颖之气，取神似于离合之间，大要如晴云出岫，舒卷无定质……且其托体之妙，或以自安，或以自悼，或标物外之旨，或寄疾邪之思；意固径庭，而言皆一致，信其但然而又不徒然，疑其必然而彼固不然。

又陈祚明《采薇堂古诗选》卷8谓：

阮公《咏怀》，神至之笔，观其抒写，直取自然，初非琢炼之劳，吐以匠心之感，与《十九首》若离若合，时一冥符……悲在衷心，乃成楚调；而子昂、太白目为古诗，共相仿效，是犹强取龙门愤激之书，命为国史也。

二　太康文学

自太康间起，往后约二十年时间，是绾建安之后出现的又一个诗文繁荣的时代。钟嵘《诗品》卷上序谓：

> 太康中，三张（张载、张协、张亢）、二陆（陆机、陆云）、两潘（潘岳、潘尼）、一左（左思），勃尔复兴，踵武前后，风流未沫，亦文章之中兴也。

钟嵘中未讲到张华、傅玄、王赞、刘琨、郭璞等人，但他们俱有名篇传世。

（一）张华

张华（232—300），字茂先，少年孤贫，学业优博，官至尚书，封关内侯。后在两晋统治集团内部纷争中遭杀害。张华提携好学之士，团结文学后进，创辟了建安以后的新兴文风。今存《博物志》十篇和辑本《张司空集》一卷。

他的《轻薄篇》，揭露当时贵游子弟醉生梦死、浮华放逸的荒淫生活；《情诗五首》则抒写夫妻离别后思念的心情。

《乐府诗集》卷67《张司空集·轻薄篇》谓：

> 末世多轻薄，骄或好浮华，志意能放逸，资财亦丰奢。被服极纤丽，肴膳尽柔嘉。僮仆余粱肉，婢妾蹈绫罗。文轩树羽盖，乘马鸣玉珂。横簪刻玳瑁，长鞭错象牙。足下金镂履，手中双莫耶。宾从焕络绎，侍御何芬葩！朝与金张期，暮宿许、史家。甲第面长先进，朱门赫嵯峨。苍梧竹叶清，宜城九酝醝。浮醪随觞转，素蚁自跳波。美女兴齐赵，妍唱出西巴。一顾倾城国，千金不足多。北里献奇舞，大陵奏名歌。新声逾《激楚》，妙妓绝《阳阿》。玄鹤降浮云，鲟鱼跃中河。墨翟且停车，展季犹咨嗟。淳于前行酒，雍门坐相和。孟公结重关，宾客不得蹉。三雅来何迟？耳热眼中花。盘桉互交错，坐席咸喧哗。簪珥或堕落，冠冕皆倾邪。酣饮终日夜，明灯继朝霞，绝缨尚不尤，安能复顾他？留连弥信宿，此欢难可过。人生若浮寄，年时忽蹉跎。促促朝露期，荣乐遽几何？念此肠中悲，涕下自滂沱。但畏执法吏，礼防且切磋。

又《文选》卷29《情诗》谓：

> 清风动帷帘，晨月照幽房。佳人处遐远，兰室无答光。襟怀拥灵景，轻衾覆空床。居欢惕夜促，在戚怨宵长。拊枕独啸叹，感慨心内伤。（原列第三首）

又谓：

> 游目四野外，逍遥独延伫。闾蕙缘清渠，繁华荫绿渚。佳人不在兹，取此欲谁与？巢居知风寒，穴处误用阴雨。不曾元别离，安知慕俦侣？（原列第五首）

（二）陆机

陆机（261—303），字士衡，其祖父陆逊、父陆抗均为吴国重臣。陆机文章为当时士大夫所推崇，先后任祭酒、太子洗马、著作郎和河北大都督等职，后被谗陷而死。存诗一百零四首，后辑以《陆士衡集》十卷。

诗歌

陆机的诗歌内容较空泛，讲究繁丽辞藻和对偶句式，追求形式上的美，对提高诗歌创作的艺术技巧，促进向格律诗的发展，有一定影响。其《赴洛道中作》描写离别故园后沿途见闻，触景抒情，凄婉动人；《猛虎行》写有志之士，迫于时局，事业无成，郁闷彷徨，感到有负平生。

《文选》卷26《赴洛二首》谓：

> 远游越山川，山川修且广，振策陟崇丘，案辔遵平莽。夕息抱影寐，朝徂衔思往。顿辔倚嵩岩，侧听悲风响。清露坠素辉，明月一何朗。抚几不能寐，振衣独长想。（第二首）

又同书卷28《猛虎行》谓：

> 渴不饮盗泉水，热不息恶木阴。恶木岂无枝？志士多苦心。整驾肃时命，杖策将远寻。饥食猛虎窟，寒栖野雀林，日归功未建，时往岁载阴。崇云临岸骇，鸣条随风吟。静言幽谷底，长啸高山岑。急弦无懦响，亮节难为音。人生诚未易，曷云开此衿？眷我耿介怀，俯仰

愧古今。

文

陆机的文学创作，注重艺术构思，引喻形象，语言凝练，无论是赋、论还是杂体文，都追求在艺术上达到高度完美的境地。其《吊魏武帝文》，对曹操的功业作了恰当的评价，叙写曹操遗嘱的文字，凄怆感人，寄托了作者对世事沧桑的无限感慨。

《文选》卷60《吊魏武帝文并序》谓：

元康八年，机始以台郎出补著作，游乎秘阁，而见魏武帝遗令，忾然叹息伤怀者久之。客曰："夫始终者万物之大归，死生者性命之区域，是以临丧殡而后悲，睹陈根而绝哭。今乃伤心百年之际，与哀无情之地，意者无乃知哀之可有，而未识情之可无乎？"

机答之曰："夫日蚀由乎交分，山崩起于朽壤，亦云数而已矣。然百姓怪焉者，岂不以资高明之质而不免卑浊之累，居常安之势暨终婴倾离之患难与共故乎？夫以回天倒日之力而不能振形骸之内，济世夷叹之智而受困魏阙之下，已而格乎上下者藏于区区之木，光于四表者翳乎蕞尔之土，雄心摧乎弱情，壮图终于哀志，长算屈于短日，远迹顿于促路，呜呼！岂特瞽史之异阙景，黔黎炎怪颓岸乎？观其所以顾命冢嗣，贻谋四子，经国之略既远，隆家之训亦弘。又云'吾在军中，持法是也，至于小忿怒、大过失，不当效也。'善乎达人之谠言矣。持姬女而指季豹。以示四子曰：'以累汝。'因泣下，伤哉，曩以天下自任，今以爱子托人，同乎尽者余，而得乎亡者无存，然而婉娈房闼之内，绸缪家人之务，则几乎密与！又曰：'吾婕好妓人，皆著铜雀台，于台堂施八尺床、穗帐，朝晡上脯糒之属，月朝十五日，辄向帐作妓。汝等时时登铜雀台，望吾西陵墓田。'又云'余香可分与诸夫人。诸舍中无所为，学作履组卖也。吾历有官所得绶，皆著藏事。吾余衣裘，可别为一藏，不能者兄弟共分之。'既而竟分焉。亡者可以勿求，存者楞以勿违，求与违，不其两伤乎？悲夫！爱有大而必失，恶有甚而必得，智慧不能去其恶，威力不能全其爱，故前识所不用心，而圣人罕言焉，若乃击情累于外物，留曲念于闺房，亦贤俊之所宜废乎！"于是遂愤懑而献吊云尔。

接皇汉之末绪言，值王途之多违，伫重调以育鳞，抚度云而遐飞。远神道以载德，乘灵风而扇威。摧群雄而电击，举勍敌其如遗。指八极以远略，必蕲焉而后绥，蓤三才之阙典，启于在之禁闱。举修纲之绝纪，纽大音之徽，扫云物以贞观，要万涂而来归。丕大德以宏覆，援日月而齐晖。齐元功于九有，固举世之所推。

彼人事之大造，夫何往而不臻，将覆篑于浚谷，挤为山乎九天。苟理穷而性尽，岂长算之所研？悟临川之有悲，固梁木其必颠。当建安之三八，实大命之所艰。虽光昭于曩载，将税驾于此年。惟降神之绵邈，眇千载而远期。信斯武之未丧，膺逾京而不豫，临渭滨而有疑。冀翌日之云瘳，弥四旬而成灾。咏归涂以反旆，登崤湹而揭来。次洛汭而大渐，指六军日念哉！

伊君王之赫奕，实终古之所难，威先天而盖世，力荡海而拔山。厄奚险而弗济，敌何强而不残。每因祸以禔福，亦践厄而必安。迄在兹而蒙昧，虑噤闭而无端，委躯命以待难，痛没世而永言。抚四子以深念，循肤体而颜欢。迫营魄之未离，假余息乎音翰。执姬女以嚬瘁，指季豹而漼焉。气卫襟以呜咽，涕垂睫而泛澜，违率土以静寐，戢弥天乎棺。

咨宏度之峻邈，壮大业之允昌，思居终而恤始，命临没而肇扬。援贞咨以甚悔，虽在我而不臧。惜内顾之缠绵，恨末命之微详。纡广念于履组，尘清虑于馀香。结遗情之婉娈，何命促而意长，掩零泪而荐觞。物无微而不存，体无惠而不亡。庶圣灵之响像，想幽神之复光。苟形声之翳没，虽音景在其心藏。徽清丝而独奏，进脯糈而谁尝。悼穗帐之冥漠，怨西陵之茫茫。登雀台而群悲，贮美目其望。既睎古以遗累，信简礼而薄葬。彼裘绂于何有，贻尘谤于后王。嗟大恋之所存，故虽哲而不忘，览遗籍以慷慨，献兹文而凄伤。

关于陆机诗文的评价，刘勰《文心雕龙·才略篇》谓：

陆机才欲窥深，辞务索广，故思能入巧，而不制烦。

又钟嵘《诗品》卷上引《晋平原相陆机》载：

其源出于陈思。才高词赡，举体华美……然其咀嚼英华，厌饫膏泽，文章之渊泉也。张公（华）叹其才，信矣！

又王夫之《古诗评选》卷4谓：

陆以不秀而秀，是云夕秀。乃其不为繁声，不为切句，如此作者，风骨自拔，固不许两潘腐气所染。

李重华《贞一斋诗说》谓：

陆士衡《拟古诗》，名重当世，侨汇每病其呆板。

又刘熙载《艺概·诗概》谓：

士衡乐府，金石之音，风云之气，能令读者惊心动魄。虽子建诸乐府，且不得专美于前，他何论焉。

（三）潘岳

潘岳（247—300），字安仁，少年聪颖，号称"奇童"，曾任县令和黄门侍郎等职，后在政治纷争中被诛杀。其诗文作品辞藻华美，明净流畅，长于抒情，以赋、诗最负盛名。这些作品在艺术上虽有一定价值，但社会意义有限，有辑本《潘黄门集》一卷流传。

他的《悼亡诗》共三首，为一组。全诗为哀悼亡妻而作。

《文选》卷23《悼亡诗》谓：

荏苒冬春谢，寒暑忽流易。之子归穷泉，重壤永幽隔。私怀谁克从，淹留亦何益。黾勉恭朝命，回心反初役。望庐思其人，入室想所历。帏屏无仿佛，翰墨有余迹。流芳未及歇，遗挂犹在壁。怅怳如或存，周遑忡惊惕。如彼翰林鸟，双栖一朝只；如彼游川鱼，比目中路析。春风缘隟来，晨溜承檐滴。寝息何时忘，沉忧日盈积，庶几有时衰，庄缶犹可击。（第一首）

关于潘岳诗文中的评价，刘勰《文心雕龙·体性篇》谓：

安仁轻敏，故锋发而韵流。

又钟嵘《诗品》卷上谓：

陆才如海，潘才如江。

又陈祚明《采菽堂古诗选》卷11谓：

钟嵘唯以诗格论诗，曾未窥见诗旨。其所云："陆深而芜，潘浅而净"，互易评之，恰恰不谬矣，不知所见何以颠到至此！

又沈德潜《古诗选》卷7《晋诗》谓：

安仁诗品，又在士衡之下，兹特取《悼亡》二首诗，格早不高，其情自深也。

（四）左思

左思（约250—约305），字太冲，出身寒微，博学能文。仕途不如愿，仅及秘书郎。因而对门阀制度不满，后隐居不仕。其作品笔力充沛，不事雕琢，现存诗只十四篇，其中《咏史》八首是代表作，另有《三都赋》亦为当代所推崇。其《咏史》八首，借古喻今，以古人、古事抒发自己的怀抱和不平。

《文选》卷21《咏史诗》谓：
其一

弱冠弄柔翰，卓荦观群书。著论准赤秦，作赋拟子虚。边城苦鸣镝，羽檄飞京都。虽非甲胄士，畴昔览穰苴。长啸激清风，志若无东吴。铅刀贵一割，梦想骋良图。左眄澄江湘，右盻定羌胡。功成不受爵，长揖归田庐。

其二

郁郁涧底松，离离山上苗，以彼径寸茎，荫此百尺条。世胄蹑高位，英俊沉下僚。地势使之然，由来非一朝。金张籍旧业，七叶珥汉貂。冯公岂不传，白首不见招。

其三

吾希段干木，偃息藩魏君。吾慕鲁仲连，谈笑却秦军。当世贵不羁，遭难能解纷。功成不受赏，高节卓不群。临组不肯绁，对珪宁肯分？连玺耀前庭，比之犹浮云。

其四

济济京城内，赫赫王侯成。冠盖荫四术，朱轮竟长衢。翰集金张馆，暮宿许史庐。志邻击钟罄，北里吹笙竽。寂寂扬子宅，门无卿相舆。寥寥空宇中，所讲在玄虚。言论准宣尼，辞赋拟相如。悠悠百世后，英名擅八区。

其五

皓天舒白日，灵景耀神州。列宅紫中里，飞宇若云浮。峨峨高门内，蔼蔼皆王侯。自非攀龙客，何为欻来游？被褐出阊阖，高步追许由。振衣千仞岗，濯足万里流。

其六

荆轲饮燕市，酒酣气益振，哀歌和渐离，诏若傍无人。中无壮士节，与世亦殊伦。高眄邈四海，豪右何足陈？贵者虽自贵，视之若埃尘。贱者虽自贱，重之若千钧。

其七

　　主父宦不达，骨肉还相薄。买臣困采樵，伉俪不安宅。陈平无产业，归来翳负郭。长卿还成都，壁立何廖廓。四贤岂不伟？遗烈光篇籍。当其未遇时，忧在填沟壑。英雄有迍邅，由来自古昔。何世无奇才？遗之在草泽。

其八

　　习习笼中鸟，举翮触四隅。落落穷巷士，抱影守空庐。出门无通路，枳棘塞中途。计策弃不收，块若枯池鱼。外望无寸禄，内顾无斗储。亲戚还相蔑，朋友日夜疏。苏秦北游说，李斯西上书。俯仰生荣华。咄嗟复雕枯。饮河期满腹，贵足不愿馀。巢林栖一枝，可为达士模。

关于左思文学方面的评价。刘勰《文心雕龙·才略篇》谓：

　　左思奇才，业新社会覃思，尽锐于《三都》，拔萃于《咏史》。

又王夫之《古诗评选》卷4谓：

　　三国之降为西晋，文体大坏，古度古心，不绝于来兹者，非太冲其焉归。

又沈德潜《古诗源》卷7《晋诗》谓：

　　太冲胸次高旷，而笔力又复雄迈，陶冶汉魏，自制传词，故是一代作手，岂潘、陆辈所能比埒！……太冲《咏史》，不必专咏一人，专咏一事，咏史人而己之性情俱见。此知秋绝唱也。

（五）张协

张协，字景阳，曾任河间内史；文学上与兄载齐名。张协以诗名世，其《杂诗》时称佳作，别具风格。他的诗作思想内容虽不深刻，但艺术成就较高，流传《张景阳集》辑本一卷。

他的《杂诗》十首，多写时令和景物的变迁，发人生之感慨。

《文选》卷29《杂诗》谓：

其一

秋夜凉风起，清气荡暄浊。蜻蜋吟阶下，飞蛾拂明烛。君子从远役，佳人守茕独。离居几何时？钻燧忽改木。房忧无行迹，庭草萎以绿。青苔依空墙，蜘蛛网四屋。感物多所怀，沉忧结心曲。

其二

朝霞迎白日，丹气临汤谷。翳翳结繁云，森森散雨足，轻风摧劲草，凝霜竦高木。密叶日夜疏，丛林森如束。畴昔叹时迟，晚节悲年促。岁暮怀百忧，将从季主卜。

其三

昔我资章甫，聊以适诸越。行行入幽荒，瓯骆从祝发。穷年非甩用，此货将安设？瓴甊夸玙璠，鱼目笑明月。不见郢中歌，能否居然别？阳春无和者，巴下皆下节。流俗多昏迷，此理谁能察？

（六）刘琨

刘琨（271—318），字越石，少年豪俊，曾任并州刺史，封广武侯，他招募流亡民众，抗击刘陪和石勒。刘琨少有诗名；诗文受到时人推许，今仅存四言诗一首，五言诗二首；诗的格调"雅壮而多风"，慷慨悲歌，表达了爱国情怀。

他的《扶风歌》，叙写自洛阳赴晋阳途中的见闻及结事业前途的忧危心情。《重赠卢谌》诗，自述抱负，痛感事业无成，以先贤事迹，激励卢谌完成救国重任。

《文选》卷28《扶风歌》谓：

> 朝发广莫门，莫宿丹水山。左手弯繁弱，右手挥龙渊。顾瞻望宫阙，依仰御飞轩。据鞍长叹息，泪下如流泉。系马长松下，发鞍高岳头。烈烈悲风起，泠泠涧水流。挥手长相谢，哽咽不能言。浮云为我旋，归鸟为我旋。去家日已远，安知存与亡？慷慨穷林中，抱膝独摧藏。麋鹿游我前，猿猴戏我侧。资粮既乏尽，薇蕨安可食？揽辔命徒侣，吟啸绝岩中。君子道微矣，夫子故有穷。惟昔李骞期，寄在匈奴庭。忠信反获罪，汉武不见明。我欲竟此曲，此曲悲且长。弃置勿重陈，重陈令心伤。

又同书卷25《重赠卢谌》谓：

> 握中有悬璧，本自荆山璆。惟彼太公望，昔在渭滨叟。邓生何感激，千里来相求。自登幸曲逆，鸿门赖留侯。重耳任五贤，小白相射钩。苟能隆二伯，安问党与仇？中夜抚枕叹，想与数子游。吾衰久矣夫，何其不梦周？谁云圣达节，知命故不忧。宣尼悲获麟，西狩涕孔丘。功业未及建，夕阳忽西流。时哉不我与，去乎若云浮。朱实陨劲风，繁英落素秋。狭路倾华盖，骇驷摧双辀。何意百炼刚，化为绕指柔。

关于刘琨诗文的评价，钟嵘《诗品中》谓：

> 其源出于王粲。喜为凄戾之词，自有清拔之气……故喜权丧乱，多感慨之词。

又陈祚明《采菽堂古诗选》卷12谓：

> 越石英雄失路，满衷悲愤，即是佳诗。随笔倾吐，如金笳成器，木枿商声，顺风而吹，嗾栗凄戾，足使枥马仰喷，城乌俯咽。

又沈德潜《古诗源》卷8《晋诗》谓：

越石英雄失路，万绪言悲凉，故其诗随笔倾吐，哀音无次，读者乌得于语句间求之！

又成书倬云《多岁堂古诗存》卷4谓：

《扶风歌》，苍苍莽莽，一气直达，即此便不可及，更不必问其字句工拙。

（七）郭璞

郭璞（276—324），字景纯，博学高才，擅卜筮之术。因触怒王敦被杀，后追赠为弘家太守。著有《尔雅注》《出海经注》和《上林赋注》等，流传《郭弘家集》辑本二卷。

郭璞的《游仙诗》十四首，名曰"游仙"实乃假托神仙而抒写人生怀抱和坎坷抑郁之作。在郭璞的诗中，以《游仙诗》最为宏丽，但诗中所宣扬的遁世思想，有消极影响。

《文选》卷21《游仙诗》云：

其一

京华游侠窟，山林隐遁栖。朱门何足荣？未若托蓬莱。临源挹清波，陵岗掇丹荑。灵溪可潜盘，安事登云梯？漆园有傲吏，莱氏有逸妻。进则保龙见，退为触藩羝。高蹈风尘外，长揖谢夷齐。（第一首）

其二

青溪千余仞，中有一道士。云生梁栋间，风出窗户里，借问此何谁，云是鬼谷子。翘迹企颍阳，临河思洗耳。阊阖西南来，潜波涣鳞起。灵妃顾我笑，粲然启玉齿。蹇修时不存，要之将谁使？

其三

六龙安可顿？运流有代谢。时变感人思，已秋复愿夏。淮海变微禽，吾生独不化。虽欲腾丹溪，云螭非我驾，愧无鲁阳德，回日向三舍。临川哀年迈，抚心独悲吒。（第四首）

其四

逸翮思拂霄，迅足羡远游。清源无增澜，安得运吞舟？珪璋虽特达，明月难暗投。潜颖怨青阳，陵苕哀素秋。悲不恻丹心，零泪缘缨流。（第五首）

其五

杂县寓鲁门，风暖将为灾。吞舟涌海底，高浪驾蓬莱。神仙排云出，但见金银台。陵阳把丹溜，容成挥玉杯。姮娥扬妙音，洪崖领其颐。升降随长烟，飘飘戏九垓。奇龄迈五龙，千岁方婴孩。燕昭无灵气，汉武非仙才。（第六首）

关于郭璞诗文的评价，刘勰《文心雕龙·才略篇》谓：

景纯艳逸，足冠中兴，《郊赋》既穆穆以大观，《仙诗》亦飘飘而凌云矣。

又钟嵘《诗品中》谓：

晋弘农太守郭璞……始变永嘉平淡之体，故称中兴第一……但《游仙》之作，词多慷慨，乖远玄宗……乃是坎壈咏怀，非列仙之趣也。

又陈祚明《采薇堂古诗选》卷12谓：

《游仙》之作。明属寄托之词，如以"列仙之趣"求之，非其本旨也。

第三节　晋宋之际五言诗的完全成熟

晋宋之际，由于社会政治、经济处于变革时期，所以这一时期的文学，出现了百花争妍的局面。诗歌的新内容、新形式和新体裁不断出现，陶渊明把古体诗推进到一个新的阶段。到了宋文帝元嘉年间，出现了所谓"元嘉体"。这时五言诗已到了完全成熟时期，由于声律和对偶的运用，从而孕育了近体诗。

晋末宋初，文坛上人才辈出，最重要的要数陶渊明、谢灵运和鲍照等。

一　陶渊明及其诗

陶渊明，一名潜，字元亮，世号靖节先生。他有建功立业的壮志，曾任县令等职，因不愿与士族社会同流合污，遂"自免去职"，过躬耕隐居生活。存有《靖节先生集》，诗文一百三十余篇。

他的诗歌与当时玄言诗的风格迥异，多以田园生活为题，反映农民的思想要求，歌咏农事，注重对自然景物的描写。作品清新自然，韵味隽永，有较高的艺术成就。其《归田园居》五首，抒写归田后的生活和愉快心情；在田园中劳作，无世俗交往，表达了不愿重返仕途的意愿；凭吊故墟，对农村凋敝情景发出感叹等。

《靖节先生集·归田园居》云：

其一

少无适俗韵，性本爱丘山。误落尘网中，一去三十年。羁鸟恋旧林，池鱼思故渊。开荒南野际，守拙归园田。方宅十余亩，草屋八九间，榆柳荫后檐，桃李罗堂前。暧暧远人村，依依墟里烟。狗吠深巷中，鸡鸣桑树颠。户庭无尘杂，虚室有余闲。久在樊笼里，复得返自然。

其二

野外罕人事，穷巷寡轮鞅。白日掩荆扉，虚室绝尘想。时复墟曲中，披草共来往。相见无杂言，但道桑麻长。桑麻日已长，我土日已广。常恐霜霰至，零落同草莽。

其三

种豆南山下，草盛豆苗稀。晨兴理荒秽，带月荷锄归。道狭草木长，夕露沾我衣；衣沾不足惜，但使愿无违。

其四

久去山泽游，浪莽林野娱。试携子侄辈，披榛步荒墟。徘徊丘陇间，依依昔人居。井灶有遗处，桑竹残朽株。借问采薪者，此人皆焉如？薪者向我言，死没无复余。一世异朝市，此语真不虚。人生似幻化，终当归空无。

其五

怅恨独策还，崎岖历榛曲。山涧清且浅，遇以濯吾足。漉我新熟酒，只鸡招近局。日入室中暗，荆薪代明烛。欢来苦夕短，已复至天旭。

《移居》二首写邻里好友，时相过从，畅谈种种；春秋佳日，登高赋诗，诗酒流连。

《靖节先生集·移居》谓：

其一

昔欲居南村，非为卜其宅。闻多素心人，乐与数晨夕。怀此颇有年，今日从兹役。弊庐何必广，取足蔽床席。邻曲时时来，抗言谈在昔。奇文共欣赏，疑义相与析。

其二

春秋多佳日，登高赋新诗。过门更相呼，有酒斟酌之。农务各自归，闲暇辄相思。相思则披衣，言笑无厌时。此理将不胜？无为忽去兹。衣食当须纪，力耕不吾欺。

诗人在《乞食》诗里，反映了由于生活窘迫，不得不向人告贷度日的实况；《饮酒》第五首，抒写诗人淡泊忘世的情怀和欣赏自然景色的悠然心情。

《靖节先生集·乞食》谓：

饥来驱我去，不知竟何之；行行至斯里，叩门拙言辞。主人解余意，遗赠副虚期。谈谐终日夕，觞至辄倾杯。情欣新知欢，言咏遂赋诗。感子漂母惠，愧我非韩才。衔戢知何谢，冥报以相贻。

又《靖节先生集·饮酒》谓：

结庐在人境，而无车马喧。问君何能尔？心远地自偏。采菊东篱下，悠然见南山。山气日夕佳，飞鸟相与还。此中有真意，欲辨已忘言。（第六首）

《癸卯岁始春怀古田舍二首》，写诗人在田舍怀古。第一首怀荷蓧丈人；第二首怀长沮、桀溺，均为借古言志之作。《庚戌岁九月中于西田获早稻》诗中叙写自种自收的欣喜，退隐力田的决心。

《靖节先生集·癸卯岁始春怀古田舍二首》谓：

其一
在昔闻南亩，当年竟未践。屡空既有人，春兴岂自免。夙晨装吾驾，启涂情已缅。鸟哢欢新节，泠风送馀善，寒竹被荒蹊，地为罕人远；是以植杖翁，悠然不复返。即理愧通识，所保讵乃浅。

其二
先师有遗训：忧道不忧贫。瞻望邈难逮，转欲志常勤。秉耒欢时务，解颜劝农人。平畴交远风，良苗亦怀新。虽未量岁功，即事多所欣。耕种有时息，行者无问津。日入相与归，壶浆劳近邻。长吟掩柴门，聊为陇亩民。

又《靖节先生集·庚戌岁九月中于西田获早稻》谓：

人生归有道，衣食固其端。孰是都不营，而以求自安？开春理常业，岁功聊可观；晨出肆微勤，日入负耒还。山中饶霜露，风气亦先寒。田家岂不苦，弗获辞此难。四体诚乃疲，庶无异患干。盥濯息檐下，斗酒散襟颜。遥遥沮溺心，千载乃相关。但愿长如此，躬耕非所叹。

散文《五柳先生传》乃诗人自况之作，叙写自己不慕荣利，乐天安命的志趣。

《靖节先生集·五柳先生传》谓：

先生不知何许人也，亦不详其姓字，宅边有五柳树，因以为号焉。闲静少言，不慕荣利。好读书，不求甚解；每有会意，便欣然忘食。性嗜酒，家贫不能常得；亲旧知其如此，或置酒而招之。造饮辄尽，期在必醉。既醉而退，曾不吝情去留。环堵萧然，不蔽风日；短褐穿结，箪瓢屡空；晏如也。常著文章自娱，颇示己志。忘怀得失，以此自终。

赞曰：黔娄之妻有言："不戚戚于贫贱，不汲汲于富贵。"其言兹若人之俦乎？酣觞赋诗，以乐其志。无怀氏之民欤？葛天氏之民欤？

《归去来兮辞并序》是陶渊明辞彭泽县令后，归田初期所作。叙写归田后，过着自由自在的生活，心情愉悦和无限乐趣。

《靖节先生集·归去来兮辞并序》谓：

余家贫，耕植不足以自给；幼稚盈室，缾无储粟，生生所资，未见其术。亲故多劝余为长吏，脱然有怀，求之靡途；会有四方之事，诸侯以惠爱为德，家叔以余贫苦，遂见用于小邑。于时风波未静，心惮远役，彭泽去家百里，公田之利，足以为酒，故便求之。及少日，眷然有归欤之情。何则？质性自然，非矫厉所得；饥冻虽切，违己交病。尝从人事，皆口腹自役；于是怅然慷慨，深愧平生之志。犹望一稔，当敛裳宵逝；寻程氏妹丧于武昌，情在骏奔，自免去职。仲秋至冬，在官八十余日。因事顺心，命篇曰"归去来"兮；乙巳岁十一月也。

归去来兮，田园将芜胡不归！既自以心为形役，奚惆怅而独悲。悟已往之不谏，知来者之可追；实迷途其未远，觉今是而昨非。舟遥遥以轻飏，风飘飘而吹衣，问征夫以前路，恨晨光之熹微。乃瞻衡宇，载欣载奔；僮仆欢迎，稚子候门。三径就荒，松菊犹存；携幼入室，有酒盈樽。引壶觞以自酌，眄庭柯以怡颜；倚南窗以寄傲，审容膝之易安。园日涉以成趣，门虽设而常关；策扶老以流憩，时矫首而遐观。云无心以出岫，鸟倦飞而知还；景翳翳以将入，抚孤松而盘桓。归去来兮，请息交以绝游。世与我而相违，复驾言兮焉求！悦亲戚之情话；乐琴书以消忧。农人告余以春及，将有事于西畴。或命巾车，或棹孤舟；既窈窕以寻壑，亦崎岖而经丘。木欣欣以向荣，泉涓涓而始流；善万物之得时，感吾生之行休！已矣乎，寓形宇内，能复几时！曷不委心任去留，胡为乎遑遑欲何之？富贵非吾愿，帝乡不可期。怀良辰以孤往，或植杖而耘耔；登东皋以舒啸，临清流而赋诗。聊乘化以归尽，乐夫天命复奚疑。

关于陶渊明诗文的评价，钟嵘《诗品》卷中谓：

其源出于应璩，又协左思风力。文体省净，殆无长语；笃意真古，辞兴婉惬……风华清靡，岂直为田家语耶！古今隐逸诗人之宗也。

又《苏轼文集》卷67《题跋诗词》载《评韩柳诗》谓：

柳子厚诗在陶渊明下，韦苏州上。退之豪放奇险则过之，而温丽靖深不及也。所贵乎枯淡者，谓其外枯而中膏，似淡而实美，渊明……之流是也。

又宋惠洪《冷斋夜话》卷1《东坡得陶渊明之遗意》谓：

东坡尝曰：渊明诗初看若散缓，熟看有奇句……大率才高意远，则所寓得其妙，造语精到之至，遂能如此。似大匠运斤，不见斧凿之痕。

又陈仁子《文选补遗》卷3谓：

渊明四言所以不可及者，全不犯古诗句；虽间有一二，不多见。他人作未免犯古句，又殊不类。

二　谢灵运及其诗

谢灵运（385—433）小名客儿，是谢玄之孙。曾任永嘉太守等职，袭爵康乐公，是我国文学史上第一位大量创作山水诗的作家，世称山水诗之祖。他打破了东晋玄言诗的统治，诗风开朗清新，反映了自然美。后人辑有《谢康乐集》。

他的《石壁精舍还湖中作》写其观赏荷池景色和林壑之胜，笔触细腻，用词精巧，恰似一幅天然图画；《登江中孤屿》，描绘出永嘉江中孤屿，天光云影交相辉映的情景。

《谢康乐集·石壁精舍还湖中作》谓：

> 昏旦变气候，山水含清晖。清晖能娱人，游子憺忘归。出谷日尚早，入舟阳已微。林壑敛暝色，云霞收夕霏。芰荷迭映蔚，蒲稗相因依。披拂趋南径，愉悦偃东扉。虑澹物自轻，意惬理无违。寄言摄生客，试用此道推。

《谢康乐集·登江中孤屿》谓：

> 江南倦历览，江北旷周旋。怀新道转迥，寻异景不延。乱流趋正绝，孤屿媚中川。云日相晖映，空水共澄鲜。表灵物莫赏，蕴真谁为传。想象昆山姿，缅邈区中缘。始信安期术，得尽养生年。

《邻里相送至方山》抒发天各一方，与邻里依依惜别的情景；《登池上楼》是诗人因官场失意，触景伤情，感物怀归，决意隐退之作。

《谢康乐集·邻里相送至方山》谓：

> 祗役出皇邑，相期憩瓯越。解缆及流潮，怀旧不能发。析析就衰林，皎皎明秋月。含情易为盈，遇物难可歇。积疴谢生虑，寡欲罕所阙。资此永幽栖，岂伊年岁别。各勉日新志，音尘慰寂蔑。

《谢康乐集·登池上楼》谓：

潜虬媚幽姿，飞鸿响远音。薄霄愧云浮，栖川怍渊沉。进德智所拙，退耕力不任。徇禄反穷海，卧痾对空林。衾枕昧节候，褰开暂窥临。倾耳聆波澜，举目眺岖嵚。初景革绪风，新阳改故阴。池塘生春草，园柳变鸣禽。祁祁伤豳歌，萋萋感楚吟。索居易永久，离群难处心。持操岂独古，无闷征在今。

《七里濑》诗以汉代严子陵的遭际与自己境遇相类比；《过白岸亭》抒发荣悴无常的感慨，表达了将不问世事，抱朴归真的思想情感。

《谢康乐集·七里濑》谓：

羁心积秋晨，晨积展游眺。孤客伤逝湍，徒旅苦奔峭。石浅水潺湲，日落山照曜。荒林纷沃若，哀禽相叫啸。遭物悼迁斥，存期得要妙。既秉上皇心，岂屑末代诮？目睹严子濑，想属任公钓。谁谓古今殊？异代可同调。

又《谢康乐集·过白岸亭》谓：

拂衣遵沙垣，缓步入蓬屋。近涧涓密石，远山映疏木。空悴难强名，渔钓易为曲。援萝聆青崖，春心自相属。交交止栩黄，呦呦食苹鹿。伤彼人百哀，嘉尔承筐乐。荣悴迭去来，穷通成休戚。未若长疏散，万事恒抱朴。

关于谢灵运诗的评价，《南史》卷34《颜延之传》谓：

（颜）延之尝问鲍照己与灵运优劣，照曰："谢五言如初发芙蓉，自然可爱，君诗如铺锦列绣，亦雕缋满眼。"

又钟嵘《诗品》卷上谓：

其源出于陈思，杂有景阳之体，故尚巧似，而逸荡过之。颇以繁富为累。

又王世贞《艺苑卮言》卷4谓：

> 谢灵运天质奇丽，运思精凿，虽格体创变，是潘、陆之余法也。其雅缛乃过之。

又陆时雍《诗镜总论》谓：

> 诗至于宋，古之终而律之始也。体制一变，便觉声色俱开。谢康乐鬼斧默运，其梓庆之炉乎……康乐神工巧铸，不知有对偶之烦。

又沈德潜《古诗源》卷10《宋诗》谓：

> 刘勰《明诗篇》曰："庄、老告退，而山水方滋"，见游山水诗以康乐为最。

三 颜延之及其诗

颜延之（384—456），字延年，官至金紫光禄大夫，故称颜光禄。少孤贫，好读书，其诗文雕词炼句，繁密辞藻，多以古事入题。与谢灵运齐名，并称"颜谢"，有辑本《颜光禄集》传世，现存作品多属应酬唱和之作和拟古乐府。颜诗着意于古诗对偶，较之于谢灵运诗，与近体诗更为接近。

他的《北使洛》叙写其衔命使北，见到沿途的残破景象，流露出内心悲怆的真情实感；《五君咏》写嵇康、阮籍等五人，以古事隐喻自己的怀抱。

《文选》卷27《北使洛》谓：

> 在昔辍期运，经始阔圣贤。伊瀍绝津济，台馆无尺椽。宫陛多巢穴，城阙生云烟。王猷升八表，嗟行方暮年。阴风振凉野，飞雪瞀穷天。临途未及引，置酒惨无言。

又同书卷21《五君咏》谓：

> 中散不偶世，本自餐霞人。形解验默仙，吐论知凝神。立俗迕流议，寻山洽隐沦。鸾翮有时铩，龙性谁能驯。（第二首）
> 阮公虽沦迹，识密鉴亦洞。沉醉似埋照，寓词类托讽。长啸若怀人，越礼自惊众。物故不可论，途穷能无恸。（第一首）
> 向秀甘淡薄，深心托豪素。探道好渊玄，观书鄙章句。交吕既鸿轩，攀嵇亦凤举。流连河里游，恻怆山阳赋。（第五首）

他的《赠王太常》一诗，是表示赞誉、钦慕的应酬之作，诗中多用典故虽力求高雅，但嫌雕琢过甚。

《文选》卷26《赠王太常》谓：

> 玉水记方流，璇源载圆折。蓄宝每希声，虽秘犹彰彻。聆龙睇九泉，闻凤窥丹穴。历听岂多工，唯然觏世哲。舒文广国华，敷言远朝列。德辉灼邦懋，芳风被乡耋。侧同幽人居，郊扉常昼闭。林间时宴开，亟回长者辙。庭昏见野阴，山明望松雪。静惟浃群化，徂生入穷节。豫往诚欢歇，悲来非乐阕。属美谢繁翰，遥怀具短札。

他的《陶征士诔》是当时诔文的佳作，流露出诗人对挚友陶渊明享寿不永而深致痛悼之情。

《文选》卷57《陶征士诔》谓：

> 赋诗归来，高蹈独善，亦既超旷，无适非心，汲流旧巘，葺宇家林，晨烟暮霭，春煦秋阴，陈书辍卷，置酒弦琴，居备勤俭，躬兼贫病，人否其忧，于然其命，隐约就闲，迁延辞聘，非直也明，是惟道性。纠缠斡流，冥漠报施，孰云与仁，实疑明智。谓天盖高，胡愆斯义，履信曷凭，思顺何寘。年在中身，疢维痁疾，视死如归，临凶若吉。药剂弗尝，祷祀非恤，傃幽告终，怀和长毕。

四　鲍照及其诗、文与赋

鲍照（约414—466），字明远，家境贫寒，曾任太学博士，兼中书舍人，后转秣陵令和荆州前军参军，故世称鲍参军。其文辞赡逸，"善制形状写物之词"，与谢灵运、颜延之合称"元嘉三大家"。

鲍照诗的明显特点，是运用乐府旧题、拟古和咏史的形式，写社会现实，这是颜、谢所不及的。鲍照出身寒微，备受门阀制度的压抑，所以他的作品，大多表现对士族政治的愤懑和抨击。现存诗二百余首，有辑本《鲍参军集》十卷。

（一）诗歌

《东门行》是古乐府旧题，此诗写别离情景和旅途愁苦。

《文选》卷28《东门行》谓：

> 伤禽恶弦惊，倦客恶离声。离声断客情，宾御皆涕零。涕零心断绝，将去复还诀。一息不相知，何况异乡别。遥遥征驾远，杳杳落日晚。居人掩闺卧，行子夜中饭。野风吹秋木，行子心肠断。食梅常苦酸，衣葛常苦寒。丝竹徒满坐，忧人不解颜。长歌欲自慰，弥起长恨端。

《放歌行》亦是乐府旧题，此诗讽刺洛阳城里的官宦们终日谋划钻营。

《文选》卷28《放歌行》谓：

> 蓼虫避葵堇，习苦不言非。小人自龌龊，安知旷士怀？鸡鸣洛城里，禁门平旦开。冠盖纵横至，车骑四方来。素带曳长飙，华缨结远埃。日中安能止？钟鸣犹未归。夷世不可逢，贤君信爱才。明虑自天断，不受外嫌猜。一言分珪爵，片善辞草莱。岂伊白璧赐，将起黄金台。今君有何疾，临路独迟回？

《东武吟》以假托的形式，写汉代一有功老军人叙述暮年还乡，生活的艰辛和抱怨。

《文选》卷28《东武吟》谓：

> 主人且勿喧，贱子歌一言：仆本寒乡士，出身蒙汉恩。始随张校尉，占募到河源；后逐李轻车，追虏出塞垣。密途亘万里，宁岁犹七奔。肌力尽鞍甲，心思历凉温。将军既下世，部曲亦罕存。时事一朝异，孤绩谁复论？少壮辞家去，穷老还入门。腰镰刈葵藿，倚杖牧鸡

豚。昔如鞲上鹰，今似槛中猿。徒结千载恨，空负百年怨。弃席思君幄，疲马恋君轩。愿垂晋主惠，不愧田子魂。

《出自蓟北门行》也是拟乐府旧题，写朝廷遣师御敌，壮士从军誓死卫国的决心和边塞风光。

《文选》卷28《出自蓟北门行》谓：

羽檄起边亭，烽火入咸阳。征师屯广武，分兵救朔方。严秋筋竿劲，虏阵精且强。天子按剑怒，使者遥相望。雁行缘石径，鱼贯度飞梁。萧鼓流汉思，旌甲被胡霜。疾风冲塞起，沙砾自飘扬。马毛缩如蝟，角弓不可张。时危见臣节，世乱识忠良。投躯报明主，身死为国殇。

《结客少年场行》属乐府"杂曲歌辞"类。此诗写少年结交任侠之客，轻生重义，慷慨以立功名。

《文选》卷28《结客少年场行》谓：

骢马金络头，锦带佩吴钩。失意杯酒间，白刃起相仇。追兵一旦至，负剑远行游。去乡三十载，复得还旧丘。升高临四关，表里望皇州。九涂平若水，双阙似云浮。扶宫罗将相，夹道列王侯。日中市朝满，车马若川流。击钟陈鼎食，方驾自相求。今我独何为，坱壤怀百忧。

鲍照的《拟人行路难》共十八首，均系抒写人世种种忧患，寄寓感愤之作。以下选7首。

《乐府诗集》卷70《拟行路难》谓：

其一
奉君金卮之美酒，玳瑁玉匣之雕琴，七彩芙蓉之羽帐，九华蒲萄之锦衾。红颜零落岁将暮，寒光宛转时欲沉。愿君裁悲且减思，听我抵节行路吟。不见柏梁铜雀上，宁闻古时清吹音？（原列第一）
其二

洛阳名工铸为金博山,千斫复万镂,上刻秦女携手仙。承君清夜之欢娱,列置帷里明烛前。外发龙鳞之丹彩,内含兰芬之紫烟。如今君心一朝异,对此长叹终百年。(原列第二)

其三

璇闺玉墀上椒阁,文窗绣户垂绮幕。中有一人字金兰,被服纤罗蕴芳藿。春燕差池风散梅,开帷对影弄禽爵。含歌揽涕恒抱愁,人生几时得为乐?宁作野中之双凫,不愿云间之别鹤。(原列第三)

其四

泻水置平地,各自东西南北流。人生亦有命,安能行叹复坐愁?酌酒以自宽,举杯断绝歌路难。心非木石岂无感?吞声踯躅不敢言。(原列第四)

其五

对案不能食,拔剑击柱长叹息。丈夫生世能几时?安能叠燮垂羽翼?弃檄罢官去,还家自休息。朝出与亲辞,暮还在亲侧。弄儿床前戏,看妇机中织。自古圣贤尽贫贱,何况我辈孤且直。(原列第六)

其六

愁思忽而至,跨马出北门。举头四顾望,但见松柏园,荆棘郁蹲蹲。中有一鸟名杜鹃,言是古时蜀帝魂。声音哀苦鸣不息,羽毛憔悴似人髡。飞走树间啄虫蚁,岂忆往日天子尊?念此死生变化非常理,中心恻怆不能言。(原列第七)

其七

中庭五株桃,一株先作花。阳春夭冶二三月,从风簸荡落西家。西家思妇见悲惋,零泪沾衣抚心叹:初我送君出户时,何言淹留节回换?床席生尘明镜垢,纤腰瘦削发蓬乱。人生不得长称意,惆怅徙倚至夜半。(原列第八)

鲍照的《梅花落》,本为笛中曲,借梅花赞誉高风亮节、正直不阿之士,借杂树讥讽徒有其表、随风摇摆之人。

《乐府诗集》卷24《梅花落》谓:

中庭杂树多,偏为梅咨嗟。问君何独然,念其霜中能作花,露中能作实。摇荡春风媚春日,念尔零落逐风飙,徒有霜华无霜质。

他的《赠傅都曹别》，用比兴的手法以鸿比傅，以雁自喻，写偶遇即成相知的情景，发日后很难聚首的感慨。

又《古诗源》卷 11《赠傅都曹别》云：

轻鸿戏江潭，孤雁集洲沚。邂逅两相亲，缘念共无已。风雨好东西，一隔顿万里。追忆栖宿时，声容满心耳。落日川渚寒，愁云绕天起。短翮不能翔，徘徊烟雾里。

鲍照的《发后渚》写家境窘迫的壮士，于寒冬时节辞别亲人，到遥远的地方去服兵役，沿途景物凄凉，愁肠欲绝。

《古诗源》卷 11《发后渚》谓：

江上气早寒，仲秋始霜雪。从军乏衣粮，方冬与家别。萧条背乡心，凄怆清渚发。凉埃晖平皋，飞潮隐修樾。孤光独徘徊，空烟视升灭。途随前峰远，意逐后云结。华志分驰年，韶颜惨惊节。推琴三起叹，声为君断绝。

《咏史》诗，写汉代隐士严君平虽穷困寂寞，仍安贫乐道，不为富贵豪侈的生活所动，有自况之意。

《古诗源》卷 11《咏史》谓：

五都矜财雄，三川养声利。千金不市死，明经有高位。京城十二衢，飞甍各鳞次。仕子彯华缨，游客竦轻辔。明星晨未晞，轩盖已云至。宾御纷飒沓，鞍马光照地。寒暑在一时，繁华及春媚。君平独寂寞，身世两相弃。

鲍照《拟古八首》中的第三、第四首，分别叙写幽、并少年幼壮时努力学骑射技艺，有从军立功的志愿；老来却自暴自弃，发出昔日繁华何在，贤愚同尽的慨叹。

《古诗源》卷 11《拟古》谓：

其一

  幽并重骑射，少年好驰逐。毡带佩双鞬，象弧插雕服。兽肥春草短，飞鞚越平陆。朝游雁门上，暮还楼烦宿。石梁有余劲，惊雀无全目。汉虏方未和，边城屡翻覆。留我一白羽，将以分符竹。

其二

  凿井北陵隈，百丈不及泉。生事本澜漫，何用独精坚？幼壮重寸阴，衰暮及轻年。放驾息朝歌，提爵止中山。日夕登城隅，周回视洛川。街衢积冻草，城郭宿寒烟。繁华悉何在？宫阙久崩填。空谤齐景非，徒称夷叔贤。

鲍照的《学刘公干体诗》共五首，其中第三首，以朔雪比喻正直高洁之士难容于世。

《古诗源》卷11《学刘公干体》谓：

  胡风吹朔雪，千里度龙山。集君瑶台上，飞舞两楹前。兹晨自为美，当避艳阳天。艳阳桃李节，皎洁不成妍。

他的《代春日行》，写青年男女春日郊游嬉戏的情景，抒发内心的感触。

《古诗源》卷11《代春日行》谓：

  献岁发，吾将行。春山茂，春日明。园中鸟，多嘉声。梅始发，柳始青。泛舟舻，齐棹惊。奏采菱，歌鹿鸣。微风起，波微生。弦亦发，酒亦倾。入莲池，折桂枝。芳袖动，芬叶披。两相思，两不知。

(二) 文、赋

鲍照文学上的成就虽主要在乐府歌行方面，但他在骈文、辞赋方面亦有较高的艺术造诣，其中以《登大雷岸与妹书》和《芜城赋》最为著名。《登大雷岸与妹书》是一篇家书，作者对沿途山水风景，以奔放的情绪、瑰丽的语言，作了生动的描绘。

《鲍参军集·登大雷岸与妹书》谓：

吾自发寒雨，全行日少，加秋潦浩汗，山溪猥至，渡泝无边，险径游历，栈石星饭，结荷水宿，旅客贫辛，波路壮阔，始以今日食时，仅及大雷。涂登千里，日逾十晨，严霜惨节，悲风断肌，去亲为客，如何如何！

向因涉顿，凭观川陆；遨神清渚，流睇方曛；东顾五洲之隔，西眺九派之分；窥地门之绝景，望天际之孤云。长图大念，隐心者久矣！南则积山万状，负气争高，含霞饮景，参差代雄，凌跨长陇，前后相属，带天有匝，横地无穷。东则砥原迤隰，亡端靡际。寒蓬夕卷，古树云平。旋风四起，思鸟群归。静听无闻，极视不见。北则陂池潜演，湖脉通连。苎蒿攸积，菰芦所繁。栖波之鸟，水化之虫，智吞愚，强捕小，号噪惊眺，纷乎其中。西则回江永指，长波天合。滔滔何穷，漫漫安竭！创古迄今，舳舻相接。思尽波涛，悲满潭壑。烟归八表，终为野尘。而是注集，长写不测，修灵浩荡，知其何故哉！西南望庐山，又特惊异。基压江潮，峰与辰汉相接。上常积云霞，雕锦缛。若华夕曜，岩泽气通，传明散采，赫似绛天。左右青霭，表里紫霄。从岭而上，气尽金光，半山以下，纯为黛色。信可以神居帝郊，镇控湘、汉者也。若潨洞所积，溪壑所射，鼓怒之所豗击，涌澓之所宕涤，则上穷荻浦，下至狶洲，南薄燕，北极雷淀，削长埤短，可数百里。其中腾波触天，高浪灌日，吞吐百川，写泄万壑。轻烟不流，华鼎振渿。弱草朱靡，洪涟陇蹙。散涣长惊，电透箭疾。穹溘崩聚，坻飞岭覆。回沫冠山，奔涛空谷。磁石为之摧碎，碕岸为之落。仰视大火，俯听波声，愁魄胁息，心惊悸矣！至于繁化殊育，诡质怪章，则有江鹅、海鸭、鱼鲛、水虎之类，豚首、象鼻、芒须、针尾之族，石蟹、土蚌、燕箕、雀蛤之俦，折甲、曲牙、逆鳞、返舌之属。掩沙涨，被草渚，浴雨排风，吹涝弄翩。夕景欲沈，晓雾将合，孤鹤寒啸，游鸿远吟，樵苏一欢，舟子再泣。诚足悲忧，不可说也。

风吹雷飙，夜戒前路。下弦内外，望达所届。寒暑难适，汝专自慎。凤夜戒护，勿我为念。恐欲知之，聊书所观。临涂草蹙，辞意不周。

鲍照的《芜城赋》，对广陵形胜和昔日繁华竭力渲染，并结合眼前萧瑟衰败的实况对比描写，表现了今昔兴亡之感。在立意上比其同时代的赋作名篇略胜一筹。

《文选》卷11《芜城赋》谓：

> 泝迤平原，南驰苍梧、涨海，北走紫塞、雁门。柂以漕渠，轴以昆岗。重江复关之隩，四会五达之庄。当昔全盛之时，车挂轊，人驾肩，廛闬扑地，歌吹沸天。孳货盐田，铲利铜山。才力雄富，士马精妍。故能侈秦法，佚周令，划崇墉，刳濬洫，图修世以休命。是以板筑雉堞之殷，井干烽橹之勤，格高五岳，袤广三坟，崪若断岸，矗似长云，制磁石以御冲，糊赪壤以飞文。观基扃之固护，将万祀而一君。出入三代，五百余载，竟瓜剖而豆分。
>
> 泽葵依井，荒葛罥涂。坛罗虺蜮，阶斗麏鼯。木魅山鬼，野鼠城狐，风嗥雨啸，昏见晨趋。饥鹰厉吻，寒鸱吓雏。伏虣藏虎，乳血飧肤。崩榛塞路，峥嵘古馗。白杨早落，塞草前衰。棱棱霜气，蔌蔌风威。孤蓬自振，惊沙坐飞。灌莽杳而无际，丛薄纷其相依。通池既已夷，峻隅又已颓。直视千里外，唯见起黄埃。凝思寂听，心伤已摧。
>
> 若夫藻扃黼帐，歌堂舞阁之基，璇渊碧树，弋林钓渚之馆，吴、蔡、齐、秦之声，鱼龙爵马之玩，皆薰歇烬灭，光沈响绝。东都妙姬，南国丽人，蕙心纨质，玉貌绛唇，莫不埋魂幽石，委骨穷尘；岂忆同舆之愉乐，离宫之苦辛哉？天道如何，吞恨者多，抽琴命操，为芜城之歌。歌曰："边风急兮城上寒，井迳灭兮丘陇残。千龄兮万代，共尽兮何言！"

关于鲍照诗文的评价，钟嵘《诗品中》谓：

> 宋参军鲍照……总四家而擅美，跨两代而孤出。嗟其才秀人微，故取湮当代。然贵尚巧似，不避危仄，颇伤清雅之调。故言险俗者，多以附照。

又陈绎曾《诗谱》谓：

> 六朝文艺衰缓，唯刘越石、鲍明远有西汉气骨。李、杜筋取此。

又钟惺《古诗归》卷12谓：

鲍照能以古诗声格作乐府，以五言性情入七言，别有奇想异趣。

又沈德潜《古诗源》卷11《宋诗》谓：

明远乐府，如五丁凿山，开人世所未有。后太白往往效之。五言古亦在颜、谢之间。

第四节 魏晋民歌和南北朝乐府民歌的新发展

魏晋南北朝时期是我国文学史上继周代、汉代之后，又一个民歌繁荣灿烂的时代。这个时代的民歌似繁星高映诗坛，闪耀着绚烂的光辉。绚丽芳菲的魏晋南北朝民歌，不仅反映了多方面的社会现实生活，在艺术上也有诸多创造，对当时及后世的文人诗歌创作产生了深刻影响，在文学史上具有重要地位。

一 魏晋民歌

魏晋时期因采集诗歌的制度被破坏，大多数民歌未能入乐，所以民歌流存不多。但它们大都是对统治者残暴行为的揭露、反抗和对卫国英雄的歌颂。

《三国志》卷61《陆凯传》吴孙皓初童谣谓：

宁饮建业水，不食武昌鱼。宁还建业死，不止武昌居。

又《晋书》卷57《罗宪传附兄子尚传》蜀人为罗尚言谓：

尚之所爱，非邪则佞；尚之所憎，非忠则正。富拟鲁卫，家成市里；贪如豺狼，无复极已。

又《乐府诗集》卷85《并州歌》谓：

士为将军何可羞，六月重裯被豹裘，不识寒暑断他头。雄儿田兰为报仇，中夜斩首谢并州。

又《晋书》卷103《刘曜载记》陇上歌谓：

陇上壮士有陈安，躯干虽小腹中宽，爱养将士同心肝。骢骢父马铁瑕鞍，七尺大刀奋如湍，丈八蛇矛左右盘，十荡十决无当前。战始三交失蛇矛，弃我骢骢窜岩幽，为我外援而悬头。西流之水东流河，一去不还奈子何！

又《晋书》卷62《祖逖传》豫州歌谓：

幸哉遗黎免俘虏，三表既朗遇慈父。玄酒忘劳甘瓠脯，何以咏思歌且舞。

在魏晋民歌中，特别值得提及的是《孔雀东南飞》这首我国文学史上第一首长篇叙事民歌。它以焦仲卿和刘兰芝爱情悲剧为中心线索，层层展开故事，歌颂男女主人公坚贞爱情，反抗封建礼教，宁死不屈的精神。后人把《孔雀东南飞》与北朝的《木兰诗》及唐代韦庄的《秦妇吟》并称为"乐府三绝"。

《孔雀东南飞》原名《古诗为焦仲卿妻作》，最早见于南朝徐陵所编的《玉台新咏》。

《玉台新咏》卷1载诗前小序云：

汉末建安中，庐江府小吏焦仲卿妻刘氏，为仲卿母所遣，自誓不嫁。其家逼之，乃没水而死。仲卿闻之，亦自缢于庭树。时人伤之，为诗云尔。

诗的第一部分写刘兰芝与焦仲卿爱情深厚，本应白头偕老，但为婆婆不容，一定逼他们离异。

《玉台新咏》卷1谓：

孔雀东南飞，五里一徘徊。
"十三能织素，十四学裁衣。
十五弹箜篌，十六诵《诗》《书》。
十七为君妇，心中常苦悲。
君既为府吏，守节情不移。
鸡鸣入机织，夜夜不得息。
三日断五匹，大人故嫌迟。
非为织作迟，君家妇难为。
妾不堪驱使，徒留无所施。
便可白公姥，及时相遣归。"

诗的第二部分写刘兰芝与焦仲卿"共事二三年"后，被焦母逼遣还家的经过。

《玉台新咏》卷1谓：

府吏得闻之，堂上启阿母：
"儿已薄禄相，幸复得此妇。
结发同枕席，黄泉共为友。
共事二三年，始尔未为久。
女行无偏斜，何意致不厚。"
阿母谓府吏："何乃太区区！
此妇无礼节，举动自专由。
吾意久怀忿，汝岂得自由！
东家有贤女，自名秦罗敷。
可怜体无比，阿母为汝求。
便可速遣之，遣之慎莫留！"
府吏长跪告，伏惟启阿母：
"今若遣此妇，终老不复取！"
阿母得闻之，槌床便大怒：
"小子无所畏，何敢助妇语！
吾已失恩义，会不相从许！"
府吏默无声，再拜还入户。

举言谓新妇，哽咽不能语：
"我自不驱卿，逼迫有阿母。
卿但暂还家，吾今且报府。
不久当还归，还必相迎取。
以此下心意，慎无违吾语。"
新妇谓府吏："勿复重纷纭！
往昔初阳岁，谢家来贵门。
奉事循公姥，进止敢自专？
昼夜勤作息，伶俜萦苦辛。
谓言无罪过，供养卒大恩。
仍更被驱遣，何言复来还？
妾有绣腰襦，葳蕤自生光。
红罗复斗帐，四角垂香囊。
箱帘六七十，绿碧青丝绳。
物物各自异，种种在其中。
人贱物亦鄙，不足迎后人。
留待作遗施，于今无会因。
时时为安慰，久久莫相忘！"

鸡鸣外欲曙，新妇起严妆。
著我绣夹裙，事事四五通。
足下蹑丝履，头上玳瑁光。
腰若流纨素，耳著明月珰。
指如削葱根，口若念朱丹。
纤纤作细步，精妙世无双。
上堂谢阿母，母听去不止。
"昔作女儿时，生小出野里，
本自无教训，兼愧贵家子。
受母钱帛多，不堪母驱使。
今日还家去，念母劳家里。"
却与小姑别，泪落连珠子。
"新妇初来时，小姑如我长。

勤心养公姥，好自相扶将。
初七及下九，嬉戏莫相忘！"
出门登车去，涕落百余行。
府吏马在前，新妇车在后，
隐隐何甸甸，俱会大道口。
下马入车中，低头共耳语：
"誓不相隔卿，且暂还家去。
吾今且赴府，不久当还归，
誓天不相负。"
新妇谓府吏："感君区区怀。
君既若见录，不久望君来。
君当作磐石，妾当作蒲苇。
蒲苇纫如丝，磐石无转移。
我有亲父兄，性行暴如雷，
恐不任我意，逆以煎我怀。"
举手长劳劳，二情同依依。

诗的第三部分写刘兰芝回家后，县令和太守相继遣媒为子迎娶刘氏的遭遇。

《玉台新咏》卷1谓：

入门上家堂，进退无颜仪。
阿母大拊掌："不图子自归！
十三教汝织，十四能裁衣，
十五弹箜篌，十六知礼仪，
十七遣汝嫁，谓言无誓违。
汝今无罪过，不迎而自归？"
兰芝惭阿母："儿实无罪过。"
阿母大悲摧。

还家十余日，县令遣媒来。
云有第三郎，窈窕世无双。

年始十八九，便言多令才。
阿母谓阿女："汝可去应之。"
阿女衔泪答："兰芝初还时，
府吏见丁宁，结誓不别离。
今日违情义，恐此事非奇。
自可断来信，徐徐更谓之。"
阿母白媒人：
"贫贱有此女，始适还家门，
不堪吏人妇，岂合令郎君？
幸可广问讯，不得便相许。"

媒人去数日，寻遣丞请还。
说有兰家女，承籍有宦官。
云有第五郎，娇逸未有婚。
遣丞为媒人，主簿通语言。
直说"太守家，有此令郎君，
既欲结大义，故遣来贵门。"
阿母谢媒人：
"女子先有誓，老姥岂敢言？"
阿兄得闻之，怅然心中烦，
举言谓阿妹："作计何不量！
先嫁得府吏，后嫁得郎君，
否泰如天地，足以荣汝身。
不嫁义郎体，其往欲何云？"
兰芝仰头答："理实如兄言，
谢家事夫婿，中道还兄门，
处分适兄意，那得自任专？
虽与府吏要，渠会永无缘。
登即相许和，便可作婚姻。"
媒人下床去，诺诺复尔尔。
还部白府君：
"下官奉使命，言谈大有缘。"

府君得闻之，心中大欢喜。
视历复开书，便利此月内，
六合正相应。"良吉三十日，
今已二十七，卿可去成婚。"
交语速装束，络绎如浮云。
青雀白鹄舫，四角龙子幡。
婀娜随风转，金车玉作轮。
踯躅青骢马，流苏金镂鞍。
赍钱三百万，皆用青丝穿。
杂彩三百匹，交广市鲑珍。
从人四五百，郁郁登郡门。

诗的第四部分写刘兰芝、焦仲卿双双殉情，为全诗的高潮。《玉台新咏》卷1谓：

阿母谓阿女：
"适得府君书，明日来迎汝。
何不作衣裳？莫令事不举！"
阿女默无声，手巾掩口啼，
泪落便如泻。
移我琉璃榻，出置前窗下。
左手持刀尺，右手执绫罗。
朝成绣裌裙，晚成单罗衫。
晻晻日欲暝，愁思出门啼。

府吏闻此变，因求假暂归。
未至二三里，摧藏马悲哀。
新妇识马声，蹑履相逢迎。
怅然遥相望，知是故人来。
举手拍马鞍，嗟叹使心伤。
"自君别我后，人事不可量。
果不如先愿，又非君所详。

我有亲父母，逼迫兼弟兄。
以我应他人，君还何所望！"
府吏谓新妇："贺卿得高迁！
磐石方且厚，可以卒千年。
蒲苇一时纫，便作旦夕间。
卿当日胜贵，吾独向黄泉。"
新妇谓府吏："何意出此言！
同是被逼迫，君尔妾亦然。
黄泉下相见，勿违今日言！"
执手分道去，各各还家门。
生人作死别，恨恨那可论！
念与世间辞，千万不复全。
府吏还家去，上堂拜阿母：
"今日大风寒，寒风摧树木，
严霜结庭兰。
儿今日冥冥，令母在后单。
故作不良计，勿复怨鬼神！
命如南山石，四体康且直。"
阿母得闻之，零泪应声落：
"汝是大家子，仕宦于台阁。
慎勿为妇死，贵贱情何薄？
东家有贤女，窈窕艳城廓。
阿母为汝求，便复在旦夕。"
府吏再拜还，长叹空房中，
作计乃尔立。
转头向户里，渐见愁煎迫。
其日牛马嘶，新妇入青庐。
奄奄黄昏后，寂寂人定初。
"我命绝今日，魂去尸长留。"
揽裙脱丝履，举身赴清池。
府吏闻此事，心知长别离。
徘徊庭树下，自挂东南枝。

诗的最后一部分写刘、焦死后合葬，以枝叶的相交与鸳鸯的和鸣，象征男女主人公的爱情绵绵不绝，颇富浪漫色彩。

《玉台新咏》卷1谓：

> 两家求合葬，合葬华山傍。
> 东西植松柏，左右种梧桐。
> 枝枝相覆盖，叶叶相交通。
> 中有双飞鸟，自名为鸳鸯。
> 仰头相向鸣，夜夜达五更。
> 行人驻足听，寡妇起彷徨。
> 多谢后世人，戒之慎勿忘！

二 南朝乐府民歌

南朝乐府民歌有《吴声歌》《西曲歌》和《神弦歌》三类。三者在乐府民歌中均属于清高曲辞这一大类。《神弦歌》系民间祭歌，数量极少。《吴声歌》和《西曲歌》分别产生在建康（今南京市南）和荆、郢、樊、邓之间。

乐府民歌起初皆徒唱，后来伴以管弦。南朝乐府民歌中的《吴歌》《西曲》，多数采取五言四句体制，对五言绝句的发展产生过深远影响。内容以男女恋情为主，感情真挚，语言生动，多用双关语，形成当时南方民歌清新灵巧的特殊风格，对后来诗歌的发展，起到了良好的作用。

《吴声歌》在曲调方面，有《子夜歌》《春歌》《秋歌》和《读曲歌》等之分。这些不同的曲调，表现了不同的内容。其中表现爱情的，如：

《乐府诗集》卷44《吴声歌·子夜歌》：

> 擘裙未结带，约眉出前窗。罗裳易飘飏，小开罵东风。
> 怜欢好情怀，移居作乡里。桐树生门前，出入见梧子。
> 宿昔不梳头，丝发披两肩。婉伸郎膝上，何处不可怜。
> 始欲识郎时，两心望如一。理丝入残机，何悟不成匹！
> 夜长不得眠，明月何灼灼！想闻散唤声，虚应空中诺。

又同书卷46《吴声歌·读曲歌》:

> 自从别郎后,卧宿头不举。飞龙落药店,骨出只为汝。
> 一夕就郎宿,通夜语不息。黄蘗万里路,道苦真无极!
> 打杀长鸣鸡,弹去乌白鸟。愿得连冥不复曙,一年都一晓。
> 思欢不得来,抱被空中语。月没星不亮,持底明侬绪。

又同书卷44《吴声歌·子夜四时歌》:

> 春风动春心,流目瞩山林。山林多奇采,阳鸟吐清音。

又同书卷46《吴声歌·华山畿》:

> 华山畿,君既为侬死,独生为谁施?欢若见怜时,棺木为侬开!
> 未敢便相许。夜闻侬家论,不持侬与汝!
> 懊恼不堪止,上床解要绳,自经屏风里。
> 啼著曙,泪落枕将浮,身沈被流去。

表现劳动与爱情的,如:

《乐府诗集》卷49《西曲歌·青阳度》:

> 碧玉捣衣砧,七宝金莲杵。高举徐徐下,轻捣只为汝。

又同书卷48《西曲歌·采桑度》:

> 蚕生春三月,春桑正含绿。女儿采春桑,歌吹当春曲。

又同卷《西曲歌·莫愁乐》:

> 莫愁在何处,莫愁石城西。艇子打两桨,催送莫愁来。

又同书卷49《西曲歌·拔蒲》:

朝发桂兰渚，昼息桑榆下。与君同拔蒲，竟日不成把。

表现别离相思之苦的，如：
《乐府诗集》卷49《西曲歌·那呵滩》：

我去只如还，终不在道边。我若在道边，良信寄书还。江陵三千三，何足持作远？书疏数知闻，莫令信使断。闻欢下扬州，相送江津弯。愿得篙橹折，交郎到头还。

又同书卷47《西曲歌·石城乐》：

布帆百余幅，环环在江津。执手双泪落，何时见欢还。

又同书卷48《西曲歌·莫愁乐》：

闻欢下扬州，相送楚山头。探手抱腰看，江水断不流。

又同卷《西曲歌·三洲歌》：

送欢板桥湾，相待三山头。遥见千幅帆，知是逐风流。

南方民歌中，除《吴声歌》《西曲歌》《神弦曲》外，尚有《西洲曲》等。下面这首《西洲曲》是与女子思念远方情人的。
《乐府诗集》卷72《西洲曲》：

忆梅下西洲，折梅寄江北。单衫杏子红，双鬓鸦雏色。西洲在何处？两桨桥头渡。日暮伯劳飞，风吹乌白树。树下即门前，门中露翠钿。开门郎不至，出门采红莲。采莲南塘秋，莲花过人头。低头弄莲子，莲子青如水。置莲怀袖中，莲心彻底红。忆郎郎不至，仰首望飞鸿。鸿飞满西洲，望郎上青楼。楼高望不见，尽日栏杆头。栏杆十二曲，垂手明如玉。卷簾天自高，海水摇空绿。海水梦悠悠，君愁我亦愁。南风知我意，吹梦到西洲。

三　北朝乐府民歌

北方乐府民歌，在题材、内容等方面比南方民歌更广阔、更丰富。其特色是粗犷豪放、语言刚健，与南歌婉媚含蓄、清丽曲雅的风格和情调迥异。保存在《乐府诗集》中约七十首北朝民歌，内容可分为情歌、战歌和牧歌，以及思念故乡、反映民间疾苦的民歌等数类。

（一）情歌

《乐府诗集》卷25《捉搦歌》：

谁家女子能行步，反著袂襌后裙露。天生男女共一处，愿得两个成翁妪。

又同卷《折杨柳歌》：

腹中愁不乐，愿作郎马鞭。出入擐郎臂，蹀座郎膝边。

又同卷《地驱乐歌》：

侧侧力力，念君无极。枕郎左臂，随郎转侧。

又同卷《幽州马客吟》：

郎著紫袴褶，女著彩袂裙。男女共燕游，黄花生后园。

（二）战歌

《乐府诗集》卷25《琅琊王歌》：

新买五尺刀，悬著中梁柱。一日三摩娑，剧于十五女。

又同卷《折杨柳歌》：

健儿须快马，快马须健儿。跸跋黄尘下，然后别雌雄。

又同卷《企喻歌》：

放马大泽中，草好马著膘。牌子铁裲裆，𨧱锋鸐尾条。

又《魏书》卷53《李安世传》载《李波小妹歌》：

李波小妹字雍容，褰裙逐马如卷蓬，左射右射必叠双。妇女尚如此，男子那可逢！

又《乐府诗集》卷25《木兰诗》：

唧唧复唧唧，木兰当户织。不闻机杼声，唯闻女叹息。问女何所思？问女何所忆？女亦无所思，女亦无所忆。昨夜见军帖，可汗大点兵。军书十二卷，卷卷有爷名。阿爷无大儿，木兰无长兄，愿为市鞍马，从此替爷征。

东市买骏马，西市买鞍鞯，南市买辔头，北市买长鞭。朝辞爷娘去，暮宿黄河边。不闻爷娘唤女声，但闻黄河流水鸣溅溅。旦辞黄河去，暮至黑山头。不闻爷娘唤女声，但闻燕山胡骑声啾啾。万里赴戎机，关山度若飞。朔气传金柝，寒光照铁衣。将军百战死，壮士十年归。

归来见天子，天子坐明堂。策勋十二转，赏赐百千强。可汗问所欲，"木兰不用尚书郎，愿驰千里足，送儿还故乡。"

爷娘闻女来，出郭相扶将。阿姊闻妹来，当户理红妆。小弟闻姊来，磨刀霍霍向猪羊。开我东阁门，坐我西阁床。脱我战时袍，著我旧时裳。当窗理云鬓，挂镜帖花黄。出门看火伴，火伴皆惊惶。"同行十二年，不知木兰是女郎。"

雄兔脚扑朔，雌兔眼迷离。双兔傍地走，安能辨我是雄雌。

（三）牧歌

《乐府诗集》卷86《敕勒歌》：

敕勒川，阴山下。天似穹庐，笼盖四野。天苍苍，野茫茫，风吹草低见牛羊。

（四）思念故乡
《乐府诗集》卷25《紫骝马歌辞》：

高高山头树，风吹叶落去。一去数千里，何当还故处？

又同卷《陇头歌》：

陇头流水，流离山下。念吾一身，飘然旷野。
朝发欣城，暮宿陇头，寒不能语，舌卷入喉。
陇头流水，鸣声幽咽。遥望秦川，心肝断绝！

（五）反映民间疾苦
《乐府诗集》卷25《幽州马客吟歌》：

憎马常苦瘦，剿儿常苦贫。黄禾起羸马，有钱始作人。

又同卷《高阳乐人歌》：

可怜白鼻騧，相将入酒家。无钱但共饮，画地作交赊。

又同卷《隔答歌》：

兄为俘虏受困辱，骨露力疲食不足。弟为官吏马食粟，可惜钱刀来我赎。

第五节　魏晋南北朝时期的小说

魏晋南北朝时期，是中国小说史上第一个重要阶段。这一时期的小说是在远古神话传说和前代小说的基础上发展起来的。当时小说大致可分为两类，即志怪小说和笔记小说。最重要的志怪小说有干宝的《搜神记》和刘义庆的《幽明录》，而最重要的笔记小说则是刘义庆的《世说新语》。

一 干宝《搜神记》

干宝，字令升，新蔡（今河南新蔡）人。他博学多才，是东晋初年的史学家，著有《晋纪》二十卷，史称良史，晋元帝时召为著作郎。他作《搜神记》，虽迷信鬼神的存在，但其中也保存了许多有意义的优美故事。

《搜神记》共二十卷，约四百六十篇，原本散佚，今本系明代人辑录而成。其中《干将莫邪》写干将莫邪为楚王铸剑，三年始成，因时间过长，楚王大怒，将干将杀害，莫邪子赤长大后为父报仇。

《搜神记》卷11《三王墓》谓：

> 楚干将、莫邪为楚王作剑，三年乃成，王怒，欲杀之。剑有雌雄。其妻重身当产。夫语妻曰："吾为王作剑，三年乃成，王怒，往必杀我。汝若生子是男，大，告之曰：'出户望南山，松生石上，剑在其背。'"于是即将雌剑往见楚王。王大怒，使相之。"剑有二，一雄一雌。雌来，雄不来。"王怒，即杀之。
>
> 莫邪子名赤，比后壮，乃问其母曰："吾父所在？"母曰："汝父为楚王作剑，三年乃成，王怒杀之。去时嘱我'语吾子，出户望南山，松生石上，剑在其背。'"于是子出户南望，不见有山，但觌堂前松柱下石低之上。即以斧破其背，得剑。日夜思欲报楚王。
>
> 王梦见一儿，眉间广尺，言欲报仇。王即购之千金。儿闻之，亡去，入山行歌。客有逢者，谓："子年少，何哭之甚悲耶？"曰："吾干将、莫邪子也。楚王杀吾父，吾欲报之。"客曰："闻王购子头千金，将子头与剑来，为子报之。"儿曰："幸甚！"即自刎，两手捧头及剑奉之，立僵。客曰："不负子也。"于是尸乃仆。
>
> 客持头往见楚王，王大喜。客曰："此乃勇士头也，当于汤镬煮之。"王如其言。煮头三日三夕，不烂，头踔出汤中，瞋目大怒。客曰："此儿头不烂，愿王自往临视之，是必烂也。"王即临之。客以剑拟王，王头随堕汤中。客亦自拟己头，头复堕汤中。三首俱烂，不

可识别。乃分其汤肉葬之，故通名"三王墓"，今在汝南北宜春县界。

《李寄斩蛇》写闽中庸岭有巨蛇作祟，童女李寄机智勇敢，应官府招募，杀死巨蛇，为地方除害。

《搜神记》卷19《李寄斩蛇》谓：

> 东越闽中有庸岭，高数十里。其西北隙中有大蛇，长七八丈，大十余围。土俗常惧。东冶都尉及属城长吏多有死者。祭以牛羊，故不得福。或与人梦，或下谕巫祝欲得啖童女年十二三者。都尉令长并共患之，然气厉不息，共请求人家生婢子，兼有罪家女。养之至八月朝祭，送蛇穴口，蛇出吞啮之。累年如此，已用九女。
>
> 尔时预复募索，未得其女。将乐县李诞家有六女，无男。其小女名寄，应募欲行，父母不听。寄曰："父母无相，惟生六女，无有一男，虽有如无。女无缇萦济父母之功，既不能供养，徒费衣食，生无所益，不如早死。卖寄之身，可得少钱，以供父母，岂不善耶？"父母慈怜，终不听去。寄自潜行，不可禁止。寄乃告请好剑及咋蛇犬。至八月朝，便诣庙中坐，怀剑将犬。先将数石米餈，用蜜麨灌之，以置穴口。蛇便出，头大如囷，目如二尺镜，闻餈香气，先啖食之。寄便放犬，犬就啮咋，寄从后斫得数创。疮痛急，蛇因踊出，至庭而死。寄入视穴，得九女髑髅，悉举出，咤言曰："汝曹怯弱，为蛇所食，甚可哀愍。"于是寄女缓步而归。
>
> 越王闻之，聘寄女为后，拜其父为将乐令，母及姊皆有赏赐。自是东冶无复妖邪之物。其歌谣至今存焉。

《韩凭夫妇》是一则揭露战国宋康王荒淫残暴，歌颂韩凭夫妇对爱情忠贞的故事。

《搜神记》卷11《韩凭夫妇》谓：

> 宋康王舍人韩凭，娶妻何氏，美，康王夺之。凭怨，王囚之，论为城旦。妻密遗凭书，缪其辞曰："其雨淫淫，河大水深，日出当心。"既而王得其书，以示左右，左右莫解其意。臣苏贺对曰："其

雨淫淫，言愁且思也。河大水深，不得往来也。日出当心，心有死志也。"俄而凭乃自杀。

其妻乃阴腐其衣。王与之登台，妻遂自投台下，左右揽之，衣不中手而死。遗书于带曰："王利其生，妾利其死。愿以尸骨赐凭合葬。"

王怒，弗听，使里人埋之，冢相望也。王曰："尔夫妇相爱不已，若能使冢合，则吾弗阻也。"宿昔之间，便有大梓木生于二冢之端，旬日而大盈抱，屈体相就，根交于下，枝错于上。又有鸳鸯，雌雄各一，恒栖树上，晨夕不去，交颈悲鸣，音声感人。宋人哀之，遂号其木曰"相思树"。相思之名，起于此也。南人谓此禽即韩凭夫妇之精魂。

今睢阳有韩凭城。其歌谣至今犹存。

《吴王小女》是描写吴王的小女紫玉与儒生韩重生死相爱的动人故事。

《搜神记》卷16《吴王小女》谓：

吴王夫差小女，名曰紫玉，年十八，才貌俱美。童子韩重，年十九，有道术。女悦之，私交信问，许为之妻。重学于齐、鲁之间，临去，嘱其父母使求婚。王怒，不与女。玉结气死，葬阊门之外。三年，重归，诘其父母，父母曰："王大怒，女结气死，已葬矣。"

重哭泣哀恸，具牲币往吊于墓前。玉魂从墓出，见重，流涕谓曰："昔尔行之后，令二亲从王相求，度必克从大愿，不图别后遭命，奈何！"玉乃左顾宛颈而歌曰："南山有鸟，北山张罗。鸟既高飞，罗将奈何！意欲从君，谗言孔多。悲结生疾，没命黄垆。命之不造，冤如之何！羽族之长，名为凤凰。一日失雄，三年感伤。虽有众鸟，不为匹双。故现鄙姿，逢君辉光。身远心近，何当暂忘！"歌毕，欷歔流涕，邀重还冢。重曰："死生异路，惧有尤愆，不敢承命。"玉曰："死生异路，吾亦知之，然今一别，永无后期，子将畏我为鬼而祸子乎？欲诚所奉，宁不相信？"重感其言，送之还冢。玉与之饮宴，留三日三夜，尽夫妇之礼。临出，取径寸明珠以送重，曰："既毁其名，又绝其愿，复何言哉！时节自爱。若至吾家，致敬大王。"重既出，遂诣王，自说其事。王大怒曰："吾女既死，而重造讹言，以玷秽亡灵，此不过发冢取物，托以鬼神。"趣收重，重走脱，至玉墓所诉之。玉曰："无忧！今归白王。"王妆梳，忽见玉，惊愕悲喜，问曰："尔缘何生？"玉跪而言曰："昔诸生韩重来求玉，大王不许，玉名毁义绝，自致身亡。重从远还，闻玉已死，故赍牲币，诣冢吊唁。感其笃终，辄与相见，因以珠遗之，不为发冢。愿勿推治。"夫人闻之，出而抱之。玉如烟然。

《东海孝妇》叙孝妇周青蒙冤惨遭杀害时的情状和狱吏于公为之鸣冤的故事。

《搜神记》卷 11《东海孝妇》谓：

汉时，东海孝妇，养姑甚谨。姑曰："妇养我勤苦。我已老，何惜余年，久累年少？"遂自缢死。其女告官云："妇杀我母。"官收系之，拷掠毒治。孝妇不堪苦楚，自诬服之。时于公为狱吏，曰："此妇养姑十余年，以孝闻彻，必不杀也。"太守不听。于公争不得理，抱其狱词，哭于府而去。自后郡中枯旱，三年不雨。后太守至，于公曰："孝妇不当死，前太守枉杀之，咎当在此。"太守即时身祭孝妇冢，因表其墓。天立雨，岁大熟。长老传云，孝妇名周青。青将死，车载十丈竹竿，以悬五幡。立誓于众曰："青若有罪，愿杀，血当顺下，青若枉死，血当逆流。"既行刑已，其血青黄，缘幡竹而上标，又缘幡而下云。

《董永妻》写勤劳诚朴、卖身葬父的孝子董永，路遇助人为乐的仙女，后世传颂的"天仙配"故事即由此而来。

《搜神记》卷 1《董永妻》谓：

汉董永，千乘人。少偏孤，与父居。肆力田亩，鹿车载自随。父亡，无以葬，乃自卖为奴，以供丧事。主人知其贤，与钱一万，遣之。

永行三年丧毕，欲还主人，供其奴职。道逢一妇人，曰："愿为子妻。"遂与之俱。主人谓永曰："以钱与君矣。"永曰："蒙君之惠，父丧收藏。永虽小人，必欲服勤致力，以报厚德。"主曰："妇人何能？"永曰："能织。"主曰："必尔者，但令君妇为我织缣百匹。"于是永妻为主人家织，十日而毕。女出门，谓永曰："我，天之织女也。缘君至孝，天帝令我助君偿债耳。"语毕，凌空而去，不知所在。

二 刘义庆《世说新语》与《幽明录》

刘义庆，彭城（今江苏铜山）人，是刘宋宗室，袭封临川王；他性简素，寡嗜欲，爱好文学，作《世说新语》和《幽明录》。不过，这些著作当由他门下的文士参与编写。

《世说新语》凡三卷，分三十六篇，收录自汉至宋初名士行为和言论。按类书的形式编排，分为《德行》《言语》《政事》《文学》《任诞》和《雅量》等篇。

《德行篇》中的"荀巨伯"条、"华歆、王朗"条，对荀巨伯笃于友谊，舍生取义和华歆救人于危难，一贯始终的高尚品质，作了生动的描述和赞扬。

其"荀巨伯"条谓：

> 荀巨伯远看友人疾，值胡贼攻郡，友人语巨伯曰："吾今死矣，子可去。"巨伯曰："远来相视，子令吾去，败义以求生，岂荀巨伯所行耶！"贼既至，谓巨伯曰："大军至，一郡尽空，汝何男子，而敢独止？"巨伯曰："友人有疾，不忍委之，宁以我身代友人命。"贼相谓曰："我辈无义之人，而入有义之国。"遂班军而还，一郡并获全。

又"华歆王朗"条谓：

> 华歆、王朗俱乘船避难，有一人欲依附，歆辄难之。朗曰："幸尚宽，何为不可？"后贼追至，王欲舍所携人。歆曰："本所以疑，正为此耳。既以纳其自托，宁可以急相弃耶！"遂携拯如初。世以此定华、王之优劣。

《雅量篇》之"王戎七岁"条，作者以寥寥数笔，描述出年仅七岁的王戎有丰富的生活常识；《德行篇》之"祖士少好财"条，通过对祖、阮不同嗜好的描写，品评了二人的优劣。

其"王戎七岁"条谓：

> 王戎七岁，尝与诸小儿游。看道边李树多子折枝，诸儿竟走取之，唯戎不动。人问之，答曰："树在道边而多子，此必苦李。"取之信然。

"祖士少好财"条谓：

> 祖士少好财，阮遥集好屐，并恒自经营，同是一累，而未判其得失。人有诣祖，见料视财物，客至，屏当未尽，余两小簏，著背后，倾身障之，意未能平。或有诣阮，见自吹火蜡屐，因叹曰："未知一生当著几量屐！"神色闲畅。于是胜负始分。

《忿狷篇》之"王蓝田性急"条，把王蓝田急躁的性格和举动描述得生动逼真。《排调篇》中"张吴兴年八岁"条，描写八岁的张吴兴聪明机智，对答如流，音容笑貌跃然纸上。

其"王蓝田性急"条谓：

> 王蓝田性急。尝食鸡子，以箸刺之，不得，便大怒，举以掷地。鸡子于地圆转未止，仍下地以屐齿蹍之，又不得。瞋甚，复于地取内口中，啮破即吐之。王右军闻而大笑曰："使安期有此性，犹当无一豪可论，况蓝田耶！"

又"张吴兴年八岁"条谓：

> 张吴兴年八岁，亏齿。先达知其不常，故戏之曰："君口中何为开狗窦？"张应声答："正使君辈从此中出入。"

《识鉴篇》之"郗超与谢玄不善"条，写郗超与谢玄虽不睦，但当强敌入侵时,郗超却能以国家利益为重,捐弃个人恩怨,举荐谢玄抗敌立功。

此条谓:

> 郗超与谢玄不善。苻坚将问晋鼎,既已狼噬梁岐,又虎视淮阴矣。于是朝议遣玄北讨,人间颇有异同之论,唯超曰:"是必济事,吾昔尝与共在桓宣武府,见使才皆尽,虽履屐之间,亦得其任。以此推之容必能立勋。"元功既举,时人咸叹超之先觉,又重其不以爱憎匿善。

《简傲篇》之"王子猷"条,写王子猷在其位不谋其政,是一个对工作不负责任、自视不凡的人。

此条谓:

> 王子猷作桓车骑参军,桓谓王曰:"卿在府久,比当相料理。"初不答,直高视,以手版拄颊云:"西山朝来致有爽气。"

《自新篇》之"周处年少时"条,写少年周处能听取善意的规劝,勇于改正错误,坚持自励,终成忠臣孝子的故事。

此条谓:

> 周处年少时,凶强侠气,为乡里所患。又义兴水中有蛟,山中有邅迹虎,并皆暴犯百姓,义兴人谓为"三横",而处尤剧。或说处杀虎斩蛟,实冀三横唯余其一。处即刺杀虎,又入水击蛟。蛟或浮或没,行数十里,处与之俱,经三日三夜,乡里皆谓已死,更相庆。竟杀蛟而出,闻里人相庆,始知为人情所患,有自改意。乃自吴寻二陆。平原不在,正见清河,具以情告,并云:"欲自修改,而年已蹉跎,终无所成。"清河曰:"古人贵朝闻夕死,况君前途尚可。且人患志之不立,亦何忧令名不彰邪?"处遂改励,终为忠臣孝子。

《幽明录》原三十卷,已散佚。鲁迅《古小说钩沉》辑有二百六十余则,内容不少是关于佛教的神异故事和晋宋时代普通人的奇闻异迹。《刘阮入天台》一篇，写东汉时刘晨、阮肇入天台山遇仙的故事。

《幽明录》卷1《刘阮入天台》谓：

> （天台山）出一大溪，溪边有二女子，资质妙绝，见二人持杯出，（阮肇）便笑曰："刘（晨）、阮（肇）二郎，捉向所失流杯来。"晨、肇既不识之，缘二女便呼其姓，如似有旧，乃相见忻喜。问："来何晚邪！"因邀还家……食毕行酒，有一群女来，各持五三桃子，笑而言："贺汝婿来。"酒酣作乐，刘、阮忻怖交并。至暮，令各就一帐宿，女往就之，言声清婉，令人忘忧。

《卖胡粉女子》写一男子与一卖胡粉女子私通猝死，而后男子又豁然复生的奇闻。

《幽明录》卷1《卖胡粉女子》谓：

> 有人家甚富，止有一男，宠恣过常。游市，见一女子美丽，卖胡粉，爱之。无由自达，乃托买粉，日往市，得粉便去，初无所言。积渐久，女深疑之。明日复来，问曰："君买此粉，将欲何施？"答曰："意相爱乐，不敢自达，然恒欲相见，故假此以观姿耳。"女怅然有感，遂相许与私，克以明夕。其夜，安寝堂室，以俟女来。薄暮果到，男不胜其悦，把臂曰："宿愿始伸于此。"欢踊遂死。女惶惧，不知所以，因遁去，明还粉店。至食时，父母怪男不起，往视，已死矣。当就殡殓。发箧笥中，见百余裹胡粉，大小一积。其母曰："杀吾儿者，必此粉也。"入市遍买胡粉，次此女，比之，手迹如先。遂执问女曰："何杀我儿？"女闻呜咽，具以实陈。父母不信，遂以诉官。女曰："妾岂复吝死，乞一临尸尽哀。"县令许焉。径往，抚之恸哭，曰："不幸致此，若死魂而灵，复何恨哉！"男豁然复生，具说情状。遂为夫妇，子孙繁茂。

第六节　魏晋南北朝文学批评

随着魏晋南北朝文学创作风气的敞开，这一时期的文学批评也出现繁荣景象。文学的性质与特点、文体的区分、创作的过程、作家的风格、文学的流变、评价的标准，一系列重要的问题被提出来，形成了许多新的认识，不仅推动了当时的文学创作，也为后世文学的发展拓清了道路。

一 曹丕《典论·论文》与陆机《文赋》

《典论》是曹丕的一部学术著作，原有二十二篇，全书已佚，《论文》是其中唯一完整保存下来的一篇。它是中国第一篇文学批评的专门论著，涉及了文学批评中几个至关重要的问题，虽不免有些粗略，然在文学批评史上是首开风气之作，其对当时及后世文学事业发展所起的重要影响是不言而喻的。

《文选》卷52引其《典论·论文》谓：

> 文人相轻，自古而然。傅毅之于班固，伯仲之间耳。而固小之，与弟超书曰："武仲以能属文，为兰台令史，下笔不能自休。"夫人善于自见，而文非一体，鲜能备善，是以各以所长，相轻所短。里语曰："家有弊帚，享之千金。"斯不自见之患也。
>
> 今之文人，鲁国孔融文举、广陵陈琳孔璋、山阳王粲仲宣、北海徐干伟长、陈留阮瑀元瑜、汝南应玚德琏、东平刘桢公干，斯七子者，于学无所遗，于辞无所假，咸以自骋骥騄于千里，仰齐足而并驰。以此相服，亦良难矣。盖君子审己以度人，故能免于斯累。而作论文。
>
> 王粲长于辞赋，徐干时有齐气，然粲之匹也。如粲之初征、登楼、槐赋、征思，干之玄猿、漏卮、圆扇、橘赋，虽张、蔡不过也。然于他文，未能称是。琳、瑀之章表书记，今之隽也。应玚和而不壮。刘桢壮而不密。孔融体气高妙，有过人者；然不能持论，理不胜词；以至于杂以嘲戏，及其所善，扬、班俦也。
>
> 常人贵远贱近，向声背实，又患暗于自见，谓己为贤。夫文本同而末异，盖奏议宜雅，书论宜理，铭诔尚实，诗赋欲丽。此四科不同，故能之者偏也；唯通才能备其体。
>
> 文以气为主，气之清浊有体，不可力强而致。譬诸音乐，曲度虽均，节奏同检，至于引气不齐，巧拙有素，虽在父兄，不能以移子弟。
>
> 盖文章经国之大业，不朽之盛事。年寿有时而尽，荣乐止乎其

身，二者必至之常期，未若文章之无穷。是以古之作者，寄身于翰墨，见意于篇籍，不假良史之辞，不托飞驰之势，而声名自传于后。故西伯幽而演易，周旦显而制礼，不以隐约而弗务，不以康乐而加思。夫然则古人贱尺璧而重寸阴，惧乎时之过已。而人多不强力，贫贱则慑于饥寒，富贵则流于逸乐，遂营目前之务，而遗千载之功。日月逝于上，体貌衰于下，忽然与万物迁化，斯志士之大痛也。融等已逝，唯干著论，成一家言。

陆机的《文赋》，较《典论·论文》有显著的进步。《文赋》的中心内容，是以自己的甘苦结合对他人之作的体会，描述文学创作的过程，尤其是对创作中的构思活动、灵感现象，以及创作中的利害得失等问题作了较为细致的阐述和分析，并对各体文章的风格提出了不同的要求。讨论此类问题，表明中国古代文学理论已进入了一个更高的阶段。

《文选》卷17引陆机《文赋》谓：

余每观才士之所作，窃有以得其用心。夫放言遣辞，良多变矣，妍蚩好恶，可得而言。每自属文，尤见其情。恒患意不称物，文不逮意，盖非知之难，能之难也。故作《文赋》以述先士之盛藻，因论作文之利害所由，他日殆可谓曲尽其妙。至于操斧伐柯，虽取则不远，若夫随手之变，良难以辞逮。盖所能言者，具于此云。

伫中区以玄览，颐情志于典坟。遵四时以叹逝，瞻万物而思纷。悲落弃于劲秋，喜柔条于芳春。心懔懔以怀霜，志眇眇而临云。咏世德之骏烈，诵先人之清芬。游文章之林府，嘉丽藻之彬彬。慨投篇而援笔，聊宣之乎斯文。

其始也，皆收视反听，耽思傍讯，精骛八极，心游万仞。其致也，情瞳昽而弥鲜，物昭晰而互进，倾群言之沥液，漱六艺之芳润，浮天渊以安流，濯下泉而潜浸。于是沈辞怫悦，若游鱼衔钩而出重渊之深；浮藻联翩，若翰鸟缨缴而坠层云之峻。收百世之阙文，采千载之遗韵，谢朝华于已披，启夕秀于未振，观古今于须臾，抚四海于一瞬。

然后选义按部，考辞就班，抱景者咸叩，怀响者必弹。或因枝以振叶，或沿波而讨源。或本隐以之显，或求易而得难。或虎变而兽扰，或龙见而鸟澜。或妥帖而易施，或岨峿而不安。罄澄心以凝思，眇众虑而为言，笼天地于形内，挫万物于笔端。始踯躅于燥吻，终流离于濡翰，理扶质以立干，文垂条而结繁，信情貌之不差，故每变而在颜；思涉乐其必笑，方言哀而已欢。或操觚以率尔，或含毫而邈然。

伊兹事之可乐，固圣贤之所钦。课虚无以责有，叩寂寞而求音，函绵邈于尺素，吐滂沛乎寸心。言恢之而弥广，思按之而愈深，播芳蕤之馥馥，发青条之森森，粲风飞而猋竖，郁云起乎翰林。

体有万殊，物无一量，纷纭挥霍，形难为状。辞程才以效伎，意司契而为匠，在有无而僶俛，当浅深而不让。虽离方而遯圆，期穷形而尽相。故夫夸目者尚奢，惬心者贵当，言穷者无隘，论达者唯旷。诗缘情而绮靡，赋体物而浏亮。碑披文以相质，诔缠绵而凄怆。铭博约而温润，箴顿挫而清壮。颂优游以彬蔚，论精微而朗畅。奏平彻以闲雅，说炜晔而谲诳。虽区分之在兹，亦禁邪而制放。要辞达而理举，故无取乎冗长。

其为物也多姿，其为体也屡迁。其会意也尚巧，其遣言也贵妍。暨音声之迭代，若五色之相宣。虽逝止之无常，固崎锜之难便。苟达变而识次，犹开流以纳泉。如失机而后会，恒操末以续巅。谬玄黄之秩序，故淟涊而不鲜。

或仰逼于先条，或俯侵于后章；或辞害而理比，或言顺而义妨。离之则双美，合之则两伤。考殿最于锱铢，定去留于毫芒。苟铨衡之所裁，固应绳其必当。

或文繁理富，而意不指适。极无两全，尽不可益。立片言而居要，乃一篇之惊策。虽众辞之有条，必待兹而效绩。亮功多而累寡，故取足而不易。

或藻思绮合，清丽千眠。炳若缛绣，凄若繁弦。必所拟之不殊，乃暗合乎曩篇。虽杼轴于予怀，怵他人之我先。苟伤廉而愆义，亦虽爱而必捐。

或苕发颖竖，离众绝致。形不可逐，响难为系。块孤立而特峙，非常音之所纬。心牢落而无偶，意徘徊而不能揥。石韫玉而山辉，水怀珠而川媚。彼榛楛之勿翦，亦蒙荣于集翠。缀《下里》于《白雪》，吾亦济夫所伟。

或托言于短韵，对穷迹而孤兴。俯寂寞而无友，仰寥廊而莫承。譬偏弦之独张，含清唱而靡应。或寄辞于瘁音，言徒靡而弗华。混妍蚩而成体，累良质而为瑕。象下管之偏疾，故虽应而不和。或遗理以存异，徒寻虚以逐微。言寡情而鲜爱，辞浮漂而不归。犹弦么而徽急，故虽和而不悲。或奔放以谐合，务嘈囋而妖冶。徒悦目而偶俗，固声高而曲下。寤《防露》与《桑间》，又虽悲而不雅。或清虚以婉约，每除烦而去滥。阙大羹之遗味，同朱弦之清汜。虽一唱而三欢，固既雅而不艳。

若夫丰约之裁，俯仰之形，因宜适变，曲有微情。或言拙而喻巧，或理朴而辞轻。或袭故而弥新，或沿浊而更清。或览之而必察，或研之而后精。譬犹舞者赴节以投袂，歌者应弦而遗声。是盖轮扁所不得言，故亦非华说之所能精。

普辞条与文律，良余膺之所服。练世情之常尤，识前修之所淑。虽濬发于巧心，或受欹于拙目。彼琼敷与玉藻，若中原之有菽。同橐籥之罔穷，与天地乎并育。虽纷蔼于此世，嗟不盈于予掬。患挈瓶之屡空，病昌言之难属。故踸踔于短垣，放庸音以足曲。恒遗恨以终篇，岂怀盈而自足。惧蒙尘于叩缶，顾取笑乎鸣玉。

若夫感应之会，通塞之纪，来不可遏，去不可止。藏若景灭，行犹响起。方天机之骏利，夫何纷而不理。思风发于胸臆，言泉流于唇齿。纷葳蕤以馺遝，唯毫素之所拟。文徽徽以溢目，音泠泠而盈耳。及其六情底滞，志往神留，兀若枯木，豁若涸流。揽营魂以探赜，顿精爽于自求。理翳翳而愈伏，思乙乙其若抽。是以或竭情而多悔，或率意而寡尤。虽兹物之在我，非余力之所勠。故时抚空怀而自惋，吾未识夫开塞之所由。

伊兹文之为用，固众理之所因，恢万里而无阂，通亿载而为津。俯贻则于来叶，仰观象于古人。济文武于将坠，宣风声于不泯。涂无远而不弥，理无微而弗纶。配霑润于云雨，象变化乎鬼神。被金石而德广，流管弦而日新。

二　刘勰及其《文心雕龙》

刘勰，字彦和，东莞莒（今山东莒县）人，世居京口（今江苏镇江）。少孤贫，依沙门僧祐，改名慧地，过寺僧生活十余年，博通经论。

刘勰一生经历了宋、齐、梁三朝；历任藩王记室、参军、县令、东宫通事舍人和步兵校尉等职。其主要著作是《文心雕龙》，除此还写了一些寺塔与名僧碑志，现存《梁建安王造剡山石城寺石像》和《灭惑论》各一篇。

《文心雕龙》作于齐代，是我国现存最早的具有完整体系的文学理论与文学批评名著，且以骈文写成。

《文心雕龙》共十卷，五十篇，全文约三万八千字。前五卷论述文体流变，后五卷论述文学创作和文学批评。内容分为总论、文体论、创作论、批评论四个部分。从《原道》至《辨骚》的五篇，以宣扬文学应该"宗经""征圣"和有益"教化"为中心；从《明诗》至《书记》的二十篇，是辨体部分，对体裁源流和作家作品进行评价；从《神思》至《物色》的二十篇，是"创作论"，论述构思时思路通塞的因由和文学批评的问题；从《时序》至《程器》的四篇，是文学史论和批评论；其中《序志》一篇，是全书的序言。

《文心雕龙》指出了文学发展与时代社会的关系，论述了诸文体演变的过程；并对文章作法、作家的修养和文学批评都提出了看法和评论的标准。

《序志》篇是全书的总序，说明写作《文心雕龙》的缘起和宗旨。

《文心雕龙·序志》谓：

夫文心者，言为文之用心也。昔涓子琴心，王孙巧心，心哉美矣，故用之焉。古来文章，以雕缛成体，岂取驺奭之群言雕龙也？夫宇宙绵邈，黎献纷杂，拔萃出类，智术而已。岁月飘忽，性灵不居，腾声飞实，制作而已。夫有人肖貌天地，禀性五才；拟耳目于日月，方声气乎风雷，其超出万物，亦已灵矣。形同草木之脆，名逾金石之坚，是以君子处世，树德建言，岂好辩哉，不得已也。

予生七龄，乃梦彩云若锦，则攀而采之。齿在逾立，则尝夜梦执丹漆之礼器，随仲尼而南行，旦而寤，乃怡然而喜，大哉圣人之难见也，乃小子之垂梦欤！自生人以来，未有如夫子者也。敷赞圣旨，莫若注经，而马、郑诸儒，弘之已精。就有深解，未足立家。唯文章之用，实经典枝条，五礼资之以成，六典因之致用，君臣所以炳焕，军国所以昭明。详其本源，莫非经典。而去圣久远，文体解散，辞人爱奇，言贵浮诡，饰羽尚画，文绣鞶帨，离本弥甚，将遂讹滥。盖周书论辞，贵乎体要；尼父陈训，恶乎异端。辞训之异，宜体于要，于是搦笔和墨，乃始论文。

详观近代之论文者多矣。至于魏文述典，陈思序书，应玚文论，陆机文赋，仲洽流别，弘范翰林；各照隅隙，鲜观衢路。或臧否当时之才，或铨品前修之文，或泛举雅俗之旨，或撮题篇章之意一。魏典密而不周，陈书辩而无当，应论华而疏略，陆赋巧而碎乱，流别精而少巧，翰林浅而寡要。又君山、公干之徒，吉甫、士龙之辈，泛议文意，往往间出，并未能振叶以寻根，观澜而溯源。不述先哲之诰，无益后生之虑。盖文心之作也，本乎道，师乎圣，体乎经，酌乎纬，变乎骚；文之枢纽，亦云极矣。

若乃论文叙笔，则囿别区分，原始以表末，释名以章义，选文以定篇，敷理以举统。上篇以上，纲领明矣。至于割情析采，笼圈条贯，摛神性，图风势，苞会通，阅声字；崇替于时序，褒贬于才略，怊怅于知音，耿介于程器，长怀序志，以驭群篇。下篇以下，毛目显矣。位理定名，彰乎大易之数，其为文用，四十九篇而已。

夫铨序一文为易，弥纶群言为难。虽复轻采毛发，深极骨髓，或有曲意密源，似近而远，辞所不载，亦不胜数矣。及其品列成文，有同乎旧谈者，非雷同也，势自不可异也；有异乎前论者，非苟异也，理自不可同也。同之与异，不屑古今，擘肌分理，唯务折衷。按辔文雅之场，环络藻荟之府，亦几乎备矣。但言不尽意，圣人所难；识在缾管，何能矩矱。茫茫往代，既沈予闻；眇眇来世，倘尘彼观也。

赞曰：生也有涯，无涯惟智。逐物实难，凭性良易。傲岸泉石，咀嚼文义。文果载心，余心有寄！

刘勰在《明诗》篇中论述了诗歌的产生、发展的历史和各种诗体演变的过程；对于各个时期不同的诗歌风格和重要诗人，均有所评论。

《文心雕龙·明诗》谓：

大舜云："诗言志，歌永言"。圣谟所析，义已明矣。是以在心为志，发言为诗，舒文载实，其在兹乎？诗者，持也，持人情性；三百之蔽，义归无邪，持之为训，有符焉尔。

人禀七情，应物斯感，感物吟志，莫非自然。昔葛天氏乐辞云，玄鸟在曲；黄帝云门，理不空绮。至尧有大唐之歌，舜造南风之诗，观其二文，辞达而已。及大禹成功，九叙惟歌；太康败德，五子咸怨。顺美匡恶，其来久矣。自商暨周；雅颂圆备，四始彪炳，六义环深。子夏监绚素之章，子贡悟琢磨之句，故商、赐二子，可与言诗。自王泽殄竭，风人辍采；春秋观志，讽诵旧章；酬酢以为宾荣，吐纳而成身文。逮楚国讽怨，则离骚为刺。秦皇灭典，亦造仙诗。汉初四言，韦孟首唱，匡谏之义，继轨周人。孝武爱文，柏梁列韵；严、马之徒，属辞无方。至成帝品录，三百余篇。朝章国采，亦云周备，而辞人遗翰，莫见五言。所以李陵、班婕妤，见疑于后代也。按召南行露，始肇半章；孺子沧浪，亦有全曲。"暇豫"优歌，远见春秋；"邪径"童谣，近在成世。阅时取证，则五言久矣。又古诗佳丽，或称枚叔，其孤竹一篇，则傅毅之辞，比采而推，两汉之作乎！观其结体散文，直而不野，婉转附物，怊怅切情，实五言之冠冕也。至于张衡怨篇，清典可味；仙诗缓歌，雅有新声。暨建安之初，五言腾踊，文帝、陈思，继鋚以骋节；王、徐、应、刘，望路而争驱。并怜风月，狎池苑，述恩荣，叙酣宴。慷慨以任气，磊落以使才。造怀指事，不求纤密之巧；驱辞逐貌，唯取昭晰之能，此其所同也。乃正始明道，诗杂仙心。何晏之徒，率多浮浅。唯嵇志清峻，阮旨遥深，故能标焉。若乃应璩百一，独立不惧，辞谲义贞，亦魏之遗直也。晋世群才，稍入轻绮，张、潘、左、陆，比肩诗衢。采缛于正始，力柔于建安；或析文以为妙，或流靡以自妍，此其大略也。江左篇制，溺乎玄风，嗤笑徇务之志，崇盛亡机之谈。袁、孙已下，虽各有雕采，而辞趣一揆，莫与争雄，所以景纯仙篇，挺拔而为俊矣。宋初文咏，体有因革，庄、老告退，而山水方滋。俪采百字之偶，争价一句之奇；情必极貌以写物，辞必穷力而追新，此近世之所竞也。

故铺观列代，而情变之数可监；撮举同异，而纲领之要可明矣。若夫四言正体，则雅润为本；五言流调，则清丽居宗；华实异用，惟才所安。故平子得其雅，叔夜含其润，茂先凝其清，景阳振其丽。兼善则子建、仲宣，偏美则太冲、公干。然诗有恒裁，思无定位，随性适分，鲜能通圆。若妙识所难，其易也将至；忽之为易，其难也方来。至于三六杂言，则出自篇什；离合之发，则明于图识；回文所兴，则道原为始；联句共韵，则柏梁余制。巨细或殊，情理同致，总归诗囿，故不繁云。

　　赞曰：民生而志，咏歌所含。兴发皇世，风流二南。神理共契，政序相参。英华弥缛，万代永耽。

在《知音》篇中，刘勰提出：作好文学批评并不难，关键在于批评者要有较高的文学素养，要有真知灼见。

《文心雕龙·知音》谓：

　　夫缀文者情动而辞发，观文者披文以入情，沿波讨源，虽幽必显。世远莫见其面，觇文辄见其心。岂成篇之足深，患识照之自浅耳。

在《原道》篇中，刘勰提出：文学的本源是人类的现实生活。

《文心雕龙·原道》谓：

　　仰观吐曜，俯察含章，高卑定位，故两仪既生矣。惟人参之，性灵所钟，是谓三才，为五行之秀，实天地之心。心生而言立，言立而文明，自然之道也。

在《情采》篇中刘勰认为，文学作品必须有文采，但形式是为内容服务的。

《文心雕龙·情采》谓：

　　夫铅黛所以饰容，而盼倩生于淑姿；文采所以饰言，而辨丽本于情性。故情者文之经，辞者理之纬，经正而后纬成，理定而后辞畅，此立文之本源也。

在《诠赋》篇中，主张文章要有教育意义，不能只追求形式而损害了内容。

《文心雕龙·诠赋》谓：

　　然逐末之俦，蔑弃其本，虽读千赋，愈惑体要。遂使繁华损枝，膏腴害骨，无贵风轨，莫益劝戒。

为了帮助文学批评者正确评价作品的好坏，刘勰提出六条标准，即"六观"。

《文心雕龙·知音》谓：

> 是以将阅文情，先标六观：一观位体，二观置辞，三观通变，四观奇正，五观事义，六观宫商，斯术既形，则优劣见矣。

三　钟嵘及其《诗品》

钟嵘（？—约518），字仲伟，颍川长社（今河南长葛东北）人。初仕于齐，任侍郎、参军等职。入梁代官至晋安王记室。钟嵘好学，有思想，通《周易》，晚年著《诗品》。

《诗品》又名《诗评》，共三卷，品评汉魏以来诸多诗人及作品，是我国古代专门评论诗歌最早的一部专著。

在《诗品》的《序》中，钟嵘批评了"四声八病"之说，主张诗歌贵在自然和谐，反对一味追求声律和技巧；他还反对诗中过多用典，主张直抒胸臆；钟嵘针对永嘉之后那些理过其辞、淡而寡味的玄言诗，提出诗歌"滋味"说，主张作诗要做到"干之以风力，润之以丹彩"，文情并茂，言尽旨远。

《诗品·序》谓：

> 气之动物，物之感人，故摇荡性情，形诸舞咏。照烛三才，晖丽万有，灵祇待之以致飨，幽微藉之以昭告，动天地，感鬼神，莫近于诗。
>
> 昔南风之辞，卿云之颂，厥义夐矣。夏歌曰："郁陶乎予心。"楚谣曰："名余曰正则。"虽诗体未全，然是五言之滥觞也。
>
> 逮汉李陵，始著五言之目矣。古诗眇邈，人世难详，推其文体，固是炎汉之制，非衰周之倡也。
>
> 自王、扬、枚、马之徒，词赋竞爽，而吟咏靡闻。从李都尉迄班婕妤，将百年间，有妇人焉，一人而已。诗人之风，顿已缺丧。东京二百载中，惟有班固咏史，质木无文。

降及建安，曹公父子，笃好斯文。平原兄弟，郁为文栋。刘桢、王粲，为其羽翼。次有攀龙托凤，自致于属车者，盖将百计。彬彬之盛，大备于时矣。

尔后陵迟衰微，迄于有晋。太康中，三张、二陆、两潘、一左，勃尔复兴，踵武前王，风流未沫，亦文章之中兴也。

永嘉时，贵黄、老，稍尚虚谈。于时篇什，理过其辞，淡乎寡味。爰及江表，微波尚传，孙绰、许询、桓、庾诸公诗，皆平典似道德论，建安风力尽矣。

先是郭景纯用俊上之才，变创其体。刘越石仗清刚之气，赞成厥美。然彼众我寡，未能动俗。

逮义熙中，谢益寿斐然继作。元嘉中，有谢灵运，才高词盛，富艳难踪，固已含跨刘、郭，陵铄潘、左。

故知陈思为建安之杰，公干、仲宣为辅。陆机为太康之英，安仁、景阳为辅。谢客为元嘉之雄，颜延年为辅。斯皆五言之冠冕，文词之命世也。

夫四言，文约意广，取效风、骚，便可多得；每苦文繁而意少，故世罕习焉。五言居文词之要，是众作之有滋味者也，故云会于流俗。岂不以指事造形，穷情写物，最为详切者邪？

故诗有三义焉：一曰兴，二曰比，三曰赋。文已尽而意有余，兴也。因物喻志，比也。直书其事，寓言写物，赋也。宏斯三义，酌而用之，干之以风力，润之以丹彩，使味之者无极，闻之者动心，是诗之至也。

若专用比兴，患在意深，意深则词踬。若但用赋体，患在意浮，意浮则文散，嬉成流移，文无止泊，有芜漫之累矣。

若乃春风春鸟，秋月秋蝉，夏云暑雨，冬月祁寒，斯四候之感诸诗者也。嘉会寄诗以亲，离群托诗以怨。至于楚臣去境，汉妾辞宫；或骨横朔野，或魂逐飞蓬；或负戈外戍，杀气雄边；塞客衣单，孀闺泪尽；或士有解佩出朝，一去忘返；女有扬蛾入宠，再盼倾国。凡斯种种，感荡心灵，非陈诗何以展其义，非长歌何以骋其情？故曰："诗可以群，可以怨。"使穷贱易安，幽居靡闷，莫尚于诗矣。

故词人作者，罔不爱好。今之士俗，斯风炽矣。才能胜衣，甫就小学，必甘心而驰骛焉。于是庸音杂体，人各为容。至使膏腴子弟，耻文不逮，终朝点缀，分夜呻吟。独观谓为警策，众睹终沦平钝。次有轻薄之徒，笑曹、刘为古拙，谓鲍照义皇上人，谢朓今古独步。而师鲍照，终不及"日中市朝满"；学谢朓劣得"黄鸟度青枝"。徒自弃于高听，无涉于文流矣。

观王公缙绅之士，每博论之馀，何尝不以诗为口实。随其嗜欲，商榷不同，淄、渑并泛，朱紫相夺，喧议竞起，准的无依。近彭城刘士章，俊赏之士，疾其淆乱，欲为当世诗品，口陈标榜。其文未遂，感而作焉。

昔九品论人，七略裁士，校以宾实，诚多未值。至若诗之为技，较尔可知，以类推之，殆均博弈。方今皇帝，资生知之上才，体沈郁之幽思，文丽日月，赏究天人，昔在贵游，已为称首。况八弦既奄，风靡云蒸，抱玉者联肩，握珠者踵武。固已睥汉、魏而不顾，吞晋、宋于胸中，谅非农歌辕议，敢致流别。嵘之今录，庶周旋于闾里，均之于谈笑耳。

一品之中，略以世代为先后，不以优劣为诠次。又其人既往，其文克定，今所寓言，不录存者。

夫属词比事，乃为通谈。若乃经国文符，应资博古；撰德驳奏，宜穷往烈。至乎吟咏情性，亦何贵于用事。"思君如流水"，既是即目。"高台多悲风"，亦唯所见。"清晨登陇首"，羌无故实。"明月照积雪"，讵出经史？观古今胜语，多非补假，皆由直寻。

颜延、谢庄，尤为繁密，于时化之。故大明、泰始中，文章殆同书抄。近任昉、王元长等，辞不贵奇，竞须新事。尔来作者，寖以成俗。遂乃句无虚语，语无虚字，拘挛补衲，蠹文已甚。但自然英旨，罕值其人。词既失高，则宜加事义。虽谢天才，且表学问，亦一理乎！

陆机文赋，通而无贬。李充翰林，疏而不切。王微鸿宝，密而无裁。颜延论文，精而难晓。挚虞文志，详而博瞻，颇曰知言。观斯数家，皆就谈文体，而不顾优劣。至于谢客集诗，逢诗辄取。张骘文士，逢文即书。诸英志录，并义在文，曾无品第。

嵘今所录，止乎五言。虽然，夫网罗今古，词文殆集，轻欲辨彰清浊，掎摭利病，凡百二十人。预此宗流者，便称才子。至斯三品升降，差非定制，方申变裁，请寄知者尔。

昔曹、刘殆文章之圣，陆、谢为体贰之才，锐精研思，千百年中，而不闻宫商之辨，四声之论。或谓前达偶然不见，岂其然乎？

尝试言之，古曰诗颂，皆被之金竹，故非调五音，无以谐会。若"置酒高堂上""明月照高楼"，为韵之首。故三祖之词，文或不工，而韵入歌唱。此重音韵之义也，与世之言宫商异矣。今既不被管弦，亦何取于声律耶？

齐有王元长者，尝谓余云："宫商与二仪俱生，自古词人不知之，惟颜宪子乃云'律吕音调'，而其实大谬。唯见范晔、谢庄颇识之耳。常欲进知音论，未就。"王元长创其首，谢朓、沈约扬其波。三贤或贵公子孙，幼有文辩，于是士流景慕，务为精密，襞积细微，专相凌架。故使文多拘忌，伤其真美。余谓文制本须讽读，不可蹇碍，但令清浊通流，口吻调利，斯为足矣。至平上去入，则余病未能，蜂腰鹤膝，闾里已具。

陈思赠弟，仲宣七哀，公干思友，阮籍咏怀，子卿"双凫"，叔夜"双鸾"，茂先寒夕，平叔衣单，安仁倦暑，景阳苦雨，灵运邺中，士衡拟古，越石感乱，景纯咏仙，王微风月，谢客山泉，叔源离宴，鲍照戍边，太冲咏史，颜延入洛，陶公咏贫之制，惠连捣衣之作，斯皆五言之警策者也。所谓篇章之珠泽，文采之邓林。

关于钟嵘《诗品》的评价，清章学诚《文史通义·内篇·诗话》谓：

《诗品》之于论诗，视《文心雕龙》之于论文，皆专门名家，勒为成书之初祖也。《文心》体大而虑周，《诗品》思深而意远。盖《文心》笼照群言，而《诗品》深从六艺，溯流别也（如云某人之诗，其源出于某家之类，最为有本之学，其法出于刘向父子）。论诗论文，而知溯流别，则可以探源经籍，而进窥天地之纯，古人之大体矣。此意非后世诗话家流，所能喻也（钟氏所推流别，亦有不甚可晓处，盖古书多亡，难以取证，但已能窥见大意，实非论诗家所及）。

又王世贞《艺苑卮言》谓：

魏文不列乎上，曹公屈第乎下，尤为不公。

又王士禛《渔洋诗话》谓：

上品之陆机、潘岳，宜在中品；中品之刘琨、郭璞、陶潜、鲍照、谢朓、江淹，下品之魏武，宜在上品。

第二十章 艺术的长足发展

随着民族融合与文化交流的大发展，魏晋南北朝的艺术也呈现出一片繁荣景象，举凡书法、绘画、佛教造像、杂技、舞曲、舞蹈等，都取得了辉煌成就，令后人叹为观止。宗白华先生《美学散步》谓：

> 汉末魏晋六朝是中国政治上最混乱、社会上最痛苦的时代，然而却是精神上极自由、极解放，最富于智慧、最浓于热情的一个时代，因此也就是最富有艺术精神的一个时代。

第一节 书法艺术

书法是我国传统艺术之一。两汉时期的书法已进入成熟阶段，有隶书、楷书、行书和草书之分；草书又可分为章草和今草两种。魏晋南北朝时期的书法脱胎于秦篆汉隶，经过三百多年的研习和发展，取得了突破性的进展和高度的成就。南京仙鹤观东晋墓曾出土过两块墓志，此二志书法清秀，刻工精湛，是难得一见的东晋铭刻类书法精品。[①]

一 魏晋时期的书法家及其成就

魏晋时期，书家辈出，著名书法家有钟繇、王羲之、王献之等，书法艺术取得了突破性的成就。

（一）钟繇

钟繇（151—230），字元常，颍川长社（今河南葛县东）人。他好学

[①] 王志高、周裕兴、华国荣：《南京仙鹤观东晋墓出土文物的初步认识》，《文物》2001年第3期。

多才，曹魏时官至太傅，封定陵侯，故世称钟太傅。他的书法以东汉工篆隶的曹喜、长于行书的刘德升、善八分的蔡邕为师，融合众家之长。钟繇篆隶、行草均能，尤嘉楷书。

钟繇传世书作，仅有《上尊号碑》。楷书墨迹有以王羲之临本翻刻的《宣示表》以及《贺捷表》《荐季直表》《力命表》《墓田丙舍帖》等。

张怀瓘《书断》谓：

虽习曹、蔡隶法，艺过于师，青出于蓝，独探神妙。

又谓：

真书绝妙，乃过于师，刚柔备焉。点画之间，多有异趣，可谓幽深无际，古雅有余，秦汉以来，一人而已。

又《宣和书谱》谓：

楷法今之正书也，钟繇《贺捷表》备尽法度，为正书之祖。

钟繇书法最大的缺点，是"体势则古而不今"。
《晋书》卷80《王羲之传》载唐太宗"制曰"谓：

钟虽擅美一时，亦为迥绝，论其尽善，或有所疑。至于布纤浓，分疏密，霞舒云卷，无所间然，但其体则古而不今，字则长而逾制，语其大量，以此为瑕。

(二) 王羲之

王羲之（321—379，一作303—361），字逸少，琅琊临沂（今属山东）人。起家秘书郎，官至右军将军，故后世称其"王右军"。七岁善书，学书于卫夫人，后博采李斯、钟繇等诸家之长，又习蔡邕《石经》和张昶的《华岳碑》等。他使楷书、今草、行草形成新的体势，完成了由篆向楷的转变，由其创造的行书和今草，对后世学书者影响深远，被书家奉为"书圣"。

王羲之存世墨迹有二十余件，皆系后人摹本。楷书有《乐毅论》，行书有《兰亭序》《快雪时晴帖》，行草有《十七帖》和《万岁通天帖》等。

王羲之书法取法于古，但不拘泥于古，从而创造出自己的风格，独成一家。

张怀瓘《书断》谓：

  割析张公之草，而浓纤折衷，乃愧其精熟；损益钟君之隶，虽运用增华，而古雅不逮。

又谓：

  右军能开凿通津，神模天巧，故能增损古法，裁成今体。

对王羲之的真草，梁简文帝萧纲、唐太宗李世民和颜之推等均有极高的评价。

《艺文类聚》卷74《巧艺》引萧纲《答湘东王上王羲之书》谓：

  试笔成文，临池染墨，疏密俱巧，真草皆得，似望城厓，如瞻星石，不营飞云之散，何待曲辱之丹。

又《晋书》卷80《王羲之传》载唐太宗语云：

  所以详察古今，研精篆素，尽善尽美，其惟王逸少乎！

又谓：

  观其点曳之工，裁成之妙，烟飞露结，状若断而还连；凤翥龙蟠，势如斜而反直。

又《颜氏家训》卷7《杂艺》第19谓：

  梁氏秘阁散逸以来，吾见二王（羲之、献之）真草多矣，家中尝十卷，方知陶隐居（陶弘景）、阮交州（阮研）、萧祭酒（萧子云）诸书，莫不得羲之之体，故是书之渊源。萧晚节所变，乃右军少时法也。

又何延之《兰亭记》谓：

　　贞观二十三年，圣躬不豫，幸玉华宫含风殿，临崩谓高宗曰："吾欲从汝求一物，汝诚孝也，岂能违我心耶？汝意如何？"高宗哽咽流涕，引耳而听，受制命。太宗曰："吾欲得者《兰亭》，可与我将去。"

《唐人书评》、庾肩吾的《书品》和包世臣的《艺舟双楫·论书》等著作对王羲之的真草亦推崇有加。

《唐人书评》谓：

　　羲之书如壮士拔剑，壅水绝流。头上安点，如高峰坠石；作一横画，如千里阵云；捺一偃波，若风雷震骇；作一竖画，如万岁枯藤；立一倚竿，若虎卧凤阁；自上揭竿，如龙跃天门。

又庾肩吾《书品》谓：

　　张芝伯英、钟繇元常、王羲之逸少三人，上之上。

又包世臣《艺舟双楫·自跋真草录右军廿六帖》谓：

　　右军作草如真，作真如草，为百世学书人立极。

又《同书论书》谓：

　　梁武帝与隐居评书，以中郎为笔势洞达，右军为字势雄强，又取象于龙威虎震，快马入阵。

(三) 王献之

王献之（344—386），字子敬，羲之第七子。历任州主簿、秘书郎，官至中书令。七岁习书，起初从父学书，后学张芝，擅作正、行、草书。他不仅继承了其父的书法体势，并有所创新。其书法的骨力虽远不及其父，但颇具媚趣。

《宣和书谱》著录王献之书作八十九件，传世的《鸭头丸帖》《中秋帖》《鹅群帖》以及小楷《洛神赋十三行》等帖，是他不同时期的代表作。

王献之学书，"后改变制度，别创其法"，自成一格，独树一帜。

萧衍《书评》谓：

> 王献之书，绝众超美，无人可拟。

又张怀瓘《书断》谓：

> 兴合如孤峰四绝，迥出天外，其峻峭不可量。

王献之的书法成就，草书中以狂草为最突出。

张怀瓘《书断》谓：

> 献之书法如大鹏搏风，长鲸喷浪……则意逸乎笔，未见其止。

又包世臣《艺舟双楫·答熙载九问》谓：

> 大令（献之）草常以一笔环转，如火箸划灰，不见起止，然精心探玩，其环转处，悉具起伏顿挫，皆成点画之势；其由笔力精熟，故无垂不缩，无往不收，形质成而性情见，所谓画变起伏，点殊衄挫，导之泉注，顿之山安。

王献之初学楷书，以其父书《乐毅论》为范本，后来竟超过其父，对此张怀瓘颇有好评；董其昌学小楷主要临献之的《洛神赋十三行》而很少临《乐毅论》。

又张怀瓘《书断》谓：

(献之) 学竟能极，小真书可谓穷微入圣，筋骨紧密，不减于父。

又董其昌《画禅室随笔》谓：

每以大令《十三行洛神赋》宗极耳！

此外，同时期的其他地区亦发现许多有关书法的考古资料。2010年6月，河南省孟津县发掘一座西晋时期的墓葬。该墓出土一件铜玄武砚滴。砚滴为古代文房用具之一，用来向砚内滴水研墨。考古发现的砚滴多出土于汉晋墓葬中，数量不多，有瓷质和铜质两类。这次出土的砚滴保存完好，是一件难得的艺术珍品，为古代砚滴研究提供了新的实物资料。①2010年12月，焦作市发掘了两座西晋墓葬，出土铜瑞兽砚滴一件，砚滴和石板砚同时出土，且砚上遗留有厚厚的墨渍，反映了当时书法的日常化。②

二　南朝时期的书法家及其成就

南朝时期，在羲、献父子书风的影响下，涌现出许多书法家，著名的有羊欣、王僧虔、萧子云、陶弘景和智永等。

(一) 羊欣

羊欣 (370—442)，字敬元，泰山南城人，王献之的外甥。他博览经籍，十二岁从献之学书，长于隶书。沈约说他是"子敬之后，可以独步"之人。当时人还说"买王得羊，不失所望"，可见羊欣学献之书法已达乱真的地步。

张怀瓘《书断》谓：

师资大令时亦众矣，非无云尘之远，若亲承妙旨，入于室者，唯

---

① 山西大学历史文化学院等：《河南孟津县马村晋墓的发掘》，《考古》2011年第6期。
② 焦作市文物工作队：《河南焦作山阳北路西晋墓发掘简报》，《文物》2011年第9期。

独此公。

又窦臮《述书赋》云：

  敬元亲得法于子敬，虽时移而间出。手稽无方，心敏奥术。宁磅礴而不忘本分，纵横而粗得师骨。遇其合时，仿佛唐突。犹图其骥而莫展，索真仙而非实。

（二）王僧虔

王僧虔（426—485），字简穆，琅琊临沂（今属山东）人，王羲之四世族孙，官至尚书令。他学献之书法，以善隶书知名。梁武帝说其"书如王谢家子弟，纵复不端正，奕奕皆有一种风流气骨"。有《书赋》传世，书迹有《王琰帖》等。

《南齐书》卷33《王僧虔传》谓：

  僧虔弱冠……善隶书，宋文帝见其书素扇，叹曰："非惟迹逾子敬，方当气雅过之。"

又张怀瓘《书断》谓：

  祖述小王，尤尚古，宜有丰厚淳朴，稍乏妍华。若溪涧含冰，岗峦被雪，虽甚清肃，而寡于风味。子曰："质胜文则野"，此之谓乎？

又窦臮《述书赋》云：

  僧虔密致丰富，得能失刚，鼓怒骏爽，阻负任强。然而神高气全，耿介锋芒。发卷伸纸，满目辉光。才行兼而双绝，名实副而特彰。如运筹决胜，威震殊方。

（三）萧子云

萧子云（487—549），字景乔，梁代兰陵（今江苏常州西北）人，官至侍中。书法学王僧虔，实属"二王"嫡传；善作草书、行书和小篆，稍后学钟繇,"自觉功进"。

黄伯思《东观余论》谓:

> 子云有章草史孝山《出师颂》一章,甚古雅。

又谓:

> 子云书虽不迫晋人,然高古尚有遗风。自其书中观之,过正隶远矣。

又张怀瓘《书断》谓:

> 子云善草行小篆,诸体兼备,特妙飞白,意趣飘然。

又窦臮《述书赋》云:

> 景乔润色钟门,性情励已。风媚轻巧,纤慢旖旎。诗虽易其《国风》,赐岂贤于夫子?犹鸾窥镜而鼓翼,虎不咥而履尾。

又陈思《书小史》谓:

> 子云出为东阳太守,百济国(今朝鲜半岛西南部)使人至建邺求书,逢子云为郡,维舟将发,使人于舟次候之,望船拜行前,子云遣问之,答曰:"侍中尺牍之美,远流海外,今日所求,惟在名迹。"子云乃为停船三日,书三十纸与之,获金货数百万。

又韦续《墨薮》载《书评》谓:

> 萧子云书,如危峰阻日,孤松一枝;荆轲负剑,壮士挽弓,雄人猎虎,心胸猛烈,锋刃难当。

萧子云还总结出书法"十二法"。

冯武《书法正传》载"十二法"谓：

一曰洁，二曰空，三曰整，四曰放，五曰因，六曰改，七曰省，八曰补，九曰纵，十曰收，十一曰平，十二曰侧。

(四) 陶弘景

陶弘景（456—536），字通明，自号隐居，丹阳秣陵（今南京）人，南齐时，曾官奉朝请，后隐居茅山，修道术。梁武帝甚礼敬之。他四五岁时即苦练书法，以芦荻为笔，画灰习字，善草隶书。传说焦山《瘗鹤铭》为其所书。著有《古今刀剑录》。

《南史》卷76《隐逸下·陶弘景传》谓：

陶弘景……年四五岁，恒以荻为笔，画灰中学书……工草隶。

又张怀瓘《书断》谓：

弘景书师钟、王，采其气骨，时称与萧子云、阮研等各得右军一体。其真书劲利，欧、虞往往不如，隶、行入能。

又黄伯思《东观余论》谓：

陶隐居书，故自入流。其在华阳，得杨许三真君真迹最多而习之，故萧远淡雅，若其为人。

又窦臮《述书赋》云：

弘景书通明高爽，紧密自然。摆阖宋文，峻削阮研。载窥逸轨，不让真仙。犹龙髻鹤颈，奋举云天。

又张彦远《法书要录》谓：

弘景与梁武帝萧衍论书，书凡五通，武帝答四通，皆名言也。

（五）智永

智永，陈代僧人，王羲之的七世孙。他习书刻苦，是严守"二王"家法的著名书家。出家后，长期居宜兴永欣寺，四十多年不下楼，临摹周兴嗣所撰《次韵王羲之书千字》（即后世所称之《千字文》）八百多本，分赠江东诸寺各一本。他将用废的笔埋起来，大小像一座坟墓，此即"退笔成冢"典故的由来。

冯武《书法正传》谓：

> 智永为羲之之七代孙，妙传家法……住吴兴永欣寺，登楼不下四十余年，积年临书千字文，得八百本……所退笔头，置之大竹簏，簏受一石余，而五簏皆满，取而瘗之，号退笔冢。求书者如市，所居户限，为之穿穴，乃用铁叶裹之，人谓之铁门限。

又董其昌《画禅室随笔》谓：

> 智永每用笔必曲折其笔，宛转回向，沉着收束，所谓当下笔欲透纸背者。

又何绍基《跋牛雪樵丈藏智永千文宋拓本》谓：

> 若智师《千文》，笔笔从空中落，从空中住，虽屋漏痕，犹不足以喻之。

又何绍基《题智师千文》谓：

> 南朝宗法右军者，简椟狎书耳。至于楷法精详，笔笔正锋，亭亭孤秀，于山阴棐几，直造单微，惟有智师而已。

南朝书法受以羲、献父子为代表的"晋人法度"流风余韵的影响，书法风格疏放妍妙，并与北朝碑版书法互相借鉴交融。如《瘗鹤铭》《爨龙颜》等南碑，不逊于《张猛龙》和《龙门二十品》等北碑，从而形成两相辉映的景象。

清代书法家何绍基对《瘗鹤铭》极尽推崇,为之题词作诗。

何绍基《题李仲云藏瘗鹤铭旧拓本全幅》谓:

> 自来书律,意合篆分,派兼南北,未有如贞白此书者。顾水落石出,寒舟仰卧,拓本既不可得,即此全幅本,但使毡腊如法,亦尚可观也。余来往江南北,每至焦山,必手拓此铭。又曾蓄水拓二本、及乾隆初年本,为覃溪所题藏者,案头巾册,壁闻石障,无日不在心目也。

又何绍基《焦山留别》云:

> 三十年来为《鹤铭》,颠风断渡屡扬舲。南碑兼有北碑势,石气长含江气腥。几度毡椎光烂烂,半生煤麝鬓星星。居然古重齐周鼎,一任狂涛撼不停。

三　北朝时期的书法及魏碑

北朝的书法与南朝有所不同,北朝主要流行草书和隶书。草书以清河崔氏为代表,隶书以范阳卢氏为代表。崔玄伯等人的草书是法卫瓘体,而卢玄等人的隶书则承自钟繇。

《北史》卷30《卢玄传附孙伯源传》谓:

> 初,(卢)谌父志,法钟繇书,子孙传业,累世有能名。至邈以上,兼善草迹。伯源习家法,代京官殿,多其所题。白马公崔宏亦善书,世传卫瓘体。魏初工书者,崔、卢二门。

北朝书法以北碑最值得注意,而北碑中最多的是魏碑,因此,魏碑在碑帖中占有重要的地位。北朝碑刻书体亦至备,故研究碑学的人,如舍弃北碑将不会有所成就。

康有为《广艺舟双楫》谓:

> 魏碑无不佳者,虽穷乡儿女造像,而骨血峻宕,拙厚中皆有妍

态，构字亦紧密非常，岂与晋世皆当书之会耶？何其工也。

康有为对北魏碑刻书家，作了考证，共列出十家。
《广艺舟双楫》谓：

寇谦之《嵩高灵庙碑》、萧显庆《孙秋生造像》、朱义章《始平公造像》、崔浩《孝文皇帝吊比干墓碑》、王远《石门铭》、郑道昭《云峰山四十二种》、贝义渊《始兴王碑》（为南碑）、王长儒《李仲璇修孔庙碑》、穆子容《太公吕望碑》、释仙《振德像》。

康有为对上列碑刻书法的特点作了扼要的评论。
《广艺舟双楫》谓：

十家体皆迥异，各有所长：瘦硬莫如崔浩，奇古莫如寇谦之，雄重莫如朱义章，飞逸莫如王远，峻整莫如贝义渊，神韵莫如郑道昭，超爽莫如王长儒，浑厚莫如穆子容，雅朴莫如释仙。

康有为认为学习书法，必于南北朝碑版中求之。
《广艺舟双楫》谓：

古今之书，惟南碑与魏碑可宗。可宗者何？曰有十美：一曰魄力雄强，二曰气象浑穆，三曰笔法跳越，四曰点画峻厚，五曰意态奇逸，六曰精神飞动，七曰兴趣酣足，八曰骨法洞达，九曰结构天成，十曰血肉丰美。

康有为还进一步强调学习书法尤其应该学魏碑。
《广艺舟双楫》谓：

凡魏碑随取一家，皆足成体。尽合诸家，则为具美。

又谓：

魏碑字结体之密，用笔之厚，最其显著。而其笔画意势舒长，虽极小字，严整之中，无不纵笔势之宕。

包世臣在《历下笔谈》中，对北碑书法作了精到的论述和很高的评价。

《艺舟双楫·历下笔谈》谓：

北碑体多旁出，《郑文公碑》字独真正，而篆势、分韵，草情毕具。其中布白本《乙瑛》，措画本《石鼓》，与草同源，故自署曰"草篆"，不言分者，体近易见也。以《中明坛题名》《云峰山五言》验之，为中岳先生书无疑。碑称其"才冠秘颖，研图注篆"，不虚耳。

又谓：

北魏书，《经石峪》大字、《云峰山五言》、《郑文公碑》、《刁惠公志》为一种，皆出《乙瑛》，有云鹤海鸥之态。《张公清颂》《贾使君》《魏灵藏》《杨大眼》《始平公》各造象为一种，皆出《孔羡》，具龙威虎震之规。《李仲璇》《敬显俊》别成一种，与右军致相近，在永师《千文》之右。

北朝书承汉、魏，势率尚扁，此易为长，渐趋姿媚，已为率更开山。《朱君山碑》，用笔尤宕逸，字势正方整齐而具变态，其行画特多偏曲，骨血俊秀，盖得于秦篆。山谷以箭锋所直，人马应弦为有韵，验以此书，信为知言。

讲到北朝的书法，不能不提及西魏的王褒。王褒在西魏攻陷江陵后入关，其书法对关中贵游影响很大，学王褒书成为一种时尚。

《周书》卷47《艺术赵文深传》谓：

及平江陵之后，王褒入关，贵游等翕然并学褒书。文深之书，遂被遐弃。文深惭恨，形于言色。后知好尚难反，亦攻习褒书，然竟无所成，转被讥议，谓之学步邯郸焉。至于碑榜，余人犹莫之逮。王褒亦每推先之。宫殿楼阁，皆其迹也。

第二节 绘画艺术

魏晋南北朝绘画艺术，承前启后，五彩缤纷。士人画家，一改汉代粗犷、繁复的风格，向精密技巧方向发展。他们重视人物画的"传神"写照，并注意从人物画向山水画过渡，从而使山水画开始成为独立的画科。绘画走出宫廷，走出帝王将相、忠臣烈女的圈子，是魏晋南北朝在美术上的重大突破。这一时代，画家辈出，绘画理论和专著相继产生，呈现出一派空前繁荣的景象。

一 三国两晋时期的画家及画作

魏晋南北朝时期的知名画家，据张彦远《历代名画记》载有一百二十七人；被谢赫《古画品》列入第一品的五人，其中曹不兴、卫协和荀勖三人是三国和西晋时代的画家；东晋画家以戴逵、顾恺之为最有名。

（一）曹不兴

曹不兴，又名弗兴，孙吴时代的吴兴（今浙江湖州）人，擅长人物和佛像画，其作品冠绝一时。据裴孝源《贞观公私画史》载，曹不兴有《清溪侧坐图》《南海监牧进千种马图》和《夷子蛮兽样》画迹传世。他好画佛画，有"佛画之祖"的称誉。

曹不兴善于作巨幅人物画，但凭心手，一气呵成，画得快而且好。唐李绰《尚书故实》谓：

> 谢赫云：江左画人吴曹不兴，运五十尺绢画一像，心敏手疾，须臾立成，头、面、手、足、胸、臆、肩、背，无遗失尺度，此其难也。惟不兴能之，陈朝谢赫善画，尝阅秘阁，叹伏曹不兴所画龙首，以为若见真龙。

按"陈朝谢赫"，当为齐梁谢赫。

曹不兴作画讲究风骨，对此谢赫极为赞赏。

谢赫《古画品》谓：

> 不兴之迹，殆莫复传，唯秘阁之内，一龙而已，观其风骨，名岂虚成，在第一品。

曹不兴作画得心应手，随意点染即栩栩如生。
《三国志》卷63《赵达传》注引《吴录》谓：

> 曹不兴善画，（孙）权使画作风，误落笔点素，因就以作蝇。既进御，权以为生蝇，举手弹之。

又张彦远《历代名画记》谓：

> 不兴在青谿，见赤龙出水上，写献孙皓，皓送秘府。至宋朝陆探微见画，叹其妙，因取不兴龙置水上，应时蓄水成雾，累日霂霂。

（二）卫协

卫协，西晋时人，善画人物兼及动物，师法曹不兴，时人称其为"画圣"。他画《七佛图》，长期不予点睛，怕一旦点睛佛会升腾西去。卫协作画善用气韵、骨法、应物、随类、经营、傅移六法。在绘画发展史上他是承前启后的人物。唐代还能见到他所绘的《史记伍子胥图》《卞庄子刺虎》《醉客图》《鹿图》和《上林苑图》等画幅，唐以后不传。

谢赫《古画品》谓：

> 古画皆略，至协始精。六法之中，迨为兼善。虽不该备形似，颇得壮气。凌跨群雄，旷代绝笔。

（三）戴逵

戴逵（？—396），字安道，东晋时人。他多才多艺，善属文，琴、书、画兼擅，人物、山水等画均为时人称道。戴逵曾拜术士范宣为师，范宣看了他的《南都赋图》始重画。他画有《阿谷处女图》《孙绰高士图》《胡人弄猿图》《吴中溪山邑居图》《三牛图》《嵇康像》《杜征南人物图》和《南都赋图》等，均已散佚。

谢赫《古画品》谓：

（戴逵画）情韵连绵，风趣巧拔。

又顾恺之《论画》谓：

时人画竹林七贤像，惟戴逵《七贤图》意境最佳。

又张彦远《历代名画记》谓：

其画古人，山水极妙。

（四）顾恺之

顾恺之（约345—406），字长康，晋陵无锡（今江苏无锡）人，官至散骑侍郎。少年时代受到良好教育，博学多才，能诗赋，工绘画，是我国历史上的大画家和绘画理论家。俗传恺之有三绝："才绝，画绝，痴绝。"其文集已失传，散见其他古籍中者尚有《观涛赋》《筝赋》《风赋》《雷电赋》《冰赋》《湘中赋》《湘川赋》《四时诗》《水赞》和《虎丘山序》《画云台山记》等文。

据《贞观公私画史》《历代名画记》及《宣和画谱》载，顾恺之画迹共六十三幅，流传的唐宋人摹本有《女史箴图》《洛神赋图》《列女仁智图》及《斫琴图》等。

顾恺之擅山水和佛教画，尤精于人物画。他的人物画重在传神。
《晋书》卷92《文苑·顾恺之传》谓：

（恺之）每写人形，妙绝于时，尝图裴楷像，颊上加三毛，观者觉神明殊胜。

又谓：

每画人成，或数年不点目精，人问其故，答曰："四体妍蚩，本无阙少于妙处，传神写照，正在阿堵中。"

按"本无阙少于妙处",《御览》卷750作"本无关于妙处",与《世说·巧艺》合。

又张怀瓘《画断》谓:

> 顾公运思精微,襟灵莫测,虽寄迹翰墨,其神气飘然在烟霄之上,不可以图画间求……象人之美,张(僧繇)得其肉,陆(探微)得其骨,顾(恺之)得其神,神妙无方,以顾为贵。

顾恺之在江宁瓦棺寺作壁画《维摩诘像》,"有清羸示病之容,隐几忘食之状",是我国最早的佛教壁画。

张彦远《历代名画记》引《京师寺塔记》谓:

> (恺之)遂闭户往来一月余日,所画维摩诘一躯,工毕……及开户,光照一寺,施者填咽,俄而及百万钱。

后人对顾恺之的画技及风格,颇多评论。

同上《历代名画记》谓:

> 顾恺之之迹,紧劲联绵,循环超忽,调格逸易,风趋电疾。

又汤垕《画鉴》谓:

> (恺之用笔)如春蚕吐丝,流水行地,傅染人物容貌,以浓色微加点缀,不求藻饰。

这一时期也出土了不少有关绘画艺术和技法的资料,如甘肃地区西晋至十六国时期古墓群出土的棺板纸画,就绘画技法而言,它承袭了秦汉绘画的传统,带有浓郁的地域特色,是研究此时期该地区绘画艺术的珍贵资料。[①]

[①] 甘肃省文物考古研究所:《甘肃玉门官庄魏晋墓葬发掘简报》,《考古与文物》2005年第6期。

二　南北朝时期的画家及作品

南北朝时期盛行佛教画,其他像历史故事画、人物肖像画和翎毛花卉画也都取得了一定的成就,涌现出众多的画家。南朝最有名的画家有陆探微、张僧繇和肖绎等人;杨子华、曹仲达等则是北朝的著名画家。

(一) 陆探微

陆探微(?—约485),吴人,活动于齐、梁之际。擅长画历史人物、肖像和翎毛走兽等。据张彦远《历代名画记》载,其人物画有七十余幅,唐时尚有《宋孝武像》《宋明帝像》《勋臣像》《竹林像》《孔子像》《阿难维摩图》《荣启期》《蔡姬荡舟图》《五白马图》等作品传世。

谢赫在《古画品》中,将陆探微列为第一品第一人,对其作品有很高的评价。

谢赫《古画品》谓:

> (探微画)穷理尽性,事绝言象。包前孕后,古今独立。虽画有六法,罕能该尽……唯陆探微,卫协备之矣。

陆探微善画佛像和人物肖像。

又张怀瓘《画断》谓:

> 夫像人风骨,张僧繇得肉,陆探微得其骨,顾恺之得其神,俱为古今独绝。

陆探微的画作得到当时人的称赞。

《南齐书》卷32《何戢传》谓:

> 上颇好画扇,宋孝武赐戢蝉雀扇,善画者顾景秀所画。时陆探微、顾彦先能画,叹其巧绝。

陆探微画技高明,可以乱真,令人产生错觉。对此,梁元帝萧绎有生动具体的评述。

萧绎《谢东宫赉陆探微画启》谓:

（探微）工逾画马，巧迈龙图。试映玉池，即看鱼动；还傍金屏，复疑蝇集。史迁暂睹，悬识留侯之貌；汉帝一瞻，便见王嫱之像。

(二) 张僧繇

张僧繇，齐、梁间吴人。历任武陵王（萧纪）王国侍郎、直秘阁知画事、右将军和吴兴太守。他善于画佛像、人物肖像、飞禽走兽和花卉。他的画至唐代流传的尚有《梁武帝像》《梁宫人射雉图》《横泉斗龙图》《吴主格虎图》《田舍舞图》《醉僧图》《咏梅图》及《维摩诘像》等。张僧繇与顾恺之、陆探微及唐代吴道子，被誉为画家四祖。

张僧繇吸取外来画法，突破了顾恺之、陆探微的密体画法，创造出一种疏体画。

张怀瓘《画断》谓：

（僧繇作画）思若涌泉，取资天造，笔才一二，而象已应焉，周材取之，今古独立。

张僧繇在南京为一乘寺作画，据说采用了印度的透视画法。
许嵩《建康实录》卷17《高祖武帝纪》谓：

（一乘）寺门遍画凹凸花，代称张僧繇手迹，其花乃天竺遗法，朱及青绿所成，远望眼晕如凹凸，就视即平，世咸异之，乃名凹凸寺。

据传梁武帝萧衍思念外封诸子，命僧繇至封地画诸子之像。《南史》卷52《梁武帝诸子传》谓：

太清初，（武）帝思（武陵王萧纪）……使善画者张僧繇至蜀图其状。

（三）萧绎

萧绎，字世诚，梁武帝第七子，即位称梁元帝。幼年天资聪慧，广涉技艺，能文善书，尤擅丹青。其人物肖像、佛像画及花鸟画等都很有名。他画孔子像，自作赞词，自书于图，被誉为"三绝"。

萧绎画人物，栩栩如生，特别传神。

张彦远《历代名画记》谓：

> （萧绎画人物）天挺生知，学穷性表，心师造化，象人特尽神妙，心敏手运，不加点理……时遇挥毫，造化惊绝，足使荀（勖）、卫（协）阁笔，袁（倩）、陆（探微）韬翰。

萧绎画的花鸟与走兽，也极其鲜活生动。

又颜之推《颜氏家训》卷7《杂艺》谓：

> 尝有梁元帝手画蝉雀白团扇及马图，亦难及也。

（四）杨子华

杨子华，北齐时人。武成帝高湛在位时，曾任直阁将军和员外散骑常侍。擅长画人物、龙、马等，其画被誉为"北齐之最"。

他所画《斛律金像》《北齐贵戚游苑图》《邺中百戏》和《狮猛图》等，在唐代尚能见到。

杨子华深获武成帝宠幸，常居禁中。

张彦远《历代名画记》卷8《杨子华》谓：

> 使居禁中，天下号为画圣，非有诏不得与外人画。

又谓：

> （子华）图龙于素，舒卷辄云气萦集；尝画马于壁，夜听啼啮长鸣，如索水草。

（五）曹仲达

曹仲达，西域曹国人。北齐画家，以画"梵像"闻名于中州，曾任朝散大夫。他的画至唐代仍有《卢思道像》《斛律明月像》《慕容绍宗像》《名马图》《弋猎图》和《齐神武临轩对武骑图》等流传。后人将曹仲达、张僧繇、吴道子与周昉奉为佛像画楷模。

曹仲达所画人物和佛像，多有西域风格。宋代郭若虚曾将曹仲达与吴道子画的风格作过比较，有"吴带当风，曹衣出水"之说。

郭若虚《图画见闻志》谓：

> 曹之笔，其体稠迭，而衣服紧窄；吴之笔，其势圜转，而衣服飘举。

第三节　石窟佛教造像艺术

佛教从西域东传内地后，经统治者提倡，开始建寺开窟，雕塑佛像，绘制壁画，由此带来了造像艺术的勃兴。

佛教造像成为一种艺术，是从东晋末年戴逵、戴颙父子开始的。

《宋书》卷93《隐逸·戴颙传》谓：

> 自汉世始有佛像，形制未工，逵特善其事，颙亦参焉。宋世子铸丈六铜像于瓦官寺，既成，面恨瘦，工人不能治，乃迎颙看之。颙曰："非面瘦，乃臂胛肥耳。"既错减臂胛，瘦患即除，无不叹服焉。

北魏迁都洛阳后，南北各地的佛教造像艺术争奇斗艳，十分繁荣。其中的代表作有新疆拜城克孜尔石窟千佛洞壁画，甘肃敦煌莫高窟壁画、无水麦积山石窟壁画，山西云冈石窟造像艺术和河南洛阳龙门石窟造像艺术等。

一　克孜尔石窟千佛洞壁画

新疆之有佛教，时间约在汉末与魏晋之间，因此新疆佛教石窟的建造，大概始于东汉末年。克孜尔石窟在拜城东约五十公里的木札提河对岸，戈壁悬崖之下。今存二百三十五窟，其中壁画保存较完好的有七十多窟。这些壁画的内容主要是表现佛本生故事、因缘故事以及反映古代新疆各族人民生活和劳作等。

克孜尔石窟壁画具有明显的地域风格，画面人物以铁线勾勒轮廓，身体裸露部分渲染层次鲜明，立体感甚强，既具"龟兹画风"，又有中国传统技法。

二 敦煌莫高窟壁画

敦煌是较早接受佛教影响的河西边镇，是佛教传入内地，汉地僧人往西域求法的必经之处。敦煌莫高窟从前秦时代开始开凿，到南北朝时期进入了发展时期。此窟在甘肃敦煌县东南二十多公里的鸣沙山下，现存五百多窟，其中有三十八窟是北魏时期的。窟中有数以千计的佛像和许多壁画，这些壁画保存比较完整。

壁画的内容大多是佛传故事，佛本生故事、佛祖说法图、因缘故事和供养人像等。各窟中的壁画有详有略，如其中290窟以佛的一生经历画出八十多个情节，将佛经里的故事，画得淋漓尽致，堪称壁画中的巨帙鸿编。

莫高窟，凿于绵亘于三里多长的崖壁上，因石质松脆，不适宜雕刻，故石窟内多数是塑像和大型壁画。

三 麦积山石窟壁画

麦积山石窟开凿的时间，迟于莫高窟，壁画的数量亦比莫高窟略少，却更具有中国传统艺术的特色。麦积山石窟在甘肃天水县东南四十五公里处麦积山山峰南面的崖壁上，共有一百六十五窟，分为东西两崖。画于西崖第一百二十七窟的行猎图、骑射图，只见狩猎者驰骑执锐，紧追猎物，而被追逐的禽兽，或飞或跑，显现出围猎壮阔激烈的气氛。还有如七佛阁散花楼上的飞天，与莫高窟的飞天相比，显出各自的特点。散花楼的飞天，其衣裳的褶皱和飘带都以流畅的线条描绘，增强了飞天的动感；这些飞天的姿态各异，或站或跪，或俯或仰，神情毕具。再如第九十窟窟壁的供养人和第一百五十四窟窟顶的伎乐天人，其画面均生动逼真，各尽其妙。

四　云冈石窟造像艺术

云冈石窟造像，建造于北魏建都大同之时，具体时间自和平初年僧昙曜创建五窟起，至太和十八年（494）孝文帝迁都洛阳前止。

《魏书》卷114《释老志》谓：

> 和平初，师贤卒。昙曜代之，更名沙门统。初昙曜以复佛法之明年，自中山被命赴京，值帝出，见于路，御马前衔曜衣，时以为马识善人。帝后奉以师礼。昙曜白帝，于京城西武州塞，凿山石壁，开窟五所，镌建佛像各一。高者七十尺，次六十尺，雕饰奇伟，冠于一世。

云冈石窟造像不受所谓"丈六金身"的高度限制，最大者可与山齐，有的高67尺，开创了后世建造巨型佛像的先河。

云冈石窟，在大同市西十六公里的武周山云岗村，共有五十余窟，大小造像十万尊左右。其中第三窟大佛洞，在广80尺的壁体上雕刻三尊大佛，高约30尺，造像雄伟，面轮丰满圆熟，耳大垂肩，衣覆两肩，褶襞线条，流畅劲健。

又如第五窟，其中凿有本尊释迦如来的坐像，高约55尺，双膝之径51.8尺，足趾长15.3尺，手的中指长7.9尺，是云冈石佛中最大的一尊，其姿势齐整，身躯比例，无不达到合乎生理的均衡，充分表现了北魏时期佛像的特征，显示出极其庄严雄伟的气象。

五　龙门石窟造像艺术

龙门石窟是北魏王朝迁都洛阳之后开凿的。

《魏书》卷114《释老志》为：

> 景明初，世宗（宣武帝）诏大长秋卿白整，准代京灵岩寺石窟，于洛南伊阙山，为高祖（孝文帝）、文昭皇太后营石窟二所。初建之始，窟顶去地三百一十尺。至正始二年中，始出斩山二十三丈。至大长秋卿王质，谓斩山太高，费功难就，奏求下移就平，去地一百尺，南北一百四十尺。永平中，中尹刘腾奏为世宗复造石窟一，凡为三

所。从景明元年至正光四年六月已前，用功八十万二千三百六十六。

龙门石窟在洛阳市南郊的龙门山，距市区十二公里，共有石窟和壁龛两千一百多个，造像十万余尊，其中十分之三属于北朝。

龙门石窟，按其自然分布，可分为十一个区域。其中以古阳、宾阳和莲花这三个北朝时期经营的洞区为最重要。

古阳洞，是龙门最早的洞窟，位于奉先寺大像龛南，佛龛密布，是北魏中期和后期造像的中心区。窟内主像释迦牟尼，结跏趺坐，着双领下垂袈裟，面颊微丰满，略呈微笑；二胁侍菩萨，宝冠长裙，饰璎珞珠，仪态庄严文静。古阳洞内四周又有小龛多处，其雕像装饰，精美华丽，严谨完整。大龛内佛像的背光和胁侍的安置十分相宜；佛像面型和脖颈略长，双目微闭，鼻稍长，嘴角露微哂之意，神情安详。

宾阳洞，在龙门山西山的北部，是龙门石窟中继古阳洞之后开凿的第二大窟。宾阳洞的造像风格精巧而大方，十一尊园雕大像雕琢得雄健朴实，礼佛图浮雕精细巧妙，大小主从互相呼应，相得益彰。南北两壁菩萨的面容，略带微笑，敦厚温和，典雅逸丽。

莲花洞，属北魏后期的大型洞窟，开凿于北魏孝明帝孝昌年间。因窟顶藻井有浮雕大莲花装饰，故名莲花洞。莲花洞主像为园雕释迦牟尼倚立像，身着褒衣博式袈裟，衣褶简洁明丽。两侧胁侍菩萨，同样为园雕倚立像，而释迦两侧弟子作浅浮雕，显得统一中有变化，新颖而别致。

另外，在许多地区也发现了魏晋南北朝时期精美的佛教造像艺术。如1992年，在湖北省鄂州市石山乡塘角头村南第4号孙吴的墓葬中，就曾出土了一件珍贵的褐色釉陶坐佛像，高20.6厘米，反映了较高的制作水平。[1] 1996年考古发掘的山东青州龙兴寺佛教造像窖藏坑，坑内有规律地埋藏着北魏至北宋时期的各类佛教造像400余尊。这些造像，雕刻技巧高超，为研究中国佛教美术史提供了极为重要的实物资料。[2] 2014年在成都市发掘出土的南朝佛教造像，类型多样，制作精良，保存完整，为进一步认识南朝佛像艺术提供了新资料。[3]

---

[1] 常青：《20世纪东汉与魏晋佛教考古研究——20世纪中国佛教考古研究述评（一）》，《石窟寺研究》2011年第2辑。
[2] 山东省青州市博物馆：《青州龙兴寺佛教造像窖藏清理简报》，《文物》1998年第2期。
[3] 李晓东、危兆盖、雷建：《穿越千年南朝佛像多蜀籍》，《光明日报》2014年12月25日。

第四节 杂伎艺术

魏晋南北朝时期的杂伎,大致可分为两类:一类是在中国传统杂伎基础上发展起来的非幻术杂伎,如杂耍、角力等;另一类是外来的幻术,大多为自断手足等惊险节目。

杂伎,隋朝以前谓之"百戏",隋时称为"散乐"。魏晋南北朝时期的杂伎节目较多,技艺亦高。

《宋书》卷19《乐一》谓:

> 魏晋迄江左,犹有《夏育扛鼎》《巨象行乳》《神龟抃舞》《背负灵岳》《桂树白雪》《画地成川》之乐焉……其后复《高絙》《紫鹿》等。

又《通典》卷146《乐六·散乐》谓:

> 汉代有《橦末伎》,又有《盘舞》。晋代加之以杯,谓之《杯盘赞》。梁有《长蹻伎》《跳铃伎》《蹋倒伎》《跳剑伎》,今并存。又有《舞轮伎》,盖今之戏车轮者。《透三峡伎》,盖今之《透飞梯》之类也。《高絙伎》,盖今之戏绳者也。梁有《猕猴橦伎》,今有《缘竿伎》,又有《猕猴缘竿伎》,未审何者为是。又有《弄碗珠伎》。歌舞戏,有《大面》《拨头》《踏摇娘》《窟垒子》等戏。

北方在后赵石虎之时,有顶竿杂伎,耍者将竿顶于额或顶于牙上,竿上伎儿动作惊险。

《文献通考》卷147《乐考·散乐百戏》引《邺中记》谓:

> (石)虎正会殿前作乐,高絙、龙、鱼、凤凰、安息五案之属,莫不毕备,有额上缘橦,至上鸟飞,左回右转,又以橦著口齿上,亦如之。

又《全晋文》卷45引傅玄《正都赋》谓:

乃有材童妙妓，都卢迅足，缘修竿而上下，形既而影属，忽跟挂而倒绝，若将坠而复续，虬萦龙蜒，委随纡曲，杪竿首而腹旋，承严节之繁促。

北魏道武帝时，杂伎有造五兵、角觝、麒麟、仙人车、高絙、百尺长趫橦、跳丸等，可谓百戏具备。东魏高欢平中山之时，杂伎有鱼龙烂漫、俳优、侏儒、山车、巨象拔井、种瓜、杀马、剥驴等奇异多端的名目。北周宣帝即位之初，即广招杂伎，演于殿前。

《通典》卷146《乐六·散乐》谓：

（宣帝）广招杂伎，增修百戏，鱼龙漫衍之伎，常陈于殿前，累日继夜，不知休息。

两晋南北朝时期的角力（时称"相扑""拍张"），既是百戏中的一种，也是流行于社会上层及下层的体育项目。

《文献通考》卷147《乐考·散乐百戏》谓：

角者，角其伎也。两两相当，角及伎艺射御也。

又谓：

（角力戏）壮士裸袒相搏而角胜负，每群戏既毕，左右军擂大鼓而引之，岂亦古者习武而变欤？

又调露子《角力记》谓：

拍张亦角力也，齐书言戏，则徒手相拍击，而后角力也。

又《北齐书》卷6《孝昭帝纪》谓：

（孝昭帝）或入诸贵戚家角力批拉，不限贵贱。

夏育扛鼎（夏育乃春秋时大力士），简称扛鼎。表演者力举车轮和石臼等重物，于掌上高抛耍弄，并戴竿伴以舞蹈。

《隋书》卷15《音乐志下》谓：

> 夏育扛鼎，取车轮石臼大瓮器等，各于掌上而跳弄之。并二人载竿，其上有舞，忽然腾透而换易之。

南朝梁时，有猕猴幢伎，是用猕猴缘竿。猴非真猴，而是以伎儿扮作猕猴的形象。后赵时有猿骑戏，乃马上杂伎。

陆翙《邺中记》谓：

> （后赵石虎时）又依伎儿作猕猴之形，走马上，或在马胁，或在马头，或在马尾，走如故，名为猿骑。

又谓：

> 初，晋中朝（西晋）元会，设卧骑、倒颠骑，自东华门驰至神虎门，皆其类也。其术亦可谓妙矣。

魏晋南北朝时期，流行高絙伎，即走索。二人从索的两端相向走来，且有舞蹈动作。

薛综注《西京赋》谓：

> 索上长绳系两头于梁，举其中央，两人各从一头上交相度，所谓舞絙者也。

魏晋南北朝时期，把原有各不相涉的几个杂伎项目合并在一起表演，如"鱼龙漫衍"就是如此。

《宋书》卷19《乐志一》谓：

> 舍利从西方来，戏于殿前，激水化成比目鱼，跳跃漱水，作雾翳

日；毕，又化成黄龙，长八九丈，出水游戏，炫耀日光。

"鱼龙漫衍"是殿廷上的常演节目。逢正月初一，或招待宾客都作此表演，是幻术杂伎中的珍品（东汉称之为"蔓延"戏）。

北朝有"种瓜"幻术，伎艺极其高超。

杨衒之《洛阳伽蓝记》卷1《景乐寺》谓：

植枣种瓜，须臾之间皆得食。士女观者，目乱睛迷。

第五节 舞曲与舞蹈的新发展

魏晋南北朝时期的相对稳定阶段，音乐受到重视。如晋武帝就设立了一个名叫"清商署"的音乐机构，专门负责搜集、整理古代乐曲。

由于少数民族和汉族，北方与南方，中国与外国都在文化上交流渗透，相互沟通，这一时期的歌舞出现了异彩纷呈的繁荣景象。

下列几种，是当时较为风行的歌舞。

鞞舞（鞞扇舞），主要用于宴飨或行军作战。舞者手执军鼓（即鞞鼓）而舞。曹植曾为鞞舞写新辞五篇：《圣皇》《灵芝》《大魏》《精微》和《孟冬》；南朝宋明帝刘彧还亲制"鞞舞"歌，舞用八佾。

《宋书》卷19《乐志一》谓：

（鞞舞）未详所起，然汉代已施于燕享矣。

又《乐府诗集》卷53《魏陈思王鞞舞歌·大魏篇》载：

乐人舞鞞鼓，百官雷抃赞若惊。

又同卷《舞曲歌辞二》引成公绥赋谓：

鞞铎舞庭，八音并陈。

铎舞，舞者执铎而舞，有"振铎鸣金"之意。后为殿庭所采用。《古今乐录》对铎舞的沿革有较详细的叙述。

《乐府诗集》卷54《舞曲歌辞三》引《古今乐录》谓：

> 今谓汉世诸舞，鞞、巾二舞是汉事，铎、拂二舞以象时。古《铎舞曲》有《圣人制礼乐》一篇，声辞杂写，不复可辨，相传如此。魏曲有《太和时》，晋曲有《云门篇》，傅玄造，以当魏曲，齐因之。梁周舍改其篇。

铎舞的音乐成分丰富，以振铎示节拍，舞态较自由。

又同卷引晋傅玄《云门篇》谓：

> 振铎鸣金，延《大武》（周之武舞）……声和八音，协律吕。身不虚动，手不徒举。应节合度……时奏宫角，杂之以徵羽。

公莫舞，又名巾舞，本为持长巾而舞的舞蹈。因附会鸿门宴"公莫害汉王"的故事，遂以"公莫"名其舞。

《宋书》卷19《乐志一》谓：

> 《公莫舞》今之《巾舞》也。相传云，项庄舞剑，项伯以袖隔之，使不得害汉高祖，且语庄云："公莫"。古人相呼曰"公"，云莫害汉王也。今之用巾，盖象项伯衣袖之遗式。

《乐府诗集》卷54引《古今乐录》谓：

> 《巾舞》古有歌辞，讹异不可解。江左以来，有歌舞辞。沈约疑是《公无渡河曲》，今三调中自有《公无渡河》，其声哀切，故入瑟调，不容以瑟调离于舞曲，惟《公无渡河》古有歌有弦，无舞也。

拂舞，又名白符舞、白凫鸠舞。舞者手执"拂子"而舞，流行于江南吴地民间。至宋孝武帝时，拂舞与鞞舞等已"合之钟石，施于殿廷。"

《晋书》卷23《乐志下》谓：

拂舞，出自江左。旧云吴舞，检其歌，非吴辞也。亦陈于殿庭。

晋代有拂舞歌诗五篇：《白鸠篇》《济济篇》《独禄篇》《碣石篇》与《淮南王篇》。

《乐府诗集》卷54引《乐府解题》谓：

读其辞，除《白鸠》一曲，余并非吴歌，未知所起也。

《拂舞歌》的歌辞，流露出当时百姓对孙皓虐政的不满。
《宋书》卷19《乐志一》引晋杨泓《拂舞序》谓：

察其词旨，乃是吴人患孙皓虐政，思属晋也。

《拂舞歌》是一个古老的舞曲，自晋至梁相承采用。
《乐府诗集》卷54《晋拂舞歌》引《古今乐录》谓：

梁《拂舞歌》并用晋辞。

白纻舞，本为吴地之舞，多由女子独舞。舞者着白纻长袖舞衣，伴以琴弦清歌。
《宋书》卷19《乐志一》谓：

白纻舞按舞辞有巾袍之言，纻本吴地所出，宜是吴舞也。晋《俳歌》云："皎皎白绪，节节为双。"吴音呼绪为纻，疑白纻即白绪也。

同书《乐志四》记有《白纻舞》歌辞三篇。
《乐府诗集》卷55《晋白纻舞歌诗》谓：

阳春白日风花香，趋步明玉舞瑶珰。声发金石媚笙簧，罗袿徐转红袖扬。清歌流响绕凤梁，如矜若思凝且翔。转盼遗精艳辉光，将流将引双雁行。欢来何晚意何长，明君御世永歌唱。

今安徽当涂县（属吴地）东 70 里，古有白纻亭。据《寰宇记》载，当时由于南朝刘宋皇帝曾与群臣会于该地，唱《白纻歌》，跳《白纻舞》，故得白纻亭名。

从晋、宋歌诗的描述中，可以看出《白纻舞》的舞者，舞姿确实十分优美。

《乐府诗集》卷 55《宋白纻舞歌诗》云：

高举两手白鹄翔，轻躯徐起何洋洋！凝停善睐客仪先，宛若龙转乍低昂，随世（时）而变诚无方，如推若行留且行。

又同卷刘铄《白纻舞词》谓：

仙仙徐动何盈盈，玉腕俱凝若云行。佳人举袖耀青娥，掺掺擢手映鲜罗，状似明月泛云河，体如清风动流波。

杯盘舞，晋代称《晋世宁》舞，刘宋时改称《宋世宁》，萧齐改为《齐世昌》。此舞是带杂伎性的舞蹈，舞者手执杯盘，且抛且舞，南朝时很流行。

《宋书》卷 19《乐志一》谓：

杯柈，今之《齐世宁》也。张衡《舞赋》云："历七柈而纵蹑。"王粲《七释》云："七柈陈于广庭。"近世文士颜延之云："递间关于柈扇。"鲍照云："七柈起长袖。"皆以七柈为舞也。《搜神记》云："晋太康中，天下为《晋世宁舞》，矜手以接杯柈反复之。"此则汉世唯有柈舞，而晋加之以杯，反复之也。

《晋书》卷 27《五行志上》谓：

（杯柈舞）今接杯柈于手上而反复之，至危之事也。杯柈者，酒食之器，而名曰《晋世宁》。跳杯柈舞，以筝笛伴奏，常在饮酒时表演。后世舞碟实起于杯柈舞。

《宋书》卷 22《乐志四》谓：

> 舞杯槃，何翩翩，举座翻复寿万年。天与日，终与一，左回右转不相失。筝笛悲，酒舞疲，心中慷慨可健儿。

前溪舞曲，属江南吴歌类。前溪是浙江德清县南一村名。前溪舞曲委婉动人，久传不衰，唐朝将其列入清商乐。

《乐府诗集》卷 45 引《乐府解题》谓：

> 《前溪》，舞曲也。

又《苕溪渔隐丛话》引于竞《大唐传》谓：

> 湖州德清县南前溪村，则南朝集乐之处。今尚有数百家习音乐，江南声伎，多自此出，所谓舞出前溪者也。

又《太平寰宇记》谓：

> 前溪在县西一百步，前溪者，古永安县前之溪也。今德清县有后溪。晋时邑人沈充家于此溪。乐府有《前溪曲》，则充之所制。

又《全唐诗》卷 130 引崔颢《王家少妇》诗云：

> 舞爱《前溪》绿，歌怜《子夜》长。

又《全唐诗》卷 539 引李商隐《离思》诗云：

> 气尽《前溪舞》，心酸《子夜歌》。

翳乐，"翳"是用鸟羽制成的舞具，舞者执之而舞。翳乐属于清商乐《西曲歌》一类。

"翳"字作屏蔽解，舞蹈时可以用来遮蔽舞者自身，隐现多姿，平添了观赏性。

《山海经·海经》卷2《海外西经》谓：

> 夏后启于此舞《九代》，乘两龙，云盖三层，左手操翳，右手操环。

表演翳乐之舞蹈时，舞者要合着歌唱，以铃、鼓和吹管乐伴奏，称之为"倚歌"。

《乐府诗集》卷49引《古今乐录》谓：

> 翳乐一曲，倚歌二曲。旧舞十六人，梁时八人。

又同卷《倚歌》云：

> 阳春二三月，相将舞翳乐。曲曲随时变，持许艳郎目。人言扬州乐，扬州信自乐。
> 总角诸少年，歌舞自相逐。

《兰陵王入阵曲》舞曲。北齐兰陵王高长恭，相貌俊美，勇武出众，他与敌人作战，尝戴假面具战而胜之，故齐人作《兰陵王入阵曲》以壮声势。

《文献通考》卷147《乐考·散乐反戏》谓：

> 北齐兰陵王长恭才武而貌美，常著假面以对敌。尝击周师金镛城下……谓之《兰陵王入阵曲》。

龟兹乐，是西域乐舞，舞曲有《小天》，又有《疏勒盐》。龟兹在今新疆沙雅县以北，天竺佛教就是从这里东传的。西域东传的各种乐舞，以《龟兹乐》水平较高。如由龟兹琵琶乐工苏祗婆传来的"苏祗婆七调"，对我国古代传统乐调的整理和发展起到了积极作用。

《隋书》卷15《音乐志下》谓：

龟兹乐歌曲有《善善摩尼》，解曲有《婆伽儿》。舞曲有《小天》，又有《疏勒盐》。其乐器有竖箜篌、琵琶、五弦、笙、笛、箫、筚篥、毛员鼓、都昙鼓、答腊鼓、腰鼓、羯鼓、鸡娄鼓、铜拔、贝等十五种，为一部。工二十人。

《龟兹乐》流传入内地，从北齐、北周始，至隋初文帝开皇时，为最盛时期。

《通典》卷146《乐六·清乐》谓：

自周、隋以来，管弦杂曲数百曲，多用西凉乐，鼓舞曲多用龟兹乐，其曲度皆时俗所知也。

继承周、隋《龟兹乐》传统的唐代，于立、坐部伎的各部乐舞中，几乎均伴有《龟兹乐》。

第二十一章 建筑的型制与风格

魏晋南北朝的建筑，在技术上创造和革新较少，主要是沿用汉代的一些成就。但由于佛教的传入引起了佛教建筑的空前发展，出现了高层佛塔，并带来了印度、中亚一带的雕刻、绘画艺术，受其影响，使汉代比较质朴的建筑风格，变得更为成熟、圆淳；这一时期的园林建筑也获得了巨大发展，从而使我国古代园林建筑进入了一个崭新的阶段。

第一节 都城建设

魏晋南北朝的都城建筑因各政权相互争夺，地点不断变更，于是建设频繁，为发展与探索创新提供了契机，使汉代以宫城为主体的都城格局逐步演变为城郭一体，分区明确，宫北里南的规划格局，这为隋唐都城规划提供了经验模式。

一 邺城

三国时期的魏、蜀、吴，各自建立了自己的都城。曹魏的第一个都城是邺县（在今河北省临漳县西南）。魏晋南北朝时，邺先后是曹魏、后赵、前燕、东魏和北齐的都城。北周大象二年（580），因战乱邺城被毁，除位于邺城西北隅的铜雀台、金虎台遗址尚存外，余皆荡然无存。

《水经注》卷10《浊漳水注》谓：

（曹魏邺北城）东西七里，南北五里。

邺城西北隅有三台，由南往北，依次为金虎台、铜雀台、冰井台。

晋陆翙《邺中记》谓：

> 铜雀台高一十丈,有屋百二十间,三台崇举,其高若山云。三台皆砖甓,相去各六十步,上作阁道如浮桥,连以金屈戌……施则三台相通,废则中央悬绝也。

曹魏时,邺城的城建布局,已颇具规模。该城分为南北两部分,北区较大,为官府区,其正中为宫城,宫城东侧为王室贵族居住的"戚里"。宫城西为铜雀苑,与铜雀等台相连的是王室游乐的园林。西晋末年,这些宫殿楼台曾遭破坏。后赵石虎曾作过修复,并扩建三台。北齐时,在旧邺城南面又建一南城。

《北史》卷54《高隆之传》谓:

> (邺)营构之制,皆委隆之。增筑南城,周二十五里。

又陆翙《邺中记》谓:

> 邺南城东西六里,南北八里六十步,高欢以北城窄狭,故令仆射高隆之更筑此城。

邺城后被隋王杨坚纵火焚毁,沦为一片废墟。
邺城中的金虎、铜雀和冰井三台,在明代中叶尚有遗址可寻。
嘉靖《彰德府志》卷2《地理·邺镇》条谓:

> 今惟三废台存,旧基略无可观者。

金凤台(曹魏时金虎台)及其他遗址毁于清雍正、乾隆朝以前。
乾隆《彰德府志》卷4《古迹·邺都北城》条谓:

> (三台)为曹魏遗址,今亦尽沦漳水,河岸有颓坡,或云即金凤台故址。

二　建业

建业亦名建邺、建康，是孙吴、东晋及南朝宋、齐、梁、陈的都城，史称"六朝古都"。孙权于东汉建安十六年（211），以秣陵为都城，于次年改秣陵为建业。

孙权新建的建业城，据《建康实录》载，"周围二十里一十九步，东晋、南朝因之"，城内修建了太初宫和苑城。在秦淮河北岸为宫殿、衙署和王公居住区，河的南岸有横塘等居民聚居区。孙权为了使首都安全有保障，粮秣供给无虞，他在城内开凿了运渎、潮沟和城北渠，又在城外开凿破岗渎等水道，便利舟楫航运。

晋灭吴后，改建业为秣陵，复分为秣陵、建业二邑，并改"业"为"邺"。东晋南渡后，改建业为建康，成为东晋的都城，南朝的宋、齐、梁、陈仍以建康为首都。

三　平城

北魏道武帝拓跋珪于天兴元年（398），"迁都平城（今山西大同），始营宫室，建宗庙、立社稷"，并诏令有关大臣"正封畿、制郊甸"。令崔浩按照王都的规格，规划建设平城。

宫中建主殿名天文殿，并用了五年时间，由南往北，先后建成太庙、天华殿、西武库、寝殿中天殿、云母堂、金华室、西昭阳殿以及鹿苑台等。

《南齐书》卷57《魏虏传》谓：

> 什翼珪始都平城，犹逐水草，无城郭，木末始土著居处。佛狸破梁州、黄龙，徙其居民，大筑郭邑。截平城西为宫城，四角起楼，女墙，门不施屋，城又无堑。南门外立二土门，内立庙，开四门，各随方色，凡五庙，一世一间，瓦屋。其西立太社。佛狸所居云母等三殿，又立重屋，居其上。饮食厨名"阿真厨"，在西……殿西铠仗库屋四十余间，殿北丝绵布绢库土屋一十余间。伪太子宫在城东，亦开四门，瓦屋，四角起楼……
>
> 其郭城绕宫城南，悉筑为坊，坊开巷。坊大者容四五百家，小者六七十家。每南坊搜检，以备奸巧。城西南去白登山七里，于山边别

立父祖庙。城西有祠天坛，立四十九木人，长丈许，白帻、练裙、马尾被，立坛上，常以四月四日杀牛马祭祀……城西三里，刻石写《五经》及其国记，于邺取石虎文石屋基六十枚，皆长丈余，以充用。

四 洛阳

洛阳是我国六大古都之一。北魏洛阳是在西晋都城废墟上重建的，魏孝文帝太和十七年（493）决定营建洛阳。

《魏书》卷7下《高祖纪》谓：

> 诏征司空穆亮与尚书李冲、将作大匠董爵经始洛阳……（太和）十有九年……九月庚午，六宫及文武尽迁洛阳。

景明二年（501）九月，发畿内五千五百人，筑成二百二十个坊里；每里方三百步，景明三年，宫室全部竣工。整座洛阳城分外郭、京城（内城、大城）、宫城三重。

《洛阳伽蓝记》卷5《京师建制及郭外诸寺》谓：

> 京师东西二十里，南北十五里……庙社官府曹以外……合有二百二十里（坊）。

洛阳北魏宫城，原系东汉北宫故地，整体为长方形，南北长约1398米，东西宽约660米，面积约为大城的十分之一。

《后汉书》卷29《河南尹·洛阳》条梁刘昭注引《帝王世纪》谓：

> 城东西六里十一步，南北九里一百步。

又晋元康《地道记》谓：

> 城内南北九里七十步，东西六里十步。

洛阳城有四门，正门是南门，名阊阖门，正对阊阖门的铜驼街，为全城的主要轴线。据《洛阳伽蓝记》记载，当时官署、太庙、社稷坛和永宁寺九层木塔，均在宫城前御道西侧；南城外设有灵台、明堂和太学；西城外郭内多官僚贵族宅第，在西郭墙附近的寿邱里，是皇子居住区。

洛阳大城尚修有一条护城河，顺城环流。

《洛阳伽蓝记》卷2《明悬尼寺》谓：

> 谷水周围绕城，至建春门外，东入阳渠石桥。

又《地舆志》谓：

> 洛阳城外有阳渠水……东流注城西北角，仍分流绕城至建春门外合流，折东流注于池是也。

北魏洛阳城内，保留了魏晋时的城墙、城内道路、城门位置和宫廷区部分基址。

自2010年10月起，中国社会科学院考古研究所对位于河南孟津县洛阳汉魏故城北魏宫城西南角遗址（编号为五号建筑遗址）进行了发掘。发掘清理出魏晋至北魏时期的宫城西墙、南墙和西南角建筑基址，西墙外侧的河渠和内侧的排水沟渠等遗迹。这些新的发现，为深入探讨洛阳汉魏故城的城市布局、宫城形制变迁等提供了准确资料。[①]

自2011年7月起，考古工作者对汉魏洛阳城宫城四号建筑进行了全面的勘探、发掘。通过勘探，确定其始建年代可上溯至曹魏初年，历经西晋、北魏的修补、沿用，是中国历史上第一座"建中立极"的大型宫室，在古代中国都城发展中具有里程碑式的意义。[②]

第二节　园林建筑

魏晋南北朝时期，在园林建筑方面的特点，主要表现为私家园林比较兴盛，甚至私家园林与皇家园林并行发展；园林造景，由模仿自然山水，

[①]　《2011年度河南省五大考古新发现》，《华夏考古》2012年第3期。
[②]　《2013年度河南省五大考古新发现》，《华夏考古》2014年第2期。

到进一步提炼、典型化，景观更趋于自然，富于诗情画意。

一　北方私家园林

北方私家园林有两种类型：一种是建在郊外的别墅型园林，如西晋石崇的金谷园；另一种是建在城市里，城市型私家园林，如北魏洛阳诸园。

（一）金谷园

金谷园的主人石崇，字季伦，西晋时官至卫尉。因其使客航海，劫掠客商而成巨富。

《晋书》卷33《石崇传》谓：

> （石崇）财产丰积，室宇宏丽。后房百数，皆曳纨绣，珥金翠。丝竹尽当时之选，庖膳尽水陆之珍。

金谷园坐落在洛阳西北的金谷涧水之滨，园境幽雅，景色宜人。石崇对金谷园十分欣赏。

《世说新语》卷中之下注引石崇《金谷诗序》谓：

> 有别庐在河南县界金谷涧中。去城十里。或高或下，有清泉茂林，众果竹柏药草之属；（金田十顷。羊二百口，鸡猪鹅鸭之类，莫不毕备）又有水碓鱼池土窟。其为娱目欢心之物备矣。

又《文选》卷45石崇《思归引·序》谓：

> 其制宅也，却阻长堤，前临清渠，百木几于万株，流水周于舍下，有观阁池沼，多养鱼鸟。家素习技，颇有秦赵之声。出则以游目弋钓为事，入则有琴书之娱。又好服食咽气，志在不朽，傲然有凌云之操。

（二）洛阳诸园

北魏时，洛阳城区私家造园风气很盛，有"家家而筑"之说。在诸多的"小园"中，以河间王元琛之园最为侈丽。

《洛阳伽蓝记》卷4《开善寺》谓：

自退酤以西，张方沟以东，南临洛水，北达芒山，其间东西二里，南北十五里，并名为寿丘里，皇宗所居也，民间称为王子坊。当时四海晏清，八荒率职……于是帝族王侯，外戚公主，擅山海之富，居林川之饶，争修园宅，互相夸竞。崇门丰室，洞户连房，飞馆生风，重楼起雾，高台芳榭，家家而筑；花林曲池，园园而有。莫不桃李夏绿，竹柏冬青。

又谓：

　　（至元琛府）入其后园，见沟渎蹇产，石磴礁嶬，朱荷出也（池），绿萍浮水，飞梁跨阁，高树出云。

又同书卷2《正始寺》谓：

　　（司农张伦园林）山池之美，诸王莫及。伦造景阳山，有若自然；其中重岩复岭，嵚崟相属，深蹊洞壑，逦迤连接。高林巨树，足使日月蔽亏；悬葛垂萝，能令风烟出入，崎岖石路，似壅而通，峥嵘涧道，盘纡复直，是以山情野兴之士，游以忘归。

洛阳城区城市型的私家园林，把自然的山川风光都集中地反映出来。当时天水人姜质曾作赋赞扬。

又同卷姜质《亭山赋》谓：

　　下天津之高雾，纳沧海之远烟；纤列之状一如古，崩刹之势似千年。若乃绝岭悬坡，蹭蹬蹉跎，泉水纡徐如浪峭，山石高下复危多。五寻百拔，十步千过，则知巫山弗及，未审蓬莱如何。

二　南方私家园林

南方的私家园林同样有两种类型：一种讲究华丽，以达官贵人经营的城市型园林为主；另一种突出山水林木的自然美，以文人名士经营的别墅型园林为代表。

南齐湘东王在建康子城建造湘东苑，其穷巧极状，十分奢华绮靡。
《渚宫旧事补遗》谓：

> （湘东苑）穿池构山，长数百丈。植莲浦缘岸，杂以奇木。其上有通波阁，跨水为之。南有芙蓉堂，东有禊饮堂……北有映月亭、修竹堂、临水斋，斋前有高山，山有石洞，潜行宛委二百余步，山上有阳云楼，楼极高峻，远近皆见。北有临风亭，明月楼。

在南方，更多的是文人名士们的天然成趣的园林。这些园林的主人中，有崇尚老庄思想的。
《世说新语》卷上之上《言语篇》注引孙绰《遂初赋》谓：

> 余少慕老庄之道，仰其风流久矣。却感于陵贤妻之言，怅然悟之。乃经始东山，建五亩之宅，带长阜，倚茂林，孰与坐华幕，击钟鼓者同年而语其乐哉。

文人名士园林，在精神气质与布局方面，与达官贵人的园林多有不同，前者多襟山带水，具有清隽典雅的风格。
《宋书》卷93《戴颙传》谓：

> （颙）出居吴下，吴下士人共为筑室、聚石引水，植林开涧，少时繁密，有若自然。

又《宋书》卷86《刘勔传》谓：

> 勔经始钟岭之南以为栖息，聚石蓄水，仿佛丘中，朝士爱素者，多往游之。

文人名士的这种崇尚自然美的园林，甚至对帝王之家也有影响。
《世说新语》卷上之上《言语篇》谓：

> （东晋）简文入华林园，顾谓左右曰："会心处不必在远，翳然

林水，便自有濠、濮间想也，觉鸟兽禽鱼自来亲人。"

三　皇家园林

当时邺城、洛阳、建康、长安等地，皇家园林都有相当规模。这里仅对曹魏在洛阳的御苑——华林园略作介绍。华林园基本上能代表魏晋南北朝皇家园林的情况。

《洛阳伽蓝记》卷1《景林寺》谓：

> （翟）泉西有华林园……园中有大海，即汉天渊池，池中犹有文帝九华台，高祖于台上造清凉殿。世宗在海内作蓬莱山，山上有仙人馆。上有钓台殿，并作虹霓阁，乘虚来往。至于三月禊日，季秋巳辰，皇帝驾龙舟鹢首，游于其上。海西有藏冰室，六月出冰以给百官。海西南有景山殿。山东有羲和岭，岭上有温风室；山西有姮娥峰，峰上有露寒馆，并飞阁相通，凌山跨谷。山北有玄武池，山南有清暑殿。殿东有临涧亭，殿西有临危台。景阳山南有百果园，果列作林，林各有堂。有仙人枣，长五寸，把之两头俱出，核细如针。霜降乃熟，食之甚美……又有仙人桃……出昆仑山。

第三节　寺塔建筑

寺塔俗称宝塔，梵语为 stupa，亦译作窣堵波、浮图、佛图。魏晋南北朝时期，佛教泛滥，建造寺塔十分普遍。

一　洛阳永宁寺塔

永宁寺塔是北魏佞佛的胡太后于熙平元年（516）创建。此塔系全木结构，高百丈，分九层，每面九开间，三门六窗；塔内柱身与斗拱装饰华美，塔顶置金宝瓶，下有承露金盘，塔的每层四角悬金铎，共一百二十枚，当风高夜阑之时，铎声清幽，闻十数里。

《洛阳伽蓝记》卷1《永宁寺》谓：

> （永宁塔）举高九十丈，上有金刹，复高十丈，合去地一千尺。

又《水经注》卷16《榖水注》谓：

（榖）水西有永宁寺，熙平中始创也，作九层浮图，浮图下基，方一十四丈，自金露盘下至地四十九丈。

永宁寺塔，在建成十八个月后，即永熙三年（534），毁于雷火。

二 登封嵩岳寺塔

嵩岳寺塔是我国现存年代最早的砖塔，坐落于河南登封县城西北嵩山南麓的嵩丘寺内。

嵩岳寺塔外部平面成十二边形，内部平面成八边形，共十五层，高约四十米；塔身上部用砖叠涩成十五层密檐，这种结构可坚固塔身，塔刹为石质雕刻，形制壮美；塔内柱间为拱券门，并有尖券装饰的小龛；塔的四面开有塔门，塔身十二面各开一小窗，利于通风采光。

嵩岳寺塔由于采用密檐结构，有凸有凹，或妆或分，使塔身线条显得柔和优美，秀丽端庄。

嵩岳寺塔建于北魏正光四年（523），历尽风雨沧桑，迄今已一千四百余年。

三 洛阳景明寺塔

景明寺为北魏宣武帝元恪于景明年间所建，坐落于当时洛阳宣阳门外约一里的御道东侧，景明寺塔建在该寺内，塔分七层，是当时著名的寺塔之一。

《洛阳伽蓝记》卷3《景明寺》谓：

其寺东西南北，方五百步。前望嵩山、少室，却负帝城，青林垂影，绿水为文。

又谓寺塔：

装饰华丽，侔于永宁。金盘宝铎，焕烂霞表。

四　南京琉璃塔

琉璃塔为三国时孙吴所建，在报恩寺内，原名报恩寺塔，是我国最早的寺塔之一，位于南京市中华门外，毁于元朝末年。明朝成祖年间，在原址重建琉璃塔，塔分九层，有八角，每角缀风铃。塔高约三十三丈，覆以五色玻璃，清咸丰年间再次被兵火所毁。

考古人员在其他地区亦发现了许多寺塔遗迹。如在河北临漳发掘的邺城遗址为一座方形木塔的基地，遗址包括地上和地下两部分。该遗址发掘出了大量建筑构件如砖瓦、柱础石、石刻构件以及与佛教有关的彩绘佛像、彩绘残件等遗物，一定程度上反映了木塔的规模和等级。[1] 山西大同云冈窟顶则发现两处北魏至辽金的佛教寺院遗址。该遗址出土的建筑构件和器物在时间上属北魏至辽金时段。这两处寺院遗址的发现，有助于我们了解北魏云冈寺院的结构、布局和规模，也印证了《水经注》所描写云冈石窟当年"山堂水殿，烟寺相望"的雄宏气象。[2]

---

[1] 中国社会科学院考古研究所等：《河北临漳县邺城遗址东魏北齐佛寺塔基的发现与发掘》，《考古》2003年第10期。

[2] 孟苗：《云冈石窟窟顶北魏辽金佛教寺院遗址入选》，《山西日报》2012年4月14日。

第二十二章 史学的繁荣和文献典籍的整理与发现

魏晋南北朝时期的史学，冲破了经学藩篱，"体制不经"，开始多途发展。其具体表现是史风大盛，在"正史"之外，出现了许多新门类，史家辈出，史学著作繁多。这是秦汉时期的史学所无法比拟的。这一时期的史家还在书籍整理、校雠、分类等方面，做了大量工作，从而使文献典籍的整理分类更趋完善。

第一节 史学的繁荣

这一时期史学的繁荣，主要表现在同一史学领域内著述繁多和新门类、新体制史学著作大量涌现两个方面。

一 同一史学领域内著述繁多

两汉时期，著名史学家，仅有司马迁、班固等数人，到了魏晋南北朝，情况已大不相同，主要表现在同一时期的历史，著者辈出，其中尤以后汉、三国和两晋史书的著述，最为繁富。这一时期的历史著作，无论是在体裁还是在题材方面，都十分繁杂和广泛。如断代、纪传、编年、霸史、通史、杂史、人物传记和地方志等，均有许多新著。

《隋书》卷33《经籍志二》谓：

> 凡史之所记，八百一十七部，一万三千二百六十四卷。通计亡书，合八百七十四部，一万六千五百五十八卷。

《隋书》所载的史籍中，属于魏晋南北朝时期撰著的占了其中绝大部分。在东汉史修撰方面，出现了许多私人撰述的史书。有孙吴谢承的《后汉书》、两晋薛莹的《后汉记》、司马彪的《续汉书》、华峤的《汉后书》、南朝刘宋范晔的《后汉书》等多种。

《晋书》卷44《华表传附子峤传》谓：

> （华峤）以《汉记》烦秽，慨然有改作之意……起于光武，终于孝献，一百九十五年，为帝纪十二卷、皇后纪二卷、十典十卷、传七十卷及三谱、序传、目录，凡九十七卷。

司马彪的《续汉书》，内容翔实，价值不在华峤的《汉后书》之下。《晋书》卷82《司马彪传》谓：

> "汉氏中兴，讫于建安……而时无良史，记述烦杂。谯周虽已删除，然犹未尽，安顺以下，亡缺者多。"彪乃讨论众书，缀其所闻，起于世祖，终于孝献，编年二百，录世十二，通综上下，旁贯庶事，为纪、志、传凡八十篇，号曰《续汉书》。

东晋时期先后有谢沈的《后汉书》、袁宏的《后汉纪》、袁山松的《后汉书》，进入南朝，有刘义庆的《后汉书》。

袁宏广泛搜集资料，精心剔选，经营八年，撰成《后汉纪》。

袁宏《后汉纪·序》谓：

> 予尝读《后汉书》，烦秽杂乱，睡而不能竟也。聊以暇日，撰集为《后汉纪》，其所掇会《汉记》《谢承书》《司马彪书》《华峤书》《谢沈书》《汉山阳公主记》《汉灵献起居注》《汉名臣奏》，旁及诸郡耆旧先贤传，凡数百卷。前史阙略，多不次叙，错谬同异，谁使正之？经营八年，疲而不能定，颇有传者。始见张璠所撰书，其言汉末之事差详，故复探而益之。

到了宋文帝时期，范晔"删众家《后汉书》为一家之作"，撰成《后汉书》。他特立"党锢""独行""逸民""列女"等诸传，这是正史中的首创。

《宋书》卷69《范晔传》载范晔自序谓：

> 吾杂传论，皆有精意深旨，既有裁味，故约其词句。至于《循吏》以下及《六夷》诸序论，笔势纵放，实天下之奇作。其中合者，往往不减《过秦》篇。尝共比方班氏所作，非但不愧之而已。欲遍作诸志，前汉所有者悉令备，虽事不必多，且使见文得尽。又欲因事就卷内发论，以正一代得失，意复未果。赞自是吾文之杰思，殆无一字空设，奇变不穷，同含异体，乃自不知所以称之。此书行，故应有赏音者。纪、传例为举其大略耳，诸细意甚多。自古体大而思精，未有此也。恐世人不能尽之，多贵古贱今，所以称情狂言耳。

《后汉书》卷67《党锢列传序论》谓：

> 逮桓、灵之间，主荒政谬，国命委于阉寺，士子羞于为伍，故匹夫抗愤，处士横议，遂乃激扬名声，互相题拂，品核公卿，裁量执政，婞直之风，于斯行矣。

范晔《后汉书》中的《志》，未及完成便遭杀害。现今《后汉书》中的《志》系后人将司马彪《续汉书》的八志割取补入而成。继范晔之后，关于后汉史的研究和写作仍在进行。总计这一时期的后汉史有十二种。兹据王仲荦《魏晋南北朝史》[①]（本节所附各表均出自该书，不另注）（见表22—1）：

表22—1　　　　　　　　　　　后汉史著作

书名	卷数	撰述者	存佚	附考
《后汉书》	一百三十卷	吴谢承	佚	有辑佚本
《后汉记》	一百卷	晋薛莹	佚	《隋志》著录存六十五卷。有辑佚本
《续汉书》	八十三卷	晋司马彪	佚	志三十卷，后附入范晔《后汉书》中，称《续汉志》
《汉后书》	九十七卷	晋华峤	佚	《隋志》著录存十七卷。《旧唐志》著录存三十卷。有辑佚本

[①] 王仲荦：《魏晋南北朝史》（下册），上海人民出版社1980年版，第883—896页。

续表

书名	卷数	撰述者	存佚	附考
《后汉书》	一百二十卷	晋谢沈	佚	《隋志》著录存八十五卷,有辑佚本
《后汉南记》	五十五卷	晋张莹	佚	《隋志》著录存四十五卷。《旧唐志》著录存五十八卷
《后汉书》	一百卷	晋袁山松	佚	《隋志》著录存九十五卷。有辑佚本
《后汉书》	五十八卷	宋刘义庆	佚	
《后汉书》	九十七卷	宋范晔	佚	
《后汉书》	一百卷	梁萧子显	佚	以上纪传体
《后汉纪》	三十卷	晋袁宏	佚	
《后汉纪》	三十卷	晋张璠	佚	以上编年体

三国史方面,有大批分国撰写的史籍出现。魏史有魏鱼豢的《魏略》和《典略》、晋王沈的《魏书》、晋孙盛的《魏氏春秋》、晋阴澹的《魏纪》、晋孔衍的《汉魏春秋》和《魏尚书》、晋梁祚的《魏国统》,吴国的有吴韦昭的《吴书》、晋环济的《吴纪》、晋张勃的《吴录》,蜀国的有蜀王崇的《蜀书》、晋谯周的《蜀本纪》、晋王隐的《蜀记》、晋习凿齿的《汉晋阳秋》(《汉晋春秋》)、晋陈寿的《三国志》等。三国史有十余种,但以陈寿的《三国志》为最重要,在南北朝时即有很高声誉。

《晋书》卷82《陈寿传》谓:

(《三国志》)辞多劝诫,明乎得失,有益风化,虽文艳不若相如,而质直过之。

又《文心雕龙·史传篇》谓:

唯陈寿《三国志》,文质辨洽,荀(勖)、张(华)比之于迁(司马迁)、固(班固),非妄誉也。

又高似孙《史略》谓:

陈寿《三国志》,有古良史之风。其著述文义典正,皆扬于王庭之言，微而显，婉而成章，班、史以来，无及寿者。

有关三国史著作（见表22—2）：

表22—2　　　　　　　　　　三国史著作

书名	卷数	著者	存亡	附考
《魏书》	四十四卷	晋王沈	佚	纪传体
《魏氏春秋》	二十卷	晋孙盛	佚	编年体
《魏纪》	十二卷	晋阴澹	佚	《旧唐志》作魏澹撰，误，编年体
《汉魏春秋》	九卷	晋孔衍	佚	编年体
《魏尚书》	八卷	晋孔衍	佚	
《魏略》	五十卷	魏鱼豢	残	
《典略》		魏鱼豢	残	
《魏国统》	二十卷	晋梁祚	佚	以上魏史
《蜀书》		蜀王崇	佚	
《蜀记》	七卷	晋王隐	佚	
《蜀本纪》		晋谯周	佚	
《汉晋阳秋》		晋习凿齿	佚	以上蜀汉史
《吴书》	五十五卷	吴韦昭	佚	纪传体
《吴录》	三十卷	晋张勃	佚	
《吴纪》	九卷	晋环济	佚	以上吴史
《三国志》	六十五卷	晋陈寿	佚	纪传体

晋史著作，刘知几说有十八家，实际不止此数。举其要有王隐的《晋书》，虞预的《晋书》（迄于明帝），朱凤的《晋书》（迄于元帝），陆机的《晋纪》，干宝的《晋纪》（迄于愍帝），曹嘉之的《晋纪》，习凿齿的《汉晋春秋》（迄于愍帝），邓粲的《晋纪》（迄于明帝），孙盛的《晋阳秋》（迄于哀帝），谢沈的《晋书》和齐朝臧荣绪的《晋书》等。

臧荣绪的《晋书》是第一部两晋全史。

《南史》第76《臧荣绪传》谓：

括东、西晋为一书，纪录志传百一十卷。

梁萧子云"以晋代竟无全书",又撰《晋书》,沈约也有《晋书》。写晋史的尚有何法盛的《晋中兴书》、谢灵运的《晋书》、徐广的《晋纪》、郭季产的《续晋纪》、萧梁郑忠的《晋书》、萧子显的《晋史草》和庾铣的《东晋新书》等。

上述晋史著述虽很多,但皆未尽善。

唐刘知几《史通·外篇》卷12《古今正史篇》谓:

> 前后晋史十有八家,制作虽多,未能尽善。

有关晋史著作（见表22—3）:

表22—3　　　　　　　　晋史著作

书名	卷数	著者	存亡	附考
《晋书》	九十三卷	晋王隐	佚	所记皆西晋事
《晋书》	四十四卷	晋虞预	佚	所记皆西晋事
《晋书》	十四卷	晋朱凤	佚	讫东晋元帝
《晋书》		晋谢沈	佚	
《晋中兴书》	七十八卷	宋何法盛	佚	所记皆东晋事
《晋书》	三十六卷	宋谢灵运	佚	未完稿
《晋书》	一百一十卷	齐臧荣绪	佚	
《晋书》	一百二十卷	梁萧子云	佚	
《晋史草》	三十卷	梁萧子显	佚	未完稿
《晋书》	七卷	梁郑忠	佚	
《晋书》	一百十一卷	梁沈约	佚	未完稿
《东晋新书》	七卷	梁庾铣	佚	未完稿以上纪传体
《晋纪》	四卷	晋陆机	佚	仅记宣、景、文三世事
《晋纪》	二十三卷	晋干宝	佚	讫愍帝
《晋纪》	十卷	晋曹嘉之	佚	
《汉晋阳秋》	四十七卷	晋习凿齿	佚	乾愍帝
《晋纪》	十一卷	晋邓杰	佚	讫东晋明帝
《晋阳秋》	三十二卷	晋孙盛	佚	讫东晋哀帝
《晋纪》	二十三卷	宋刘谦之	佚	

续表

书名	卷数	著者	存亡	附考
《晋纪》	十卷	宋王诏之	佚	起孝武帝，讫安帝义熙九年
《晋纪》	四十五卷	宋徐广	佚	起海西公，讫孝武帝
《续书阳秋》	二十卷	宋檀道鸾	佚	起海西公，讫安帝
《续晋纪》	五卷	宋郭季产	佚	以上编年体

南朝的宋史，以沈约的《宋书》卷帙较大，体例亦较完备。在沈约《宋书》问世之前，已有宋徐爰、齐孙严和宋大明中佚名者所撰写的三部《宋书》版行。徐爰的《宋书》是在官修国史的基础上写成。

《宋书》卷94《恩幸·徐爰传》谓：

> 元嘉中，使著作郎何承天草创国史，世祖初，又使奉朝请山谦之、南台御史苏宝生踵成之。六年，又以爰领著作郎，使终其业。爰虽因前作，而专为一家之书。

齐朝历史的撰著，有萧子显的《齐书》（即今《南齐书》），刘陟的《齐纪》，沈约的《齐纪》，江淹的《齐史》，吴均的《齐春秋》，此外，尚有《齐典》两部。萧子显的《齐书》，因对梁朝事多所褒饰，后世对其评价不高。

曾巩《南齐书目录序》谓：

> 始江淹已为《十志》，沈约又为《齐纪》，而子显自表武帝别为此书……子显之于斯文，喜自驰骋，其更改、破析、刻雕、藻缋之变尤多，而其文益下。

梁、陈的历史。梁时有谢吴的《梁书》，陈时有许亨撰《梁史》，何之元的《梁典》、阴僧仁的《梁撮要》、姚察的《梁书·帝纪》。陈史当时由陆琼、姚察等人撰写，陆琼的《陈史》有42卷。今存唐姚思廉的《梁书》《陈书》，是吸收了梁、陈史著成果写成的。

有关南朝宋、齐、梁、陈著作（见表22—4）：

表 22—4　　　　　　　　南朝宋、齐、梁、陈著作

书名	卷数	著者	存亡	附考
《宋书》	六十五卷	宋徐爰	佚	起义熙，讫大明
《宋书》	六十一卷	佚名	佚	宋大明中撰
《宋书》	六十五卷	齐孙严	佚	
《宋书》	一百卷	梁沈约	存	以上纪传体宋史
《宋纪》	三十卷	齐王智深	佚	
《宋略》	二十卷	宋裴子野	佚	
《宋春秋》	二十卷	梁王琰	佚	以上编年体宋史
《齐书》	六十卷	梁萧子显	存	今本仅五十九卷，缺叙传一卷
《齐纪》	十卷	梁刘陟	佚	
《齐纪》	二十卷	梁沈约	佚	
《齐史》	十三卷	梁江淹	佚	以上纪传体齐史
《齐春秋》	三十卷	梁吴均	佚	
《齐典》	五卷	梁王逸	佚	
《齐典》	十卷	齐熊襄	佚	上起十代，下讫齐朝，以上编年体齐史
《梁书》	一百卷	梁谢昊	佚	《隋志》著录残存四十九卷，《旧唐志》著录残存三十卷，题谢昊、姚察等撰
《梁史》	五十三卷	陈许亨	佚	
《梁史》	一百卷	北周萧欣	佚	
《梁书帝纪》	七卷	隋姚察	存	
《梁书》	五十卷	唐姚思廉	佚	以上纪传体梁史
《梁典》	三十卷	北周刘璠 陈何之元	佚	《史通》谓二人合撰
《梁后略》	十卷	隋姚最	佚	
《梁太清纪》	十卷	梁萧诏	佚	以上编年体梁史
《陈书》	四十二卷	陈陆琼	佚	
《陈书》	三卷	陈顾野王	佚	
《陈书》	三卷	陈傅综	佚	
《陈书》	三十六卷	唐姚思廉	存	以上纪传体陈史
《南史》	八十卷	唐李延寿	存	

北朝的史学，相对南朝而言略有逊色，这与民族矛盾有密切关系。北魏太武帝拓拔焘命崔浩撰史"务以实录"，崔以直笔尽述拓跋国事，招来

夷五族惨祸，对史学著述有明显影响。

《魏收》卷48《高允传》谓：

> 自浩以下、僮吏已上百二十八人皆夷五族。

到了北齐，魏收撰成《魏书》，此书得到北齐文宣帝高洋的肯定。《北齐书》卷37《魏收传》载：

> （文宣帝）敕（魏）收，曰："好直笔，我终不作魏太武诛史官。"

《魏书》颇有特点，"可谓博物宏才"。它在诸志中立《官氏志》《食货志》和《释老志》。写《释老志》，以宗教史入正史，魏收是开先河之人。旧史对魏收以好恶为标准的修史态度及其《魏书》，多有议论。

《北齐书》卷37《魏收传》谓：

> （魏收撰史）凡有怨者，多没其善。每言："何物小子，敢共魏收作色，举之则使上天，按之当使入地。"

又《北史》卷56《魏收传》"论"谓：

> 伯起（魏收）……勒成魏籍，追踪班、马，婉而有则，繁而不芜，持论序言，钩深致远。但意存实录，好抵阴私，至于亲故之家，一无所说，不平之议，见于斯矣。

关于北齐、北周的历史著述，成书都在其后的隋唐时期（见表22—5）。

表22—5　　　　　　　　北齐、北周著作

书名	卷数	著者	存亡	附考
《后魏书》	一百三十卷	北齐魏牧	存	今称《魏书》

续表

书名	卷数	著者	存亡	附考
《后魏书》	一百卷	隋魏澹	佚	
《魏书》	一百卷	唐张太素	佚	以上纪传体魏史
《北齐书》	二十四卷	隋李德林		未完成
《齐书》	一百卷	隋王劭	佚	
《北齐书》	五十卷	唐李百药	存	
《北齐书》	二十卷	唐张太素	佚	以上纪传体北齐史
《齐纪》	三十卷	北齐崔子发	佚	
《齐纪》		清杜台卿	佚	
《齐志》	十卷	隋王劭	佚	
《北齐纪》	二十卷	隋姚最	失	以上编年体北齐史
《周史》	十八卷	隋牛弘	佚	
《后周书》	五十卷	唐令狐德棻	存	今称《周书》
《隋书》	八十卷	隋王劭	佚	
《隋书》	八十五卷《五代史志》三十卷	唐魏征	存	
《隋书》	三十二卷	唐张太素	佚	
《北史》	一百卷	唐李延寿	存	

南北朝时期的通史，有梁武帝撰定的《通史》四百八十卷，内容始自三皇，讫于梁代，此书未能流传。

二 新门类、新体制史学著作的涌现

魏晋南北朝时期，在"正史"之外，出现了许多新门类、新体制的历史著作。

（一）少数族史

少数族史，以往是以"四夷"之类的列传形式，附于正史中，这时则成为独立存在的专门史。有关各少数族历史的专著，有魏崔鸿的《十六国春秋》，梁萧方的《三十国春秋》，李概的《战国春秋》等；分国分族的专史，有和苞的《汉赵记》，田融的《赵书》（《二石集》），王度的《二石传》，常璩的《汉之书》和《华阳国志》；范亨的《燕书》，张铨的《南燕录》，王景晖的《南燕录》，何仲熙的《秦书》，裴景仁的《秦记》，姚和都的《秦记》，段龟龙的《凉记》，游览先生的《南燕书》，段国的《吐谷浑记》等。这些著作，大部分是五胡六夷的专史。

常璩的《华阳国志》，专写巴、蜀、汉中、南中等地汉族及少数族的历史，起自远古，终于晋代，足资参考。崔鸿的《十六国春秋》，是一部分国史书的汇编。在众多的少数族史专著中，以崔鸿的《十六国春秋》和常璩的《华阳国志》最有价值。这两部书既是少数族史，又是地方志。

《魏书》卷67《崔光传附崔鸿传》谓：

（崔鸿）见晋魏前史皆成一家，无所措意。以刘渊、石勒、慕容儁、苻健、慕容垂、姚苌、慕容德、赫连屈孑、张轨、李雄、吕光、乞伏国仁、秃发乌孤、李暠、沮渠蒙逊、冯跋等，并因世故，跨僭一方，各有国书，未有统一，鸿乃撰为《十六国春秋》，勒成百卷，因其旧记，时有增损褒贬焉。

又唐刘知几《史通·外篇》卷12《古今正史篇》谓：

（崔书）乃考核众家，辨其同异，除烦补缺，错综纲纪，易其国书曰录，主纪曰传，都谓之《十六国春秋》……勒为一百二卷。

又《十六国春秋辑补叙例》谓：

（崔书）惜其不传也久矣……明屠乔荪本自是伪撰，而采录繁富，知寝馈此书有年。

又《宋重刊华阳国志叙》谓：

（《华阳国志》）首述巴蜀、汉中、南中之风土，次列公孙叔、刘二牧、蜀二主之兴废及太康之混一，以迄于特、雄、寿、势之僭窃，继之以两汉以来先后贤人、梁、益、宁三州士女总赞、序志终焉……于一方之人物尤致深意。

关于少数族史的著作（见表22—6）：

表 22—6　　　　　　　　少数族史著作

书名	卷数	著者	存亡	附考
《汉赵记》	十卷	前赵和苞	佚	记前赵刘氏事
《赵书》	十卷	燕田融	佚	记后赵石勒事
《二石传》	二卷	赵王庆	佚	度又作《二石伪治时事》二十卷，见《隋志》
《汉之书》	十卷	晋常璩	佚	记蜀李氏事，后改称《蜀书》
《燕记》		燕杜辅	佚	记前燕事
《燕书》	二十一卷	燕范亨	佚	记前慕容儁事
《后芜书》	三十卷	后燕董统	佚	
《燕书》		后燕封懿	佚	
《南燕录》	五卷	南燕张诠	佚	记慕容德事
《南燕录》	六卷	南燕王景晖	佚	记慕容德事
《南燕书》	七卷	游览先生	佚	
《燕志》	十卷	魏高闾	佚	记北燕冯跋事
《秦书》	八卷	何仲熙	佚	记前秦苻健事
《秦记》	十一卷	宋裴景仁	佚	此书实因仍赵整、车频之《秦记》
《秦记》	十卷	魏姚和都	佚	记后秦姚氏事
《凉记》	八卷	燕张谘	佚	记前凉张轨事
《凉国春秋》	五十卷	凉索绥	佚	记前凉张氏事
《凉记》	十二卷	凉刘庆	佚	记前凉张氏事
《凉书》	十卷	凉刘昺	佚	记前凉张轨事
《西河记》	二卷	晋喻归	佚	记前凉张重华事
《凉记》	十卷	凉段龟笼	佚	记后凉吕光事
《凉书》	十卷	魏高道让	佚	记北凉沮渠氏事
《凉书》	十卷	魏宗钦	佚	记北凉沮渠蒙逊事
《拓跋凉录》	十卷	（佚名）	佚	记南凉秃发氏事
《敦煌实录》	十卷	魏刘昺	佚	记西凉李氏事
《夏国书》		夏赵思群	佚	记夏赫连氏事
《十六国春秋》	一百卷	魏崔鸿	佚	原书亡，今有辑本及伪《十六国春秋》本
《三十国春秋》	二十一卷	梁萧方等	佚	此书以晋为主，附刘渊以下二十九国
《战国春秋》	二十卷	北齐李槩	佚	记十六国事

（二）典章制度史

魏晋南北朝时期，尤其在晋以后，典章制度史已发展成为一门专史。将朝廷颁布的政令、法规等文献予以汇编，即典章制度史之一种。《隋书》记载的旧事、故事、杂事、要事、伪事、大事和典记等，有二十五部，一百零四卷之多。《隋书》总名之曰"旧事"。其中，收录了许多魏晋南北朝的典章文献，如《晋宋旧事》，有一百三十五卷，宇文恺所撰《东宫典记》，有七十卷。

《隋书》卷3《经籍二》谓：

> 晋初，甲令已下，至九百余卷……施行制度者为令，品式章程者为故事。各还其官府。缙绅之士，撰而录之，遂成篇卷，然亦随代遗失。今据其见存，谓之旧事篇。

《隋书》所录职官制度史籍，总计三十六部，四百三十三卷。其中除《汉官解诂》等四部外，其余均属这一时期的职官制度史专著。

《隋书》卷33《经籍二》谓：

> 汉末，王隆、应劭等，以《百官表》不具，乃作《汉官解诂》《汉官仪》等书。是后相因，正史表志，无复百僚在官之名矣。缙绅之徒，或取官曹名品之书，撰而录之，别行于世。宋、齐已后，其书益繁。

《隋书》史部仪注类载有史籍六十九部、三千零九十四卷，刑法类载有史籍三十八部、七百二十六卷，也都是当时典章制度的专史。

（三）杂传史籍与郡国之书（地方志）

魏晋南北朝时期，"杂传"史学有很大发展。这些杂传，是正史原来没有的。《隋书》所载史部杂传类所载史籍，包括亡书，总计二百一十九部、一千五百零三卷。其中绝大部分俱出自这一时期。

这类杂传的名目繁多，由撰写者自由立传。有佛教僧、尼知道学传记。如《高僧传》《名僧传》《尼传》《道学传》等。慧皎的《高僧传》共十四卷，分十个门，记载自汉明帝永平十年至梁天监十八年间，高僧二百五十七人。慧皎对当时出现的许多僧传、僧史，有不同看法，故而编撰此书。

《高僧传·序录》卷14谓：

> （诸多僧传、僧史）各竞举一方，不通今古；务存一善，不及余行。……或褒赞之下，过相揄扬；或叙事之中，空列辞费。求之实理，无的可称。或复嫌以繁广，删减其事，而抗迹之奇，多所遗削……自前代所撰，多曰名僧。然名者，本实之宾也。若实行潜光，则高而不名；寡德适时，则名而不高，名而不高，本非所记；高而不名，则备今录。故省名音，代以高字。

杂传中有为一人立传的，如《道人传》（善道开）；为数人立传的，如《七贤传》；为一地官吏立传的，如《丹阳尹传》。还有诸如《知己传》《妒妇人传》《童子传》《列异传》《家传》《内传》和《杂传》等，不一而足。

此类杂传，大多带有地方性，大至一州，如《益部耆旧传》《兖州先贤传》等；小至一郡，如《豫章列士传》和《会稽典录》等。这种杂传的大量涌现，从而为地方志的兴起，创造了有利的条件。

《隋书》卷33《经籍二》云：

> 后汉光武，始诏南阳撰作风俗，故沛、三辅有耆旧节士之序，鲁、庐江有名德先贤之赞。郡国之书，由是而作。

（四）舆地学（地理学）

舆地学是古代历史学的一个重要方面。魏晋南北朝时期，舆地学从正史中分出来，成为一种专门学问，出现了很多舆地学著作。《隋书》史部舆地类著录的典籍有一百四十部、一千四百三十四卷。

《隋书》卷33《经籍二》云：

> （班固）载笔之士，管窥之士，管窥末学，不能及远，但记州郡之名而已。晋世，挚虞依禹贡、周官，作畿服经，其州郡及县分野封略事业，国邑山陵水泉，乡亭城道里土田，民物风俗，先贤旧好，靡不具悉，凡一百七十卷，今亡。而学者因其经历，并有记载，然不能

成一家之体。齐时，陆澄聚一百六十家之说，依其前后远近，编而为部，谓之地理书。任昉又增陆澄之书八十四家，谓之地记。陈时，顾野王抄撰众家之言，作舆地志。

舆地学著作最有名的是北魏郦道元的《水经注》（四十卷）与杨衒之的《洛阳伽蓝记》（五卷）。

郦道元的《水经注》引用了周秦两汉以来，与《水经》有关的文献三百余种。

郦道元《水经注序》谓：

> 昔大禹记著山海，周而不备，地理志其所录，简而不周，尚书、本纪与职方俱略，都赋所述，裁不宣意，水经虽粗缀津绪，又阙旁通，所谓各言其志，而罕能备其宣导者矣……窃以多暇空倾岁月，辄述水经布广前文。大傅曰：大川相间，小川相属，东归于海，脉其支流之吐纳，诊其沿路之所躔，访渎搜渠，缉而缀之。经有谬误者考以附正，文所不载，非经水常源者，不在记注之限。但绵古芒昧，华戎代袭，郭邑空倾，川流戎改，殊名异目，世乃不同，川渠隐显，书图自负。或乱流而摄诡号，或直绝而生通称，枉渚交奇，洄湍决渡。缠络枝繁，贯条系伈，十二经通，尚或难言，轻流细漾，固难辩究。正可自献迳见之心，备陈舆徒之说，其所不知，盖阙如也。所以撰证本经，附其枝要者，庶备忘误之诹，求其寻省之易。

《水经注》有两个特点，一是广泛搜集资料，二是亲自实地考察。所以记叙准确，文笔隽美。如对黄河三门峡和长江三峡的记叙就非常细致生动。

《水经注》卷4《河水注》谓：

> 砥柱，山名也。昔禹治洪水，山陵当水者凿之，故破山以通河。河水分流，包山而过，山见水中，若柱然，故曰砥柱也。三穿既决，水流疏分，指状表目，亦谓之三门矣……河水翼岸夹山，巍峰峻举，群山叠秀，重岭千霄……自砥柱以下，五户已上，其间一百二十里，河中竦石杰出，势连襄陆……其山虽辟，尚梗湍流，激石云洄，澴波

怒溢，合有一十九滩，水流迅急，势同三峡，破害舟船，自古所患……虽世代加功，水流漰湍，涛波尚屯，及其商舟是次，鲜不踟蹰难济。

又同上卷34《江水注》谓：

自三峡七百里中，两岸连山，略无阙处，重岩叠嶂，隐天蔽日，自非亭午夜分，不见曦月……每至晴初霜旦，林寒涧肃，常有高猿长啸，屡引凄异，空谷传响，哀转久绝。故渔者歌曰："巴东三峡巫峡长，猿鸣三声泪沾裳。"

杨衒之的《洛阳伽蓝记》，记述了经永熙之乱，北魏京城洛阳的荒凉和佛寺的破败，并暴露了北魏贵族和高级僧尼奢侈腐朽的生活。

《洛阳伽蓝记·序》谓：

城廓崩毁，宫室倾覆，寺观灰烬，庙塔丘墟，墙被蒿艾，巷罗荆棘。野兽穴于荒阶，山鸟巢于庭树。游儿牧竖，踯躅于九逵；农夫耕老，艺黍于双阙。

又《洛阳伽蓝记》卷4《开善寺》谓：

于是帝族王侯、外戚公主，擅山海之富，居川林之饶，争修园宅，互相夸竞……经河阴之役，诸元歼尽，王侯第宅，多题为寺……四月初八日，京师士女，多至河间寺。观其廊庑绮丽，无不叹息，以为蓬莱仙室，亦不是过。

杨衒之以秾丽秀逸的文字，记述了帝都风物和寺庙景观。同书卷3《景明寺》谓：

（景明寺）前望嵩山、少室，却负帝城，青林垂影，绿水为文。形胜这地，爽垲独美。山悬台观光，盛一千余间。复殿重房，交疏对霤，青台紫阁，浮道相通。虽外有四时，而内无寒暑。房檐之外，皆是山池。松竹兰芷，垂列堦墀，含风团露，流香吐馥……寺有三池，茌蒲菱藕，水物生焉。或黄甲紫鳞，出没于蘩藻；或青凫白雁，沉浮于绿水……伽蓝之妙，最为称首。

《洛阳伽蓝记》中，首次记述了北魏佛教徒宋云与惠生西行求经的始末。宋云的《家纪》、惠生的《行记》与《道荣传》，是中西交通史和佛教史的重要资料。

（五）谱学

谱学亦称谱牒学，是史学的一个部分。谱学在魏晋南北朝兴盛一时。这与当时门阀制度有关，注重门第、血统、官位和婚配等情况，谱牒成了选拔人才的依据。

《新唐书》卷199《柳冲传》谓：

魏氏立九品，置中正，尊世胄，卑寒士，权归右姓已。其州大中正、主簿，郡中正、功曹，皆取著姓士族为之，以定门胄，品藻人物。晋、宋因之，始尚姓已。然其别贵贱，分士庶，不可易也。于是有司选举，必稽谱籍，而考其真伪。故官有世胄，谱有世官，贾氏、王氏谱学出焉。

由是有谱局，令史职皆具。过江则为"侨姓"，王、谢、袁、萧为大；东南则为"吴姓"，朱、张、顾、陆为大；山东则为"郡姓"，王、崔、卢、李、郑为大；关中亦号"郡姓"，韦、裴、柳、薛、杨、杜首之；代北则为"虏姓"，元、长孙、宇文、于、陆、源、窦首之……"郡姓"者，以中国士人差弟阀阅为之制。凡三世有三公者曰"膏梁"，有令、仆者曰"华腴"，尚书、领、护而上者为"甲姓"，九卿若方伯者为"乙姓"，散骑常侍、太中大夫者为"丙姓"，史部正员郎为"丁姓"。凡得入者，谓之"四姓"……北齐因仍，举秀才、州主簿、郡功曹，非"四姓"不在选。

这一时期，士族谱牒或地方谱牒都有所发展。

《隋书》卷33《经籍二》云：

晋世，挚虞作《族姓昭穆记》十卷，梁、齐之间，其书转广。

据《经籍志二》记载，士族谱有王俭的《百家集谱》十卷，王僧孺的《百家谱》三十卷、《百家谱集钞》十五卷，贾执的《百家谱》二十卷，傅昭的《百家谱》十五卷。此外尚有《查家谱世统》和《百家谱钞》等，地方谱有《关东北谱》《益州谱》《新集诸州谱》和《冀州姓族谱》等。一姓谱有《谢氏谱》《苏氏谱》《杨氏家谱状及墓记》《北地傅氏谱》和《京兆韦氏谱》等。多姓合谱，有《诸姓谱》，等等。

这一时期还出现了皇帝家谱，如《宋谱》四卷，《齐帝谱属》十卷，《梁帝谱》十三卷，《后魏皇帝宗族谱》四卷，《后齐宗谱》一卷等。

魏晋南北朝时期，谱牒为数甚多。阮孝绪言的《七录绪目》载有一千零六十四卷，《隋书经籍志考证》记有三百二十五卷，合计各种谱牒有一千三百八十九卷。这些谱牒，可补史之不足，《隋书》列入史部，不无道理。

（六）起居注

汉时起居注，由宫中女史担任，魏晋时以近侍之臣为之，到后魏时，始置起居令史。

《隋书》卷33《经籍志二》谓：

> 汉武帝有《禁中起居注》，后汉明德马后撰《明帝起居注》，然则汉时起居，似在宫中，为女史之职。然皆零落，不可复知。今之存者，有汉献帝及晋代已来《起居注》，皆近侍之臣所录。

从《隋书》记载看，两汉与魏晋时的起居注是有区别的。从《后汉献帝起居注》（五卷）的出现，才是真正起居注的开始。

起居注是记帝王每日生活琐事的，而魏晋以后的起居注，也记事关帝王的国家大事。如《三国志》卷1《武帝纪》裴松之引《献帝起居注》谓：

> （曹操）上言："……袁绍前与冀州牧韩馥立故大司马刘虞，刻作金玺，遣故任长毕瑜诣虞，为说命录之数。"

这些起居注是最详尽的编年体历史，是魏晋之后史学的重要发展；这些起居注也是编写帝纪和列传的重要史料。

兹据罗宏曾《魏晋南北朝文化史》一书[①]，将汉晋刘宋时期《起居注》（见表22—7）：

表22—7　　　　　　　　汉晋刘宋时期《起居注》

名称	卷数（卷）	名称	卷数（卷）
汉献帝起居注	5	晋升平起居注	10
晋泰始起居注	20	晋隆和、兴宁起居注	5
晋咸宁起居注	10	晋太和起居注	6
晋泰康起居注	21	晋咸安起居注	3
晋元康起居注	1	晋宁康起居注	6
晋永平、元康、永宁起居注	6	晋泰元起居注	25
晋惠帝起居注	2	晋隆安起居注	10
晋永嘉、建兴起居注	13	晋元兴起居注	9
晋建武、大兴、永安起居注	9	晋义熙起居注	17
晋咸和起居注	16	晋元熙起居注	2
晋咸康起居注	22	晋起居注	317
晋建元起居注	4	宋永初起居注	10
晋永和起居注	17	宋景平起居注	3
宋元嘉起居注	55	齐隆昌、延兴、建武起居注	4
宋孝建超起居注	12	齐中兴起居注	4
宋太明起居注	15	梁大同起居注	10
宋景和起居注	4	陈永定起居注	8
宋明帝在藩注	3	陈天嘉起居注	23
宋泰始起居注	19	陈大康、光大起居注	10
宋泰豫起居注	4	陈太建起居注	55
宋元徽起居注	20	陈至德起居注	4
宋升明起居注	6	北魏起居注	336
齐建元起居注	12	北周太祖号令	3
齐永明起居注	25	隋开皇起居注	60

---

① 罗宏曾：《魏晋南北朝文化史》，四川人民出版社1989年版，第486—487页。

（七）考古与文物

西晋武帝咸宁五年（279），汲鄙人不准，盗掘魏襄王冢，得小篆漆书十余万言。

《晋书》卷3《武帝纪》谓：

> （咸宁）五年……十月……汲郡不准，掘魏襄王冢，得竹书简小篆古书十余万言。

这批出土的文献较多，内容丰富。《束晳传》记载汲冢书十六种，"大凡七十五篇"。

《晋书》卷51《束晳传》谓：

> 初，太康二年，汲郡人不准，盗发魏襄王墓，或言安厘王冢，得竹书数十车。其《纪年》十三篇，记夏以来至周幽王为犬戎所灭，以事接之，三家分，仍述魏事，至安厘王之二十年。盖魏国之史书，大略与《春秋》皆多相应。其中经传大异，则云夏年多殷，益干启位，启杀之；太甲杀伊尹；文丁杀季历；自周受命，至穆王百年，非穆王寿百岁也；幽王既亡，有共伯和者摄行天子事，非二共和也。其《易经》二篇，与《周易》上下经同。《易繇阴阳卦》二篇，与《周易》略同，《繇辞》则异。《卦下易经》一篇，但《说卦》而异。《公孙段》二篇，公孙段与邵陟论《易》。《国语》三篇，言楚晋事。《名》三篇，似《礼记》，又似《尔雅》《论语》。《师春》一篇，书《左传》诸卜筮，"师春"似是造书者姓名也。《琐语》十一篇，诸国卜梦妖怪相书也。《梁丘藏》一篇，先叙魏之世数，次言丘藏金玉事。《缴书》二篇，论弋射法。《生封》一篇，帝王所封。《大历》二篇，邹子谈天类也。《穆王子传》五篇，言周穆王游行四海，见帝台、西王母。《图诗》一篇，画赞之属也。又杂书十九篇：《周食田法》，《周书》，《论楚书》，《周穆王美人盛姬死事》。大凡七十篇，七篇简书折坏，不识名题。冢中又得铜剑一枚，长二尺五寸。漆书皆科斗字。初发冢者，烧策昭取宝物，及官收之，多烬简断札，文既残缺，不复诠次。

由于汲郡竹简散乱，文字残缺，武帝命卫恒、束晳、王接、续咸等人加以考证整理。

同上《束皙传》谓：

> （武帝）以其书付秘书，校缀次第，寻考指归，而以今文写之。

这种整理校订，并非易事，其间有意见分歧，颇有分鸣。
又《晋书》卷5《王接传》谓：

> 时秘书丞卫恒考正汲冢书，未讫而遭难。佐著作郎束皙述而成之，事多证异义，时东莱太守陈留王庭坚难之，亦有证据，皙又释难，而庭坚已亡。散骑传郎潘滔谓接曰："卿才学理义，足解二子之纷，可试论之。"接遂详其得失。挚真、谢衡皆博物多闻，咸以为允当。

南朝齐时，文惠太子萧长懋任雍州刺史，有人盗掘古墓，相传为楚王冢，出土了许多宝物和竹简等文物。
《南史》卷22《王昙首传附王僧虔传》谓：

> 大获宝物玉屦、玉屏风、竹简书、青丝纶。简广数分，长二尺，皮节如新。有得十余简以示王僧虔，云是科斗书《考工记》，《周官》所阙文也。

南朝萧梁时期，曾发现一部古本《汉书》由鄱阳王萧范献给了皇太子，经刘之遴等人的参校，解决了《汉书》写成的时间问题。
《南史》卷50《刘虬传附子之遴传》谓：

> 时鄱阳嗣王范得班固所撰《汉书》真本献东宫，皇太子令之遴与张缵，到溉、陆襄等参校异同，之遴录其异状数十事，其大略云："……古本《汉书》称永平十六年五月二十一日己酉，郎班固上，而今本无上书年月日子。"

古本《汉书》对有关历史人物的褒贬与今本亦不同。

《南史》卷50《齐虬传附子之遴传》谓：

  今本《韩彭英卢吴述》云："信惟饿隶，布实黥徒，越亦狗盗，芮尹江湖，云起龙骧，化为侯王。"古本述云："淮阴（韩信）毅毅，伏剑周章，邦之杰子，实惟鼓、英。化为侯王，去起龙骧。"

（八）史注

魏晋南北朝时期，最著名的史注家首推裴松之，他的《三国志注》书成，宋文帝刘义隆称之为不朽之作。陈寿的《三国志》，虽"高简有法"，但"失在于略"。

《三国志》附裴松之《上〈三国志注〉表》谓：

  （陈）寿书铨叙可观，事多审正，诚游览之苑囿，近世之嘉史。然失在于略，时有所脱漏。

宋文帝诏命裴松之注《三国志》。裴松之广泛搜集资料，所引书籍据陈垣先生《三国志注引书目》一文统计，在二百三十种以上。

《宋书》卷64《裴松之传》谓：

  上（宋文帝）使用权注陈寿《三国志》，松之鸠集传记，增广异闻，既成奏上。上善之，曰："此为不朽矣。"

裴松之注《三国志》主要为补缺、备异、惩妄、论辩四方面的内容。《三国志》附录《上三国志注表》谓：

  臣奉旨寻详，务在周悉。上搜旧闻，傍摭遗逸。按三国虽历不远，而事关汉、晋。首尾所涉，出入百载。注记纷错，每多舛互，其（陈）寿所不载，事宜存录者，则罔不毕取以补其阙。或同说一事而辞有乖杂，或出事本异，疑不能判，并皆抄内以异闻。若乃纰缪显然，言不附理，则随违矫正，以惩其妄。其时事当否及寿之小失，颇以愚意有所论辩。自说撰集，已垂期月，写校始讫，谨封上呈……

裴松之注《三国志》，其意义不仅是注史，还可以说是补史。

唐刘知几《史通·外篇》卷12《古今正史篇》谓：

> （裴松之）兼采众书，补注其阙。

第二节　文献典籍的整理与分类

在我国历史上，有关文献典籍的整理与分类问题，早在西汉末，刘向、刘歆父子的《别录》和《七略》即开其先河。

曹魏时期，秘书郎郑默将秘书、中、外三阁的文献典籍作了整理，"考核旧文，删省浮秽"，撰写了一部目录《中经》。

西晋时，荀勖在《中经》的基础上，又编撰一部《中经新簿》。

道宣《广弘明集》卷3谓：

> 晋领秘书监荀勖因魏《中经》，更著《新簿》，虽分为十有余卷，而总以四部别之。

《隋书》卷32《经簿志总序》谓：

> 分为四部，总括群书。一曰甲部，纪六艺及小学等书。二曰乙部，有古诸子家、近世子家、兵术、兵家、术数。三曰丙部，有史记、旧事、竿览簿、杂事。四曰丁部，有诗赋、图赞、汲冢书。大凡四部，合二万九千九百四十五卷。

因编撰《中经新簿》和校雠等工作，任务繁重，荀勖曾上表晋武帝请求免去其执掌音乐的兼职。

《北堂书钞》卷101引《让乐事表》谓：

> 臣掌著作，又知秘书，今复校错误十万余卷书，不可仓卒，复兼他职，必有废顿者也。

《中经新簿》所载典籍，至东晋时，仅存约三千卷，到了唐朝更有大量散佚。

《广弘明集》卷3《古书今最》谓：

> 晋《中经簿》四部书一千八百八十五部，二万九百三十五卷……一千一百一十九部亡，七百六十部存。

经魏晋时的两次整理和校书，始有"四部"的名称，为分类奠定了基础。

东晋时，图书典籍的整理分类工作，主要参与者为著作郎李充。

《广弘明集》卷3谓：

> （李充）鸠聚图书为四部，三百五帙，三千一十四卷。

李充的"四部"次序与荀勖《中经新簿》有所区别。他分别定经为甲部，史为乙部，诸子为丙部，诗赋为丁部。李充的"四部"分类法，为后世所遵循沿用。

《广弘明集》卷3阮孝绪《七录序》谓：

> 因荀勖《旧簿》四部之法，而换其乙、丙之书，没略众篇之名，总以甲乙为次。自时厥后，世相祖述。

又《晋书》卷92《李充传》谓：

> 于时典籍混乱，（李）充删除烦重，以类相从，分作四部，甚有条贯，秘阁以为永制

刘宋时，秘书丞王俭曾编撰《七志》一书。将图书典籍分为：一、《经典志》，纪六艺、小学、史记、杂传；二、《诸子志》纪古今诸子；三、《文翰志》，纪诗赋；四、《军书志》，纪兵书；五、《阴阳志》，纪阴阳图纬；六、《术艺志》，纪方技；七、《图谱志》，记地域及图书。附佛、道教经典，实为九类。在《七志》编写的基础上，王俭还撰成《元徽四部书目》，共收图书典籍二千零二十帙、一万五千七百零四卷。

齐朝末年，秘阁遭兵燹之灾，图书典籍损失惨重。萧梁秘书监任昉、殷钧撰《四部目录》，另加别立一部的术数书籍目录，故梁朝有《五部目录》。

《隋书》卷32《经籍志序》谓：

> 齐永明中，秘书丞王亮，监谢朏，又造《四部书目》，大凡一万八千一十卷，齐末兵火，延烧秘阁，经籍遗散。梁初，秘书监任昉，躬加部集，又于文德殿内列藏众书，华林园中总集释典，大赠二万三千一百六卷，而释氏不豫焉。梁有秘书监任昉、殷钧《四部目录》，又《文德殿目录》，其术数之书，更为一部，使奉朝请祖暅撰其名。故梁有《五部目录》。

梁朝的阮孝绪，以平民身份，在上述目录学著述的基础上，编撰一部大型目录书《七录》。《七录》的分类为：一、《经典录》；二、《纪传录》；三、《子兵录》；四、《文集录》；五、《技术录》；六、《佛录》；七、《道录》。每录所含细目（见表22—8）（此表采自韩国磐《魏晋南北朝史纲》[①]）

表22—8　　　　　　　　《七录》目录

经典录	易部	记传录	国史部	子兵部	儒部
	尚书部		注历部		道部
	诗部		旧事部		阴阳部
	礼部		职官部		法部
	乐部		仪典部		名部
	春秋部		法制部		墨部
	论语部		伪史部		纵横部
	孝经部		杂传部		杂部
	小学部		鬼神部		农部
			土地部		小说部
			谱状部		兵部
			簿录部		

---

① 韩国磐：《魏晋南北朝史纲》，人民出版社1983年版，第569页。

续表

文集录	楚辞部	技术部	天文部	佛法部	戒律部	仙道部	经戒部
	别集部		纬谶部		禅定部		服饵部
	总集部		历算部		智慧部		房中部
	杂文部		五行部		疑似部		符图部
			卜筮部		论记部		
			杂占部				
			刑法部				
			医经部				
			经方部				
			杂艺部				

《七录》凡五十五部，载书 6288 种，总计 8540 帙，44526 卷。《七录》虽已散亡，但《七录序》却流传下来。

《广弘明集》卷 3《七录序》谓：

> 孝绪少爱坟籍，长而弗倦，卧病闲居，傍无尘杂，晨光才启，缃囊已散，宵露既分，绿袟方掩，犹不能究流略，探尽秘奥……凡在所遇若见若闻，校之官目，多所遗漏，遂总集众家，更为新录。

《七录》分类法，对后来的《经籍志》《艺文志》等正史志书的编撰有极为深远的影响。

北魏时，对图书典籍进行征集整理。至孝文帝时撰成了《魏阙书目录》一卷。北齐对收集、整理、编校图书典籍工作很重视，"校写不辍"，但成果不大，"验其本目，残缺犹多"。

《隋书》卷 32《经籍志总序》谓：

> 周武平齐，先封书府，所加旧本，才至五千。

周明帝召集公卿以下的知识分子八十多人，整理、校刊经史。

《周书》卷 4《明帝纪》谓：

> 集公卿以下有文学者八十余人于麟趾殿，刊校经史。

第二十三章 科学技术的进步

与先秦、两汉相较，魏晋南北朝科学技术的发展总体上处于一个低峰的时期。但科学技术毕竟是文明社会发展过程中最为活跃的因素。一个文明社会需要生存，就要发展生产，就需要科学技术。因此，魏晋南北朝在科学技术上，仍然取得了一些进步。天文、历法、数学、物理学、化学和医学等。在这一时期均有一些突出的成就。

第一节 天文与历法

魏晋南北朝时期，虽然战乱迭起，玄学盛行，但天文和历法仍然取得了显著进步，为中国天文学的继续发展打下了良好的基础。

一 天文

我国古代对天体的认识，在秦汉时已行成盖天、宣夜和浑天三家学说。魏晋南北朝时期围绕着这三家学说的争论相当活跃。

《晋书》卷11《天文志上》谓：

> 汉灵帝时，蔡邕于朔方上书，言"宣夜之帝，绝无师法。周髀术数其存，考验天状，多所违失。惟浑天近其情，今史官候台所用铜仪则其法也。立八尺员体而具天地之形，以正黄道，占察发敛，以行日月，以步五纬，精微深妙，百代不易之道也。官有其器而无本书，前志亦阙"。

蔡邕所谓周髀者，即盖天之说也。其本庖牺氏立周天历度，其所传则周公受于殷高，周人志之，故曰周髀。髀，股也；股者，表也。其言天似盖笠，地法覆盘，天地各中高外下。北极之下为天地之中，其地最高，而滂沱四聩，三光隐映，以为昼夜。天中高于外衡冬至日之所在六万里。北极下地高于外衡下地亦六万里，外衡高于北极下地二万里。天地隆高相从，日去地恒八万里。日丽天而平转，分冬夏之间日所行道为七衡六间，每衡周径里数，得依算术，用句股重差推晷影极游，以为远近之数，皆得于表股者也。故曰周髀。

又《隋书》卷19《天文志上》谓：

其后……蔡邕、陆绩，各陈《周髀》，考验天状，多有所违。逮梁武帝于长春殿讲义，别拟天体，全同《周髀》之文，盖立新意，以拟浑天之论而已。

又《晋书》卷11《天文志上》谓：

宣夜之书亡，惟汉秘书郎郗萌记先师相传云："天了无质，仰而瞻之，高远无极，眼瞀精绝，故苍苍然也。譬之旁望远道之黄山而皆青，俯察千仞之深谷而窈黑，夫青非真色，而黑非有体也。日月众星，自然浮生虚空之中，其行其皆须气焉，是以七曜或逝或住，或顺或逆，伏见无常。进退不同，由乎无所根盘，故名异也。故辰极常居其所，而北斗不与众星西没也。摄提、填星皆东行，日行一度，月行十三度，迟疾任情，其无所盘者可知矣。若缀附天体，不得尔也。"……

汉王仲任据盖天之说，以驳浑仪云："旧说天转从地下过。今掘地一丈辄有水，天可得从水中行乎？甚不然也，日随天则转，非入也。夫人目所望，不过十里，天地合矣，实非合也，远使然耳。今视日入，非入也，迹远耳，当日入西方之时，其下之人亦将谓之为中也。四方之人，各以其近者为出，远者为入矣。何以明之？今试使一人把大炬火，夜行于平地，去人十里，火光灭矣，非灭也。远使然耳。今日西转不复见，是火灭之类也。日月不员也，望视之所以员者，去人远也。夫日，火之精也；月，水之精也。水火在地不员，在天何故员？"故丹杨葛洪释之曰：

浑天仪注云："天如鸡子，地如鸡中黄，孤居于天内，天大而地小。天表裹有水，天地各乘风气而立，载水而行。周天三百六十五度四分度之一，又中分之，则半覆地上，半绕地下，故二十八宿半见半隐，天转如车毂之运也。"诸论天者虽多……莫密于浑象者也。

这一时期，围绕着浑、盖和宣夜的争论，还出现了安天论、穹天论、昕天论以及浑盖合一的理论。《穹天论》基本上沿袭盖天说的观点，《昕天论》以天人类比，牵强附会，唯有东晋天文学家虞喜的《安天论》，阐述了宇宙无限的思想和关于天地万物各有其自身运动规律的认识，从而丰富和发展了"宣夜说"。关于上述诸论的具体内容，《晋书》卷11《天文志上》谓：

成帝咸康中，会稽虞喜因宣夜之说作安天论，以为"天高穷于无穷，地深测于不测。天确乎在上，有常安之形，地魄焉在下，有居静之体。当相覆冒，方则俱方，员由俱员，无方员不同之义也，其光曜布列，各自运行，犹江海之有湖汐，万品之有行藏也。"……

虞喜族祖河间相耸又立穹天论云："天形穹隆如鸡子，幕其际，周接四海之表，浮于元气之上。譬如覆奁以抑水，而不没者，气弃其中故也。日绕辰极，没西而还东，不出入地中。天之有极。犹盖之有斗也。天北下于地三十度，极之倾在地卯酉之北亦三十度，人在卯酉之南十余万里，故斗极之下不为地中，当对天地卯酉之位耳。日行黄道绕极。极北去黄道百一十五度，南去黄道六十七度，二至之所合以为长短也。"

吴太常姚信造昕天论云："人为灵虫，形最似天。今人颐前侈临胸，而项不能覆背。近取诸身，故知天之体南低入地，北则偏高。又冬至极低，而运近南，故日去人远，而斗去人近，北天气至，故冰寒也。夏至极起，而天运近北，故斗去人远，日去人近，南天气至，故蒸热也，极之高时，日行地中浅，故夜短；天去天高，故昼长也。极之低时，日行地中深，故夜长，天去地下，故昼短也。"

"浑盖合一"说的代表人物是北齐的信都芳和南朝萧梁的崔灵恩。他们认为浑天和盖天是一致的，只是一个仰视，另一个俯视，观测角度不同而已。这种采取掩盖或调和矛盾的做法，将两种对立的说法勉强地合二为一，是不妥的。天文方面的浑盖之争滥觞于西汉，至魏晋南北朝时已略见分晓，虽然南朝梁武帝曾力主盖天说，但从陆绩、王蕃到葛洪、何承天、祖冲之父子等著名科学家都主张浑天说来看，表明浑天说已拥有了优势地位。

在天文方面，值得一述的尚有十六国后秦的天文学家姜岌和北齐精于算术的张子信。姜岌提出"游气"之说，把因大气折射而使观测者看到太阳有大小变化的现象，称为"蒙气差"，与现代科学中"大气消光"的理论几无二致。

《隋书》卷19《天文志上》谓：

> 安岌云：余以为子阳言天阳下降，日下热，束晳言天体存于目，则日大，颇近之矣。浑天之体，圆周之径，详之于天度，验之天晷影，而纷然之说，由人目也。参伐初出，在旁则其间疎，在上则其间数。以浑检之，度则均也。旁之与上，理无有殊也。夫日者纯阳之精也，光明外曜，以眩人目，故人视日如小。及其初出，地有游气，以厌日光，不眩人目，即日赤而大也。无游气则色白，大不甚矣。地气不及天，故一日之中，晨夕日色赤，而中时日色白。地气上升，蒙蒙四合，与天连者。虽中时亦赤矣。日与火相类，火则体赤而炎黄，日赤宜矣。然日色赤者，犹火无炎也，光衰失常，则为异矣。

姜岌，《隋书》误作"安岌"。《畴人传》卷6引钱大昕《二十二史考异》谓："安岌当为姜岌，字脱其半耳。"今据改。

张子信经过三十余年的观测、研究，发现了日、月和五星运动的不均匀性，这一发现解决了按平均日数划分节令的历法与天象不合的矛盾，这一发现还提高了预报日食的精确度。关于张子信的学说，《隋书》卷20《天文南中·七曜》谓：

> （子信）专以浑仪则候日月五星差变之数，以算步之，始悟日月交道，有表裹迟速，五星见伏，有感召向背后。言日行在春分后则迟，秋分后则速。合朔月在日道裹则日食，若在日道外，虽交不亏，不问表裹，又月行过木、火、土、金四星，向之则速，背之则迟。五星行四方列宿，各有所好恶。所居遇其好者，则留多行迟，见早。遇

其恶，则留少行速、见迟，与常数并差，少者差至五度，多者差至三十许度。其辰星之行，见伏尤异。辰应见在雨下后立夏前，夕应见在处暑后露降前者，并不见启蛰、立夏、立秋、霜降四气之内，晨夕去日前后三十度内，十八度外，有木、火、土、金一星者见，无者不见。后张胄玄、刘孝孙、刘焯等，依此差度，为定入交食分及五星定见定行，与天密会，皆古人所未得也。

二　历法

在中国古代，观象授时与农业生产、政治生活和军事行动至为密切，因此，编制精确的历法，受到历代统治者的重视，并且成为中国古代天文学的中心内容。魏晋南北朝时期，长期处于军阀割据、政权分立的状态，各地方政权也相应颁行了多种历法。

例如，三国时蜀汉一直沿用后汉《四分历》，孙吴则行及东汉刘洪创制的《乾象历》，曹魏先采用《黄初历》，后改用杨伟编制的《景初历》。杨伟就《景初历》的优点，表奏魏明帝。

《宋书》卷12《律历中》杨伟表文谓：

> 今改元为景初，宜曰《景初历》。臣之所建《景初历》，法数则约要，施用则近密，治之则省功，学之则易知。虽复使研、桑心算，隶首运筹，重、黎司晷、羲、和察景，以考天路，步验日月，穷极精微，尽术数之极者，皆未如臣如此之妙也。

在这一时期，历法主要的成就在于岁差的发现及应用。晋代以前，不知岁差。当时人们认为每年冬至时太阳所在的位置是不变的，西汉时刘歆已开始觉察至每年冬至其位置略有变化，但仍沿用旧说。到东晋成帝时的虞喜，首先提出了"岁差"的概念，指出太阳从今年冬至运行到明年冬至，没有回到原来的位置上，而是每50年向西移动1度，岁岁有差。

《新唐书》卷27上《历志三上》谓：

> 《日度议》曰：古历，日有常度，天周为岁始，故系星度于节气。其说假是而非，故久而益差。虞喜觉之，使天为天，岁为岁，乃立差以追其变，使五十年退一度。

根据现代理论推算，在虞喜时代，赤道岁差值约 78 年差 1 度。虞喜的数值与实际相比，误值较大，尽管如此，岁差的发现仍是这一时期最重要的天文新发现之一，它对于历法推算和恒星位置的测定都有重大的意义。

宋元嘉之时，何承天制《元嘉历》，他也承认了岁差，但未运用到《元嘉历》中。

《元嘉历》将冬至点从以往的斗宿度，改为斗宿 17 度，纠正了冬至后天的偏差。

《宋书》卷 12《律历志中》载其《上〈元嘉历〉表》谓：

> 后汉《四分》及魏《景初法》，（冬至）同在斗二十一，臣以月食检之，则《景初》今之冬至，应在斗十七。

南朝宋大明时，祖冲之编订了一部《大明历》，指出何承天的《元嘉历》，虽"比古十一家为密"，但"疏舛"颇多。他认为冬至之日，在斗十一，而不在十七，并算出冬至点"未盈百载，所差二度"，从而证明了虞喜岁差说的正确性。

《宋书》卷 13《律历下》载祖冲之表示谓：

> 何承天所奏，意存改革，而置法简略，今已乖远……敢率愚瞽，更创新历。谨立改易之意有二：……改易者，其一，以旧法一章十九岁有七闰，闰数为多，经二百年，辄差一日，节闰既移，则应改法，历纪屡迁，实由此条。今改章法，三百九十一年有一百四十四闰。今却合周、汉，则将来永用，无复差动。其二，以《尧典》云："日短星昴，以正仲冬。"以此推之，唐代冬至，日在今宿之左五十许度。汉代之初，即用秦历，冬至日在牵牛六度。汉武改立《太初历》，冬至日在牛初。后汉《四分法》，冬至日在斗二十一。姜岌以月蚀枉日，知冬至在斗十七。今参以中星，课以蚀望，冬至之日。在斗十一。通而计之，未盈百载，所差二度。

第二节 数学、物理学与化学

魏晋南北朝是中国传统数学的黄金时期；在这 400 年中，出现了一批新的算术著作，从而大大地丰富和完善了中国古代数学的体系，开拓了古代传统数学理论的新纪元，使中国数学在理论上出现了第一次高峰。这一时期的物理学与化学亦有所发展。

一 数学

魏晋南北朝时期，出现了一批著名数学家和重要的数学著作，如赵爽的《周髀算经注》，甄鸾的《五曹算经》《五经算术》《数术记遗》，以及《孙子算经》《夏侯阳算经》《张邱建算经》等。在这一时期的众鑫数学家中，以刘徽、祖冲之和他的儿子祖暅之的贡献最大。

(一) 刘徽及其《九章算术注》

刘徽，魏晋时人，生殁时间不详。他所注释的《九章算术》一书，包括九种内容。

《隋书》卷 16《律历上》谓：

> 一曰方田，以御田畴界域。二曰粟米，以御交质变易。三曰衰分，以御贵贱廪税。四曰少广，以御积幂方圆。五曰商功，以御工程积实。六曰均输，以御远近劳费。七曰盈朒，以御隐杂互见。八曰方程，以御错糅正负。九曰勾股，以御高深广远。

刘徽在《九章算术注》中，创立了以"割圆术"计算圆周率的理论与方法。所谓割圆术，即不断增加圆内接正多边形的边数，使其边长之和逐渐接近圆周的长度。然后以圆内接正多边形边长之和，除以圆之直径，来计算圆周率。据说刘徽用此方法计算出的圆周率，已达到 $\pi = 3.1416$ 这个比较精确的数字。

刘徽《九章算术注·方田》谓：

> 割之弥细，所失弥小。割之又割，以至于不可割，则与圆周合体而无所失矣。

刘徽在《九章算术注》中还提出"齐同法",即现今分数加减法的通分法。

《九章算术注·齐同术》谓:

> 凡母互乘子谓之齐,群母相乘谓之同。同者,相与通同共一母也。齐者,子与母齐,势不可失本数也。

刘徽注《九章算术》,坚持"林理以辞,解体用图"的原则,用平面图形的分割与重新组合,证明了勾股弦定律,以及开方的方法步骤等。

刘徽除注《九章算术》外,还撰有《九章至差图》《海鸟算经》等数学著作。

(二) 祖冲之与圆周率

南朝的祖冲之(429—500),在刘徽割圆术的基础上,对圆周率作进一步研究,取得突出成就,计算出更为精确的数据。

《隋书》卷16《律历志上·备数》谓:

> 古之九数,圆周率三,圆径率一。其术疏舛,自刘歆、张衡、刘徽、王蕃、皮延守之徒,各设新率,未臻折中。宋末,南徐州从事史祖冲之,更开密法,以圆径一亿为一丈,圆周盈数三丈一尺四雨一分五厘九毫二妙七忽,朒数三丈一尺四雨一分五厘九毫二秒六忽,正数在盈朒二限之间。官率,圆径一百一十三,圆周三百五十五,约率,圆径七,周二十二。又设开差幂,开差立,兼以正圆参之。指要精密,算氏之最者也。所著之书名为缀术。

祖冲之计算出的圆周率近似值,盈数为3.1415927,朒数(不足数)为3.1415926,即π的数字小于盈数而大于朒数。祖冲之总共得到圆周率π的三个近似值,其约率为:$\pi = \frac{22}{7}$;密率为:$\pi \approx \frac{355}{113}$,以及 $3.1415926 < \pi < 3.1415927$,祖冲之在计算圆周率近似值时,其运算已精确至小数点后第7位,甚至第9位。

祖冲之的儿子祖暅之(亦作祖暅)著有《天文录》和《权衡论》

等。他承继父学，精于算术，首先推导出计算球体积的公式为$\frac{\pi}{6}D^2$（D这球体的直径），这比欧洲人求得此公式约早1000年。

二 物理学

魏晋南北朝时期，物理学家亦有所发展。如对摩擦生电、物体共鸣现象进行描述，以及乐律的改进等。

（一）摩擦生电和静电吸引

琥珀、玳瑁等良好绝缘体，经摩擦能产生静电，并能吸引微小物体，当时人曾对此现象进行描述。

《太平御览》卷808《珍宝部七·虎珀》引《华阳国志》谓：

> 虎珀，能吸芥。

又同上卷807《珍宝部六》引《春秋考异》谓：

> 邮曰：……玳瑁吸褣（芥）。

又张华《博物志》谓：

> 今人梳头，脱着衣时，有随梳解结有光者，也有咤声。

又陶弘景《名医别录》谓：

> 琥珀，惟以手心擦热拾芥为真。

（二）物体共鸣现象的描述

刘敬叔《异苑》谓：

> 魏时，殿前钟忽大鸣，震骇省署。张华曰："此蜀铜山崩，鼓仲鸣应之也。"蜀寻上事，果云铜山崩，时日皆如华言。

又谓：

> 中朝有人畜铜澡盘，晨夕恒鸣，如人扣，以白张华。华曰："此盘与洛钟宫高相谐，鼓声相应，可鑢令轻，则韵乖鸣自止也。"依言。即复不鸣。

（三）作新律吕，以调声韵

《书钞》卷112引王隐《晋书》谓：

> （泰始九年）荀勖以魏杜夔所制律吕，检校定太乐，作鼓吹八音，与律吕乖错，始知后汉至魏，度渐长于古四分余，而夔依为律吕，故致不韵。而乃部佐著作刘恭……依古尺作新律吕，以调声韵，以律量秉，以尺度古乐器，皆与本铭尺寸无差。

又《晋书》卷16《律志上》谓：

> 晋泰始十年，中书考古器，揆校倨尺，长四分半，所校古法有七品：一曰始洗玉律，二曰小吕玉律，三曰西京铜望臬，四曰金错望臬，五曰铜斛，六曰古钱，七曰建武铜尺。姑洗耳恭听微强，西京望臬微弱，其余与此尺同。

（四）乐律学新成果"十二平均律"

何承天以为京房与钱乐之所以作两种律制，都是依照古代三分损益法推演得来的，并无新创，而其所得之律，皆系"不平均律"，尤其京房将乐律"廖为六十"，而且定律烦琐。

《隋书》卷16《律历志上》谓：

> 何承天《立法制议》云："上下相生，三分损益其一，盖是古人简易之法。犹如古历周天三百六十五度四分之一，后人改制，皆不同眇。而京房不悟，廖为六十。"承天更设新率，则从中吕还得黄钟，十二旋宫，声韵无失。黄钟长九寸，太簇长八寸二厘，林钟长六寸一厘，玄钟长四寸七分九厘强。其中吕上生所益之分，还得十七万七千

一百四十七，复十二辰参之数。

三　化学

在我国古代，化学总是与炼丹术联系在一起。魏晋南北朝时期，这种情况尤其突出。葛洪在炼丹方面是有成就的，他在《抱朴子·内篇》中，记录了许多炼丹过程中的化学反应。

《抱朴子·内篇》卷4《金丹篇》谓：

> 丹砂（硫化汞）烧之成水银，积变又还成丹砂。

葛洪将白色的铅，加热起化学反应，变成黄丹（四氧化三铅），黄丹再起化学反应，可还原白色的铅。

《抱朴子·内篇》卷16《黄白篇》谓：

> 铅性白也，而赤之以为丹；丹性赤也，而白之以为铅。

陶弘景也是著名的炼丹家。他从炼丹的实践中，积累了不少无机化学知识。他不仅能区分水银的"生"与"熟"，还观察到水银与别种金属组合的性能。

陶弘景《养性延命录》谓：

> （水银）能消化金，银使成泥，人以镀物也。

陶弘景在《养性延命录》中还说：胡粉（碱式碳酸铅）系"化铅所作"，黄丹（四气化三铅）乃"熬铅所作"，均属人工制造的化合物。

第三节　医学与保健

我国医药学有悠久的历史，到魏晋南北朝时，又有新的发展和成就。

一　医学

魏晋南北朝时期，医学上的主要成就，是外科学的产生，内科脉理学亦有所发展，对药物学和保健比较重视。

(一) 华佗与外科学

三国曹魏时的名医华佗（？—208），字元化，又名旉，沛国谯县（今安徽亳县）人。精通各科医术，尤擅外科及针灸。他掌握了麻醉术，施行过肠、胃切除手术等，有《华佗观形察色并三部脉经》一卷。

《三国志》卷29《方技华佗传》谓：

（华佗治病）若病结积在内，针药所不能及，当须刳割者，便饮其麻沸散，须臾便如醉死无所知，因破取。病若有肠中，便断肠湔洗，缝腥膏摩，四五日差，不痛，人亦不自寤，一月之间，即平复矣。

又同书同传注引《佗别传》谓：

又有人病腥中半切痛，十余日中，鬓眉堕落。佗曰："是腹半腐，可刳腥养治也。"使饮药令卧，破腹就视，脾要半腐坏，以刀断之，刮去恶肉，以膏傅疮，饮之以药，百日平复。

华佗善于针灸术，常以针灸替人治病，有《华佗枕中灸刺经》一卷。同上卷29《华佗传》谓：

（华佗治病）若当灸，不过一两处，每处不过七八壮，痛亦应除。若当针，亦不过一两处，下针言"当引其某许，若至，语人。病者言'已到'，应便拔针，病亦行差。

华佗学生樊阿从华佗学医，针灸技术学得很好。
同上《华佗传》谓：

凡医咸言背及胸藏之间，不可妄针，针之不过四分，而阿针背入一二寸，巨阙胸藏针下五六寸，而病辄皆瘳。

(二) 张仲景与《伤寒杂病论》

张仲景,名机,南阳郡(治今河南南阳)人,学医于张伯祖。在他生活的年代里,瘟疫时有流行,很多人死于伤寒病,他写了一本《伤寒杂病论》。

《伤寒杂病论·序》谓:

> 建安纪年以来,犹未十稔,其死亡者,三分有二,伤寒十居其七,感往昔之沦丧,伤横夭之。

《伤寒杂病论》,是治疗伤寒、霍乱、痢疾、肺炎和流行性感冒等传染病的专著,书中对病理、诊断、治疗及用药等都有阐述、论断。

张仲景根据自己多年临床经验,总结出致病的原因。

《伤寒杂病论·金匮要略》卷1《脏腑经络先后病脉证第一》谓:

> 千般灾难,不越三条:一者,经络受邪入脏腑,为内所因也;二者,四肢九窍,血脉相传,壅塞不通,为外皮肤所中也;古老是,房室、金刃、虫兽所伤。以此详之,病由都尽。

《伤寒杂病论》告诫人们,有病要及时就医诊断、治疗,切勿"隐忍冀差,以成痼疾"并要做到对症下药。在饮食卫生方面,他也提出了自己的主张。

《金匮要略》卷8《禽兽鱼虫禁忌并治第二十四》谓:

> 秽饭、馁肉、臭鱼,食之皆伤人。自死肉,口闭者,不可食之。六畜自死,皆疫死,则有毒,不可食之。

中医学上的"八纲":阴、阳、表、里、虚、实、寒、热,以及治疗方面的汗、吐、下、和等方法,在张仲景的书里都有记述。

西晋王叔和搜集整理张仲景著作,分为《伤寒论》10卷(附方10卷)和《金匮要略》3卷。这两种书,阐述了中医的理论及治疗原则,记录了近400个药方。

(三) 王叔和与《脉经》

王叔和，名熙，今山西高平县人，西晋著名医学家，他"洞识攝养之道，深晓疗病之源"，官到太医令；著有《脉经》（10卷）、《脉诀》和《脉赋》。他将脉象归纳为 24 种，是脉学理论专家。王叔和在论述脉象和症候之后，提出了用药的剂量与针灸的部位。

《脉经》卷 2 谓：

> 寸口脉浮，中风发热头痛，宜服桂枝汤、葛根汤，针风池风府，向火炙身，摩治风膏，覆令汗出。
>
> 关脉浮，腹满不欲食，浮为虚满，宜服平骨丸、茯苓汤，生姜前胡汤，针胃管，先泻后补之。
>
> 尺脉浮，下热风，小便难，宜服瞿麦汤、滑石散，针横骨关元，泻之。

(四) 皇甫谧及其《针灸甲乙经》

皇甫谧（215—282），字士安，号玄晏先生，安定朝那（今甘肃灵台县）人。他爱好医学，曾患风痹病，一生淡泊，不慕荣利。

《晋书》卷 51《皇甫谧传》谓：

> （人向曰）"先生年迈齿变，饥寒不赡，转死沟壑，其谁知乎？"谧曰："且贫者士之常，贱者道之实，处常得实，没齿不忧，孰与富贵扰神耗精者乎！……苟能体坚厚之实，居不薄之真，立手损益之外，游手形骸之表，则我道全矣。"

皇甫谧在整理总结以往针灸医学的基础上，根据自己犯风痹病的治疗经验，编写了《针灸甲乙经》。

《针灸甲乙经》，是我国第一部针灸学专著，分 12 卷，128 篇，其内容既有对五脏六腑、十二经脉和各种器官的详细记述，又有对头、面、颈、背、胸、腹、手、足等部位 654 个腧穴分布名称、针刺深度、留针时间、艾炙壮数等的确切说明，为临床取穴用针，提供了依据。

(五) 陶弘景与《神农本草经集注》

陶弘景，别号"华阳隐居"，道教徒，梁时秣陵人。他热爱药物学，

"遍历名山，寻访仙药"，将搜集到的365种药物，增入《神农本草经》书内，使所载药物增到1095种。陶弘景对传世的《神农本草经》进行整理、补充，花费了很大精力，克服了许多困难最后撰成《神农本草经集注》。陶弘景自叙撰写此书之缘起谓：

> 魏晋以来，便复损益，或五百九十五，或四百四十一，或三百一十九，或三品混糅，冷热舛错，草石不分，虫树无辨，医家不能见。

《神农本草经集注》共分7卷，将1095种药物分为玉石（矿物）、草木、虫兽、米食、果、菜以及有名未用7大类。按药物不同的药性分成寒、微寒、大寒、平、温、微温、大温、大热8种属性。陶弘景还列举出80多种"诸病通用药"，并指明药物性味。

《神农本草经集注·序》谓：

> 甘苦之味可略，有毒无毒易知，唯冷热须明。

陶弘景笃信道教，又与山结缘，到处寻访所谓仙药，这就极大地丰富了他的药物学知识。

《隋书》卷34《经籍志三》载：

> 《陶隐居本草》十卷，《陶弘景本草经集注》七卷……《太清草木集要》二卷，陶隐居撰。

这个时期医方学也有很大发展。

《隋书》卷34《经籍志三》载：

> 《张仲景方》十五卷……《张仲景评病要方》一卷……《张仲景疗妇人方》二卷……陶弘景《补阙肘后百一方》九卷，亡……《陶氏效验方》五卷。

二 保健

魏晋南北时期，对于预防疾病和保健的认识已比较明确，也很重视。

如华佗即善于养生,提倡体育锻炼。

《三国志》卷29《方技·华佗传》谓:

> (华佗)晓养生之术,时人以为年且百岁而貌有壮容。

华佗重视保健,教育其学生吴普从事健身活动,预防疾病。
同上卷《华佗传》谓:

> 人体欲得劳动,但不当使极尔。动摇则谷气得清,血脉流通,病不得生,譬犹户枢不朽是也。

华佗还模仿虎、鹿、熊、猿、鸟五种动物的姿态动作,编成"五禽之戏",习之可以利足、却病。
同上《华佗传》谓:

> 华佗语(吴)普曰:"古之仙者为导引之事,熊颈鸱顾,引挽腰体,动诸关节,以求难老。吾有一术,名五禽之戏,一曰虎,二曰鹿,三曰熊,四曰猿,五曰鸟,亦以除疾,并利蹄足,以当导引。体中不快,起作一禽之戏,沾濡汗出,因上著粉,身体轻便,腹中欲食。"普施行之,年九十余,耳目聪明,齿牙完坚。

魏晋南北朝时期,还流行一种运动量较小的健身活动,名曰"弹棋"。曹魏的曹丕、王粲,西晋的傅玄,梁简文帝萧纲等,都曾为弹棋撰赋著文。
《太平御览》卷755《工艺部·弹棋》引《弹棋经后序》谓:

> 弹棋者,雅戏也……盖道家所为,欲习其偃亚导引之法,击搏腾掷之妙自畅耳。

关于精神对身体的反作用,嵇康在《养生论》中说得很清楚。他提及的"导养""修性""安心"和"呼吸吐纳"(行气导引),就是保养精神以增进健康的方法。

《文选》卷53《养生论》谓:

> 至于导养得理,以尽性命,上获千余岁,下可数百年,可有之耳。而世皆不精,故莫能得之。何以言之?夫服药求汗,或有弗获,而愧情一集,涣然流离……由此言之,精神于之形骸,犹国之有君也。神躁于中而形丧于外,犹君昏于上,国乱于下也……是以君子知形恃神以立,神须形以存,悟生理之易失,知一过之害生,故修性以保神,安心以全身,爱憎不栖于情,忧喜不留于意,泊然无感而体气和平,双呼吸吐纳,服食养身,使形神相亲,表里俱济也。

魏时的甘始"能行气导引"。"老而有少容";陶弘景在研究药物学之余,坚持体育活动,形成了一套保健气功疗法。兹据罗宏曾《魏晋南北朝文化》[①],气功疗法(见表23—1):

表23—1　　　　　　　　气功疗法

名称	操作和效用
啄齿	清晨未起,先啄齿二七或三六,使人牙齿坚固不龋
咽液	自吞唾液,一日一夜得千咽甚佳
搅海	自卷舌于牙齿内外上下,搅转数次,待津液多时咽下。若重复多遍,精神自振
吐纳	吐故纳新深呼吸延年益寿
餐霞饮景	对着彩霞和视线下的景色进行呼吸
内视反听	在练功达到入静时,清楚地听到自己的呼吸声音
服月精	当月初出时对月进行呼吸百次
服日气	当日出两丈时,面向日,口吐气,鼻吸气,往返百次
五禽戏	按华佗五禽戏进行气功
自忘	练气功时全身放松,自忘一切杂念
吸火炼形	面向火,口吸取火光往内咽之

---

① 罗宏曾:《魏晋南北朝文化史》,四川人民出版社1989年版,第727页。

第四节　农业与机械制造技术的发展与提高

魏晋南北朝时期，特别是后期，随着农业和手工业生产的恢复与发展，农业科学与机械制造技术较之秦汉时期有了长足的发展。

一　农业技术与《齐民要术》

魏晋南北朝时期，农业科学的发展情况，集中地表现在北朝贾思勰撰写的《齐民要术》一书中。

贾思勰，山东益都（今山东益都）人，生卒时间不详，官至高阳太守。《齐民要术》一书大约撰写了北魏末东魏初的农业科学发展情况。

《齐民要术》全书10卷，92篇，约11万字，记载了北方和南方经营农业与副业的各种情况，分门别类，内容十分丰富，包括土壤整治和休息，肥料的施用，精耕细作，防旱保墒，选种育种，换茬轮作，粮食蔬菜和栽培，果树的培植嫁接，家禽家畜的饲养和防疫，食品加工与储存等等，是当时农业科学的总结，是一部分农业科学的百科全书。

《齐民要术·序》谓：

> 起自耕农，终于醯醢，资生之业，靡不毕书。

又同书卷1《耕田篇》谓：

> 凡耕高下田，不问春秋，必须燥湿得所为佳。若水旱不调，宁燥不湿。春耕寻手劳。秋耕待白背劳。
> 凡秋耕欲深，春耕欲浅。犁欲廉，劳欲再。秋耕淹青者为上。初耕欲深，转地欲浅。

又同上《种谷篇》谓：

> 凡谷田，绿豆、小豆底为上，麻、黍、胡麻次之，芜菁、大豆为下……谷田必须岁易。

又同书卷4《栽树篇》谓：

凡五果，花盛时遭霜，则无子。常预于园中，往往贮恶草生粪。天而新晴，北风寒切则夜必霜，此时放火作煴，少得烟气，则免于霜矣。

二　机械制造及运用

魏晋南北朝时期，机械制造技术有许多创造发明，机械学家辈出。

（一）诸葛亮制造连弩和木牛流马

《三国志》卷35《诸葛亮传》谓：

亮性长于巧思，损益连弩，木牛流马，皆出其意。

同传注引《魏氏春秋》云：

（亮）损益连弩，谓之元戎，以铁为矢，矢长八寸，一弩十矢俱发。

同传注引《诸葛亮集》云：

木牛流马法曰："木牛者，方腹曲头，一脚四足，头入领中，舌著于腹，罢工多而行少，宜可大用，不可小使；特行者数十里，群行者二十里也。曲者为牛头，双者为牛脚，横者为牛领，转达者为牛足，复者为牛背，方者为牛腹，垂者为牛舌，曲者为牛肋，刻者为牛齿，立者为牛角，细者为牛鞅，摄者为牛鞦轴。牛仰双辕，人行六尺，牛行四步，载一岁粮，日行二十里，而人不大劳。流马尺寸之数，肋长三尺五寸，广三寸，厚二寸二分，左右同。前轴孔分墨去头四寸，径中二寸。前七分，孔长二寸，广一寸。后轴孔去前杠分墨一尺五分，大小与前同。后脚孔分墨去后轴孔三寸五分。前杠长一尺八寸，广二寸，厚一寸五分。后杠与等板方囊二枚，厚八分，长二尺七寸，高一尺六寸五分，广一尺六寸，每枚受米二斛三斗。从上杠孔动肋下七寸，前后同。上杠孔去下杠孔分墨一尺三寸，孔长一寸五分，广七分，八孔同。前后四脚，广二雨，厚一寸五分。形制如象，靬长四寸，径面四寸三分。孔径中三脚杠，长二尺一寸，广一寸四分，同杠耳。"

（二）马钧改进织绫机与发明水车

《三国志》卷29《方技·杜夔传》注谓：

时有扶风马钧，巧思绝世，傅玄序之曰："马先生，天下之名巧也……为博士居贫，乃思绫机之变，不言而世人知其巧矣。旧绫机五十综者五十蹑，六十综者六十蹑，先生患其丧功费日，乃皆易以十二蹑，其奇文异变，因感而作者，犹自然之成形，阴阳之无穷……居京都，城内有地，可以为园，患无水以灌之，乃作翻车，令儿童转之，而灌水自复，更入更出，其巧百倍于常。此二异也。其后人有上百戏者，能设而不能动也……受诏作之。以大木雕构，使其形若轮，平地施之，潜以水发焉，设为女乐舞象，至令木人击鼓吹箫；作山岳，使木人跳掷剑，缘絙倒立，出入自在；百官行署，舂磨斗鸡，变巧百端。此三异也。先生见诸葛亮连弩，曰：'巧则巧矣，未尽善也。'言作之可令加五倍。又患发石车，敌人之于楼边，悬湿牛皮，中之则堕石不能连属而至。欲作一轮，悬大石数十，以机鼓轮为常，则以断悬石飞击敌城，使首尾电至。尝试以车轮悬瓴甓数十，飞之数百步矣。"

（三）杜预发明连机碓和水推八连磨

《魏书》卷66《崔亮传》谓：

（崔）亮在雍州，读《杜预传》，见为八磨，嘉其有济时用，遂教民为碾。及为仆射，奏于张方桥东堰谷水造水碾磨数区，其利十倍，国用便之。

（四）祖冲之改进指南车制造"千里船"

《南齐书》卷52《祖冲之传》谓：

初，宋武平关中，得姚兴指南车，有外形而无机巧，每行，使人于内转之，昇明中，太祖辅政，使冲之追修古法。冲之改造铜机，圆转不穷，而司方如一。马钧以来未有也……冲之……以诸葛亮有木牛流马，乃造一器，不因风水，施机自运，不劳人力。又造千里船，于新亭江试之，日行百余里。

（五）王蕃、陆绩等制造浑天仪象

《晋书》卷11《天文志上》谓：

顺帝时，张衡又制浑象……其后陆绩亦造浑象，至吴时，中常侍庐江王蕃善数术，传刘洪《乾象历》，依其法而制浑仪……古旧浑象以二分为一度，凡周七尺三寸半分。张衡更制，以四分为一度，凡周一丈四尺六寸一分，蕃以古制局小，星晨稠概，衡器伤大，难可转移。更制浑象，以三分为一度，凡周天一丈九寸五分分之三也。

又《隋书》卷19《天文志上》云：

梁华林重云殿前所置铜仪，其制则有双环规相并，间相去三寸许。正竖当子午，其子午之间，应南北极之衡，各合而为孔，以象南北枢。植楗于前后以属焉。又有单横规，高下正当浑之半，皆周匝分为度数，署以维辰之位。以象地。又有单规，斜带南北之中，与春秋二分之日道相应。亦周匝分为度数，而署以维辰，并相连著。属楗双轴。轴两头出规外各二寸许，合两为一，内有孔，圆径二寸许，南头入地下，注于外氐规南枢孔中，以象南枢。北头出地上，入寸双规规北枢孔中，以象北极。其运动得东西转，以象天行。其双轴之间，则置衡，长八尺，通中有孔，圆径一寸，当衡之半，两边有关，各注若双轴。衡既随天象东西转运，又自于双轴间，得南北低仰。所以准验辰历，分考次度，其于揆测，唯所欲为之者也。检其镌题，是伪刘曜光初六年，史官丞南阳孔挺所造，则古之浑仪之法者也……宋文帝以元嘉十三年，诏太史更造浑仪。太史令钱乐之，依案旧说，采效仪象，铸铜为之。五分灾一度，径六尺八分少，周一丈八尺二寸六分少。地在天内，不动，立黄示二道之规，南北二极之规，布列二十八宿、北斗极星。置日月五星于黄道上。为之杠轴，以象天运，昏明中星，与天相符。梁末，置于文德殿前……吴时，于又有葛衡，明达天官，能为机巧。改作浑天，使地居于天中，以机动之，天动而地上，以上应晷度，则乐之所放述也。至元嘉十七年，又作小浑天，二分为一度，径二尺二寸，周六尺六寸。安十八宿中外官星备足。以白、青、黄等三色珠为三家星，其日月五星，悉居黄道。亦象天运，而地在其中，宋元嘉所造仪象器，开皇九年平陈后，并入长安。大业初，移于东都观象殿。

第二十四章 教育的发展

魏晋南北朝时期的教育，上承汉末余绪，且间有创置。由于佛教和道教的发展以及玄学清谈之风盛行，这一时期的教育，呈现出多元性和多变性的特点。虽然"崇儒重教"仍为教育领域里的正宗观念，但儒学已不再是唯一的学说，教学内容和形式具有多方面的发展。

第一节 三国时期的学校教育

汉末、三国时期，由于干戈相攘，政局动荡，学校教育脱离两汉的正常轨道，处于时兴时废的状态。但三国的学校教育又各有差别，总的来看，魏国的学校教育较吴国和蜀国发达，这是因为魏国地处中原，开发早，经济文化整体水平较高，同时较多地继承汉代文化教育；而僻处一隅的吴国和蜀国，其经济文化远不如魏国繁荣，加之他们又承受着魏国的巨大军事压力，统治者无暇重视教育，故而学校教育相对落后。

一 魏的学校教育

曹操于战乱用兵之际，尚留心教育事业。

《三国志》卷1《武帝纪》谓：

> （建安）七年春正月，公军谯，令曰："吾起义兵，为天下除暴乱。旧土人民，死丧略尽，国中终日行，不见所识，使吾凄怆伤怀。其举义兵以来，将士绝无后者，求其亲戚以后之，授土田，官给耕牛，置学师以教之。"

又《宋书》卷14《礼志一》载：

魏武帝驰骛之时，以马上为家。逮于建安之末，风尘未弭，然犹留心远览，大兴学业。所谓颠必于是，真通才也。

又云：

汉献帝建安二十二年（217），魏国作泮宫于邺（今河南临漳西）城南。

(一) 中央官学

魏国时期的官学，在中央有太学，在地方有州郡学校。先叙中央官学。

《宋书》卷14《礼志一》谓：

魏文帝黄初五年，立太学于洛阳。

又《三国志》卷2《文帝纪》谓：

黄初五年，夏四月，立太学，制五经课试之法，置《春秋》《谷梁》博士。

又同书卷13《王朗传附子肃传》注引《魏略》谓：

黄初元年之后，新主乃复始扫除太学之灰炭，补旧石碑之缺坏，备博士之员录，依汉甲乙以考课。申告州郡，有欲学者，皆遣诣太学。

又《晋书》卷19《礼志上》载：

魏文帝黄初二年正月，诏以议郎孔羡为宗圣侯，邑有户，奉孔子祀，令鲁郡修起旧庙，置百户吏卒以守卫之。

当时太学建立了严格的教学与考试制度。太学生必须通经方可升官，直至通五经，始可"随才叙用"。

《通志》卷59《选举略》载：

>……时慕学者始诣太学为门人。满二岁试通一经者为弟子，不通者罢遣。满二岁试通二经者，补文学掌故；不通者听随后辈试，试通二经，亦得补掌故。满三岁试通三经者，擢高第，为太子舍人；不第者，随后辈复试，试通亦为太子舍人。舍人满二岁试通四经者，擢其高第为郎中。郎中满二岁能通五经者，擢高第，随才叙用；不通者随后辈复试，试通亦叙用。

魏国太学的授课内容，以经学为主。文帝立五经课试法；明帝诏命尊儒贵学，以经学为先。

《三国志》卷25《高堂隆传》载：

>景初中，帝以苏林、秦静等并老，恐无能传业者。乃诏曰："昔先圣既没，而其遗言余教，著于《六艺》。《六艺》之文，《礼》又为急，弗可斯须离者也。末俗背本，所由来久。故闵子讥原伯之不学，荀卿丑秦世之坑儒，儒学既废，则风化曷由兴哉？方今宿生巨儒，并各年高，教训之道，孰为其继？昔伏生将老，汉文帝嗣以晁错；《谷梁》寡畴，宣帝承以十郎。其科郎吏高才解经义者三十人，从光禄勋隆、散骑常侍林、博士静，分受《四经》《三礼》，主者具为设课试之法。夏侯胜有言：'士病不明经术，经术苟明，其取青紫如俯拾地芥耳。'今学者有能究极经道，则爵禄荣宠，不期而至，可不勉哉！"

又《水经注》卷16《谷水注》载：

>汉魏以来，置太学于国子堂，东汉灵帝光和六年，刻石镂碑，载五经，立于太学讲堂前，悉在东侧。蔡邕以熹平四年，与五官中郎将堂谿典，光禄大夫杨赐、谏议大夫马日䃅、议郎张驯、韩说、太史令

单飏等，奏求正定六经文字，灵帝许之。邕乃自书丹于碑，使工镌刻立于太学门外；于是后儒晚学，咸取正焉。及碑始立，其观视及笔写者，车乘日千余辆，填街陌矣！……魏初，传古文出邯郸淳石经，古文传失。淳法树之于堂西，石长八尺，广西尺，列石于其下，碑石四十八枚，广三十丈。魏明帝又刊《典论》六碑，附于其次。

又王国维《观堂集林》卷20《魏石经考三》载：

汉魏石经，皆刊当时立于学官之经。

魏齐王曹芳重视经学，亲自讲《论语》《尚书》，立石经，并令王朗撰《易传》。

《三国志》卷4《三少帝纪》载：

正始二年，帝初通《论语》，使太常以太牢祭孔子于辟雍，以颜回配。

又《晋书》卷19《礼志上》载：

魏齐王正始二年二月，帝讲《论语》通，五年五月，讲《尚书》通，七年十二月，讲《礼记》通，并使太常释奠，以太牢祀孔子于辟雍，以颜回配。

又《宋书》卷17《礼志四》载：

魏齐王正始二年二月，帝讲《论语》通；五年五月，讲《尚书》通。并使太常释奠，以太牢祀孔子于辟雍，以颜回配。

《三国志》卷4《三少帝纪》载：

魏齐王"讲《尚书》经通。……六年……诏故司徒王朗所作《易传》，令学者得以课试。……七年……讲《礼记》通"。

又王国维《观堂集林》卷20《魏石经考三》载：

魏正始中，又立古、篆、隶三字石经。

由于战乱，大多数太学生是为避役而来就学，春去秋来，无心向学，不务正业；担任教学工作的博士，学识浅疏，无以教弟子，因此教学质量低劣。这种情况在明帝叡、齐王芳统治时期较为严重，当时高柔和刘馥等都提出过建议和批评。

《通典》卷52《礼十三》载：

按二汉旧事，博士之职，唯举明经之士，迁转各以本资，初无定班。魏及中朝多以侍中、常侍、儒者最优者领之。

又《三国志》卷3《明帝纪》载：

（明帝）太和二年……六月，诏曰："尊儒贵学，王教之本也。自顷儒官或非其人，将何以宣明圣道？其高选博士，才任侍中、常，侍者。申敕郡国，贡士以经学为先。"

又同书卷13《王朗传附子肃传》注引《魏略》云：

太学始开，有弟子数百人。至太和、青龙中，中外多事，人怀避就。虽性非解学，多求诣太学。太学诸生有千数，而诸博士率皆粗疏，无以教弟子。弟子本亦避役，竟无能习学。冬来春去，岁岁如是。又虽有精者，而台阁举格太高，加不念统其大义，而问字指墨法点注之间，百人同试，度者未十。是以志学之士，遂复陵迟，而末求浮虚者各竞逐也。正始中，有诏议圜丘，普延学士，是时郎官及司徒领吏二万余人，虽复分布，见在京师者尚且万人，而应书与议者略无几人。又是时朝堂公卿以四百余人，其能操笔者未有十人，多皆相从饱食而退。嗟夫！学业沉陨，乃至于此。是以私心常区区贵乎数公者，各处荒乱之际，而能守志弥敦者也。

又同书卷24《高柔传》载：

高柔上疏曰："今博士皆经明行修，一国清选，而使迁除限不过长，惧非所以崇显儒术，帅励怠惰也。……臣以为博士者，道之渊薮，六艺所宗，宜随学行优劣，待以不次之位。敦崇通教，以劝学者，于化为弘。"

又《宋书》卷14《礼志一》载：

刘馥上书曰："亘黄初以来，崇立太学二十余年，而成者盖寡。由博士选轻，诸生避役，高门子弟，耻其非伦，故无学者。虽有其名，而无其实，虽设其教，而无其功。"

又《三国志》卷15《刘馥传》载：

刘馥疏曰："宜高选博士，取行为人表，经任人师者，掌教国子。依尊古法，使二千石以上子孙，年从十五，皆入太学。明制黜陟荣辱之路：其经明行修者，则进之以崇德；荒教废业者，则退之以惩恶。举善而教不能则劝，浮华交游，不禁自息矣。"

又《文献通考》卷41《学校考》载：

按二汉博士皆名儒，而由博士入官者多至公卿。今观刘馥、高柔所言，则知魏时博士之遴选既不精，而博士之迁升亦复有限矣。

当时太学的教学质量虽不高，但亦不乏有才华、好读书的好学生，而地方官有时亦选拔品学兼优者，送来太学就读。博士中亦有学问渊雅、教学认真者，当时还有一些名士被精选为博士。

《三国志》卷26《牵招传》载：

（牵）招，为雁门太守。……于是野居晏闭，寇贼静息。招乃简选有才识者，诣太学受业，还相授教，数年中庠序大兴。

又同书卷 28《钟会传》载：

钟会……年四岁授《孝经》，七岁诵《论语》，八岁诵《诗》，十岁诵《尚书》，十一诵《易》，十二诵《春秋左氏传》《国语》，十三诵《周礼》《礼记》。十四诵成侯《易记》，十五使入太学问四方奇文异训。

又同书卷 16《杜畿传》注引《魏略》云：

乐详，至黄初中，征拜博士。于时太学初立，有博士十余人，学多褊狭，又不熟悉，略不亲教，备员而已。惟详五业并授，其或难解，质而不解，详无愠色，以杖画地，牵譬引类，至忘寝食，以是独擅名于远近。……门徒数千人。

又《晋书》卷 44《郑袤传》载：

郑袤，高贵乡公议立明堂辟雍，精选博士，袤举刘毅、刘实、程咸、庾峻，后并至公辅大位。

(二) 地方官学

建安初，曹操掌权后，于建安八年（203），令郡国各修文学，县满五百户置学校，择优录取地方子弟入学。从此魏国州郡先后出现了一些地方官学。

《三国志》卷 1《武帝纪》载：

（魏武帝建安）八年……秋七月，令曰："丧乱已来，十有五年，后生者不见仁义礼让之风，吾甚伤之。其令郡国各修文学，县满五百户置校官，选其乡之俊造而教学之，庶几先王之道不废，而有以益于天下。"

又同书卷 24《高柔传》载：

昔汉末陵迟，礼乐崩坏，太祖（即曹操）初兴，愍其如此，在于拨乱之际，并使郡县立教学之官。高祖即位（即曹丕），遂阐其业，兴复辟雍，州立课试，于是天下之士，复闻庠序之教，亲俎豆之礼焉。

又同书卷 12《崔琰传》注引《续汉书》载：

（孔）融持论经理不及让等，而逸才宏博过之。司徒、大将军辟举高第，累迁北军中候、虎贲中郎将、北海相，时年三十八。承黄巾残破之后，修复城邑，崇学校，设庠序，举贤才，显儒士。

又同书卷 16《杜畿传》载：

杜畿字伯侯……是时天下郡县残破，河东最先定，少耗减。畿治之，崇宽惠，与民无为……百姓勤农，家家丰实。畿乃曰："民富矣，不可不教也。"于是冬月修戎讲武，又开学官，亲自执经教授，郡中化之。……至今河东特多儒者，则畿之由也。

又同书卷 21《刘劭传》载：

刘劭……明帝即位，出为陈留太守，敦崇教化，百姓称之。……正始中，执经讲学，赐爵关内侯。

(三) 私学

由于长期战乱，当时有些士大夫无意为官，遂避居乡里或山野之中，以讲学授徒为己任。

《三国志》卷 11《田畴传》载：

（田）畴得北归，率举宗族他附从数百人……遂入徐无山中，营深险平敞地而居，躬耕以养父母。百姓归之，数年间至五千余家。……兴举学校讲授之业。

又同书卷11《邴原传》注引《原别传》载：

（邴原）自反国土，原于是讲述礼乐，吟咏诗书，门徒数百，服道数十。时郑玄博学洽闻，注释典籍，故儒雅之士集焉。原亦自以高远清白，颐志淡泊，口无择言，身无择行，故英伟之士向焉。是时海内清议，云青州有邴、郑之学。

又同传注引《傅子》谓：

宁往见度，语惟经典，不及世事。还乃因山为庐，凿坏为室。越海避难者，皆来就之而居，旬月而成邑。遂讲《诗》《书》，陈俎豆，饰威仪，明礼让，非学者无见也。由是度安其贤，民化其德。

又同书卷13《王朗传附子肃传》注引《魏略》载：

隗禧字子牙……初平中，三辅乱，禧南客荆州，不以荒扰，担负经书，每以采稆余日，则诵习之。太祖定荆州，召署军谋掾。黄初中，为谯王郎中。王宿闻其儒者，常虚心从学。禧亦敬恭以授王，由是大得赐遗。……年八十余，以老处家，就之学者甚多。

魏国对其他文教事业也比较重视。黄初二年（221），文帝诏命祭祀孔子，修葺孔庙，令刘劭、王象和桓范等采集经传的资料，分类编纂，千余篇，八百多万字，名为《皇览》。这是中国编纂类书之始，也是一种统一学术思想的活动。

《三国志》卷2《文帝纪》载：

（黄初）二年春正月……壬午……诏曰："遭天下大乱，百祀堕坏，旧居之庙，毁而不修，褒成之后，绝而莫继，阙里不闻讲颂之声，四时不睹蒸尝之位。斯岂所谓崇礼报功，盛德百世必祀者哉！其以议郎孔羡为宗圣侯，邑百户，奉孔子祀。"令鲁郡修起旧庙，置百户吏卒以守卫之，又于其外广为室屋以居学者。

又云：

> 文帝丕，好文学，以著述为务，自所勒成垂百篇，又使诸儒撰集经传，随类相从，凡千余篇，号曰《皇览》。

又同书卷21《刘劭传》载：

> 黄初中，刘劭受诏集五经群书，以类相从，作《皇览》。

又同书卷23《杨俊传》注引《魏略》载：

> （王象）受诏撰《皇览》……从延康元年始撰集，数岁成，藏于秘府，合四十余部，部有数十篇，通合八百余万字。

明帝于青龙四年（236），置崇文观，并令名儒高堂隆、苏林、秦静等三十人，学习四经三礼，且加课试。

《三国志》卷3《明帝纪》载：

> （青龙）四年……夏四月，置崇文观，征善属文者以充之。

又同书卷25《高堂隆传》载：

> 景初中，帝以苏林、秦静等并老，恐无能传业者。乃诏曰："……方今宿生巨儒，并各年高，教训之道，孰为其继？……其科郎吏高才解经义者三十人，从光禄勋隆、散骑常侍林、博士静，分受四经三礼，主者具为设课试之法。"

高贵乡公曹髦既注重教育，玩习古义，修明经典；又爱好文学，经常与群臣聚会，赋诗论文。

《晋书》卷33《王祥传》载：

> 王祥字休征……举秀才……累迁大司农。高贵乡公即位，与定策功，封关内侯，拜光禄勋，转司隶校尉。从讨毋丘俭、增邑四百户，迁太常……命祥为三老。祥南面几杖，以师道自居。天子北面乞言，祥陈明王圣帝君臣政化之要以训之，闻者莫不砥砺。

又《晋书》卷50《庾峻传》载：

> 庾峻字山甫……太常郑袤见峻，大奇之，举为博士。时重《庄》《老》而轻经史，峻惧雅道陵迟，乃潜心儒典。属高贵乡公幸太学，问《尚书》义于峻，峻援引师说，发明经旨，申畅疑滞，对答详悉。

又《三国志》卷4《三少帝纪》载：

> 甘露二年，帝幸辟雍，会命群臣赋诗。……诏曰："吾以暗昧，爱好文雅，广延诗赋，以知得失……主者宜敕自今以后，群臣皆当玩习古义，修明经典，称朕意焉。"

又《隋书》卷66《李谔传》载：

> 魏之三祖，更尚文词，忽君人之大道，好雕虫之小艺。下之从上，有同影响，竞骋文华，遂成风俗。

二　蜀的学校教育

蜀国国小民穷，且连年征战。因此，官学荒废，地方教育较之曹魏尤为逊色。刘备、诸葛亮虽重视教育，但因统治时间短，教育制度未及完善，成就有限。

（一）中央官学

刘备建立蜀国后，设太学，置博士。

《晋书》卷91《儒林文立传》云：

> （文立）蜀时游太学，专《毛诗》《三礼》，师事谯周，门人以

立为颜回，陈寿、李虔为游夏，罗宪为子贡。

又《三国志》卷42《许慈传》载：

（许慈）师事刘熙，善郑氏学，治《易》《尚书》《三礼》《毛诗》《论语》。……先主定蜀，承丧乱历纪，学业衰废，乃鸠合典籍，沙汰众学，慈、潜（胡潜）并为学士，与孟光，来敏等典掌旧文。……慈后主世稍迁至大长秋，卒。子勋传其业，复为博士。

又同书卷42《尹默传》载：

尹默字思潜……先主定益州，领牧，以为劝学从事。及立太子，以默为仆，以《左氏传》授后主，后主践阼，拜谏议大夫。丞相亮住汉中，请为军祭酒。……子宗传其业，为博士。

（二）地方官学

蜀汉政权在东汉末有州学。刘备、诸葛亮先后任命管理学校的官员。《三国志》卷42《来敏传》载：

先主定益州，署敏（来敏）典学校尉。

又同卷《尹默传》载：

尹默，先主定益州，领牧，以为劝学从事。

其后州学一直存在。
《三国志》卷42《谯周传》载：

建兴中，丞相亮领益州牧，命周（谯周）为劝学从事。……大将军蒋琬领刺史，徙为典学从事，总州之学者。

又同传注引《益部耆旧传》载：

益州刺史董荣图画周像于州学，命从事李通颂之曰："抑抑谯侯，好古述儒，宝道怀真，鉴世盈虚，雅名美迹，终始是书。"

(三) 私学

因当时社会不安定，有些士大夫不愿为官，遂以私人讲学自给。
《晋书》卷82《陈寿传》载：

陈寿……师事同郡谯周，仕蜀为观阁令史。……撰魏、吴、蜀《三国志》，凡六十五篇。时人称其善叙事，有良史之才。

又《三国志》卷31《刘二牧传》注引《益部耆旧传》载：

董扶字茂安。少从师学，兼通数经，善欧阳《尚书》，又事聘士杨厚，究极图谶。遂至京师，游览太学，还家讲授，弟子自远而至。

三 吴的学校教育

孙权于黄龙二年（230），诏立都讲祭酒，后孙休继帝位，下令设置官学，立五经博士。丹阳守孙瑜注重地方教育，"随立学官，临飨讲肆"。在吴国的学校教育中，以私学较为发达。

(一) 中央官学

孙权称帝后，诏立讲学之官，以教育自己诸子。
《三国志》卷47《吴主传》载：

（黄龙）二年正月……，诏立都讲祭酒，以教学诸子。

又同书卷59《吴主五子·孙登传》载：

孙登字子高，孙权长子也。魏黄初二年，以权为吴王，拜登东中郎将，封万户侯，登辞侯不受。是岁，立登为太子，选置师傅，铨简秀士，以为宾友，于是诸葛恪、张休、顾谭、陈表等以选入，侍讲诗书，出从骑射。权欲登读《汉书》，习知近代之事，以张昭有师法，重烦劳之，乃令休从昭受读，还以授登。

又同卷《吴主五子·孙和传》载：

孙和字子孝，虑弟也。少以母王有宠见爱，年十四，为置宫卫，使中书令阚泽教以书艺。好学下士，甚见称述。

又同书卷52《顾雍传附孙谭传》载：

宣太子正位东宫，天子方隆训导之义，妙简俊彦，讲学左右。时四方之杰毕集。

孙权还常要求将领及子弟加强学习，吴宗室孙奂命令部队子弟就学，后仕进者达数十人。

《三国志》卷54《吕蒙传》注引《江表传》载：

孙权谓蒙及蒋钦曰："卿今并当涂掌事，宜学问以自开益。"蒙曰："在军中常苦多务，恐不容复读书。"权曰："……宜急读《孙子》《六韬》《左传》《国语》及三史。"……蒙始就学，笃志不倦，其所览见，旧儒不胜。

又同书卷55《凌统传》载：

凌统卒。"二子烈、封，年各数岁，权内养于宫……及八九岁，令葛光教之读书。"

又同书卷51《宗室孙静传附子奂传》载：

奂亦爱乐儒生，复命部曲子弟就业，后仕进朝廷者数十人。

孙吴国学虽在黄龙年间即已设立，但因文化落后及政局动荡等诸方面的原因，一直未予重视。直至吴景帝孙休永安元年（258），方才正式下诏按旧制置学官，立五经博士；令文武官吏子弟有志者入学，每岁课试，按品第加以位赏。

《通典》卷53《礼十三》载孙休诏文说：

> 古者建国，教学为先，所以遵理为时养器也。宜按旧制，置学官，立五经博士，核取应选，加以宠禄。见吏之中及将吏子弟有志好者，各令就业。一岁课试，差其品第，加以位赏。

（二）地方官学

吴国有些地方官员提倡办学。如奋威将军孙瑜兼丹杨太守，以上宾礼接待笃学好古的马普，以数百将吏子弟就马普受业，"遂立学官，临飨讲肄"。

《三国志》卷51《宗室孙静传附子瑜传》载：

> 济阴人马普笃学好古，（孙）瑜厚礼之，使二府将吏子弟数百人就受业，遂立学官，临飨讲肄。是时诸将皆以军务为事，而瑜好乐坟典，虽在戎旅，诵声不绝。

又同书卷52《顾雍传附子邵传》载：

> （顾邵）起家为豫章太守……小吏资质佳者，辄令就学，择其先进，擢置右职，举善以教，风化大行。

（三）私学

吴国的私学远较官学发达。

《三国志》卷52《步骘传》载：

> 骘字子山……赤乌九年，代陆逊为丞相，犹诲育门生，手不释书，被服居处有如儒生。

又同书卷57《虞翻传》云：

虞翻字仲翔……虽处罪放，而讲学不倦，门徒常数百人。

又同书卷53《程秉传》注引《吴录》云：

秉字子和，治《易》《春秋左氏传》，兼善内术。本姓李，遭乱更姓，遂隐于会稽，躬耕以求其志。好尚者从学，所教不过数人辄止，欲令其业必有成也。

又同卷《阚泽传》云：

（阚）泽州里先辈丹杨唐固亦修身积学，称为儒者，著《国语》《公羊》《谷梁传》注，讲授常数十人。

又同卷《薛综传》云：

薛综字敬文，沛郡竹邑人也。少依族人避地交州，从刘熙学。

第二节　两晋时期的学校教育

两晋时期，由于内战和外乱，学校教育处于时断时续状态，教育的成就不大，但也有可称述者。下面分而叙之。

一　西晋的学校教育

咸熙二年（265），司马炎逼迫曹奂让位，是为晋武帝。此时全国尚未统一，武帝一面积极练兵，务农积粮，一面整顿学校。在泰始六年（270）冬，武帝亲临辟雍，行乡饮礼酒，并嘉奖学生。

《晋书》卷91《儒林传序》载：

武帝受终，忧劳军国，时既初并庸蜀，方事江湖，训卒厉兵，务农积谷，犹复修立学校，临幸辟雍。

又同书卷3《武帝纪》云：

> 冬十一月，幸辟雍，行乡饮酒之礼，赐太常博士、学生帛牛酒各有差。

泰始八年（272），武帝下诏整顿太学，令大臣子弟能受教的入学。晋初已有太学生三千人。

《宋书》卷14《礼志上》云：

> 晋武帝泰始八年，有司奏："太学生七千余人，才任四品，听留。"诏："已试经者留之，其余遣还郡国。大臣子弟堪受教育，令入学。"

又《晋书》卷24《职官志》云：

> 晋初承魏制，置博士十九人。

又《南齐书》卷9《礼志上》云：

> 晋初太学生三千人。

(一) 中央官学

西晋统一全国以后，对教育给予了应有的重视。咸宁二年（276）初，立国子学，这是我国古代在太学之外，专为士族子弟另设国子学的滥觞。

《晋书》卷3《武帝纪》载：

> 咸宁二年夏五月，立国子学。

又《宋书》卷14《礼志一》载：

> 咸宁二年，起国子学，盖《周礼》国之贵游子弟所谓国子，受

教于师氏者也。

又《晋书》卷24《职官志》载：

> 武帝初立国子学，定置国子祭酒、博士各一人，助教十五人，以教生徒。博士皆取履行清淳，通明典义者，若散骑常侍、中书侍郎、太子中庶子以上，乃得召试。

惠帝元康元年（291），规定第五品以上官员子弟准入国子学，第六品以下的子弟入太学。以此"殊其士庶，异其贵贱"，故而国学、太学两者并存。

《南齐书》卷9《礼志上》载：

> （晋惠帝）欲辨其泾渭，故元康三年，始立国子学，官品第五以上得入国学。

又云：

> 太学之与国学，斯是晋世殊其士庶，异其贵贱耳。然贵贱士庶，皆须教成，故国学，太学两存之也。

又《晋书》卷55《潘岳传》载：

> 两学齐列，双宇为一，右延国胄，左纳良逸。祁祁生徒，济济儒术，或升之堂，或入之室。教无常师，道在则是。

柳诒徵《史学杂志》卷1《南朝太学考》载：

> 汉魏只有太学，自西晋以来有因子及太学，号为二学，实则国子属于太学。祭酒亦只一人，惟博士有所谓太学博士、国子博士。

(二) 地方官学

当时的地方官学，一般无完整规则，处于放任自流的状态。
《晋书》卷82《虞溥传》载：

> 虞溥字允源……溥从父之官，专心坟籍。……稍迁公车司马令，除鄱阳内史。大修庠序，广招学徒，移告属县曰："……自汉氏失御，天下分崩……庠序之训，废而莫修。今四海一统，万里同轨……宜崇尚道素，广开学业，以赞协时雍，光扬盛化。"乃具为条制。于是至者七百余人。溥乃作诰以奖训之，曰："……始涉学庭，讲修典训，此大成之业，立德之基也。……故学之染人，甚于丹青。丹青吾见其久而渝矣，未见久学而渝者也。
>
> 夫工人之染，先修其质，后事其色，质修色积，而染工毕矣。学亦有质，孝悌忠信是也。君子内正其心，外修其行，行有余力，则以学文，文质彬彬，然后为德。夫学者不患才不及，而患志不立。故曰希骥之马，亦骥之乘，希颜之徒，亦颜之伦也。又曰锲而舍之，朽木不知；锲而不舍，金石可亏。斯非其效乐？
>
> 今诸生口诵圣人之典，体闲庠序之训，比及三年，可以小成。……然积一勺以成江河，累微尘以崇峻极，匪志匪勤，理无由济也。诸生若绝人间之务，心专亲学，累一以贯之，积渐以进之，则亦或迟或速，或先或后耳，何滞而不通，何远而不至邪！"
>
> 时祭酒求更起屋行礼，溥曰："君子行礼，无常处也，故孔子射于矍相之圃，而行礼于大树之下。况今学庭庠序，高堂显敞乎！"

又同书卷34《杜预传》载：

> （杜预）以天下虽安，忘战必危，勤于讲武，修立泮宫，江汉怀德，化被万里。

又同书卷34《羊祜传》载：

> （羊祜）率营兵出镇南夏，开设庠序，绥怀远近，甚得江汉之心。

又同书卷46《李重传》载：

> 李重字茂曾……出为行讨房护军、平阳太守，崇德化，修学校，表笃行，拔贤能，清简无欲，正身率下。

(三) 私学

西晋的私学比较兴旺。西晋之初，私学大体顺承三国旧风，而与官学并行。但自永嘉之乱以降，战祸再起，中州名士又多趋避于江左或河西，致使江南地区的私学急剧增广，而河洛、河西的私学渐趋鼎盛。

《晋书》卷42《唐彬传》载：

> 唐彬……晚乃敦悦经史，尤明《易经》，随师受业，还家教授，恒数百人。……彬初受学于东海阎德，门徒甚多，独目彬有廊庙才。

又同书卷91《儒林·范平传》载：

> 范平字子安……平研览坟素，遍该百氏，姚信、贺邵之徒皆从受业。……孙皓初，谢病还家，敦悦儒学。……家世好学，有书七千余卷，远近来读者恒有百余人。

又同卷《刘兆传》载：

> 刘兆字延世……兆博学洽闻，温笃善诱，从受业者数千人。武帝时五辟公府，三征博士，皆不就。安贫乐道，潜心著述，不出门庭数十年。……凡所赞述百余万言。

又同卷《续咸传》载：

> 续咸字孝宗……好学，师事京兆杜预，专《春秋》《郑氏易》，教授常数十人，博览群言，高才善文论。

二 东晋的学校教育

东晋虽提倡教育，尊儒劝学，但成就不大。当时王导、戴邈等上疏建议兴学。

《晋书》卷65《王导传》载：

> 时军旅不息，学校未修，导上书曰："夫风化之本在于正人伦，人伦之正存乎设庠序。庠序设，五教明，德礼洽通，彝伦攸叙，而有耻且格，父子兄弟夫妇长幼之序顺，而君臣之义固矣。……人知士之贵由道存，则退而修其身以及家，正其家以及乡，学于乡以登朝，反本复始，各求诸己，敦朴之业著，浮伪之竞息，教使然也。故以之事君则忠，用之莅下则仁。……自顷皇纲失统，颂声不兴，于今将二纪矣。传曰：'三年不为礼，礼必坏；三年不为乐，乐必崩，而况如此之久乎！'……殿下以命世之资，属阳九之运，礼乐征伐，翼成中兴。诚宜经纶稽古，建明学业，以训后生，渐之教义，使文武之道坠而复兴，俎豆之仪幽而更彰……使帝典阙而复补，皇纲弛而更张，兽心革面，饕餮检情，揖让而服四夷，缓带而天下从。……桓文之霸，皆先教而后战。今若聿遵前典，兴复道教，择朝之子弟并入于学，选明博修礼之士而为之师，化成俗定，莫尚于斯。"帝甚纳之。

又同书卷69《戴若思传附弟邈传》载：

> 元帝版行邵陵内史、丞相军咨祭酒，出为征南军司。于时凡百草创，学校未立，邈（戴邈）上疏曰："臣闻大道之所大，莫大于阴阳；帝王之至务，莫重于礼学。是以古之建国，有明堂辟雍之制，乡有庠序黉校之仪。……"
>
> 然三年不礼，礼必坏；三年不为乐，乐必崩，况旷载累纪如此之久邪！今末进后生目不睹揖让升降之仪，耳不闻钟鼓管弦之音，文章散灭，图谶无遗。此盖圣达之所深悼，有识之所嗟叹也。
>
> 今或以天下未一，非兴礼学之时，此言似之而不其然。夫儒道深奥，不可仓卒而成。古之俊乂必三年而通一经，比天下平泰然后修之，则功成事定，谁与制礼作乐者哉？又贵游之子未必有斩将搴旗之

才，亦未有从军征戍之役，不及盛年讲肄道义，使明珠加磨莹之功，荆璞发采琢之荣，不亦良可惜乎！

臣愚以世丧道久，人情玩于所习；纯风日去，华竞日彰，犹火之消膏而莫之觉也。今天地告始，万物权舆，圣朝以神武之德，值革命之运，荡近世之流弊，继千载之绝轨，笃道崇儒，创立大业。明主唱之于上，宰辅督之于下。……疏奏，纳焉，于是始修礼学。

（一）中央官学

东晋元帝建武元年（317），设立太学；大兴二年（319）置博士，太子讲经于太学，并采纳大臣建议，增加博士名额。

《晋书》卷6《元帝纪》载：

（建武元年十一月）置史官，立太学。

又云：

（太兴）……二年……，置博士员五人。

又《文献通考》卷43《学校考四》载：

大兴二年，皇太子讲经，行释奠礼于太学。

又《晋书》卷70《应詹传》载：

詹上疏陈便宜……又曰："性相近，习相远，训导之风，宜慎所好。魏正始之间，蔚为文林。元康以来，贱经尚道，以玄虚宏放为夷达，以儒术清俭为鄙俗。永嘉之弊，未必不由此也。今虽有儒官，教养未备，非所以长育人材，纳之轨物也。宜修辟雍，崇明教义，先令国子受训，然后皇储亲临释奠，则普天尚德，率土知方矣。"元帝雅重其才，深纳之。

又《晋书》卷75《荀崧传》载：

时方修学校，简省博士，置《周易》王氏、《尚书》郑氏、《古文尚书》孔氏、《毛诗》郑氏、《周官》、《礼记》郑氏、《春秋左传》杜氏、服氏、《论语》、《孝经》郑氏博士各一人，凡九人，其《仪礼》《公羊》《谷梁》及郑《易》皆省不置。崧以为不可，乃上疏曰：

"自丧乱以来，儒学尤寡，今处学则阙朝廷之秀，仕朝则废儒学之俊。……陛下圣哲龙飞，恢崇道教，乐正雅颂，于是乎在。……

伏闻节省之制，皆三分置二。博士旧置十九人，今五经合九人，准古计今，犹未能半，宜及节省之制，以时施行。今九人以外，犹宜增四。……宜为郑《易》置博士一人，郑《仪礼》博士一人，《春秋》、《公羊》博士一人，《谷梁》博士一人。……臣以为《三传》虽同曰《春秋》，而发端异趣，案如三家异同之说，此乃义则战争之场，辞亦剑戟之锋，于理不可得共。博士宜各置一人，以博其学。"

元帝诏曰："崧表如此，皆经国之务，为政所由。息马投戈，犹可讲艺，今虽日不暇给，岂忘本而遗存邪！可供博议者详之。"议者多请从崧所奏。诏曰："《谷梁》肤浅，不足置博士，余如奏。"会王敦之难，不行。

又《宋书》卷39《百官志上》谓：

元帝末，增《仪礼》、《公羊春秋》博士各一人，合为十一人。后又增为十六人，不复分掌《五经》，而谓之太学博士也。秩六百石。

自永嘉乱后，汉时今文经学多已丧失，当时太学所立博士均为王肃、郑玄等所注的古文经学，汉世今文经博士所注者已绝传。

皮锡瑞《经学历史》载：

王肃所注古文经学，行于晋初。《尚书》《论语》《三礼》《左氏解》及撰定父朗所作《易传》，皆立学官。晋初郊庙之礼，皆王肃说，不同郑（玄）义。……晋所立博士，无一为汉十四博士所传者，而今文之师法遂绝。

又柳诒徵《史学杂志》卷1《南朝太学考》载：

  两汉博士，以家法传经，至南朝而渐变。然晋宋之际，博士讲学，犹明定以某氏传注立于学官。如东晋博士，先立《周易》王氏，《尚书》郑氏，《毛诗》、《周官》、《礼记》、《论语》、《孝经》郑氏，《春秋左传》杜氏、服氏九博士。后从荀崧议，增《易》及《仪礼》郑氏博士，仍两汉之法也。

  东晋历朝主张兴复学校的人很多，然而太学直至成帝咸康三年（337）初始建立。主要是国子祭酒袁瑰建议兴学的奏疏打动了成帝，遂下"给宅地，备学徒"的诏令，所以史有"国学之兴，自瑰始也"之说。此前于太宁三年（325），已征名士为博士。

《晋书》卷83《袁瑰传》载：

  于时丧乱之后，礼教陵迟，瑰上疏曰："臣闻先王之教也，崇典训以弘远代，明礼乐以流后生，所以导万物之性，畅为善之道也。……畴昔皇运陵替，丧乱屡臻，儒林之教渐颓，庠序之礼有阙，国学索然，坟籍莫启，有心之徒抱志无由。昔魏武帝身亲介胄，务在武功，犹尚废鞍览卷，投戈吟咏。况今……朝野无虞，江外谧静，如之何泱泱之风漠然无闻，洋洋之美坠于圣世乎！古人有言：'《诗》《书》义之府，礼乐德之则。'实宜留心经籍，阐明学义，使讽诵之音盈于京室，味道之贤是则是咏，岂不盛哉！若得给其宅地，备其学徒，博士僚属粗有其官，则臣之愿也。"

  疏奏，成帝从之。国学之兴，自瑰始也。

又《宋书》卷14《礼志一》载：

  疏奏，帝有感焉。由是议立国学，征集生徒，而世尚庄、老，莫肯用心儒训。

又《晋书》卷7《成帝纪》载：

（咸康）三年春正月辛卯，立太学。

当时士大夫多向往老庄之学，无意于儒学，甚至"指礼法为流俗，目纵诞为清高"。

《晋书》卷91《儒林传序》载：

有晋始自中朝，迄于江左，莫不崇饰华竞，祖述虚玄，摈阙里之典经，习正始之余论，指礼法为流俗，目纵诞以清高，遂使宪章弛废，名教颓毁。

又同书卷6《明帝纪》载：

（太宁）三年……三月……征处士临海任旭、会稽虞喜并为博士。

又同书卷91《儒林·虞喜传》载：

太宁中，虞喜与临海任旭俱以博士征，不就。复下诏曰："……临海任旭、会稽虞喜并洁静其操，岁寒不移，研精坟典，居今行古，志操足以励俗，博学足以明道，前虽不至，其更以博士征之。"

当时，由于西征，军事倥偬，无暇顾及教育，学校兴废无常。

《宋书》卷14《礼志一》载：

穆帝永和八年，殷浩西征，以军兴罢遣，由此遂废。

又《晋书》卷91《儒林传序》载：

元帝运钟百六，光启中兴。……虽尊儒劝学，亟降于纶言，东序西胶未闻于弦诵。明皇聪睿，雅爱流略；简文玄嘿，敦悦丘坟。乃招集学徒，弘奖风烈，并时艰祚促，未能详备。

孝武帝恢复国学并普修乡校。
又《宋书》卷14《礼志一》载：

　　孝武帝太元九年，尚书谢石又陈之曰："……大晋受命，值世多阻，虽圣化日融，而王道未备，庠序之业，或废或兴。……今皇威遐震，戎车方静，将洒玄风于四区，导斯民于至德。岂可不弘敷礼乐，使焕乎可观，请兴复国学，以训胄子；班下州郡，普修乡校。……大启群蒙，茂兹成德，匪懈于事，必由之以通，则人竞其业，道隆学备矣。"

　　烈宗纳其言。其年，选公卿二千石子弟为生，增造庙屋一百五十五间。而品课无章，士君子耻于与其列。

当时教育颓坏，学生质量参差不齐，多数素质低下，教学秩序混乱，亟待整顿。
《宋书》卷32《五行志三》载：

　　晋孝武帝太元十年正月，立国子学。学生多顽嚚，因风放火，焚房百余间。是后考课下厉，赏黜无章，有育才之名，无收贤之实。

又同书卷14《礼志一》载：

　　国子祭酒殷茂言之曰："臣闻弘化正俗，存乎礼教，辅性成德，必资于学。……

　　自大晋中兴，肇基江左，崇明学校，修建庠序，公卿子弟，并入国学。……自学建弥年，而功无可名。惮业避役，就存者无几，或假托亲疾，真伪难知，声实浑乱，莫此之甚。臣闻旧制，国子生皆冠族华胄，比列皇储。而中者混杂兰艾，遂令人情耻之。……若以当今急病，未遑斯典，权宜停废者，别一理也。若其不然，宜以旧准。窃谓群臣内外，清官子侄，普应入学，制以程课。今者见生，或年在扞格，方圆殊趣，宜听其去就。各从所安。所上谬合，乞付外参议。"

烈宗下诏褒纳，又不施行。朝廷及草莱之人有志于学者，莫不发愤叹息。

清河人李辽又上表曰："臣闻教者，治化之本，人伦之始，所以诱达群方，进德兴仁，譬诸土石，陶冶成器。……以太元十年，遣臣奉表。路经阙里，过觐孔庙，庭宇倾顿，轨式颓弛，万世宗匠，忽焉沦废，仰瞻俯慨，不觉涕流。既达京辇，表求兴复圣祀，修建讲学。……乞臣表付外参议。"又不见省。

(二) 地方官学

东晋的地方教育由各地太守县令或名士自行创办。

《宋书》卷93《隐逸·周续之传》载：

> 豫章太守范宁于郡立学，招集生徒，远方至者甚众，（周）续之年十二，诣宁受业。居学数年，通《五经》并《纬候》，名冠同门，号曰"颜子"。

又《晋书》卷75《范汪传附子宁传》载：

> 宁字武子……为余杭令，在县兴学校，养生徒，洁己修礼，志行之士莫不宗之。期年之后，风化大行。自中兴以来，崇学敦教，未有如宁者也。……宁在郡又大设庠序，遣人徳交州采磬石，以供学用，改革旧制，不拘常宪。远近至者千余人，资给众费，一出私禄。并取郡四姓子弟，皆充学生，课读《五经》。又起学台功用弥广。

又同书卷94《隐逸·范粲传》载：

> 范粲字承明……粲高亮贞正，有丹凤，而博涉强记，学皆可师，远近请益者甚众。……迁武威太守。到郡，选良吏，立学校，办农桑。

又同书卷75《范汪传》载：

（东阳太守范汪）在郡大兴学校，甚有惠政。

在地方学校教育方面，颍川庾亮开办的地方学校有两点值得注意：一是不通礼教而仅为避役而来的不予接纳；二是对入学者的要求是"令法清而人贵"，表明东晋等级教育制度已波及地方。庾亮在一定程度上摒弃玄风，而以儒学为学校教育之核心，这在当时有一定的积极意义。

《宋书》卷14《礼志一》载：

征西将军庾亮在武昌，开置学官。教曰："人情重交而轻财，好逸而恶劳，学业致苦，而禄答未厚，由捷径者多，故莫肯用心。……自胡夷交侵，殆三十年矣；而未革面向风者，岂威武之用尽，抑文教未洽，不足绥之邪？……况今江表晏然，王道隆盛，而不能弘敷礼乐，敦明庠序，其何以训彝伦而来远人乎！……

今使三时既务，五教并修，军旅已整，俎豆无废，岂非兼善者哉！便处分安学校处所，筹量起立讲舍，参佐大将子弟，悉令入学，吾家子弟，亦令受业。四府博学识义通涉文学经纶者，建儒林祭酒，使班同三署，厚其供给，皆妙选邦彦，必有其宜者，以充此举。近临川、临贺二郡，并求修复学校，可下听之。若非束修之流，礼教所不及，而欲阶缘免役者，不得为生。明为条制，令法清而人贵。"

又缮造礼器俎豆之属，将行大射之礼。亮寻薨，又废。

又《文献通考》卷41《学校考二》载：

致堂胡氏曰："东晋请建学校者，惟戴邈与袁（瓌）、冯（怀）三君子恳恳言之而终不能革清淡之俗，还孔孟之教，任是责者岂庾亮乎！"

（三）私学

东晋的私学亦颇发达，任教者多是博学多通的名士，生徒常有数百或数千人。

《晋书》卷91《儒林·范宣传》载：

（范宣）虽闲居屡空，常以讲诵为业，谯国戴逵等皆闻风宗仰，自远而至，讽诵之声，有若齐、鲁。

又同书卷94《隐逸·戴逵传》载：

戴逵字安道，谯国人也。少博学，好谈论，善属文，能鼓琴，工书画，其余巧艺靡不毕综。……师事术士范宣于豫章。

又同书卷94《隐逸·祈嘉传》载：

（祈嘉）少清贫，好学。……西至敦煌，依学官诵书，贫无衣食，为书生都养以自给，遂博通经传，精究大义。西游海渚，教授门生百余人。

又同上《隐逸·杨轲传》载：

杨轲，天水人也。少好《易》……学业精微，养徒数百。……虽受业门徒，非入室弟子，莫得亲言。欲所论授，须旁无杂人，授入室弟子，令递相宣授。

第三节 北方各少数族政权的教育

西晋末及东晋时期，北方各少数族建立的国家，历史上称为"五胡十六国"。因战乱关系，十六国的文化教育比较落后，但仍有可称述者，现掇要叙之。

一 前赵（匈奴）的学校教育

刘曜于晋元帝大兴元年（318）即帝位，国号为赵（前赵）。刘曜重视教育，注重培养和选拔人才。

《晋书》卷103《刘曜载记》载：

（刘）曜立太学于长乐宫东，小学于未央宫西，简百姓年二十五已下十三巳上，神志可教者千五百人，选朝贤宿儒明经笃学以教之。以中书监刘均领国子祭酒。置崇文祭酒，秩次国子。散骑侍郎董景道以明经擢为崇文祭酒。……曜临太学，引试学生之上第者拜郎中。

又云：

刘曜命其公卿各举博识直言之士一人，司空刘均举参军台产，曜亲临东堂，遣中黄门策问之。产极言其故，曜览而嘉之，引见东堂，访以政事。……拜博士祭酒、谏议大夫，领太史令。

二　后赵（羯）的学校教育

晋怀帝永嘉六年（312），石勒建都于襄国（今河北邢台），国号后赵。石勒对教育较为重视，这于下列两方面措施可以看出。一是兴办学校，设立教育机构。

《晋书》卷105《石勒载记下》载：

石勒依春秋列国、汉初侯王每世称元改称赵王元年。始建社稷，立宗庙，营东西宫。署从事中郎裴宪、参军傅畅、杜虾并领经学祭酒，参军续咸、庚景为律学祭酒，任播、崔濬为史学祭酒。……署前将军李寒领司兵勋，教国子击刺战射之法。

又同书卷104《石勒载记上》载：

（建兴元年，石勒）立太学，简明经善书吏署为文学掾，选将佐子弟三百人教之。……勒增置宣文、宣教、崇儒、崇训十余小学于襄国四门，简将佐豪右子弟百余人以教之。

又同书卷105《石勒载记下》载：

勒亲临大小学，考诸学生经义，尤高者赏帛有差。勒雅好文学，虽在军旅，常令儒生读史书而听之，每以其意论古帝王善恶，朝贤儒士听者莫不归美焉。尝使人读《汉书》，闻郦食其劝立六国后，大惊曰："此法当失，何得遂成天下！"至留侯谏，乃曰："赖有此耳。"其天资英达如此。……起明堂、辟雍、灵台于襄国城西。……命郡国立学官，每郡置博士、祭酒二人，弟子百五十人，三考修成，显升台府。于是擢拜太学生五人为佐著作郎，录述时事。

二是以经学为标准，遴选人才，广开招贤之路。
《晋书》卷105《石勒载记下》载：

（石勒）以牙门将王波为记室参军，典定九流，始立秀、孝试经之制。……石勒下书令公卿百僚岁荐贤良、方正、直言、秀异、至孝、廉清各一人，答策上第者拜议郎，中第中郎，下第郎中。其举人得递相荐引，广招贤之路。

又云：

（石）勒清定五品，以张宾领选。复续定九品。署张班为左执法郎，孟卓为右执法郎，典定士族，副选举之任。令群僚及州郡岁各举秀才、至孝、廉清、贤良、直言、武勇之士各一人。

又同书卷107《石季龙载记下》"传论"载：

（石勒）释介胄，开庠序，邻敌惧威而献款，绝域承风而纳贡，则古之为国，曷以加诸！虽曰凶残，亦一时杰也。

石勒的从子石虎（季龙）掌握政权后，颇慕经学，令郡国立五经博士，置国子博士助教，并遣国子博士赴洛阳写石经。
《晋书》卷106《石季龙载记上》载：

石虎下书令诸郡国立《五经》博士。……季龙以吏部选举斥外耆德，而势门童幼多为美官，免郎中魏兔为庶人。

又云：

季龙虽昏虐无道，而颇慕经学，遣国子博士诣洛阳写石经，校中经于秘书。国子祭酒聂熊注《谷梁春秋》，列于学官。

三　前燕（鲜卑）的学校教育

前燕的慕容廆置东庠祭酒，命世子皝率国胄受业；慕容皝立东庠于旧宫，每月临观考试，东庠学徒达千余人；慕容儁立小学于显贤里，以教胄子。经过慕容廆祖孙三代人的共同努力，前燕成为十六国中文化教育最发达的地区。

《晋书》卷108《慕容廆载记》载：

时二京倾覆，幽冀沦陷，廆刑政修明，虚怀引纳，流亡士庶多襁负归之。……平原刘赞儒学该通，引为东庠祭酒，其世子皝率国胄束修受业焉。廆览政之暇，亲临听之，于是路有颂声，礼让兴矣。

又云：

廆常从容言曰："狱者，人命之所悬也，不可以不慎；贤人君子，国家之基也，不可以不敬；稼穑者，国之本也，不可以不急；酒色便佞，乱德之甚也，不可以不戒。"乃著《家令》数千言以申其旨。

又同书卷109《慕容皝载记》载：

皝赐其大臣子弟为官学生号高门生，立东庠于旧宫，以行乡射之礼，每月临观考试优劣。皝雅好文籍，勤于讲授，学徒甚盛，至千余人。亲造《太上章》以代《急就》，又著《典诫》十五篇，以教胄子。……皝亲临东庠考试学生，其经通秀异者，擢充近侍。

又同书卷110《慕容儁载记》载：

儁立小学于显贤里以教胄子。……宴群臣于蒲池，酒酣，赋诗，因谈经史。

又云：

> 儁自初即位至末年，讲论不倦，览政之暇，唯与侍臣错综义理，凡所著述四十余篇。性严重，慎威仪，未曾以慢服临朝，虽闲居宴处亦无懈怠之色云。

四 前秦（氐）的学校教育

东晋升平元年（357），苻坚称王，他在丞相王猛等人的悉心支持下，大力发展学校教育，使前秦成为十六国时期北方教育发展的一个高峰。

《晋书》卷113《苻坚载记上》载：

> 坚于是修废职，继绝世，礼神祇，课农桑，立学校；鳏寡孤独高年不自存者，赐谷帛有差，其殊才异行、孝友忠义、德业可称者，令在所以闻。……坚广修学官，召郡国学生通一经以上充之，公卿已下孙子并遣受业；其有学为通儒、才堪干事、清修廉直、孝悌力田者，皆旌表之。于是人思劝励，号称多士……坚亲临太学，考学生经义优劣，品而第之。问难五经，博士多不能对。坚谓博士王实曰："朕一月三临太学，黜陟幽明，躬亲奖励，罔敢倦违，庶几周孔微言不由朕而坠，汉之二武其可追乎！"实对曰："自刘、石扰覆华畿，二都鞠为茂草，儒生罕有或存，坟籍灭而莫纪，经纶学废，奄若秦皇。陛下神武拨乱，道隆虞夏，开庠序之美，弘儒教之风，化盛隆周，垂馨千祀，汉之二武焉足论哉！"坚自是每月一临太学，诸生竞劝焉。……坚临太学，考学生经义，上第擢叙者八十三人。自永嘉之乱，庠序无闻，及坚之僭，颇留心儒学。王猛整齐风俗，政理称举，学校渐兴。

五 后秦（羌）的学校教育

晋孝武帝太元十一年（386），姚苌即帝位，命保留诸镇学官，实行考试按成绩优劣录用人才。其子兴即位，立律学于长安，召郡县散吏加以培训。在姚苌父子的努力之下，后秦教育的发展也达到了很高层次。

《晋书》卷116《姚苌载记》载：

立太学，礼先贤之后。……芟下书令留台诸镇各置学官，勿有所废，考试优劣，随才擢叙。

又同书卷117《姚兴载记上》载：

兴立律学于长安，召郡县散吏以授上。其通明者还之郡县，论决刑狱。若州郡县所不能决者，谳之庭尉。兴常临咨议堂听断疑狱，于时号无冤滞。……姚兴令郡国各岁贡清行孝廉一人。……天水姜龛、东平淳于岐、冯翊郭高等皆耆儒硕德，经明行修，各门徒数百，教授长安，诸生自远而至者万数千人。兴每于听政之暇，引龛等于东堂，讲论道艺，错综名理。凉州胡辩、苻坚之末，东涉洛阳，讲授弟子千有余人，关中后进多赴之请业。兴敕关尉曰："诸生谘访道艺，修己厉身，往来出入，勿拘常限。"于是学者咸劝，儒风盛焉。给事黄门侍郎古成诜、中书侍郎王尚、尚书郎马岱等，以文章雅正，参管机密。诜风韵秀举，确然不群，每以天下是非为己任。

六　前凉（汉）的学校教育

前凉，在张轨为凉州刺史时，利用安定的环境，发展教育，立学校，置崇文祭酒，行乡射之礼；张轨之孙张骏即位后，置国子祭酒，兴办教育机构等；张骏之子张重华亦重经义。在他们的努力下，汉文化在偏僻的凉州地区得以生存，并对民族融合做出了很大贡献。因此前凉教育事业的发展具有特殊的意义。

《晋书》卷86《张轨传》载：

（张轨）征九郡胄子五百人，立学校，始置崇文祭酒，位视别驾，春秋行乡射之礼。

又崔鸿《十六国春秋·前凉录三·张骏传》载：

（张）骏以右长史任处领国子祭酒，立辟雍、明堂而行礼。

又《晋书》卷94《隐逸·祈嘉传》载：

> 祁嘉，张重华征为儒林祭酒。性和裕，教授不倦，依《孝经》作《二九神经》。在朝卿士、郡县守令彭和正等受业独拜床下者二千余人，天锡谓为先生而不名之。

七 南凉（鲜卑）的学校教育

南凉政权是一个封建化、汉化的政权。其统治者对学校教育也较为重视。这于秃发利鹿孤和祠部郎中史暠的谈话可见一斑。

《晋书》卷126《秃发利鹿孤载记》载：

> 祠部郎中史暠对曰："古之王者，行师以全军为上，破国次之，拯溺救焚，东征西怨。今不以绥宁为先，惟以徙户为务，安土重迁，故有离叛，所以斩将克城，土不加广。今取士拔才，必先弓马，文章学艺为无用之条，非所以来远人，垂不朽也。孔子曰：'不学礼，无以立。'宜建学校，开庠序，选者德硕儒以训胄子。"利鹿孤善之，于是以田玄冲、赵诞为博士祭酒，以教胄子。

八 北凉（匈奴）的学校教育

北凉的沮渠蒙逊重视汉族文化教育传统，敬重宿儒；其子沮渠牧犍即王位后，对发展学校教育事业亦不遗余力。

《魏书》卷52《刘昞传》载：

> 蒙逊平酒泉，拜（刘昞为）秘书郎，专管注记。筑陆沉观于西苑，躬往礼焉，号"玄处先生"，学徒数百，月致羊酒。牧犍尊为国师，亲自致拜，命官属以下皆北面受业焉。

又云：

> （刘）昞年十四，就博士郭瑀学。……
> 昞后隐居酒泉，不应州郡之命，弟子受业者五百余人。……昞以三史文繁，著《略记》百三十篇，八十四卷；《凉书》十卷；《敦煌

实录》二十卷；《方言》三卷；《靖恭堂铭》一卷；注《周易》《韩子》《人物志》《黄石公三略》，并行于世。

又同卷《索敞传》载：

索敞，字巨振，敦煌人。为刘昞助教，专心经籍，尽能传昞之业。凉州平，入国，以儒学见拨，为中书博士。笃勤训授，肃而有礼。京师大族贵游之子，皆敬惮威严，多所成益，前后显达，位至尚书牧守者数十人，皆受业于敞。敞遂讲授十余年。

又同卷《阚骃传》载：

（阚骃）三史群言，经目则诵，时人谓之宿读。注王朗《易传》，学者藉以通经。撰《十三州志》行于世。蒙逊甚重之。

九　西凉（汉）的学校教育

晋隆安四年（400），李暠称王后，立泮宫，增高门学生五百人，并设儒林祭酒，从而推动了河西地区学术文化的发展。

《晋书》卷87《李暠传》载：

武昭王讳暠，字玄盛……少而好学，性沈敏宽和，美器度，通涉经史，尤善文义。……又立泮宫，增高门学生五百人。……（暠）写诸葛亮训诫以勖诸子曰："……古今之事不可不知，苟近而可师何必远也。览诸葛亮训励，应璩奏谏，寻其终始，周孔之教，尽在中矣。为国足以致安，立身足以成名。……经史道德如采菽中原，勤之则功多，汝等可不勉哉！"

又《北史》卷34《刘延明传》载：

刘延明，敦煌人也。……年十四，就博士郭瑀。……凉武昭王征为儒林祭酒、从事中郎。昭王（李暠）好尚文典，书史穿落者，亲自补葺。延明时侍侧，请代其事。……延明以三史文繁，著《略记》

百三十篇、八十四卷,《敦煌实录》二十卷,《方言》三卷,《靖恭堂铭》一卷,注《周易》《韩子》《人物志》《黄石公三略》行于世。

又同上《宋繇传》载:

> 宋繇字体业,敦煌人也。……追师就学,闭室读书,昼夜不倦,博通经史。吕光时,举秀才,除郎中。后……西奔凉武昭王。……虽兵革间,讲诵不废。每闻儒士在门,常倒屣出迎,引谈经籍。

第四节　南朝和北朝的学校教育

南朝 170 年间,统治者对学校教育较为重视,私家讲学之风亦颇为兴盛。学术的核心仍是儒家经学,不过由于学术受玄学和佛学的影响较深,南方的学术思想较为活跃。南朝的学校教育也出现了一些新内容,如出现了类似单科太学性质的"四学馆"和与科举关系致密的"明经"考试制度,为隋唐时期的专科教育及科举制度开了先河。北朝各代政权对学校教育也比较重视,并取得了不少成就。与同时期的南朝各代相比,自有一番新的气象。

一　南朝的学校教育

南朝的官学时断时续,而私学则一直保持兴旺的态势,并在一定程度上取代了官学的地位,弥补了官学的不足。

关于南朝官学时兴时废的情况,《南史》卷 71《儒林传序》有云:

> 魏正始以后,更尚玄虚,公卿士庶,罕通经业。时荀顗、挚虞之徒,虽议创制,未有能移俗易风者也。自是中原横溃,衣冠道尽。逮江左草创,日不暇给。以迄宋、齐,国学时或开置,而劝课未博,建之不能十年,盖取具文而已。至梁武创业,深愍其弊,天监四年,乃诏开五馆,建立国学,总以五经教授,置《五经》博士各一人。于是以平原明山宾、吴郡陆琏、吴兴沈峻、建平严植之、会稽贺玚补博士,各主一馆。馆有数百生,给其饩廪,其射策通明经者,即除为吏。于是怀经负笈者云会矣。又选学生遣就会稽云门山,受业于庐江

何胤，分遣博士祭酒到州郡立学。

及陈武创业，时经丧乱，敦奖之方，所未遑也。

(一) 宋的学校教育

中央官学

宋武帝刘裕于永初三年（422），下诏立学，遴选儒官，广招学子，然而未果而崩。不过从范泰上表的材料看，当时已在拟定制度了。

《宋书》卷4《礼志一》载：

（宋武帝）诏有司立学，未就而崩。

又同书卷3《武帝纪下》载：

（永初）……三年……武帝诏曰："古之建国，教学为先，弘风训世，莫尚于此，发蒙启滞，咸必由之。故爱自盛王，迄于近代，莫不敦崇学艺，修建庠序。自昔多故，戎马在郊，旌旗卷舒，日不暇给。遂令学校荒废，讲诵蔑闻，军旅日陈，俎豆藏器，训诱之风，将坠于地。……今王略远届，华域载清，仰风之士，日月以冀。便宜博延胄子，陶奖童蒙，选备儒官，弘振国学。主者考详旧典，以时施行。"

又同书卷60《范泰传》载：

议建国学，以泰领国子祭酒。泰上表曰："臣闻风化兴于哲王，教训表于至世。至说莫先讲习，甚乐必寄朋来。古人成童入学，易子而教，寻师无远，负粮忘艰，安亲光国，莫不由此。……学制既下，远近遵承……今惟新告始，盛业初基，天下改观，有志景慕。而置生之制，取少停多，开不来之端，非一途而已。……十五志学，诚有其文，若年降无几，而深有志尚者，何必限以一格，而不许其进邪。……

昔中朝助教，亦用二品，颍川陈载已辟太保掾，而国子取为助教，即太尉准之弟。所贵在于得才，无系于定品。教学不明，奖励不著，今有职闲而学优者，可以本官领之，门地二品，宜以朝请领助教，既可以甄其名品，斯亦敦学之一隅。其二品才堪，自依旧从事。

会今生到有期，而学校未立。覆篑实望其速，回辙已淹其迟。事有似赊而宜急者，殆此之谓。古人重寸阴而贱尺璧，其道然也。"

时学竟不立。……（元嘉三年）其年秋旱蝗，又上表曰："……礼春夏教诗，无一而阙也。臣近侍坐，闻立学当在入年。陛下经略粗建，意存民食，入年则农功兴，农功兴则田里辟；入秋治庠序，入冬集远生，二途并行，事不相害。夫事多以淹稽为戒，不远为患，任臣学官，竟无微绩，徒坠天施，无情自处。……"

又同书卷93《周续之传》载：

高祖之北讨，世子居守，迎续之馆于安乐寺，延入讲《礼》，月余，复还山。……高祖践祚，复召之，乃尽室俱下山。上为开馆东郊外，招集生徒，乘舆降幸，并见诸生，问续之《礼记》"傲不可长""与我九龄""射于矍圃"三义，辨析精奥，称为该通。续之素患风痹，不复堪讲，乃移病钟山。

宋文帝刘义隆于元嘉十五年（438），召集名儒，设置玄、儒、文、史四学馆。十九年，诏立国子学。

《宋书》卷93《雷次宗传》云：

（元嘉）十五年……征次宗至京师，开馆于鸡笼山，聚徒教授，置生百余人。会稽朱膺之、颍川庾蔚之，并以儒学，监总诸生。时国子学未立，上留心艺术，使丹阳尹何尚之立玄学，太子率更令何承天立史学，司徒参军谢元立文学，凡四学并建。

又同书卷5《文希纪》云：

（元嘉）十九年正月，（宋文帝）诏曰："夫所因者本，圣哲之远教；本立化成，敦学之为贵。故诏以三德，崇以四术，用能纳诸义方，致之轨度。盛王圣世，咸必由之。永初受命，宪章弘远，将陶钧庶品，混一殊风，有诏典司，大启庠序，而频遘屯夷，未及修建。永瞻前猷，思敷鸿烈。今方隅乂宁，戎夏慕向，广训胄子，实维时务。便可式遵成规，阐扬景业。……"

十二月，诏曰："胄子始集，学业方兴。自微言泯绝，逝将千祀，感事思人，意有慨然。奉圣之胤，可速议继袭。于先庙地，特为营造，依旧给祠置令，四时飨祀。阙里往经寇乱，黉校残毁，并下鲁郡修复学舍，采召生徒。昔之贤哲及一介之善，犹或卫其丘垄，禁其刍牧，况尼父德表生民，功被百代，而坟茔荒芜，荆棘弗翦。可蠲墓侧数户，以掌洒扫。"鲁郡上民孔景等五户居孔子墓侧，蠲其课役，供给洒扫，并种松柏树六百株。

又同书卷75《王僧达传附苏宝生传》云：

（元嘉中）立国子学，（苏宝生）为《毛诗》助教，为太祖所知，官至南台侍御史、江宁令。

又同书卷5《文帝纪》云：

（元嘉）二十七年春……三月……戊寅，罢国子学。

宋孝武帝刘骏于大明五年（461），建明堂于国学之南，下诏修复学校。

《宋书》卷6《孝武帝纪》载：

孝武帝诏曰："自灵命初基，圣图重远。参正乐职，感神明之应；崇殖礼囿，奋至德之光。声实同和，文以均节，化调其俗，物性其情。故临经式奠，焕乎炳发，道丧世屯，学落年永。狱讼微衰息之术，百姓忘退素之方。今息警夷嶂，恬波河渚，栈山航海，向风慕义，化民成俗，兹焉时矣。来岁可修葺庠序，旌延国胄。"

又《南史》卷2《宋本纪中》载：

> （大明）五年……五月，起明堂于国学南丙巳之地。

明帝泰始六年（470），设"总明观"，讲授玄、儒、文、史四学。《宋书》卷8《明帝纪》载：

> （泰始）六年……九月，立总明观，征学士以充之，置东观祭酒。

又《南史》卷3《明帝纪》载：

> 置东观祭酒、访举各一人，举士二十人，分为儒、道、文、史、阴阳五部学，言阴阳者遂无其人。

又《宋书》卷39《百官志上》载：

> 晋初助教十五人，江左以来，损其员。自宋世若不置学，则助教唯置一人，而祭酒、博士常置也。

地方官学

刘宋的地方官学无定制，主要由地方官自行开办。

《宋书》卷82《周朗传》载：

> 周朗建议："二十五家选一长，百家置一师。男子十三至十七，皆令学经；十八至二十，尽使修武。……官长皆月至学所，以课其能。……习经者五年有立，则言之司徒；用武者三年善艺，亦升之司马。若七年而经不明，五年而勇不达，则更求其言政置谋，迹其心术行履。复不足取者，虽公卿子弟，长归农田，终身不得为吏。"

又同书卷100《沈约自序》载：

> 亮字道明，清操好学，善属文。……元嘉二十二年，世祖出为抚军将军、雍州刺史。……以亮为南阳太守，加扬武将军。……遣吏巡

行诸县，孤寡老疾不能自存者，皆就瞻养，耆年老齿，岁时有饩。时儒学崇建，亮开置庠序，训授生徒。

又同书卷94《恩倖李道儿传》载：

李道儿，临淮人。本为湘东王师，稍至湘东国学官令。太宗即位，稍进至员外散骑侍郎，淮陵太守。泰始二年兼中书通事舍人，转给事中。

私学

徐湛之、雷次宗和周续之在京城建康之鸡笼山、安乐寺等地开馆授徒，属私学性质，有的私学，还受地方长官资助。

《宋书》卷93《隐逸·周续之传》载：

（高祖北讨）世子居守，迎续之馆于安乐寺，延入讲礼，月余，复还山。

又同卷《隐逸·雷次宗传》载：

（次宗）开馆于鸡笼山，聚徒教授，置生百余人。

又同书卷71《徐湛之传》载：

湛之善于尺牍，音辞流畅。……门生千余人，皆三吴富人之子。

又同书卷93《隐逸·沈道虔传》载：

沈道虔，吴兴武康人也。少仁爱，好《老》《易》，居县北石山下。……郡州府凡十二命，皆不就。……
乡里年少，相率受学。道虔常无食，无以立学徒。武康令孔欣之厚相资给，受业者咸得有成。

（二）齐的学校教育

中央官学

宋昇明三年（479），萧道成灭宋建立齐朝。齐高帝萧道成于建元四年（482）正月，诏立国子学。设国子祭酒、博士和助教，且以经学为先。同年九月萧道成病死，以国哀故，国子学停办。

《南齐书》卷2《高帝纪下》载：

> （建元）四年春正月，高帝诏曰："夫胶庠之典，彝伦攸先，所以招振才端，启发性绪，弘字黎氓，纳之轨义，是故五礼之迹可传，六乐之容不泯。朕自膺历受图，志阐经训，且有司群僚，奏议咸集，盖以戎车时警，文教未宣，思乐泮宫，永言多慨。今关燧无虞，时和岁稔，远迩同风，华夷慕义。便可式遵前准，修建教学，精选儒官，广延国胄。"

又同书卷9《礼志上》载：

> 建元四年正月，诏立国学。置学生百五十人，其有位乐入者五十人。生年十五上，二十以还。取王公以下至三将、著作郎、廷尉正、太子舍人、领护诸府司马、咨议经除敕者、诸州别驾、治中等见居官及罢散者子孙。悉取家去都二千里为限。太祖崩，乃止。

又同书卷16《百官志》载：

> 建元四年，有司奏置国学，祭酒准诸曹尚书，博士准中书郎，助教准南台御史，选经学为先。若其人难备，给事中以还明经者，以本位领。其下典学二人，三品，准太常主簿；户曹、仪曹各二人，五品；白簿治礼吏八人，六品；保学医二人；威仪二人。其夏，国讳废学，有司奏省助教以下。

又《文献通考》卷41《学校考二》载：

> 春置学，秋以国哀罢，曾不及岁，江左之学校如此。

永明三年（485），武帝萧赜诏复立国子学，修建学校，以公卿及员外子弟为国子学生，王俭领国子祭酒，尚经学，重儒教。

《南齐书》卷3《武帝纪》载：

（永明三年，武帝）诏曰："《春秋国语》云'生民之有教，犹树木之有枝叶。'果行育德，咸必由兹。在昔开运，光宅华夏，方弘典谟，克隆教思，命彼有司，崇建庠塾。甫就经始，仍离屯故，仰瞻徽猷，岁月弥远。今遐迩一体，车轨同文，宜高选学官，广延胄子。"又诏"……将明赏罚，以劝勤怠。校核殿晨，岁竟考课，以申黜陟"。

又同书卷39《陆澄传》载：

陆澄字彦渊……永明元年，转度支尚书。寻领国子博士。时国学置郑、王《易》，杜、服《春秋》，何氏《公羊春秋》，糜氏《谷梁》，郑玄《孝经》。澄谓尚书令王俭曰："《孝经》小学之类，不宜列在帝典。"乃与俭书论之："……若谓《易》道尽于王弼，方须大论，意者无乃仁智殊见。……今若不大弘儒学，则无所立学，众经皆儒，惟《易》独玄。"……

王俭曰："……疑《孝经》非郑所注，仆以此书明白行之首，实人伦所先，《七略》《艺文》并陈之六艺，不与《苍颉》《凡将》之流也。"

又同书卷21《文惠太子传》载：

太祖好《左氏春秋》，太子承旨讽诵，以为口实。既正位东储，善立名尚，礼接文士。……永明三年，于崇正殿讲《孝经》，少傅王俭摘句令太（子）仆周颙撰为义疏。五年冬，太子临国学，亲临策试诸生……太子以长年临学，亦前代未有也。

又《南齐书》卷16《百官志》载：

总明观祭酒一人。……建元中，掌治五礼。永明三年，国学建，省。

又《文献通考》卷41《学校考二》载：

永明三年，诏立学。初宋太宗置总明观，以集学士，亦谓之东观。上以国学既立，省总明观。

永明三年（485），总明观停办，王俭于是岁在其住宅内，设立学士馆，并将原藏于总明观的四部书移至学士馆。

《南齐书》卷23《王俭传》载：

是岁，省总明观，于俭宅开学士馆，悉以四部书充俭家。又诏俭以家为府。四年，以本官领吏部。俭长礼学，谙究朝仪，每博议，征引先儒，罕有其例。八坐、丞郎，无能异者。令史咨事，宾客满席，俭应接铨序，傍无留滞。十日一还学，监试诸生，巾卷在庭，剑卫令史，仪容甚盛。作解散髻，斜插帻簪，朝野慕之，相与放效。俭常谓人曰："江左风流宰相，唯有谢安。"盖自比也。

又《南史》卷22《王昙首传附孙俭传》载：

（永明）三年，（王俭）领国子祭酒。宋时国学颓废，未暇修复，宋明帝泰始六年，置总明观以集学士，或谓之东观，置东观祭酒一人，总明访举郎二人；儒、玄、文、史四科，科置学士十人，其余令史以下各有差。是岁，以国学既立，省总明观，于俭宅开学士馆，以总明四部书充之。又诏俭以家为府。四年，以本官领吏部。先是宋孝武好文章，天下悉以文采相尚，莫以专经为业。俭弱年便留意《三礼》，尤善《春秋》，发言吐论，造次必于儒教，由是衣冠翕然，并尚经学，儒教由此大兴。……十日一还，监试诸生，巾卷在庭，剑卫令史，仪容甚盛。……朝野慕之，相与放效。

永泰元年（498）东昏侯萧宝卷即位，援永明"国哀废学"故事废学，从此学校没再设立。

《南齐书》卷6《明帝纪》载：

（建武）四年春正月，诏言："……是以陶钧万品，务本为先，经纬九区，学敩为大。往因时康，崇建庠序，屯虞荐有，权从省废，讴诵寂寥，倏移年稔，永言古昔，无忘旰昃。今华夏乂安，要荒慕响，缔修东序，实允适时。便可式依旧章，广延国胄，弘敷景业，先被后昆。"

又同书卷9《礼志上》载：

建武四年，正月，诏立学。永泰元年，东昏侯即位，尚书符依永明旧事废学。领国子助教曹思文上表言："古之建国君民者，必教学为先，将以节其邪情，而禁其流欲，故能化民裁俗，习与性成也。……今学非唯不宜废而已，乃宜更崇尚其道，望古作规，使郡县有学，乡间立教。请付尚书及二学详议。"有司奏，从之，学竟不立。

又《南史》卷71《儒林传序》载：

逮江左草创，日不暇给，以迄宋、齐，国学时或开置，而劝课未博，建之不能十年，盖取文具而已。是时乡里莫或开馆，公卿罕通经术；朝廷大儒，独学而弗肯养众，后生孤陋，拥经而所讲习。

南齐时期，法律教育受到重视，先后有黄门侍郎崔祖思、廷尉孔稚珪上表建议增置律学，加强法律教育。

《南齐书》卷28《崔祖思传》载：

（崔）祖思启陈政事曰："……汉末治律有家，子孙并世其业，聚徒讲授，至数百人。……如详择笃厚之士，使习律令。"

又同书卷 48《孔稚珪传》载：

（孔稚珪上表曰：）"寻古之名流，多有法学。……今之士子，莫肯为业，纵有习者，世议所轻。……今若弘其爵赏，开其劝慕，课业宦流，班习胄子，拔其精究，使处内局，简其才良，以居外仕，方岳咸选其能，邑长并擢其术，则皋陶之［谟］，指掌可致，杜、郑之业，郁焉何远。然后奸邪无所逃其刑，恶吏不能藏其诈……宜写律上，国学置律助教，依《五经》例，国子生有欲读者，策试上过高第，即便擢用，使处法职，以劝士流。"诏报从纳，事竟不施行。

地方官学
南齐的地方官学虽有兴办，但数量很少。
《南齐书》卷 46《王秀之传》载：

府主豫章王嶷既封王，秀之迁为司马、河东太守，辞郡不受。加宁朔将军，改除黄门郎，未拜，仍迁豫章王骠骑长史。（王）于荆州立学，以秀之领儒林祭酒。

又同书卷 53《良政虞愿传》云：

虞愿为晋平太守，在郡立学堂教授。

私学
有关南齐私学的举办情况，《南齐书》卷 54《高逸·顾欢传》载：

顾欢字景怡……乡中有学舍，欢贫无以受业，于舍壁后倚听，无遗忘者。八岁诵《孝经》《诗》《论》。及长，笃志好学。……欢年二十余，更从豫章雷次宗咨玄儒诸义。……遂隐遁不仕，于剡天台山开馆聚徒，受业者常近百人。

又同书卷 54《高逸·杜京产传》载：

杜京产字景齐……少恬静，闭意荣宦。颇涉文义，专修黄老。……与同郡顾欢同契，始宁东山开舍授学。建元中，武陵王晔为会稽，太祖遣儒士刘瓛入东为晔讲说，京产请瓛至山舍讲书，倾资供待。

又同卷54《高逸·徐伯珍传》载：

徐伯珍字文楚……少孤贫，书竹叶及地学书。……叔父璠之与颜延之友善，还祛蒙山立精舍讲授，伯珍往从学，积十年，究寻经史，游学者多依之。……好释氏、老庄，兼明道术……受业生凡千余人。

（三）梁的学校教育

中央官学

梁武帝萧衍博学多艺，重视教育，他提倡儒学，制礼作乐；大建学馆，学馆生徒，学习五经、六艺；要求皇太子及王侯子弟也入国学受业，定期考试，择优录用，即使寒门亦未见弃。

《梁书》卷3《武帝纪下》载：

高祖萧衍，虽万机多务，犹卷不辍手，燃烛侧光，常至戊夜。造《制旨孝经义》《周易讲疏》及六十四卦、二《系》、《文言》、《序卦》等义；《乐社义》《毛诗答问》《春秋答问》《尚书大义》《中庸讲疏》《孔子正言》《老子讲疏》，凡二百余卷，并正先儒之迷，开古圣之旨。王侯朝臣皆奉表置疑，高祖皆为解释。修饰国学，增广生员，立五馆，置《五经》博士。……又造《通史》，躬制赞序，凡六百卷。……凡诸文集，又百二十卷。……历观古昔帝王人君……艺能博学，罕或有焉。

又同书卷48《儒林传序》载：

（天监）四年……诏曰："二次登贤，莫非经术，服膺雅道，名立行成。魏、晋浮荡，儒教沦扬，风节罔树，抑此之由。朕日昃朝，思闻俊异，收士得人，实惟酬奖。可置《五经》博士各一人，广开馆宇，招内后进。"于是以平原明山宾、兴沈峻、建平严植之、会稽贺玚补博士，各主一馆。馆有数百生，给其饩廪。其射策通明者，即除为吏，十数年间，怀经负笈者云会京师。又选遣学生如会稽云门山，受业于庐江何胤。分遣博士祭酒，到州郡立学。

又同书卷2《武帝纪中》载：

（天监）七年春正月乙酉朔，诏曰："建国君民，立教为首。不学将落，嘉植靡由。朕肇基明命，光宅区宇，虽耕耘雅出，傍阐艺文，而成器未广，志本犹阙，非所以镕范贵游，纳诸轨度。思欲式敦让齿，自家刑国。今声训所渐，戎夏同风，宜大启庠教，博延胄子，务彼十伦，弘此三德，使陶钧远被，微言载表。"……八年……五月（壬午），诏曰："学以从政，殷勤往哲，禄在其中，抑亦前事。朕思阐治纲，每敦儒术，轼闾辟馆，造次以之。故负袟成风，甲科间出，方当置诸周行，饰以青紫。其有能通一经，始末无倦者，策实之后，选可量加叙录。虽复牛监羊肆，寒品后门，并随才试吏，勿有遗隔。"……九年春三月……乙未，诏曰："王子从学，著自礼经，贵游咸在，实惟前诰，所以式广义方，克隆教道。今成均大启，元良齿让，自斯以降，并宜肆业。皇太子及王侯之子，年在从师者，可令入学。"

当时，在国学中任教的大都是著名学者，有善《五经》的贺玚，有精解《周易》《左氏春秋》的严植之，有著述宏富的明山宾等。

《梁书》卷48《儒林·贺玚传》载：

贺玚字德琏。……四年，初开五馆，以玚兼《五经》博士，别诏为皇太子定礼，撰《五经义》。玚悉礼旧事，时高祖方创定礼乐，玚所建议，多见施行。七年，拜步兵校尉，领《五经》博士。……所著《礼》《易》《老》《庄》《讲疏》《朝廷博议》数百篇，《宾礼仪注》一百四十五卷。玚于《礼》尤精，馆中生徒常百数，弟子明经对策至数十人。

又同卷《儒林·严植之传》载：

严植之字孝源……少善《庄》《老》，能玄言，精解《丧服》《孝经》《论语》。

及长，遍治郑氏《礼》《周易》《毛诗》《左氏春秋》。

……（天监）四年，初置《五经》博士，各开馆教授，以植之兼《五经》博士。植之馆在潮沟，生徒常百数。植之讲，五馆生必至，听者千余人。六年，迁中抚军记室参军，犹兼博士。

又《南史》卷71《儒林·严植之传》载：

（天监）四年，初置《五经》博士，各开馆教授，以植之兼《五经》博士。植之馆在潮沟，生徒常百数。讲说有区段次第，析理分明。每当登讲，五馆生毕至，听众千余人。

又《梁书》卷27《明山宾传》载：

（天监）四年，置《五经》博士，山宾首膺其选。……山宾累居学官，甚有训导之益，然性颇疏通，接于诸生，多所狎比，人皆爱之。所著《吉礼仪注》二百二十四卷，《礼仪》二十卷，《孝经丧礼服义》十五卷。

梁武帝大同七年，于宫城西立士林馆，延集学者。士林馆是一个讲学兼研究的地方，不少学者在此讲学，从而使教育呈现一片兴旺景象。

《梁书》卷3《武帝纪下》载：

（大通）七年……十二月……丙辰，于宫城西立士林馆，延集学者。

又同书卷38《朱异传》载：

六年，异启于仪贤堂奉述高祖《老子义》，敕许之。及就讲，朝士及道俗听者千余人，为一时之盛。时城西又开士林馆以延学士，异与左丞贺琛递日述高祖《礼记中庸义》，皇太子又召异于玄圃讲《易》。

又同书卷3《武帝纪下》载：

大同中，于台西立士林馆，领军朱异、太府卿贺琛、舍人孔子祛等递相讲述。皇太子、宣城王亦于东宫宣猷堂及扬州廨开讲，于是四方郡国，趋学向风，云集于京师矣。

梁武帝崇尚儒术，故梁代在经学方面比宋、齐两朝有所发展，经学著述亦颇多。

《梁书》卷48《儒林·崔灵恩传》载：

崔灵恩，少笃学，师从遍通《五经》，尤精《三礼》《三传》。……高祖以其儒术，擢拜员外散骑侍郎，累迁步兵校尉，兼国子博士。灵恩聚徒进授，听者常数百人。……解经析理，甚有精致，京师旧儒咸称重之，助教孔佥尤好其学。灵恩先习《左传》服解，不为江东所行，及改说杜义，每文句常申服以难杜，遂著《左氏条义》以明之。……崔灵恩精《三礼》《三传》。《集注毛诗》二十二卷，《集注周礼》四十卷，制《三礼义宗》四十七卷，《左氏经传义》二十二卷，《左氏条例》十卷，《公羊谷梁文句义》十卷。

又同卷《儒林·严植之传》载：

严植之……精解《丧服》《孝经》《论语》。及长，遍治郑氏《礼》《周易》《毛诗》《左氏春秋》。……撰《凶礼仪注》四百七十九卷。

又同卷《儒林·沈峻传》载：

沈峻字士嵩。……初为王国中尉，稍迁侍郎，并兼国子助教。时吏部郎陆倕与仆射徐勉书荐峻曰："《五经》博士庚季达须换，计公家必欲详择其人。凡圣资可讲之书，必以《周官》立义，则《周官》一书，实为群经源本。此学不传，多历年世，北人孙详、蒋显亦经听习，而音革楚、夏，故学徒不至。惟助教沈峻，特精此书。比日时开讲肆，郡儒刘岩、沈宏、沈熊之徒，并执经下坐，北面受业，莫不叹服，人无间言。弟谓宜即用此人，命其专此一学，周而复始，使圣人正典，废而更新；累世绝业，传于学者。"勉从之，奏峻兼《五经》博士。

又焦循《雕菰楼集》卷12载：

> 迄晋南渡，经学盛于北方；大江以南，自宋及齐，遂不能为儒林立传。梁天监中，渐尚儒风，于是梁书有儒林传。陈书嗣之，仍梁所遗也。
> 武帝亲临国学讲肆，策试诸生，并予奖励；昭明太子亦至国学行释奠礼并讲经，当时国学堪称兴盛，国子生成绩优异。

《梁书》卷2《武帝纪中》载：

> （天监）九年……三月己丑，车驾幸国子学，亲临讲肆，赐国子祭酒以下帛各有差。

又同书卷2《武帝纪中》载：

> （武帝）舆驾幸国子学，策试胄子，赐训授之司各有差。

又同书卷8《昭明太子传》载：

> （天监）八年……九月，（昭明太子）于寿安殿讲《孝经》，尽通大义。讲毕，亲临释奠于国学。

又《南史》卷72《文学纪少瑜传》载：

（纪少瑜）年十九，始游太学，备探《六经》。博士东海鲍瞰雅相钦悦。时瞰有疾，请少瑜代讲。少瑜既妙玄言，善谈吐，辩捷如流。梁朝在对国学学生策试中，亦有不正之风，甚至贿赂公行。

《陈书》卷24《袁宪传》载：

袁宪字德章……幼聪敏，好学，有雅量。梁武帝修建庠序，别开五馆，其一馆在宪宅西，宪常招引诸生，与之谈论，每有新议，书人意表，同辈咸嗟服焉。

大同八年，武帝撰《孔子正言章句》，诏下国学，宣制旨义。宪时年十四，被召为国子《正言》生，谒祭酒到溉，溉目而送之，爱其神采。在学一岁，国子博士周弘正谓宪父君正曰："贤子今兹欲策试不？"君正曰："经义犹浅，未敢令试。"居数日，君正遣门下客岑文豪与宪候弘正，会弘正将登讲坐，弟子毕集，乃延宪入室，授之尘尾，令宪树义。时谢岐、何妥在坐。弘正谓曰："二贤虽穷奥颐，得无惮此后生耶！"何、谢于是递起义端，深极理致，宪与往复数番，酬对闲敏。弘正谓妥曰："恣卿所向，勿以童稚相欺。"时学众满堂，观者重沓，而宪神色自若，辩论有余。弘正请起数难，终不能屈，因告文豪曰："卿还咨袁吴郡，此郎已堪见代为博士矣。"时生徒对策，多行贿赂，文豪请具束修，君正曰："我岂能用钱为儿买第耶！"学司衔之。及宪试，争起剧难，宪随问抗答，剖析如流。到溉顾宪曰："袁君正其有后矣。"及君正将之吴郡，溉祖道于征虏亭，谓君正曰："昨策生萧敏孙、徐孝克，非不解义，至于风神器局；去贤子远矣。"寻举高第。

梁武帝以"立教为主"，仿刘宋设学馆，立五经博士，还增设了其他学馆，教育事业有较大的发展，效果良好。

《梁书》卷48《儒林传序》载：

高祖有天下，深愍之，诏求硕学，治五礼，定六律……分遣博士祭酒，到州郡立学。

又同书卷3《武帝纪下》载：

> 修饰国学，增广生员，立五馆，置《五经》博士。天监初，则何佟之、贺玚、严植之、明山宾等覆述制旨，并撰吉凶军宾嘉五礼，凡一千余卷，高祖称制断疑。于是穆穆恂恂，家知礼节。

又同书卷48《儒林传序》载：

> 武帝诏曰："……今声训所渐，戎夏同风，宜大启庠教，博延胄子……"
> 于是皇太子、皇子、宗室、王侯始就业焉。高祖亲屈舆驾，释奠于先师先圣，申之以燕语，劳之以束帛，济济焉，洋洋焉，大道之行也如是。

地方官学
梁朝地方官学，主要是指派博士、祭酒到州郡办学。
《梁书》卷48《儒林传序》载：

> 梁武帝分遣博士祭酒，到州郡立学。

又同卷《儒林·贺玚传》载：

> 贺玚字德琏，会稽山阴人也。……二子，革字文明。……寻除秣陵令，迁国子博士，于学讲授，坐徒常数百人。出为西中郎湘东王谘议参军，带江陵令。王初于府置学，以革领儒林祭酒，讲《三礼》，荆楚衣冠听者甚众。

又同卷《儒林·卞华传》载：

> 卞华字昭丘。……天监初，迁临川王参军事；兼国子助教，转安成王功曹参军，兼《五经》博士，聚徒教授。华博涉有机辩，说经

析理，为当时之冠。江左以来，钟律绝学，至华乃通焉。

又同卷48《儒林·太史叔明传》载：

太史叔明，吴兴乌程人。……少善《庄》《老》，兼治《孝经》《礼记》，其三玄尤精解，当世冠绝，每讲说，听者常五百余人。历官国子助教。邵陵王纶好其学，及出为江州，携叔明之镇。王迁郢州，又随府，所至辄讲授，江外人士皆传其学焉。

私学
梁代的私学也十分活跃。
《梁书》卷42《臧盾传》载：

臧盾字宣卿，东莞莒人。……盾幼从征士琅琊诸葛璩受《五经》，通章句。璩学徒常有数十百人，盾处其间，无所狎比。璩异之，叹曰："此生重器，王佐才也。"

又同书卷38《贺琛传》载：

贺琛字国宝，会稽山阴人。伯父玚，步兵校尉，为世硕儒。琛幼，玚授其经业，一闻便通义理。玚异之，常曰："此儿当以明经致贵。"……初，玚于乡里聚徒教授。

又同书卷40《司马褧传》载：

司马褧字元素，河内温人也。父燮，善《三礼》，仕齐官至国子博士。褧少传家业，强力专精，手不释卷，其礼文所涉书，略皆遍睹。沛国刘瓛为儒者宗，嘉其学，深相赏好。

又同书卷51《处士·庾承先传》载：

庾承先字子通。……弱岁受学于南阳刘虬，强记敏识，出于群辈。……中大通三年，庐山刘慧斐至荆州，承先与之有旧，往从之。荆陕学徒，因请承先讲《老子》。

（四）陈的学校教育

中央官学

陈武帝霸先于太平二年（557）灭梁，建立陈朝。陈仅有33年历史，承前朝离乱，百废待举，未能致力教育；文帝陈倩于天嘉元年（560），接受嘉德殿学士沈不害请"弘振礼乐，建立庠序"的上书，批准"依事施行"。

《陈书》卷33《儒林传序》载：

高祖创业开基，承前代离乱，衣冠殄尽，寇贼未宁，既日不暇给，弗遑劝课。世祖以降，稍置学官，虽博延生徒，成业盖寡。

又同卷《儒林·沈不害传》载：

沈不害字孝和，吴兴武康人也。……自梁季丧乱，至是国学未立，不害上书曰：

"臣闻立人建国，莫尚于尊儒，成俗化民，必崇于教学。……梁太清季年，数钟否剥，戎狄外侵，奸回内衅，朝闻鼓鞞，夕炤烽火。鸿儒硕学，解散甚于坑夷，《五典》《九丘》，湮灭逾乎惟盖。……后生敦悦，不见函杖之仪，晚学钻仰，徒深倚席之叹。

陛下继历升统，握镜临寓，道洽寰中，威如无外，浊流已清，重氛载廓，含生熙阜，品庶咸亨。宜其弘振礼乐，建立庠序，式稽古典，纡迹儒官，选公卿门子，皆入于学，助教博士，朝夕讲肆，使担簦负笈，锵锵接袵，方领矩步，济济成林。如切如磋，闻《诗》闻《礼》，一年可以功倍，三冬于是足用。故能擢秀雄州，扬庭观国，入仕登朝，资优学以自辅，莅官从政，有经业以治身。……"

诏答曰："省表闻之。自旧章弛废，微言将绝，朕嗣膺宝业，念在缉熙，而兵革未息，军国草创，常恐前王令典，一朝泯灭。卿才思优洽，文理可求，弘惜大体，殷勤名教，付外详议，依事施行。"

当时有些著名学者被任命为太学博士、国学博士、国子助教和国子祭酒；陈朝国祚虽短，但国子学一直在教授生徒，并未废止。
《陈书》卷24《周弘正传》载：

> 周弘正，年十岁，通《老子》《周易》。……累迁国子博士……太建五年，授尚书右仆射，祭酒、中正如故。寻敕侍东宫讲《论语》《孝经》。太子以弘正朝廷旧臣，德望素重，于是降情屈礼，横经请益，有师资之敬焉。

又同书卷33《儒林·张讥传》载：

> 张讥善《老》《庄》，迁国子助教。是时周弘正在国学，发《周易》题，弘正第四弟弘直亦在讲席。讥与弘正论议，弘正乃屈，弘正危坐厉声，助其申理，讥乃正色谓弘直曰："今日义集，辩正名理，虽知兄弟急难，四公不得有助。"弘直曰："仆助君师，何为不可？"举座以为笑乐。弘正尝谓人曰："吾每登座，见张讥在席，使人懔然。"

又同卷《儒林·沈德威传》载：

> 天嘉元年，（沈德威）征出都，侍太子讲《礼》《传》，寻授太学博士，转国子助教。

又同卷《儒林·沈文阿传》载：

> 沈文阿……兼国子博士，领羽林监，仍令于东宫讲《孝经》《论语》。

自文帝始，在办学方面虽采取一些措施，但成绩不佳。
《陈书》卷33《儒林传序》载：

> 世祖以降，稍置学官，虽博延生徒，成业盖寡。

又《南史》卷71《儒林传序》载：

> 天嘉以后，稍置学官，虽博延生徒，成业盖寡。

地方官学
与宋、齐、梁各代一样，陈朝的地方官学，也主要由地方官吏开办。《颜氏家训》卷3《勉学》载：

> 周弘正奉赞大猷，化行都邑，学徒千余，实为盛美。

又《陈书》卷33《儒林·顾越传》载：

> 顾越字思南……所居新坡黄冈，世有乡校，由是顾氏多儒学焉。

又同卷《儒林·王元规传》载：

> 王元规……迁南平王府限内参军。王为江州，元规随府之镇，四方学徒，不远千里来请道者，常数十百人。

私学
有关陈朝私学教育的教材比较少，兹仅就所见略举几例。
《陈书》卷33《儒林·沈德威传》载：

> 沈德威……天嘉元年，征出都，侍太子讲《礼》《传》。寻授太学博士，转国子助教。每自学还私室以讲授，道俗受业者数十百人，率常如此。

又同卷《儒林·贺德基传》载：

> 贺德基字承业，世传《礼》学。……德基于《礼记》称为精明，居以传授，累迁尚书祠部郎。

又同卷《儒林·陆诩传》载：

陆诩少习崔灵恩《三礼义宗》，梁世百济国表求讲礼博士，诏令诩行。还除给事中、定阳令。天嘉初，侍始兴王伯茂读，迁尚书祠部郎中。

又同书卷26《徐陵传》载：

徐孝克，陵之第三弟也。少为《周易》生，有口辩，能谈玄理。既长，遍通《五经》，博览史籍，亦善属文。……居于钱塘之佳义里，与诸僧讨论释典，遂通《三论》。每日二时讲，旦讲佛经，晚讲《礼》《传》，道俗受业者数百人。

二 北朝的学校教育

北朝各代政权的统治者都是少数民族贵族，但他们在汉族封建文化的熏陶下，对学校教育事业都比较重视，从而出现了学校教育的短暂繁荣。在北朝魏（北魏、东魏、西魏）、齐、周三朝中，以北魏的教育事业最为兴盛。

（一）北魏的学校教育

中央官学

北魏建国之初，道武帝即于平城立太学，设五经博士，生员千余人。天兴二年（399）春，又增国子学、太学生员至三千。这充分反映了当时亟须学习经术和培养人才以巩固统治的形势。此乃北魏汉化教育的开始。

《魏书》卷84《儒林传序》云：

太祖初定中原，虽日不暇给，始建都邑，便以经术为先，立太学，置五经博士生员千有余人。天兴二年春，国子太学生员至三千。

又《文献通考》卷41《学校考二》载：

后魏道武帝，初定中原，始于平城立太学，置五经博士，生员千余人。天兴二年，增国子学、太学生员三千人。

又《北史》卷81《儒林传序》载：

魏道武初定中原，虽日不暇给，始建都邑，便以经术为先。立太学，置《五经》博士生员千有余人。天兴二年春，增国子、太学生员至三千人。……四年春，命乐师入学习舞，释菜于先师，明元时，改国子为中书学，立教授博士。

太武帝拓跋焘始光三年（426），立太学于城东，广征著名学者担任教授，并祀孔子，以颜回配祀。

《魏书》卷84《儒林传序》载：

世祖始光三年春，别起太学于城东，后征卢玄、高允等，而令州郡各举才学。于是人多砥尚，儒林转兴。

又同书卷4上《世祖纪》载：

（始光）三年……二月，起太学于城东，祀孔子，以颜回配。

又同书卷4上《世祖纪》载：

（神䴥）四年……世祖诏曰："访诸有司，咸称范阳卢玄、博陵崔绰、赵郡李灵、河间邢颖、勃海高允、广平游雅、太原张伟等，皆贤俊之胄，冠冕州邦，有羽仪之用。……"遂征玄等及州郡所遣，至者数百人，皆差次叙用。

又同书卷47《卢玄传》载：

神䴥四年，辟召儒俊，以玄为首，授中书博士。

又同书卷48《高允传》载：

（神䴥）四年，与卢玄等被征，（高允）拜中书博士。

太武帝太平真君五年（444），诏令：凡王公以下至于卿士的子弟，皆入太学肄业；百工技巧驺卒的子弟，只许习父兄所业，禁止私立学校，"违者师身死，主人门诛"。

《魏书》卷4《世祖纪》载：

（太平真君五年，太武帝）诏曰："愚民无识，信惑妖邪，私养师巫，挟藏谶记、阴阳、图纬、方伎之书。又沙门之徒，假西戎虚诞，生致妖孽。非所以壹齐政化，布淳德于天下也。自王公以下至于庶人，有私养沙门、师巫及金银工巧之人在其家者，皆遣诣官曹，不得容匿。……"庚戌，诏曰："自顷以来，军国多事，未宣文教，非所以整齐风俗，示轨则于天下也。今制王公已下至于卿士，其子息皆诣太学。其百工伎巧、驺卒子息，当习其父兄所业，不听私立学校。违者师身死，主人门诛。"

孝文帝太和十年（486），改中书学为国子学，继而又开皇子学，设博士专门教授王室子弟；后又增立四门小学，置四门博士和助教。

《北史》卷81《儒林传序》载：

太和中，改中书学为国子学，建明堂、辟雍，尊三老五更，又开皇子之学。及迁都洛邑，诏立国子、太学、四门小学。

又《魏书》卷84《儒林传序》载：

高祖钦明稽古，笃好坟典，坐舆据鞍，不忘讲道。刘芳、李彪诸人以经书进，崔光、邢峦之徒以文史达。其余涉猎典章，关历词翰，莫不縻以好爵，动贻赏眷。于是斯文郁然，比隆周汉。

又同书卷8《世宗纪》载：

（正始元年十一月戊午）诏曰："古之哲王，创业垂统，安民立化，莫不崇建胶序，开训国胄，昭宣《三礼》，崇明四术，使道畅群邦，风流万宇。自皇基徙构，光宅中区，军国务殷，未遑经建，靖言思之，有惭古烈。可敕有司依汉魏旧章，营缮国学。"

又同书卷84《儒林传序》载：

世宗时，复诏营国学，树小学于四门，大选儒生，以为小学博士，员四十人。虽黉宇未立，而经术弥显。

又同书卷8《世宗纪》载：

（正始四年六月）诏曰："高祖德格两仪，明并日月，播文教以怀远人，调礼学以旌俊造，徙县中区，光宅天邑……朕篡承鸿绪，居临宝历，思模圣规，述遵先志。今天平地宁，方隅无事，可敕有司准访前式，置国子，立太学，树小学于四门。"

孝文帝时期，中央官学具有相当规模，并注意选用著名儒学家为国子祭酒和博士。

《魏书》卷84《儒林传序》载：

时天下承平，学业大盛。故燕齐赵魏之间，横经著录，不可胜数。大者千余人，小者犹数百。州举茂异，郡贡孝廉，对扬王庭，每年逾众。……刘芳、李彪诸人以经书进；崔光、邢峦之徒以文史达。其余涉猎典章，关历词翰，莫不縻以好爵，动贻赏眷。

又同书卷55《刘芳传》载：

刘芳……特精经义……于是礼遇日隆，赏赉丰渥，正除员外散骑常侍。……诏以芳经学精洽，超迁国子祭酒。

又同书卷62《李彪传》载：

> 李彪……为中书教学博士。

又同书卷67《崔光传》载：

> 崔光……拜中书博士，转著作郎，与秘书丞李彪参撰国书。……甚为高祖所知待。常曰："孝伯之才，浩浩如黄河东注，固今日之文宗也。"

孝明帝神龟年间，诏立国学，规定三品以上及五品清官之子为生徒人选。

《魏书》卷84《儒林传序》载：

> 神龟中，将立国学，诏以三品已上及五品清官之子以充生选。未及简置，仍复停寝。正光二年，乃释奠于国学，命祭酒崔光讲《孝经》，始置国子生三十六人。暨孝昌之后，海内混乱，四方校学所存无几。永熙中，复释奠于国学；又于显阳殿召祭酒刘廞讲《孝经》，黄门李郁说《礼记》，中书舍人卢景宣讲《大戴礼·夏小正篇》；复置生七十二人。及迁都于邺，国子置生三十六人。至于兴和、武定之世，寇难既平，儒业复光矣。

又《北史》卷81《儒林传上序》载：

> 神龟中，将立国学，诏以三品以上，及五品清官之子以充生选。未及简置，仍复停寝。正光三年，乃释奠于国学，命祭酒崔光讲《孝经》，始置国子生三十六人。暨孝昌之后，海内混乱，四方校学，所存无几。

又云：

> 永熙中，孝武复释奠于国学，又于显阳殿诏祭酒刘廞讲《孝经》，黄门李郁说《礼记》，中书舍人卢景宣讲《大戴礼·夏小正

篇》，复置生七十二人。及永熙西迁，天平北徙，虽庠序之制，有所未遑，而儒雅之道遽形心虑。时初迁都于邺，国子置生三十六人。至兴和、武定之间，儒学复盛矣。

北魏历代帝王都重视国学和中书学的教学活动，并亲临考察，且爱惜人才。

《魏书》卷53《李孝伯传》云：

（兴安）二年……高宗引见侍郎、博士之子，简其秀俊者欲为中书学生。安世年十一，高宗见其尚小，引问之。安世陈说父祖，甚有次第，即以为学生。高宗每幸国学，恒独被引问。

又同书卷46《李䜣传》载：

世祖幸中书学，见（李䜣）而异之，指谓从者曰："此小儿终效用于朕之子孙矣。"因识眄之。……䜣聪敏机辩。强记明察。初，李灵为高宗博士、咨议，诏崔浩选中书学生器业优者为助教。……世祖意在于䜣……遂除中书助教博士。

又同书卷82《祖莹传》载：

莹年八岁能诵《诗》《书》，十二，为中书学生。……由是声誉甚盛，内外亲属呼为"圣小儿"。……时中书博士张天龙讲《尚书》，选为都讲。生徒悉集，莹夜读书劳倦，不觉天晓。催讲既切，遂误持同房生赵郡李孝怡《曲礼》卷上座。博士严毅，不敢还取，乃置《礼》于前，诵《尚书》三篇，不遗一字。讲罢，孝怡异之，向博士说，举学尽惊。后高祖闻之，召入，令诵五经章句，并陈大义，帝嗟赏之。

郡县之学

北魏为适应封建化和汉化的要求，普遍设立乡学。献文帝拓拔弘于天安元年（466）诏立乡学，规定置博士二人，助教二人，学生六十人。后又分别按大、次、中、下四等在各郡设置名额不同的博士、助教和学生。《魏书》卷6《显祖纪》载：

> 己酉，初立乡学，郡置博士二人、助教二人、学生六十人。

又同书卷48《高允传》载：

> 显祖诏允曰："朕既纂统大业，八表宴宁，稽之旧典，欲置学官于郡国，使进修之业，有所津寄。卿儒宗元老，朝望旧德，宜与中、秘二省参议以闻。"……高允表曰："臣承旨敕，并集二省，披览史籍，备究典纪，靡不敦儒以劝其业，贵学以笃其道。伏思明诏，玄同古义。宜如圣旨，崇建学校以厉风俗。使先王之道，光演于明时；郁郁之音，流闻于四海。请制大郡立博士二人、助教四人、学生一百人；次郡立博士二人、助教二人、学生八十人；中郡立博士一人、助教二人、学生六十人；下郡立博一人、助教一人、学生四十人。其博士取博关经典、世履忠清、堪为人师者，年限四十以上。助教亦与博士同，年限三十以上。若道业夙成，才任教授，又拘年齿。学生取郡清望，人行修谨，堪循名教者，先尽高门，次及中第。"显祖从之，郡国立学，自此始也。

又同书卷46《李䜣传》载：

> 李䜣上疏求立学校曰："臣闻至治之隆，非文德无以经纶王道；太平之美，非良才无以光赞皇化。是以昔之明主，建庠序于京畿，立学官于郡邑，教国子弟，习其道艺。然后选其俊异，以为造士。……而所在州土，学校未立。臣虽不敏，诚愿备之，使后主闻雅颂之音，童幼睹经教之本。……自到以来，访诸文学，旧德已老，后生未进。岁首所贡，虽依制遣，对问之日，惧不克堪。臣愚欲，仰依先典，于州郡治所各立学官。使士望之流、冠冕之胄，就而受业，庶必有成。"书奏，显祖从之。

北魏州郡所立的学校亦称太学，有些州郡在所属的县立讲学、党立教学、村立小学。

《魏书》卷65《李平传》载：

> 李平字昙定，为河南尹。平劝课农桑，修饰太学，简试通儒以充博士，选五郡聪敏者以教之，图孔子及七十二子于堂，亲为立赞。

又同书卷57《高佑传》载：

> （高佑）任西兖州刺史。佑以郡国虽有太学，县党宜有黉序，乃县立讲学，党立小学。

又同书卷84《儒林·刘兰传》载：

> （刘兰）又明阴阳，博物多识，为儒者所宗。瀛州刺史裴植征兰讲书于州城南馆，植为学主，故生徒甚盛，海内称焉。又特为中山王英所重。英引在馆，令授其子熙、诱、略等。兰学徒前后数千，成业者从。

又同书卷19《景穆十二王·南安王桢附子中山王英传》载：

> 英奏："谨案学令：诸州郡学生，三年一校所通经教，因正使列之，然后遣使就郡练考。……太学之馆久置于下国，四门之教方构于京瀍。计习训淹年，听受累纪，然后造之流应问于魏阙，不革之辈宜返于齐民，使就郡练考，核其最殿。顷以皇都迁构，江扬未一，故乡校之训，弗遑正试。……今外宰京官，铨考向讫，求遣四门博士明通五经者，道别校练，依令黜陟。"诏曰："学业堕废，为日已久，非一使能劝，比当别敕。"

私学

北魏私学明显以经学为核心，重师承，学风淳朴，不杂玄风。有的私学规模十分庞大。《魏书》卷84《儒林·徐遵明传》载：

徐遵明……年十七，随乡人毛灵和等诣山东求学。至上党，乃师屯留王聪，受《毛诗》《尚书》《礼记》。……读《孝经》《论语》《毛诗》《尚书》《三礼》，不出门院，凡经六年，……复经数载，因手撰《春秋义章》，为三十卷。

是后教授，门徒盖寡，久之乃盛。遵明每临讲坐，必持经执疏，然后敷陈，其学徒至今浸以成俗。遵明讲学于外二十余年，海内莫不宗仰。

又同卷《儒林·刘献之传》载：

刘献之……雅好《诗》《传》，曾受业于勃海程玄，后遂博观众籍。……时人有从献之学者，献之辄谓之曰："人之立身，虽百行殊途，准之四科，要以德行为首。君若能入孝出悌，忠信仁让，不待出户，天下自知。倘不能然，虽复下帷服，蹑屣从师，正可博闻多识，不过为土龙乞雨，眩惑将来，其于立身之道有何益乎？孔门之徒，初亦未悟，见皋鱼之叹，方归而养亲。嗟乎先达，何自觉之晚也！束修不易，受之亦难，敢布心腹，子其图之。"由是四方学者莫不高其行义而希造其门。

献之善《春秋》《毛诗》，每讲《左氏》，尽隐公八年便止，云义例已了，不复须解。……魏承丧乱之后，《五经》大义虽有师说，而海内诸生多有疑滞，咸决于献之。

又同书卷84《儒林·常爽传》载：

常爽字仕明……置馆温水之右，教授门徒七百余人，京师学业，翕然复兴。爽立训甚有劝罚之科，弟子事之若严君焉。尚书左仆射元赞、平原太守司马真安、著作郎程灵虬，皆是爽教所就。……因教授之暇，述《六经略注》，以广制作，甚有条贯。……爽不事王侯，独守闲静，讲肆经典二十余年，时人号为"儒林先生"。

（二）北齐的学校教育

中央官学

北齐政权出于对洛阳汉化鲜卑人的不满和对六镇鲜卑化集团利益的维护，大力倡导鲜卑文化，这是对北魏以来汉化政策的一种对抗。因此，北齐教育的发展成效不大。

文宣帝高洋天保元年（550）八月，下诏兴复学校，并将蔡邕所写石经五十二枚移置学馆。

《北齐书》卷4《文宣帝纪》载：

天保元年八月，诏郡国修立黉序，广延髦俊，敦述儒风。其国子学生亦仰依旧铨补，服膺师说，研习《礼经》。往者文襄皇帝所运蔡邕石经五十二枚，即宜移置学馆，依次修立。

又云：

又诏国子寺可备立官属，依旧置生，讲习经典，岁时考试。其文襄帝所运石经，宜即施列于学馆。外州大学亦仰典司勤加督课。

又《北史》卷81《儒林传上序》载：

齐氏司存，或失其守，师保疑丞，皆赏勋旧，国学博士，徒有虚名，唯国子一学，生徒数十人耳。

又《北齐书》卷5《废帝纪》载：

天保七年（556）冬，文宣召朝臣文学者及礼学官于宫宴会，令以经义相质，亲自临听。太子手笔措问，在坐莫不叹美。九年，文宣在晋阳，太子监国，集诸儒讲《孝经》。

北齐孝昭帝皇建元年（560），设国子寺，规定学生要学习经典，按时考试，然而这些规定，并未完全实行。

《北齐书》卷6《孝昭帝纪》载：

孝昭帝诏曰："国子寺可备立官属，依置生，讲习经典，岁时考试。其文襄帝所运石经，宜即施列于学馆。外州大学亦仰典司勤加督课。"

又《隋书》卷27《百官志中》载：

> 后齐国子寺，掌训教胄子。祭酒一人，亦置功曹、五官、主簿、录事员。领博士五人，助教十人，学生七十二人。太学博士十人，助教二十人，太学生二百人。四门学博士二十人，助教二十人，太学生二百人。……掖庭、晋阳、中山，各有官教博士二人。

当时世族及豪富子弟，多数游惰厌学，胄子由通经而获官者，屈指可数。

《北齐书》卷44《儒林传序》载：

> 夫帝子王孙，禀性淫逸，况义方之情不笃，邪僻之路竞开，自非得自生知，体包上智，而内有声色之娱，外多犬马之好，安能入便笃行，出则友贤者也。徒有师傅之资，终无琢磨之实。下之从化，如风靡草，是以世胄之门，罕闻强学。若使贵游之辈，饰以明经，可谓稽山竹箭，加之以括羽，俯拾青紫，断可知焉。……欲求官正治国，其可得乎？胄子以通经仕者唯博陵崔子发、广平宋游卿而已，自外莫见其人。

又同书卷21《高乾传附弟昂传》载：

> 高昂不遵师训，专事驰骋，每言：男儿当横行天下，自取富贵，谁能端坐读书，作老博士也！

地方官学

北齐沿魏制，在诸州郡设学校，虽置博士、助教，而学生多数是被强迫来校充数而已。士流及豪富之家的子弟，均不服从调派。

《北齐书》卷4《文宣帝纪》载：

天保元年八月，文宣帝诏郡国修立黉序，广延髦俊，敦述儒风。

又同书卷45《儒林传序》载：

齐制：诸郡并立学，置博士、助教授经，学生俱差逼充员，士流及豪富之家皆不从调。备员既非所好，坟典固不关怀，又多被州郡官人驱使，纵有游惰，亦不检治，皆由上非所好之所致也。

文宣帝令褒崇孔子。
《北齐书》卷4《文宣帝纪》载：

文宣帝天保元年，诏封崇圣侯邑一百户，以奉孔子之祀，并下鲁郡以时修治庙宇，务尽褒崇之至。诏分遣使人致祭五岳四渎，其尧祠、舜庙，下及孔父、老君等载于祀典者，咸秩罔遗。

私学

有关北齐私学的兴办情况，《北齐书》卷26《平鉴传》有云：

平鉴字明达。……鉴少聪敏，颇有志力。受学于徐遵明，不为章句，虽崇儒业，而有豪侠气。

又同书卷33《徐之才传》载：

（徐）之才，幼而俊发，五岁诵《孝经》，八岁略通义旨。曾与从兄康造梁太子詹事汝南周舍宅听《老子》。……年十三，召为太学生，粗通《礼》《易》。彭城刘孝绰、河东裴子野、吴郡张嵊等每共论《周易》及《丧服》仪，酬应如响。咸共叹曰："此神童也。"

又同书卷44《儒林·李铉传》载：

李铉字宝鼎……九岁入学，书《急就篇》，月余便通。……年十六，从浮阳李周仁受《毛诗》《尚书》，章武刘子猛受《礼记》，常山房虬受《周官》《仪礼》，渔阳鲜于灵馥受《左氏春秋》。铉以乡里无可师者，遂于州里杨元懿、河间宗惠振等结侣诣大儒徐遵明受业。……年二十七，归养二亲，因教授乡里，生徒恒至数百。燕、赵间能言经者，多出其门。

又同书卷34《杨愔传》载：

杨愔，字遵彦。……又潜之光州，因东入横田岛，以讲诵为业。

又同卷《儒林·张买奴传》载：

张买奴……经义该博，门徒千余人。诸儒咸推重之，名声甚盛。历太学博士、国子助教。

（三）北周的学校教育

中央官学

北周的政治较北齐进步，成就也大。学校教育虽不算鼎盛，但也取得了一些成就。

太祖宇文泰雅好经术，设置学校，选拔有才行的人为学生，常至太学考察，并请名儒为学生讲授。

《周书》卷45《儒林传序》载：

及太祖受命，雅好经术，求阙文于三古，得至理于千载，黜魏、晋之制度，复姬旦之茂典。……由是朝章渐备，学者向风。

又同书卷35《薛慎传》载：

慎字佛护，好学，能属文，善草书。……太祖于行台省置学，取丞郎及府佐德行明敏者充生。悉令旦理公务，晚就讲习，先《六经》，后子史。又于诸生中简德行淳懿者，侍太祖读书。慎与李璨及陇西李伯良、辛韶、武功苏衡，谯郡夏侯裕，安定梁旷、梁礼，河南长孙璋，河东裴举、薛同，荥阳郑朝等十二人，并应其选。又以慎为学师，以知诸生课业。太祖雅好谈论，并简名僧深识玄宗者一百人，于第内讲说。又命慎等十二人兼学佛义，使内外俱通。由是四方竞为大乘之学。

又同书卷45《儒林·樊深传》载：

太祖置学东馆，教诸将子弟，以深（樊深）为博士。深经学通赡，每解书，尝多引汉、魏以来诸家义而说之。故后生听其言者，不能晓悟。

又同卷《儒林·乐逊传》载：

太祖召逊（乐逊）教授诸子。在馆六年，与诸儒分授经业。逊讲《孝经》《论语》《毛诗》及服虔所注《春秋左氏传》。

宇文泰依靠关陇地主的支持，用苏绰等人改革官制。绰提出"六条诏书"，其中的有关内容成为北周学校教育的基本方针。

《周书》卷23《苏绰传》载：

太祖方欲革易时政，务弘强国富民之道，故（苏）绰得尽其智能，赞成其事。……又为六条诏书，奏施行之。其一，先治心，曰：……凡治民之体，先当治心。……其二，敦教化……其四，擢贤良，曰：……今之选举者，当不限资荫，唯在得人。苟得其人，自可起厮养而为卿相。……凡求贤之路，自非一途。然所以得之审者，必由任而试之，考而察之。

明帝宇文毓，立麟趾学，召集文学士于麟趾殿，校刊经史，并捃采众书，编纂文集。

《周书》卷4《明帝纪》载：

（明帝）集公卿已下有文学者八十余人于麟趾殿，刊校经史。又据采众书，自羲、农以来，迄于魏末，叙为《世谱》，凡五百卷云。

所著文章十卷。

又同书卷45《儒林传序》载：

> 世宗（明帝）纂历，敦尚学艺，内有崇文之观，外重成均之职。握素怀铅重席解颐之士，间出于朝廷。园冠方领执经负笈之生，著录于京邑。济济焉足以逾于向时矣。

又同书卷30《于翼传》载：

> 世宗雅爱文（史），立麟趾学，在朝有艺业者，不限贵贱，皆预听焉。乃至萧㧑、王褒等与卑鄙之徒同为学士。翼言于帝曰："萧㧑，梁之宗子；王褒，梁之公卿。今与趋走同侪，恐非尚贤贵爵之义。"帝纳之，诏翼定其班次，于是有等差矣。

又同书卷42《萧大圜传》载：

> （明帝）开麟趾殿，招集学士。大圜预焉。

周武帝时期是北周教育最受重视的时期。宇文邕以太傅燕公于谨为三老；定三教先后，以儒学为第一；又立露门学，并置生徒。

《北史》卷81《儒林传上序》载：

> 泊保定三年，帝乃下诏尊太傅燕公为三老。帝于是服衮冕，乘碧辂，陈文物，备礼容，清跸而临太学，祖割以食之，奉觞以酢之，斯固一世之盛事也。……及定山东，降至尊而劳万乘，待熊安生以殊礼。是以天下慕响，文教远覃。

又《周书》卷45《儒林传序》载：

> 泊高祖保定三年，乃下诏尊太傅燕公为三老。帝于是服衮冕，乘碧辂，陈文物，备礼容，清跸而临太学。祖割以食之，奉觞以酢之。

斯固一世之盛事也。其后命辖轩以致玉帛，征沈重于南荆；及定山东，降至尊而劳万乘，待熊生以殊礼。是以天下慕响，文教远覃。衣儒者之服，挟先王之道，开黉舍延学徒者比肩；励从师之志，守专门之业，辞亲戚甘勤苦者成市。虽遗风盛业，不逮魏、晋之辰，而风移俗变，抑亦近代之美也。

又同书卷5《武帝纪上》载：

保定三年，帝幸太学，以太傅、燕国公于谨为三老而问道焉。……天和元年……七月……诏："诸胄子入学，但束修于师，不劳释奠。释奠者，学成之祭，自今即为恒式。"……（天和元年）五月庚辰，帝御正武殿，集群臣亲讲《礼记》。……（天和三年八月）癸酉，帝御大德殿，集百僚及沙门、道士等亲讲《礼记》。……帝幸玄都观，亲御法座讲说，公卿道俗论难，事毕还宫。……（建德）二年……十二月癸巳，集群臣及沙门、道士等，帝升高座，辨释三教先后，以儒教为先，道教为次，佛教为后。……（天和四年二月）戊辰，帝御大德殿，集百僚、道士、沙门等讨论释老义。

武帝礼聘名儒沈重讲三教义，优待熊安生，并授予沈、熊等露门博士。

《北史》卷81《儒林传上序》载：

其后命辖轩而致玉帛，征沈重于南荆。及定山东，降至尊而劳万乘，待熊安生以殊礼。是以天下慕响，文教远覃。

又《周书》卷45《儒林·沈重传》载：

高祖（武帝）以重经明行修，乃遣宣纳上士柳裘至梁征之。……保定末，重至于京师。诏令讨论《五经》，并校定钟律。天和中，复于紫极殿讲三教义。朝士、儒生、桑门、道士至者二千余人。重辞义优洽，枢机明辩，凡所解释，咸为诸儒所推。六年……授露门博士。

又同卷《儒林·熊安生传》载：

  及高祖入邺，（熊）安生遽令扫门。家人怪而问之，安生曰："周帝重道尊儒，必将见我矣。"俄而高祖幸其第，诏不听拜，亲执其手，引与同坐。……赐帛三百匹、米三百石、宅一区，并赐象笏及九环金带，自余什物称是。又诏所司给安车驷马，随驾入朝，并敕所在供给。……宣政元年，拜露门学博士、下大夫。

建德三年（574），武帝又设立通道观，以习玄学。
《周书》卷5《武帝纪上》载：

  （建德）三年……武帝诏曰："至道弘深，混成无际，体包空有，理极幽玄。但歧路既分，派源逾远，淳离朴散，形气斯乖。遂使三墨八儒，朱紫交竞；九流七略，异说相腾。道隐小成，其来旧矣。不有会归，争驱靡息。今可立通道观，圣哲微言，先贤典训，金科玉篆，秘迹玄文，所以济养黎元，扶成教义者，并宜弘阐，一以贯之。俾夫玩培塿者，识嵩岱之崇崛；守碛砾者，悟渤澥之泓澄，不亦可乎。"

北周官学的学生，多贵游子弟，不事学业，荒于嬉戏，因而总的来看，官学教育无显著成绩。
《周书》卷38《柳虬传》载：

  柳虬字仲蟠……年十三，便专精好学。时贵游子弟就学者，并车服华盛，唯虬不事容饰。

又同书卷19《宇文贵传》载：

  宇文贵字永贵……少从师受学，尝辍书叹曰："男儿当提剑汗马以取公侯，何能如先生为博士也！"

又同书卷35《薛端附弟裕传》载：

（薛）端弟裕，字仁友。……初为太学生，时黉中多是贵游，好学者少，唯裕耽玩不倦。

地方官学
北周地方官学不甚发达。
《周书》卷45《儒林·乐逊传》载：

（天和）五年……乐逊任湖州刺史。民多蛮左，未习儒风。逊劝励生徒，加以课试，数年之间，化洽州境。

又同书卷50《异域传下》载：

高昌者，车师前王之故地。东去长安四千九百里，汉西域长史及戊己校尉，并治于此。……文字亦同华夏，兼用胡书。有《毛诗》《论语》《孝经》，置学官弟子，以相教授。

私学
有关北周私学的兴办情况，《周书》卷13《文闵明武宣诸子传》有云：

宋献公震，幼而敏达，年十岁，诵《孝经》《论语》《毛诗》，后与世宗俱受《礼记》《尚书》于卢诞。

又《周书》卷45《儒林·熊安生传》载：

熊安生……少好学，励精不倦。初从陈达受《三传》，又从房虬受《周礼》，并通大义。后事徐遵明，服膺历年。……然专以《三礼》教授。弟子自远方至者，千余人。……安生既学为儒宗，当时受其业名擅名于后者，有马荣伯、张黑奴、窦士荣、孔笼、刘焯、刘炫等，皆其门人焉。

又同卷45《儒林·乐逊传》载：

> 乐逊……弱冠，为郡主簿。魏正光中，闻硕儒徐遵明领徒赵、魏，乃就学《孝经》《丧服》《论语》《诗》《书》《礼》《易》《左氏春秋》大义。寻出山东寇乱，学者散逸，逊于扰攘之中，犹志道不倦。

此处附带简叙魏晋南北朝私学教育的特点。这一时期的私学教育，在教学与学习方法方面积累了丰富的经验，其中的一些做法，至今仍有借鉴意义。

一是重视背诵与抄书。

《梁书》卷25《周舍传》云：

> 周舍……博学多通，尤精义理，善诵书，背文讽说，音韵清辩。起家齐太学博士，迁后军行参军。建武中，魏人吴包南归，有儒学，尚书仆射江祐招包讲，舍造坐，累折包，辞理遒逸，由是名为口辩。

又同书卷40《许懋传》云：

> 许懋……十四入太学，受《毛诗》，旦领师说，晚而复讲，座下听者常数十百人，因撰《风雅比兴义》十五卷，盛行于世。尤晓故事，称为仪注之学。

又同书卷33《王筠传》云：

> 王筠……少擅才名，与刘孝绰见重当世。其自序曰："余少好书，老而弥笃，虽偶见瞥观，皆即疏记，后重省览，欢兴弥深，习与性成，不觉笔倦。自十三四，齐建武二年乙亥至梁大同六年，四十六载矣。幼年读《五经》，皆七八十遍。爱《左氏春秋》，吟讽常为口实，广略去取，凡三过五抄。余经及《周官》《仪礼》《国语》《尔雅》《山海经》《本草》并再抄。子史诸集皆一遍。未尝借人假手，

并躬身抄录，大小百余卷。不足传之好事，盖以备遗忘而已。"……筠自撰其文章，以一官为一集，自洗马、中书、中庶子、吏部、左佐、临海、太府各十卷，《尚书》三十卷，凡一百卷，行于世。

二是艰苦自学。

艰苦自学使当时许多人成为名儒学者。这些事实，不但证明了学习必须经过艰苦不懈的努力，才能取得成就的规律，也说明自学成才是我国教育史上的长期的传统。

《南史》卷76《隐逸·沈麟士传》云：

沈麟士……居贫织帘诵书，口手不息，乡里号为织帘先生。……隐居余干吴差山，讲经教授，从学士数十百人，各营屋宇，依止其侧，时为之语曰："吴差山中有贤士，开门教授居成市。"

又同书卷75《隐逸·顾欢传》云：

顾欢……乡中有学舍，欢贫无以受业，于舍壁后倚听，无遗忘者。夕则然松节读书，或然糠自照。及长，笃志不倦。……于剡天台山开馆授徒，受业者常近百人。……

永明元年，诏征为太学博士。

又《南齐书》卷54《高逸·徐伯珍传》云：

徐伯珍……少孤贫，书竹叶及地学书。山水暴出，漂溺宅舍，村邻皆奔走，伯珍累床而止，读书不辍。……吴郡顾欢摘出《尚书》滞义，伯珍训答甚有条理，儒者宗之。

又《梁书》卷48《儒林·沈峻传》云：

沈峻……家世农夫。师事宗人沈麟士，在门下积年，昼夜自课，时或睡寐，辄以杖自击，其笃志如此。麟士卒后，乃出都，遍游讲肆。遂博通《五经》，尤长《三礼》。初为王国中尉，稍迁侍郎，并兼国子助教。……于馆讲授，听者常数百人。出为华容令，还除员外散骑侍郎，复兼《五经》博士。

又《魏书》卷84《儒林·刘兰》云：

刘兰……家贫无以自资，且耕且学。三年之后，便白其兄："兰欲讲书。"其兄笑而听之，为立黉舍，聚徒二百。兰读《左氏》，五日一遍，兼通《五经》。先是张吾贵以聪辩过人，其所解说，不本先儒之旨。唯兰推《经》《传》之由，本注者之意，参以纬候及先儒旧事，甚为精悉。自后经义审博，皆由于兰。

三是学无常师。
《魏书》卷90《逸士·李谧传》云：

李谧……少好学，博通诸经，周览百氏。初师事小学博士孔璠。数年后，璠还就谧请业。同门生为之语曰："青成蓝，蓝谢青，师何常，在明经。"

又同书卷84《儒林·徐遵明传》云：

徐遵明……年十七，随乡人毛灵和等诣山东求学。至上党，乃师屯留王聪，受《毛诗》《尚书》《礼记》。一年，便辞聪诣燕赵，师事张吾贵。吾贵门徒甚盛，遵明伏膺数月，乃私谓其友人曰："张生名高而义无检格，凡所讲说，不惬吾心，请更从师。"遂与平原田猛略就范阳孙买德受业。一年，复欲去之。猛略谓遵明曰："君年少从师，每不终业，千里负帙，何去就之甚。如此用意，恐终无成。"遵明曰："吾今始知真师所在。"猛略曰："何在？"遵明乃指心曰："正在于此。"乃诣平原唐迁，纳之，居于蚕舍。读《孝经》《论语》《毛诗》《尚书》《三礼》，不出门院，凡经六年。……撰《春秋义章》，为三十卷。

四是辩论疑难。

这是继承了两汉以来重视辩难的传统。
《周书》卷38《吕思礼传》云：

> 吕思礼……受学于徐遵明。长于论难。诸生为之语曰："讲《书》论《易》，其锋难敌。"

又《陈书》卷33《儒林·张讥》云：

> 张讥……受学于汝南周弘正。简文在东官，出士林馆发《孝经》题，讥论议往复，甚见嗟赏。……天嘉中，迁国子助教，是时周弘正在国学，发《周易》题，弘正第四弟弘直亦在讲席。讥与弘正论议，弘正乃屈，弘直危坐厉声，助其申理。讥乃正色谓弘直曰："今日义集，辩正名理，虽知兄弟急难，四公不得相助。"弘直曰："仆助君师，何为不可？"举座以为笑乐。弘正尝谓人曰："吾每登席，见张讥在席，使人懔然。"

又《北史》卷82《儒林下·熊安生》云：

> 熊安生……齐河清中为国子博士。天和三年，周齐通好，兵部尹公正使焉。与齐人语及《周礼》，齐人不能对，乃令安生至宾馆，与公正言。公正有口辩，安生语所未至者，便撮机要而骤问之。安生曰："《礼》义弘深，自有条贯，必欲升堂睹奥，宁可汩其先后？但能留意，当为次第陈之。"公正于是问所疑，安生皆为一一演说，咸究其根本。公正嗟服。

五是专精覃思。
在学习中，许多学者专精覃思，终于在学业上取得了显著成就。
《北齐书》卷44《儒林·冯伟传》云：

> 冯伟……多所通解，尤明《礼传》。后还乡里，闭门不出将三十年，不问生产，不交宾客，专精覃思，无所不通。

第五节　魏晋南北朝时期的其他教育

除学校教育外，魏晋南北朝还有丰富多彩的其他形式的教育，诸如科技教育、艺术教育、家庭教育、社会教育、军事教育以及宗教教育等。这些教育为社会培养了大批人才。

一　科技教育

魏晋南北朝时期，频繁的战争与内乱，致使封建专制主义有所削弱，从而使科学技术得到了较快的发展。科技教育也迈上了一个新台阶。

（一）医学教育

中国的传统医学源远流长，到魏晋南北朝时期，早已发展成一门有理论、有实践、有专业分支的成熟学科。而通过先生言传身教的形式传授医学，是当时主要的医学教育形式。这种形式又可分为两类，一是私人教学，二是官方教学，而以私人教学较为发达。

《三国志》卷29《方技·华佗传》载：

华佗字元化……游学徐土，兼通数经。……广陵吴普、彭城樊阿皆从佗学。普依准佗治，多所全济。佗语普曰："人体欲得劳动，但不当使极尔。动摇则谷气得消，血脉流通，病不得生，譬犹户枢不朽是也。是以古之仙者为导引之事，熊项鸱顾，引挽腰体，动诸关节，以求难老。吾有一术，名五禽之戏：一曰虎，二曰鹿，三曰熊，四曰猿，五曰鸟，亦以除疾，并利蹄足，以当导引。体中不快，起作一禽之戏，沾濡汗出，因上著粉，身体轻便，腹中欲食。"普施行之，年九十余，耳目聪明，齿牙完坚。阿善针术。……阿从佗求可服食益于人者，佗授以漆叶青粘散。漆叶屑一升，青粘叶十四两，以是为率，言久服去三虫，利五脏，轻体，使人头不白。阿从其言，寿百余岁。

又《魏书》卷91《术艺·李修传》载：

李修字思祖……父亮，少学医术，未能精究。世祖时，奔刘义隆于彭城，又就沙门僧坦研习众方，略尽其术，针灸授药，莫不有效。

又同卷《术艺·崔彧传》载：

崔彧字文若……彧少尝诣青州，逢隐逸沙门，教以《素问》九卷及《甲乙》，遂善医术。……广教门生，令多就疗。其弟子清河赵约、勃海郝文法之徒咸亦有名。

又同卷《术艺·周澹传》载：

（周澹）尤善医药，为太医令。……时有河南人阴贞，家世为医，与澹并受封爵。……子驴驹，袭，传术。

(二) 天文学与算学

由于数学、天文学具有抽象性，自学不易，因而其教育形式有私人教学、家传和官方学习三种。其中私人教学是最重要的一种形式。

《三国志》卷29《方技·管辂》注引《辂别传》载：

辂年八九岁，便喜仰视星辰，得人辄问其名，夜不肯寐。……利漕民郭恩，字义博有才学，善《周易》《春秋》，又能仰观。辂就义博读《易》，数十日中，意便开发，言难逾师。……又从义博学仰观，三十日中通夜不卧，语义博："君但相语墟落处所耳，至于推运会，论灾异，自当出吾天分。"学未一年，义博反从辂问《易》及天文事要。

又《晋书》卷72《郭璞传》载：

郭璞字景纯……好经术，博学有高才，而讷于言论，词赋为中兴之冠。好古文奇字，妙于阴阳算历。有郭公者，客居河东，精于卜筮，璞从之受业。公以《青囊中书》九卷与之，由是遂洞五行、天文、卜筮之术，攘灾转祸，通致无方，虽京房、管辂不能过也。璞门人赵载尝窃《青囊书》，未及读，而为火所焚。

又《宋书》卷93《隐逸·关康之传》载：

关康之……少而笃学。……尝就沙门支僧纳学算，妙尽其能。

又《南史》卷72《文学·祖冲之传》载：

祖冲之……特善算。……著《九章》，造《缀述》数十篇。子暅之，少传家业，究极精致，亦有巧思。……暅之子皓，志节慷慨，有文武才略。少传家业，善算历。

二 艺术教育

魏晋南北朝的艺术教育，包括书法教育、绘画教育和音乐教育等。这些教育有官学、私学、家学、自学多种形式。

《三国志》卷21《刘劭传》注引《文章叙录》载：

初，邯郸淳、卫觊及诞并善书，有名。觊孙恒撰《四体书势》……其序草书曰："汉兴而有草书，不知作者姓名。至章帝时，齐相杜度号善作篇，后有崔瑗、崔实亦皆称工。杜氏结字甚安而书体微瘦，崔氏甚得笔势而结字小疏。弘农张伯英者因转精其巧。凡家之衣帛，必书而后练之，临池学书，池水尽黑。下笔必为楷则，号'匆匆不暇草'，寸纸不见遗，至今世人尤宝之，韦仲将谓之草圣。伯英弟文舒者，次伯英。又有姜孟颖、梁孔达、田彦和及韦仲将之徒，皆仲英弟子，有名于世，然殊不及文舒也。"

又《魏书》卷19《任城王传》载：

彝兄顺字子和。九岁师事乐安陈丰，初书王羲之《小学篇》数千言，昼夜诵之，旬有五日，一皆通彻。丰奇之，白澄曰："丰十五从师，迄于白首，耳目所经，未见此比，江夏黄童，不得无双也。"澄笑曰："蓝田生玉，何容不尔。"

又《周书》卷47《艺术黎景熙传》载：

黎景熙字季明，少以字行于世。……其从祖广，太武时为尚书郎，善古学。尝从吏部尚书清河崔玄伯受字义，又从司徒崔浩学楷篆，自是家传其法。季明亦传习之，颇与许氏有异。

又《世说新语》卷下之上《巧艺》谓：

戴安道就范宣学，视范所为，范读书亦读书；范抄书亦抄书。唯独好画，范以为无用，不宜劳思于此。戴乃画《南都赋》图；范看毕咨嗟，甚以为有益，始重画。

又颜之推《颜氏家训》卷下《杂艺》载：

吴县顾士端出身湘东王国侍郎，后为镇南府刑狱参军，有子曰庭，西朝中书舍人，父子并有琴书之艺，尤妙丹青。

三 家庭教育

由于政局不稳定，官学时兴时废，所以当时家庭教育得到重视。

（一）父母教育

在家庭教育中，父母教育发挥着重要作用。

《三国志》卷28《钟会传》载：

钟会字士季……有才数技艺，而博学精练名理，以夜续昼，由是获声誉。

又注云：

其母传曰："夫人性矜严，明于教训，会虽童稚，勤见规诲。年四岁授《孝经》，七岁诵《论语》，八岁诵《诗》，十岁诵《尚书》，十一诵《易》，十二诵《春秋左氏传》《国语》，十三诵《周礼》《礼记》，十四诵成侯《易记》，十五使入太学问四方奇文异训。谓会曰：'学猥则倦，倦则意怠；吾惧汝之意怠，故以渐训汝，今可以独学矣。'雅好书籍，涉历众书，特好《易》《老》，每读《易》孔子说鸣鹤在阴、劳谦君子、籍用白茅、不出户庭之义，每使会反复读之，曰：'《易》三百余爻，仲尼特说此者，以谦恭慎密，枢机之发，行己至要，荣身所由故也，顺斯术已往，足为君子矣。'正始八年，会为尚书郎，夫人执其手而诲之曰：'汝弱冠见叙，人情不能不自足，则损在其中矣，勉思其戒！'"

又《晋书》卷96《烈女·杜有道妻严氏传》载：

杜有道妻严氏，字宪，贞淑有识量。年十三，适于杜氏，十八而嫠居。子植、女龄并孤貌，宪虽少，誓不改节，抚育二子，教以礼度，植遂显名于时，龄亦有淑德。

又《南齐书》卷47《王融传》载：

王融字元长……母临川太守谢惠宣女，敦敏妇人也。教融书学。融少而神明警惠，博涉有文才。

又《北齐书》卷35《裴让之传》载：

裴让之母辛氏，高明妇则，又闲礼度。夫丧，诸子多幼弱，广延师友，或亲自教授。

(二) 家馆

家馆也是家庭教育的一种重要形式。这时期有的家馆规模很大，它充分反映了官学时有兴废，博士、学者转向豪门家学的事实。

《魏书》卷21上《咸阳王禧传》载：

咸阳王禧，字永寿。……文明太后令曰："自非生知，皆由学海，皇子皇孙，训教不立，温故求新，盖有阙矣。可于闲静之所，别置学馆，选忠信博闻之士为之师傅，以匠成之。"

又《北齐书》卷 34《杨愔传》载：

> 杨愔字遵彦……小名秦王。愔一门四世同居，家甚隆盛，昆季就学者三十余人。学庭前有奈树，实落地，群儿咸争之，愔颓然独坐。其季父暐适入学馆，见之大用嗟异。

又同书卷 44《儒林·马敬德传》载：

> 马敬德……天统初，除国子博士。世祖为后主择师傅，赵彦深进之，入为侍讲。……
>
> 元熙字长明，少传父业，兼事文藻。……武平中，皇太子将讲《孝经》，有师请择师友。帝曰："马元熙朕师之子，文学不恶，可令教儿。"于是以《孝经》入授皇太子，儒者荣其世载。

又《周书》卷 26《斛斯征传》云：

> 斛斯征字士亮。……后高祖以征治经有师法，诏令教授皇太子。宣帝时为鲁公，与诸皇子等咸服青衿，行束修之礼，受业于征，仍并呼征为夫子。

（三）写戒子书

家长除了亲自教诲子女以外，还通过写戒子书的形式来训示子女。其内容多半是讲为人处世之道。

《太平御览》卷 459《人事部·鉴戒下》引魏文帝曹丕《诫子》云：

> 父母于子，日虽肝肠腐烂，为其掩蔽，不欲使乡党士友闻其罪过，然行之不改，久久人自知之，用此仕官，不亦难乎。

又《三国志》卷 27《王昶传》载：

> 王昶字文舒。……进封京陵侯。其《戒兄子及子书》云："吾与时人从事，虽出处不同，然各有所取。颍川郭伯益，好尚通达，敏而

有知。其为人弘旷不足，轻贵有余；得其人重之如山，不得其人忽之如草。吾以所知亲之昵之，不愿儿子为之。北海徐伟长，不治名高，不求苟得，淡然自守，惟道是务。其有所是非，则托古人以见其意，当时无所褒贬。吾敬之重之，愿儿子师之。东平刘公干，博学有高才，诚节有大意，然性行不均，少所拘忌，得失足以相补。吾爱之重之，不愿儿子慕之。乐安任昭先，淳粹履道，内敏外恕，推逊恭让，处不避洿，怯而义勇，在朝忘身。吾友之善之，愿儿子遵之。若引而伸之，触类而长之，汝其庶几举一隅耳。及其用财先九族，其施舍务周急，其出入存故老，其论议贵无贬，其进仕尚忠节，其取人务实道，其处世戒骄淫，其贫贱慎无戚，其进退念合宜，其行事加九思，如此而已。吾复何忧哉？"

又《艺文类聚》卷23《人部·鉴诫》引诸葛亮《诫子》曰：

夫君子之行，静以修身，俭以养德。非淡泊无以明志，非宁静无以致远。夫学须静也，才须学也。非学无以广才，非志无以成学。淫慢则不能励精，险躁则不能治性。年与时驰，意与岁去，遂成枯落，悲叹穷虑，将复何及。

又同上引吴姚信《诫子》曰：

古人行善者，非名之务，非人之为，心自甘之。以为己度，崄易不亏，始终如一。进合神契，退同人道。故神明祐之，众人尊之，而声名自显，荣禄自至，其势然也。又有内析外同，吐实怀诈，见贤则暂自新，退居则纵所欲，闻誉则惊自饰，见尤则弃善端。凡失名位，恒多怨人而害善。怨一人则众人疾之，害一善则众人怨之，虽欲陷人而进己，不可得也；只所以自毁耳。顾真伪不可掩，褒贬不可妄，舍伪从实，遗己察人，可以通矣。舍己就人，去否适泰，可以弘矣。贵贱无常，唯人所速。苟善，则匹夫之子，可至王公；苟不善，则王公之子，反为凡庶，可不勉哉！

又《颜氏家训》卷3《勉学》载：

人生小幼，精神专利，长成已后，思虑散逸，固须早教，勿失机也。吾七岁时，诵《灵光殿赋》，至于今日，十年一理，犹不遗忘；二十之外，所诵经书，一月废置，便至荒芜矣。然人有坎壈，失于盛年，犹当晚学，不可自弃。

四 社会教育

社会教育包括社会教化和生产技术教育两个方面。关于社会教化，《三国志》卷11《袁涣传》载：

魏国初建……涣言于太祖曰："今天下大难已除，文武并用，长久之道也。以为可大收篇籍，明先圣之教，以易民视听，使海内斐然向风，则远人不服可以文德来之。"太祖善其言。

又同书卷27《徐邈传》载：

明帝以邈为凉州刺史，使持节领护羌校尉。……河右少雨，常苦乏谷，邈上修武威、酒泉盐池以收虏谷，又广开水田，募贫民佃之，家家丰足，仓库盈溢。乃支度州界军用之余，以市金帛犬马，通供中国之费。以渐收民间私仗，藏之府库。然后率以仁义，立学明训，禁厚葬，断淫祀，进善黜恶，风化大行，百姓归心焉。

又《晋书》卷39《王沈传》载：

沈各探寻善政，教曰："后生不闻先王之教，而望政道日兴，不可得也。文武并用，长久之道也。俗化陵迟，不可不革。革俗之要，实在敦学。昔原伯鲁不悦学，闵马父知其必亡。将吏子弟，优闲家门，若不教之，必致游戏，伤毁风俗矣。"

关于生产技术教育，《宋书》卷14《礼志一》有云：

（泰始）四年……诏曰："夫民之大事，在祀与农。是以古之圣王，躬耕帝籍，以供郊庙之粢盛，且以训化天下。近代以来，耕籍止于数步中，空有慕古之名，曾无供祀训农之实，而有百官车徒之费，今修千亩之制，当与群公卿士，躬稼穑之艰难，以帅先天下，主者详具其制，并下河南，处田地于东郊之南，洛水之北，平良中水者。若无官田，随宜便换，不得侵民人也。"

又同书卷14《礼志一》云：

（太康）六年……诏曰："古者天子亲籍以供粢盛，后夫人躬蚕以备祭服。所以律遵孝敬，明教示训也。今籍田有制，而蚕礼不修。中间务多，未暇崇备。今天下无事，宜修礼以示四海。其详依古典及近代故事，以参今宜。明年施行。"

又《晋书》卷114《苻坚载记下》载：

猛宰政公平，流放尸素，拔幽滞，显贤才，外修兵革，内崇儒学，劝课农桑，教以廉耻，无罪而不刑，无才而不任，庶绩咸熙，百揆时叙。于是兵强国富，垂及升平。

又《梁书》卷30《徐摛传》载：

徐摛字士秀。……（中大通）三年，遂出为新安太守。至郡，为治清静，教民礼义，劝课农桑，期月之中，民俗便改。

五 军事教育

有关魏晋南北朝军事教育的材料很少，兹仅就所见略举几列。
《三国志》卷1《武帝纪》注引《魏书》载：

有司奏："四时讲武于农隙。汉承秦制，三时不讲，唯十月都试，车马幸长水南门，会五营士为八陈进退，名曰乘之。今金革未偃，士民素习，自今已后，可无四时讲武，但以立秋择吉日大朝车骑，号曰治兵，上合礼名，下承汉制。"奏可。

又《宋书》卷5《文帝纪》载：

帝诏曰："安不忘虞，经世之所同；治兵教战，有国之恒典。故服训明耻，然后少长知禁。顷戎政虽修，而号令未审。今宣武场始成，便可克日大习众军。当因校猎，肆武讲事。"

又《魏书》卷7下《高祖纪下》载：

帝诏曰："文武之道，自古并行，威福之施，必也相藉。故三、五至仁，尚有征伐之事；夏殷明睿，未舍兵甲之行。然则天下虽平，忘战者殆，不教民战，可谓弃之。是以周立司马之官，汉置将军之职，皆所以辅文强武，威肃四方者矣。国家虽崇文以怀九服，修武以宁八荒。然于习武之方，犹为未尽。今则训文有典，教武阙然。将于马射之前，先行讲武之式，可敕有司豫修场埒。其列阵之仪，五戎之数，别俟后敕。"

又《周书》卷5《武帝纪上》载：

上亲率六军讲武于城南，京邑观者，舆马弥漫数十里，诸蕃使咸在焉。……上亲率六军讲武城南。……六月丁未，集诸军将，教以战阵之法。

六 宗教教育

魏晋南北朝是佛教与道教的迅速发展时期。与之相适应，宗教教育也较为兴盛。

关于佛教教育，《三国志》卷49《刘繇佳附笮融传》有云：

笮融者，丹杨人，初聚众数百，往依徐州牧陶谦。……乃大起浮图祠，以铜为人，黄金涂身，衣以锦采，垂铜槃九重，下为重楼阁道，可容三千余人，悉课读佛经，令界内乃旁郡人有好佛者听受道，复其他役以招致之，由此远近前后至者五千余人户。每浴佛，多设酒饭，布席于路，经数十里，民人来观及就食且万人，费以巨亿计。

又《晋书》卷65《王导传附王珉传》云：

> 珉字季琰。少有才艺，善行书，名出珣右。时人为之语曰："法护非不佳，僧弥难为兄。"僧弥，珉小字也。时有外国沙门，名提婆，妙解法理，为珣兄弟讲《毗昙经》。珉时尚幼，讲未半，便云已解，即于别室与沙门法纲等数人自讲。法纲叹曰："大义皆是，但小未精耳。"辟州主薄，举秀才，不行。后历著作、散骑郎、国子博士、黄门侍郎、侍中，代王献之为长兼中书令。

又《宋书》卷97《夷蛮传》云：

> 宋世名僧有道生。道生，彭城人也。父为广戚令。生出家为沙门法大弟子。幼而聪悟，年十五，便令讲经。及长有异解，立顿悟义，时人推服之。元嘉十一年，卒于庐山。沙门慧琳为之诔。
>
> 慧琳者，秦郡秦县人，姓刘氏。少出家，住冶城寺，有才章，兼外内之学，为庐陵王义真所知。……
>
> 元嘉中，遂参权要，朝廷大事，皆与议焉。宾客辐凑，门车常有数十两，四方赠赂相系，势倾一时。注《孝经》及《庄子逍遥篇》、文论，传于世。
>
> 又有慧严、慧议道人，并住东安寺，学行精整，为道俗所推。时斗场寺多禅僧，京师为之语曰："斗场禅师窟，东安谈义林。"

又《魏书》卷114《释老志》云：

> 魏先建国于玄朔，风俗淳一，无为以自守，与西域殊绝，莫能往来。故浮图之教，未之得闻，或闻而未信也。及神元与魏、晋通聘，文帝久在洛阳，昭成又至襄国，乃备究南夏佛法之事。太祖平中山，经略燕赵，所逕郡国佛寺，见诸沙门、道士，皆致精敬，禁军旅无有所犯。帝好黄老，颇览佛经。但天下初定，戎车屡动，庶事草创，未建图宇，招延僧众也。然时时旁求。先是，有沙门僧朗，与其徒隐于

泰山之琨㻞谷。帝遣使致书，以缯、素、旃罽、银钵为礼。今犹号曰朗公谷焉。天兴元年，下诏曰："夫佛法之兴，其来远矣。济益之功，冥及存没，神踪遗轨，信可依凭。其敕有司，于京城建饰容范，修整宫舍，令信向之徒，有所居正。"是岁，始作五级佛图、耆阇崛山及须弥山殿，加以缋饰。别构讲堂、禅堂及沙门座，莫不严具焉。太宗践位，遵太祖之业，亦好黄老，又崇佛法，京邑四方，建立图像，仍令沙门敷导民俗。

关于道教教育的情况，《三国志》卷8《张鲁传》有云：

张鲁字公祺，沛国丰人也。祖父陵，客蜀，学道鹄鸣山中，造作道书以惑百姓，从受道者出五斗米，故世号米贼。陵死，子衡行其道。衡死，鲁复行之。……

鲁遂据汉中，以鬼道教民，自号"师君"。其来学道者，初皆名"鬼卒"。受本道已信，号"祭酒"。各领部众，多者为治头大祭酒。皆教以诚信不欺诈。

又《晋书》卷72《葛洪传》云：

葛洪字稚川，丹杨句容人也。……从祖玄，吴时学道得仙，号曰葛仙公，以其炼丹秘术授弟子郑隐。洪就隐学，悉得其法焉。后师事南海太守上党鲍玄。玄亦内学，逆占将来，见洪深重之，以女妻洪。洪传玄业，兼综练医术，凡所著撰，皆精核是非，而才章富赡。

又《梁书》卷51《处士传》云：

陶弘景字通明，丹阳秣陵人也。……
于是止于句容之句曲山。恒问："此山下是第八洞宫，名金坛华阳之天，周回一百五十里。昔汉有咸阳三茅君得道，来掌此山，故谓之茅山。"乃中山立馆，自号华阳隐居。始从东阳孙游岳受符图经法。……
永元初，更筑三层楼，弘景处其上，弟子居其中，宾客至其下，与物遂绝，唯一家童得侍其旁。特爱松风，每闻其响，欣然为乐。有时独游泉石，望见者以为仙人。

性好著述，尚奇异，顾惜光景，老而弥笃。尤明阴阳五行，风角星算，山川地理，方图产物，医术本草。著《帝代年历》，又尝造浑天象，云"修道所须，非止史官是用"。

又《魏书》卷114《释老志》云：

世祖时，道士寇谦之，字辅真，南雍州刺史赞之弟，自云寇恂之十三世孙。早好仙道，有绝俗之心。少修张鲁之术，服食饵药，历年无效。……

谦之守志嵩岳，精专不懈，以神瑞二年十月乙卯，忽遇大神，乘云驾龙，导从百灵，仙人玉女，左右侍卫，集止山顶，称太上老君。……使王九疑人长客之等十二人，授谦之服气导引口诀之法。遂得辟谷，气盛体轻，颜色殊丽。弟子十余人，皆得其术。

泰常八年十月戊戌，有牧土上师李谱文来临嵩岳。……牧土命谦之为子，与群仙结为徒友。幽冥之事，世所不了，谦之具问，一一告焉。《经》云："佛者，昔于西胡得道，在三十二天，为延真宫主。勇猛苦教，故其弟子皆髡形染衣，断绝人道，诸天衣服悉然。"……

时有京兆人韦文秀，隐于嵩高，征诣京师。世祖曾问方士金丹事，多日可成。文秀对曰："神道幽昧，变化难测，可以暗遇，难以豫期。臣昔者受教于先师，曾闻其事，未之为也。"世祖以文秀关右豪族，风操温雅，言对有方，遣与尚书崔颐诣王屋山合丹，竟不能就。

时方士至者前后数人。河东祁纤，好相人。世祖贤之，拜纤上人夫。颍阳绛略、闻喜吴劭，道引养气，积年百余岁，神气不衰。恒农阎平仙，博览百家之言，然不能达其意，辞占应对，义旨可听。世祖欲授之官，终辞不受。扶风鲁祈，遭赫连屈孑暴虐，避地寒山，教授弟子数百人，好方术，少嗜欲。

第二十五章 佛教的勃兴

由于丝绸之路开辟,南亚佛教东传。魏晋以来,佛教传播渐广,南北朝时,佛教勃兴,高僧辈出,寺庙林立,僧徒众多,佛教进入鼎盛时期。

第一节 魏晋时期佛教的广泛传播

西晋、十六国及东晋时期,印度佛教和佛教理论逐渐中国化,民间信佛者日众,王公大臣和名士赞扬佛教者渐多,甚至朝廷也推崇佛教,参与听经学法,因而佛教随之兴盛起来。

一 西域僧徒来华

当时西域僧人相继来到内地,大抵入关中,至洛阳、邺中者居多;南来者,有抵青州、海南,亦有随缘所至,并无定向。兹据柳诒徵《中国文化史》(上)[①],西域来华僧徒如表25—1所示:

表25—1　　　　　　西域来华僧徒

维祇难	天竺人	吴黄武三年	至武昌
竺律炎	同	同	同
昙柯迦罗	中天竺人	魏嘉平中	至雒阳
康僧铠	康居人	魏嘉平末	至雒阳
昙帝	安息人	魏正元中	至雒阳
无罗叉	西域人	魏晋间	居河南

---

① 柳诒徵:《中国文化史》(中),上海书店1989年版,第85—88页。

续表

维祇难	天竺人	吴黄武三年	至武昌
竺昙摩罗刹	月支人	晋武帝时	自敦煌至长安
帛尸梨蜜多罗	西域人	晋永嘉中	始到中国值乱过江
僧伽跋澄	罽宾人	苻坚建元十七年	来入关中
佛图罗刹	不知	亦当苻世	久游中土
昙摩难提	兜佉勒人	苻氏建元中	至长安
僧伽提婆	罽宾人	同	同
僧伽罗叉	罽宾人	晋隆安中	在晋京师
昙摩耶舍	罽宾人	同	初达广州至义熙中来长安
昙摩掘多	天竺人	晋义熙中	来关中
鸠摩罗什	天竺人	姚兴弘始三年	至长安
弗若多罗	罽宾人	秦弘始中	入关
昙摩流支	西域人	弘始七年	达关中
卑摩罗叉	罽宾人	弘始八年	达关中后至寿春复适江陵
佛陀耶舍	罽宾人	姚兴人	至长安
佛驮跋陀罗	迦维罗卫人	同	至青州往长安复至庐江及江陵
昙无忏	中天竺人	北凉玄始中	至河西
佛驮什	罽宾人	宋景平元年	届扬州
浮陀跋摩	西域人	宋元嘉中	达西凉
求那跋摩	罽宾人	同	至广州达建业
僧伽跋摩	天竺人	宋元嘉十年	自流沙至京邑
昙摩蜜多	罽宾人	宋元嘉中	自流沙到敦煌展转至蜀荆州
畺良耶舍	西域人	宋元嘉初	远置沙河至于京邑
求那跋陀罗	中天竺人	元嘉十二年	自广州至京都
僧伽达多	天竺人	元嘉中	来宋境
僧伽罗多哆	天竺人	同	来宋境
阿那摩低	康居人	孝建中	来京师
求那毗地	中天竺人	齐建元初	同
僧伽婆罗	扶南人	梁初	同
菩提流支	北天竺人	魏永平初	来游东夏处永宁寺
拘那罗陀	西天竺人	梁大同中	自南海届京邑

续表

维祇难	天竺人	吴黄武三年	至武昌
月婆首那	中天竺人	元象中	游化东魏后又南渡
求那跋陀	于阗僧	太清二年	在梁国
须菩提	扶南人	陈初	在扬州
那连提黎耶舍	北天竺人	北齐天保中	居于京邺
阇那崛多	同	西魏后元中	由鄯州至长安
攘那跋陀罗	波头摩国人	北周初年	在长安
达摩流支	摩勒国人	天和中	同
阇那耶舍	摩伽陀国人	同	同

二　中土僧俗西行求法

曹魏时，有颍川朱士行出家西行。

释慧皎《高僧传》卷4《朱士行传》谓：

> 朱士行，颍川人……少怀远悟，脱落尘俗。出家以后，专务经典。昔汉灵之时，竺佛朔译出《道行经》……文句简略，意义未周。士行尝于洛阳讲《道行经》，觉文意隐质，诸未尽善，每叹曰："此经大乘之要，而译理不尽。誓志捐身，远求大本。"遂以魏甘露五年，发迹雍州，西渡流沙。既至于阗，果得梵书正本，凡九十卷。遣弟子弗如檀，此言法饶，送经梵本还归洛阳。

其后有宋云等向西域取经。

《洛阳伽蓝记》卷5《宋云、惠生使西域》谓：

> 闻义里有敦煌人宋云宅，云与惠生……向西域取经，凡得一百七十部，皆是大乘妙典。

又《魏书》卷102《西域·嚈哒国传》谓：

> 熙平中，肃宗遣王伏子统宋云、沙门法力等，使西域，访求佛经。时有沙门慧生者示与俱行，正光中还。僧人宝暹等结伴，采经

西域。

又释道宣《续高僧传》谓：

  齐僧宝暹、道邃、僧昙等十人，以武平六年，相结同行，采经西域，往返七载。将事东归，凡获梵本二百六十部。

在西行求法僧众中，以释法显等西域取经，最为有名。《高僧传》卷3《宋江陵辛寺释法显传》谓：

  释法显，姓龚，平阳武阳人……三岁便度为沙弥。……及受大戒，志行明敏……常慨经律舛阙，誓志寻求。以晋隆安三年，与同学慧景、道整、慧应、慧嵬等，发自长安，西度流沙……凡所经历三十余国。……后至中天竺，于摩竭提邑波连弗阿育王塔南天王寺，得《摩诃僧祇律》，又得《萨婆多律抄》《杂阿毗昙心》《綖经》《方等泥洹经》等。显留三年，学梵语梵书，方躬自书写，于是持经像，寄附商客，到师子国。晃同旅十年，或留或亡，顾影唯己，常怀悲慨。……停二年，复得《弥沙塞律》、《长杂》二《含》及《杂藏》本，并汉土所无。

  既而附商人舶，循海而还。……经十余日，达耶婆提国，停五日，复随他商，东适广州。举帆二十余日，夜忽大风，合舶震惧……任风随流，忽至岸，见藜藿菜依然，知是汉地，但未倘若何方，即乘船入浦寻村。见猎者二人，显问此是何地耶，猎人曰："此地青州长广郡牢山南岸。"猎人还，以告太守李嶷，嶷素敬信，忽闻少门远至，躬自迎劳。显持经象随还。

  遂南造京师，就外国禅师佛驮跋陀，于道场寺译出《摩诃僧祇律》《方笔泥洹经》《杂阿毗昙心》，垂百余万言。……

  后至荆州，卒于辛寺，春秋八十有六。

三　佛经翻译

当时从事译经的人数很多，成果丰硕。现依据《开元释教录》附魏晋南北朝翻译经书（见表25—2）：

表 25—2　　　　　　　　魏晋南北朝翻译经书

魏	沙门五人	所出经戒羯磨	一二部	一八卷
吴	缁素五人	所出经并失译	一八九部	四一七卷
西晋	缁素十二人	所出经戒集等	三三三部	五九〇卷
东晋	缁素十六人	所译经律论	一六八部	四六八卷
苻秦	沙门六人	所译经律论	一五部	一九七卷
后秦	沙门五人	所译经律论	九四部	六二四卷
西秦	沙门一人	所译经律论	五六部	一一〇卷
前凉	外国优婆塞一人	所译经律论	四部	六卷
北凉	缁素九人	所译经律论	八二部	三一一卷
宋	缁素二十二人	所译经律论	四六五部	七一七卷
齐	沙门七人	所译经律论	一二部	三三卷
梁	缁素八人	所译经律论	四六部	二〇一卷
元魏	缁素十二人	所译经律论	八三部	二七四卷
北周	缁素四人	所译经律论	一四部	二九卷
北齐	缁素二人	所译经律论	八部	五二卷
共计	一一一人	所译经律论	一五八一部	四〇四七卷

优秀的译经者，受到嘉许。

《隋书》卷 35《经籍志四》谓：

> 姚苌弘始二年，罗什至长安……大译经论。……时胡僧至长安者数十辈，惟鸠摩罗什才德最优。

又《高僧传》卷 1《晋长安竺佛念传》谓：

> 竺佛念，凉州人……讽习众经，粗涉外典，其《仓》《雅》诂训，尤所明达。少好游方，备观风俗，家世西河，洞晓方语，华戎音义，莫不兼解……苻氏建元中，有僧伽跋澄、昙摩难提等入长安，赵正请出诸经，当时名德莫能传译，众咸推念，于是澄执梵文，念译为晋。质断疑义，音字方正，自……苻、姚二代为译人之宗，故关中僧

众，咸共嘉焉。

要使佛教能在东土传播，首先要将佛教的三藏：经、律、论准确翻译过来，这个任务落到了鸠摩罗什的肩上。

《晋书》卷95《艺术·鸠摩罗什》谓：

> 罗什之在凉州积年，姚兴……乃迎罗什，待以国师之礼，仍使入西明阁及逍遥园，译出众径。罗什多所暗诵，无不究其义旨，既览旧经多有纰缪，于是兴使沙门僧睿、僧肇等八百余人传受其旨，更出经论，凡三百余卷。沙门慧睿才识高明，常随罗什传写，罗什每为慧睿论西方辞体，商略同异，云："天竺国俗甚重文制，其宫商体韵，以入管弦为善。凡觐国王，必有赞德，经中偈颂，皆其式也。"

鸠摩罗什翻译经、论一丝不苟，具有字义和声韵并重的特点，佛教经、论由此传遍东土。

《全晋文》卷160引僧睿《大品经序》谓：

> 以弘始五年在癸卯四月二十三日，于京城之北逍遥园中出此经。法师（鸠摩罗什）手执梵本，口宣秦言，两释异音，交辩文旨。秦王（姚兴）躬览旧经，验其得失，咨其通途，坦其宗致，与诸宿旧义业沙门释慧恭、僧契、僧迁、宝度、慧精、法钦、道流、僧睿、道恢、道标、道恒、道悰等五百余人，详其义旨，审其文中，然后书之。……梵音失者，正之以天竺。秦言谬者，定之以字义；不可变者，即而书之；是以异名斌然，梵音殆半。斯实匠者之公谨，笔受之重慎也。

又谓：

> 西明（西明阁）启如来之心，逍遥集德义之僧，京城溢道咏之音，末法中兴，将始于此乎？

四　兴建寺院，扩大传播场所

自东汉以至魏晋，洛阳大建佛寺。

《后汉书》卷73《陶谦传》谓：

> 笮融聚众数百，往依于（陶）谦，谦使督广陵、下邳、彭城运粮。遂断三郡委输，大起浮图寺。上累金盘。下为重楼，又堂阁周回，可容三千许人，作黄金涂像，衣以锦彩。每浴佛，辄多设饮饭，布席于路，其有就食及观者且万余人。

又《魏书》卷114《释老志》谓：

> 自洛中构白马寺，盛饰佛图，画迹甚妙，为四方式。凡宫塔制度，犹依天竺旧状而重构之，从一级至三、五、七、九。世人相居，谓之"浮图"或云"佛图"。晋世，洛中佛图有四十二所矣。……自兴光至此（太和），京城内寺新旧且百所，僧尼二千余人，四方诸寺六千四百七十八，僧尼七万七千二百五十八人。……至延昌中，天下州郡僧尼寺，积有一万三千七百二十七所。……正光以后，寺三万有余。

又《洛阳伽蓝记》卷1《永宁寺》谓：

> 永宁寺，熙平元年，灵太后胡氏所立。……中有九层浮图一所，架木为之，举高九十丈。有刹复高十丈，合去地一千尺。去京师百里遥已见之。……上有金宝瓶，容二十五石。宝瓶下承露金盘三十重，周匝皆垂金铎。……浮图有九级，角角皆悬金铎，合上下有一百二十铎。浮图有四面，面有三户六窗，户皆赤漆。扉上有五行金钉，合有五千四百枚。……僧房楼观一千余间，雕梁粉壁，青璅绮疏，难得而言。……波斯国胡人……自云：此寺精丽，阎浮所无也。

由于佛教广泛传播，南北竞相营构寺院。"南朝四百八十寺"，仅以金陵一地而言。当时的寺院类别繁多，有僧尼自建者，有帝王赐建者，有个人改造私宅而成者，有一僧独居者，有专为译经者等。一时风尚，举不胜举。

根据考古资料显示，2007年在陕西安塞县城原真武洞石窟附近发现具有明显北魏至西魏时期风格的石窟5座、小型造像龛数10个，造像大多风化严重，其中"树下诞生""九龙浴太子""阿私陀占相"等画面尤为精美，为陕北地区仅存的北魏石窟佛传故事浮雕造像。2008年3月在陕西岐山县蔡家坡附近发现开凿于钙质熔岩上的造像窟龛5座，其中1号、4号窟造像为北魏风格。这些造像分别受魏晋北朝时期凉州、平城、河东造像风格影响，但又具有地方特色和浓郁的民间韵味。[①]

第二节 南朝佛教的发展与反佛斗争

佛教经历魏晋时期的广泛传播，佛教理论得到了发展，在这方面释道安、慧远、僧肇和竺道生等，对印度佛教进行了改造，将其与玄学、儒学结合起来，使之成为具有中国特色的佛教。南朝时期，佛教虽有很大发展，但反佛斗争仍在继续。

一 佛教的发展

南朝时，释慧远等高僧结合中国以儒学为宗、人分士庶的具体情况，对玄释佛、玄佛加以合流，使佛教符合士庶各阶层的实际情况和需要，加上当时政治力量的倡导，因而佛教在南朝获得了很大发展，主要表现在以下几个方面。

（一）高僧聚徒讲经，宣扬佛法

《高僧传》卷4《晋中山康法朗传》谓：

康法朗，中山人，少出家，善戒节。……后还中山，门徒数百，讲法相系。

又同上《晋剡沃洲山支遁传》谓：

[①] 陕西省考古研究院隋唐考古研究部：《陕西南北朝隋唐及宋元明清考古五十年综述》，《考古与文物》2008年第6期。

支遁……于沃洲小岭立寺行道，僧众百余，常随禀学。

又同上《晋始宁山竺法义传》谓：

竺法义……至晋兴宁中，更还江左，憩于始宁之保山，受业弟子常有百余。

又同上卷5《晋泰山昆仑岩竺僧朗传》谓：

竺僧朗，京兆人也。……于金舆谷昆仑山中别立精舍……闻风而造者百有余人。

又同上《晋京师瓦官寺竺法汰传》谓：

竺法汰，东莞人。……形解过人，流名四远，开讲之日，黑白观听，士女成群。及咨禀门徒，以次骈席。三呈负帙至者千数。

(二) 质疑问难，多番往复

《高僧传》卷4《晋剡沃洲山支遁》谓：

支遁……晚出山阴，讲《维摩经》，遁为法师，许询为都讲，遁通一义，众人咸谓询无以厝难，询设一难，亦谓遁不复能通，如如至竟两家不竭。

凡在听者，咸谓审得遁旨，迥令自说，得两三反便乱。

又同上《晋剡白山于法开传》谓：

于法开……每与支道林争即色空义，庐江何默申明开难，高平郗超宣述林解，并传于世。……开为弟子法威，清悟有枢辩……开尝使威出都，经过山阴，支遁正讲《小品》，开语威言，道林讲，比汝至，当至某品中，示语攻难数十番。云："此中旧难通。"威既至郡，正值遁讲，果如开言，往复多番，遁遂屈。

又同上卷5《晋京师瓦官寺竺法汰传》谓：

沙门道恒，颇有才力，常执心无义，大行荆土。（竺法）汰曰："此是邪说，应须破之。"乃大集各僧，令弟子昙一难之。据经引理，析驳纷纭。恒仗其口辩，不肯受屈，日色既暮明旦更集。慧远就席，攻难数番，关责锋起。恒自觉义途差异，神色微动，尘尾扣案，未即有答。远曰："不疾而速，杼柚何为？"坐者皆笑矣。心无之义，于此而息。

同又上卷7《宋京师祇洹寺释僧苞传》谓：

（僧苞）东下京师，正值祇洹寺发讲。法徒云聚，士庶骈席，苞……乘驴征看，衣服垢弊，貌有风尘，堂内既迮，坐驴洹于户外。高座举题适竟，苞……致问数番，皆是先达思力所不逮，高座无以抗其辞，遂逊退而止。

（三）君主奉佛，争相造像，大建寺院

《魏书》卷114《释老志》谓：

兴光元年秋……铸释迦立像五，各长一丈六尺，都用赤金二十五万斤。……昙曜白帝，于京城西武州塞，凿山石壁，开窟五所，镌建佛像各一。高者七十尺，次六十尺，雕饰奇伟，冠于一世。……显祖……又于天宫寺，造释迦立像。高四十三尺，用赤金十万斤，黄金六百斤。……景明初，世宗诏大长秋卿白整准代京灵岩寺石窟，于洛南伊阙山，为高祖，文昭皇太后营石窟二所。至正始二年中，始出斩山二十三丈。……永平中，中尹刘腾奏为世宗复造石窟一，凡为立所。从景明元年至正光四年六月已前，用功八十万二千三百六十六。

又谓：

高宗践极，下诏曰："……今制诸州郡县，于众居之所，各听建佛图一区，任其财用，不制会限。其好乐道法，欲为沙门，不问长幼，出于良家，性行素笃，无诸嫌秽，乡里所明者，听其出家，率大州五十，小州四十人，其郡遥远台者十人。"……（太和）十六年诏："四月八日，七月十五日，听大州度一百人为僧尼，中州五十人，下州二十八，以为常准。"……熙平二年春，灵太后令曰："年常度僧，依限大州应百人者，州郡于前十日解送三百人，其中州二百人，小州一百人。州统，维那与官及精练简取充数。"……正光已后，僧尼大众二百万矣。

（四）君、后倡于上，士民应于下，到处造像刻经，奉佛之风极盛

王昶《金石萃编》谓：

造像立碑，始于北魏。迄于唐之中叶。大抵所造者，释迦弥陀、弥勒及观音势至为多。或刻山崖，或刻碑石，或造石窟，或造佛堪，或造浮图。其初不过刻石，其后或施以金涂彩绘，其形模之大小广狭，制作之精粗不等。造像或称一区，或称一堪，其后乃称一铺。造像必有记。赠造像人自称曰佛弟子、正信佛弟子、清信士、清信女、优婆塞、优婆夷。赠出资造像者，曰像主、副像主、东西南北四面像主，发心主、都开光明主、光明主、天宫主、南面北面上堪中堪像主、檀越主、大像主、释迦像主、开明像主、弥勒像主、弥勒开明主、观世音像主、无量寿佛主、都大檀越都像主、像斋主、左右葙斋主。造塔者曰塔主；造钟者曰钟主；造浮图者曰东面、西面、南面浮图主；造灯者曰登主、登明主、世石主、劝化者曰化主、教化主、东西南北面化主、左右葙化主、都化主、大都化主、大化主、都录主、坐主、高坐主。邑中助缘者曰邑主、大都邑主、东西面邑主、邑子、邑师、邑正、左右葙邑正、邑老、邑胥、邑谓、邑政、邑义、邑日、都邑忠正、邑中下、邑长乡正、邑平正。乡党治律，其寺职之称，曰和上、比丘、比丘尼、都维那、维那、典录、典坐、香火、沙弥、门师、都邑维那、邑维那、行维那、左右葙维那、左右葙香火，其名目之繁如此。《语石》（叶昌炽）云：造像莫先于元魏，道俗人等，同心发愿。余所见景明三年四人造像，其最小矣，递增而有廿三人、卅

二人、卅五人，又自四十、五十、六十、七十，以至二百、三百余人。

又叶昌炽《语石》谓：

泰山有《金刚经》全部，徂徕山映佛岩有《大般若经》，钱竹汀谓："皆齐武平中王子椿所刻，其字径尺。"

又谓：

风峪《华严经》，亦北齐刻。其地在太原西三里，砖甃一穴，方五丈，共石柱一百二十有六。

二 反佛斗争

南北朝时期，佛教虽得到迅速发展，但反佛教斗争，亦同时进行。

（一）认为佛教来自西域，及外国之神，无须礼奉

《高僧传》卷9《晋邺中竺佛图澄传》谓：

（佛图）澄道化既行，民多奉佛，皆营造寺庙，相竞出家，伪伪混淆，多生愆过。虎下书问中书曰："佛号世尊，国家所奉，里闾小无爵秩者，为应得事佛与不？又沙门皆应高洁贞正，行能精进，然后可为道士。今沙门甚众，或有奸宄避役，多非其人，可料简详议。"伪中书著作郎王度奏曰："夫王者郊祀天地，祭奉百神，载在祀典，礼有常飨。佛出西域，外国之神。功不施民，非天子诸华所可宜奉。……今大赵受命，率由旧章，华戎制异，人神流别，外不同内，维祭殊礼，华夏服祀，不宜杂错。国家可断赵人悉不听诣寺烧香礼拜，以遵典礼。其百辟卿士，下逮众隶，例皆禁之。其有犯者，与淫祀同罪，其赵人为沙门者，还从旧民之服。"伪中书令王波同度所奏。虎下书曰："度议云：佛是外国之神，非天子诸华所可宜奉。朕生自边壤，忝当期运，君临诸夏，至于飨祀，应兼从本俗。佛是戎神，正所应奉。夫制由上行，永世作则，苟事无亏，何拘前代？其夷赵百蛮有舍其淫祀，乐事佛者，悉听为道。"

又《南史》卷75《隐逸上·顾欢传》谓：

顾欢字景怡……吴郡盐官人也。……著《夷夏论》曰：……五帝三皇，不闻有佛；国师道士，无过老、庄、儒林之宗。孰出周、孔。若孔、老非圣，谁则当之？然二经所说，如合符契。道则佛也，佛则道也，其圣则符，其迹则反。或相光以明近，或曜灵以示远。道济天下，故无方而不入，智周万物，故无物而不为，其人不同，其为必异，各成其性，不易其事。中以端委搢绅，诸华之容，剪发旷衣，群夷之服，擎跽磬折，侯甸之恭；孤蹲狗踞，荒流之肃，棺殡椁葬，中夏之风。火焚水沉，西戎之俗。全形守礼，继善之教；毁貌易性，绝恶之学。岂伊同人，爱及异物，鸟王兽长，往往是佛。无穷世界，圣人代兴，或昭五典，或布三乘。在鸟而鸟鸣，在兽而兽吼，教华而华言，化夷而夷语耳。虽舟车均于致远，而有川陆之节，佛道齐乎达化，而有夷夏之别。若谓其致既均，其法可换者，而车可涉川，舟可行陆乎？今以中夏之性，效西戎之法，既不全同，又不全异，下弃妻孥，上绝宗祀。嗜欲之物，皆以礼伸，孝敬之典，独以法屈。悖礼犯顺，曾莫之觉，弱丧忘归，孰识其旧。且理之可贵者道也，事之可贱者俗也，舍华效夷，义将安取？若以道邪？道固符合矣。

(二) 道、佛之争，以道教反佛教

《南史》卷75《隐逸上·顾欢传》谓：

文惠太子、竟陵王子良并好释法，吴兴孟景翼为道士，太子召入玄圃，众僧大会。子良使景翼礼佛，景翼不肯，子良送十地经与之，景翼造正一论，大略曰："宝积云，'佛以一音广说法'。老子云，'圣人抱一以为天下式'。一之为妙，空玄绝于有境，神化赡于无穷。为万而无为，处一数而无数。莫之能名，强号为一。在佛曰'实相'，在道曰'玄牝'。道之大象，即佛之法身。以不守之守守法者，以不执之执大象。但物有八万四千行，说有八万四千法。法乃至于无数，行亦达于无央，等级隋缘，须导归一，归一曰回向，向正即无邪，邪观既遣，亿善日新。三五四六，随用而施，独立不改，绝学无忧，旷劫诸圣，共遵斯一。老、释未始尝分，迷者分之而未合。亿善偏修，修偏成圣，虽十号千称，终不能尽。终不能尽，岂可思议。"司徒从事中郎张融作门律云："道之与佛，逗极无二。吾见道士与道人战儒墨，道人与道士辨是非，昔有鸿飞天首，积远难亮，越人以为凫，楚人以为乙。人自楚、鸿常一耳。"

又《续高僧传·昙无最传》谓：

元魏正光元年，明帝加朝服大赦，请释、李两宗上殿。斋讫，侍中刘胜宣敕，请诸法师等与道士论议。时清通观道士姜斌与最对论。帝问："佛与老子同时不？"斌曰："老子西入化胡成佛。佛以以侍者，文出老子《开天经》，据此明是同时。"……帝遣尚书令元义宣敕，令斌下席；又议讫，奏云："老子止著五千文，余无言说。"

又《高僧传》卷1《晋长安帛远传》谓：

（帛远与祭酒王浮）每争邪正，浮屡屈，既瞋不自忍，乃作《老子化胡经》，以诬谤佛法。

(三) 伦理之争，梁朝有人造"三破论"以反佛教

《全梁文》卷60引刘勰《灭惑论》谓：

或造三破论者……第一破曰：入国而破国者。证言说伪，兴造无费，苦克百姓，使国空民穷，不助国生有减损。况人不蚕而衣，不田而食，国灭人绝，由此为失。日用损费，无纤毫之益；五灾之害，不复过此。……第二破曰：入家而破家。使父子殊事。兄弟异法，遗弃二亲，孝道顿绝，优娱各异，歌哭不同，骨肉生仇，服属永弃，悖化犯顺，无昊天之报。五逆不孝，不复过此。……第三破曰：入身而破身。人生之体，一有毁伪之疾，二有髡头之苦，三有不孝之逆，四有绝种之罪恶，五有亡体从诫。唯学不孝，何故言哉！诚令不跪父母，便竟从之，儿先作沙弥，其母后作阿尼，则跪其儿，不礼之教，中国绝之，何可得从。

(四) 时人假托信佛, 得以逃避劳役, 结果导致有人主张废弃佛教

僧佑《弘明集》卷12载桓玄《欲沙汰众僧与僚属教》谓:

> 京师竞其奢淫, 荣观纷于朝市, 天府以之倾匮, 名器为之秽法, 避役钟天地百里, 逋逃盈于寺庙, 乃至一县数千, 猥成屯落, 邑聚游食之群, 境积不羁之众, 伤治割政, 尘滓佛教, 彼此俱弊, 实污风轨。使可严下在此诸沙门, 有能伸述经诰, 畅说义理者, 或禁行修整、奉戒无亏、恒为阿练若者; 或山居养志, 不营流俗者, 皆是以宜寄大化, 亦所示物以道。弘调作范, 幸兼内外, 其有违于此者, 皆悉罢道。所在领其户籍。严为之制, 速申下之。

晋义熙年间, 又有发"五横"之论, 以反对佛教。
《弘明集》卷5《释驳论》谓:

> 晋义熙之年, 江左袁、何二贤, 商略治道, 讽刺时敢, 发五横之论。……世有五横, 而沙门处其一焉。大设方便, 鼓动愚俗, 一则诱谕, 一则迫胁。运行恶必有累劫之殃, 修善便有无穷之庆。敦厉引导, 逼强切勒, 上减父母之养, 下损妻孥之分, 会同尽肴膳之甘, 寺庙极壮丽之美, 割生民之珍玩, 崇无用之虚费, 馨私家之年储, 阙军国之资实。

第三节 北朝时期的灭佛与佞佛

北朝时期, 从儒佛、佛道之争, 发展为北魏和北周的禁绝佛教、坑杀沙门的灭佛运动; 北魏孝文帝死后, 佛教大肆泛滥, 上自帝王将相, 下致黎民百姓, 无不竞相崇佛、佞佛。

一 灭佛

北魏太武帝, 笃信道教。
《魏书》卷114《释老志》谓:

> 世祖……及得寇谦之道，帝以清净无为，有仙化之征，遂信行其术。时司徒崔浩，博学多闻，帝每访以大事。浩奉谦之道，尤不信佛，与帝言，数加非毁，常谓虚诞，为世费害。帝以其辩博颇信之。

又同书卷4下《世祖纪》谓：

> 太平真君……五年春正月……戌戊申，（太武帝）诏曰："愚民无识，信惑妖邪，私养师巫，扶藏谶记、阴阳、图续、方伎之书；又沙门之徒，假西戎虚诞，生致妖孽。非所以一齐政化，布淳德于天下也。自王公已下至于庶人，有私养沙门，师巫及金银工巧之人在其家者，皆遣诣官曹，不得容匿。限今年二月十五日，过期不出，师巫、沙门身死，主人门诛。明相宣告，咸使闻知。"

魏太武帝在长安，见庙中藏有武器、酿酒器具及其他不法之事，遂禁绝佛教，坑杀沙门。

《魏书》卷114《释老志》谓：

> 会盖吴反杏城，关中骚动，帝乃西伐，至于长安。先是，长安沙门种麦寺内，御骊牧马于麦中，帝入观马，沙门饮从官酒，从官入其便室，见大有弓矢矛盾，出以奏闻。帝怒曰："此非沙门所用。"……命有司案诛一寺，阅其财产，大得酿酒具及州、郡牧守富人所寄藏物，盖以万计。又为窟室，与贵室女私行淫乱。帝既忿沙门非法，浩时从行，因进其说。诏诛长安沙门，焚破佛像，敕留台下四方，令一依长安行事。……又诏曰："自王公已下，有私养沙门者，皆送官曹，不得隐匿。限今年二月十五日，过期不出，沙门身死，容止者，诛一门。"……乃下诏曰："……自今以后，敢有事胡神及造形像泥人，铜人者，门诛，虽言胡神，问今胡人，共云无须。皆是前世汉人无赖子弟刘元真、吕伯强之徒，接乞胡之诞言，用老、庄之虚假，附而且益之，皆非真实。……有司宣告征镇诸军，刺史，诸有佛图形偈及胡经，尽皆击破焚烧，沙门无少长悉坑之。"是岁，真君七年三月也。

北周武帝宇文邕继续进行政治、经济和文化教育等方面的改革，其采用的重要措施之一就是灭佛。

周武帝于建德三年（574）五月，下诏尽毁经像，罢沙门。

《周书》卷5《武帝纪上》载：

> 初断佛、道二教，经像悉毁，罢沙门、道士，并令还民。

《广弘明集》卷8载：

> 三宝福财，散给臣下，寺观塔庙，赐给王公。

北周武帝毁废佛教，不只在北周境内，及灭齐，又毁废北齐境内佛教。

《广弘明集》卷10载：

> 关陇佛法，诛除略尽，既克齐境，还准毁之，尔时魏齐东川，佛法崇盛，见成寺庙，出四十千，并赐王公，充为第宅。五众释门，减三百万，皆复军民，还归编户。融括佛像，焚烧经教，三宝福财，簿录入官，登即赏赐，分散荡尽。

北周武帝此次灭佛之举比较彻底。

《房录》卷11载：

> 毁破前代关山西东数百年来官私所造一切佛塔，扫地悉尽，融刮圣龛，焚烧经典。八州寺庙出四十千，尽赐王公，充为宅第。三方释子减三百万，皆复军民，还归编户。

二　佞佛

北魏文成帝继位，下诏恢复佛教。

《魏书》卷114《释老志》谓：

> 高宗践极，下诏曰："……况释迦如来功济大千，惠流尘境，等

生死者叹其达观,览文义者贵其妙明,助王政之禁律,盖仁智之善信,排斥群邪,开演正觉……有司失旨,一切禁断。……今制诸州郡县,于众居之所,各听建佛图一区,任其财用,不制会限。其好乐道法,欲为沙门……听其出家。率大州五十,小州四十人,其郡遥运台者十人。各当局分,皆足以化恶就善,播扬道教也。"

献文帝继位,对佛教尤其崇信。
《魏书》卷114《释老志》谓:

(献文帝)览诸经论,好老庄。每引诸沙门及能谈玄之士,与论理要。……于时起永宁寺,构七级佛图,高三百余尺,基架博敞,为天下第一。又于天宫寺,造释迦立像。高四十三尺,用赤金十万斤,黄金六百斤。皇兴中,又构三级石佛图。榱栋楣楹,上下重结,大小皆石,高十丈,镇固朽密,为京华壮大观。以往被毁的寺院佛塔,次第得以重建修缮,佛像塑造,经论翻译,作法坐禅,佛事之盛,犹胜当年。

第二十六章 道教的产生与发展

道教是中国土生土长的宗教，形成于东汉中后期，但在汉末北方的太平道组织黄巾起义失败后，遭到了统治者的打击禁止，失去了发展的良好机会。加之道教的神仙体系庞杂、肤浅、信徒较少，长生成仙说又不能兑现，容易受到攻击，故在魏晋南北朝时期，道教虽也有较大发展，但终不如佛教发展快。

本章从三个方面叙述魏晋南北朝时期的道教。

第一节 道教的产生和《太平经》的传播

道教产生于东汉后期，早期的道教主要有两支，即出现在蜀地的"五斗米道"，以及流传在京部滨海地区的太平道。东汉是一个神学时代，民间巫俗盛行，方士阶层不断增大，这些都为道教产生提供了条件。道教追求长生，是一种神仙教。

《魏书》卷114《释老志》谓：

> 道家之原，出于老子。……其为教也，咸蠲去邪累，澡雪心神，积行树功，累德增善，乃至白日升天，长生世上。

每一种宗教的产生，都有其思想基础，早期道教中的太平道基本上是依照《太平经》的思想创立起来的。

《太平经》原名《太平清领书》，并非一时一人之作，其内容十分庞杂。《太平经》的渊源，可追溯到西汉末齐人甘忠可造的《天官历》和《包元太平经》。

《汉书》卷75《李寻传》谓：

> 初，成帝时，齐人甘忠可诈造《天官历》《包元太平经》十二卷，以言汉家逢天地之大终，当列受命于天，天帝使真人赤精子下教我此道。忠可以教重平夏贺良，容丘丁广世、东郡郭昌等。

后汉时，由于社会动乱，危机重现，百姓渴望天下太平，《太平经》遂广泛流传民间。

《后汉书》卷30下《襄楷传》谓：

> 初，顺帝时，琅邪宫崇诣阙，上其师干吉于曲阳泉水上所得神书百七十卷，皆缥白素、朱介、青首、朱目，号《太平清领书》。其言以阴阳五行为家，而多巫觋杂语。有司奏崇所上妖妄不经，乃收藏之。后张角颇有其书焉。

第二节 葛洪与《抱朴子》

葛洪，字稚川，自号抱朴子，丹阳句容（今属江苏）人，东晋著名道教理论家，其代表作为《抱朴子》。

葛洪从师郑隐，郑隐对其思想影响很大。

《抱朴子·内篇》卷19《遐览篇》谓：

> （郑隐）本大儒士也，晚而好道，犹以《礼记》《尚书》教授不绝。

又同上《外篇》卷50《自叙篇》谓：

> 《内篇》言神仙方药，鬼怪变化、养生延年，禳邪却祸之事，属道家；其《外篇》言人间得失、世事臧否，属儒家。

按"自叙"篇所言"道家"系每时五斗米道。

葛洪崇尚儒学。

《抱朴子·内篇》卷10《明本篇》谓：

> 道者儒之本也，儒者道之末也。……夫道者……此所以为百家之居长，仁义之祖宗也。

葛洪把道教与儒学结合起来，把修儒当作成仙的先决条件。
《抱朴子·内篇》卷3《对俗篇》谓：

> 欲求仙者，要当以忠孝和顺仁信为本。若德行不修，而但务方术，皆不得长生也。

葛洪维护儒家礼教，是有君论者。
《抱朴子·外篇》卷48《诘鲍篇》谓：

> 乾坤定位，上下以形。远取诸物，则天尊地卑，以著人伦之体；近取诸身，则元首股肱，以表君臣之序。……贵贱有章，则慕赏畏罚；势齐力均，则争夺靡惮。是以有圣人作，受命自天。

葛洪信方药，但反对巫祝，主张禁绝巫祝。
《抱朴子·内篇》卷9《道意篇》谓：

> 不务药石之救，惟专祝祭之谬。祈祷无已，问卜不倦，巫祝小人，妄说祸祟。疾病危急，唯所不闻。闻辄修为，损费不訾。定室竭其财储，贫人假举倍息。田宅割裂以讫尽，箧柜倒装而无余。或偶有自差，便谓受神之赐。如其死亡，便谓鬼不见赦。幸而误活，财产穷罄，遂复饥寒，冻饿而死。或起为劫剽，或穿窬斯滥。丧身于锋镝之端，自隐于丑恶之刑，皆此之由也。或什物尽于祭祀之费耗，谷帛沦于贪浊之师巫。既没之日，无复凶器之直，衣衾之周，使尸朽虫流，良可悼也。……淫祀，妖邪，礼律所禁。针而凡夫终不可悟，惟宜王者更峻其法制，犯无轻重，致之大辟。购募巫祝不肯止者，刑之无赦，肆之市路。不过少时，必当绝息。

葛洪主张既当官佐时，又修道成仙，"兼而修之"，才是"上士"。

《抱朴子·内篇》卷8《释滞篇》谓：

> 长才者兼而修之，何难之有？内宝养生之道，外则和光于世，治身而身长修，治国而回太平，以六经训俗士，以方术授知音，欲少留则且止而佐时，欲升腾则凌霄而轻举者，上士也；自恃才力不能并成，则弃置人间，专修道德者，亦其次也。

葛洪主张历史是进化的。
《抱朴子·外篇》卷48《诘鲍篇》谓：

> 古者，生无栋宇，死无殡葬。川无舟楫之器，陆无车马之用；吞啖毒烈，以至陨毙；疾无医术，枉死无限。后世圣人，改而垂之，民到于今，赖其厚惠。

葛洪重视医药，痛恨庸医。
《抱朴子·内篇》卷15《杂应篇》谓：

> 余见戴霸、华佗所集《金匮缘囊》《崔中书黄素方》及《百家杂方》五百许卷。甘胡、吕傅、周始、甘唐通、阮河南等。各撰集《暴卒备急方》，或一百十，或九十四，或八十五，或四十六，世人皆为精悉，不可加也。余究而视之。殊多不备，诸急病甚尚未尽，又浑漫杂错，无其条贯，有所寻按，不即可得。而治卒暴之候，皆用贵药，动数十种，自非富室而居京都者，不能素储，不可卒办也。又多令人以针治病，其灸法又不明处所分寸，而但说身中孔穴荣输之名。自非旧医备览《明堂流注偃侧图》者，安能晓之哉？余所撰百卷，名曰《玉函方》，皆分别病名，以类相续，不相杂错，其《救卒》三卷，皆单行径易，约而易验，篱陌之间，顾眄皆药，众急之病，无不毕备，家的此方，可不用医。医多承袭世业，有名无实，但养虚声，以图财利。寒白退士，所不得使，使之者乃多误人，未若自闲其要，胜于所迎无知之医。医又不可卒得，得又不肯即为人使，使腠理之微疾，成膏肓之深祸，乃至不救。且暴急之病，而远行借问，率多枉死矣。

《抱朴子》一书，《内篇》21卷，《外篇》51卷，以《内篇》为最重要。该篇对外丹黄白术、道教医药学、房中术和养生学的论述最为详尽，还是中国哲学史、道教史和科技史的重要著作。

第三节　陶弘景、寇谦之对南北朝道教的影响

陶弘景是南北朝道教发展史上最有影响的人物。他遍访居士、道士，收集道教的古本真经，是道教茅山宗的创始人，著述甚多，其主要功绩是调和肉体与灵魂成仙二说；寇谦之活动于北魏太武帝拓跋焘太平真君年间，他对道教进行清整，改造了道教，废除"三张伪法"、租米钱税及男女合气之术等，从而使道教在与佛教的竞争中站住了脚，获得了更大的发展。

一　陶弘景

陶弘景，字通明，谥曰贞白先生，曾拜南方道教宗师陆修静的弟子孙游岳为师，是道教茅山宗的创始人。陶弘景著有《真诰》《真灵位业图》和《登真隐诀》等。

陶经景认为"道"是天地万物生成的根据，"道"生于元气，元气生太极、天地。《真诰·甄命援》谓：

> 道者混然，是生元气。元气成，然后有术极。太极则天地之父母，道之奥也。

陶弘景对佛教崇敬，并援佛入道。
唐释法琳《辨证论》卷6《内异方同制旨》谓：

> （陶弘景）常以敬重佛法为业，但逢重僧，莫不礼拜，岩穴之内，悉安佛像，自率门徒受学之士，朝夕忏悔，恒读佛经。

陶弘景又融儒入道，以《中庸》性命说，解释道与性的关系。
《真诰·甄命援》谓：

人体自然，与道气合，所以天命谓性，率性谓道，修道谓教。今以道教使性成真，则同于道矣。

陶弘景详细区分神仙等级，将神仙分宫分等。
《真灵位业图·序》谓：

今正当比类经正，筹校仪服，埒其高卑，区其宫域……虽同号真人，真品乃有数；俱目仙人，仙亦有等级千亿。

陶弘景为缓和儒、释、道三教之间的矛盾，主张三教调和，兼容并包。
《全梁文》卷47引陶弘景《茅山长沙馆碑》谓：

万象森罗，不离两仪所有；百法纷凑，无越三教之境。

陶弘景还调和了肉体与灵魂的合、离二说。
又《艺文类聚》卷78《灵异部上·仙道》引陶弘景《答朝士访仙佛两法体相书》谓：

凡质像所结，不过形神，形神合时，则是人是物，形神若离，则是灵是鬼，其非离非合，佛法所摄，亦离亦合，仙道所依。……假令为仙者，以药石炼其形，以精灵莹其神，以和气濯其质，以善德解其缠，众法共通无碍无滞，欲合则乘云驾龙，欲离则尸解化质，不离不合，则或存或亡。于是各随所业，修道进学，渐阶无穷，教功令满，亦毕竟寂灭矣。

二　寇谦之

寇谦之（365—448），字辅真，上谷昌平（今属北京）人，少时修张鲁之术，学道7年，他假托运费太上老君授其"天师"之位，并赐予《云中音诵新科之诫》20卷，"清整道教"；又假托老君玄孙"牧土上师李谱文"，赐其《天中三真太文录》60余卷，令其辅佐北方太平真君，即北魏太武帝拓跋焘，寇谦之以上列二书为依据，对五斗米道进行改革，创立了北魏新天师道。

寇谦之为使自己能合法继承张天师之位，遂取消了"天师"和"祭酒"之位的教权世袭。其《老君音诵诫经》谓：

> 无道无亲，唯贤是授，诸道官祭酒，可简贤授明，不复按前父死子系，使道教不显。

经寇谦之改革后的道教，修道内容与方法与以前已不相同，主要做法有以下几点。

（一）清整道教，革除弊端

《魏书》卷114《释老志》谓：

> 谦之……清整道教，除去三张伪法，租米钱税，及男女合气之术。

按"三张"系指张陵、张衡和张鲁。

除去"男女合气之术"，寇谦之坚持老子"好气养精，贵接而不施"的说教。其《老君音诵诫经》谓：

> 然房中术生之术，经契故有百余法，不在断禁之列。若夫妻乐法……传一法亦可足矣。

（二）简便修道手续，主张男女信徒可在家立坛，朝夕礼拜

《魏书》卷114《释老志》谓：

> （寇谦之）作诰曰："……又地上生民，末劫垂及，其中行教甚难。但令男女立坛宇，朝夕礼拜，若家有严君，功及上世。其中能修身炼药，学长生之术，即为真君种民。"

（三）起天师道场，显扬新法

北魏始光初，寇谦之向太武帝献《新科之诫》与《天中三真太文录》

两书，要求显扬新法。

《魏书》卷114《释老志》谓：

> 始光初，（寇谦之）奉其书而献之……世祖欣然，乃使谒者奉玉帛牲牢，祭嵩岳，迎致其余弟子在山中者。于是崇奉天师，显扬新法，宣布天下，道业大行……在坛五层，遵其（寇谦之）《新经》之制。给道士百二十人衣食，齐肃祈请，六时礼拜，月设厨会数千人。

（四）宣示新科之诫，专以"礼度"为首

寇谦之《云中音诵新科之诫》谓：

> （道徒心须做到）臣忠、子孝、夫信，妇贞，兄敬，弟顺，内无二心。

（五）提倡轮回报应

其《太上老君诫经》谓：

> 本得无失，谓前生过去已得此诫，故于今世而无失也。……诳诈万端，称官设号，蚁聚人众，坏乱土地……此等之人，尽在地狱，若才罪重之者，转生虫畜，轮转精魂虫畜猪而生，偿罪难毕。

（六）诵经、礼拜，修功德以悟长生秘诀

其《老君音诵试经》谓：

> 诸欲修学长生之人，好共寻诸诵诫，建功香火，斋练功成，感物之后，长生克。

第二十七章 中外文化交流

魏晋南北朝时期的中外文化交流活动比较频繁，交流的国家和地区不断扩大，交流的内容主要是宗教、艺术和学术思想等。兹据罗宏曾《魏晋南北朝文化史》等，将这一时期中外文化交流的情况概述于此。

第一节 与东海诸国的文化交流

东海诸国主要指高句丽、百济、新罗、邪马台、大和等国。魏晋南北朝时这些国家与我国有较多的文化交流。

一 高句丽、百济、新罗

高句丽、百济、新罗三国，为我国汉时的属国之一。它们在魏晋南北朝时，与我国的文化交流主要有以下数端。

（一）政府之间的往来

高句丽，在辽东的东边，原在我国东北境内，南北朝时迁于今朝鲜半岛。有居民三万户。

《三国志》卷30《高句丽传》谓：

> 高句丽在辽东之东千里，南与朝鲜、濊貊，东与沃沮，北现夫余接。……方可千里，户三万。东晋太元三年。

（378）高句丽遣使朝贡前秦苻坚；宋元嘉十六年（439），高句丽向文帝刘义隆进贡良马800匹；北魏太武帝时，高句丽派使臣进贡黄金200斤、白银400斤以及其他物品。中国政府亦作回访，并有馈赠。

百济，是朝鲜半岛诸小国之一。

《周书》卷49《异域上》谓：

> 百济者，其先盖马韩之属国，夫余之别种。……其地界东极新罗、北接高句丽，西南俱限大海。东西四百五十里，南北九百余里。

在南北朝时，百济曾10次使臣来建康访国；侯景之乱时，百济使臣滞留中国，乱平之后，方得回国。中国政府多次遣使臣回访，且赠送礼品。

新罗，亦名秦韩，地处高句丽东南，东临大海。新罗与我国关系密切，南北朝时，多次派使臣来建康、邺城访问，并献贡品。

（二）教育与文化交流

两晋时期，流传至高句丽的我国儒学经典和史学著作有《论语》《史记》和《汉书》等。东晋简文帝咸安二年（372），高句丽小兽林王仿照我国教育制度，开始建立太学；当时高句丽亦使用汉字，《玉篇》《字林》《字统》和《昭明文选》等书籍已传入该国。

百济也是与我国文化交流较早的国家。西晋太康年间，百济的阿直歧、王仁等已是颇有成就的汉学家；南朝元嘉至大同年间，我国的《易林》《式占》《诗经》《礼记》《元嘉历》以历《涅槃》等经义，已传至百济，同时《毛诗》博士并工匠副师也相继前征。

新罗，相传是秦朝流亡者避役之地。

《北史》卷94《新罗传》谓：

> 新罗者……其言语名物，有似中国人，名国为邦，弓为弧、贼为寇，行酒为行觞，相呼皆为徒。……其文字、甲兵，同于中国。

这一时期，中国传统乐器笙、箫、琴、瑟，以及羌胡乐器筚篥、琵琶、角鼓、箜篌等先后传入以上三国。同时，高句丽乐也传到我国。

（三）佛教传播与寺院兴建

前秦时，苻坚曾派僧人顺道、阿道先后至高句丽诵经说法。为礼佛待僧，小兽林王特意建造了萧六寺和伊弗兰寺。

高句丽在故国壤王伊连和广开土王谈德执政期间，佛教有较广泛的传播，平壤一地就有9座寺院。与此同时，高句丽僧人义渊、惠灌和定法师等也先后来到中国，学习佛教经典，扩大了文化交流。

百济的佛教亦由中国传入，东晋太元年间，胡僧摩罗难陁由中国前往百济传教讲经，受到枕流王的欢迎。第二年，枕流王还专为该僧在汉山建造寺院，并批准10名百济人由摩罗难陁度为僧人。梁朝大同年间，百济遣使臣来建康，求赠佛教经典。

新罗对佛教亦很尊崇，有几位国王和王妃竟剃度为僧尼。新罗还仿照梁朝制度，设置了寺典和僧房典等机构；新罗的寺院与佛窟都是模仿南朝艺术风格建造开凿的。

二 邪马台、大和

邪马台与大和，都是日本古国名。邪马台建国于我国三国时期，而大和国约建于我国两晋之际。

（一）邪马台

邪马台女王卑弥呼于曹魏景初二年（238）六月遣大夫难升米等前来魏京都洛阳朝贡。同年十二月，魏明帝曹叡特下诏褒奖。

《三国志》卷30《东夷倭人传》谓：

> 景初二年……十二月，诏书报倭女王曰："制诏亲魏倭王卑弥呼：带方太守刘夏遣使送汝大夫难升宋、次使都市牛利奉汝所献男生口四人、女生口六人、班布二匹二丈，以到。汝所在逾远，乃遣使贡献，是汝之忠孝，我甚哀汝。今以汝为亲魏倭王，假金印紫绶……今以难升米为率善中郎将，牛利为率善校尉……今以绛地交龙锦五匹……荅汝所献贡直。又特赐汝绀地句文锦三匹、细班华罽五张、白绢王十匹、金八两、五尺刀两口、铜镜百枚、真珠、铅丹各五十斤，皆装封付难升米，牛利，还至录受。悉可以示汝国中人，使知国家哀，故郑重赐汝好物也。"

此后，女王卑弥呼曾多次遣使来朝，中国皇帝也派使臣回访。
《三国志》卷30《东夷·倭人传》谓：

> 正始元年……太守弓遵遣建忠校尉梯俊等奉诏书印绶诣倭

国，……并赍……金、帛、锦、罽、刀、镜、采物，倭王国使上表答谢……。其四年，倭王复遣使大夫伊声者、掖邪苟等八人，上献生口、倭锦、绛青缣、绵衣、帛布、丹木、犴、短弓矢。……其八年……倭女王卑经贸部呼与苟奴田男王卑弥弓呼素不和，遣倭载斯、乌越等诸郡说相攻击状。……卑弥呼以死，大作家，径百余步，殉葬者奴婢百余人。更立男王，国中不服，更相诛杀，当时杀千余人。复立卑弥呼宗女壹与，年十三为王，国中遂定。……壹与遣使倭大夫率养中郎将掖邪苟等二十人……诣台……贡白珠五千，孔青大句珠二枚，异文杂锦二十匹。

（二）大和

两晋时期，日本建立了大和国。大和国的五代倭王都与中国有交往，自晋安帝义熙九年（413）至梁武帝天监元年（502），约90年间，大和国10次派遣使臣来到中国奉献方物，并恳请皇帝赐予封号。

随着两国频繁交往，中国的文物、典章制度等，相继传入日本。晋太康五年（284），通晓汉学的百济阿直歧出访日本，被应神天皇的皇子聘为老师，讲授汉学。继阿直歧之后，百济儒学博士王仁赴日执教汉文，他带去了《论语》10卷、钟繇《千字文》1卷，自此，中国儒学传入日本，在儒学的影响下，日本开始以仁、义、礼、智、信"五常"为其国民道德修养的标准。

日本原本没有文字，以刻木结绳记事，在5世纪末叶，才开始运用汉字的音与义，发展成为后来日语中的平假名和片假名。

在交往的过程中，我国先进的生产技术也传到了日本，如养蚕、丝织和服装缝纫等。南朝宋泰始年间，日本使者来建康朝贡，曾将"汉织""吴织"与一批"织缝"女工带回日本。同时还从朝鲜半岛引进了许多中国籍的陶工、鞍工、画工和锦工等。促进了古日本丝织、印染、陶业以及其他生产事业发展。

第二节　与天竺、师子国的文化交流

天竺即今之印度和尼泊尔；师子国即现今的斯里兰卡。这些国家与我国的关系源远流长。魏晋南北朝时，随着佛教的东传，天竺、师子国与我国的文化交流更加频繁。

一 天竺五国

天竺，一名"身毒"。即今印度和尼泊尔。

天竺分为五国，即中天竺、东天竺、西天竺、南天竺和北天竺。

《魏书》卷114《释老志》谓：

> 及开西域，遣张骞使大夏还，传其旁有身毒国，一名天竺，始闻有浮图之教。

中印两国文化交流源远流长，可追溯至西汉哀帝时期。

《三国志》卷30《东夷传》注引鱼豢《魏略》谓：

> （哀帝时）博士弟子景庐，受大月氏王使伊存口授浮图经。

据传东汉明帝永平十年（67），中天竺僧人摄摩腾（迦叶摩腾）、竺法兰，随同至天竺求佛法的蔡愔、秦景等来到洛阳。翌年，建佛寺，因摄、竺二僧以白马驮经而至，故以白马寺名之。

中印两国政府间的交往，始于东晋时期。前秦苻坚建元十七年（381），中天竺笈多王朝超日王遣访问使者来长安，向苻坚赠送火浣布。

南朝宋元嘉五年（428），天竺迦毗黎国国王月爱遣使奉表称臣。

《宋书》卷97《夷蛮天竺迦毗黎国传》谓：

> 国王月爱遣使奉表曰："伏闻彼国，所江傍海，山川周固，众妙悉血，庄严清净，犹如化城，宫殿庄严，街巷平坦，人民充满，欢娱安乐。……万邦归仰，国富如海。……王身端严，如日初出……臣之所住，名迦毗河，东际于海……臣之名月爱，弃世王种，惟愿大王圣体和善，群臣百官，悉自安稳……使主名尼陁达，此人由来良善忠信，是故今遣奉使表诚。大王若有所须，珍奇异物，悉当奉送。此之境土，便是王国，王之法令，治国善道，悉当承用。愿二国信使往来不绝，此反使还，愿赐一使，具宣圣命，备敕所宜，款至之诚，望不空反，所白如是，愿加哀愍。奉献金刚环、摩勒金环诸宝物、赤、白

鹦鹉各一头。"

此后，梁武帝天监初年，笯多王遣长史竺罗达奉表称臣，并献上方物。到陈宣帝太建三年（571），仅4年时间，北天竺国曾5次遣使臣来洛阳贡献。当时，乌苌国于北魏宣武帝、孝明帝时，曾派使臣6次来洛阳访问。我国佛徒宋云西去取经，途经乌苌国，受其国王礼待。

中天竺的拘萨罗国、东天竺的槃是国（今孟加拉国）和南天竺国，均多次遣使来洛阳访问，南天竺国的赠品有骏马、金、银等。

中、印两国交流范围较广泛。如我国的纸、丝织物以及养蚕技术等传到了印度；同时，印度的佛教美术和佛教文学也传入了我国，从而丰富了我国文化艺术内容。

二 师子国

师子国，即斯里兰卡（原名锡兰）。据史载，东晋时，我国与斯里兰卡开始交往。

《梁书》卷54《诸夷·海南诸国·师子国传》谓：

> 晋义熙初，始遣献玉像，经十载乃至。像高四尺二寸，玉色洁润，形制殊特，殆非人工。

此像历晋、宋在瓦官寺，寺现有征士戴安道手制佛像五尊，及顾长康维摩画像，世人谓之三绝。

东晋安帝义熙六年（410），我国僧人法显从印度经孟加拉湾，抵师子国，留住两年，求得《弥沙塞律》《长阿含经》《杂阿含经》和《杂藏》等佛教经籍。

宋文帝元嘉五年（428），师子国国王刹利摩诃南表奏宋文帝，愿"奉事三宝，共弘正法"，并献上礼品。

《宋书》卷97《夷蛮师子国传》谓：

> 师子国，元嘉五年，国王刹利摩诃南奉表曰：谨白大宋明主，虽山海殊隔，而音信时通。……我先王以来，唯以修德为正，不严而治，奉事三宝，道济天下，欣人为善，庆若在己……欲与天子共弘正

法，以度难化。故托四道人遣二白衣送牙台像以为信誓，信还，愿垂音告。

斯里兰卡还曾于宋元嘉十二年（435）和梁大通元年（527），两度遣使来建康访问并赠送礼品。

第三节　与波斯、大秦等西域诸国的文化交流

波斯、大秦等西域诸国，是指玉门关以西、巴尔喀什湖以东和以南的广袤地区，共有60多个国家。魏晋南北朝时期我国与这些国家的文化交流也较为频繁。

一　大宛、大月氏、嚈哒

（一）大宛

据史书记载，大宛距离洛阳3350里，南邻大月氏，北接康居，拥有70余城；北朝时，大宛又名"洛那"或"破洛那"。西晋太康六年（285），武帝派杨颢出使大宛，"拜其王蓝庚为大宛王"。中国的金银货币传入大宛，"得中国金银，辄为器物，不用为币也"。

大宛人善植葡桃，酿葡桃酒，并饲养汗血马。大宛王死后，他的儿子摩之继位，与中国友好，"遣使贡汗血马"。在后赵、前秦时代尽北魏太延三年（437），大宛国先后遣使向石勒奉献"珊瑚、琉璃、虒甊、白叠"等物。向苻坚和太武帝赠送汗血马等礼品。此后，大宛国还多次遣使臣来北魏访问并赠送礼品。

（二）大月氏

大月氏，最早系一部落，居于河西走廊的西北部，因迫于匈奴，后西迁。到了魏晋南北朝时期，大月氏已是地跨安息、高附、罽宾和北天竺的大国。魏明帝太和三年（229），大月氏贵霜王朝曾遣使来洛阳朝觐并献礼品，明帝曹叡封大月氏国王波调为"亲魏大月氏王"。

（三）嚈哒

嚈哒，南朝时称为"滑国"。嚈哒国东接塔里木盆地，西至波斯，南有北天竺，北毗邻高车，丝绸之路贯穿其间。

南北朝时期，嚈哒国曾多次遣使来北魏朝贡。

《北史》卷97《西域·嚈哒传》谓：

  自太安以后，每遣使朝贡。正光末，遣贡师子一……至大统十二年，遣使献其方物。废帝二年、周明帝二年，并遣使来献。后为突厥所破，部落分散，职贡遂绝。

嚈哒曾遣使多次向南朝梁武帝献方物。
《梁书》卷54《诸夷·西北诸戎·滑国传》谓：

  滑国者，车师之别种也。……自魏、晋以来，不通中国，至天监十五年，其王厌带夷栗陁始遣使献方物。普通元年，又遣使黄师子、白貂裘、波斯锦等物。七年，又奉表贡献。

新疆吐鲁番地区发现的一批早期竖穴墓葬，从出土遗物中可以看出古代吐鲁番地区与东、西方以及北方游牧文化之间紧密的联系与渗透。[1]

二　波斯

波斯，曾是一个地跨欧亚非三洲的国家。东汉和帝永元十年（98），班超出使西域时，其随员甘英曾访问过波斯。魏晋南北朝时，中国与波斯的文化交流渐趋频繁。

从北魏文成帝至孝明帝时代，波斯的使臣先后访问平城和洛阳，有10次之多，且多有赠物。

《北史》卷97《西域·波斯国传》谓：

  波斯国，都宿利城，在忸密西，古条支国也。……神龟中，其国遣使上书贡物，云："大国天子，天之所生，愿日出处常为汉中天子。波斯国王居和多千万敬拜。"朝廷嘉纳之。

南朝时，波斯也曾遣使至建康访问。

---

[1]　新疆文物考古研究所：《1996年新疆吐鲁番交河故城沟西墓地汉晋墓葬发掘简报》，《考古》1997年第9期。

《梁书》卷54《诸夷·西北诸戎·波斯国传》谓：

> 中大通二年，（波斯国）遣使献佛牙。

据史载，三国时，袁绍军中使用的马铠和曹植的《先帝赐臣铠表》提及的连锁铠，都是由波斯传来的。十六国时，前秦苻坚的大将吕光出征西域，与之交战的龟兹士兵，就是穿着"连锁铠"这样战衣。

《晋书》卷122《吕光载记》谓：

> （苻）坚既平山东，士马强盛，遂有图西域之志，乃授（吕）光使持节、都督西讨诸军事，率姜飞……等总兵七万……以讨西域。……双进攻龟兹城……胡便弓马，善矛矟，铠如连锁，射不可入……众甚惮之。

与波斯交往中，我国的养蚕、丝织技术，通过丝绸之路传入了波斯，同时波斯的绘画晕染法的联珠纹鸟兽图样，也传入我国。

2013年在洛阳发掘的北魏墓葬中出土拜占庭阿纳斯塔修斯一世金币一枚。阿纳斯塔修斯一世金币，目前国内仅发现数枚，而经过科学考古发掘得更少。金币铸造时间和墓葬年代间隔时间较短，这充分说明了当时丝绸之路交通往来的频繁程度。[1] 而在新疆地区则出土过一件玻璃杯，通过对玻璃杯的化学成分和制作痕迹的分析，该杯具有罗马帝国时期玻璃器的特点，其产地很可能为地中海东岸的叙利亚—巴勒斯坦海湾，这说明新疆与罗马帝国之间曾有过贸易往来。[2]

第四节　与南海诸国的文化交流

南海诸国包括林邑、扶南、狼牙修、丹丹与槃槃等12国。兹择其要予以介绍。

---

[1] 《2013年度河南省五大考古新发现》，《华夏考古》2014年第2期。
[2] 成倩、王博、郭金龙：《新疆且末扎滚鲁克墓地出土玻璃杯研究》，《文物》2011年第7期。

一 林邑

林邑国，又名占婆国、占城国，地处今越南的广南、岘港省。两汉时，属我国交州，东汉末年，建成林邑国。中国与林邑国的交往，从无到有，渐次频繁。

《晋书》卷97《四夷·南蛮·林邑国》谓：

> 自孙权以来，不朝中国。

又《通典》卷188《边防四·林邑》谓：

> 林邑国，秦象郡林邑县地。……吴时通使。

又《三国志》卷60《吕岱传》谓：

> （吕）岱既定交州，复进讨九真，斩获以万数。又遣从事南宣国化，暨徼外扶南、林邑、堂明诸王，各遣使奉贡。

据史书记载，两晋至南朝期间，中国与林邑国之间使节往来，互赠礼品计有20余次。林邑国深受我国儒家伦理和佛教思想的影响，士人习汉文，读五经，祀孔子，且有上巳节、盂兰盆会和龙舟竞渡等与中国相同的民风民俗。

二 扶南

扶南，又名夫南，是印度半岛上的一个古老国家，据史书记载，扶南即今之柬埔寨，三国时，扶南国曾遣使来吴国奉献。

《三国志》卷47《吴主权传》谓：

> （赤乌）六年……冬……十二月，扶南王范旃遣使献乐人及方物。

自西晋武帝泰始四年（268），至东晋孝武帝太元十四年（389），其间，扶南国5次遣使访问我国。南朝时，自宋文帝元嘉十一年（434），至陈后主祯明二年（588），扶南国曾15次遣使来访并赠送礼品。扶南与我国交往密切，我国的儒学与佛教对其影响较深。

三 狼牙修、丹丹与槃槃

狼牙修、丹丹与槃槃等国，与我国的文化交流也较为频繁。以下分述之。

（一）狼牙修

又名狼牙须、狼牙戍、狼牙等，是地处马来半岛北部的一个国家，史称其离广州2.4万千里，邻近蒲罗中国（今新加坡）。

南朝梁武帝天监十四年（515），狼牙修国王遣使奉表至建康访问。《梁书》卷54《诸夷·南海诸国·狼牙修国传》谓：

> 狼牙修国，在南海中。……天监十四年，遣使阿撒多奉表曰："大吉天子足下：……端严相好，身光明朗，如水中月，善照十方。……敬礼大吉天子足下，犹如现前，忝承先业，庆嘉无量。今遣使向讯大意。欲自往，复畏大海风波不达。今奉薄献，愿大家曲垂领纳。"

此后，狼牙修国曾多次遣使来中国献方物，或"奉表献方物"。

（二）丹丹

丹丹国，一名旦旦国，地处马来西亚的吉兰丹一带。南朝梁武帝中大通二年（530）丹丹国王派使臣奉表来访。

《梁书》卷54《诸夷·海南诸国·丹丹传》载其表文谓：

> 丹丹国，中大通二年，其王遣使奉表曰："伏承圣主致协仁治，信重三宝……谨奉送牙像及塔各二躯，并献火齐珠、吉贝、杂香药等。"……大同元年，复遣使献金、银、琉璃、杂宝、香药等物。

（三）槃槃

槃槃，又名盘盘。地处马来半岛北部。槃槃国与我国交往，始于南朝刘宋时。当时槃槃国王曾多次遣使来建康奉献。其中梁武帝大通元年

（527），槃槃国使节来朝，所带礼物有牙像、牙塔、沉檀、真舍利和菩提树叶等。

《梁书》卷54《诸夷·海南诸国·槃槃国传》载其表文谓：

> 槃槃国，宋文帝元嘉，孝武孝建、大明中，并遣使贡献。大通元年，其王遣使奉表曰："所州阎浮提震旦天子：万善庄严，一切恭敬，犹如天净无云，明耀满目，天子身心清净，亦复如是。道俗济济，并蒙圣王光化，济度一切，永作舟航，臣闻之庆善。我等至诚敬礼常胜天子足下，稽首问讯。今奉薄献，愿垂哀受。"

第四编

社会篇

第二十八章　家庭、家族和社区

魏晋南北朝时期，政局混乱，战乱迭出，学术上百家争鸣，儒学礼教的社会作用相对淡化。同时，由于道家思想兴盛，佛教传入中国以及恒、代鲜卑民族的风俗习惯的带入等因素的影响，人们的思想呈现出从纲常樊篱中解放出来的态势。这一切，都对这一时期的婚姻家庭生活产生极大的影响。汉唐之间，宗族的存在形式是累世同居和聚族而居，但这样的宗族毕竟数量甚少。从总的趋势看，此时期的大家族（宗族）制度已处于分崩离析中。这一时期的社区有多种类型，其中最基本的是村镇社区和城市社区。

第一节　家庭

本节拟从婚姻构成、家庭关系诸方面进行叙述。

一　婚姻构成

魏晋南北朝时期，局势动荡，民生维艰，因此作为缔结婚姻的"六礼"，并未始终存在。三国、两晋时期，未见皇帝纳后用六礼的记载，至东晋穆帝升平元年（357），纳皇后何氏时，才由太常王彪之撰成六礼版文。

《晋书》卷21《礼志下》载：

> 穆帝升平元年，将纳皇后何氏。太常王彪之大引经传及诸故事以定其礼，深非《公羊》婚礼不称主人之义。又曰："……咸宁二年，纳悼皇后时，弘训太后母临天下，而无命戚属之臣为武皇父兄主婚之文。又考大晋已行之事，咸宁故事不称父兄师友，则咸康华恒所上礼

合于旧。臣愚谓今纳后仪制。宜一依咸康故事。"于是从之。华恒所定之礼，依汉旧及晋已行之制，故彪之多从咸康，由此也。惟以娶妇之家三日不举乐，而咸康群臣贺，为失礼。故但依咸宁上礼，不复贺。其告庙六礼版文等仪，皆彪之所定也。其纳采版文玺书曰："皇帝咨前太尉参军何琦。浑元资始，肇经人伦，爰及夫妇，以奉天地宗庙社稷。谋于公卿，咸以宜率由旧典。今使使持节太常彪之、宗正综以礼纳采。"主人曰："皇帝嘉命，访婚陋族，备数采择。臣从祖弟故散骑侍郎准之遗女，未闲教训，衣履若如人。钦承旧章，肃奉典制。前太尉参军、都乡侯粪土臣何琦稽首顿首，再拜承诏。"次问名版文曰："皇帝曰：咨某官某姓。两仪配合，承天统物，正位乎内，必俟令族，重申旧典。今使使持节、太常某，宗正某，以礼问名。"主人曰："皇帝嘉命，使者某到，重宣中诏，问臣名族。臣族女父母所生，先臣故光禄大夫、雩娄侯祯之遗玄孙，先臣故豫州刺史、关中侯恽之曾孙，先臣故安丰太守、关中侯睿之孙，先臣故散骑侍郎准之遗女。外出自先臣故尚书左丞孔胄之外曾孙，先臣故侍中、关内侯夷之外孙女，年十七。钦承旧章，肃奉典制。"次纳吉版文曰："皇帝曰：咨某官某姓。人谋龟从，佥曰贞吉，敬从典礼。今使使持节、太常某，宗正某以礼纳吉。"主人曰："皇帝嘉命，使者某重宣中诏，太卜元吉。臣陋族卑鄙，忧惧不堪。钦承旧章，肃奉典制。"次纳征版文曰："皇帝曰：咨某官某姓之女，有母仪之德，窈窕之姿，如山如河，宜奉宗庙，永承天祚。以玄纁皮帛，马羊钱璧，以章典祀。今使使侍节、司徒某，太常某，以礼纳征。"主人曰："皇帝嘉命，降婚卑陋，崇以上公，宠以典礼，备物典策。钦承旧章，肃奉典制。"次请期版文曰："皇帝曰：咨某官某姓。谋于公卿，泰筮元龟，罔有不臧，率遵典礼。今使使持节、太常某，宗正某，以礼请期。"主人曰："皇帝嘉命，使者某重宣中诏，吉日惟某可迎。臣钦承旧章，肃奉典制。"次亲迎版文曰："皇帝曰：咨某官某姓。岁吉月令，吉日惟某，率礼以迎。今使使持节、太保某，太尉某，以礼迎。"主人曰："皇帝嘉命，使者某重宣中诏，令月吉辰，备礼以迎。上公宗卿兼至，副介近臣百两。臣蝼蚁之族，猥承大礼，忧惧战悸。钦承旧章，肃奉典制。"

北朝皇帝的婚礼，亦有遵循六礼者。

《隋书》卷9《礼志》载：

> 后齐皇帝纳后之礼，纳采、问名、纳征讫，告圆丘方泽及庙，如加元服，是日，皇帝临轩，命太尉为使，司徒副之。持节诣皇后行宫，东向，奉玺绶册，以授中常侍。皇后受册于行殿。使者出，与公卿以下皆拜。有司备迎礼。太保太尉，受诏而行。主人公服，迎拜于门。使者入，升自宾阶，东面。主人升自阼阶，西面。礼物陈于庭。设席于两楹间，童子以玺书版升，主人跪受。送使者，拜于大门之外。有司先于昭阳殿两楹间供帐，为同牢之具。皇后服大严绣衣，带绶佩，加幜。女长御引出，升画轮四望车。女侍中负玺陪乘。卤簿如大驾。皇帝服衮冕出，升御坐。皇后入门，大卤簿住门外，小卤簿入。到东上合，施步鄣，降车，席道以入昭阳殿。前至席位，姆去幜，皇后先拜后起，皇帝后拜先起。帝升自西阶，诣同牢坐，与皇后俱坐。各三饭讫，又各酳二爵一卺。奏礼毕，皇后兴，南面立。皇帝御太极殿，王公已下拜，皇帝兴，入。明日，后展衣，于昭阳殿拜表谢。又明日，以榛栗枣修，见皇太后于昭阳殿。择日，群官上礼。又择日谒庙。皇帝使太尉先以太牢告，而后遍见群庙。

皇太子纳妃，所用六礼与皇帝纳后基本相同。

《通典》卷58《礼十八皇太子纳妃》载：

> 晋太康中，有司奏：太子婚，纳征用玄 束帛，加羊马二驷。
>
> 东晋太子婚，纳征礼用玉璧一，虎皮二。
>
> 宋文帝元嘉十五年四月，皇太子纳妃，六礼文与纳后不异。百官上礼。其月壬戌，于太极殿西堂叙宴二宫队主副、司徒征北镇南三府佐、扬兖江三州纲、彭城江夏南谯始兴武陵庐陵南丰七国侍郎以上，诸二千石在都邑者，并在会。又诏今小会可停伎乐。
>
> 明帝泰始五年，有司奏："按晋江左以来，太子婚，纳征礼，用璧一，兽皮二，未详所准。今法章徽仪，方将大备，宜宪范经籍。今皇太子婚，纳征，礼合用珪璋豹皮熊黑皮与不？下礼官详议，依经记更正。若应用者，为各用一？为用两？"博士裴昭明议："按周礼，

纳征，玄纁束帛俪皮。"晋纳妃以兽豹皮二。兽豹虽文，礼所不用。熊罴吉祥，婚典不及。珪璋虽美，为用各异。今储皇聘纳，宜准经诰。"兼太常丞孙诜议以为："聘币之典，损益惟义。今储后崇聘，礼先训远，皮玉之美，宜尽辉备。礼称束帛俪皮，则　璋数合同璧，熊罴文豹，各应用二。"博士虞龢音和议："按仪礼直云'玄纁束帛俪皮'。礼记郊特牲云虎豹皮与玉璧，非虚作也。虎豹皮居然用两，珪璋宜仍旧各一。"参议诜、龢二议不异，今加珪璋各一，豹熊罴皮各二，龢议为允。诏可。

齐武帝永明年中，以婚礼奢费，敕诸王纳妃，上御及六宫，依礼上枣栗脩，加以香泽花粉，其余衣物皆停。唯公主降嫁，则上遗舅姑。

北齐皇太子纳妃礼，皇帝遣使纳采，有司备礼物。会毕，使者受诏而行。主人迎于大门外。礼毕，会于厅事。其次问名、纳吉，并如纳采。纳征，则使司徒及尚书令为使，备礼物而行。请期，则以太常宗正卿为使，如纳采。亲迎，则太尉为使。三日，妃朝皇帝于昭阳殿，又朝皇后于宣光殿。择日，群臣上礼。他日，妃还。又他日，皇太子拜卜。皇太子及王聘礼，纳采、问名、纳吉、请期、亲迎皆用羔羊一口，雁一只，酒黍稷稻米面各一斛。纳征，用玄三匹，纁二匹，束帛十匹，大璋一，虎皮二，锦采六十匹，绢二百匹，羔羊一口，羊四口，犊二头，酒黍稷稻米麦各十斛，从车百乘。

公侯士大夫婚礼虽然也有遵六礼的，但和皇族不尽一致。
《通典》卷58《礼十八·公侯士大夫婚礼》谓：

东晋王堪六礼辞，并为赞颂。仪云："于版上各方书礼文、婿父名、媒人正版中，纳采于版左方。裹于皂囊，白绳缠之，如封章，某官某君大门下封，某官甲乙白奏，无官言贱子。礼版奉案承之。酒羊雁缯采钱米，别版书之，裹以白缯，同着案上。羊则牵之，豕雁以笼盛，缯以筍盛，采以奁音廉盛，米以黄绢囊盛。米称斛数，酒称器，脯腊以斤数。媒人赍礼到女氏门，使人执雁，主人出，相对揖毕，以雁付主人侍者，媒人进，主人侍者执雁立于堂下，从者以奉案入。媒人退席，当主人前跪曰：'甲乙使某敬荐不腆之礼。'（按礼，唯婚辞云不得称不腆，故婚记云：'币必诚，辞无不腆。'此恐王堪之误。）主人跪答曰：'君之辱，不敢辞。'事毕还座。从者进奉案主人前，主人侍者以雁退，礼物以次进中庭。主人设酒，媒人跪曰：'甲乙使某献酒。'却，再拜，主人答拜，还座。主人酢媒人，媒不复答。"

我们认为，"六礼"只是表面的形式，魏晋南北朝时期的婚姻与其他时代的婚姻一样，其构成有着复杂的社会动机，不可一概而论。

有为政治利益而结亲者。

《三国志》卷7《张邈传》载：

> （袁）术欲结（吕）布为援，乃为子索布女。布许之。术遣使韩胤以僭号议告布，并求迎妇。沛相陈珪恐术、布成婚，则徐、扬合从，将为国难，于是往说布曰……布亦怨术初不已受也，女已在涂，追还绝婚……建安三年……太祖自征布……布遣人求助于术。

又《晋书》卷63《段匹䃅传》载：

> 段匹䃅，东部鲜卑人也。种类劲健，世为大人。父务勿尘，遣军助东海王越征讨有功，王浚表为亲晋王，封辽西公，嫁女与务勿尘，以结邻援。

又《魏书》卷93《恩幸·茹皓传》载：

> 皓又为弟聘安丰王延明妹，延明耻非旧流，不许。详劝之云："欲觅官职，如何不与茹皓婚姻也。"延明乃从焉。

有为钱财而结亲者。

《颜氏家训》卷1《治家》载：

> 近世嫁娶，遂有卖女纳财，买妇输绢，比量父祖，计较锱铢，责多还少，市井无异。

又清赵翼《廿二史札记》卷15《财婚》载：

> 魏、齐之时，婚嫁多以财币相尚，盖其始高门与卑族为婚，利其所有财贿纷遗，其后遂成风俗，凡婚嫁无不以财币为事，争多竞少，恬不为怪也。魏文成帝诏曰："贵族之门，多不奉法，或贪财贿赂，无所选择。令贵贱不分，亏损人伦，何以示后。"此可见财婚由来久矣。《封述传》："述为子娶李士元之女，大输财聘。及将成礼，犹竞悬违。述忽取所供像，对士元打碎为誓。士元笑曰：'封翁何处常得此应急像，须誓便用。'述又为次子娶卢庄女，述诉府云：'送骡乃嫌脚跛，评田则云咸薄，铜器又嫌古废。'皆为财聘以致纷纭，可以见是时习尚也。"

南北朝时期是士族隆盛时代，士族阶层为保住自己的政治和社会地位，一些豪门大户以门第相矜尚，仅在小范围内彼此互通婚姻，从不与卑门低户结亲。如有与卑门低户结亲的，便被视为有辱于士类。在这种社会氛围中，门第婚（又称身份内婚）应运而生[①]。有关门第婚姻方面的史料，除前揭士族王源嫁女与富阳满氏遭沈约弹劾者外，尚能举出不少。

《陈书》卷33《儒林王元规传》载：

> （王）元规八岁而孤，兄弟三人，随母依舅氏往临海郡，时年十二。郡土豪刘瑱者，资财巨万，欲妻以女。母以其兄弟幼弱，欲结强援，元规泣请曰："因不失亲，古人所重，岂得苟安异壤，辄昏非类？"母感其言而止。

又《魏书》卷56《崔辩传附孙巨伦传》载：

> 初，巨伦有姊，明惠有才行，因患眇一目，内外亲类莫有求者，其家议欲下嫁之。巨伦姑赵国李叔胤之妻，高明慈笃，闻而悲感曰："吾兄盛德，不幸早世，岂令此女屈事卑族！"乃为子翼纳之，时人叹其义。

---

① 庄华峰：《魏晋南北朝等级婚姻初探》，《史学月刊》2000年第5期。

在士大夫阶层中，在为女子择婿时，有的比较注重男方的相貌和体质。

《世说新语》卷下之上《贤媛》载：

> 王浑妻钟氏生女令媛，武子为妹求简美对而未得。有兵家子，有俊才，欲以妹妻之，乃白母。曰："诚是才者，其地可遗，然要令我见。"武子乃令兵儿与群小杂处，使母帷中察之。既而母谓武子曰："如此衣形者，是汝所拟者非邪？"武子曰："是也。"母曰："此才足以拔萃，然地寒，不有长年，不得申其才用。观其形骨，必不寿，不可与婚。"武子从之。兵儿数年果亡。

魏晋南北朝时期，夷夏观念不甚分明，民族通婚殆为常事。
《晋书》卷39《王沈传附子浚传》载：

> （王浚）寻徙宁朔将军持节、都督幽州诸军事。于时朝廷昏乱，盗贼蜂起，浚为自安之计，结好夷狄，以女妻鲜卑务勿尘，又以一女妻苏恕延。

又同上书卷49《阮籍传附孙孚传》载：

> 孚字遥集。其母，即胡婢也。孚之初生，其姑取王延寿《鲁灵光殿赋》曰"胡人遥集于上楹"而以字焉。

又《魏书》卷21上《咸阳王传》载：

> 于是，王国舍人应取八族及清修之门，禧取任城王隶户为之，深为高祖所责。曰："夫婚姻之义，曩叶攸崇；求贤择偶，绵代斯慎。故刚柔著于《易经》，《鹊巢》载于《诗》典，所以重夫妇之道，美尸鸠之德，作配君子，流芳后昆者也。然则婚者，合二姓之好，结他族之亲，上以事宗庙，下以继后世，必敬慎重正而后亲之。夫妇既亲，然后父子君臣、礼义忠孝，于斯备矣。太祖龙飞九五，始稽远

则，而拨乱创业，日昃不暇。至于诸王娉合之仪，宗室婚姻之戒，或得贤淑，或乖好逑。自兹以后，其风渐缺，皆人乏窈窕，族非百两，拟匹卑滥，舅氏轻微，违典滞俗，深用为叹。以皇子茂年，宜简令正，前者所纳，可为妾媵。将以此年为六弟娉室。长弟咸阳王禧可娉故颍川太守陇西李辅女，次弟河南王干可娉故中散代郡穆明乐女，弟广陵王羽可娉骠骑咨议参军荥阳郑平城女，次弟颍川王雍可娉故中书博士范阳卢神宝女，次弟始平王勰可娉廷尉卿陇西李冲女，季弟北海王详可娉吏部郎中荥阳郑懿女。"

上述魏晋南北朝时期种种各不相同的联姻标准，实际上是不同的社会价值观在婚姻问题上的体现。由于社会成员处于不同的社会阶层、环境中，文化教育程度亦有差异，所以会有各不相同的，甚至完全对立的价值观，在婚姻问题上同样如此。

魏晋南北朝的婚姻形态具有两种不同的性质，一是前已述及的等级性婚姻，即门第婚；二是非等级性婚姻，即非士族和平民之间的婚姻关系，主要表现为"任情废礼"、"缘情适性"的较为自由的婚姻形态。兹就后一种婚姻形态作一概述。

干宝和葛洪站在维护名教的立场曾对当时男女关系的种种违礼行为做过详尽记述。

《晋书》卷5《孝愍帝纪》传论载：

> 干宝有言曰：……其妇女，庄栉织纴皆取成于婢仆，未尝知女工丝枲之业、中馈酒食之事也。先时而婚，任情而动，故皆不耻淫逸之过，不拘妒忌之恶。有逆于舅姑，有反易刚柔，有杀戮妾媵，有黩乱上下，父兄弗之罪也，天下莫之非也。又况责之闻四教于古，修贞顺于今，以辅佐君子者哉！

又葛洪《抱朴子·外篇》卷25《疾谬篇》载：

> 而今俗妇女……舍中馈之事，修周施之好。更相从诣之适亲戚，承星举火，不已于行，多将侍从，玮晔盈路，婢使吏卒，错杂如市，寻道亵谑，可憎可恶。或宿于他门，或冒夜而反，游戏佛寺，观视渔

畋，登高临水，出境庆吊，开车褰帏，周章城邑。杯觞路酌，弦歌行奏，转相高尚，习非成俗……携手连袂，以遨以集，入他堂室，观人妇女，指玷修短，评论美丑，不解此等何为者哉？或有不通主人，便共突前……其或妾媵藏避不及，至搜索隐僻，就而引曳，亦怪事也。……然落拓之子，无骨鲠而好随俗者，以通此者为亲密，距此者为不恭，诚为当世不可以不尔。于是要呼愦杂，入室视妻，促膝之狭坐，交杯觞于咫尺，弦歌淫冶之音曲，以言兆文君之动心，载号载呌，谑戏丑亵。

从干宝和葛洪之语中可以看出当时儒家礼法衰颓之甚，所谓"男女之防"几乎荡然无存。文中所言"庄楺织纴"、"丝枲之业"、"中馈之事"、"登高临水"、"杯觞路酌"等，显然是中下层妇女的行迹。在这样的氛围中，婚姻关系没有上层社会那样呆板和虚伪，而注重的是情感和相适。

《晋书》卷9《孝武帝纪》载：

（太元）十四年春正月癸亥，诏淮南所获俘虏付诸作部者一皆散遣，男女自相配匹，赐百日廪。

此诏令尽管是对俘虏颁布的，但它毕竟是一道允许男女自由择偶的法令，其社会反响当然不止这些。

当时，青年男女都有一定的择偶自由。

《世说新语》卷下之下《惑溺》载：

韩寿美姿容，贾充辟以为掾。充每聚会，贾女于青琐中看，见寿，说之，恒怀存想，发于吟咏。后婢往寿家，具述如此，并言女光丽，寿闻之心动，遂请婢潜修音问，及期往宿。寿矫捷绝人，逾墙而入，家中莫知。自是充觉女盛自拂拭，说畅有异于常。后会诸吏，闻寿有奇香之气，是外国所贡，一着人则历月不歇。充计武帝唯赐己及陈骞，余家无此香，疑寿与女通。而垣墙重密，了阁急峻，何由得尔。乃托言有盗，令人修墙，使反曰："其余无异，唯东北角如有人迹，而墙高非人所逾。充乃取女左右婢考问，即以状对，充秘之，以女妻寿。"

又《晋书》卷42《王浚传》载：

> 刺史燕国徐邈有女才淑，择夫未嫁。邈乃大会佐吏，令女于内观之。女指浚告母，邈遂妻之。

又《北齐书》卷8《神武娄后传》载：

> 神武明皇后娄氏，讳昭君，赠司徒内干之女也。少明悟，强族多聘之，并不肯行。及见神武于城上执役，惊曰："此真吾夫也。"乃使婢通意，又数致私财，使以聘己，父母不得已而许焉。

这是女子择偶。男子择偶，也有相对的自由。
《世说新语》卷下之上《贤媛》载：

> 王汝南（王湛）少无婚，自求郝普女。司空即以其痴，会无婚处，任其意，便许之。既婚，果有令姿淑德。

又同书卷下之下《假谲》载：

> 温公丧妇。从姑刘氏家值乱离散，唯有一女，甚有姿慧。姑以属公觅婚，公密有自婚意，答云："佳婿难得，但如峤比，云何？"姑云："丧败之余，乞粗存活，便足以慰吾余年，何敢希汝比？"却后少日，公报姑云："已觅得婚处，门地粗可，婿身名宦尽不减峤。"因下玉镜台一枚。姑大喜。既婚，交礼，女以手披纱扇，抚掌大笑曰："我固疑是老奴，果如所卜。"玉镜台，是公为刘越石长史，北征刘聪所得。

追求情爱的率真、自然是魏晋南北朝时期婚姻的一大特色①。

---

① 庄华峰：《魏晋南北朝时期妇女的个性解放》，《中国史研究》1993年第1期。

《晋书》卷55《潘岳传》载：

> （潘）岳美姿仪……少时常挟弹出洛阳道，妇人遇之者，皆连手萦绕，投之以果，遂满车而归。

又《世说新语》卷下之下《惑溺》载：

> 荀奉倩与妇至笃，冬月妇病热，乃出中庭自取冷，还以身熨之。妇亡，奉倩后少时亦卒，以是获讥于世。

又云：

> 王安丰（戎）妇常卿安丰。安丰曰："妇人卿婿，于礼为不敬，后勿复尔。"妇曰："亲卿爱卿，是以卿卿，我不卿卿，谁当卿卿"，遂恒听之。

魏晋南北朝时期妇女大胆追求情爱的行迹，在当时的民歌中也有清晰的反映。

《乐府诗集》卷44《子夜四时歌·春歌》载：

> 朱光照绿苑，丹华粲罗星。
> 那能闺中绣，独无怀春情。
> ……
> 明月照桂林，初花锦绣色。
> 谁能不相思，独在机中织。

又同书卷48《莫愁乐》载：

> 闻欢下扬州，相送楚山头。
> 探手抱腰看，江水断不流。

又同书卷44《子夜四时歌·冬歌》载：

途涩无人行，冒寒往相觅。
若不信侬时。但看雪上迹。

又同书卷25《地驱歌乐辞》载：

侧侧力力，念君无极。
枕郎左臂，随郎转侧。
……
摩挱郎须，看郎颜色。
郎不念女，不可与力。

又同书卷《捉歌》载：

谁家女子能行步，反着夹禅后裙露。
天生男女共一处，愿得两个成翁妪。

又同书同卷《折杨柳枝歌》载：

门前一株枣，
岁岁不知老。
阿婆不嫁女，
哪得孙儿抱？

二　家庭关系

综观魏晋南北朝时期的家庭关系，有下列值得注意的问题。

（一）妇女在家庭中拥有较高的地位

第一，魏晋南北朝时期妇女的社交活动十分活跃。当时，女子可以和男子一起宴饮，这在社会上层、下层中都十分普遍。

《三国志》卷21《王粲传》注引《典略》载：

太子（曹丕）尝请诸文学，酒酣坐欢，命夫人甄氏出拜，坐中众人咸伏，而桢独平视。太祖闻之，乃收桢，减死输作。

又同上传注引《质别传》载：

> 帝（曹丕）尝召（吴）质及曹休欢会，命郭后出见质等。帝曰："卿仰谛视之。"其至亲如此。

女子会见男宾，亦是正常行为。
《晋书》卷96《王凝之妻谢氏传》载：

> 王凝之妻谢氏传，字道韫，安西将军奕之女也。聪识有才辩。……凝之弟献之尝与宾客谈议，词理将屈，道韫遣婢白献之曰："欲为小郎解围。"乃施青绫步鄣自蔽，申献之前议，客不能屈。……太守刘柳闻其名，请与谈议。道韫素知柳名，亦不自阻，乃簪髻素褥坐于帐中，柳束修整带造于别榻。道韫风韵高迈，叙致清雅，先及家事，慷慨流涟，徐酬问旨，词理无滞。柳退而叹曰："实顷所未见，瞻察言气，使人心形俱服。"道韫亦云："亲从凋亡，始遇此士，听其所问，殊开人胸府。"

又同书卷84《王恭传》载：

> 淮陵内史虞珧子妻裴氏有服食之术，常衣黄衣，状如天师，道子甚悦之，令与宾客谈论，时人皆为降节。恭抗言曰："未闻宰相之坐有失行妇人。"坐宾莫不反侧。

东晋葛洪把妇女的公开社交活动写得更为淋漓尽致。
《抱朴子·外篇》卷25《疾谬篇》载：

> 今俗妇女，休其蚕织之业，废其玄纮之务，不绩其麻，市也婆娑。舍中馈之事，修周施之好。更相从诣之适亲戚，承星举火，不已于行，多将侍从，玮晔盈路，婢使吏卒，错杂如市，寻道亵谑……或宿于他门，或冒夜而反，游戏佛寺，观视渔畋，登高临水，出境庆

吊，开车褰帏，周章城邑。杯觞路酌，弦歌行奏，转相高尚，习非成俗。

在北朝，妇女们的社交活动更是积极①。
《魏书》卷7上《高祖纪》载：

> （延兴）二年……二月乙巳，诏曰："……自今以后，有祭孔子庙，制用酒脯而已，不听妇女杂合，以祈非望之福。犯者以违制论。其公家有事，自如常礼。"

又《北齐书》卷4《文宣帝纪》载：

> 帝在城东马射，敕京师妇女悉赴观，不赴者罪以军法，七日乃止。

又《隋书》卷7《礼志二》载：

> 后周之制，思复古之道，乃右宗庙而左社稷。……其时祭，各于其庙，袷禘则于太祖庙，亦以皇后预祭。其仪与后齐同。

第二，夫妻、男女关系刚柔倒置，平起平坐。按礼教规定，嫂子根本不能对小叔子加以管束，而有些妇女却根本不顾清规戒律，任性而动。
《世说新语》卷中之下《规箴》载：

> 王平子（王澄）年十四五，见王夷甫妻郭氏贪欲，令婢路上儋粪。平子谏之，并言不可。郭大怒，谓平子曰：昔夫人临终，以小郎嘱新妇，不以新妇嘱小郎！急衣裾，将与杖。平子饶力，争得脱，逾窗而走。

有的妇女则大胆抨击显赫人物。

---

① 庄华峰：《北朝时代鲜卑妇女的生活风气》，《民族研究》1994年第4期。

《世说新语》卷下之上《贤媛》载:

韩康伯母殷,随孙绘之之衡阳,于阖庐州中逢桓南郡(桓玄)。卞鞫是其外孙,时来问讯。(殷氏)谓鞫曰:"我不死,见此竖二世(桓温、桓玄)作贼!"

又余嘉锡《世说新语笺疏》载:

晋之士大夫感(桓)温之恩,多党附桓氏。母(殷氏)以一妇人独名其父子作贼……词严义正,能明于顺逆,可不谓贤欤?[①]

当然,妇女地位的提高,最主要在家庭内部地位的变化中表现出来,其中与丈夫之间的关系尤为明显。这些女强人已不再低眉顺眼地无条件服从夫权了。她们在丈夫面前平起平坐,语言行为随心所欲,有悖于传统礼教。

《世说新语》卷下之上《贤媛》载:

山公(山涛)与嵇、阮(嵇康、阮籍)一面,契若金兰。山妻韩氏,觉公与二人异于常交,问公,公曰:"我当年可以为友者,唯此二生耳。"妻曰:"负羁之妻亦亲观狐、赵,意欲窥之,可乎?"他日,二人来,妻劝公止之宿,具酒肉。夜穿墉以视之,达旦忘反。公入曰:"二人何如?"妻曰:"君才致殊不如,正当以识度相友耳。"公曰:"伊辈亦常以我度为胜。"

又同书卷下之下《排调》载:

王浑与妇钟氏共坐,见武子从庭过。浑欣然谓妇曰:"生儿如此,足慰人意。"妇笑曰:"若使新妇得配参军(王浑弟王伦),生儿故可不啻如此。"

---

① 余嘉锡:《世说新语笺疏》,上海古籍出版社1993年版,第701页。

有些妇女，非但不被男人奴役，反以她们的聪明才智击败了征服自己的丈夫。

《世说新语》卷下之上《贤媛》载：

> 许允妇是阮卫尉女，德如妹，奇丑。交礼竟，允无复入理，家人深以为忧。会允有客至，妇令婢视之，还答曰："是桓郎。"桓郎者，桓范也。妇云："无忧，桓必劝入。"桓果语许云："阮家既嫁丑女与卿，故当有意，卿宜察之。"许便回入内，既见妇，即欲出。妇料其此出无复入理；便捉裾停之。许因谓曰："妇有四德，卿有其几？"妇曰："新妇所乏唯容尔。然士有百行，君有几？"许云："皆备。"妇曰："夫百行以德为首，君好色不好德，何谓皆备！"允有惭色，遂相敬重。

又云：

> 王公渊（王广）娶诸葛诞女。入室，言语始交，王谓妇曰："新妇神色卑下，殊不似公休（诸葛诞）！"妇曰："大丈夫不能仿佛彦云（王广之父），而令妇人比踪英杰！"

这些有竹林名士气度的妇女，却难以容忍丈夫纳妾。为了维护自己的尊严和地位，为了取得对丈夫的独占权，她们不惜付出一切代价，施展各种"妒悍"手段，以发泄对丈夫多偶的仇恨，从而使夫妻关系出现了一种刚柔倒置的现象，"惧内"几乎成为上层社会男子的通病。

《晋书》卷40《贾充传》载：

> （贾）充妇广城郡郭槐，性妒忌。初，黎民年三岁，乳母抱之当阁。黎民见充入，喜笑，充就而拊之。槐望见，谓充私乳母，即鞭杀之。黎民恋念，发病而死。后又生男，过期，复为乳母所抱，充以手摩其头。郭疑乳母，又杀之，儿亦思慕而死。充遂无胤嗣。……初，充前妻李氏淑美有才行……父丰诛，李氏坐流徙。后娶城阳太守郭配女，即广城君也。武帝践阼，李以大赦得还，帝特诏充置左右夫人……郭槐怒，攘袂数充曰："刊定律令，为佐命之功，我有其分。

李那得与我并！"充乃答诏，托以谦冲，不敢当两夫人盛礼，实畏槐也。……乃为李筑室于永年里而不往来。

又《艺文类聚》卷35《妒》载：

郭子曰：孙秀妻蒯尝妒，乃骂秀为"貉子"；秀大不平之，遂出，不复入。蒯氏自悔责，请救于武帝。时大赦，帝曰：天下旷荡，蒯夫人可得从其例不，秀免冠谢，遂为夫妇如初。《妒记》曰：王丞相曹夫人，性甚忌，禁制丞相，不得有侍御。时有妍少，必加诮责。王公不能久堪，乃密营别馆，众妾罗列，男女成行。后元会日，夫人于青疏中观望，忽见两三小儿骑羊，皆端正。夫人语婢云：汝出问，此是谁家儿，奇可念。"给使不达旨。乃云："此是第四五等诸郎。"曹氏惊恚，不能自忍。乃命驾车，将黄门及婢二十人，持食刀，欲自出寻讨。王公亦飞辔出门，犹患迟，乃以左手攀车拦，右手提麈尾，以柄打牛，狼狈奔驰，方得先至。蔡司徒闻之。乃谓王曰："朝廷欲加九锡，公知否？"王为信，自叙谦志。蔡曰："不闻加余物。惟闻短辕犊车，长柄麈尾尔。"王大羞愧。

又曰：谢太傅刘夫人．不令公有别房。公既深好声乐，复遂颇欲立妓妾。兄子外生等，微达此旨。共问讯刘夫人，因方便，称：关雎螽斯，有不忌之德。夫人知以讽己，乃问谁撰此诗。答云周公。夫人曰："周公是男子，相为尔，若使周姥撰诗，当无此也。"

又曰：京邑有士人妇，大妒忌。于夫小则骂詈，大必捶打。常以长绳系夫脚，且唤便牵绳。士人密与巫妪为计，因妇眠，士人入厕，以绳系羊，士人缘墙走避。妇觉，牵绳而羊至。大惊怪，召问巫。巫曰："娘积恶，先人怪责，故郎君变成羊。若能改悔，乃可祈请。"妇因悲号，抱羊恸哭，自咎悔誓。师妪乃令七日斋，举家大小悉避于室中，祭鬼神，师祝羊还复本形。婿徐徐还。妇见婿，啼问曰："多日作羊，不乃辛苦耶？"婿曰："犹忆啖草不美，腹中痛尔。"妇愈悲哀。后复妒忌，婿因伏地作羊鸣。妇惊起徒跣，呼先人为誓，不复敢尔。于此不复妒忌。

南朝刘宋时，诸公主仰仗皇权，大发妒威，使得驸马们非死即残，以致帝女难嫁。于是，宋明帝刘彧在选名士江斅娶公主时，特地指使人替江斅写了一份辞婚表，列举了晋宋以来公主的妒行。

《宋书》卷41《后妃传孝武文穆王皇后传》载：

> 宋世诸主，莫不严妒，太宗每疾之。湖熟令袁慆妻以妒忌赐死，使近臣虞通之撰《妒妇记》。左光禄大夫江湛孙斅当尚世祖女，上乃使人为斅作表让婚，曰：
>
> "伏承诏旨，当以临汝公主降嫔，荣出望表，恩加典外。顾审辖蔽，伏用忧惶。臣寒门悴族，人凡质陋，闾阎有对，本隔天姻。如臣素流，室贫业寡，年近将冠，皆已有室，荆钗布裙，足得成礼。每不自解，无偶迄兹，媒访莫寻，素族弗问。自惟门庆，属降公主，天恩所覃，容及丑末。怀忧抱惕，虑不获免，征命所当，果膺兹举。虽门泰宗荣，于臣非幸，仰缘圣贤，冒陈愚实。
>
> 自晋氏以来，配上王姬者，虽累经美胄，亟有名才，至如王敦慑气，桓温敛威，真长佯愚以求免，子敬灸足以违诏，王偃无仲都之质，而倮露于北阶，何瑀阙龙工之姿，而投躯于深井，谢庄殆自同于蒙叟，殷冲几不免于强鉏。彼数人者，非无才意，而势屈于崇贵，事隔于闻览，吞悲茹气，无所逃诉。制勒甚于仆隶，防闲过于婢妾。往来出入，人理之常；当宾待客，朋从之义。而令扫辙息驾，无窥门之期；废筵抽席，绝接对之理。非唯交友离异，乃亦兄弟疏阔。第令受酒肉之赐，制以动静；监子荷钱帛之私，节其言笑。姆妳争媚，相劝以严；妮媪竞前，相诰以急。第令必凡庸下才，监子皆葭萌愚竖，议举止则未闲是非，听言语则谬于虚实。姆妳敢恃耆旧，唯赞妒忌；尼媪自倡多知，务检口舌。其间又有应答问讯，卜筮师母，乃至残余饮食，诘辩与谁，衣被故敝，必责头领。又出入之宜，繁省难衷，或进不获前，或入不听出。不入则嫌于欲疏，求出则疑有别意，召必以三晡为期，遣必以日出为限，夕不见晚魄，朝不识曙星。至于夜步月而弄琴，昼拱袂而披卷，一生之内，与此长乖。又声影裁闻，则少婢奔进；裾袂向席，则老丑丛来。左右整刷，以疑宠见嫌；宾客未冠，以少容致斥。礼则有列媵，象则有贯鱼，本无嫚嫡之嫌，岂有轻妇之诮。况今义绝傍私，虔恭正匹，而每事必言无仪适，设辞辄言轻易我。又窃闻诸主集聚，唯论夫族。缓不足为急者法，急则可为缓者

师，更相扇诱，本其恒意，不可贷借，固实常辞。或言野败去，或言人笑我，虽家曰私理，有甚王宪，发口所言，恒同科律。王藻虽复强很，颇经学涉，戏笑之事，遂为冤魂。褚曖忧愤，用致夭绝。伤理害义，难以具闻。

夫螽斯之德，实致克昌；专妒之行，有妨繁衍，是以尚主之门，往往绝嗣；驸马之身，通离衅咎。以臣凡弱，何以克堪。必将毁族沦门，岂伊身眚。前后婴此，其人虽众，然皆患彰遐迩，事隔天朝，故吞言咽理，无敢论诉。臣幸属圣明，矜照由道，弘物以典，处亲以公，臣之鄙怀，可得自尽。如臣门分，世荷殊荣，足守前基，便预提拂，清官显宦，或由才升，一叨婚戚，咸成恩假。是以仰冒非宜，披露丹实。非唯止陈一己，规全身愿；实乃广申诸门忧患之切。伏愿天慈照察，特赐蠲停，使燕雀微群，得保丛蔚，蠢物含生，自己弥笃。若恩诏难降，披请不申，便当刊肤剪发，投山窜海。"

太宗以此表遍示诸主。于是临川长公主上表曰："妾遭随奇薄，绝于王氏，私庭嚣戾，致此分异。今孤疾茕然，假息朝夕，情寄所钟，唯在一子。契阔荼炭，持兼怜愍，否泰枯荣，系以为命。实愿申其门衅，还为母子。推迁俛俛，未及自闻。先朝慈爱，鉴妾丹衷。若赐使息彻归第定省，仰揆天旨，或有可寻。今事迫诚切，不顾典宪，敢缘恩熟，触冒披闻。特乞还身王族，守养弱嗣，虽死之日，实甘于生。"许之。

北朝，"好妒"竟成为妇女的"德性"。《魏书》卷18《太武五王传·孝友传》载：

父母嫁女，则教之以妒，姑姊逢迎，必相劝以忌。以制夫为妇德，以能妒为女工。

上述妇女的妒悍行为，反映了魏晋南北朝时期封建礼教的薄弱和妇女地位的相对提高。尽管妇女妒悍并非美德，但鉴于历史的局限，她们不可能挣脱封建锁链获得美满幸福的婚姻，她们的举动，客观上是对封建制度下男子纳妾、嫖妓的一种报复，是对实际存在的一夫多妻制的消极反抗。因而，有理由认为，这是魏晋南北朝时期婚姻关系相对自由开放情形下产生的社会变态。

第三，妇女再嫁较为自由①。

三国时期：

《三国志》卷50《吴主权步夫人传》载：

> 吴主权步夫人，临淮淮阴人也……生二女，长曰鲁班，字大虎，前配周瑜子循，后配全琮；少曰鲁育，字小虎，前配朱据，后配刘纂。

又同书卷1《武帝纪》注引《魏武故事》载：

> 孤……常以语妻妾，皆令深知此意。孤谓之言："顾我万年之后，汝曹皆当出嫁，欲令传道我心，使他人皆知之。"

两晋时期：

《晋书》卷91《儒林·王欢传》载：

> 王欢字君厚，乐陵人也。安贫乐道，专精耽学，不营产业，常丐食诵《诗》，虽家无斗储，意怡如也。其妻患之，或焚毁其书而求改嫁。

又《世说新语》卷下之下《假谲》载：

> 诸葛令女，庾氏妇既寡，誓云："不复重出。"此女性甚正强，无有登车理。恢既许江思玄彪婚，乃移家近之，初诳女云："宜徙。"于是家人一时去，独留女在后。比其觉，已不复得出。江郎暮来，女哭詈弥甚，积日渐歇。江暝入宿，恒在对床上。后观其意转帖，江乃诈魇，良久不寤，声气转急，女乃呼婢云："唤江郎觉！"江于是跃然就之，曰："我自是天下男子，魇何与卿事？而烦见唤，既尔相

---

① 庄华峰：《魏晋南北朝时期的妇女再嫁》，《安徽师范大学学报》（哲学社会科学版）1991年第3期。

关，那得不共语？"女嘿然而惭，情意遂笃。

南朝时期：
《南史》卷15《徐羡之传附孝嗣传》载：

> 孝嗣字始昌。父被害，孝嗣在孕，母年少，欲更行，不愿有子，自床投地者无算，又以捣衣杵舂其腰，并服堕胎药，胎更坚。及生，故小字遗奴。

又《陈书》卷26《徐陵传附弟孝克传》载：

> 孝克，陵之第三弟也。少为《周易》生，有口辩，能谈玄理。既长，遍通《五经》，博览史籍，亦善属文，而文不逮义。梁太清初，起家为太学博士。
>
> 性至孝，遭父忧，殆不胜丧，事所生母陈氏，尽就养之道。梁末，侯景寇乱，京邑大饥，饿死者十八九。孝克养母，饘粥不能给，妻东莞臧氏，领军将军臧盾之女也，甚有容色，孝克乃谓之曰："今饥荒如此，供养交阙，欲嫁卿与富人，望彼此俱济，于卿意如何？"臧氏弗之许也。时有孔景行者，为侯景将，富于财，孝克密因媒者陈意，景行多从左右，逼而迎之，臧涕泣而去，所得谷帛，悉以供养。孝克又剃发为沙门，改名法整，兼乞食以充给焉。臧氏亦深念旧恩，数私自馈饷，故不乏绝。后景行战死，臧伺孝克于途中，累日乃见，谓孝克曰："往日之事，非为相负，今既得脱，当归供养。"孝克默然无答。于是归俗，更为夫妻。

北朝时期：
《魏书》卷64《张彝传》载：

> 时陈留公主寡居，（张）彝意愿尚主，主亦许之。仆射高肇亦望尚主，主意不可。肇怒，谮彝擅立刑法，劳役百姓，诏遣直后万贰兴驰驿检察。贰兴，肇所亲爱，必欲致彝深罪。彝清身奉法，求其愆过，遂无所得。见代还洛，犹停废数年，因得偏风，手脚不便。

又《北齐书》卷18《孙腾传》载：

时魏京兆王愉女平原公主寡居，腾欲尚之，公主不许。侍中封隆之无妇，公主欲之，腾妒隆之，遂相间构。

又《魏书》卷16《河南王曜传附孙和传》载：

高祖崩后，和罢沙门归俗，弃其妻子，纳一寡妇曹氏为妻。

第四，妇女有读书与求职的权利或机会。

由于礼教的突破，个性的解放，"女子无才便是德"的格言，在这个时代并不行时，才女之多，非汉、唐所能比拟。这里择其要者予以介绍。

甄后

胡应麟《诗薮》外编载：

魏夫人能诗，仅甄后一人，然又曹氏妇也。

左芬

《晋书》卷31《后妃上·武悼杨皇后传附左贵嫔传》载：

左贵嫔名芬，兄思，别有传。芬少好学，善缀文，名亚于思，武帝闻而纳之。泰始八年，拜修仪。受诏作愁思之文，因为离思赋曰：

生蓬户之侧陋兮，不闲习于文符。不见图画之妙像兮，不闻先哲之典谟。既愚陋而寡识兮，谬忝厕于紫庐。非草苗之所处兮，恒怵惕以忧惧。怀思慕之忉怛兮，兼始终之万虑。嗟隐忧之沈积兮，独郁结而靡诉。意惨愦而无聊兮，思缠绵以增慕。夜耿耿而不寐兮，魂憧憧而至曙。风骚骚而四起兮，霜皑皑而依庭。日晻暧而无光兮，气懰栗以洌清。怀愁戚之多感兮，患涕泪之自零。

昔伯瑜之婉娈兮，每彩衣以娱亲。悼今日之乖隔兮，奄与家为参辰。岂相去之云远兮，曾不盈乎数寻。何宫禁之清切兮，欲瞻睹而莫因。仰行云以唏嘘兮，涕流射而沾巾。惟屈原之哀感兮，嗟悲伤于离别。彼城阙之作诗兮，亦以日而喻月。况骨肉之相于兮，永缅邈而两绝。长含哀而抱戚兮，仰苍天而泣血。

乱曰：骨肉至亲，化为他人，永长辞兮。惨怆愁悲，梦想魂归，见所思兮。惊寤号咷，心不自聊，泣涟洏兮。援笔舒情，涕泪增零，诉斯诗兮。

后为贵嫔，姿陋无宠，以才德见礼。体羸多患，常居薄室，帝每游华林，辄回辇过之。言及文义，辞对清华，左右侍听，莫不称美。

卫夫人

胡文凯《历代妇女著作考》卷1载：

> （卫夫人）隶书犹善规矩。

又云：

> 卫夫人书，如插花舞女，低昂芙蓉，又如美女登台，仙娥弄影，又若红莲影水，碧沼浮霞"。①

又张怀瓘《书断》载：

> （卫夫人书法）碎玉壶之冰，烂瑶台之月，宛然芳树，穆若凌风。

谢道韫

《晋书》卷96《王凝之妻谢氏传》载：

> 王凝之妻谢氏，字道韫，安西将军奕之女也。聪识有才辩。叔父安尝问："《毛诗》何句最佳？"道韫称："吉甫作颂，穆如清风。仲山甫永怀，以慰其心。"安谓有雅人深致。又尝内集，俄而雪骤下，安曰："何所似也？"安兄子朗曰："散盐空中差可拟。"道韫曰："未

---

① 胡文凯：《历代妇女著作考》，上海古籍出版社1985年版，第9—10页。

若柳絮因风起。"安大悦。

初适凝之，还，甚不乐。安曰："王郎，逸少子，不恶，汝何恨也？"答曰："一门叔父则有阿大、中郎，群从兄弟复有封、胡、羯、末，不意天壤之中乃有王郎！"封谓谢韶，胡谓谢朗，羯谓谢玄，末谓谢川，皆其小字也。又尝讥玄学植不进，曰："为尘务经心，为天分有限邪？"凝之弟献之尝与宾客谈议，词理将屈，道韫遣婢白献之曰："欲为小郎解围。"乃施青绫步鄣自蔽，申献之前议，客不能屈。

鲍令晖、韩兰英

钟嵘《诗品》卷下《齐鲍令晖齐韩兰英》载：

齐鲍令晖，齐韩兰英。令晖歌诗，往往断绝清巧，拟古尤胜，唯百原淫矣。照尝答孝武云："臣妹才自亚于左芬，臣才不及太冲尔。"兰英绮密，甚有名篇。又善谈笑，齐武谓韩云："借使二媛生于上叶，则玉阶之赋，纨素之辞，未讵多也。"

又《南齐书》卷20《皇后·韩兰英传》载：

吴郡韩兰英，妇人有文辞。宋孝武世，献《中兴赋》，被赏入宫。宋明帝世，用为宫中职僚。世祖以为博士，教六宫书学，以其年老多识，呼为"韩公"。

刘孝绰三妹

《南史》卷39《刘传附孝绰传》载：

孝绰辞藻为后进所宗……兄弟及群从子侄，当时有七十人，并能属文，近古未之有也。其三妹，一适琅邪王叔英，一适吴郡张嵊，一适东海徐悱，并有才学。悱妻文尤清拔，所谓刘三娘者也。悱为晋安郡卒，丧还建邺，妻为祭文，辞甚凄怆。悱父勉本欲为哀辞，及见此文，乃搁笔。

第五，妇女可主持门户，其风，北方胜于南方。

颜之推《颜氏家训》卷1《治家》载：

> 江东妇女，略无交游。其婚姻之家，或十数年间，未相识者，惟以信命赠遗，致殷勤耳。邺下风俗，专以妇持门户，争讼曲直，造请逢迎，车乘填街衢，绮罗盈府寺，代子求官，为夫诉屈。此乃恒、代之遗风乎南间贫素，皆事外饰，车乘衣服，必贵齐整；家人妻子，不免饥寒。河北人事，多由内政，绮罗金翠，不可废阙，羸马悴奴，仅充而已；倡和之礼，或尔汝之。

又《玉台新咏》卷1《古乐府·陇西行》载：

> 健妇持门户，胜一大丈夫。

又《洛阳伽蓝记》卷4《开善寺》载：

> 阜财里内有开善寺，京兆人韦英宅也。英早卒，其妻梁氏不治丧而嫁，更纳河内人向子集为夫，虽云改嫁，仍居英宅。

这反映了鲜卑妇女"持门户"的地位并未因丈夫亡故而削弱。

(二) 妻妾成群与一妻多夫

在魏晋南北朝时期上层社会的男子中，较普遍地实行着各种形式的多偶制。这方面的记载俯拾皆是。

《晋书》卷66《陶侃传》载：

> （陶侃）媵妾数十，家童千余，奇巧宝货，富于天府。

又《魏书》卷21上《高阳王雍传》载：

> 雍……又与元义同决庶政，岁禄万余，粟至四万。妓侍盈房，诸子端冕，荣贵之盛……延昌以后，多幸妓侍，近百许人。

又同书卷68《高聪传》载：

>（高）聪有妓十余人，有子无子皆注籍为妾，以悦其情。及病，不欲他人得之，并令烧指吞炭，出家为尼。

当时甚至有人为一夫多妾、多妻的事实归纳出条理，提出伦理依据，从理论上去维护一夫一妻多妾制。

《魏书》卷18《太武五王传》载：

>（元）孝友明于政理尝奏表曰：……古诸侯娶九女，士有一妻二妾。《晋令》：诸王置妾八人，郡公、侯妾六人。《官品令》：第一、第二品有四妾，第三、第四有三妾，第五、第六有二妾，第七、第八有一妾。所以阴教聿修，继嗣有广。广继嗣，孝也；修阴教，礼也。而圣朝忽弃此数，由来渐久。将相多尚公主，王侯亦娶后族，故无妾媵，习以为常。妇人多幸，生逢今世，举朝略是无妾，天下殆皆一妻。设令人强志广娶，则家道离索，身事??，内外亲知，共相嗤怪。凡今之人，通无准节。父母嫁女，则教之以妒；姑姊逢迎，必相劝以忌。持制夫为妇德，以能妒为女工。自云不受人欺，畏他笑我。王公犹自一心，已下何敢二意？夫妒忌之心生，则妻妾之礼废；妻妾之礼废，则奸淫之兆兴。斯臣之所以毒恨者也。请以王公第一品娶八，通妻以备九女；称事二品备七；三品、四品备五；五品、六品则一妻二妾。限以一周，悉令充数，若不充数及待妾非礼，使妻妒加捶挞，免所居官。其妻无子而不娶妾，斯则自绝，无以血食祖、父，请科不孝之罪，离遣其妻。
>
>臣之赤心，义唯家国，欲使吉凶无不合礼，贵贱各有其宜，省人帅以出兵丁，立仓储以丰谷食，设赏格以擒奸盗，行典令以示朝章，庶使足食足兵，人信之矣。又冒申妻妾之数，正欲使王侯、将相、功臣子弟，苗胤满朝，传祚无穷，此臣之志也。

与多妻多妾制相对，在魏晋南北朝的某些时候和某个阶层内也存在过一妻多夫的现象。

《宋书》卷7《前废帝纪》载：

> 山阴公主淫恣过度，谓帝曰："妾与陛下，虽男女有殊，俱托体先帝。陛下六官万数，而妾唯驸马一人。事不均平，一何至此！"帝乃为主置面首左右三十人。

又《南史》卷11《后妃上文安王皇后传》载：

> 永明十一年，（宝明）为皇太孙太妃。郁林即位，尊为皇太后，称宣德官，置男左右三十人。

又同书卷12《后妃下·元徐妃传》载：

> 元帝徐妃讳昭佩东海郯人也。……与荆州后堂瑶光寺智远道人私通。……帝左右暨季江有姿容，又与淫通。季江每叹曰："柏直狗虽老犹能猎，萧漂阳马虽老犹骏；徐娘虽老，犹尚多情。"时有贺徽者，美色。妃要之于普贤尼寺，书白角枕为诗相赠答。

在北朝，北魏先后临朝的冯太后和胡太后，都曾公开和一批朝臣通奸，并以阉官的名义把一些美貌男子放在身边。他们以及上述的智远、暨季江等人虽无面首之称，但实质上与面首无异，因为他们也是公开的情夫。

多妻也罢，多夫也罢，它们在本质上毫无区别，都不过是对异性的专横、玩弄、蹂躏，绝不是爱情。对多妻与多夫这种婚姻史上的丑恶现象，应当予以批判。

（三）妻妾嫡庶界限十分严格

在一夫多妻制的家庭，妻妾之间的界限极为严格。通常户内只有一个正妻，成为嫡妻或女君。与之相应，社会上的嫡、庶有着严格的区别，甚至统治者也对此进行了干涉。

《晋书》卷3《武帝纪》载：

> （泰始）十年……丁亥，诏曰："嫡庶之别，所以辨上下，明贵贱。而近世以来，多皆内宠，登妃后之职，乱尊卑之序。自今以后，皆不得登用妾媵以为嫡正。"

魏晋南北朝时期，盛行多妻或有妻无妾之制，在前娶与后娶之间，争嫡的斗争极为激烈。

《北史》卷44《崔亮传》载：

> （崔僧深）元妻房氏生子伯骥、伯骥。后薄房氏，纳平原杜氏，与俱徙。生四子，伯凤、祖龙、祖螭、祖虬。僧深得还之后，绝房氏，遂与杜氏及四子寓青州。伯骥、伯骥与母房居冀州，虽往来父间，而心存母氏……僧深卒，伯骥奔赴，不敢入家，寄哭寺门。祖龙刚躁，与兄伯骥讼嫡庶，并以刀剑自卫，苦怨雠焉。

又同书卷87《酷吏·李洪之传》载：

> 初，（李）洪之微时妻张氏，亦聪强妇人，妇人，自贫贱至富贵，多所补益，有男女几十人。洪之后得刘芳从姊，重之，疏张氏。亦多所产育。为两宅别居，偏厚刘室，由是二妻妒竞，两宅母子，往来如仇。

正妻所生子女为嫡，妾所生子女为庶。嫡子在家庭和社会中的地位较高，而庶子则被人轻视，这一现象在北朝尤为突出。

《颜氏家训》卷1《后娶》载：

> 江左不讳庶，丧室之后，多以妾媵终家事；疥癣蚊蛇，或未能免，限以大分，故希之耻。河北鄙于侧出，不预人流，是以必须重娶，至于三四，母年有少于子者。后母之弟，与前妇之兄，衣服饮食，爱及婚宦，至于士庶贵贱之隔，俗以为常。身没之后，辞讼盈公门，谤辱彰道路，子诬母为妾，弟黜兄为佣，播扬先人之辞迹，暴露祖考之长短，以求直己者，往往而有。悲夫！

又《魏书》卷24《崔玄伯传附崔道固传》载：

> 显祖时，有崔道固，字季坚，琰八世孙也。祖琼，慕容垂车骑

属。父辑,南徙青州,为泰山太守。道固贱出,嫡母兄攸之、目连等轻侮之。……时刘义隆子骏为徐兖二州刺史,得辟他州民为从事。辑乃资给道固,令其南仕。既至彭城,骏以为从事。……会青州刺史新除,过彭城,骏谓之曰:"崔道固人身如此,岂可为寒士至老乎?而世人以其偏庶,便相陵侮,可为叹息。"青州刺史至州,辟为主簿。

(四) 严格的家庭管理制度

当时的许多家庭都有十分严格的管理制度和等级界限,一门之内,尊卑有序,凛如公府。

《魏书》卷47《卢玄传附子度世传》载:

度世,李氏之甥。……,然同居共财,自祖至孙……尊卑怡穆,丰俭同之。亲从昆弟,常旦省谒诸父,出坐别室,至暮乃入。

又同书卷58《杨播传》载:

播家世纯厚,并敦义让……播刚毅。椿、津恭谦,与人言,自称名字。兄弟旦则聚于厅堂,终日相对,未曾入内。……椿、津年过六十……子侄罗列阶下,椿不命坐,津不敢坐。椿每近出,或日斜不至,津不先饭,椿还,然后共食。食则津亲授匙箸,味皆先尝,椿命食,然后食。

父母对子女训诫惩罚,在官僚家庭中一直较为突出,虽子辈的为官年龄已长,父母仍保持着对其体罚教试诫的权力。

《颜氏家训》卷1《教子》载:

王大司马(王僧辩)母魏夫人,性甚严正;王在湓城时,为三千人将,年逾四十,少不如意,犹捶挞之,故能成其勋业。

又同上书同上卷《治家》载:

笞怒废于家则竖子之过立见;……治家之宽猛,亦犹国焉。

南朝的律令规定，不受父母体罚教诫者，要治其罪。
《南史》卷17《向靖传》载：

（向靖）子植嗣，多过失，不受母训，夺爵。

(五) 家庭特殊成员的地位

魏晋南北朝时期，家庭成员身份最低贱者是家内奴隶，他们既无私财，又无人身自由，还要承担家内最繁重的劳动。
《颜氏家训》卷4《涉务》载：

江南朝士，因晋中兴，而渡江，本为羁旅，至今八九世，未有力田，悉资俸禄而食耳。假令有者，皆信僮仆为之，未尝目观起一坡土，耘一株苗；不知几月当下，几月当收。

又《宋书》卷77《沈庆之传》载：

耕当问奴，织当访婢。

又《梁书》卷28《裴传附兄子之横传》载：

之横……遂与僮属数百人，于芍倍大营田墅，遂致殷积。

南朝的情形如此，北朝也不例外。
《魏书》卷21上《咸阳王禧传》载：

（咸阳王）禧性骄奢，贪淫财色……由是昧求货贿，奴婢千数，田业盐铁遍于远近，臣吏童隶，相继经营。

又同书卷65《刑峦传》载：

俗修云，耕则问田奴，绢则问织婢。

又《周书》卷42《萧大圜传》载：

> 大圜深信因果，心安闲放。尝言之曰：……果园在后，开窗以临花卉；蔬圃居前，坐檐而看灌畦。二顷以供饘粥，十亩以给丝麻。侍儿五三，可充纤织；家僮数四，足代耕耘。

从法律上看，两汉时期家内奴隶的生命已开始受到保护，如王莽曾迫令杀奴的中子王获自杀。但到魏晋之世情况又有改变，家奴随意被杀的现象时有发生，且不受任何处罚。

《世说新语》卷下之下《忿狷》：

> 魏武有一妓，声最清高，而情性酷恶。欲杀则爱才；欲置则不堪。于是选百人，一时俱教。少时果有一人声及之，便杀恶性者。

又同书卷下之下《汰侈》载：

> 石崇每要客燕集，常令美人行酒。客饮酒不尽者，使黄门交斩美人。王丞相与大将军尝共诣崇。丞相素不能饮，辄自勉强，至于沉醉。每至大将军，固不饮，以观其变。已斩三人，颜色如故，尚不肯饮。丞相让之，大将军曰：自杀伊家人，何预卿事！

刘孝标注引《王丞相德音记》载：

> 王君夫（王恺）问王敦：闻君从弟佳人，又解音律，欲一作妓，可与共来。遂往。吹笛人有小忘，君夫闻，使黄门阶下打杀之，颜色不变。

三　其他婚俗

魏晋南北朝时期除前揭的门第婚、财婚等婚俗外，还有一些其他婚俗，兹择其要者予以介绍。

（一）早婚

《三国志》卷57《陆绩传》载：

> 郁林太守陆绩女子郁生……年始十三，适同郡张白。

又《晋书》卷3《武帝纪》载：

> 泰始……九年……冬十月辛巳，制女年十七父母不嫁者，使长吏配之。

又《陈书》卷24《周弘正传》载：

> 周弘正字思行……年十岁，通《老子》、《周易》……河东裴子野深相赏纳，请以女妻之。

又清赵翼《廿二史札记》卷15《魏齐诸帝皆早生子》载：

> 魏道武帝十五岁生明元帝，景穆太子十三岁生文成帝，文成十五岁生献文帝，献文十三岁生孝文帝。北齐后主纬十四岁生子恒，纬弟俨被诛时，年十四，已有遗腹子四人。按高澄年十二，尚魏孝静帝妹冯翊长公主。盖魏齐之间，皇子皆早娶，故生子亦早。

（二）指腹婚

《梁书》卷28《韦放传》载：

> （韦）放与吴郡张率皆有侧室怀孕，因指为婚姻。其后各产男女，未及成长而率亡，遗嗣孤弱，放常赡恤之。及为北徐州，时有贵族请婚者，放曰："吾不失信于故友。"及以息岐娶率女，又以女适率子，时称放能笃旧。

又《魏书》卷38《王慧能传附子宝兴传》载：

宝兴少孤，事母至孝。尚书卢遐妻，崔浩女也。初，宝兴母及遐妻俱孕，浩谓曰："汝等将来所生，皆我之自出，可指腹为亲。"及婚，浩为撰仪，躬自监视。谓诸客曰："此家礼事，宜尽其美。"

（三）冥婚

冥婚又称阴婚，是幽冥世界的婚姻。冥婚之俗主要受灵魂不死的宗教思想的影响，即认为人死之后，离开了阳世，仍可生存于冥界、阴间。阳世未能结婚，当成全他们去冥界完婚。周代以前即有此俗，魏晋南北朝时亦有关于冥婚习俗的记载。

《三国志》卷20《邓哀王冲传》载：

邓哀王冲字仓舒。……建安十三年疾病，疾病，太祖亲为请命。及亡，哀甚。文帝宽喻太祖，太祖曰："此我之不幸，而汝曹之幸也。"言则流涕，为聘甄氏亡女与合葬。

又《北史》卷20《穆崇传》载：

正国字平城，早卒。孝文时，始平公主薨于宫，追赠平城驸马都尉，与公主冥婚。

（四）谑郎

《酉阳杂俎》卷1载：

北朝婚礼……。婿拜阁日，妇家亲宾妇女毕集，各以杖打婿为戏乐，至有大委顿者。

又《北史》卷14《文宣皇后传附段昭仪传》载：

段昭仪，韶妹也。婚夕，韶妻元氏为俗弄女婿法戏文宣，文宣衔之。后因发怒，谓韶曰："我会杀尔妇！"元氏惧，匿娄太后家，终文宣世不敢出。

(五)"拜时婚"、"三日婚"

汉末魏晋以来,传统礼俗受到极大冲击,出现了"拜时婚"、"三日婚"等这些违反礼制的成婚方式。

《通典》卷59《礼十九·拜时妇三日妇轻重议》载:

> 按礼经婚嫁无"拜时""三日"之文,自后汉魏晋以来,或为拜时之妇,或为三日之婚。魏王肃、钟毓、毓弟会、陈群、群子泰,咸以拜时得比于三日。晋武帝谓山涛曰:"拜于舅姑,可准庙见;三日同牢,允称在涂。"涛曰:"愚论已拜舅姑,重于三日,所举者但不三月耳。"张华谓:"拜时之妇,尽恭于舅姑;三日之婚,成吉于夫氏。准于古义,可为成妇,已拜舅姑,即是庙见。"常侍江应元等谓:"已拜舅姑,其义全于在涂。或曰'夫失时之女,许不备礼,盖急嫁娶之道也'。三日之妇,亦务时之婚矣。虽同牢而食,同衾而寝,此曲室衽席之情义耳,岂合古人亡则奠菜,存则盥馈而妇道成哉!且未庙见之妇,死则反葬女氏之党,以此推之,贵其成妇,不系成妻,明拜舅姑为重,接夫为轻。所以然者,先配而后祖,陈针子曰:'是不为夫妇,诬其祖矣,非礼也。'此春秋明义,拜时重于三日之征也。"
>
> 议曰:有夫妇而后有父子,有父子而后有君臣,则婚姻王化所先,人伦之本。拜时之妇,礼经不载,自东汉魏晋及于东晋,咸有此事。按其仪,或时属艰虞,岁遇良吉,急于嫁娶,权为此制。以纱縠蒙女氏之首,而夫氏发之,因拜舅姑,便成妇道。六礼悉舍,合□复乖,黩政教之大方,成容易之弊法。王肃、钟毓、陈群、山涛、张华、蔡谟,皆当时知礼达识者,何谓不非之邪?岂时俗久行,因循且便,或彼众我寡,议论莫从者乎?宋齐以后,斯制遂息,后之君子,无愧前贤。

(六)聘礼重实物

由于这一时期商品货币经济的衰落,自然经济的强化,在流通领域布帛、谷粟等实物取代了黄金、铜钱,聘礼重视实物。

《晋书》卷21《礼志下》载:

魏氏王娶妃、公主嫁之礼，用绢百九十匹。晋兴，故事用绢三百匹。

又《二十四史九通政典类要合编》卷115《南北朝》载：

（北齐）皇太子及王纳征……绵采六十匹，绢二百匹。

以绢为聘礼，显然与绢在当时兼有货币的性质有关。此外，以羊做聘礼的情况也不少。

《二十四史九通政典类要合编》卷80《晋朝》载：

（西晋）太康八年，有司奏："婚礼纳征……大夫用玄束帛，加羊。"

又云：

有司奏太子婚，纳征用玄𫄸束帛，加璧羊马二驷。

又《宋书》卷14《礼志一》载：

（刘宋）孝武纳王皇后……其纳采、问名、纳吉、请期、亲迎，皆用白雁、白羊各一头，酒米各十二斛。

又《二十四史九通政典类要合编》卷115《南北朝》载：

（北齐）皇太子及王聘礼：纳采、问名、纳吉、请期、亲迎，皆用羔羊一口，雁一只。

婚礼用羊，既含有吉祥之意，又反映出北方游牧民族的生活特色。此俗系沿汉代采纳旧习而来。

《晋书》卷21《礼志下》载：

郑氏《婚物赞》曰:"羊者祥也",然则婚之有羊,自汉末始也。

第二节 家族

中国进入阶级社会之后,作为社会经济基本单位的宗族,长期地留存下来。殷、周自不必论,即使到了汉魏时期,社会经济的基本组成,仍然是一个个名宗大族。

《资治通鉴》卷63《汉纪》献帝建安五年冬十月条载:

> 审配二子为(曹)操所禽,绍将孟岱言于绍曰:"配在位专政,族大兵强,且二子在南,必怀反计。"

又《三国志》卷15《司马朗传》载:

> (司马)朗知(董)卓必亡,恐见留,即散财物以赂遗卓用事者,求归乡里。……时岁大饥,人相食,朗收恤宗族,教训诸弟,不为衰世解业。年二十二,太祖辟为司空掾属……以病去,复为堂阳长。

又同书卷11《田畴传》载:

> 田畴……得北归,率举宗族附从数百人。

两晋之际,社会经济的基本单位仍是宗族。为抵御外敌,宗人往往纠合在一起,筑坞壁以自保。一个坞壁基本上就是一个宗族。坞主(即族长)有自封的,亦有经族众推选产生的。

《晋书》卷63《郭默传》载:

> 郭默,河内怀人。……永嘉之乱,默率众自为坞主。

又同书卷67《郗鉴传》载:

> （陈）午以（郗）鉴有名于世，将逼为主，鉴逃而获免。午寻溃散，鉴得归乡里。于时所在饥荒，州中之士素有感其恩义者，相与资赡。鉴复分所得，以恤宗族及乡曲孤老……遂共推鉴为主，举千余家俱避难于鲁之峄山。

值得注意的是，在这种坞壁中，各个家庭是分开的，宗族的纽带，已不像先前坚固。

《晋书》卷88《孝友庾衮传》载：

> 齐王冏之唱义也，张泓等肆掠于阳翟，衮乃率其同族及庶姓保于禹山。是时百姓安宁，未知战守之事，衮曰："孔子云：'不教而战，是谓弃之。'"乃集诸如士而谋曰："二三君子相与处于险，将以安保亲尊，全妻孥也。古人有言：'千人聚而不以一人为主，不散则乱矣。'将若之何！"众曰："善。今日之主，非君而谁！"衮默然有间，乃言曰："古人急病让夷，不敢逃难，然人之立主，贵从其命也。"乃誓之曰："无恃险，无怙乱，无暴邻，无抽屋，无樵采人所植，无谋非德，无犯非义，戮力一心，同恤危难。"众咸从之。于是峻险厄，杜蹊径，修壁坞，树蕃障，考功庸，计丈尺，均劳逸，通有无，缮完器备，量力任能，物应其宜，使邑推其长，里推其贤，而身率之。分数既明，号令不二，上下有礼，少长有仪，将顺其美，匡救其恶。及贼至，衮乃勒部曲，整行伍，皆持满而勿发。贼挑战，晏然不动，且辞焉。贼服其慎而畏其整，是以皆退，如是者三。……及冏归于京师，逾年不朝，衮……乃携其妻适林虑山，事其新乡如其故乡，言忠信，行笃敬。……及石勒攻林虑……惠帝迁于长安，衮乃相与登于大头山而田于其下。

作为禹山坞坞主的庾衮，要求坞中人"无暴邻，无抽屋，无樵采人所植"，这说明人户所盖房屋，所种土地和所栽作物，均具有私有的性质。庾衮后来"携其妻子适林虑山，与林虑父老登于大头山，而田于其下"，这又说明庾衮（阳翟人）是以一个家庭独立存在于大头山坞中的，其同族留在阳翟禹山坞。而他家离开禹山坞到大头山去，可以反证禹山坞的基本组织为个体家庭，非整个宗族。宗族的纽带既然松散，坞壁便在向家庭私有制的转化上，迈出了一大步。

到南北朝时，大家族（宗族）作为社会单位的组织形式，首先在南方消亡。

《宋书》卷82《周朗传》载：

> 今士大夫以下，而兄弟异居计，十家而七矣。庶人父子殊产，八家而五矣。凡甚者，乃危亡不相知，饥寒不相恤，又嫉谤谗害，其家不可称数。

关于此时期南方分家的史料，还能找出不少。
先叙琅琊王氏。
《南史》卷21《王弘传附远子僧佑传》载：

> 赠（王）俭诗云："汝家在市门，我家在南郭；汝家饶宾侣，我家多鸟雀。"

又《南齐书》卷33《王僧虔传》载：

> 甲族向来多不居宪台，王氏以分枝居乌衣者，位官微减，僧虔为此官，乃曰："此是乌衣诸郎坐处，我亦可试为耳。"

又同书卷32《王延之传》载：

> 王延之字希季，琅琊临沂人也。……父升之，都官尚书。延之出继伯父秀才粲之。……延之清贫，居宇穿漏。

再叙陈郡谢氏。
《宋书》卷58《谢弘微传》载：

> 谢弘微，陈郡阳夏人也。……父思，武昌太守。从叔峻，司空琰第二子也，无后，以弘微为嗣。……所继叔父混名知人……弘微家素贫俭，而所继丰泰……资财巨万，园宅十余所。

可见谢恩、谢混兄弟各自成为个体家庭，贫富也有差别。

最后叙吴兴沈氏。

《陈书》卷19《沈炯传》载：

> 文帝嗣位，（沈炯）又表白："臣婴生不幸，弱冠而孤，母子零丁，兄弟相长。谨身为养，仕不择官，宦成梁朝……臣母妾刘，今年八十有一，臣叔母妾丘（属于吴兴丘氏），七十有五，臣门弟侄故自无人，妾丘儿孙又久亡泯，两家侍养，余臣一人。"

南方大家族制度的消亡，家庭结构的简化，带来了人际关系方面的重心转移，男女之爱、夫妻之情超过了对父母兄弟的孝悌而居于主导地位。

《宋书》卷69《范晔传》载：

> 范晔……家，乐器服玩，并皆珍丽，妓妾亦盛饰，母住止单陋，唯有一厨盛樵薪，弟子冬无被，叔父单布衣。

又同书卷72《文九王晋熙王昶传》载：

> 昶……乃夜与数十骑开门北奔索虏，弃母妻，唯携爱妾一人。

又《梁书》卷33《刘孝绰传》载：

> 及孝绰为廷尉卿，携妾入官府，其母犹停私宅。

在北方，则仍盛行累世同居的大家族制度。

《魏书》卷87《李几传》载：

> 李几，博陵安平人也。七世共居同财，家有二十二房，一百九十八口，长幼济济，风礼著闻，至于作役，卑幼竞进。乡里嗟美，标其门闾。

又同书卷58《杨播传》载：

（杨）播家世纯厚，并敦义让，昆季相事，有如父子。播刚毅。（杨）椿、（杨）津恭谦……兄弟皆有孙，唯椿有曾孙，年十五六矣，椿常欲为之早娶，望见玄孙。自昱已下，率多学尚，时人莫不钦羡焉。一家之内，男女百口，缌服同爨，庭无间言；魏世以来，唯有卢渊兄弟及播昆季，当世莫逮焉。

又同书卷47《卢玄传附卢度世传》载：

渊、昶等并循父风，远亲疏属，叙为尊行，长者莫不毕拜致敬。闺门之礼，为世所推。父母亡，然同居共财，自祖至孙，家内百口。在洛时有饥年，无以自赡，然尊卑怡穆，丰俭同之。

大家族财产共有，成员之间雍睦和顺，常常得到北魏政府的旌扬。
《魏书》卷87《节义传》载：

又梁州上言天水白石县人赵令安，孟兰强等，四世同居，行着州里。诏并标榜门闾……王闾，北海密人也。数世同居，有百口。又太山刘业兴四世同居，鲁郡盖隽六世同居，并共财产，家门雍睦。乡里敬异。有司申奏，皆标门闾。

值得注意的是，北方的大家族由于受到南朝分家之风的影响，也正在变为个体家庭。
《魏书》卷71《裴叔业传附裴植传》载：

（裴）植，字文远，叔业兄叔宝子也。……植母，夏侯道迁之姊也……植虽自州送禄奉母及赡诸弟，而各别资财，同居异爨，一门数灶，盖亦染江南之俗。

又同书卷57《崔挺传》载：

家始分析，（崔）挺与弟振推让田宅旧资，惟守墓田而已。

第三节 社区

从社会学的角度看，社区的类型多种多样，按地域空间特征划分，有法定社区、自然社区、专能社区之别；按主要功能划分，有经济社区、军事社区、文化社区、移民社区、政治社区之分。但在诸多类型的社区中，最基本的是村镇社区和城市社区。本节拟就魏晋南北朝时期的这两种社区作一介绍。

一 村镇社区

村镇社区是指居民以从事农业生产为主要谋生手段的区域。兹按时间顺序将魏晋南北朝时期村镇社区的基本情况，略作勾画。

（一）魏晋南北朝的村落

魏晋南北朝时期的村渊源于汉代的聚。三国时期已有关于"村"的确切记载。

《三国志》卷16《郑浑传》载：

（郑浑）又以郡下百姓，苦乏材木，乃课树榆为篱，并益树五果；榆皆成藩，五果丰实。入魏郡界，村落齐整如一，民得财足用饶。

至两晋南朝，村与里相互交错，作为自然聚落的村与作为基层行政编制单位的里并存。此时期的里，仍为百户，而村落则参差不齐，其规模有的村与里大致相当。

《南史》卷55《罗研传》载：

蜀中积弊，实非一朝。百家为村，不过数家有食，穷迫之人，什有八九。

有的村大于里。

《建康实录》卷10《安皇帝》载：

是岁（义熙九年），移秣陵县于斗场桓社之地（按：《图经》：在今县东南八里，斗场，村名也）。

又《宋书》卷91《孝义·郭世道传》载：

郭世道，会稽永兴人也。……仁厚之风，行于乡党，邻村小大，莫有呼其名者。……元嘉四年，改所居独枫里为孝行焉。

有的村则小于里。
《宋书》卷45《刘粹传》载：

陈留襄邑县，顿谋等村。……三十家。

又同书卷100《自序》载：

太康二年，改永安为武康县，史臣七世祖延始居县东乡之博陆里余乌村。

这一时期的村，是基本的防御单位和宗教信仰单位。关于前者，《晋书》卷120《李特载记》载：

蜀郡太守徐俭以小城降，（李）特以李瑾为蜀郡太守以抚之。罗尚据大城自守。流进屯江西，尚惧，遣使求和。是时蜀人危惧，并结村堡，请命于特，特遣人安抚之。益州从事任明说尚曰："……特……又分人散众，在诸村堡，骄怠无备，是天亡之也。可告诸村，密克期日，内外击之，破之必矣。"尚从之。……明潜说诸村，诸村悉听命。还报尚，尚许如期出军，诸村亦许一时赴会。

又《梁书》卷17《马仙琕》云：

马仙琕……在边境，常单身潜入敌境，伺知壁垒村落险要处所，攻战多克捷。

又《陈书》卷35"史臣论"载：

> 梁末之灾沴（指侯景之乱），群凶竞起，郡邑严穴之长，村屯邬壁之豪，资剽掠以致疆，恣陵侮而为大。

关于后者，《高僧传》卷12《宋彭城驾山释昙称》有云：

> 宋初彭城驾山下，虎灾，村人遇害，日有一两，称乃谓村人曰：虎若食我，灾必当消。……至四更中，闻虎取称，村人逐至南山，噉身都尽，唯有头存。因葬而起塔。

此时期的村还是一个互助单位。
《太平御览》卷415《人事部五十六·孝女》引王韶之《孝子传》载：

> 周青，东郡人。母患积年，青扶持左右，身体羸瘦，村里乃敛钱营助汤药。

又同书卷411《人事部·孝感》引宋躬《孝子传》载：

> 纪迈，庐江人，本姓舒，以五月五日生，母弃之。村人纪淳妻赵氏养之。

在这一历史时期，开始设置村一级的管理机构村司。村司人员主要由村长、路都等人构成。

《南齐书》卷5《海陵王纪》载：

> 海陵恭王昭文……延兴元年秋，七月，丁酉，即皇帝位。……冬，十月，癸巳，诏曰："……汉务轻徭，在休息之典……正厨诸役，旧出州郡，征吏民以应其数，公获二旬，私累数朔。又广陵年常

递出千人以助淮戍，劳扰为烦，抑亦苞苴是育。今并可长停，别量所出。诸县使村长路都防城直县，为剧尤深，亦宜禁断。"

魏晋南北朝时期，村具备了越来越多的行政职能，从税收、治安到经济措置、分封食邑等，常常以村为单位进行。

关于村的征税职能，《晋书》卷70《刘超传》载：

> 中兴建，（刘超）为中书舍人，拜骑都尉、奉朝请。……寻出补句容令，推诚于物，为百姓所怀。常年赋税，主者常自四出诘评百姓家赀。至超，但作大函，村别付之，使各自书家产，投函中讫，送还县。百姓依实投上，课输所入，有逾常年。

关于村的行政管理职能，《宋书》卷100《自序·沈亮传》载：

> 世祖出镇历阳，行参征房军事。民有盗发冢者，罪所近村民，与符伍遭劫不赴救同坐。亮议曰：寻发冢之情，事止窃盗，徒以侵亡犯死，故同之严科。夫穿掘之侣，必衔枚以晦其迹；劫掠之党，必欢呼以威其事。故赴凶赫者易，应潜密者难。且山原为无人之乡，丘垄非恒途所践，至于防救，不得比之村郭。督实效名，理与劫异，则符伍之坐，居宜降矣。又结罚之科，虽有同符伍之限，而无远近之断。夫冢无村界，当以比近坐之。若不域之以界，则数步之内，与十里之外，便应同雁其责。防民之禁，不可顿去，止非之宪，宜当其律。愚谓相去百步同赴告不时者，一岁刑，自此以外，差不及罚。

沈亮的上言说明了这一时期村落的内部管理与控制是非常严格的。从事村内什伍管理的，主要是村长、路都之人。此外，村长等人还行使教化督察之权。

《宋书》卷53《谢方明传》载：

> （谢方明）寻更加晋陵太守复为骠骑长史、南郡相，委任如初。尝年终，江陵县狱囚事无轻重，悉散听归家，使过正三日还到。罪应入重者有二十余人，纲纪以下，莫不疑惧。时晋陵郡送故主簿弘季

盛、徐寿之并随在西，固谏以为："昔人虽有其事，或是记籍过言。且当今民情伪薄，不可以古义相许。"方明不纳，一时遣之。囚及父兄皆惊喜涕泣，以为就死无恨。至期，有重罪二人不还，方明不听讨捕。其一人醉不能归，逮二日乃反；余一囚十日不至……囚逡巡墟里，不能自归，乡村责让之，率领将送，遂竟无逃亡者。

关于村从事经济事务的职能，《梁书》卷2《武帝纪中》载：

（天监）十七年春正月丁巳朔，（武帝）诏曰："……凡天下之民，有流移他境，在天监十七年正月一日以前，可开恩半岁，悉听还本，蠲课三年。其流寓过远者，量加程日。若有不乐还者，即使着土籍为民，准旧课输。若流移之后，本乡无复居宅者，村司三老及余亲属，即为诣县，占请村内官地官宅，令相容受，使恋本者还有所托。"

关于村的分封食邑职能，《宋书》卷97《夷蛮传》载：

顺帝升明初……晋熙晋熙蛮梅式生亦起义，斩晋熙太守阎湛之、晋安王子勋典签沈光祖，封高山侯，食所统牛岗、下柴二村三十户。

（二）十六国时期的坞壁

据齐涛先生研究，十六国时期，以汉族居民为主所组成的坞壁，大致可以分为流民坞壁、乞活坞壁、兵士坞壁、乡里坞壁等类型。其中前三种军事色彩很浓，实际上是较为典型的军事组织，而乡里坞壁则带有地方行政与军事的双重色彩[①]，是此时期一种比较独特的社区形式。

在乡里坞壁内部有严密的组织和严格的管理制度，其生产经营多采用庄园式的方法。一个坞壁既是一个武装集团，又是一个生产组织，平时生产，战时作战，且耕且战，耕战结合。坞壁的这些特点，典型地反映在下述资料中。

《晋书》卷88《孝友庾衮传》载：

---

① 齐涛：《魏晋隋唐乡村社会研究》，山东人民出版社1995年版，第13页。

庾衮字叔褒，明穆皇后伯父也。……齐王冏之唱义也，张泓等肆掠于阳翟，衮乃率其同族及庶姓保于禹山。是时百姓安宁，未知战守之事，衮曰：孔子云：不教而战，是谓弃之。乃集诸群士而谋曰：二三君子相与处于险，将以安保亲尊，全妻孥也。古人有言：千人聚而不以一人为主，不散则乱矣。将若之何？众曰：善。今日之主非君而谁！衮默然有间，乃言曰：古人急病让夷，不敢逃难，然人之立主，贵从其命也。乃誓之曰：无恃险，无怙乱，无暴邻，无抽屋，无樵采人所植，无谋非德，无犯非义，戮力一心，同恤危难。众咸从之。于是峻险陋，杜蹊径，修壁坞，树藩障，考功庸，计丈尺，均劳逸，通有无，缮完器备，量力任能，物应其宜，使邑推其长，里推其贤，而身率之。分数既明，号令不二，上下有礼，少长有仪，将顺其美，匡救其恶。及贼至，衮乃勒部曲，整行伍，皆持满而勿发。贼挑战，晏然不动，且辞焉。贼服其慎而畏其整，是以皆退，如是者三。时人语曰：所谓临事而惧、好谋而成者，其庾异行乎！

及冏归于京师，踰年不朝，衮曰：晋室卑矣，寇难方兴！乃携其妻子适林虑山，事其新乡如其故乡，言忠信，行笃敬。比及期年，而林虑之人归之，咸曰庾贤。及石勒攻林虑，父老谋曰：此有大头山，九州之绝险也。上有古人遗迹，可共保之。惠帝迁于长安，衮乃相与登于大头山而田于其下。年谷未熟，食木实，饵石蕊，同保安之，有终焉之志。及将收获，命子怞与之下山，中涂目眩瞀，坠崖而卒。同保赴哭曰：天乎！独不可舍我贤乎！

这段文字在"家族"一节中已有引述。此节论述社区，特再节引。又《三国志》卷 11《田畴传》载：

田畴字子泰，右北平无终人也。畴得北归，率举宗族他附从数百人，扫地而盟曰："君仇不报，吾不可以立于世！"遂入徐无山中，营深险平敞地而居，躬耕以养父母。百姓归之，数年间至五千余家。畴谓其父老曰："诸君不以畴不肖，远来相就，众成都邑，而莫相统一，恐非久安之道，愿推择其贤长者以为之主。"皆曰："善。"同佥推畴，畴曰："今来在此，非苟安而已，将图大事，复怨雪耻，窃恐未得其志，而轻薄之徒自相侵侮，愉快一时，无深计远虑，畴有愚计，愿与诸君共施之，可乎"皆曰："可。"畴乃为约束相杀伤，犯盗，诤讼之法，法重者至死，其次抵罪，二十余条，又制为婚姻嫁娶之礼，兴举学校讲授之业，班行其众，众皆便之，至道不拾遗。

（三）北魏的宗主督护制

宗主督护是北魏初期北方地区的地方基层组织形式。十六国时期，北方地区的豪强多据坞壁自守，聚族而居。北魏建立，即倚之为地方基层政权，任命豪强为宗主，督护百姓，称为宗主督护。《魏书》卷53《李冲传》载：

> 旧无三长，惟立宗主督护，所以民多隐冒，五十、三十家方为一户。

又同书卷110《食货志》载：

> 魏初不立三长，故民多荫附。荫附者皆无官役，豪强征敛，倍于公赋。

在宗主督护制下，尽管北魏王朝通过州、郡、县、乡、里体系，仍控制着相当一部分人户，但面临着宗主巨大的利益之争。此时，对于乡里社会而言，宗主可谓是一手遮天，他们强取豪夺，欺凌百姓，势力不断膨胀。

《魏书》卷53《李孝伯传附兄子安世传》载：

> 时民因饥流散，豪右多有占夺。安世乃上疏曰："……强宗豪族，肆其侵凌，远认魏晋之家，近引亲旧之验。又年载稍久，乡老所惑，群证虽多，莫可取据。各附亲知，互有长短……争讼迁延，连纪不判。良畴委而不开，柔桑枯而不采。"

又同书卷42《薛辩传》载：

> 河北……郡带山河……有韩、马两姓,各二千余家,恃强凭险,最为狡害,劫掠道路,侵暴乡间。

又《通典》卷3《食货三·乡党》引宋孝王《关东风俗传》载:

> 至若瀛、冀诸刘,清河张、宋,并州王氏,濮阳侯族,诸如此辈,一宗将近万室,烟火连接,比屋而居。

宗主广占人户,直接影响到北魏王朝的利益,到两者矛盾难以调和时,便引发了北魏政府的改革。

(四) 北朝后期的村落

北魏前期采用的宗主督护制,是迫不得已的权宜之计。一旦政权巩固,就必然要设法废除。孝文帝统治时期,开始采取措施,逐步废除这一制度,重建乡里基层组织。太和十年(486),三长制取代了宗主督护制,从而改变了晋末十六国以来乡村社会的管理体系。

关于三长制,《魏书》卷53《李冲传》载:

> (李)冲以三正治民,所由来远,于是创三长制而上之。

又同书卷110《食货志》载:

> (太和)十年,给事中李冲上言:"宜准古,五家立一邻长,五邻立一里长,五里立一党长,长取乡人强谨者。邻长复一夫,里长二,党长三。所复复征戍,余若民。三载亡愆则陟用,陟之一等。"

北魏之后,虽然三长制的具体内容有所变动,但这一制度作为乡村社会行政编制方式,一直沿用到北朝末年。

先叙东魏。

《北齐书》卷28《元孝友传》载:

> 元孝友……累迁沧州刺史,为政温和。……孝友明于政理,尝奏表曰:令制:百家为党族,二十家为闾,五家为比邻。百家之内,有

帅二十五人，征发皆免，苦乐不均。羊少狼多，复有蚕食。此之为弊久矣。京邑诸坊，或七八百家唯一里正、二史，庶事无阙，而况外州乎？请依旧置三正之名不改，而百家为四闾，闾二比。计族少十二丁，得十二匹赀绢。略计见管之户应二万余族，一岁出赀绢二十四万匹。十五丁为一番兵，计得一万六千兵。此富国安人之道也。

次叙北齐。
《隋书》卷24《食货志》载：

> 至河清三年定令，乃命人居十家为比邻，五十家为闾里，百家为族党。隋初任奉行三长制。
>
> 高祖……乃颁新令，制人五家为保，保有长。保五为闾，闾四为族，皆有正。畿外置里正，比闾正，党长比族正，以相检察焉。

北朝的三长制与均田制相辅而行，三长的主要职责是检查户口，征收租调，征发兵役与徭役。三长制颁行后，具有典型意义的坞壁已很少，而作为自然聚落的大小村落则随处可见。而这些村落具有互助、防卫、教育的功能。关于村落的互助功能，《北史》卷86《循吏·公孙景茂传》载：

> 公孙景茂字符蔚，河间阜城人也。……开皇初，召拜汝南太守。……转道州刺史，悉以秩俸买牛犊鸡猪，散惠孤弱不自存者。好单骑巡人，家至户入，阅视百姓产业。……由是人行义让，有无均通，男子相助耕耘，妇女相从纺织，大村或数百户，皆如一家之务。

关于村落的防卫功能，《魏书》卷66《李崇传》载：

> 李崇……以李将军除兖州刺史。兖土旧多劫盗，崇乃村置一楼，楼悬一鼓，盗发之处，双槌乱击。四面诸村始闻者挝鼓一通，次复闻者以二为节，次后闻者以三为节，各击数千槌。诸村闻鼓，皆守要路，是以盗发俄顷之间，声布百里之内。其中险要，悉有伏人，盗窃始发，便尔擒送。诸州置楼悬鼓，自崇始也。

关于村落的教育功能，《北史》卷31《高允传附从祖弟佑传》载：

> （高）佑以郡国虽有太学，县党宜有黉序，乃县立讲学，党立教学，村立小学。

又《隋书》卷70《李密传》载：

> 李密……及出关外，防禁渐驰……行次邯郸，夜宿村中，密等七人皆穿墙而遁……密诣淮阳，舍于村中，变姓名称刘智远，聚徒教授。

二　城市社区

魏晋南北朝时期，由于战乱频仍，使城市的发展受到严重的影响，在黄河流域尤为突出，这一时期只有南方少数城市社区获得一定程度的发展。曹文柱先生认为，魏晋南北朝时的城市社区有以下几种类型[①]。

一是政治型城市社区。

这一时期，各地区的割据王朝都致力于营建自己的政治中心，如三国时期北方的邺城、许都，西南的成都和江南的建业，十六国时期的平阳、襄国、龙城、姑臧、滑台等，北朝时期的平城，南方的建康等。这些城市在建设前，统治者都对城市的规模、格局、功能分区及建筑物的类型有一定的设想和规划。多数政治型城市，特别是首都，在建城时，把宫殿、官署作为城市的主体，并逐步建立起以首都为中心，以郡县城市为网络分布状的城市社区体系。城市社区具有显著的政治功能，这决定了首都及各州郡县治所，成为政治活动频繁发生的地区，诸如重大的宫廷事变、政权更迭、外交活动以及民众骚乱、暴动等，往往都发生在首都或重要的城市。

二是工商业型城市社区。

政治型城市，由于交通便利，消费群体大，所以往往也是工商业发达的地区。兹以六朝时期江南若干城市为例说明之。

建康

---

① 曹文柱主编：《中国社会通史·秦汉魏晋南北朝卷》，山西教育出版社1996年版，第142—143页。

《太平御览》卷827《资产部·市》引山谦之《丹阳记》载：

京师四市：建康大市，孙权所立，建康东市，同时立；建康北市，永安中立；秣陵斗场市，隆安中发乐营人交易，因成市也。

又《宋书》卷82《沈怀文传》载：

（刘）子尚诸皇子皆置邸舍，逐十一之利，为患遍天下。

广陵
《文选》卷11引鲍照《芜城赋》载：

全盛之时，车挂轊，人架肩，廛闬扑地，歌吹沸天，孳货盐田，铲利铜山。才力雄富，士马精妍。

成都
《文选》卷4引左思《蜀都赋》载：

夫蜀都者……带二江之双流，抗峨眉之重阻。水陆所凑，兼六合而交会焉；……市廛所会，万商之渊。列隧百重，罗肆巨千……贾贸墆鬻，舛错纵横。异物崛诡，奇于八方……邛杖传节于大夏之邑，蒟酱流味于番禺之乡。

番禺
《南齐书》卷14《州郡志上》载：

广州，镇南海。滨际海嵎，委输交部……卷握之资，富兼十世。

又同书卷32《王琨传》载：

南土沃实，在任者常致巨富，世云"广州刺史但经城门一过，便得三千万"也。

三是军事型城市社区。

由于魏晋南北朝时期时常处于纷乱状态，因而这一时代的每个政治城市实际上也是一个军事中心。如曹魏的邺城、六朝的建邺、北魏的六镇等，它们既有城市社区的功能，又有军事社区的功能。

《魏书》卷58《杨播传附弟椿传》载：

> 自太祖平中山，多置军府，以相威慑。凡有八军，军各配兵五千，食禄主帅军各四十六人。自中原稍定，八军之兵，渐割南戍。……（杨）椿表罢四军，减其帅百八十四人。（定）州有……屯兵八百户，年常发夫三千，草三百车，修补畦堰。

又《文献通考》卷151《兵三》载：

> 愚尝考之，拓跋氏起自云朔，据有中原，兵戎乃其所以为国也。羽林、虎贲，则宿卫之兵，六镇将卒，则御侮之兵。

又《隋书》卷24《食货志》载：

> 魏武西迁，连年战争，河洛之间，又并空竭。天平元年，迁都于邺。……（齐）文宣受禅，多所创革。六坊之内徙者，更加简练，每一人必当百人，任其临阵必死，然后取之，谓之"百保鲜卑"。又简华人之勇力绝伦者，谓之"勇士"，以备边要。

第二十九章　社会等级结构

中国古代社会是一个等级社会，因此，古代社会结构，实际上是一种等级身份结构。这一特点在魏晋南北朝时期表现得尤为突出。魏晋南北朝是一个社会等级界限日趋严重的时代。《晋书·刘毅传》所谓"上品无寒门，下品无势族"，典型地反映了当时社会等级结构的状况。不过，受政局动荡及被压迫阶级的反抗斗争等诸多因素的影响，社会阶层某些成员的身份又有升降变化。

第一节　等级结构概貌

魏晋南北朝的等级划分，首先是沿袭了秦汉以降的"良贱"之分，"良"包括了皇室、贵族、官僚、士族及庶族平民，"贱"则包括了工匠、吏家、兵家、客户、屯户、牧户及官司奴婢等"卑姓"人户。其次是良族中又分为"士族"、"庶族"。"士"即士大夫，亦称士人、人士、士流，其中包括了贵族、官僚在内。而"庶"即所谓"庶民"、"百姓"，是一个没有任何特权而有个人财产和某些自由的被统治阶级。兹将这一时期各种等级身份概述于次：

一　皇室贵族

皇室贵族是帝王的家族，是统治集团中地位最显赫并拥有特权最多的一个阶层，它随着王朝的建立而产生。南北朝时期，各王朝大多短命，皇室贵族变动频繁，来源不一。

《宋书》卷42《王弘传》载：

> 高祖（刘裕）因宴集，谓群公曰："我布衣，始望不至此。"

又《南齐书》卷2《高帝纪》载：

　　建元……四年……三月庚申，（齐高帝萧道成）诏司徒褚渊、左仆射王俭诏曰："吾本布衣素族，念不到此，因藉时来，遂隆大业。"

又《北齐书》卷1《神武帝纪上》载：

　　齐高祖神武皇帝，姓高名欢，字贺六浑，渤海蓨人也。六世祖隐，晋玄菟太守。隐生庆，庆生泰，泰生湖，三世仕慕容氏。及慕容宝败，国乱，湖率众归魏。……湖生四子，第三子谧，仕魏位至侍御史，坐法徙居怀朔镇。谧生皇考树……住居白道南……及神武生而皇妣韩氏殂，养于同产姊婿镇狱队尉景家。
　　神武既累世北边，故习其俗，遂同鲜卑。

又《周书》卷3《孝闵帝纪》载：

　　（北周闵帝）元年春正月……壬寅，（文帝）祠圆丘。诏曰："予本自神农，其于二丘，宜作厥主。"

在政治方面，皇族拥有特权，普遍可以参政，受封出仕。
《魏书》卷113《官氏志》载：

　　天赐元年……九月，减五等之爵，始分为四，曰王、公、侯、子，除伯、男二号。皇子及异姓元功上勋者封王，宗室及始蕃王皆降为公，诸公降为侯，侯、子亦以此为差。于是封王者十人，公者二十二人，侯者七十九人，子者一百三人。

又同书卷14《高凉王孤传附元大曹传》载：

　　高祖时，诸王非太祖子孙者，例降爵为公。

又《梁书》卷3《武帝纪》载：

> （大通）三年……秋七月……庚寅，诏曰："推恩六亲，义彰九族，班以侯爵，亦曰惟允。凡是宗戚有服属者，并可赐沐食乡亭侯，各随远近以为差次。"

有晋一代，形成宗室辅政和宗王出镇的宗室参政的格局，南朝各代依式摹制，与晋代基本相同，北朝各代多利用宗王辅佐朝政，出镇的作用要比南朝小一些。南朝各代任用的宰执来自皇族、士族和庶族等不同的家族。兹据冯尔康主编《中国社会结构的演变》一书，附《南朝宰执成分及百分率表》[①]于下（见表29—1）：

表29—1　　　　　　　　　南朝宰执成分及百分率表

朝代	总计人数	皇族 人数	百分比（%）	士族 人数	百分比（%）	庶族 人数	百分比（%）
宋	19	13	68.43	4	21.05	2	10.52
齐	11	7	63.64	2	18.18	2	18.18
梁	20	11	55	5	25	4	20
陈	9	3	33.33	2	22.22	4	44.45

从表29—1可以看出，尽管宋、齐、梁、陈各代宰执皇族与非皇族人员的比例呈下降趋势，但在各种职官人数中只占少数的皇族，在宰执中仍占有很高的比重，可见其在中央政府中处于垄断地位。

在南朝，皇族受封后并不去封国，皇帝往往根据政治需要，派他们为都督，去地方镇守。

《宋书》卷66《何尚之传》载：

> 荆、扬二州，户口半天下，江左以来，扬州根本，委荆州以阃外。

[①] 本表转引自冯尔康主编《中国社会结构的演变》，河南人民出版社1994年版，第411页。

又同书卷51《刘义庆传》载：

荆州居上流之重，资实兵甲，居朝廷之半，故武帝诸子居之。

北朝统治者也重视宗王辅政和出镇。
《魏书》卷17《乐安王元范传》载：

乐安王范，泰常七年封。……世祖以长安形胜之地，非范莫可任者，乃拜范都督五州诸军事、卫大将军、开府仪同三司、长安镇都大将。

在法律方面，皇室贵族也享受很大的特权。

周代有所谓"八议"，即对八种人——亲、故、贤、能、功、贵、勤、宾不能由法官定罪，须经朝议，再奏君主裁决，并酌情减免。"八议"的首条是议亲，亲之范围包括的即为宗室外戚。经秦汉时期的发展，到魏晋南北朝时，"八议"被正式载入法律条文，从而使优容皇族合法化。

《唐六典》卷6《刑部》注曰：

（八议）自魏、晋、宋、齐、梁、陈、后魏、北齐、后周及隋皆载于律。

又《晋书》卷49《羊曼传附弟聃传》载：

聃初辟元帝丞相府，累迁庐陵太守。刚克粗暴，恃国戚，纵恣尤甚，睚眦之嫌辄加刑杀。疑郡人简良等为贼，杀二百人，诛及婴孩，所髡锁复百余。庾亮执之，归于京都。有司奏聃罪当死，以景献皇后是其祖姑，应八议。成帝诏曰："此事古今所无，何八议之有！犹未忍肆之市朝，其赐命狱所。"兄子贲尚公主，自表求解婚。诏曰："罪不相及，古今之令典也。聃虽极法，于贲何有！其特不听离婚。"琅邪太妃山氏，聃之甥也，入殿叩头请命。王导又启："聃罪不容怨，宜极重法。山太妃忧戚成疾，陛下罔极之恩，宜蒙生全之宥。"于是诏下曰："太妃惟此一舅，发言摧咽，乃至吐血，情虑深重。朕往丁荼毒，受太妃抚育之恩，同于慈亲。若不堪难忍之痛，以致顿弊，朕亦何颜以寄。今便原聃生命，以慰太妃渭阳之思。"于是除名。

又《南史》卷51《梁宗室上·临川靖惠王宏传》载：

宏以介弟之贵，无佗量能，恣意聚敛。库室垂有百间，在内堂之后，关龠甚严。有疑是铠仗者，密以闻。武帝于友于甚厚，殊不悦。宏爱妾江氏寝膳不能暂离，上佗日送盛馔与江曰："当来就汝欢宴。"唯携布衣之旧射声校尉丘佗卿往，与宏及江大饮，半醉后谓曰："我今欲履行汝后房。"便呼后阁舆径往屋所。宏恐上见其赇货，颜色怖惧。上意弥信是仗，屋屋检视。宏性爱钱，百万一聚，黄榜标之，千万一库，悬一紫标，如此三十余间。帝与佗卿屈指计见钱三亿余万，余屋贮布绢丝绵漆蜜纻蜡朱沙黄屑杂货，但见满库，不知多少。帝始知非仗，大悦，谓曰："阿六，汝生活大可。"方更剧饮，至夜举烛而还。兄弟情方更敦睦。

宏都下有数十邸出悬钱立券，每以田宅邸店悬上文券，期讫便驱券主，夺其宅都下东土百姓，失业非一。帝后知，制悬券不得复驱夺，自此后贫庶不复失居业。晋时有《钱神论》，豫章王综以宏贪吝，遂为《钱愚论》，其文甚切。帝知以激宏，宣旨与综："天下文章何限，那忽作此？"虽令急毁，而流布已远，宏深病之，聚敛稍改。

在经济上，皇族的特权也很大。
《梁书》卷52《顾宪之传》载：

时司徒竟陵王于宣城、临成、定陵三县界立屯，封山泽数百里，禁民樵采，（顾）宪之固陈不可。

二　士族、庶族

士族与庶族是魏晋南北朝时期的两个等级。士族是统治者又是剥削者，是等级又是一个阶层。而庶族则是被统治者，是一个等级却不是一个单独的阶层，它既包括豪族、富人等剥削者，又包括被剥削的小农、小手工业者和小商贩等类的人。本目概叙士族与庶族的基本情况。

（一）士族

士族门阀萌芽于西汉末年，东汉中叶以降，士族门阀渐次出现，魏晋时期由于九品中正制度的推行，使高门大姓特别是现任朝官易于垄断官位，从而在地主阶级内部逐渐形成了世代担任清闲官职的士族。

《通典》卷14《选举三》载：

> 魏文帝……延康元年，吏部尚书陈群，以天朝选用，不尽人才，乃立九品官人之法，州郡皆置中正，以定其选。择州郡之贤有识鉴者为之，区别人物，第其高下。又制：郡口十万以上，岁察一人，其有秀异，不拘户口。
>
> 按九品之制，初因后汉建安中，天下兴兵，衣冠士族，多离于本土；欲征源流，遽难委悉，魏氏革命，州郡县俱置大小中正，各以本处人任诸府公卿及台省郎吏。有德充才盛者为之，区别所管人物，定为九等。其言行修者，则升进之，或以五升四，以六升五。倘或道义亏缺，则降下之，或自五退六，自六退七矣。是以吏部不能审定核天下人才士庶，故委中正铨第等级，凭之授受，谓免乖戾。

又《新唐书》卷199《柳冲传》载：

> 魏氏立九品，置中正，尊世胄，卑寒士，权归右姓矣。其州大中正、主簿，郡中正、功曹，皆取着姓士族为之，以定门胄，品藻人物。

九品中正制到晋代发生了很大变化，主要是由于中正官一职多为士族门阀出身的官僚所把持，这一制度遂变成他们培植门阀私家势力的重要工具。这时庶族几乎完全被排挤在品评的范围之外。即使偶尔挤入了仕途，也一定列在最低等级，较高等级概为士族所独占，从而出现了"上品无寒门，下品无势族"的局面。这一情况的出现，加速了士族制度的形成。

《晋书》卷48《段灼传》载：

（段）灼……临去，遣息上表曰："……其二曰：……今台阁选举，涂塞耳目，九品访人，唯问中正。故据上品者，非公侯之子孙，则当涂之昆弟也。二者苟然，则荜门蓬户之俊，安得不有陆沈者哉！"

又清赵翼《廿二史札记》卷8《九品中正》载：

魏文帝初定九品中正之法，郡邑设小中正，州设大中正，由小中正品第人才，以上大中正，大中正核实，以上司徒，司徒再核，然后付尚书选用。此陈群所建白也。……然进退人才之权，寄之于下，岂能日久无弊？晋武为公子时，以相国子当品，乡里莫敢与为辈，十二郡中正共举郑默以辈之。刘卞初入太学，试经当为四品，台吏访问（助中正采访之人）欲令写黄纸一鹿车，卞不肯，访问怒言于中正，乃退为尚书令史。孙秀初为郡吏，求品于乡议，王衍将不许，衍从兄戎劝品之。及秀得志，朝士有宿怨者皆诛，而戎、衍获济。何劭初亡，袁粲（晋臣，非宋袁粲）来吊，其子岐辞以疾，粲独哭而出，曰："今年决下婢子品。"王铨曰："岐前多罪时，尔何不下？其父新亡，便下岐品。人谓畏强易弱也。"可见是时中正所品高下，全以意为轻重。故段灼疏言："九品访人，惟问中正。据上品者，非公侯之子孙，即当途之昆弟。"刘毅亦疏言："高下任意，荣辱在手，用心百态，求者万端。"此九品之流弊，见于章疏者。真所谓"上品无寒门，下品无世族"。高门华阀有世及之荣，庶姓寒人无寸进之路。选举之弊，至此而极。然魏、晋及南北朝三四百年，莫有能改之者，盖当时执权者即中正高品之人，各自顾其门户，固不肯变法，且习俗已久，自帝王以及士庶皆视为固然，而无可如何也。

又《南齐书》卷23《王俭传》"史臣曰"载：

贵仕素质，皆由门庆，平流进取，坐致公卿。

士族又称世族、甲族、望族、华族、冠族、高门、右姓等。在士族内部，既有膏粱、华腴、甲姓、乙姓、丙姓、丁姓的等级之分，又有侨姓、吴姓、郡姓、虏姓的地位之别。侨姓指避乱江左的中原大族，吴姓指土著江南大族，郡姓指山东、关中的大族，虏姓指少数民族中的大姓。

《新唐书》卷199《柳冲传》载：

魏氏立九品中正，置中正，尊世胄，卑寒士，权归右姓已。……晋、宋因之，始尚姓矣。然其别贵贱，分士庶，不可易也。于时有司选举，必稽谱籍而考其真伪。故官有世胄，谱有世官，贾氏、王氏谱学出焉。由是有谱局，令史职皆具。过江则为"侨姓"，王、谢、袁、萧为大；东南则为"吴姓"，朱、张、顾、陆为大；山东则为"郡姓"，王、崔、卢、李、郑为大；关中亦号"郡姓"，韦、裴、柳、薛、杨、杜首之；代北则为"虏姓"，元、长孙、宇文、于、陆、源、窦首之。……"郡姓"者，以中国士人差第阀阅为之制，凡三世有三公者曰"膏粱"，有令、仆者曰"华腴"，尚书、领、护而上者为"甲姓"，九卿若方伯者为"乙姓"，散骑常侍、太中大夫者为"丙姓"，吏部正员郎为"丁姓"。凡得入者，谓之四姓。

士族地主高居于封建统治阶级的最上层，他们垄断了中央和地方的清要之职，享有政治、经济、法律等方面的特权，其生活日益消极腐朽。

先叙两晋时期的士族。

《晋书》卷75《刘惔传》载：

（刘惔）尤好《老庄》，任自然趣。……年三十六，卒官。孙绰为之诔云："居官无官官之事，处事无事事之心。"

又《世说新语》卷下之下《尤悔》载：

简文见田稻不识，问是何草？左右答是稻。简文还，三日不出，云："宁有赖其末而不识其！"

又《晋书》卷80《王羲之传附子徽之传》载：

> 徽之字子猷。性卓荦不羁，为大司马桓温参军，蓬首散带，不综府事。又为车骑桓冲骑兵参军，冲问："卿署何曹？"对曰："似是马曹。"又问："管几马？"曰："不知马，何由知数！"又问："马比死多少？"曰："未知生，焉知死！"

再叙南朝时期的士族。

《宋书》卷94《恩幸传序》载：

> 夫人君南面，九重奥绝，陪奉朝夕，义隔卿士，阶闼之任，宜有司存。既而恩以幸生，信由恩固，无可惮之姿，有易亲之色。孝建、泰始，主威独运，官置百司，权不外假，而刑政纠杂，理难遍通，耳目所寄，事归近习。赏罚之要，是谓国权，出内王命，由其掌握，于是方途结轨，辐辏同奔。人主谓其身卑位薄，以为权不得重。曾不知鼠凭社贵，狐借虎威，外无逼主之嫌，内有专用之功，势倾天下，未之或悟。挟朋树党，政以贿成，铁钺创盘，构于筵第之曲，服冕乘轩，出乎言笑之下。南金北毳，来悉方艚，素缣丹魄，至皆兼两，西京许、史，盖不足云，晋朝王、庾，未或能比。及太宗晚运，虑经盛衰，权幸之徒，慑惮宗戚，欲使幼主孤立，永窃国权，构造同异，兴树祸隙，帝弟宗王，相继屠剿。民忘宋德，虽非一途，宝祚夙倾，实由于此。

又《颜氏家训》卷4《涉务篇》载：

> 吾见世中文学之士，品藻古今，若指诸掌，及有试用，多无所堪。居承平之世，不知有丧乱之祸；处庙堂之下，不知有战陈之急；保俸禄之资，不知有耕稼之苦；肆吏民之上，不知有劳役之勤。故难可以应世经务也。晋朝南渡，优借士族，故江南冠带有才干者，攉为令仆已下，尚书郎，中书舍人以上，典掌机要。其余文义之士，多迂诞浮华，不涉世务，纤微过失，又惜行捶楚，所以处于清高……至于

台阁令史，主书，监帅，诸王签省，并晓习吏用，济办时须，纵有小人之态，皆可鞭杖肃督，故多见委使，盖用其长也。人每不自量，举世怨梁武帝父子爱小人而疏士大夫，此亦眼不能见其睫耳。

梁世士大夫皆尚褒衣博带，大冠高履，出则车舆，入则扶侍，郊郭之内，无乘马者。周宏正为宣城王所爱，给一果下马，常服御之，举朝以为放达，至乃尚书郎乘马，则纠劾之。及侯景之乱，肤脆骨柔，不堪行步，体羸气弱，不耐寒暑，坐死仓猝者，往往而然。建康令王复，性既儒雅，未尝乘骑，见马嘶贲陆梁。莫不震慑，乃谓人曰："正是虎，何故名为马乎？"其风俗至此。

又同书卷3《勉学篇》载：

梁朝全盛之时，贵游子弟，多无学术，至于谚曰："上车不落则著作，体中何如则秘书。"无不熏衣、剃面，傅粉、施朱，驾长檐车，跟高齿履，坐棋子方褥，凭斑丝隐囊，列器玩于左右，从容出入，望若神仙，明经求第，则顾人答策，三九公宴，则假手赋诗，当尔之时，亦快士也。及离乱之后，朝市迁革，铨衡选举，非复曩者之亲，当路秉权，不见昔时之党，求诸身而无所得，施之世而无所用，被揭而丧珠，失皮而露质，兀若枯木，泊若穷流，鹿独戎马之间，转死沟壑之际，当尔之时，诚驽材也。

当然，门阀士族之所以能存在几百年，就必然有其存在的合理因素。一方面，那些依附于门阀士族的宗族、佃客和部曲，由于门阀士族的庇护而避免了沦为奴隶的可能性，这对社会经济的恢复与发展是有利的。另一方面，士族凭着优越的条件积极从事文化事业，从而使这一时期的思想较为活跃，文化科学较前大有进步。

《晋书》卷80《王羲之传》载：

所以详查古今，研精篆素，尽善尽美，其惟王逸少（羲之）乎！观其点曳之工，裁成之妙，烟霏露结，状若断而还连；凤翥龙蟠，势如斜而反直。玩之不觉为倦，览之莫识其端，心慕手追，此人而已。

又《诗品》卷上载：

（谢灵运诗）名章迥句，处处间起；丽典新声，络绎奔会。

又《晋书》卷92《文苑·顾恺之传》载：

顾恺之字长康，晋陵无锡人也。……尤善丹青，图写特妙，谢安深重之，以为有苍生以来未之有也。恺之每画人成，或数年不点目精。人问其故，答曰："四体妍蚩，本无阙少于妙处，传神写照，正在阿堵中。"尝悦一邻女，挑之弗从，乃图其形于壁，以棘针钉其心，女遂患心痛。恺之因致其情，女从之，遂密去针而愈。恺之每重嵇康四言诗，因为之图，恒云："手挥五弦易，目送归鸿难。"每写起人形，妙绝于时，尝图裴楷象，颊上加三毛，观者觉神明殊胜。又为谢鲲象，在石岩里，云："此子宜置丘壑中。"欲图殷仲堪，仲堪有目病，固辞。恺之曰："明府正为眼耳，若明点瞳子，飞白拂上，使如轻云之蔽月，岂不美乎！"仲堪乃从之。……初，恺之在桓温府，常云："恺之体中痴黠各半，合而论之，正得平耳。"故俗传恺之有三绝：才绝，画绝，痴绝。

(二) 庶族

庶族又称寒门、寒族、寒士、寒人、寒贱、单门、贱族等，他们没有显赫的门第，在政治、经济、法律诸方面不享受任何特权。庶族主要指地主、商人，以及军队中的各级军将等，他们不甘心受士族排挤，通过各种途径登上政治舞台。

士族卑薄武事，建立军功即成为庶族地方上升的一条主要途径。南朝的开国皇帝，就都是通过军功而上升起来的庶族地主。南朝的将帅，亦多是庶族寒门出身。

清赵翼《廿二史札记》卷12《江左世族无功臣》载：

六朝最重世族，已见丛考前编。其时有所谓旧门、次门、后门、勋门、役门之类，以士庶之别，为贵贱之分，积习相沿，遂成定制。陶侃微时，郎中令杨晫与之同乘，温雅谓晫曰："奈何与小人同载。"

郄鉴陷陈午贼中，有同邑人张实先附贼，来见，竟卿鉴，鉴曰："相与邦壤，义不及通，何可怙乱至此。"实惭而退。杨方在都，缙绅咸厚之，方自以地寒，不愿留京，求补远郡，乃出为高梁太守。王僧虔为吴兴郡守，听民何系先等一百十家为旧门，遂为阮佃夫所劾。张敬儿斩桂阳王休范，以功高当乞镇襄阳，齐高辅政，以敬儿人位本轻，不欲便处以襄阳重镇。侯景请婚王、谢，梁武曰："王、谢门高，可于朱、张以下求之。"一时风尚如此，即有出自寒微，奋立功业，官高位重，而其自视犹不敢与世族较。陈显达既贵，自以人微位重，每迁官，常有愧惧之色。诫诸子曰："我本志不及此，汝等勿以富贵骄人。"又谓诸子曰："麈尾是王、谢家物，汝不须捉此。"王敬则与王俭同拜开府，褚渊戏俭以为连璧，俭曰："老子遂与韩非同传。"或以告敬则，敬则欣然曰："我本南沙小吏，今得与王卫军同拜三公，复何恨。"（敬则传）王琳为梁元帝所忌，出为广州刺史，琳私谓李膺曰："官正疑琳耳，琳分望有限，岂与官争为帝乎？何不使琳镇雍州？琳自放兵作田，为国捍御外侮也。"且不特此也。齐高在宋，以平桂阳之功，加中领军，犹固让与袁粲、褚渊，书自称下官常人，志不及远。（褚渊传）及即位后，临崩遗诏，亦曰："吾本布衣素族，念不到此。"可见当时门第之见，习为固然，虽帝王不能改易也。然江左诸帝，乃皆出自素族。宋武本丹徒京口里人，少时伐荻新洲，又尝负刁逵社钱被执，其寒贱可知也。齐高自称素族，则非高门可知也。梁武与齐高同族，亦非高门也。陈武初馆于义兴许氏，始仕为里司，再仕为油库吏，其寒微亦可知也。其他立功立事，为国宣力者，亦皆出于寒人。如顾荣、卞壸、毛宝、朱伺、朱序、刘牢之、刘毅等之于晋。檀道济、朱龄石、沈田子、毛修之、朱修之、刘康祖、到彦之、沈庆之等之于宋。王敬则、张敬儿、陈显达、崔慧景等之于齐。陈伯之、陈庆之、兰钦、曹景宗、张惠绍、昌义之、王琳、杜龛等之于梁。周文育、侯安都、黄法、吴明彻等之于陈。皆御武戡乱，为国家所倚赖。而所谓高门大族者，不过雍容令仆，裙屐相高，求如王导、谢安，柱石国家者，不一二数也。次则如王宏、王昙首、褚渊、王俭等，与时推迁，为兴朝佐命，以自保其家世，虽朝市革易，而我之门第如故，以是为世家大族，迥异于庶姓而已。此江左风会习尚之极敝也。

由于士族缺乏办事能力，皇帝又担心他们难以控制，故南朝全以寒人典掌机要，处理政务，其中最典型的是通事舍人一职多由寒人担任。

《南史》卷77《吕文显传》载：

> 吕文显，临海人也。升平初，为齐高帝录尚书省事，累迁殿中侍御史。后为秣陵令，封刘阳县男。永明元年，为中书通事舍人。文显临事以刻核被知。三年，带南清河太守，与茹法亮等迭出入为舍人，并见亲幸。多四方饷遗，并造大宅，聚山开池。时中书舍人四人各住一省，世谓之四户。既总重权，势倾天下。晋、宋旧制，宰人之官，以六年为限，近世以六年过久，又以三周为期，谓之小满。而迁换去来，又不依三周之制，送故迎新，吏人疲于道路。四方守宰饷遗，一年咸数百万。舍人茹法亮于众中语人曰："何须觅外禄，此一户内，年办百万。"盖约言之也。其后玄象失度，史官奏宜修祈禳之礼。王俭闻之，谓上曰："天文乖忤，此祸由四户。"仍奏文显等专擅恣和，极言其事。上虽纳之而不能改也。文显累迁左中郎将，南东莞太守。

又《南齐书》卷56《幸臣传序》载：

> 中书之职，旧掌机务。汉元以令仆用事，魏明以监令专权，及在中朝，犹为重寄。陈准归任上司，荀勖恨于失职。《晋令》舍人位居九品，江左置通事郎，管司诏诰。其后郎还为侍郎，而舍人亦称通事。元帝用琅邪刘超，以谨慎居职。宋文世，秋当、周纠并出寒门。孝武以来，士庶杂选，如东海鲍照，以才学知名。又用鲁郡巢尚之，江夏王义恭以为非选。帝遣尚书二十余牒，宣敕论辩，义恭乃叹曰："人主诚知人。"及明帝世，胡母颢、阮佃夫之徒，专为佞幸矣。
>
> 齐初亦用久劳，及以亲信。关谳表启，发署诏敕。颇涉辞翰者，亦为诏文，侍郎之局，复见侵矣。建武世，诏命殆不关中书，专出舍人。省内舍人四人，所直四省，其下有主书令史，旧用武官，宋改文吏，人数无员。莫非左右要密，天下文簿版籍，入副其省，万机严秘，有如尚书外司，领武官，有制局监，领器仗兵役，亦用寒人。

又清赵翼《廿二史札记》卷8《南朝多以寒人掌机要》载：

> 魏正始、晋永熙以来，皆大臣当国。晋元帝忌王氏之盛，欲政自己出，用刁协、刘隗等为私人，即召王敦之祸。自后非幼君即孱主，悉听命于柄臣，八、九十年，已成故事。至宋、齐、梁、陈诸君，则无论贤否，皆威福自己，不肯假权于大臣。而其时高门大族，门户已成，令、仆、三司，可安流平进，不屑竭智尽心，以邀恩宠，且风流相尚，罕以物务关怀，人主遂不能藉以集事，于是不得不用寒人。人寒则希荣切而宣力勤，便于驱策，不觉倚之为心膂。南史谓宋孝武不任大臣，而腹心耳目不能无所寄，于是戴法兴、巢尚之等皆委任隆密。齐武帝亦曰："学士辈但读书耳，不堪经国，经国一刘系宗足矣！"此当时朝局相沿，位尊望重者，其任转轻，而机要多任用此辈也。然地当清切，手持天宪，口衔诏命，则人虽寒而权自重，权重则势利尽归之。如法兴威行内外，江夏王义恭虽录尚书事，而积相畏服，犹不能与之抗。阮佃夫、王道隆等，权倾人主，其捉车人官虎贲中郎将，傍马者官员外郎。茹法亮当权，太尉王俭尝曰："我虽有大位，权寄岂及茹公？"朱异权震内外，归饮私第，虑日晚台门闭，令卤簿自家列至城门，门者遂不敢闭。此可见威势之熏灼也。法亮在中书，尝语人曰："何须觅外禄？此户内岁可办百万。"佃夫宅舍园池胜于诸王邸第，女妓数十，艺貌冠绝当时，出行遇胜流，便邀与同归。一时珍羞莫不毕具，凡诸火剂，并皆始熟，至数十种。虽晋之王、石，不能过此。可见贿赂之盈溢也。盖出身寒贱，则小器易盈，不知大体，虽一时得其力用，而招权纳贿，不复顾惜名检。其中亦有如法兴，遇废帝无道，颇能禁制，然持正者少，乘势作奸者多。唐寓之反，说者谓始于虞玩之而成于吕文度，此已见蠹国害民之大概。甚至佃夫弑主，而推戴明帝。周石珍当侯景围台城，辄与景相结，遂为景佐命。至陈末，施文庆、沈客卿用事，自取身荣，不存国计。隋军临江，犹曰此常事，边臣足以当之。不复警备，以致亡国。小人而乘君子之器，其害可胜道哉？大臣不能体国，致人主委任下僚；人主不信大臣，而转以群小为心膂，此皆江左之流弊也。

南朝帝王鉴于东晋方镇势强，威胁中央，因此多以宗室子弟为州镇军政长官，以寒人担任典签进行控制。典签职微权重，"一方之事，悉以为之"，州镇要事，须典签同意方能实行。

《南史》卷44《巴陵王子论传》载：

> 先是高帝、武帝为诸王置典签帅，一方之事，悉以委之。每至觐接，辄留心顾问，刺史行事之美恶，系于典签之口，莫不折节推奉，恒虑弗及，于是威行州部，权重蕃君。武陵王晔为江州，性烈直不可忤，典签赵渥之曰："今出都易刺史。"及见武帝相诬，晔遂免还。南海王子罕戍琅邪，欲暂游东堂，典签姜秀不许而止。还泣谓母曰："儿欲移五步亦不得，与囚何异。"秀后辄取子罕展伞饮器等供其儿昏，武帝知之，鞭二百，系尚方，然而擅命不改。邵陵王子贞尝求熊白，厨人答典签不在，不敢与。西阳王子明欲送书参侍读鲍僎病，典签吴修之不许，曰："应谘行事。"乃止。言行举动，不得自专，征衣求食，必须咨访。
>
> 永明中，巴东王子响杀行事刘寅等，武帝闻之，谓群臣曰："子响遂反。"戴僧静大言曰："诸王都自应反，岂唯巴东。"武帝问其故，答曰："天王无罪，而一时被囚，取一挺藕，一杯浆，皆咨签帅，不在则竟日忍渴。诸州唯闻有签帅，不闻有刺史。"

又清赵翼《廿二史札记》卷12《齐制典签之权太重》载：

> 齐制，诸王出镇，其年小者，则置行事及典签以佐之。一州政事以及诸王之起居饮食，皆听命焉。而典签尤为切近。齐书孝武诸子传论谓，帝子临州，年皆幼小，故辅以上佐，简自帝心。州国府第，先事后行。饮食起居，动应闻启。行事执其权，典签掣其肘，处地虽重，行己莫由。斯宋氏之余风，在齐而弥甚也。

庶族地主地位的上升，反映了门阀士族的衰落。大致说来，在侯景之乱之后，江南的侨姓士族即衰微了，但江南的吴姓士族尚有一定势力。

三 自耕农

自耕农是指拥有小块耕地，负担封建国家赋役的农民。他们有户籍，一般称之为编户百姓，亦即时人所说"露户役民"。

自耕农的赋役负担十分苛重，其中赋役负担包括租调和杂税两部分。关于租调的负担，《隋书》卷24《食货志》载：

> 历宋、齐、梁、陈，皆因而不改。其军国所须杂物，随土所出，临时折课，市取，乃无恒法定令。列州郡县，制其任土所出，以为征赋。其无贯之人，不乐州县编户者，谓之浮浪人，乐输亦无定数，任量，准所输，终优于正课焉。……
>
> 其课，丁男调布绢各二丈，丝三两，绵八两，禄绢八尺，禄绵三两二分，租米五石，禄米二石。丁女并半之。男女年十六岁已上至六十，为丁。男年十六，亦半课，年十八正课，六十六免课。女以嫁者为丁，若在室者，年二十乃为丁。其男丁，每岁役不过二十日。又率十八人出一运丁役之。其田，亩税米二斗。盖大率如此。
>
> 其度量，斗则三斗当今一斗，称则三两当今一两，尺则一尺二寸当今一尺。

又《宋书》卷82《周朗传》载：

> 世祖即位……朗上书曰："……又取税之法，宜计人为输，不应以赀。云何使富者不尽，贫者不蠲。乃令桑长一尺，围以为价，田进一亩，度以为钱，屋不得瓦，皆责赀实。民以此，树不敢种，土畏妄垦，栋焚榱露，不敢加泥。岂有剥善害民，禁衣恶食，若此苦者。方今若重斯农，则宜务削兹法。"

又同书卷40《竟陵文宣王子良传》载：

> 诏折租布，二分取钱。子良又启曰：……谷价虽和，比室饥嗛；缣纩虽贱，骈门裸质。臣一念此，每入心骨。三吴奥区，地惟河、辅，百度所资，罕不自出，宜在蠲优，使其全富。而守宰相继，务在衰克，围桑品屋，以准赀课，致令斩树发瓦，以充重赋，破民财产，要利一时。东郡使民，年无常限，在所相承，准令上直。每至州台使命，切求悬急，应充猥役，必由穷困。乃有畏失严期，自残躯命；亦

有斩绝手足，以避徭役。生育弗起，殆为恒事。守长不务先富民而唯言益国，岂有民贫于下，而国富于上邪？

又泉铸岁远，类多剪凿，江东大钱，十不一在。公家所受，必须轮廓完全，遂买本一千，加子七百，犹求请无地，棰革相继。寻完者为用，既不兼两，回复迁贸，会非委积，徒令小民每婴困苦。且钱帛相半，为制永久，或闻长宰须令输直，进违旧科，退容奸利。

关于杂税的负担，《南齐书》卷22《豫章文献王嶷传》载：

（建元二年）以谷过贱，听民以米当口钱，优评斛一百。

又同书卷7《东昏侯纪》载：

京邑酒租，皆折使输金，以为金涂。犹不能足，下扬、南徐二州桥桁塘埭丁计功为直，敛取见钱，供太乐主衣杂费。由是所在塘渎，多有隳废。

又《陈书》卷3《世祖纪》载：

天嘉元年三月丙辰，诏："自丧乱以来，十有余载，编户凋亡，万不遗一，中原氓庶，盖云无几。顷者寇难仍接，算敛繁多，且兴师已来，千金日费，府藏虚竭，杼轴岁空。近所置军资，本充戎备，今元恶克殄，八表已康……今岁军粮通减三分之一。尚书申下四方。"

自耕农的徭役负担包括一般徭役、兵役和吏役三部分。

关于一般徭役，《宋书》卷42《王弘传》载：

（王）弘又上言："旧制，民年十三半役，十六全役。当以十三以上，能自营私及公，故以充役。而考之见事，犹或未尽。体有强弱，不皆称年。且在家自随，力所能堪，不容过苦。移之公役，动有定科，循吏隐恤，可无其患，庸宰守常，已有勤剧，况值苛政，岂可称言。乃有务在丰役，增进年齿，孤远贫弱，其敝尤深。至令依寄无所，生死靡告，一身之切，逃窜求免，家人远计，胎孕不育，巧避罗宪，实亦由之。今皇化惟新，四方无事，役召之宜，应存乎消息。十五至十六，宜为半，十七为全丁。"从之。

又《南齐书》卷5《海陵王纪》载：

延兴元年……冬十月癸巳，诏曰："……正厨诸役，旧出州郡，征吏民以应其数，公获二旬，私累数朔。又广陵年常递出千人以助淮戍，劳扰为烦，抑亦苞苴是育。今并可长停，别量所出。诸县使村长路都防城直县，为剧尤深，亦宜禁断。"

又同书卷41《周颙传》载：

（山阴）县旧订滂民，以供杂使。（周）颙言之于太守闻喜公子良曰："窃见滂民之困，困实极矣。役命有常，只应转竭，蹙迫驱催，莫安其所。险者或窜避山湖，困者自经沟渎尔。亦有摧臂斫手，苟自残落，贩佣贴子，权赴急难。每至滂使发动，遵赴常促，辄有相杖被录，稽颡阶垂，泣涕告哀，不知所振。下官未尝不临食罢箸，当书偃笔，为之久之，怆不能已。交事不济，不得不就加捶罚，见此辛酸，时不可过。山阴邦治，事倍余城；然略闻诸县，亦处处皆踬。唯上虞以百户一滂，大为优足，过此列城，不无凋罄。"

关于兵役，《宋书》卷95《索虏传》载：

是岁（元嘉二十七年），军旅大起……又以兵力不足，尚书左仆射何尚之参议发南兖州三五民丁；父祖伯叔兄弟仕州居职从事，及仕北徐、兖为皇弟皇子从事，庶姓主簿，诸皇弟皇子府参军督护、国三令以上相府舍者，不在发例，其余悉倩暂征行。征符到十日装束，缘江五郡集广陵，缘淮三郡集盱眙。

又《南齐书》卷57《魏虏传》载：

（永明）十一年，遣露布并上书，称当南寇，世祖发扬徐州民丁，广设召募。

又《陈书》卷3《世祖纪》载：

元嘉元年……二月……己亥，诏曰："日者凶渠肆虐，众军进讨，舟舰输积，权倩民丁，师出经时，役劳日久，今氛廓清，宜有甄被，可蠲复丁身，夫妻三年于役不幸者，复其妻子。"

关于吏役，《宋书》卷3《武帝纪下》载：

（永初）二年……三月乙丑，初限荆州府不得过二千人，吏不得过一万人，州置将不得过五百人，吏不得过五千人。兵士不在此限。

又《梁书》卷22《安成康王秀传》载：

（天监）七年，（安成康王秀）寻迁……平西将军、荆州刺史。……使长史萧琛简府州贫老单丁吏，一日散遣五百余人，百姓甚悦。……十三年复出焉……安西将军，郢州刺史。郢州当涂为剧地，百姓贫，至以妇人供役，其弊如此。秀至镇，务安之。主者或求召吏。秀曰："不识救弊之术；此州凋残，不可扰也。"

又《宋书》卷92《良吏·徐豁传》载：

元嘉初，徐豁为始兴太守。三年……因此表陈三事，其一曰："郡大田，武吏年满十六，便课米六十斛，十五以下至十三，皆课米三十斛，一户内随丁多少，悉皆输米。且十三岁儿，未堪田作，或是单迥，无相兼通，年及应输，便自逃逸，既遏接蛮、俚，去就益易。或乃断截支体，产子不养，户口岁减，实此之由。"

虽然自耕农的赋役负担十分繁重，但他们具有法律上的自由身份，社会地位要高于奴婢和以佃客、部曲为主干的各种依附民、贱民。正由于自耕农具有自由身份和较高的社会地位，所以竟然也敢与官僚争田。

《周书》卷37《寇儁传》载：

> 永安初，华州民史底与司徒杨椿讼田。长史以下，以椿势贵，皆言椿直，欲以田给椿。儁曰："史底穷民，杨公横夺其地。若欲损不足以给有余，见使雷同，未敢闻命。"遂以地还史底。孝庄帝后知之，嘉儁守正不挠，即拜司马，赐帛百匹。其附椿者，咸谴责焉。

不过实际情况是，苛重的赋役，因贫困而难以维持的生活，总在造成自耕农的破产。自耕农脆弱的经济状况，就像大海中的一叶扁舟，难以抵挡暴风雨般的租税、徭役和生活负担的打击。

《南史》卷55《邓元起传附罗研传》载：

> 罗研字深微，少有材辩。元起平蜀，辟为主簿，后为信安令。故事置观农谒者，围桑度田，劳扰百姓。研请除其弊，帝从之。鄱阳忠烈王恢临蜀，闻其名，请为别驾。及西昌侯藻重为刺史，州人为之惧，研举止自若。侯谓曰："非我无以容卿，非卿无以事我。"齐苟儿之役，临汝侯嘲之曰："卿蜀人乐祸贪乱，一至于此。"对曰："蜀中积弊，实非一朝。百家为村，不过数家有食，穷迫之人，什有八九，束缚之使，旬有二三。贪乱乐祸，无足多怪。"

四 商人

魏晋南北朝的商人，因其经商的规模及其国别、族别，大致可以分为小商贩、大商人和胡商几种。

一为小商贩。小商贩是最普通的民间商人，小本经营，贩卖一般的农副产品。小商贩的地位十分低下。

《太平御览》卷867《饮食部·茗》引傅咸《司隶（校尉）》载：

> 闻南方有蜀妪做茶粥卖，兼事殴其器具，无为又卖饼于市。

又《宋书》卷94《戴法兴》载：

戴法兴，会稽山阴人。家贫，父硕子，贩纻为业。……法兴少卖葛于山阴寺。

又《太平御览》卷828《资产部八·驵侩》：

侩卖者皆当着巾，白帖，额题所侩卖者及姓名，一足着白履，一足着黑履。

二为大商人。大商人是指贩运价值昂贵的奢侈品的大商巨贾。举凡北方的名马良驷、骆驼、旃裘，南方的羽、毛、齿、革，各种有色金属，丝织品产地特产的冰罗、雾縠、绣、缬、绫等，西域的玛瑙、琉璃、水晶，以及海外的犀、象、玳瑁、珠、玑等，均是他们贩卖的商品。大商人有着较高的政治、经济地位。

《洛阳伽蓝记》卷4《法云寺》载：

有刘宝者，最为富室。州郡都会之处，皆立一宅，各养马一匹，至于盐粟贵贱，市价高下，所在一例。舟车所通，足迹所履，莫不商贩焉。是以海内之货，咸萃其庭。产匹铜山，家藏金穴。宅宇踰制，楼观出云。车马服饰拟于王者。……别有准财金肆二里。富人在焉。凡此十里。多诸工商货殖之民。千金比屋。层楼对出。重门启扇。阁道交通。迭相临望。金银锦绣。奴婢缇衣。五味八珍。仆隶毕口。

又《宋书》卷45《刘粹传附弟刘道济传》载：

初，道济以五城人帛氏奴、梁显为参军督护，费谦固执不与；远方商人多至蜀土资货，或有值数百万者。

三为胡商。胡商是指周边少数民族及远方异域来中国进行贸易活动的商人。魏晋南北朝时期，胡商以西域人最多，大都在北方经商。也有来自南海诸国的胡商，他们主要在中国的南方进行经商活动。

《晋书》卷112《苻坚载记》载：

（苻）雄遣（苻）菁掠上洛阳，于丰阳县立荆州，以引南金奇货、弓竿漆蜡，通关市，来远商，于是国用充足，而异贿盈积矣。

又《周书》卷49《异域传序》载：

为周承丧乱之后，属战争之日，定四表以武功，安三边以权道。赵、魏尚梗，则结姻于北狄；厩库未实，则通好于西戎。由是德刑具举，声明遐洎。卉服毡裘，辐凑于属国；商胡贩客，填委于旗亭。

又《南齐书》卷58《东南夷传》"传论"载：

南夷杂种，分歧建国，四方珍怪，莫此为先。藏山隐海，环宝溢目。商舶远届，委输南州，故交、广富实，牣积王府。

五　客、门生、义故

客、门生、义故是世家豪族的依附人户，地位较低，以下分述之。

客

客是一种依附于私家的人户，是投靠豪族大姓以求庇护的人，常见于记载的所谓客、佃客、衣食客等皆属此类。两晋具有按官品占有不同数量的客的规定。

《晋书》卷26《食货志》载：

及平吴以后……又制户调之式：……又得荫人以为衣食客及佃客：品第六已上得衣食客三人，第七、第八品二人，第九品及举辇，迹禽……命中武贲武骑一人。其应有佃客者，官品第一，第二者佃客无过五十户（疑作十五户），第三品十户，第四品七户，第五品五户，第六品三户，第七品二户，第八品，第九品一户。

又《隋书》卷24《食货志》载：

晋自中原丧乱，元帝寓居江左……都下人多为诸王公贵人左右、佃客、典计、衣食客之类，皆无课役。官品第一第二，佃客无过四十户。第三品三十五户。第四品三十户。第五品二十五户。第六品二十户。第七品十五户。第八品十户。第九品五户。其佃谷皆与大家量分。其典计，官品第一第二，置三人。第三第四，置二人。第五第六及公府参军、殿中监、监军、长史、司马、部曲督、关外侯、材官、议郎已上，一人。皆通在佃客数中。官品第六已上，并得衣食客三人。第七第八二人。第九品及举辇、迹禽、前驱、由基强弩司马、羽林郎、殿中冗从武贲、殿中武贲、持椎斧武骑武贲、持铩冗从武贲、命中武贲武骑，一人。客皆注家籍。

除政府官品赐给客外，世家豪族还私自招诱大量的客。
《晋书》卷88《孝友·颜含传》载：

> 南北权豪竞招游食，国弊家丰。

客"历代为虏"，为世家豪族世代占有，不经"自赎"或"放遣"是不能获得自由的。他们事实上与奴的区别并不很大，因两者所服的劳役及其待遇基本一致，故亦与奴隶一样可用于赏赐。
《晋书》卷89《忠义·嵇绍传》载：

> （惠）帝乃遣使册赠侍中、光禄大夫，加金章紫绶，进爵为侯，赐墓田一顷，客十户，祠以少牢。

正由于两者区别不大，而被役使的性质又大致相同，故客常常被称为"僮客"或"奴客"。
《晋书》卷6《元帝纪》载：

> 大兴……四年……五月……庚申，诏曰："昔汉二祖及魏武皆免良人，武帝时，凉州覆败，诸为奴婢亦皆复籍，此累代成规也。其免中州良人遭难为扬州诸郡僮客者，以备征役。"

又《南齐书》卷39《陆澄传》载：

建元元年，骠骑咨议沈宪等坐家奴客为劫，子弟被核。

这些僮客或奴客也与奴隶一样，须从事各种生产和非生产的劳动，供主人任意驱使和使役。

《宋书》卷42《王弘传》载：

有奴客者，类多役使，东西分散，住家者少。其有停者，左右驱驰，动止所须，出门甚寡，典计者在家，十无其一。

门生、义故

门生、义故、门附、义附，或门生义故连称，皆指同一身份的人。这里的所言门生，是指和义故等同类的世家豪族的私附人户，而非指传经受业的门生。由于各种原因，门生、义故的待遇不尽一致。他们或从事农业，经营山居别业；或被用以作战；或跻身仕途，取得一官半职。

《宋书》卷67《谢灵运传》载：

谢灵运，陈郡阳夏人也。……因父祖之资，生业甚厚，奴僮既众，义故门生数百，凿山浚湖，功役无已。

又同书卷53《谢方明传》载：

谢方明，陈郡阳夏人，尚书仆射景仁从祖弟也。……刘牢之、谢琰等讨（孙）恩，恩走入海，（冯）嗣之等不得同去，方更聚合。方明结邀门生义故得百余人，掩讨嗣之等，悉禽而手刃之。

又同书卷75《颜竣传》载：

（颜竣）多解资礼，解为门生，充满朝野，殆将千计。

六 部曲

部曲在西汉时期本为军队组织的名称，故此后凡部下的士卒均可称为部曲。在六朝，部曲被广泛运用并普遍化，此时，部曲的内涵和性质起了变化。其中一部分部曲具有武装性质，或作为强宗豪族的私兵，或作为割据一方的藩镇手中的军事力量。

《三国志》卷28《邓艾传》载：

> 吴名宗大族，皆有部曲，阻兵仗势，足以建命。

又《南齐书》卷27《李安民传》载：

> 安民随父之县，元嘉二十七年没虏，率部曲自拔南归。……宋泰始以来，内外频有贼寇。将帅以下，各募部曲，屯聚都下。安人上表，以为自非淮北常备，其外余军悉皆输遣，若亲近宜立随身者，听限人数。上纳之，故诏断众募。

又《文苑英华》卷154引何元之《梁典·高祖事论》载：

> 梁代之有国，少汉之一郡。太半之人，并为部曲，不耕而食，不蚕而衣。或事王侯，或依将帅。携带妻累，随逐东西。与藩镇供侵渔，助守宰为蟊贼。收缚无罪，逼迫善人，民盖（疑作尽）流离，邑皆荒毁。

一部分部曲，主要从事生产劳动或已向生产性转化。
《三国志》卷56《朱然传》注引《襄阳记》载：

> 柤中在上黄界，去襄阳一百五十里。魏时夷王梅敷兄弟三人，部曲万余家屯此，分布在中庐宜城西山鄢、沔二谷中，土地平敞，宜桑麻，有水陆良田，沔南之膏腴沃壤，谓之柤中。

又《梁书》卷51《处士·张孝秀传》载：

> （孝秀）居于东林寺。有田数十倾顷，部曲数百人，率以力田，尽供山众，远近归慕，赴之如市。

还有一部分部曲则且耕且战，介于武装性和生产性之间。
《陈书》卷13《荀朗传》载：

> 时京师大饥，百姓皆于江外就食，（荀）朗更招致部曲，解衣推食，以相赈赡，众至数万人。……梁承圣二年，率部曲万余家济江，入宣城郡界立顿。

六朝是部曲发展的鼎盛时期，此时期的部曲具有以下几个基本特征：
一是依附性强。
《三国志》卷55《凌统传》载：

> （凌统）父操……孙策初兴，每从征伐，常冠军履锋。……中流矢死。统年十五，左右多称述者，权亦以操死国事，拜统别部司马。行破贼都尉，使摄父兵。……会（凌统）病卒……二子烈、封，年各数岁……追录统功，封烈亭侯，还其故兵。

又同书卷51《宗室传》载：

> 孙韶字公礼。伯父河，本姓俞氏，亦吴人也。孙策爱之，赐姓为孙，列之属籍……（孙）权……见（韶），甚器之，即拜承烈校尉，统河部曲，食曲阿、丹徒二县，自置长吏，一如河旧。

二是与农业生产的关系日趋密切。六朝尤其是南朝时期，随着战争的减少，越来越多的部曲被用于农业生产。如《梁书》卷51《处士·张孝秀传》载：

> 去职归山，居于东林寺。有田数十顷，部曲数百人，率以力田。

又《陈书》卷2《高祖纪下》载：

> 永定……二年……三月甲午，诏曰："……沈泰……良田有逾于四百，食客不至于三千。……其部曲妻儿各令复业，所在及军人若有

恐协侵略者，皆以劫论。"

又同书卷5《宣帝纪》载：

> 太建……四年……闰月辛未，诏曰："……众将部下，多寄上下，军民杂俗……自今有罢任之徒，许分留部下；其已在江外，亦令迎还，悉住南州津里安置。有无交贷，不责市估；莱荒垦辟，亦停租税。台遣镇监一人，共刺史、津主分明检押，给地赋田，各立顿舍。"

除参加农业生产外，部曲也为主人负担其他劳动。
《宋书》卷57《蔡廓传附子兴宗传》载：

> 初，（王）玄谟旧部曲犹有三千人，废帝颇疑之，彻配监者。玄谟太息深怨，启留五百人岩山营墓。

又《太平广记》卷120《张绚》载：

> （梁朝武昌太守）张绚尝乘船行，有一部曲杀力小不如意，绚便捶之，杖下臂折，无复活状，绚遂推江中。

三是身份较低。部曲须经放免，始得同于"良人"，"部曲从其主"，不得任意脱离主人，假如擅自离开主人、土地，便以"逃亡"论罪，故其身份低于个体自耕农。
《南史》卷57《范云传》载：

> （范云）又为始兴内史，旧郡界得亡奴婢，悉付作，部曲即货去，买银输官。

七　士家、军户、吏干

士家、军户和吏干是魏晋南北朝时期由封建国家直接控制的依附民，社会地位卑下，兹概叙于次。

士家

士家是曹魏屯田土地上的生产者。士指兵士，兵士及其家属称为士家。士家的地位十分低贱，所受的压迫极为残酷。第一，曹魏政府制定出苛刻的法律来控制士家，规定士家子弟只能当兵，不能进入仕途。同时还有"重士亡法，罪及妻子"的更为苛刻的法律。关于后者，《三国志》卷22《卢毓传》有云：

> 卢毓字子家，涿郡涿人也。……文帝为五官将，召毓署门下贼曹。崔琰举为冀州主簿。时天下草创，多逋逃，故重士亡法，罪及妻子。亡士妻白等，始适夫家数日，未与夫相见，大理奏弃市。毓驳之曰："夫女子之情，以接见而恩生，成妇而义重。故诗云'未见君子，我心伤悲；亦既见止，我心则夷'。又礼'未庙见之妇而死，归葬女氏之党，以未成妇也'。今白等生有未见之悲，死有非妇之痛，而吏议欲肆之大辟，则若同牢合卺之后，罪何所加？且记曰'附从轻'，言附人之罪，以轻者为比也。又书云'与其杀不辜，宁失不经'，恐过重也。苟以白等皆受礼聘，已入门庭，刑之为可，杀之为重。"太祖曰："毓执之是也。又引经典有意，使孤叹息。"由是为丞相法曹议令史，转西曹议令史。

又同书卷24《高柔传》载：

> 魏国初建，（高柔）为尚书郎。转拜丞相理曹掾，令曰："夫治定之化，以礼为首。拨乱之政，以刑为先。是以舜流四凶族，皋陶作士。汉祖除秦苛法，萧何定律。掾清识平当，明于宪典，勉恤之哉！"鼓吹宋金等在合肥亡逃。旧法，军征士亡，考竟其妻子。太祖患犹不息，更重其刑。金有母妻及二弟皆给官，主者奏尽杀之。柔启曰："士卒亡军，诚在可疾，然窃闻其中时有悔者。愚谓乃宜贷其妻子，一可使贼中不信，二可使诱其还心。正如前科，固已绝其意望，而猥复重之，柔恐自今在军之士，见一人亡逃，诛将及己，亦且相随而走，不可复得杀也。此重刑非所以止亡，乃所以益走耳。"太祖曰："善。"即止不杀金母、弟，蒙活者甚众。……
>
> 顷之，护军营士窦礼近出不还。营以为亡，表言逐捕，没其妻盈

及男女为官奴婢。盈连至州府，称冤自讼，莫有省者。乃辞诣廷尉。柔问曰："汝何以知夫不亡？"盈垂泣对曰："夫少单特，养一老姬为母，事甚恭谨，又哀儿女，抚视不离，非是轻狡不顾室家者也。"柔重问曰："汝夫不与人有怨雠乎？"对曰："夫良善，与人无仇。"又曰："汝夫不与人交钱财乎？"对曰："尝出钱与同营士焦子文，求不得。"时子文适坐小事系狱，柔乃见子文，问所坐。言次，曰："汝颇曾举人钱不？"子文曰："自以单贫，初不敢举人钱物也。"柔察子文色动，遂曰："汝昔举窦礼钱，何言不邪？"子文怪知事露，应对不次。柔曰："汝已杀礼，便宜早服。"子文于是叩头，具首杀礼本末，埋藏处所。柔便遣吏卒，承子文辞往掘礼，即得其尸。诏书复盈母子为平民。班下天下，以礼为戒。

为防止士的逃亡，曹魏政府还把士和将领的家属集中于洛阳等地，作为人质，加强控制。

《三国志》卷15《梁习传》载：

> 梁习字子虞，陈郡柘人也，为郡纲纪。太祖为司空，辟召为漳长，累转乘氏、海西、下邳令，所在有治名。还为西曹令史，迁为属。并土新附，习以别部司马领并州刺史。时承高干荒乱之余，胡狄在界，张雄跋扈，吏民亡叛，入其部落；兵家拥众，作为寇害，更相扇动，往往棋跱。习到官，诱谕招纳，皆礼召其豪右，稍稍荐举，使诣幕府；豪右已尽，乃次发诸丁强以为义从；又因大军出征，分请以为勇力。吏兵已去之后，稍移其家，前后送邺，凡数万口；其不从命者，兴兵致讨，斩首千数，降附者万计。

又同书卷25《辛毗传》载：

> 帝欲从冀州士家十万户实河南。时连蝗民饥。时连蝗民饥，群司以为不可，而帝意甚盛。毗与朝臣俱求见，帝知其欲谏，作色以见之，皆莫敢言。毗曰："陛下欲徙士家，其计安出。"帝曰："卿谓我徙之非邪？"毗曰："诚以为非也。"帝曰："吾不与卿共议也。"毗曰："陛下不以臣不肖，置之左右，厕之谋议之官，安得不与臣议

邪！臣所言非私也，乃社稷之虑也，安得怒臣！"帝不答，起入内；毗随而引其裾，帝遂奋衣不还，良久乃出，曰："佐治，卿持我何太急邪？"毗曰："今徙，既失民心，又无以食也。"帝遂徙其半。

又同书卷18《臧霸传》载：

太祖破袁谭于南皮，霸等会贺。霸因求遣子弟及诸将父兄家属诣邺，太祖曰："诸君忠孝，岂复在是！昔萧何遣子弟入侍，而高祖不拒……我将何以易之哉！"

第二，士家的兵役负担十分繁重。
《文馆词林》卷622载晋咸宁五年（279）伐吴诏云：

今调士家有二丁、三丁者一人、四丁取二人，六丁以上三人，限年十六以上至五十以还，先取有妻息者。

又《三国志》卷19《陈思王植传》注引《魏略》云：

是后大发士息，及取诸国士。植以近前诸国士息已见发，其遗孤稚弱，在者无几，而复被取，乃上书曰："……臣士息前后三送，兼人已竭。惟尚有小儿，七八岁以上，十六七已还，三十余人。"

第三，士家婚娶困难。
《三国志》卷3《明帝纪》注引《魏略》载：

太子舍人张茂以吴、蜀数动，诸将出征，而帝盛兴宫室，留意于玩饰，赐与无度，帑藏空竭；又录夺士女前已嫁为吏民妻者，还以配士，既听以生口自赎，又简选其有姿色者内之掖庭，乃上书谏曰："臣伏见诏书，诸士女嫁非士者，一切录夺，以配战士，斯诚权时之宜，然非大化之善者也。臣请论之。陛下，天之子也，百姓吏民，亦陛下之子也。……吏属君子，士为小人，今夺彼以与此，亦无以异于夺兄之妻妻弟也，于父母之恩偏矣。又诏书听得以生口年纪、颜色与妻相当者自代，故富者则倾家尽产，贫者举假贷贳，贵买生口以赎其妻；县官以配士为名而实内之掖庭，其丑恶者乃出与士。得妇者未必有欢心，而失妻者必有忧色……"

又同书卷13《钟繇传附子毓传》载：

及士为侯，其妻不复配嫁，毓所创也。

从钩索到的史料来看，曹魏的士家确实是被束缚在屯田土地上进行生产的。

《三国志》卷25《辛毗传》载：

帝（曹丕）欲徙冀州士家十万户实河南，时连蝗民饥，群司以为不可，而帝意甚盛……毗曰，今徙既失民心，又无以食也。帝遂徙其半。

又同书卷22《卢毓传》载：

帝（曹丕）以谯旧乡，故大徙民充之，以为屯田。

士家既然在屯田土地上劳动，他们是属于民屯系统还是军屯系统？我们认为应属于民屯系统。因为士家制度是在曹魏时期形成的，当时军屯尚未成为制度，故士家如用来屯田，则必属于民屯系统。这由以下两则材料可见一斑。

《三国志》卷4《三少帝纪》载：

朕以寡德，不能式遏寇虐，乃令蜀贼陆梁边陲。洮西之战，至取负败，将士死亡，计以千数，或没命战场，冤魂不反，或牵掣虏手，流离异域，吾深痛愍，为之悼心。其令所在郡典农及安抚夷二护军各部大吏慰恤其门户，无差赋役一年。

又《晋书》卷26《食货志》载：

咸宁元年十二月，（杜）预又言：诸欲修水田者，皆以火耕水耨为便。非不尔也，然此事施于新田草莱，与百姓居相绝离者耳。往者东南草创人稀，故得火田之利。自顷户口日增，而陂堨岁决，良田变生蒲苇，人居沮泽之际，水陆失宜，放牧绝种，树木立枯，皆陂之害也。陂多则土薄水浅，潦不下润。故每有水雨，辄复横流，延及陆田。言者不思其故，因云此土不可陆种。臣计汉之户口，以验今之陂处，皆陆业也。其或有旧陂旧堨，则坚完修固，非今所谓当为人害者也。臣前见尚书胡威启宜坏陂，其言恳至。臣中者又见宋侯相应遵上便宜，求坏泗陂，徙运道。时下都督度支共处当，各据所见，不从遵言。臣案遵上事，运道东诣寿春，有旧渠，可不由泗陂。泗陂在遵地界坏地凡万三千余顷，伤败成业。遵县领应佃二千六百口，可谓至少，而犹患地狭，不足肆力，此皆水之为害也。当所共恤，而都督度支方复执异，非所见之难，直以不同害理也。人心所见既不同，利害之情又有异。军家之与郡县，士大夫之与百姓，其意莫有同者，此皆偏其利以忘其害者也。

军户

东晋和南北朝时期，士兵及其家属的户籍属于军府，称为军户，又称兵户，其子弟世代为兵，社会地位低下，非经放免，不得脱离军籍。

《晋书》卷36《张华传附刘卞传》载：

本兵家子，质直少年。少为县小吏……无几，卞兄为太子长兵，既死，兵例须代，功曹请以卞代兄役。

又《宋书》卷6《孝武帝纪》大明二年（458）诏载：

吏民可赐爵一级，军户免为平民。

东晋南朝时期，由于军户地位卑微，其兵役负担十分繁重。
《晋书》卷29《五行志下》孝武帝太元十六年（391）诏曰：

发江州兵营甲士二千人，家口六七千，配护军及东宫。

又《宋书》卷100《自序》载东晋末年沈亮之言：

伏见西府兵士，或年几八十，而犹伏隶，或年始七岁，而已从役。

十六国、北朝的军户，有以俘虏充当的。其北方六镇戍防兵士，又称府户。十六国时有关军户的记载不多，然也可寻到一些踪迹。

《晋书》卷113《苻坚载记上》载：

复魏晋士籍，使役有常。

又同书卷116《姚苌载记》载：

苌下书，兵吏从征伐，户在大营者，世世复其家，无所豫。

北朝军户与东晋南朝军户一样，身份低贱，通过放免才能获得与民相等的身份，其兵役负担同样苛重。

《北齐书》卷23《魏兰根传》载：

正光末，尚书令李崇为本郡都督，率众讨茹茹，以兰根为长史。因说崇曰："……中年以来，有司乖实，号曰府户，役同厮养……更张琴瑟，今也其时，静境宁边，事之大者。宜改镇立州，分置郡县，凡是府户，悉免为民。"

又《魏书》卷9《肃宗记》载：

正光……五年……八月……丙申，诏曰："……诸州镇军贯，元非犯配者，悉免为民，镇改为州，依旧主称。"

又同书卷57《崔游传》载：

（河东）郡有盐户，常供州郡为兵，子孙见丁从役。

吏干

在秦汉时期，吏的地位高于民，即使是乡亭小吏，也享有一定的权力，吏还可以通过军功、事功获得爵位和田宅。自三国以降，由于战乱频仍，国家多事，吏便成为一种苛重的负担，一旦为吏，则永世不能摆脱，从此"吏籍"与"民籍"也分开管理[①]。

《三国志》卷33《后主传》注引王隐《蜀记》载：

> 又遣尚书郎李虎送士民簿、领户二十八万，男女口九十四万，带甲将士十万二千，吏四万人。

又同书卷48《孙皓传》注引《晋阳秋》载：

> （王）濬收其图籍，领州四，郡四十三，县三百一十三，户五十二万三千，吏三万二千，兵二十三万，男女口二百三十万……后宫五千余人。

三国时期，吏的身份十分低贱。

《三国志》卷15《梁习传》注引《魏略》载：

> 嘉平中，（刘类）为弘农太守。吏二百余人，不与休假，专使为不急。过无轻重，辄捽其头，又乱杖挝之，牵出复入，如是数四。

又同书卷23《常林传》注引《魏略》载：

> 时崔林为鸿胪。崔性阔达，不与（常）林同，数闻林挝吏声，不以为可。林夜挝吏，不胜痛，叫呼嗷嗷彻曙。

[①] 朱绍侯：《魏晋南北朝土地制度与阶级关系》，中州古籍出版社1988年版，第320页。

东晋南朝的吏大致与三国时期相同。

第一，东晋南朝的吏和兵，地位相近。

《宋书》卷2《武帝纪中》载：

> 义熙……十一年……三月，（刘裕）下诏曰："……荆、雍二州，西局、蛮府吏及军人年十二以还，六十以上，及扶养孤幼，单丁大艰，悉仰遣之。"

又《梁书》卷48《儒林·范缜传》载：

> （范缜）著《神灭论》曰：……浮屠害政，桑门蠹俗……又惑以茫昧之言，惧以阿鼻之苦，诱以虚诞之辞……故舍逢掖，袭横衣，废俎豆，列瓶钵，家家弃其亲爱，人人绝其嗣续。至使兵挫于行间，吏空于官府。

第二，东晋南朝的吏身份非常低贱。

《世说新语》卷中之上《雅量》载：

> 褚公于章安令迁太尉记事参军，名字已显而位微，人未多识。公东出，乘估客船，送故吏数人投钱唐亭住。尔时，吴兴沈充为县令，当送客过浙江，客出，亭吏驱公移牛屋下。潮水至，沈令起彷徨，问："牛屋下是何物？"吏云："昨有一伧父来寄亭中，有尊贵客，权移之。"令有酒色，有遥问："伧父欲食饼不？姓何等？可共语。"褚因举手答曰："河南褚季野。"远近久承公名，令于是大遽，不敢移公，便于牛屋下修刺诣公，更宰杀为馔，具于公前，鞭挞亭吏，欲以谢惭。公与之酌宴，言色无异，状如不觉。令送公至界。

又《宋书》卷46《赵伦之传附子伯符传》载：

> 文帝即位，（伯符）累迁徐、兖二州刺史。为政苛暴，吏人畏惧如与虎狼居，而劫盗远进，无敢入境。元嘉十八年，征为领军将军。先是，外监不隶领军，宜相统摄者，自有别诏，至此始统领焉。后为

丹阳尹，在郡严酷，曹局不复堪命，或委叛被戮，透水而死。典签吏取笔不如意，鞭五十。

第三，东晋南朝的吏须全家服役，其身份世代相袭。
《宋书》卷92《良吏·徐豁传》载：

元嘉初，（徐豁）为始兴太守。三年，遣大使巡行四方，并使郡县各言损益。豁因此表陈三事，其一曰："郡大田，武吏年满十六，便课米六十斛，十五以下至十三，皆课米三十斛，一户内随丁多少，悉皆输米。且十三岁儿，未堪田作，或是单迥，无相兼通，年及应输，便自逃逸，既遏接蛮、俚，去就益易。或乃断截支体，产子不养，户口岁减，实此之由。"

魏晋南北朝时期的"干"，是封建官府中一种地位卑微供驱使的依附人户，但不是生产劳动者，而是可供驱使的门仆。
《通典》卷5《食货五·赋税中》载：

北齐文宣受禅，多所草创。……制刺史守宰行兼者，并不给干（南齐有僮干，若今驱使门仆之类）。

又同书卷35《职官十七·禄秩》载：

齐氏众官有僮干之役，而不详其制（永明五年，制二品清官行僮杖，不得出十。张融坐鞭干钱敬道杖五十，免官。……干者，若门仆之类也）。

又《资治通鉴》卷125《宋纪七》文帝元嘉二十七年（450）条载：

若诸佐不可遣，亦可使僮干来。

同书胡注谓：

> 诸佐，谓佐吏也。僮干，则给使令者耳。

从事生产劳动的干始见于北齐。
《北齐书》卷40《赫连子悦传》载：

> 赫连子悦，字士欣，勃勃之后也。……及高祖起义……除林虑守。世宗往晋阳，路由是郡，因问所不便。悦答云："临水、武安二县去郡遥远，山岭重叠，车步艰难，若东属魏郡，则地平路近。"世宗笑曰："卿徒知便民，不觉损干。"子悦答云："所言因民疾苦，不敢以私润心。"

北齐有"食干"制度。所谓"食干"，即由北齐政府规定某些贵族官僚对某州某郡某县"干"的劳动果实的占有。"食干"包括"食州干"、"食郡干"和"食县干"。这种"干"是贵族官僚的剥削对象。

关于"州干"，《北齐书》卷16《段韶》有云：

> 天统三年，除右丞相永昌郡公，食沧州干。

关于"郡干"，同书卷17《斛律金传附子光传》有云：

> 太宁元年，（斛律光）除尚书右仆射，食中山郡干。

关于"县干"，同书卷8《后主纪》有云：

> 犬马鸡鹰，多食县干。

"干"的社会地位与同时期兵、吏、僮一样，与奴仆相若。先叙三国南朝时期的"干"。

《三国志》卷15《梁习传》注引《魏略》载：

> （济阴王思）性又少信，每遣大吏出，辄使小吏随覆察之，白日常自于墙壁间窥闪，夜使干廉察诸曹，复以干不足信，又遣铃下及奴

婢使转相检验。

又《宋书》卷63《沈演之附子统传》载：

（演之子勃），勃弟统，大明中为著作佐郎，先是，五省官所给干僮，不得杂役，太祖世，坐以免官者，前后百人。统轻役过差，有司奏免。世祖诏曰："自顷干僮，多不祗给，主可量听行杖。"得行干杖，自此始也。

又《南齐书》卷41《张融传》载：

元徽初，郢州射手有叛者，融议家人家长罪所不及，亡身刑五年。寻请假奔叔父丧，道中罚干钱敬道鞭杖五十，寄系延陵狱。大明五年制，二品清官行僮干杖，不得出十。为左丞孙缅所奏，免官。

再叙北齐的"干"。
《北齐书》卷25《王峻传》载：

河清元年……仍赐食梁郡干。

又《隋书》卷27《百官志中》载：

（北齐）诸州刺史守令已下，干及力，皆听敕乃给。其干出所部之人，一干输绢十八匹，干身放之。力则以其州郡县白直充。

八　寺观依附人户

寺观依附户是汉唐时期寺院和道观的主要劳作人。它起初随着寺观洒扫、斋祀等杂差事的需要和作为僧道上层服务的需要而产生，此后又伴随着寺观经济的发展而成长起来。初期在寺观从事洒扫、斋祀和农作等劳务的依附人户，主要来自官赐、官配、投附和施给等途径。

《金石萃编》卷41《宗圣观记》引《来斋金石刻考略》载：

晋元康中，（宗圣观）重更修葺，莳木万株，连亘七里，给供洒扫户三百。

又《魏书》卷114《释老志》载：

（魏孝文帝）太和十五年秋，诏曰："……自有汉以后，置立坛祠，先朝以其至顺可归，用立寺宇。昔京城之内，居舍尚希。今者里宅栉比，人神猥凑，非所以祇崇至法，清敬神道。可移于都南桑干之阴，岳山之阳，永置其所。给户五十，以供斋祀之用。"

魏晋南北朝时期的寺观依附人户，主要有北魏僧祇户、佛图户和南朝僧侣所蓄白徒、养女等。

先叙僧祇户和佛图户。

僧祇户和佛图户可总称为寺户。其中僧祇户名属僧曹，地位低于编户齐民，是寺院控制的依附民。佛图户则来源于官奴婢及罪犯，为寺院服杂役，兼营田输粟，属于寺院控制的奴隶，地位较前者为低。僧祇户和佛图户均不向封建政府供输赋役。

《魏书》卷114《释老志》载：

和平初，（道人统）师贤卒。昙曜代之，更名沙门统。……昙曜奏：平齐户及诸民，有能岁输谷六十斛入僧曹者，即为"僧祇户"，粟为"僧祇粟"，至于俭岁，赈给饥民。又请民犯重罪及官奴以为"佛图户"，以供诸寺扫洒，岁兼营田输粟。高宗并许之。于是僧祇户、粟及寺户，遍于州镇矣。……世宗即位，永平四年夏四年夏，诏曰："僧祇之粟，本期济施，俭年出贷，丰则收入。山林僧尼，随以给施；民有窘弊，亦即赈之。但主司冒利，规取赢息，及其征责，不计水旱，或偿利过本，或翻改券契，侵蠹贫下，莫知纪极。细民嗟毒，岁月滋深。非所以矜此穷乏，宗尚慈拯之本意也。自今已后，不得传委维那、都尉，可令刺史共加监括。尚书检诸有僧祇谷之处，州别列其元数，出入赢息，赈给多少，并贷偿岁月，见在未收，上台录记。若收利过本，及翻改初券，依律免之，忽复征责。或有私债，转施偿僧，即以丐民，不听收检。后有出贷，先尽贫穷，征债之科，一准旧格。富有之家，不听辄贷。脱仍冒滥，依法治罪。"

又尚书令高肇奏言："谨案：故沙门统昙曜，昔于承明元年，奏凉州军户赵苟子等二百家为僧祇户，立课积粟，拟济饥年，不限道俗，皆以拯施。又依内律，僧祇户不得别属一寺。而都维那僧暹、僧频等，进违成旨，退乖内法，肆意任情，奏求逼召，致使吁嗟之怨，盈于行道，弃子伤生，自缢溺死，五十余人。岂是仰赞圣明慈育之意，深失陛下归依之心。遂令此等，行号巷哭，叫诉无所，至乃白羽贯耳，列讼宫阙。悠悠之人，尚为哀痛，况慈悲之士，而可安之。请听苟子等还乡课输，俭乏之年，周给贫寠，若有不虞，以拟边捍。其暹等违旨背律，谬奏之愆，请付昭玄，依僧律推处。"诏曰："暹等特可原之，余如奏。"

次叙白徒和养女。

如果说北魏僧祇户、佛图户的出现是寺观户阶层在北朝形成的标志，那么，寺观户阶层在南朝形成的标志则是梁朝诸寺僧尼广蓄白徒、养女。这些白徒、养女不同于寺院奴婢，应属寺院依附人户。他们是寺院僧侣剥削的对象。

《南史》卷70《循吏·郭祖深传》载：

郭祖深，襄阳人也。梁武帝初起，以客从。……时帝大弘释典，将以易俗，故祖深尤言其事，条以为：都下佛寺五百余所，穷极宏丽。僧尼十余万，资产丰沃。所在郡县，不可胜言。道人又有白徒，尼则皆畜养女，皆不贯人籍，天下户口几亡其半。而僧尼多非法，养女皆服罗纨，其蠹俗伤法，抑由于此。请精加检括，若无道行，四十已下，皆使还俗附农。罢白徒养女，听蓄奴婢。

九 奴婢

魏晋南北朝的奴婢情况十分突出，这一方面表现在当时奴婢的名目极为繁多。如见于史书的奴婢名目有：奴、奴客、奴婢、婢、僮、僮仆、婢仆、卑仆、僮属、僮客、奴僮、家僮、皂隶、众隶、贱隶、群隶、婢妾、私奴、僮役、织婢、生口、官口、田奴等，不胜枚举；另一方面表现在奴婢数量的增多上。奴婢的来源主要有三：

第一，由于当时战事多，故战俘为奴和战时掳掠人民为奴为主要来源。

《晋书》卷106《石季龙载记上》载：

> 季龙……至至邺，设饮至之礼，赐俘遍于丞郎。

又《魏书》卷7上《高祖纪上》载：

> 太和……五年……夏四月……壬子，以南俘万余口班赐群臣。

又《周书》卷2《文帝纪下》载：

> 魏恭帝元年……冬十月壬戌，遣柱国于谨、中山公护、大将军杨忠、韦孝宽等步骑五万讨之。十一月癸未，师济于汉。中山公护与杨忠率锐骑先屯其城下，据江津以备其逸。丙申，谨至江陵，列营围守。辛亥，进攻城，其日克之。擒梁元帝，杀之，并虏其百官及士民以归。没为奴婢者十余万，其免者二百余家。

第二，被掠卖或自卖为奴者亦不少。

关于掠卖为奴，《三国志》卷27《王昶传》注引《别传》有云：

> （昶）又与人共买生口，各雇八匹。后生口家来赎，时价直六十匹。共买者欲随时价取赎。昶自取本价八匹。共买者惭，亦退还取本价。

又《魏书》卷59《萧宝夤传》载：

> 景明二年（萧宝夤）至寿春之东城戍。……扬州刺史、任城王澄……以车马侍卫迎之。时年十六，徒步憔悴，见者以为掠卖生口也。

又《隋书》卷24《食货志》载：

晋自过江，凡货卖奴婢马牛田宅，有文券，率钱一万，输估四百入官，卖者三百，买者一百。无文券者，随物所堪，亦百分收四，名为散估。历宋齐梁陈，如此以为常。

关于自卖为奴，《晋书》卷89《忠义·王育传》有云：

王育字伯春，京兆人也。少孤贫，为人佣牧羊……忘而失羊，为羊主所责，育将鬻己以偿之。

又《魏书》卷9《肃宗纪》载：

延昌……四年……九月乙巳……诏曰："……因饥失业、天属流离，或卖鬻男女以为仆隶。"

又同书卷98《岛夷萧衍传》载：

江南之民及（萧）衍王侯妃主、世胄子弟为（侯）景军人所掠，或自相卖鬻，漂流入国者盖以数十万口。

第三，籍没罪徒为奴，亦为奴婢的重要来源。
《三国志》卷12《毛玠传》载：

崔琰既死，玠内不悦，后有白玠者：出见黥面反者其妻子没为官奴婢。……大理钟繇诘玠曰："自古圣帝明王，罪及妻子。……司寇之职，男子入于罪隶，女子入于舂槁。"

又《晋书》卷75《范汪传附叔坚传》载：

时（永嘉中）廷尉奏殿中帐吏邵广盗官幔三张，合布三十匹，有司正刑弃市。广二子，宗年十三，云年十一，黄幡挝登闻鼓乞恩，辞求自没为奚官奴，以赎父命。

又《魏书》卷12《孝静帝纪》载：

> 武帝……三年春正月……丁未，齐献武王请于并州置晋阳宫，以处配没之口。

当时的奴婢，主要用于农业生产上。
《宋书》卷77《沈庆之传》载：

> 耕当问奴，织当访婢。

又《文选》卷40任昉《奏弹刘整状》载：

> 其奴当伯，先是众奴，整兄弟未分财产前，整兄寅以当伯贴钱，共众作田。

又《魏书》卷65《刑峦传》载：

> 耕则问田奴，绢则文织婢。

有学者认为，魏晋南北朝时期的奴婢是身份最低的阶层。我们认为这种看法欠妥。其实，这一时期的奴婢，其身份比奴隶要高。他们的生命是受封建法律保护的，奴婢主自己无权杀戮奴婢，否则要受法律制裁。
《宋书》卷88《沈文秀传》载：

> 文秀初为郡主簿，功曹史，武康令，尚书库部郎，本邑中正，建康令。坐为寻阳王鞭杀私奴，免官，加杖一百。

又《北齐书》卷48《外戚·尔朱文畅附弟文略传》载：

> 文略杀马及婢……平秦王讼之于文宣，系于京畿狱。

另外值得一提的是，这一时期奴婢有一个突出的变化，即一部分奴婢被放免成为官府或私家的依附民。

《三国志》卷4《三少帝纪》

> 景初三年正月丁亥朔……诏曰："……官奴婢六十以上，免为良人。"……正始……七年……八月戊申，诏曰："属到市观见所斥卖官奴婢，年皆七十，或癃疾残病，所谓天民之穷者也。且官以其力竭而复鬻之，进退无谓，其悉遣为良民。"

又《梁书》卷2《武帝纪中》载：

> 天监……十七年……秋八月壬寅……诏以兵驺奴婢，男年登六十，女年登五十，免为平民。

又《北齐书》卷32《陆法和传》载：

> 法和所得奴婢，尽免之，曰："各随缘去。"

十　杂户

在南北朝特别是十六国北朝的阶级结构中，有一个与其他阶级或阶层有明显区别的杂户阶层，其身份地位低于平民，高于奴隶。有学者认为，杂户阶层有两个特点：一是其特殊的低贱身份源于其为超经济强制的国家依附民；二是他们以其来源或从事的生产行业构成外延极窄的社会群体[1]。

杂户是指各类服役于官署又隶属于官署的人户的总称，其来源大致有三。

一是以罪犯及其家属配没。

《魏书》卷111《刑法志》载：

> 孝昌已后，天下混淆，法令不恒……至迁邺……有司奏立严制：

---

[1] 高敏：《魏晋南北朝经济史》（下），上海人民出版社1996年版，第691页。

诸强盗杀人者，首从皆斩，妻子、同籍配为乐户。其不杀人，及赃不满五疋，魁首斩，从者死，妻子亦为乐户。

又《周书》卷6《武帝纪下》载：

杂役之徒，犯异常宪，一从罪配，百世不免。

二是政府强制征发并将其隶属关系固化下来。
《晋书》卷121《李寿载记》载：

（李）寿……以郊甸未实，城邑空虚，工匠器械，事用不足，乃徙民三丁已上于成都，兴尚方、御府，发州郡工巧以充之。广修宫室，引水入城，务于奢侈。

又同书卷80《王羲之传》载：

百工医寺，死亡绝后，家户空尽，差代无所。

三是将战俘或驱掠人口强迫转为杂户。
《晋书》卷104《石勒载记》载：

（石）勒攻（靳）准于平阳小城，平阳大尹周置等率杂户六千降于勒。巴帅及诸羌羯降者十余万落，徙之司州诸县。

又《隋书》卷25《刑法志》载：

（北）魏虏西凉之人，没入，名为隶户。魏武入关，隶户皆在东魏，后齐因之，仍供厮役。建德六年，齐平后，帝欲施经典于新国，乃诏凡诸杂户，悉放为百姓。自是无复杂户。

此外，杂胡也是杂户的来源之一，以下几则资料可以佐证：
《晋书》卷113《苻坚载记上》载：

（苻坚灭前燕）徙关东豪杰及诸杂夷十万户于关中，处乌丸杂类于冯翊、北地、丁零、翟斌于新安，徙陈留、东阿万户，以实青州。

又同书卷130《赫连勃勃载记》载：

（夏主赫连）勃勃又率骑二万入（后秦）高冈，及于五井，掠平凉杂胡七千余户以配后军，进屯依力川。

又《魏书》卷51《封敕文传》载：

敕文，始光初为中散，稍迁西部尚书。出为使持节、散骑常侍、镇西将军、开府、领护西夷校尉、秦益二州刺史，赐爵天水公，镇上邽。诏敕文率步骑七千征吐谷浑慕利延兄子拾归于枹罕，众少不能制，诏遣安远将军、广川公乙乌头等二军与敕文会陇右。军次武始，拾归夜遁。敕文引军入枹罕，虏拾归妻子及其民户，分徙千家于上邽，留乌头守枹罕。金城边冈、天水梁会谋反，扇动秦益二州杂人万余户，据上邽东城，攻逼西城。敕文先已设备，杀贼百余人，被伤者众，贼乃引退。冈、会复率众四千攻城。氐羌一万屯于南岭，休官、屠各及诸杂户二万余人屯于北岭，为冈等形援。

"杂户"的内涵较为广泛，其类别较多，兹分述于下：
绫罗户
《魏书》卷110《食货志》载：

先是，禁网疏阔，民多逃隐。天兴中，诏采诸漏户令输绫锦，自后诸逃户占为细茧罗縠者甚众，于是杂、营户帅遍于天下。不隶守宰。

又《北齐书》卷47《酷吏·毕义云传》载：

坐私藏工匠，家有十余机织锦，并造金银器物，乃被禁止。

隶户
《魏书》卷30《安同传》载：

太祖班赐功臣，（安）同以使功居多，赐以妻妾及隶户三十。

又《隋书》卷25《刑法志》载：

魏虏西凉之人，没入，名为隶户……后齐因之，仍供厮役。

又《魏书》卷94《阉官·赵黑传》载：

赵黑……本凉州隶户，生而凉州平，没入为阉人。

平齐户
《魏书》卷30《慕容白曜传》载：

平东将军长孙陵、宁东将军尉眷东讨青州，白曜自瑕丘进攻历城。……（皇兴）二年，崔道固及兖州刺史梁邹守将刘休宾并面缚而降。白曜皆释而礼之。送道固、休宾及其僚属于京师。后乃徙二城民望于下馆，朝廷置平齐郡、怀宁、归安二县以居之。自余悉为奴婢，分赐百官。

又同书卷91《术艺·蒋少游传》载：

慕容白曜之平东阳，见俘于平城，充平齐户，后配云中为兵。

又同书卷70《傅永传》载：

傅永，字修期，清可人也。……入为平齐民。父母并老，饥寒十数年。赖其强于人事，戮力佣丐，得以存立。

伎作户
《魏书》卷19中《任城王澄传》载：

逃亡代输，去来年久者，若非伎作，任听即位。

又《北齐书》卷4《文宣帝纪》载：

（天保）二年……九月壬申，诏免诸伎作、屯、牧、杂色役隶之徒为白户。

屯户
《魏书》卷110《食货志》载：

别立农官，取州郡户十分之一以为屯民。

乐户
《隋书》卷27《百官志中》载：

都兵掌鼓吹、太乐、杂户等事。

又《魏书》卷86《孝感·阎元明传》载：

河东郡人杨凤等七百五十人，列称乐户皇甫奴兄弟，随沉屈兵伍而操尚弥高。

金户
《魏书》卷110《食货志》载：

汉中旧有金户千余家，常于汉水淘金，年终总输。后临淮王为梁州刺史，奏罢之。

盐户
《魏书》卷57《崔挺传附游传》载：

> 熙平末，（游）转河东太守。郡有盐户，常供州郡为兵，子孙见丁从役，游矜其劳苦，乃表闻请听更代，郡内感之。

牧户
《魏书》卷10《孝庄帝纪》载：

> （建义元年）六月……诏直寝纪业持节募新免牧户，有投名效力者授九品官。

又同书卷7下《高祖纪下》载：

> （太和）十有四年……秋七月甲辰，诏罢都牧杂制。

又《周书》卷1《文帝纪上》载：

> 九世至侯豆归，为慕容皝所灭。其子陵仕燕……归魏，拜都牧主。

营户
《晋书》卷117《姚兴载记上》载：

> （姚）兴自安定如泾阳，与登战于山南，执登，杀之。悉散其部众，使归农业，徙阴密三万户于长安，分大营户为四，置四军以领之。

又《魏书》卷7《高祖纪山》载：

> 延兴元年……冬十月丁亥，沃野、统万二镇敕勒叛，诏太尉、陇西王源贺追击至枹罕，灭之。徙其遗迸于冀、定、相三州为户。

驿户

《魏书》卷 111《刑法志》载：

> 小盗赃满十匹已上，魁首死，妻子配驿。

又《隋书》卷 25《刑法志》载：

> 盗及杀人而亡者，即悬名注籍，甄其一户配驿户。

别户

《魏书》卷 30《刘尼传》载：

> 显祖即位，以（刘）尼又大功于先朝，弥加尊重，赐别户三十。

杂户作为封建性的依附者，其地位十分低下，与奴婢相近而又略高些。随着北魏封建关系的发展和封建等级制度的确立和完备化，杂户因处于被剥削阶级的底层，使其在等级的编制中，逐渐被确定为"贱隶"等级。

《魏书》卷 5《高宗纪》载：

> 今制皇族、师傅、王公侯伯及士民之家，不得与百工、伎巧、卑族为婚，犯者加罪。

又同书卷 7 下《高祖纪下》载：

> （太和）十有七年……九月壬子……又招厮养之户不得与士民婚。

又同书卷 4 下《世祖纪下》载：

> 今制自王公已下至于卿士，其子息皆诣太学。其百工伎巧、驺卒

子息，当习其父兄所业，不听私立学校。违者师身死，主人门诛。

杂户奴隶化的逆流，至孝文帝时期开始有了变化。这时有部分杂户得到解放。

《魏书》卷7上《高祖纪上》载：

（延兴）二年……夏四月庚子，诏工商杂役，尽听赴农。

又同书卷7下《高祖纪下》载：

（太和）十有一年……十有一月丁未，诏罢南方锦绣绫罗之工，四民欲造，任之无禁。

比较大规模地解放杂户，是在北齐、北周时。
先看北齐：
《北齐书》卷4《文宣帝纪》载：

（天保）二年……九月壬申，诏免诸伎作、屯、牧、杂色役隶之徒为白户。

又同书卷8《后主传》载：

（天统）三年……九月己酉，太上皇帝诏："诸寺署所绾杂保户姓高者，天保之初，虽有优放，权假力用未免者，今可悉蠲杂户，任属郡县，一准平人。"

再看北周：
《隋书》卷25《刑法志》载：

建德……六年，齐平后……乃诏凡诸杂户，悉放为百姓。自是无复杂户。

又《周书》卷6《武帝纪下》载：

> 建德……六年……八月壬寅，议定权衡度量，颁于天下。其不依新式者，悉追停。诏曰："以刑止刑，世轻世重。罪不及嗣，皆有定科。杂役之徒，独异常宪，一从罪配，百世不免。罚既无穷，刑何以措。道有沿革，宜从宽典。凡诸杂户，悉放为民。配杂之科，因之永削。"

周武帝要"永削"、"一从罪配，百世不免"，这种残酷的"配杂之科"，是他谋求改革的一种表现，这一举措也的确收到了很大成效。但杂户实际上并未被"永削"，直至隋唐仍有杂户存在。

《唐律疏议》卷12《户婚律》载：

> 杂户者，前代犯罪没官，散配诸司驱使。

第二节　层间流动与等级升降[①]

魏晋南北朝时期，社会等级的界限十分严格，出现了所谓"士庶天隔"的局面。但由于王朝的更迭、统治阶级内部的矛盾以及被压迫等级的反抗斗争等诸多因素的影响，致使社会阶层间某些成员的身份与职业发生流动变化进而影响到等级的升降。不过，封建社会关系的封闭性以及等级制度的排他性，严重阻碍着层间流动，使这种流动变化在整个社会结构中仅仅是偶然、个别的现象。

一　士庶分流

在魏晋南北朝的社会阶层中，士庶分流是一个较为典型的事例。士庶分流局面的形成，完全是门阀士族垄断政治、经济、法律等各种特权的结果。

[①] 本节参考曹文柱主编《中国社会通史·秦汉魏晋南北朝卷》，山西教育出版社1996年版，第205—212页。

在政治上，士族特权表现在门品决定官品。
《晋书》卷75《王湛传附孙述传》载：

> 述字怀祖，少孤，事母以孝闻。……人或谓之痴。司徒王导以门地辟为中兵属。

又《南史》卷19《谢方明传》载：

> 及（谢）混等诛后，方明、（蔡）廓来往造穆之，穆之大悦，白武帝曰："谢方明可谓名家驹，及蔡廓直置并台鼎人，无论复有才用。"顷之，转从事中郎。

在经济上，士族享有减免赋役、荫蔽亲族、部曲、恩赏钱财及广占田产等特权。
《宋书》卷54《孔季恭传附弟灵符传》载：

> 灵符自丹阳出为会稽太守，寻加豫章王子尚抚军长史。灵符家本丰，产业甚广，又于永兴立墅，周回三十三里，水陆地二百六十五顷，含带二山，又有果园九处。

又《晋书》卷93《外戚王恂传》载：

> 魏氏给公卿以下租牛客户数各有差。自后小人惮役，多乐为之，贵势之门，动有百数。又太原诸郡，亦以匈奴胡人为田客，多者数千。

在法律上，士族在乡里什伍制度等方面享有特权。
《宋书》卷42《王弘传》载：

> 左丞江奥议："士人犯盗赃不及弃市者，刑竟，自在赃污淫盗之目，清议终身，经赦不原。……符伍虽比屋邻居，至于士庶之际，实自天隔。……"

殿中郎谢元议谓："……本所以押士大夫于符伍，而所以检小人邪？可使受检于小人邪？士犯坐奴，是士庶天隔，则士无弘庶之由，以不知而押之于伍，则是受检于小人也。然则小人有罪，士人无事，仆隶何罪，而令坐之。"

（王）弘议曰："寻律令既不分别士庶，又士人坐同伍雁谪者，无处无之，多为时恩所宥，故不尽亲谪耳。……己未间，会稽士人云十数年前，亦有四族坐此被责，以时恩获停。"

又《南齐书》卷40《竟陵文宣王子良传》载：

狱讼惟年，划一在制，必宜申宪；鼎姓贻愆，最合从纲。若罚典惟加贱下，辟书必蠲世族，惧非先王立理之本。

以上所述为南朝士族在政治、经济以及法律诸方面所享有的特权，而北方士族所享有的特权与南朝毫无二致。

《魏书》卷47《卢玄传》载：

卢玄，字子真，范阳涿人也。……司徒崔浩，玄之外兄，每与玄言，辄叹曰："对子真，使我怀古之情更深。"浩大欲齐整人伦，分明姓族。玄劝之曰："夫创制立事，各有其时，乐为此者，讵几人也？宜其三思。"浩当时虽无异言，竟不纳，浩败颇亦由此。

由于士族在政治、经济和法律上想拥有诸多特权，致使他们同庶族之间形成了一条界限森严的鸿沟。士族为防止庶族挤入他们的行列，严格士、庶之分，其所采取的措施，约有以下数种：

一是特别重视谱学。

顾炎武《日知录》卷23《姓氏书》注谓：

魏九品中正法行，于是权归右姓。有司选举，必稽谱牒，故官有世胄，谱有世官，于是贾氏王氏谱学出焉。晋太元中，贾弼撰《姓氏簿状》；朝廷给以令史缮写，藏秘阁及左右户曹，凡七百十二篇。宋王宏、刘湛好其书。何承天亦有《姓苑》二篇，湛又撰《百家谱》

以助铨序。齐永明中，王俭又广之。而弼所撰传子匪之，匪之传子希名镜，撰《姓氏要状》十五篇。希镜传子执，执传其孙冠，故贾氏谱学最擅甸。梁沈约谓：晋咸和以后，所书谱牒，并皆翔实，在下省户曹前厢，谓之晋籍（此即贾弼所撰者）。宋元嘉中，始以七条征发，于是伪状巧籍滋多。齐设郎令史以掌之，益行奸货，昨日卑细，今日便成士流。宋、齐二代士庶不分，实由于此。梁武因沈约言，诏王僧孺改定百家谱，因贾弼旧本考撰成书，凡《十八州谱》七百一十卷，《百家谱集抄》十五卷，《南北谱集》十卷，故又有王氏谱学。此南朝谱学之源流也。

又《南史》卷59《王僧孺》载：

尚书令沈约以为"晋咸和初，苏峻作乱，文籍无遗。后起咸和二年以至于宋，所书并皆翔实，并在下省左户曹前厢，谓之晋籍，有东西二库。此籍既并精详，实可宝惜，位宦高卑，皆可依案。宋元嘉二十七年，始以七条征发，既立此科，人奸互起，伪状巧籍，岁月滋广。以至于齐，患其不实，于是东堂校籍，置郎令史以掌之。竞行奸货，以新换故，昨日卑细，今日便成士流。凡此奸巧，并出愚下，不辨年号，不识官阶。或注隆安在元兴之后，或以义熙在宁康之前。此时无此府，此时无此国。元兴唯有三年，而猥称四、五，诏书甲子，不与长历相应。校籍诸郎亦所不觉，不才令史固自忘言。臣谓宋、齐二代，士庶不分，杂役减阙，职由于此。窃以晋籍所余，宜加宝爱"。武帝以是留意谱籍，州郡多离其罪，因诏僧孺改定百家谱。始晋太元中，员外散骑侍郎平阳贾弼笃好薄状，乃广集众家，大搜群族，所撰十八州一百一十六郡，合七百一十二卷。凡诸大品，略无遗阙，藏在秘阁，副在左户。及弼子太宰参军匪之、匪之子长水校尉深世传其业。太保王弘、领军将军刘湛并好其书。弘日对千客，不犯一人之讳。湛为选曹，始撰百家以助铨序，而伤于寡略。齐卫将军王俭复加去取，得繁省之衷。僧孺之撰，通范阳张等九族以代雁门解等九姓。其东南诸族别为一部，不在百家之数焉。普通二年卒。

僧孺好坟籍，聚书至万余卷，率多异本，与沈约、任昉家书埒。少笃志精力，于书无所不睹，其文丽逸，多用新事，人所未见者，时重其富博。集十八州谱七百一十卷；百家谱集抄十五卷；东南谱集抄十卷。

二是士庶不准通婚。
《文选》卷40《沈休文奏弹王源》载：

> 风闻东海王源嫁女与富阳满氏源虽人品庸陋，胄实参华。曾祖雅，位登八命；祖少卿，内侍帷幄；父璇，升采储闱，亦居清显。源频叨诸府戎禁，豫班通彻。而讬姻结好，唯利是求，玷辱流辈，莫斯为甚。……王满连姻，实骇物听。此风弗剪，其源遂开，点世尘家，将被比屋，宜置以明科，黜之流伍，使已污之族，永愧于昔辰，力媾之党，革心于来日。臣等参议，请以见事免源所居官，禁锢终身。辄下禁止视事如故。

又清赵翼《廿二史札记》卷12《江左世族无功臣》载：

> 侯景请婚王、谢，梁武曰："王谢门高，可于朱张以下求之。"一时风尚如此。

三是士庶不相往来。
《文苑英华》卷760《寒素论》载：

> 服冕之家，流品之人，视寒素之子，轻若仆隶，易如草芥，曾不以之为伍。

又《南史》卷29《蔡廓传附子兴宗传》载：

> 右军将军王道隆任参国政，权重一时，蹑履到兴宗前，不敢就席，良久方去。竟不呼坐。元嘉初，中书舍人秋当，诣太子詹事王昙首，不敢坐。其后中书舍人弘兴宗为文帝所爱遇，上谓曰："卿欲作士人，得就王球坐，乃当判耳。殷、刘并杂，无所益也。若往诣球，可称旨就席。"及至，球举扇曰："君不得尔。"弘还，依事启闻。帝

曰：“我便无如此何。”至是，兴宗复尔。

又《南史》卷21《王弘传附子僧达传》载：

> 大明中，（王僧达）以归顺功封宁陵县五等侯，累迁中书令。黄门郎路琼之，太后兄庆之孙也，宅与僧达门并。尝盛车服诣僧达，僧达将猎，已改服。琼之就坐，僧达了不与语，谓曰：“身昔门下驺人路庆之者，是君何亲？”遂焚琼之所坐床。太后怒，泣涕于帝曰：“我尚在而人陵之，我死后乞食矣。”帝曰：“琼之年少，无事诣王僧达门，见辱乃其宜耳。”

二　等级升降

一般来说，社会等级一旦形成便具有相对稳定性，但具体到每个等级成员间由于受诸多因素的影响，则有升降变化。根据学者研究，影响魏晋南北朝时期等级升降的因素主要有以下几个方面：

（一）王朝更替和政府干预的影响。

魏晋南北朝时期王朝更迭频繁，每次新旧王朝的更替，都会对社会等级的构成产生较大影响。如除西晋建立者河内士族司马氏和南朝萧齐、萧梁建立者兰陵士族萧氏等几个王朝是属于同在最高等级间的权力转移外，其他王朝的缔造者几乎都是由庶民阶层而上升列第一等级的。

每个新王朝建立后，统治者为了获取广泛的支持，时常会提拔重用寒人庶族。如在曹操、曹丕建立魏朝的过程中，出身于单家的吴质、张既等人就是由于受到提拔重用而有机会跻身于士族行列的。

关于吴质，《三国志》卷21《吴质传》有云：

> 吴质……以文才为文帝所善，官至振威将军。假节都督河北诸军事，封列侯。

关于张既，《三国志》卷15《张既传》注引《魏略》有云：

> （张）既世单家，为人有容仪。少小工书疏，为郡门下小吏……初，既为郡小吏，功曹徐英尝自鞭既三十。

又同书《张既传》载：

……张既字德容，冯翊高陵人也。年十六，为郡小吏。后历右职……太祖为司空，辟，未至，举茂才，除新丰令，治为三辅第一。……太祖以既为议郎，参骧军事，使西征诸将马腾等，皆引兵会击晟等，破之。斩琰、固首，干奔荆州。封既武始亭侯。……既进爵都乡侯。……徙封西乡侯，增邑二百，并前四百户。

又如东晋最显赫的士族之一颍川庾氏，其先世庾乘，在东汉时地位十分卑微，从庾嶷（庾乘之子）任曹魏太仆开始，成了庾氏家族由贱而贵的转折点，嶷子孙仕晋为尚书、侍中、河南尹，进而巩固了庾氏家族显赫的地位，终成盛门贵族。以下两则史料反映了庾氏家族由贱而贵的情况。

《后汉书》卷68《郭太传》载：

庾乘……颍川鄢陵人也。少给事县廷为门士。林宗见而拔之，劝游学官，遂为诸生佣。后能讲论，自以卑第，每处下坐。

又《三国志》卷11《管宁传》注引《庾氏谱》载：

嶷字劭然，颍川人。子（倏）字玄默，晋尚书、阳翟子。嶷弟遁，字德先，太中大夫。遁胤嗣克昌，为世盛门。侍中峻、河南尹纯，皆遁之子，豫州牧长史颙，遁之孙，太尉文康公亮、司空冰皆遁之曾孙，贵达至今。

除了王朝更替为一些寒人庶族的等级变化提供了机会外，封建政府的干预，亦会使一些人的社会等级发生变化。

《宋书》卷83《宗越传》载：

宗越，南阳叶人也。……本为南阳次门，安北将军赵伦之镇襄阳，襄阳多杂姓，伦之使长史范觊之条次氏族，辨其高卑，觊之点越为役门。……蛮有为寇盗者，常使越讨伐，往辄有功。……后被召，

出州为队主。世祖镇襄阳，以为扬武将军，领台队。元嘉二十四年，启太祖求复次门，移户属冠军县，许之

又《魏书》卷113《官氏志》载：

太和十九年，诏曰："代人请胄，先无姓族，虽功贤之胤，混然未分。故官达者位极公卿，其功衰之亲，仍居猥任。比欲制定姓族，事多未就，且宜甄擢，随时渐铨。其穆、陆、贺、刘、楼、于、嵇、尉八姓，皆太祖已降，勋着当世，位尽王公，灼然可知者，且下司州、吏部，勿充猥官，一同四姓。"

（二）统治集团内部不同利益集团之间矛盾的影响

魏晋南北朝政治上的最主要特征，是门阀士族成为一个具有特殊权益的地主阶层，并控制着朝廷和地方大权。由于士族势力对皇权构成威胁，因此这一时期皇帝打击、抑制士族的例子不胜枚举。如东晋初期，江东士族最强大者要推义兴周氏和吴兴沈氏，所谓"江东之豪，莫强周、沈"。由于义兴周玘和吴兴沈充参加了争权斗争，结果在东晋政权的分化与打击下，周、沈二族同归于尽。

《晋书》卷58《周处传附子玘传》载：

玘三定江南，开复王略，帝嘉其勋，以玘行建威将军、吴兴太守，封乌程县侯。吴兴寇乱之后，百姓饥馑，盗贼公行，玘甚有威惠，百姓敬爱之，期年之间，境内宁谧。帝以玘频兴义兵，勋诚并茂，乃以阳羡及长城之西乡、丹阳之永世别为义兴郡，以彰其功焉。

玘宗族强盛，人情所归，帝疑惮之。于时中州人士佐佑王业，而玘自以为不得调，内怀怨望，复为刁协轻之，耻恚愈甚。时镇东将军祭酒东莱王恢亦为周凯所侮，乃与玘阴谋诛诸执政，推玘及戴若思与诸南士共奉帝以经纬世事。先是，流人帅夏铁等寓于淮、泗，恢阴书与铁，令起兵，己当与玘以三吴应之。建兴初，铁已聚众数百人，临淮太守蔡豹斩铁以闻。恢闻铁死，惧罪，奔于玘，玘杀之，埋于豕牢。帝闻而秘之，召玘为镇东司马，未到，复改授建武将军、南郡太守。

玘既南行，至芜湖，又下令曰："玘奕世忠烈，义诚显着，孤所钦喜。今以为军谘祭酒，将军如故，进爵为公，禄秩僚属一同开国之例。"玘忿于回易，又知其谋泄，遂忧愤发背而卒，时年五十六。

又同书卷98《沈充传》载：

沈充字士居。少好兵书，颇以雄豪闻于乡里。敦引为参军，充因荐同郡钱凤。凤字世仪，敦以为铠曹参军，数得进见。知敦有不臣之心，因进邪说，遂相朋构，专弄威权，言成祸福。遭父丧，外托还葬，而密为敦使，与充交构。

初，敦参军熊甫见敦委任凤，将有异图，因酒酣谓敦曰："开国承家，小人勿用，佞幸在位，鲜不败业。"敦作色曰："小人阿谁？"甫无惧容，因此告归。临与敦别，因歌曰："徂风飙起盖山陵，氛雾蔽日玉石焚。往事既去可长叹，念别惆怅复会难。"敦知其讽已而不纳。明帝将伐敦，遣其乡人沈祯谕充，许以为司空。充谓祯曰："三司具瞻之重，岂吾所任！币厚言甘，古人所畏。且丈夫共事，终始当同，宁可中道改易，人谁容我！"祯曰："不然。舍忠与顺，未有不亡者也。大将军阻兵不朝，爵赏自己，五尺之童知其异志。今此之举，将行篡弑耳，岂同于往年乎？是以疆场诸将莫不归赴本朝，内外之士咸愿致死，正以移国易主，义不北面以事之也，奈何协同逆图，当不义之责乎！朝廷坦诚，祯所知也。贼之党类，犹宥其罪，与之更始，况见机而作邪！"充不纳。率兵临发，谓其妻子曰："男儿不竖豹尾，终不还也。"及败归吴兴，亡失道，误入其故将吴儒家。儒诱充内重壁中，因笑谓充曰："三千户侯也。"充曰："封侯不足贪也。尔以大义存我，我宗族必厚报汝。若必杀我，汝族灭矣。"儒遂杀之。

南朝寒门出身的皇帝更是不遗余力的打击士族。

《宋书》卷2《武帝纪中》载：

晋自中兴以来，治纲大弛，权门并兼，强弱相凌，百姓流离，不得保其产业。桓玄颇欲厘改，竟不能行。公既作辅，大示轨则，豪强肃然，远近知禁。至是，会稽余姚虞亮复藏匿亡命千余人，公诛亮，免会稽内史司马休之。

又《南史》卷34《沈怀文传》载：

> 上（宋孝武帝）又坏诸郡士族，以充将吏，并不服役，至悉逃亡，加以严制不能禁。乃改用军法，得便斩之，莫不奔窜山湖，聚为盗贼。

北朝亦可找到打击士族的例子。

《魏书》卷16《阳平王传附法僧传》载：

> 法僧，自太尉行参军转通直郎，宁远将军……益州刺史。……贾诸姓，州内人士，法僧皆召为卒伍，无所假纵。于是合境皆反，招引外寇。

士族在不断遭受打击的同时，还面临来自寒族的威胁。宋齐以来，帝王多用寒人掌机要。

所谓用寒人掌机要，系指用寒门庶族出身的人担任中书通事舍人，掌管奏章和发布诏命等机密事宜，因而大权在握，专断跋扈。用寒人掌机要的情况，到南齐时更加发展。

《南齐书》卷56《幸臣传序》说：

> 齐初亦用久劳，及以亲信，关谳表启，发著诏敕，颇涉辞翰者，亦为诏文，侍郎之局复见侵矣。建武世，诏命殆不关中书，专出舍人。省内舍人四人，所置四省，其下有主书令史，旧用武官，宋改文吏，人数无员，莫非左右要密。天下文簿版籍，入副其省，万机严秘，有如尚书。外司领武官，有制局监，领器仗兵役，亦用寒人。

不仅寒人掌机要，而且多由寒门庶族出身者执掌兵权，担任将帅。在南朝的皇帝中，刘裕、萧道成均非出身于高门大族，陈霸先的出身更低，他们都是由前一代的将帅，进而成为新朝的创立者。至于出身寒门的将帅则更多，刘宋有檀道济、朱龄石、沈田子、到彦之、沈庆之等，南齐有王敬则、张敬儿、陈显达、崔慧景等，梁有陈伯之、陈庆之、曹景宗等，陈有周文育、侯安都、吴明彻等，这些人皆"御武戡乱，为国家所倚赖者"。那么，为何要用寒人为将帅呢？清人赵翼《廿二史札记》卷12《江左世族无功臣》分析道：

> 所谓高门大族者，不过雍容令仆，裙屐相高，求如王导、谢安，柱石国家者，不一二数也。次则如王宏、王县首、褚渊、王俭等，与时推迁，为兴朝佐命，以自保其家世，虽朝市革易，而我之门第如故。以是为世家大族，迥异于庶姓而已。

因士族唯自保其门第，所以不得不用寒人掌兵权，任将帅。这也成为士族势力最终走向消亡的一个重要因素。

（三）被压迫等级反抗斗争的影响

魏晋南北朝时期，被压迫等级的反抗斗争形式主要有两种，一种是起义造反；另一种是逃亡、私改户籍和怠工。兹以后一种为例，来概略说明被压迫等级的反抗斗争对社会等级变化的影响。在当时，作为个人的反抗，逃亡是不少人首选的方式。

《三国志》卷24《高柔传》载：

> 鼓吹宋金等在合肥亡逃。旧法，军征士亡，考竟其妻子。太祖患犹不息，更重其刑。金有母妻及二弟皆给官，主者奏尽杀之。

又同书卷11《袁涣传》载：

> 是时新募民开屯田。民不乐，多逃亡。涣白太祖曰："夫民安土重迁，不可卒变，易以顺行，难以逆动，宜顺其意，乐之者乃取，不欲者勿强。"太祖从之，百姓大悦。

私改户籍主要发生在南朝庶民中的一些富裕人户。

《通典》卷3《食货三·乡党》载：

> 尚书令沈约上言曰："……凡粗有衣食者，莫不互相因依，竞行奸货，落除卑注，更书新籍，通官荣爵，随意高下。以新换故，不过用一万许钱，昨日卑微，今日仕伍。……臣谓宋齐二代，士庶不分，杂役减阙，职由于此。……臣又以为，巧伪既多，并称人士，百役不及，高卧私门，致命公私阙乏，是事不举。"

此外，劳动者的消极怠工对等级升降也有某种程度的影响。《南齐书》卷6《明帝纪》载：

> 建武元年……十一月……丁亥，诏："细作中署、材官、车府，凡诸工，可悉开番假，递令休息。"

也许正是工匠们的怠工反抗，使政府不得不明确规定百工享有休息权利，这实际上是百工人身地位的改善和提高。

第三十章 服饰风俗

服饰是社会生活中至为重要的内容，是人类物质文明和精神文明综合发展程度的一种折射。服饰活动及其文化，既是一个时代变化的"晴雨表"，更是检测该时代社会生活文明程度的重要标志之一。魏晋南北朝时期，随着社会的进步，服饰的文化内涵日渐深刻而丰富，日益超出与扩大了它与实用价值的距离，其审美功能、伦理功能、政治功能和交往功能诸方面的作用显得十分突出。

第一节 官服

（一）冕

冕是帝王、诸侯及卿大夫所戴的礼帽。滥觞于周，汉代冕冠前后垂旒不以定制，三国时基本沿用汉制，冕旒采用珊瑚珠。晋代冕饰以翡翠珊瑚珠。北周设司服之官，掌皇帝十二冕。

《通典》卷57《礼十七·冕》云：

> 魏因汉故事。明帝好妇人之饰，冕旒改用珊瑚珠。晋因之。东晋元帝初过江，帝服章［多］阙，而冕饰以翡翠珊瑚珠。侍中顾和奏："旧礼，冕旒用白玉珠。今美（石）［玉］难得，不能备，可用白玉（旋）（璇）珠。"从之。后帝郊祀天地明堂宗庙，元会临轩，改服黑介帻，通天［冠］，平［冕］。冕皂表，朱绿里，广七寸，长一尺二寸，加于通天冠上，前圆后方，垂白玉珠十二旒，以朱组为缨，无緌。王公卿助祭郊庙，冠平冕。王公八旒，卿七旒，组为缨，色如绶也。宋因之，更名曰平天冕，天子郊祀及宗庙服之，王公并用旧法。齐因之。梁因之。其制，前垂四寸，后垂三寸，旒长齐肩，以组为

缨，色如其绶，旁垂黈纩，充耳珠以玉瑱。乘舆郊祀天地明堂、享宗庙、元会临轩则服之。五等诸侯助祭，平冕九旒，青玉为珠，有前无后，各以其绶色为组缨，旁垂黈纩。陈因之，以为冕旒。皇太子朝服远游冠，侍祭则平冕九旒。五等诸侯助祭郊庙，皆平冕九旒，青玉为珠，有前无后，各以其绶色为组缨，旁垂黈纩。北齐采陈之制，旒玉用五采，以组为缨，色如其绶。其四时郊祀封禅大事，皆服衮冕。皇太子平冕，黑介帻，白珠九旒，饰以三采玉，以组为缨，色如其绶；未加元服，则空顶黑介帻，双童髻，双玉导。

后周设司服之官，掌皇帝十二冕。祀昊天则苍冕，五帝各随方色，朝日用青冕，夕月用素冕，地祇用黄冕，神州、社稷用玄冕，享先皇、加元服等【以】象冕，享先圣、食三老、耕籍等以衮冕，视朔、大射等以山冕，视朝、临法门、适宴等以鷩冕，皆十有二旒。诸公之冕九，方、衮、山、鷩、火、毳等六，皆九旒；韦弁、皮弁、玄冠三，合上为九。诸侯八，无衮冕。诸伯七，又无山冕。诸子六，又无鷩冕。诸男五，又无火冕，冕五旒。三公之冕九，祀、火、毳、藻、绣、爵弁等冕六，韦弁、皮弁、玄冠，合上九。三孤自祀冕而下八，无火冕。公卿七，又无毳冕。上大夫六，又无藻冕。中大夫五，又无皮弁。下大夫四，又无爵弁。士服三，祀弁、爵弁、玄冕。庶士玄冠而已。其吊服，诸侯当事则弁绖，不则皮弁。以下亦如之。

（二）武冠

亦称"笼冠"或"惠文冠"。晋时又称"繁冠"、"建冠"等，为左右侍臣及诸将军武官之冠。侍中、常侍则加金珰附蝉为饰，插以貂尾，黄金为竿，侍中插左，常侍插右。

《晋书》卷25《舆服志》云：

> 武冠，一名武弁，一名大冠，一名繁冠，一名建冠，一名笼冠，即古之惠文冠。或曰赵惠文王所造，因以为名。亦云，惠者蟪也，其冠文轻细如蝉翼，故名惠文。或云，齐人见千岁涸泽之神，名曰庆忌，冠大冠，乘小车，好疾驰，因象其冠而服焉。……天子元服亦先加大冠，左右侍臣及诸将军武官通服之。侍中、常侍则加金珰，附蝉为饰，插以貂毛，黄金为竿，侍中插左，常侍插右。……又以蝉取清

高饮露而不食，貂则紫蔚柔润而毛采不彰灼，金则贵其宝莹，于义亦有所取。或以为北土多寒，胡人常以貂皮温额，后世效此，遂以附冠。

据考古发掘，山东沂南画像石中室北壁执剑者所戴即为武冠，甘肃武威磨嘴子 62 号新莽墓出土有武冠的实物。①

（三）鹖冠

亦称鹖尾冠。以漆纱为之，形似簸箕，左右两侧插以鹖尾，为武骑、武贲等武官所戴。按鹖即鹫鸟，今谓野鸡。其性好斗，至死不却。武冠饰此，以示英武。其制滥觞于战国，秦汉魏晋历代相袭。

《后汉书》卷 30《舆服志下》谓：

> 武冠，俗谓之大冠，环缨无蕤，以青系为绳，加双鹖尾，竖左右，为鹖冠云。五官、左右虎贲、羽林、五中郎将、羽林左右监皆冠鹖冠，纱縠单衣。……鹖者，勇雉也，其斗对一死乃止，故赵武灵王以表武士，秦施之焉。

南朝梁刘昭注补谓：

> 徐广曰："鹖似黑雉，出于上党。"荀绰《晋百官表注》曰："冠插两鹖，鹖鸟之暴疏者也。每所攫撮，应爪摧衄，天子武骑故以冠焉。"傅玄赋注曰："羽骑，骑者戴鹖。"

又《晋书》卷 25《舆服志》谓：

> 鹖冠，加双鹖尾，竖插两边。鹖，鸟名也，形类鹞而微黑，性果勇，其斗到死乃止。上党贡之，赵武灵王以表显壮士。至秦汉，犹施之武人。

---

① 南京博物院等：《沂南古画像石墓发掘报告》，文化部文物管理局 1956 年版；甘肃省博物馆：《武威磨嘴子三座汉墓发掘简报》，《文物》1972 年第 12 期。

南朝武士亦袭用鹖冠。如宋时，节骑郎虎贲及备卤簿中亦戴鹖尾冠。齐时，武骑虎贲服文衣，插雉尾于武冠上。陈时，武贲中郎将，羽林监节骑郎在陛列及备卤簿者戴鹖尾，服绛纱单衣，或服锦文衣，戴鹖尾冠。

在辽东之东的高句丽亦有戴此冠者，其形制如我国古代的弁形，旁插二鸟羽，以显其贵贱。今高句丽出土的壁画中尚有此形象。

（四）法冠

亦称獬豸冠，为法官所戴。

《通典》卷57《礼十七·法冠》：

> 秦灭楚，获其君冠，赐御史。以纚为展筒，铁为柱卷。（取其不曲挠也。一名柱后惠文冠。）执法者服之，或谓之獬豸冠。（獬豸，神羊，一角，能别曲直。楚王获之，以为冠。）

汉晋至陈，历代相因袭不易。

又《晋书》卷25《舆服志》云：

> 法冠，一名柱后，或谓之獬豸冠。高五寸，以縰为展筒。铁为柱卷，取其不曲挠也。侍御史、廷尉正监平，凡执法官皆服之。或谓獬豸神羊，能触邪佞。《异物志》云："北荒之中，有兽名獬豸，一角，性别曲直。见人斗，触不直者。闻人争，咋不正者。楚王尝获此兽，因象其形以制衣冠。"胡广曰："《春秋左氏传》晋侯观于军府，见钟仪，曰'南冠而絷者谁也'？南冠即楚冠。秦灭楚，以其冠服赐执法臣也。"

又《南齐书》卷70《舆服志》云：

> 法冠，廷尉等诸执法者冠之。

（五）高山冠

为行人使者所戴，因袭汉制，形制类似通天冠和远游冠，魏明帝乃变其形，使卑而下如介帻状，并于帻上加山峰形。

《通典》卷57《礼十七·高山冠》云：

《汉旧仪》曰："乘舆冠高山冠，飞月之缨（一云飞翮之缨），丹纨里。"（按：此高山冠亦通天子之服）。魏明帝因改之，卑下于通天、远游，除去卷筒，加介帻，帻上加物以象山，行人使者服之。晋宋齐梁陈，历代因之。

又《晋书》卷25《舆服志》云：

高山冠，一名侧注，高九寸，铁为卷梁，制似通天。顶直竖，不斜却，无山述展筒。高山者，《诗》云"高山仰止"，取其矜庄宾远者也。中外官、谒者、谒者仆射所服。胡广曰："高山，齐王冠也。傅曰'桓公好高冠大带'。秦灭齐，以其君冠赐谒者近臣。"应劭曰："高山，今法冠也，秦行人使官亦服之。"而《汉官仪》云"乘舆冠高山之冠，飞翮之缨"，然则天子亦有时服焉。《傅子》曰："魏明帝以其制似通天、远游，故改令卑下。"

又《南齐书》卷17《舆服志》云：

高山冠，谒者冠之。

（六）远游冠

制如通天，有展筒横之于前，无山述。在魏晋南北朝时为皇太子及王者后所戴。

《通典》卷57《礼十七·远游冠》云：

秦采楚制。楚庄王通梁组缨，似通天冠，而无山述，有展筒横之于前。汉因之。天子五梁，太子三梁，诸侯王通服之。晋皇太子及王者后常冠焉，以翠羽为緌，缀以白珠。帝之兄弟、帝之子封郡王者通服之，则青丝为緌。梁为皇太子朝服，加金博山、翠緌。

陈因之，其藻饰服用，依晋故事也。北齐依之，制五梁冠，乘舆所服，不通于下。

又《晋书》卷25《舆服志》载：

> 皇太子……给五时朝服、远游冠，介帻、翠绫。佩瑜玉，垂组。朱衣绛纱襮，皁缘白纱，其中衣白曲领。……又有三梁进贤冠。……释奠，则远游冠，玄朝服，绛缘中单，绛袴袜，玄舄。……五时朝服，远游冠介帻，亦有三梁进贤冠。朱衣绛纱襮皁缘，中衣表素。革带，黑舄，佩山玄玉，垂组，大带。

（七）通天冠

为乘舆所戴，高9寸，正竖顶少斜，直下为铁卷，梁前有山，展筒为述，晋、齐时在通天冠前加金博山颜为饰。

《通典》卷57《礼十七·通天冠》曰：

> 通天冠秦汉晋宋齐梁陈北齐隋大唐秦制通天冠，其状遗失。汉因秦名，制高九寸，正竖，顶少邪却，乃直下为铁卷梁，前有山，展筒为述，筒驳犀簪导，乘舆所常服。晋依汉制，前加金博山述，乘舆常服。（述即鹬也。鹬知天雨，故冠像焉。前有展筒。）
>
> 宋因之，又加黑介帻。（旧有冠无帻。帻，冠理展箄。前代古图，画三皇五帝，或有服通天冠，深误矣。）齐因之，东昏侯改用玉簪导。梁因之，复加冕于其上，为平天冕。（此复依晋冕法。）陈因之。北齐依之，乘舆释奠所服。

又《晋书》卷25《舆服志》：

> 通天冠，本秦制。高九寸，正竖，顶少斜却，乃直下，铁为卷梁，前有展筒，冠前加金博山述，乘舆所常服也。

又《南齐书》卷17《舆服志》：

> 通天冠，黑介帻，金博山颜，绛纱袍，皁缘中衣，乘舆常朝所服。旧用驳犀簪导，东昏改用玉。其朝，臣下皆同。

（八）委貌冠

行卿射礼时公卿等戴之。其形如覆杯，其制与皮弁类似，用黑色绢为之，长 7 寸，高 4 寸。

《晋书》卷 25《舆服志》云：

> 行乡射礼则公卿委貌冠，以皂绢为之。形如覆杯，与皮弁同制，长七寸，高四寸。衣黑而裳素，其中衣以皂缘领袖。其执事之人皮弁，以鹿皮为之。

（九）樊哙冠

为殿门司马卫士所戴，广 9 寸，高 7 寸，前后各出 4 寸，状如平冕。

《通典》卷 57《礼十七·樊哙冠》云：

> 樊哙冠汉晋宋齐陈汉将樊哙造次所冠，以入项羽军。其制似平冕，广九寸，（高七寸），前后出各四寸，司马殿门卫士服之。（或曰："樊哙常持铁盾，闻项羽有意杀汉王，哙裂裳以裹盾，冠之入军门，立汉王傍，视项羽。"晋宋齐陈，不易其制，馀并无闻。）

又《晋书》卷 25《舆服志》云：

> 樊哙冠，广九寸，高七寸，前后出各四寸，制似平冕。昔楚汉会于鸿门，项籍图危高祖，樊哙常持铁盾，闻急，乃裂裳苞盾，戴以为冠，排入羽营，因数羽罪，汉王乘间得出。后人壮其意，乃制冠象焉。凡殿门司马卫士服之。

（十）皮弁

与委貌冠制同，以鹿皮为之，汉时为行大射礼于辟雍时，其执事者所戴。晋依旧制，其服用等级依照《周官》。

《通典》卷 57《礼十七·皮弁》云：

> 《周礼·弁师》云："王之皮弁会五采玉璂，象邸玉笄。"（会，

缝中也。綦，结也。皮弁之缝中，每贯结五采玉十二以为饰，谓之綦。邸，下柢也，以象骨为之。司服云："视朝则皮弁服。"士冠礼曰："三王共皮弁。"（按皮弁，韦弁，侯伯璂饰七玉，子男璂饰五玉，三采。孤璂饰四，三命之卿璂饰三，再命之大夫璂饰二玉，二采。皮弁以鹿皮为之。綦音其。）

又《晋书》卷25《舆服志》云：

> 皮弁，以鹿皮浅毛黄白色者为之。《礼》王皮弁，会五采玉綦，象邸玉笄，谓之合皮为弁。其缝中名曰会，以采玉朱为綦。綦，结也。天子五采，诸侯三采。邸，冠下柢也，象骨为之，音帝也。天子则缝十二，公侯伯七，子男五，孤四，卿大夫三。

（十一）绶、佩

绶，系印绶的省称，是帝王百官、后妃命妇系缚在印纽上的彩色丝带。颜色、长度有具体制度，以辨别等级。使用时佩挂在腰部右侧，或盛于绶囊。佩即佩玉，亦有一定的制度，有衡、琚、瑀、璜、冲牙等形制。关于两晋南北朝时期的绶、佩之制，《通典》卷63《礼二十三·天子诸侯玉佩剑绶玺印》有详细的记载，兹节录部分内容如下：

> 晋制，盛服则杂宝为佩，金银校饰绶，黄赤缥绀四采。太子、诸王纁朱绶，赤黄缥绀。相国绿綟绶。三采，绿紫绀。郡公玄朱，侯伯青朱，子男素朱，皆三采。公嗣子紫，侯嗣子青，乡、亭、关内侯紫绶，皆二采。郡国太守、内史青；尚书令仆射、中书监令、秘书监皆黑；丞皆黄，诸府丞亦然。……
>
> 北齐制……诸侯印绶，二品以上，并金章紫绶；三品银章青绶；（三品以上，凡是五省官及中侍中省官，皆为印，不为章者也。）四品得印者，银印青绶；五品六品得印者，铜印墨绶；（四品以下，凡开国子、男及五等散品名号侯，皆为银章，不为印。）七品、八品、九品得印者，铜印黄绶。金银章印及铜印，并方一寸，皆龟钮。四方诸藩国王之章，上藩用金，下藩用银，并方寸，龟钮。……
>
> 后周……其组绶，皇帝以苍、青、朱、黄、白、玄、纁、红、

紫、緅则侯反、碧、绿，十有二色。诸公九色，自黄以下。诸侯八色，自白以下。诸伯七色，自玄以下。诸子六色，自纁以下。诸男五色，自红以下。三公之绶，如诸公。三孤之绶，如诸侯。六卿之绶，如诸伯。上大夫之绶，如诸子。中大夫之绶，【如诸男。下大夫绶】，自紫以下。士之绶，自缅则以下。其玺印之绶，亦如之。

（十二）袍

是一般长衣的总称。南朝朝会间用绛纱袍，其单者称为禅衣。除五时朝服外，另有纹饰的锦袍。北周武帝时始令袍下加襕，即在袍之下加一横襕，以作为下裳的形制。

《晋书》卷25《舆服志》云：

> 魏明帝以公卿衮衣黼黻之饰，疑于至尊，多所减损，始制天子服刺绣文，公卿服织成文。及晋受命，遵而无改。天子郊祀天地明堂宗庙，元会临轩，黑介帻，通天冠，平冕。冕，皂表，朱绿里，广七寸，长二尺二寸，加于通天冠上，前圆后方，垂白玉珠，十有二旒，以朱组为缨，无緌。佩白玉，垂珠黄大旒，绶黄赤缥绀四采。衣皂上，绛下，前三幅，后四幅，衣画而裳绣，为日、月、星辰、山、龙、华虫、藻、火、粉米、黼、黻之象，凡十二章。素带广四寸，朱里，以朱绿裨饰其侧。中衣以绛缘其领袖。赤皮为韨，绛袴袜，赤舄。未加元服者，空顶介帻。其释奠先圣，则皂纱袍，绛缘中衣，绛袴袜，黑舄，其临轩，亦衮冕也。其朝服，通天冠高九寸，金博山颜，黑介帻，绛纱袍，皂缘中衣。其拜陵，黑介帻，单衣。其杂服，有青赤黄白缃黑色，介帻，五色纱袍，五梁进贤冠，远游冠，平上帻武冠。其素服，白单衣。

又《通典》卷61《礼二十一·君臣服章制度》

> 晋因不改，大祭祀，衣皂上绛下，前三幅，后四幅，衣画而裳绣，日月星辰凡十二章。素带广四寸，朱里，以朱缘裨饰其侧。中衣以绛缘领袖。赤皮为韨，绛葱韎，赤舄。未加元服则皂纱袍，绛缘中衣，绛葱韎，黑舄。又朝服，通天冠，绛纱袍，皂缘中衣。拜

陵则黑介帻，单衣。杂服有青赤黄白黑五色纱袍。其武弁，素服单衣。公卿助祭郊庙，王公山龙以下九章，卿华虫以下七章。其缁布冠，衣黑而裳素，中衣以皂缘领袖。葱褶之制，未详所起，近代车驾亲戎、中外戒严服之。无定色，冠黑帽，缀黑摽，摽以缯为之，长四寸，广一寸，腰有络带以代鞶革。中官紫摽，外官绛摽。又有纂严戒服而不缀摽，行留文武悉同。……宋因之，制平天冕服，不易旧法。

又晋陆翙《邺中记》谓：

石虎临轩大会，着碧纱袍。

又《通典》卷63《礼二十三·天子诸侯玉佩剑绶玺印》谓：

保定四年，百官始执笏，常服焉。宇文护始命袍加下襴。遂为后制。

（十三）紫荷

亦称"荷紫"。官吏上朝时所佩的紫色皮囊。内盛手版、白笔诸物，以备记事。因其不特负而行，且缀之于服外，即有固定于左肩之上着，也可说是服饰中有衣袋之始。其制出于周代，魏晋南北朝遵行不改。

《晋书》卷25《舆服志》谓：

八坐尚书紫荷，以生紫为袷囊，缀之服外，加于左肩。昔周公负成王，制此服衣，至今以为朝服。

又《宋书》卷18《礼志五》谓：

古者贵贱皆执笏……今之……手板，则右笏矣。尚书令、仆射、尚书手板头复有白笔，以紫皮裹之，名笏。朝服肩上有紫生袷囊，缀之朝服外，俗呼曰紫荷。

又《南齐书》卷17《舆服志》谓：

> 百官执手板，尚书令、仆、尚书、手板头复有白笔，以紫皮裹之，名曰"笏"。汉末仲长统谓百司皆宜执之。其肩上紫裕囊，名曰："契囊"，世呼为"紫荷"。

（十四）簪笔

亦作"珥笔"、"白笔"、"簪白笔"。文官服制。以毛笔一支，插在发际以为装饰。按古代文官站班，一般均须随身携带刀笔文具，以备急需。久之，所书文书插于腰际，毛笔则插于鬓边，俗称"珥笔"。至汉形成制度，仅用作象征性的装饰，无实用价值，俗称"簪白笔"。魏晋时期相袭无改。

《三国志》卷19《陈思王植传》谓：

> （太和五年，植）复上疏求存问亲戚，因致其意曰："……若得辞远游，戴武弁，解朱组，佩青绂……执鞭珥笔，出从华盖，入侍辇毂，承答圣问，拾遗左右，乃臣丹情之至愿。"

又《晋书》卷25《舆服志》云：

> 笏，古者贵贱皆执笏，其有事则摺之于腰带，所谓搢绅之士者，搢笏而垂绅带也。绅垂长三尺。笏者，有事则书之，故常簪笔，今之白笔是其遗象。三台五省二品文官簪之，王、公、侯、伯、子、男、卿尹及武官不簪，加内侍位者乃簪之。手版即古笏矣。尚书令、仆射、尚书手版头复有白笔，以紫皮裹之，名曰笏。

又《南齐书》卷17《舆服志》

> 三台五省二品文官，皆簪白笔。王公五等及武官不簪，加内侍乃簪。

第二节 一般冠服

（一）帢

亦称帢、帹、䩉。一种便帽。不同时期，名称不同，帢有单、夹两种，以不同色彩分出等级贵贱，为曹操所创。后因将白帢定为吊丧服，祭祀、婚丧、行冠礼均可戴帢。

《通典》卷57《礼七十七·帢》谓：

> 魏武帝以天下凶荒，资财乏匮，始拟古皮弁，裁缣帛为白帢，以易旧服。合乎简易随时之义，以色别其贵贱，本施军饰，非为国容也。（或云："本未有岐，荀文若巾之行，触树枝成岐，因之为善，遂不改。"因通以为庆吊，帢与帢同。）
>
> 晋因之，咸和中，制听尚书八座丞郎。门下三（省）侍官乘车白帢。
>
> 齐依，以素未之，举哀临丧服之。梁因之，以代古疑缞为吊服，为群臣举哀临丧则服之。陈因之，而初婚冠送饯以服之。

又《三国志》卷1《武帝纪》注引《魏书》云：

> 魏太主以天下凶荒，资财乏匮，拟古皮弁，裁缣帛为白帢，合子简易随时之义，以色别其贵贱，本施军饰，非为国容也。曹瞒传曰：太祖为为人佻易无威重，好音乐，倡优在侧，常以日达夕被服轻绡，身自佩小鞶囊，以盛手巾细物，时或冠帢帽以见宾客。

（二）帻

冠的衬巾叫帻。魏、晋以来，亦为一般人所常戴。有职在身者先包帻后戴冠，平民只包帻不戴冠。帻式，上平者曰"平上帻"。帻之耳有短者，耳长者曰"介帻"。武吏戴平上帻，文吏戴介帻。

《通典》卷57《礼十七·帻》云：

古者有冠无帻，其戴也，加首有頍，所以安物。故诗曰"有頍者弁"，此之谓也。（帻者，赜也。头首严赜。）秦雄诸侯，乃加其武将首为绛袙，以表贵贱，其后稍稍作颜题。袙音盲百切。汉因，续其颜，却摞之，施巾连题，却覆之。至孝文乃高其颜题，续之为耳，崇其巾为屋，上下群臣贵贱皆服之。文者长耳，武者短耳，称其冠也。尚书帻收，方三寸，名曰纳言，示以忠正，明近职也。迎气五郊，各如其色，从章服也。武吏常赤帻，成其威也。未冠童子帻无屋者，示未成人也。入学小童帻句卷屋者，示尚幼小，未远冒也。丧帻却摞，反本礼也。晋因之。东晋哀帝从博士曹弘之等议，立秋御读月令，改用素帻。宋因之，以黑帻，骑吏、鼓吹、武官服之；其救日蚀，文武官皆免冠着赤帻。齐因之，以黑帻拜陵所服。梁因之，以黑介帻为朝服，元正朝贺毕，还储更出所服。未加元服，则空顶（介）帻。陈因之，诸军司马服平巾帻，长吏介帻，御节郎、黄钺郎朝服，赤介帻，簪笔。

又《晋书》卷 25《舆服志》云：

帻者，古贱人不冠者之服也。汉元帝额有壮发，始引帻服之。王莽顶秃，又加其屋也。《汉注》曰，冠进贤者宜长耳，今介帻也。冠惠文者宜短耳，今平上帻也。始时各随所宜，遂因冠为别。介帻服文吏，平上帻服武官也。童子帻无屋者，示不成人也。又有纳言帻，帻后收又一重，方三寸。又有赤帻，骑吏、武吏、乘舆鼓吹所服。救日蚀，文武官皆免冠着帻，对朝服，示武威也。

又《南齐书》卷 17《舆服志》云：

平冕黑介帻，今谓平天冠……黑介帻，单衣，无定色，乘舆拜陵所服。其白帢单衣，谓之素服，以举哀临丧。……黑介帻冠，文冠；平帻冠，武冠。尚书令、仆射、尚书纳言帻，后饰为异。童子空顶帻，施假髻，贵贱同服。救日蚀，文武官皆免冠，着赤介帻对朝服。赤帻，示威也。

（三）帽

帽子是南朝以后大为兴起的。其种类颇多，其中，白纱帽，为南朝时一种特有的帽子，为天子所戴。皇太子在上省则乌纱帽，在永福省则白纱帽，士庶多戴乌纱帽，皂帽亦为士人所戴。大障日帽为农商们所戴。

《通典》卷57《礼十七·帽》云：

> 上古穴居野处，衣毛帽皮，以此而言，不施衣冠明矣。（《玄中记》云"旬始作帽"。）
>
> 周成王问周公曰："舜之冠何如焉？"曰："古之人上有帽而句领。"魏管宁在家，尝着皂帽。《吴书》云："陆逊破曹休于石亭，还，当反西陵，朝（臣）[廷]燕赐终日，上脱翠帽以赐逊。时同群臣朝谒而服之。"晋因之。宋制，黑帽，缀紫标，标以缯为之，长四寸，广一寸，后制高屋，白纱帽。齐因之。梁因制，颇同，至于高下翅之卷小异耳。皆以白纱为之。陈因之，天子及士人通冠之。白纱者，名高顶帽。皇太子在官则乌纱，在永福省则白纱。又有缯皂杂纱为之，高屋下裙，盖无定准。又制岑帽，羲角五音帅长服之。后魏咸着突骑帽，如今胡帽，垂裙覆带，盖索发之遗象也。又文帝颈上瘤疾，不欲人见，每常着焉。时为雅服。小朝公宴，咸许戴之。

又《晋书》卷25《舆服志》云：

> 帽名犹冠也，义取于蒙覆其首，其本缅也。古者冠无帻，冠下有缅，以缯为之。后世施帻于冠，因或裁缨为帽。自乘舆宴居，下至庶人无爵者皆服之。成帝咸和九年，制听尚书八座丞郎、门下三省侍官乘车，白帢低帏，出入掖门。又，二宫直官着乌纱。然则往往士人宴居皆着矣。而江左时野人已着帽，人士亦往往而然，但其顶圆耳，后乃高其屋云。

此外，魏晋南北朝时期，战事频仍，人民厌战，祈求合欢团圆，过安定生活，遂制合欢帽。其命名一则形容帽式，二则亦有祈求合欢之寓意。

（四）角巾

有棱角的头巾。相传东汉名士郭林宗外出遇雨，巾帔淋湿，其巾一角陷下，时人见之新奇，纷纷效仿，一时形成风气。魏晋南北朝仍有此习。这时角巾多用于儒生、学士等读书人，俗称"折角巾"，或称"林宗巾"。

旧题晋陶潜《搜神后记》卷1谓：

> 忽有一人，长丈余，萧疏单衣，角巾，来诣之。翩翩举其两手，并舞而来。

又《世说新语》卷中之上《雅量》谓：

> 我与无规虽俱王臣，本怀布衣之籽，若其欲来，吾角巾迳还乌一。

又《隋书》卷11《礼仪志六》谓：

> 晋太元中，国子生见祭酒博士，单衣，角巾，执经一卷，以代手版。宋末，阙其制。齐立学，太尉王俭更造。今形如之。

一般士人等退居后亦裹角巾。
《晋书》卷34《羊佑传》载：

> 羊佑……尝与从弟琇书曰："既定边事，当角巾东路，归故里。"

（五）幅巾

亦称"縑巾"。男子裹头之巾。以縑帛为之，裁成方形，长宽与布幅相等，故称"幅巾"。用以包裹发髻，系结于前额或颅后。始于汉代，魏晋南朝时其制大兴。通常为士人所戴，喜其轻便。

《通典》卷57《礼十七·幅巾》谓：

> 后汉东，王公名士以幅巾为雅，是以袁绍、崔豹之徒，虽为将帅，皆着縑巾。……（按：巾，六国时，赵魏之间，通谓之承露。袁绍战败，幅巾渡河。按辞此则庶人及军旅皆服之。用全幅皂而后幞发，谓之头巾，俗人谓之幞头。）

1960年江苏南京西善桥南朝墓出土的"竹林七贤与荣启期"砖印壁画，绘有幅巾系首的男子形象①。

北朝晚期，后周武帝改易其制，将四角加长，遂成幞头。

《通典》卷57《礼十七·幅巾》谓：

> 后周武帝因裁幅巾为四脚。

（六）幞头

幞头，又称"襆头"、"服头"等，是从汉魏时流行的方形巾帕中衍变出来的一种首服。本为头巾，北周武帝时始裁为四角，即四带。前系二条大带，后二角亦作二条小带，将前二大带抹过额而系之于脑后，复将后二小带系向前而结于髻前。其形制源于前期的幅巾之制。

《隋书》卷12《礼仪卷七》谓：

> 故事，用全幅皂而向后幞发，俗人谓之幞头。自周武帝裁为四角，今通于贵贱矣。

又《资治通鉴》卷173《陈纪七》宣帝太建十年（578）条谓：

> 甲戌，周主初服常冠，以皂纱全幅向后幞发，仍裁为四脚。

胡三省注谓：

> 今之幞头始此，制微有不同耳。杜佑曰："后汉东，王公卿士以幅巾为雅，用全幅皂而向后幞发，谓之头巾，俗人因号为幞头。"

（七）衫

魏晋男子服装以长衫为尚。其特点是宽大敞袖，有单、夹二式。白衫仅为常服，也可权当礼服。晋时衫已是常着的衣服之一，裲裆衫在当时只

---

① 参见南京博物院《南京西善桥南朝墓及其砖刻壁画》，《文物》1960年第8—9期合刊。

着于内，而不作外服之用。

《宋书》卷77《柳元景》云：

> 建武将军薛安都……脱金鍪，解所带铠，唯着绛衲裲裆衫。……

又《东宫旧事》谓：

> 太子纳妃，有白縠、白纱、白绢衫，并结紫缨。

（八）半袖

短袖之襦，长不过腰。通常罩于长袖衣外，取其便利。汉魏时期男女均穿着，一般作为家居便服，帝王平时亦穿。

《晋书》卷27《五行志上》云：

> 魏明帝着绣帽，披缥纨半袖，常以见直臣杨阜，谏曰："此礼何法服邪！"常默然。

（九）白衣

白布之衣。以白色细麻布为原料制成，是庶民及未入仕者常穿之服。

《三国志》卷54《周瑜鲁肃吕蒙传》云：

> （吕）蒙至寻阳，尽伏其精兵䑠艢中，使白衣摇橹，作商贾人服，尽夜兼行。

又《晋书》卷66《陶侃传》谓：

> （陶）侃坐免官。王敦表以侃白衣领职。

（十）品色衣

亦称"五色衣"、"五色袍"。宫廷侍卫护驾出行时所穿的礼服。品色，即杂色。品色衣有别于统一的公服，其制出于北周。

《周书》卷7《宣帝纪》谓：

（大象）二年……三月……乙末，改同州宫为天成宫。庚子，至自同州。诏天台侍卫之官，皆着五色及红紫绿衣，以杂色为缘，名曰品色衣。有大事，与公服间服之。

又《隋书》卷11《礼仪志六》谓：

（宣帝）二年下诏，天台近侍及宿卫之官，皆着五色衣，以锦绮缋绣为缘，名曰品色衣。

需要指出的是，此时期衣服的长短往往随时变异。吴景帝末，民间男女的上衣特长，而下体之裙裳则特短；晋武帝时，服式又演变成"上俭下丰"，即上衣特短，下裙特长；到了晋末，士庶百姓皆戴小冠，衣裳制得极其宽大。

《晋书》卷27《五行志上》云：

孙休后，衣服之制上长下短，又积领五六而裳居一二。……武帝泰始初，衣服上俭下丰，着衣者皆厌腰……是时，为衣者又上短，带才至于掖，着帽者又以带缚项。

又《抱朴子·外篇》卷26《讥惑篇》云：

丧乱以来，事物屡变，冠履衣服，袖袂财制。日月改易，无复一定，乍长乍短，一广一狭，忽高忽卑，或粗或细，所饰无常，以同为快。其好事者，朝夕仿效，所谓京辇贵大眉，远方皆半额也。

南朝的衣式，大抵趋尚于博大。而北朝则因从事畜牧生活，其袍不像南朝那样博大，而是小袖紧袍，色彩丰富，领开在颈旁者为夹领。

《晋书》卷27《五行志上》云：

晋末皆冠小而衣裳博大，风流相放，舆台成俗。

又《宋书》卷 82《周朗传》云：

  凡一袖之大，足断为两，一裙之长，可分为二，见车马不辨贵贱，视冠服不知尊卑。

又《魏书》卷 21 上《咸阳王禧传》云：

  （魏主）又引见王公卿士，责留京之官曰："昨望见妇女之服，仍为夹领小袖。"

这一时期，我国北方民族的衣服多好用锦彩及刺绣。
《周书》卷 27《崔猷》云：

  猷屡上疏谏，书奏……又廛里富室，衣服奢淫，乃有织成文绣者。……

又《魏书》卷 21《高阳王雍》云：

  雍表请：王公以下贱妾，悉不听用织成锦绣、金玉珠玑，违者以违旨论奴；婢悉不得衣绫绮缬，止于缦缯而已，奴则布服，并不得以金银为钗带，犯者鞭一百。

为适应北方生活需要，北族人民常用腰带，其制作非常考究，有金玉杂宝等装饰。
沈括《梦溪笔谈》卷 1《故事》谓：

  中国衣冠，自北齐以来，乃全用胡服。窄袖、绯绿短衣，长靿靴，有鞢䩞带，皆胡服也。窄袖利于驰射，短衣、长靿皆便于涉草。……带衣所垂鞢䩞，盖欲佩带弓剑、帉帨、算囊、刀砺之类。

又《周书》卷 19《侯莫陈顺》云：

大统元年，拜卫尉卿……四年，魏文帝东讨……顺于渭桥与贼战，频破之，魏文帝还，执顺手曰："渭桥之战，卿有殊力。"便解所服全金镂玉梁带赐之。

（十一）木屐

主要盛行于南朝，上自天子，下至文人、士庶均使用。
《宋书》卷3《武帝纪下》云：

　　上清简寡欲……性尤简易，常着连齿木履，好出神虎门逍遥，左右从者不过十余人。

又同书卷67《谢灵运》云：

　　灵运固父祖之姿……登蹑常着木屐，上山则去前齿，下山则去其后齿。

（十二）靴

靴为北族人民所穿着，在南朝则不作为正式服饰之用。
《梁书》卷54《西北诸戎武兴国传》谓：

　　武兴国，本仇池。……着乌皂突骑帽，长身小袖袍、小口裤、皮靴。

又《北齐书》卷10《任城王湝传》载：

　　天统三年，（湝）拜太保，并州刺史，别封正平郡公，时有妇人临汾水浣衣，有乘马人换其新靴驰而去者，妇人持故靴，诣州言之。

又《南史》卷77《恩幸周石珍传》谓：

　　及简文见主，亶学北人着靴上殿，无肃荼之礼。

（十三）草鞋

是指以蒲草或芒草等编织的鞋子。商周即已有之，称"扉屦"、"芒屩"，或称"草屩"、"蒲履"。汉代以降称草鞋。为一般士人或贫者所常着。

晋张华《感应类从志》谓：

> 乃令开棺。唯见一草鞋在棺，有箭孔数十。

又《梁书》卷51《张孝秀传》谓：

> 孝秀性通率，不好浮华，常冠谷皮巾，蹑蒲履。

第三节 妇女服饰与容貌修饰

魏晋南北朝妇女在服饰与容貌修饰上，表现出特有的风貌，彰显了她们不落俗套，大胆追求个性解放的时代精神。

一 妇女服饰

先叙魏晋南北朝命妇的服饰。

这一时期的命妇服饰，大抵因循汉制而略为增损。

《通典》卷62《礼二十二·后妃命妇服章制度》对此时期命妇的服饰介绍甚详，这里选录部分内容如下：

> 魏之服制，不依古法，多以文绣。
>
> 晋依前汉制，皇后谒庙，服皂上皂下；蚕，青上缥下隐领袖缘。元康六年，诏以纯青服。贵人、夫人、贵嫔，是为三夫人，皆金章紫绶。九嫔银印青绶，佩采瓄音独玉。助蚕之服，纯缥为上下。皇太子妃，金玺龟钮，缥朱绶，佩瑜玉。诸王太妃、妃、诸长公主、公主、封君，金印紫绶，佩山瓄玉。自公主、封君以上，皆带绶，以采组为绲带，各如其绶色，金辟邪首为带玦。郡县公侯太夫人、夫人，银印青绶，水苍玉。公特进列卿代妇、中二千石夫人入庙助祭者，皂绢上下；助蚕者，缃绢上下。自二千石夫人以上至皇后，皆以蚕衣为

朝服。

宋制，太后、皇后入庙，服褂襡。大衣，谓之袆衣。公主、封君以上皆带绶，以采组为绲带，各如绶色。公特进列侯夫人、卿校代妇、二千石命妇年长者，入庙佐祭，皂绢上下；助蚕则青绢上下。自皇后至二千石命妇，皆以蚕衣为朝服。按汉刘向曰："古者天子至于士，王后至于命妇，必佩玉，尊卑各有其制。"王后至命妇所佩玉，古制不存，今与外同制。……

后周制皇后之服，十有二等。其翟衣六：从皇帝祀郊禖，享先皇，朝皇太后，则服袆衣；祭阴社，朝命妇，则服揄衣；祭群小祀，受献茧，则鷩衣；采桑则服鸠衣；黄色。音卜。从皇帝见宾客，听女教，则服鹝衣；白色。音罩。食命妇，归宁，则服袆衣。玄色。音秩。俱十有二等，以翬翟为领褾，各十有二。临妇学及法道门，燕命妇，有时见命妇，则苍衣；春齐及祭还，则青衣；夏齐及祭还，则朱衣；采桑齐及采桑还，则黄衣；秋齐及祭还，则素衣；冬齐及祭还，则玄衣。自青衣而下，其领褾以相生之色。

关于这一时期命妇的首饰，《通典》卷62《礼二十二·后妃命妇首饰制度》谓：

魏制，贵人、夫人以下助蚕，皆大手髻，七镈遮髻，黑玳瑁，又加簪珥。九嫔以下五镈，世妇三镈。诸王妃、长公主大手髻。其长公主得有步摇，缘有簪珥。公、特进、列侯、卿、校代妇、中二千石以下夫人，绀缯帼，黄金龙首衔白珠，鱼须擿，长一尺，为簪珥。

晋依前代，皇后首饰：假髻，步摇，簪珥。步摇以黄金为山题，贯白珠为枝相缪，八爵九华，熊、武、赤黑、天鹿、辟邪、南山丰大特六兽。诸爵兽皆以翡翠为毛羽，金题，白珠珰绕，以翡翠为花。元康六年诏改。

宋依汉制，太后入庙祭祀，首饰翦氂帼。皇后亲蚕，首饰假髻，步摇，八雀九华，加以翡翠。复依晋法，皇后十二镈，步摇，大手髻。公主、三夫人大手髻，七蔽镈髻。公夫人，五镈。代妇三镈。其长公主得有步摇。公、特进、列侯夫人、二千石命妇年长者，绀缯帼。

次叙魏晋南北朝妇女的一般服饰。

据周锡保先生研究,当时一般妇女的日常穿着,主要有襦、衫、裙、裲裆、抱腰、帔等①,以下予以介绍。

襦、衫

襦、衫是南朝一般妇女最常穿的上衣。襦多用大襟,衣襟右掩,衣袖有宽、窄两种。衫以直襟为主,多为单层,袖子呈垂直状,袖口宽大。

《玉台新咏》卷4引谢朓《赠王主簿》载:

轻歌急绮带,含笑解罗襦。

又同书卷5引沈约《少年新婚为之咏》载:

裾开见玉趾,衫薄映凝肤。

《玉台新咏》卷8引庾肩吾《南苑还看人》云:

细腰宜窄衣,长钗巧挟鬟。

又同书卷7引简文帝《小垂手》云:

且复小手垂,广袖拂红尘。

北朝的襦、衫则以窄袖为多。
《魏书》卷19《任城王传》载:

朕昨入城,见车上妇人冠帽而着小襦袄者。

北齐娄睿墓出土的女侍俑及北齐张肃墓的女侍俑皆着窄袖的衫、襦,

---

① 周锡保:《中国古代服饰史》,中国戏剧出版社1984年版,第155页。

下穿长裙，裙腰几达腋下。①

裙

裙子亦为南朝妇女常穿的衣服，形制多样，色彩丰富。

《玉台新咏》卷 7 引简文帝《古意》载：

> 樽中石榴酒，机上葡萄裙。

又同书卷 5 庾丹《秋闺有望》载：

> 空汲银床井。谁缝金镂裙。

又同书卷 6 何思澄《南苑逢美人》载：

> 风卷葡萄带，日照石榴裙。

又同书卷 7 引皇太子圣制乐府《戏赠丽人》载：

> 罗裙宜细简，画重屟高墙。

裲裆

亦称"两当"、"两裆"，是一种背心式服装。一般作成两片，一片挡胸，另一片挡背，肩部以带相连。比半臂要短小。裲裆既可以着之于内，又可着之于外，且有绣，有锦，有夹。

《晋书》卷 27《五行志上》云：

> （晋）武帝泰始初……至元康末，妇人为两裲，加手领上，此内出外也。

---

① 山西省考古研究所、太原市文物管理委员会：《太原市北齐娄睿墓发掘简报》，《文物》1983 年第 10 期；山西省博物馆：《山西圹坡北齐张肃墓文物图录》，中国古典艺术出版社 1958 年版。

又同书卷59《齐王冏传》云

时又谣曰:"着布袙复,白齐持服。"

在新疆阿斯塔那十六国前凉墓葬中发现有绣两裆一件,穿着在女尸身上,两裆为红绢面,素绢里,内夹丝絮,并以素绢镶边,为研究提供了实物资料。①

抱腰

亦称"圆腰"。南北朝妇女的贴身小衣。由秦汉"抱腹"演变而来。以方帛为之,只用前片,不施后片。四角缀带,用时二带系结于颈,二带围系于腰。作用与后世的肚兜相似。

明冯惟讷《诗纪》卷116引北周庾信《梦入堂内诗》谓:

小衫裁裹臂,缠弦掐抱腰。

又同上引庾信《夜听捣衣诗》谓:

小鬟宜粟瑱,圆腰运织成。

抱腰间加有束带。

《玉台新咏》卷6引吴均《去妾赠前夫》载:

凤凰簪落鬓,莲华带绶腰。

帔

又作"帔间"、"帔肩"。一种披在肩背上无袖的服饰。始于晋代,形似围巾,帔在颈背部,交于领前,自然垂下。

《玉台新咏》卷71引简文帝《娼妇怨情二韵》载:

---

① 新疆社会科学院考古研究所:《吐鲁番阿斯塔那古墓区65TAM39墓》,《考古与文物》1983年第4期。

散诞披红帔，生情新约黄。

又同书卷8引徐孝穆《走笔戏书应令》载：

片月窥花簟，轻寒入帔巾。

又宋高承《事物纪原》卷3《衣裘带服部·帔》谓：

晋永嘉中，制绛晕帔子。……是披帛始于秦，帔始于晋矣。

履、木屐

这一时期的妇女盛行着履和木屐。关于着履，《南齐书》卷2《高帝纪》载：

上少沉深有大量，宽严清俭……后宫器物栏槛以铜为饰者，皆改用铁，内殿施黄纱帐，宫人着紫皮履，华盖除金花爪，用铁迥钉。

又《文选》卷19引曹植《洛神赋》载：

践远游之文履，曳雾绡之轻裾。

关于着木屐，《晋书》卷27《五行志上》载：

初作屐者，妇人圆头，男子方头。圆头顺之义，所以别男女也。至太康初，妇人屐乃方头，与男无别。

二 容貌修饰

这一时期妇女的发式，向高大发展，发饰多种多样，有反绾髻、百花髻、堕马髻、芙蓉髻、飞天纷、回心髻、归真髻、凌云髻、灵蛇髻等。

《文选》卷19卷《洛神赋》云：

云髻峨峨，修眉联娟。

又《宋书》卷30《五引志一》载：

> 宋文帝元嘉六年，民妇人结发者，三分发，抽其鬟直向上，谓之"飞天䯻"。始自东府，流被民庶。

在北齐崔博墓中女侍俑头上的髻从正面看在头正中凸起，但从侧面看则呈马鞍状，故在发掘报告中被称为鞍形髻；而北齐娄睿墓中女侍跪俑的发式与之相类似，在报告中被称为单髻。这表明在这个时期妇女的发式呈现多样化的特点。①

当时的髻是实的，而鬟则虚而且空。《宋书》卷30《五行志义》载：

> 晋惠帝……元康中，妇人结发者，既成，以缯急束其环，名曰撷子䯻。始自中宫，天下化之。

又《东府诗集》卷35引陈后主《三妇艳诗》云：

> 小妇初两髻，含娇新脸红。

当时还流行一种"假头"，或称假髻。西安草厂坡十六国北朝墓中袖手女俑及弹琴女俑头上的大十字髻正是假髻的一种。②

《晋书》卷27《五行志》载：

> 太元中，公主妇女必缓鬓倾髻，以为盛饰。用髲既多，不可恒戴，乃先于木及笼上装之，名曰假髻，或曰假头。至于贫家，不能自办，自号无头，就人借头。

这一时期发髻上的饰物有步摇、花钿、簪、钗、镊子，或插以鲜

---

① 山东省文物考古研究所：《临淄北朝崔氏墓》，《考古学报》1984年第2期；山西省考古研究所、太原市文物管理委员会：《太原市北齐娄睿墓发掘简报》，《文物》1983年第10期。
② 陕西省文物管理委员会：《西安草厂坡村北朝墓的发掘》，《考古》1959年第6期。

花等。

步摇

发髻上的饰物。在发钗上装缀一个可以活动的花枝，并在花枝上垂以珠玉等饰物，步行时，随着步履的颤动，钗子之珠玉会自然地摇曳。

《玉台新咏》卷5引南朝沈满愿《咏步摇花》诗：

  珠华萦翡翠，宝叶间金珠。
  剪荷不似制，为花如自生。
  低枝拂绣领，微步动瑶瑛。
  但令云髻插，蛾眉本易成。

又《乐府诗集》卷63引曹植《美女篇》云：

  头上金爵钗，腰佩翠琅玕。

又《玉台新咏》卷5引南朝沈满愿《戏萧娘》载：

  清晨插步摇，向晚解罗衣。

在辽宁北票鲜卑慕容氏的墓葬中发现过步摇的实物。①

钿

又称"钿儿"，是一种以金银、珠翠制成的鬓花。其中金钿一般有两种形制，一种在金花的背后装有钗股，使用时可直接簪插在髻中；另一种金钿的背后没有钗股，只是在花蕊部分或花瓣上留有数个小孔，使用时以簪钗之类的饰物将其固定在髻上。

《玉台新咏》卷8引刘遵《应令咏舞》载：

  履度开裙襵，鬟转匝花钿。

又同书卷庾肩吾《应令冬晓》载：

---

① 陈大为：《辽宁北票房身村晋墓发掘简报》，《考古》1960年第1期。

萦鬟起照镜，谁仁插花钿？

又同书卷 10 引吴兴妖神《赠谢府君览一首》载：

玉钗空中堕，金钿色行歇。

簪、钗
发钗与发簪均用于插发，发簪通常作为一股，而发钗则作成双股。
《玉台新咏》卷 8 引刘缓《冬宵》载：

衣裾逐坐襵，钗影近灯长。

又同书卷 9 引《歌辞二首》载：

头上金钗十二行，足下丝履五文章。

又同书卷 8 引刘孝感《都县遇见人织率尔寄妇》载：

红衫向后结，金簪临鬓斜。

又同书卷 5 引沈约《携手曲》载：

斜簪映秋水，开镜比春妆。

南京东晋王丹虎墓曾出土金簪，山西大同北魏冯太后永固陵中曾出土铜簪与骨簪的实物。[①]

[①] 南京市文物保管委员会：《南京象山东晋王丹虎墓和二、四号墓发掘简报》，《文物》1965 年第 10 期；大同市博物馆、山西省文物工作委员会：《大同方山北魏永固陵》，《文物》1978 年第 7 期。

镊

簪的一种。

《玉台新咏》卷5引江洪《咏歌姬》载：

> 宝镊间珠花，分明靓妆点。

当时尚有插鲜花之俗，四时花朵均可插戴，一般为时令鲜花。《玉台新咏》卷7引简文帝《看摘蔷薇》注引《风土记》载：

> 九月九日，折茱萸房以插头。

当时簪钗等物，贵族妇女选用金、玉、翡翠、玳瑁、琥珀、珠宝等制成，而贫者则采用铜、银、骨类为之。

手镯

亦称跳脱、臂钏，一种套在手腕上的环形装饰物。当时流行金属手镯，其形制分为两类：一种是用金属丝弯成圆环；另一种是将金属用模制法加工制成，并凿刻纹饰或镶嵌各色宝石。

《玉台新咏》卷1引三国魏繁钦《定情诗》谓：

> 何以致契阔，绕腕双跳脱。

又同上卷2引傅云《有女篇》谓：

> 珠环约素腕，翠爵垂鲜先。

山东临沂洗砚池晋墓曾出土许多金器装饰品，有手镯、钗、簪、铃、串珠、指环等。[1]

---

[1] 山东省文物考古研究所、临沂市文化局：《山东临沂洗砚池晋墓》，《文物》2005年第7期。

第四节　戎服

戎服通常由紧身衣裤或铠甲组成，着之以便行军作战。魏晋南北朝时期，由于战争连年不断，武士的甲胄也得到了很大的发展，筒袖铠、裲裆铠与明光铠三种铠甲，是当时铠甲比较典型的形制。

筒袖铠

由东汉的铠甲演变而成。此铠装有护肩筒袖，甲衣上饰以鱼鳞甲片或龟背纹甲片，头上兜鍪两侧盖耳，额头中间下部突出尖形与双眉相变，盔顶竖有长缨，从出土陶俑来看，穿此铠甲的武士，给人以威武勇猛的感觉。

《南史》卷46《王玄谟传》云：

> 明帝即位，礼遇益崇。时四方反叛……寻除车骑将军，江州刺史，副司徒建安王于赭圻，赐以诸葛亮筒袖铠。

又同书卷39《殷孝祖传》云：

> 明帝初即位……进孝祖号冠军将军、假节、督前锋诸军事。御仗先有诸葛亮筒袖铠、铁帽，二十五石弩射之不能入，上悉以赐孝祖。

洛阳地区曾经出土过身着筒袖铠的陶俑，其胸背是连缀在一起的，由肩部向下有筒袖，袖口收于肘部以上。[①]

裲裆铠

形如裲裆衫（背带衫），由皮或金属制成。着裲裆铠时，内衣必是紫色或绛色（红）的衫，并与较大的袴褶相接。

《魏书》卷65《李平传》曰：

> 诏（李）平长子奖以通直郎从，赐平缣帛百段、紫纳金装衫甲一领。

[①] 河南省文化局文物工作队第二队：《洛阳晋墓的发掘》，《考古学报》1957年第1期。

又《宋书》卷56《孔琳之传》谓：

> 孔琳之……又曰：……之于袍袄、裲裆，必俟战阵，实在库藏，永无损毁。……谓若侍卫所须，固不可废，其余则依旧用铠。小小使命送迎之属，止宜给仗，不烦铠袄。

武汉周家大湾南朝宋墓等处出土的陶俑及河南邓县彩色画像砖墓都较为清晰地展示了裲裆铠的形制。①

明光铠

一种十分威武的军服，其特点是在胸背处装有金属圆护的铠甲。圆护一般用铜铁等金属制成，十分光亮，犹如镜子。穿着它在阳光下作战，会反射出耀眼的"明光"，故名。此铠外形完整明朗，性格感极强，使用效果好，久而久之取代了裲裆铠。

《周书》卷27《蔡佑传》云：

> 着明光铁铠，所向无前。敌人咸曰："此是铁猛兽也"，皆遽避之。

从北齐崔昂墓、娄睿墓出土的武士俑都可以较清楚地看到明光铠的形制。②

这一时期的戎服，主要者尚有袴褶、缚裤、战袍等。

袴褶

袴褶通常由上褶、下袴组成，褶衣多用窄袖，长不过膝；裤管宽松而博大，成为此时期军将武士的主要服饰。

《晋书》卷25《舆服志》云：

---

① 湖北省博物馆：《武汉地区四座南朝纪年墓》，《考古》1965年第4期；河南省文物局文化工作队：《邓县彩色画像砖墓》，文物出版社1958年版，第22页。

② 河北省博物馆、河北省文物管理处：《河北平山北齐崔昂墓调查报告》，《文物》1973年第11期；山西省考古研究所、太原市文物管理委员会：《太原市北齐娄睿墓发掘简报》，《文物》1983年第10期。

袴褶之制，未详所起，近世凡车驾亲戎、中外戒严服之。服无定色，冠黑帽，缀紫摽，摽以缯为之，长四寸，广一寸，腰有络带以代鞶。

又《南史》卷5《废帝东昏侯纪》云：

太子所生母黄贵嫔亡……令潘妃母养之。拜潘氏为贵妃，乘卧舆，帝骑马从后，着织成袴褶，金薄帽，执七宝缚矟。又有金银校具，锦绣诸帽数十种，各有名字。戎服急装缚袴，上着绛衫，以为常服，不变寒暑。

又《北堂书钞》卷129《语林》谓：

见一人着黄皮袴褶，乘马将猎。

缚裤
通常指袴褶之裤。因裤管松散，不便活动，故以布带缠缚膝处。其制始于三国，流行于晋，至南北朝时大兴。多用于从戎。
《太平御览》卷695《服章部·袴褶》引《宋书》谓：

元凶邵弑逆，袁淑止之，邵因起，赐淑等袴褶。又就主衣取锦裁三尺为一段，又中裂之，与淑及左右，使以缚袴褶。

又《南史》卷37《沈庆之传》谓：

上开门召（沈）庆之，庆之戎服履靺缚裤入，上见而惊曰："卿何意乃尔急装？"庆之曰："夜半唤队主，不容缓服。"

当时天子也可穿戎服。
《南史》卷5《废帝东昏侯帝纪》谓：

（东昏侯）戎服急装缚袴，上着绛衫，以为常服，不变寒暑。

战袍

军将武士所着之袍。亦泛指戎服，形制短而窄。
《魏书》卷103《蠕蠕传》谓：

> 二年正月……私府绣袍一领并帽，内者绯纳袄一领；绯袍二十领并帽，内者杂彩千段。

穿戎服，则足着靴，腰束皮带。
《北齐书》卷20《慕容俨传》谓：

> （天保）六年……（慕容）俨乃率步骑出城奋击。……城中食少，粮运阻绝，无以为计，唯煮槐楮、桑叶等草及靴、皮带、觔角等物而食之。

北朝妇女具有豪放、坚强的尚武精神，因而她们亦常常戎装束带，与丈夫无异。
《南齐书》卷57《魏虏传》谓：

> 太后出，则妇女着铠骑马近辇左右。

又《魏书》卷73《杨大眼传》谓：

> 至于攻陈游猎之际，（杨）大眼令妻潘戎服，或齐镳战场，或并驱林壑。

第三十一章 饮食生活

魏晋南北朝时期，饮食文化获得了全面的发展，除主食品种繁多外，菜肴亦别具特色，无论主料、调料和烹饪术均较前代丰富和进步。在饮料中，酒和茶具有代表性。尤为值得一提的是，这一时期随着民族交流的加强，整个饮食生活均带有浓厚的胡汉融合的色彩。

第一节 主食

在魏晋南北朝时期，用各种粮食等做成的主食花样繁多，以下分述之。

（一）饭

即干饭。刘熙《释名·释饮食》谓：

> 饭，分也，使其粒各自分也。

魏晋南北朝时期的饭食主要有麦饭、粟饭和稻米饭等品种。麦饭是用大麦米做成的饭，在当时它属较为粗粝的食物。

《南齐书》卷53《刘怀慰传》云：

> 齐国建……不受礼谒，民有饷其新米一斛者，怀慰出所食麦饭示之，曰："旦食有余，幸不烦此。"

又《陈书》卷21《孔奂传》云：

> 高祖作相，除司徒右长史，迁给事黄门侍郎。齐遣东方老、萧轨

等来寇，军至后湖，都邑摇扰，又四方壅隔，粮运不继，三军取给，唯在京师，乃除奂为贞威将军、建康令。时累岁兵荒，户口流散，勍敌忽至，征求无所，高祖克日决战，乃令奂多营麦饭，以荷叶裹之，一宿之间，得数万裹，军人旦食讫，弃其余，因而决战，遂大破贼。

又《魏书》卷47《卢玄传》云：

义僖性清俭，不营财力利，虽居显位，每至困之，麦饭蔬食，忻然甘之。

粟饭，即小米饭。此饭在北方普遍流行。
《三国志》卷4《少帝纪》引《世语》及《魏氏春秋》载：

此秋，姜维寇陇右。时安东将军司马文王镇许昌，征还击维，至京师，帝于平乐观以临军过。中领军许允与左右小臣谋，因文王辞，杀之，勒其众以退大将军。已书诏于前。文王入，帝方食粟，优人云午等唱曰："青头鸡，青头鸡。"青头鸡者，鸭也。帝惧不敢发。文王引兵入城，景王因是谋废帝。

又同书卷5《后妃传》引《魏书》谓：

太后每随军征行……常言"……吾事武帝四五十年，行俭日久，不能自变为奢，有犯科禁者，吾且能加罪一等耳，莫望钱米恩贷也。"帝为太后弟秉起第，第成，人后幸请诸家外亲，设下厨，无异膳。太后左右，菜食粟饭，无鱼肉。其俭如此。

粟饭在北方虽不算粗食，然在南方却被视为粗粮。
《宋书》卷76《宗悫传》云：

孝建中，（宗悫）累迁豫州刺史，监五州诸军事。先是，乡人庾业，家甚富豪，万丈之膳，以待宾客，而悫至，设以菜葅粟饭，谓客曰："宗军人，惯啖粗食。"悫致饱而去。

稻米饭无论在北方还是南方，均属饭中上品，人们都爱食之。
《三国志》卷13《王郎》引《魏略》云：

> 太祖请同会，啁朗曰："不能效君昔在会稽折秔米饭也。"郎仰而叹曰："宜适难值！"太祖问："云何？"朗曰："如朗昔者，米可折；如明公今日，可折而不折也。"

又《晋书》卷33《石崇传》云：

> 初，崇家稻米饭在地，经宿皆化为螺，时人以为族灭之应。有司簿阅崇水碓三十余区，苍头八百余人，他珍宝货贿田宅称是。

由于稻米饭备受青睐，而北方又并非处处皆宜种稻，以致有侵占官家稻田之事。
《晋书》卷35《裴秀传》云：

> 司隶校尉李憙复上言，骑都尉刘尚为尚书令裴秀占官稻田，求禁止秀。诏又以秀干翼朝政，有勋绩于王室，不可以小疵掩大德，伎推正尚罪而解秀禁止焉。

《齐民要术》一书，介绍了多种饭食的制作方法。该书卷9《飧饭》云：

> 作粟飧法：米欲细而不碎。米讫即饮。淘必宜净。香浆和暖水浸馈，少时，以手挼，无令有块，复小停，然后壮。投飧时，先调浆令甜酢适口，下热饭于浆中，尖出便止。宜少时住，勿使挠搅，待其自解散，然后捞盛，飧便滑美。
>
> 折粟米法：取香美好谷脱粟米一石，于木槽内，以汤淘，脚踏；泻去汁，更踏；如此十遍，隐约有七斗米在，便止。漉出，曝干。饮时，又净淘。下馈时，于大盆中多着冷水，必令冷彻米心，以手挼馈，良久停之。投饭调浆，一如上法。粒似青玉，滑而且美。

作寒食浆法：以三月中清明前，夜炊饭，鸡向鸣，下熟热饭于瓮中，以向满为限。数日后便酢，中饮。因家常炊次，三四日辄以新炊饭一碗酸之。每取浆，随多少即新汲冷水添之。讫夏，馈浆并不败而常满，所以为异。以二升，得解水一升，水冷清俊，有殊于凡。

（二）饼

面食当中，以饼为多。由于我国北方产麦多于稻，因此北方面食多于南方。魏晋南北朝时期，饼的种类繁多，主要者有以下几种。

蒸饼

类似今日的馒头、枣馒头。

《晋书》卷33《何曾传》云：

> 然性奢豪，务在华侈。帷帐车服，穷极绮丽，厨膳滋味，过于王者。每燕见，不食太官所设，帝辄命取其食。蒸饼上不坼作十字不食。食日万钱，犹曰无下箸处。

又《太平御览》卷860《饮食部·饼》引《赵录》载：

> 石虎好食蒸饼，常以干枣、胡桃瓤为心蒸之，使坼裂方食。及为冉闵所篡幽废，思其不裂者不可得。

面起饼

与蒸饼类似。

《南齐书》卷9《礼志上》云：

> 永明九年正月，诏太庙四时祭，荐宣帝面起饼、鸭。

汤饼

古代泛指一切汤煮而食的面制食点为汤饼。今之面条即由汤饼的一种发展而来。汤饼在魏晋南北朝时期得到充分发展，成为粥饭之外的最重要的主食。人们特别喜欢在寒冷之时食用汤饼。

《艺文类聚》卷72《食物部·饼》引晋束皙《饼赋》谓：

> 玄冬猛寒，清晨之会，涕冻鼻中，霜凝口外，充虚解战，汤饼为最。

汤饼又称索饼。
又《事物纪原》卷9《酒醴饮食部·汤饼》谓：

> 魏、晋之代，世尚食汤饼，今索饼是也。《语林》有魏文帝与何晏热汤饼。
> 即是其物出于汉、魏之间也。

汤饼与节令风俗关系至密。
南朝梁宗懔《荆楚岁时记》谓：

> 六月伏日，并作汤饼，名为辟恶饼。

水引饼
亦称汤饼、水饼。
《南齐书》卷32《何戢传》谓：

> 太祖为领军，与戢来往，数置欢宴。上好水引饼，戢令妇女躬自执事以上焉。

胡饼
汉代出现的一种芝麻烧饼。张骞出使西域后，"胡麻"（即芝麻）传入内地，将其着于饼上便称为胡饼。
刘熙《释名·释饮食》谓：

> 胡饼，作之大漫沍也，亦言以胡麻着上也。

十六国时，胡饼称麻饼。
王先谦《释名疏证补》引《前赵录》谓：

石季龙讳胡，改胡饼曰麻饼。

关于胡饼的做法，《太平御览》卷860《饮食部·饼》引《赵录》谓：

石勒讳胡，胡物皆改名，胡饼曰抟炉。

胡饼一经传入内地，便深得人们的青睐，且经久不衰。
《晋书》卷82《王长文传》谓：

王长文字德叡，广汉郪人也。……州府辟命皆不就。州辟别驾，乃微服窃出，举州莫知所之。后于成都市中蹲踞啮胡饼。

又《太平御览》卷860《饮食部·饼》引王隐《晋书》谓：

王羲之幼有风操，郗虞卿闻王氏诸子皆后，令使选婿。诸子皆饰容以待客，羲之独坦腹东床啮胡饼，神色自若。

胡饭
一种饼食，并非米饭之类。胡饭来源于胡族，曾一度风靡于汉族社会。
《太平御览》卷859《饮食部·胡饭》引《续汉书·五行志》谓：

灵帝好胡服、胡饭，京师贵戚皆竞为之。

关于胡饭的具体制作情况，近世史书多语焉不详，而《齐民要术》卷9《飧饭》有明确记载：

胡饭法：以酢瓜菹长切，缹炙肥肉，生杂菜，肉饼中急卷。卷用两卷，三截，还令相就，并六断，长不过二寸。别奠"飘齑"随之。细切胡芹、蓼下酢中为"飘齑"。

除上述主要的饼食外，《齐民要术》卷9《饼法》还介绍了几种重要的饼类食品，其中如：

> 作白饼法：面一石。白米七八升，作粥，以白酒六七升醅中，着火上。酒鱼眼沸，绞去滓，以和面。面起可作。
>
> 作烧饼法：面一斗。羊肉二斤，葱白一合，豉汁及盐，熬令熟，炙之。面当令起。
>
> 髓饼法：以髓脂、蜜，合和面。厚四五分，广六七寸。便着胡饼炉中，令熟。勿令反复。饼肥美，可经久。……
>
> 细环饼、截饼（环饼一名"寒具"；截饼一名"蝎子"。）皆须以蜜调水溲面；若无蜜，煮枣取汁；牛羊脂膏亦得；用牛羊乳亦好，令饼美脆。截饼纯用乳溲者，入口即碎，脆如凌雪。……
>
> 豚皮饼法：（一名"拨饼"）：汤溲粉，令如薄粥。大铛中煮汤；以小杓子挹粉着铜钵内，顿钵着沸汤中，以指急旋钵，令粉悉着钵中四畔。饼既成，仍挹钵倾饼着汤中，煮熟。令漉出，着冷水中。酷似豚皮。臛浇、麻、酪任意，滑而且美。
>
> 治面砂墋法：簸小麦，使无头角，水浸令液。漉出，去水，泻着面中，拌使均调。于布巾中良久挻动之，土末悉着麦，于面无损。一石面，用麦三升。
>
> 《杂五行书》曰："十月亥日食饼，令人无病。"

在南北朝时期，制饼方法和工艺已臻于成熟阶段，不仅制饼技术已达到较高水平并有多种多样的制饼方法，而且对于制饼的原材料也提出了更高的要求，达到了精益求精的程度。

《艺文类聚》卷72《食物部·饼》引梁吴均《饼说》介绍当时制作高水平之饼的相应条件说：

> 安定嘽鸠之麦，洛阳董德之磨，河东长若之葱，陇西舐背之犊，枹罕赤髓之羊，张掖北门之豉。燃以银屑，煎以银铫。洞庭负霜之橘，仇池连蒂之椒，调以济北之盐，剉以新来之鸡。细如华山之玉屑，白如梁甫之银泥。既闻香而口闷，亦见色而心迷。

(三) 粥

魏晋南北朝时期，食粥之俗较为流行。这一时期常见的粥有豆粥、粳米粥、麦粥等。当时称其厚者为"饘"，薄者为"粥"或"酏"。粥除作为老人和幼儿的食物外，还作为年饥岁荒时的救济食品。

《三国志》卷7《臧洪传》云：

> （袁）绍见臧洪书，知无降意，增兵急攻。城中粮谷以尽，外无强救，洪自度必不免，呼吏士谓曰："袁氏无道，所图不轨，且不救洪郡将。洪于大义，不得不死，念诸君无事空于此祸！可先城未败，将妻子出。"……初尚掘鼠煮筋角，后无可复食者。主簿启内厨米三斗，请中分稍以为糜粥，洪叹曰："独食此何为？"使作薄粥，众分歠之，杀其爱妾以食将士。

又《晋书》卷33《石苞传附子石崇传》云：

> （石）崇为客作豆粥，咄嗟便办。每冬，得韭萍齑。尝与（王）恺出游，争入洛城，崇牛迅若飞禽，恺绝不能收。恺每以此三事为恨，乃密货崇帐下问其所以。答云："豆至难煮，豫作熟末，客来，但作白粥以投之耳。韭萍齑是捣韭根杂以麦苗耳。牛奔不迟，良由驭者逐不及反制之，可听蹁辕则驶矣。"

又《陈书》卷26《徐陵传附弟孝克传》云：

> 孝克养母，饘粥不能给……陈亡，随例入关。家道壁立，所生母患，欲粳米为粥，不能常办。母亡之后，孝克遂常啖麦，有遗粳米者，孝克对而悲泣，终身不复食之焉。

又《魏书》卷13《皇后列传文明皇后传》云：

> （太后）性俭素，不好华饰，躬御缦缯而已。……宰人昏而进粥，有蝘蜓在焉，后举匕得之。高祖侍侧，大怒，将加极罚，太后笑

而释之。

（四）糕

指用米粉、麦粉或豆粉等做成的块状食品。

宋高承《事物纪原》卷9《农业陶鱼部·麦糕》引《邺中记》：

> 并州之俗，冬至一百五日，为介子推冷食，作干粥食之，故谓之寒食。干粥，即今之麦糕是也。世俗每至清明，以麦成秋，以杏酪煮为姜粥，俟其凝冷，裁作薄叶，沃以饧若蜜而食之，谓之麦糕，此即其起也。

又同上《农业陶鱼部·糕》引《方言》谓：

> 饵，或谓之糍。《续事始》引干宝注曰：糇饵者或屑而蒸之，以枣豆之味同食。

又《北史》卷53《綦连猛传》云：

> 谣曰："七月刈禾太早，九月噉糕未好。"

（五）粽子

以箬叶裹米成三角形，蒸煮使其熟的一种食品。古时因用黍米（黄米）扎成角状，故又名角黍。

《齐民要术》卷9《粽法》云：

> 《风土记》注云："俗先以二节一日，用菰叶裹黍米，以淳浓灰汁煮之，令烂熟，于五月五日、夏至啖之。黏黍一名'粽'，一曰'角黍'，盖取阴阳尚相裹未分散之时象之。"

（六）馒头

在面食中，馒头的发明最具戏剧性。据史书记载，馒头是由诸葛亮发明的。不过这种馒头与今之馒头不同，是有馅的包子。

宋高承《事物纪原》卷9《农业陶渔部·馒头》谓：

《事物纪原》卷九云：《稗官小说》云：诸葛武侯之征孟获，人曰蛮地多邪术，须祷于神，假阴兵以助之。然蛮俗必杀人，以其首祭之，神则向之，为出兵也。武侯不从，因杂用羊豕之肉，而包之以面，象人头以祠，神亦向焉，而为出兵。后人由此为馒头。至晋卢谌《祭法》，春祠用馒头，始列于祭祀之品。而束皙《饼赋》亦有其说。则馒头疑自武侯始也。

（七）饺子

一种有馅的半圆形面食，是馄饨的变种。魏晋南北朝时，饺子之形已具，而名字仍叫馄饨。

唐段公路《北户录》崔龟图注引北齐颜之推语说：

今之馄饨，形如偃月，天下普食也。

（八）奶酪

奶酪是用牛、羊等动物的乳汁做成的半凝固或凝固的乳制品。它是北方游牧民族的主要饮食。《齐民要术》卷6《养羊》中记载了甜酪、酸酪、干酪、漉酪、马酪酵法、抨酥法等多种乳制品，其中谓：

作干酪法：七月、八月中作之。日中炙酪，酪上皮成，掠取。更炙之，又掠。肥尽无皮，乃止。得一斗许，于铛中炒少许时，即出于盘上，日曝。浥浥时作团，大如梨许。又曝使干。得经数年不坏，以供远行。

作粥作浆时，细削，着水中煮沸，便有酪味。亦有全掷一团着汤中，尝有酪味，还漉取曝干。一团则得五遍煮，不破。看势两渐薄，乃削研，用倍省矣。

作漉酪法：八月中作。取好淳酪，生布袋盛，悬之，当有水出滴滴然下。水尽，着铛中暂炒，即出于盘上，日曝。浥浥时作团，大如梨许。亦数年不坏。削作粥、浆，味胜前者。炒虽味短，不及生酪，然不炒生虫，不得过夏。干、漉二酪，久停皆有喝气，不如年别新作，岁管用尽。

作马酪酵法：用驴乳汁二三升，如马乳，不限多少。澄酪成，取下淀，团，曝干。后岁作酪，用此为酵也。

第二节　菜肴

菜肴，古称肴馐、肴核。肴是指鱼肉之类的荤菜，馐是指美味食品，核是指蔬菜果核食品，所以，菜肴就是调制成的荤素菜的总称。菜肴是饮食结构中的重要组成部分。

魏晋南北朝时期，菜肴的原料大致可分为三大类，兹参考梁满仓先生《中国魏晋南北朝习俗史》[①]一书相关内容概述之。

一　水产与肉食

我国南方有着优越的气候和地理条件，因而南方的水产品诸如鱼、虾、鳖等，极为丰富。

《三国志》卷63《赵达传》注引葛洪《神仙记》云：

> 仙人介象，字符则，会稽人，有诸方术。吴主闻之，征象到武昌，甚敬贵之，称为介君，为起宅，以御帐给之，赐遣前后累千金，从象学蔽形之术。试还后宫，及出殿门，莫有见者。又使象作变化，种瓜菜百果，皆立生可食。吴主共论鲙鱼何者最美，象曰："鲻鱼为上。"吴主曰："论近道鱼耳，此出海中，安可得邪？"象曰："可得耳。"乃令人与殿庭中作坎，汲水满之，并求钩。象起饵之，垂纶于坎中。须臾，果得鲻鱼。吴主惊喜，问象曰："可食不？"象曰："故为陛下取以作生鲙，安敢取不可食之物！"乃使厨下切之。吴主曰："闻蜀使来，得蜀姜作齑甚好，恨尔时无此。"象曰："蜀姜岂不易得，愿差所使者，并付直。"吴主指左右一人，以钱五十付之。象书一符，以着青竹杖中，使行人闭目骑杖，杖止，便买姜讫，复闭目。此人承其言骑杖，须臾止，已至成都，不知是何处，问人，人言是蜀市中，乃买姜。于时吴使张温先在蜀，即于市中相识，甚惊，便

[①] 梁满仓：《中国魏晋南北朝习俗史》，人民出版社1994年版，第46—62页。

作书寄其家。此人买姜华，捉书负姜，骑杖闭目，须臾已还到吴，厨下切鲙适了。

臣松之以为葛洪所记，近为惑众，其书文颇行世，故撮取数事，载之篇末也。神仙之术，讵可测量，臣之臆断，以为惑众，所谓夏虫不知冷冰耳。

又《晋书》卷92《张翰传》云：

齐王冏辟为大司马车曹掾。冏时执权，翰谓同郡顾荣曰："天下纷纷，祸难未已。夫有四海之名者，求退良难。吾本山林间人，无望于时。子善以明防前，以智虑后。"荣执其手，怆然曰："吾亦与子采南山蕨，饮三江水耳。"翰因见秋风起，乃思吴中菰菜、莼羹，鲈鱼脍，曰："人生贵得适志，何能羁宦数千里以要名爵乎！"遂命驾而归。

又《周书》卷32《陆通传》云：

陆通字仲明，吴郡人也。曾祖载，从宋武帝平关中，军远，留载随其子义真镇长安，遂没赫连氏。魏太武平赫连氏，载仕魏任中山郡守。父政，性至孝。其母吴人，好食鱼，北土鱼少，政求之常苦难。后宅侧忽有泉出而有鱼，遂得以供膳。时人以为孝感所致，因谓其泉为孝鱼泉。

南方人不仅自己喜欢吃鱼，还自己养鱼，将鱼晒干做成鱼干、腌鱼等，在鱼类加工方面也颇有特色。

《宋书》卷67《谢灵运传》载《山居赋》云：

鱼则鈂鳢鲂，鳟鲩鲢鳊，魴鲔鲨鳜，鲳鲤鲻鱣。辑采杂色，锦灿云鲜。唼藻戏浪，泛苻流渊。或鼓鳃而湍跃，或棹尾而波旋。鲈鲎乘时以入浦，鳡鲟沿濑以出泉。

此赋虽有文学夸张成分，但反映了南方贵族养鱼的情形。

《三国志》卷 48《孙皓传》主引《吴录》云：

仁字恭武，江夏人也，本名宗，避皓字，易焉。……自能结网，手以捕鱼，作鲊寄母，母因以还之，曰："汝为鱼官，而以鲊寄我，非避嫌也。"

又《晋书》卷 76《虞潭传付孙啸父传》云：

啸父少历显位，后至侍中，为孝武帝所亲爱。尝侍饮宴，帝从容问曰："卿在门下，初不闻有所献替邪？"啸父家近海，谓帝有所求，对曰："天时尚温，鱁鱼虾鲊未可致，寻当有所上献。"帝大笑。因饮大醉，出，拜不能起，帝顾曰："扶虞侍中。"啸父曰："臣位未及扶，醉不及乱，非分之赐，所不敢当。"帝甚悦。

又《南齐书》卷 37《虞悰传》云：

（虞）悰善为滋味，和齐皆有方法。……世祖幸芳林间，就悰求扁米粣。悰献粣及杂肴数十举，太官鼎位不及也。上就悰求诸饮食方，悰秘不肯出，上醉后体不快，悰乃献醒酒鲭鲊一方而已。

当时人们所食水产品中，除鱼之外，尚有虾、蟹。
《三国志》卷 60《吕岱传》注引王隐《交广记》曰：

吴后复置广州，以南阳滕修为刺史。或语修虾须长一丈，修不信，其人后故至东海，取虾须长四丈四尺，封以示修，修乃服之。

又《晋书》卷 49《毕卓传》云：

卓尝谓人曰："得酒满数百斛船，四时甘味置两头，右手持酒杯，左手持蟹螯，拍浮酒船中，便足了一生矣。"

又《南齐书》卷 41《周颙传》云：

> 何胤言断食生，犹欲食白鱼、鲏脯、糖蟹，以为非见生物。疑食蚶蛎，使学生议之。学生钟岏曰："鲏之就脯，骤于屈伸，蟹之将糖，嗥扰弥甚。仁人用意，深怀如怛。至于车螯蚶蛎，眉目内阙，渐浑沌之奇，矿壳外缄，非金人之慎。"

当时我国北方也有吃鱼、蟹的习俗，不过由于地理条件等影响，没有南方兴盛。

《三国志》卷27《王昶传》引《别传》曰：

> （虾）遂遇荒乱，家贫卖鱼，会官税鱼，鱼贵数倍，虾取直如常。

又《晋书》卷33《王详传》谓：

> （王）详性至孝。……母常欲生鱼，时天寒冰冻，详解衣将剖冰求之，冰忽自解，双鲤跃出，持之而归。

又《北齐书》卷4《文宣帝纪》云：

> （天保）八年春三月，大热，人或暍死。
> 夏四月庚午，绍诸取虾蟹蚬蛤之类，悉令停断，唯听捕鱼。

虽然食水产品之俗，北方不如南方盛，但食肉之俗，北方却盛于南方。南、北方食肉之俗各有特点，南方喜食禽类。

《晋书》卷80《王羲之传》云：

> （王羲之）性爱鹅，会稽有孤居姥养一鹅，善鸣，求市未能得，遂携亲友命驾就观。姥闻羲之将至，烹以待之，羲之叹惜弥日。

又《南史》卷35《庾悦传》云：

（庾）悦厨撰甚盛，不以及（刘）毅，毅既不去，悦甚不欢。毅又相闻曰："身今年未得子鹅，岂能以残炙惠。"悦又不答。

又《南齐书》卷9《礼志上》云：

永明九年正月，诏太庙四时祭，荐宣帝变起饼、鸭臛；孝皇后笋、鸭卵、脯酱、炙白肉；高皇帝荐肉脍、菹羹；昭皇后茗、粣、炙鱼；皆所嗜也。

北方一些少数民族在进入中原之前，曾过着游牧生活，因此其食畜肉之俗较为突出，同时亦食禽。

《三国志》卷23《常林传》注引《魏略》载：

沐并字德信，河间人也。少孤苦，袁绍父子时，始为名吏。有志介，尝过姊，姊为杀鸡炊黍而不留也。

又《水经注》卷16《谷水注》引西晋石崇《金谷诗序》云：

余……有别庐在河南县界，金谷中，去城十里，有田十顷，羊二百口，鸡猪鹅鸭之类，莫不毕备。

又《北齐书》卷22《李元忠传》云：

魏孝明时，盗贼蜂起，清河有五百人西戍，还经南赵郡，以路梗共投元忠。奉绢千疋，元忠唯受一疋，杀五羊以食之。

北方食畜，除羊之外还有猪。
《晋书》卷53《愍怀太子传》

愍怀太子……尝从帝观猪牢，言于帝曰："猪甚肥，何不杀以享士，而使久费五谷？"帝嘉其意，即使烹之。

二　果品与蔬菜

魏晋南北朝是汉代初步出现大面积人工栽培果树的基础上继续向前发展并取得重大进度的时期。果品种类大为增多，南方所产水果的数量和质量均远远超越汉代的。不仅如此，这一时期果品的保鲜和加工方法等也比前代大有进步。现将此时期的主要果品概叙如下。

（一）李

《太平御览》卷968《果部·李》引《邺中记》谓：

> 芳林园有春李，冬华春熟。

又《文选》卷42引曹丕《与朝歌令吴质书》谓：

> 浮甘瓜于清泉，沉朱李于寒水。

又《齐民要术》卷10《五谷、果蔬、菜茹非中国物产者》云：

> 《列异传》曰："袁本初时，有神出河东，号'度索君'，人共立庙。兖州苏氏母病，祷。见一人着白单衣，高冠，冠似鱼头，谓度索君曰：'昔临庐山下，共食白李；未久，已三千年。日月易得，使人怅然！'去后，度索君曰：'此南海君也。'"

（二）桃

《齐民要术》卷10《五谷、果蔬、菜茹非中国物产者》云：

> 《神仙传》曰："樊夫人与夫刘纲，俱学道术，各自言胜，中庭有两大桃树，夫妻各咒其一：夫人咒者，两支相斗击；良久，纲所咒者，桃走出篱。"

又《文选》卷531晋左思《吴都赋》云：

> 洪桃屈盘，丹桂灌丛。

（三）杏

《艺文类聚》卷87《果部下·杏》引晋潘岳《闲居赋》云：

梅杏郁棣，华实照烂。

又《齐民要术》卷4《种梅杏》引《神仙传》曰：

董奉居庐山，不交人。为人治病，不取钱。重病得愈者，使种杏五株；轻病愈，为载一株。数年之中，杏有十数万株，郁郁然成林。其杏子熟，于林中所在作仓。宣语买杏者："不须来报，但自取之，具一器谷，便得一器杏。"有人少谷往，而取杏多，即有五虎逐之。此人怖遽，檐倾覆，所余在器中，如向所持谷多少。虎乃还去。自是以后，买杏者皆于林中自平量，恐有多出。奉悉以前所得谷，赈救贫乏。

又晋葛洪集《西京杂记》卷1《上林名果异木》谓：

初修上林苑，群臣远方，各献名果异树……杏二：文杏（材有文采）、蓬莱杏（东郡都尉于吉所献。一株花杂五色，六出，云是仙人所食）。

（四）梅

《三国志》卷48《孙亮传》注引《吴历》云：

（孙）亮后出西苑，方食生梅，使黄门至中藏取蜜渍梅，蜜中有鼠矢，吕问藏吏，藏吏叩头。亮问吏曰："黄门从汝求蜜邪？"吏曰："向求，实不敢与。"

又《世说新语》卷下之下《假谲》云：

魏武行役，失汲道，军皆渴，乃令曰："前有大梅林，饶子，甘酸，可以解渴。"士卒闻之，口皆出水。乘此得及前源。

又《齐民要术》卷4《种梅杏》引《西京杂记》曰：

> 候梅，朱梅，同心梅，紫蒂梅，燕脂梅，丽枝梅。
> 按梅花早而白，杏花晚而红；梅实小而酸，核有细文，杏实大而甜，核无纹采。白梅任调食及齑，杏则不任此用。世人或不能辨，言梅、杏为一物，失之远矣。
> 作白梅法：梅子酸、核初成时摘取，夜以盐汁渍之，昼则日曝。凡作十宿、十浸、十曝，便成矣。调鼎和齑，所在多入也。
> 作乌梅法：亦以梅子核初时摘取，笼盛，于突上熏之，令干，即成矣。乌梅入药，不任调食也。……

（五）栗

《齐民要术》卷4《种栗》云：

> 《魏志》云："有东夷韩国出大栗，状如梨。"
> 《西京杂记》曰："榛栗，瑰栗，峄阳栗，峄阳都尉曹龙所献，其大如拳。"
> 栗，种而不栽。
> 栗初熟出壳，即于屋里埋着湿土中。
> 《食经》藏干栗法："取穰灰，淋取汁渍栗。出，日中晒，令栗肉焦燥，可不畏虫，得至后年春夏。"
> 藏生栗法：着器中；晒细沙可燥，以盆覆之。至后年二月，皆生芽而不虫者也。

（六）橘

《三国志》卷48《孙休传》注引《襄阳记》曰：

> 衡每欲治家，妻辄不听，后密遣客十人于武陵龙阳汜洲上作宅，种柑橘千株。临死，敕儿曰："汝母恶我治家，故穷如是。然吾州里有千头木奴，不责汝衣食，岁上一匹绢，亦可足用耳。"衡亡后二十

余日，儿以白母，母曰："此当是种甘橘也，汝家失十户客来七八年，必汝父遣为宅。汝父恒称太史公言，'江陵千树橘，当封君家。'吾答曰：'且人患无德义，不患不富，若贵而能贫，方好耳，用此何为！'吴末，衡甘橘成，岁得绢数千匹，家道殷足。晋咸康中，其宅址枯树犹在。"

又同书卷57《陆绩传》云：

陆绩字公纪，吴郡吴人也。父康，汉末为庐江太守。绩年六岁，于九江见袁术。术出橘，绩怀三枚，去，拜辞堕地，术谓曰："陆郎作宾客而怀橘乎？"绩跪答曰："欲归遗母。"术大奇之。

（七）柑

古通甘。《宋书》卷68《武二王彭城王义传》云：

四方献馈，皆以上品荐义康，而以次者供御。上尝冬月啖甘，叹其形味并劣，义康在坐曰："今年甘殊有佳者。"遣人还东府取甘，大供御者三寸。

又《艺文类聚》卷86《果部上·甘》引周处《风土记》云：

甘桔之属，滋味甜美特异者也。有黄者，有赪者，谓之"胡甘"。

（八）荔枝

亦作荔支。《太平御览》卷971《果部·荔支》引《广志》载：

荔枝，高五六丈，如桂树，绿叶蓬蓬，然冬夏郁茂，青华朱实，实大如鸡子，核黄黑似熟莲子，实白如肪，甘而多汁，似安石榴。

又《晋书》卷子《武帝纪》云：

（咸宁二年）六月癸丑，荐荔枝于太庙。

（九）甘蔗
《晋书》卷92《顾恺之传》云：

（顾）恺之每食甘蔗，恒自尾至本。人或怪之。云："渐入佳境。"

又《齐民要术》卷10《五谷、果蓏、菜茹非中国物产者》载：

雩都县土壤肥沃，偏宜甘蔗，味及采色，余县所无，一节数寸长。郡以献御。

《异物志》曰："甘蔗，远近皆有。交趾所产甘蔗特醇好，本末无薄厚，其味至均。围数寸，长丈余，颇似竹。斩而食之，既甘；迮取汁为饴饧，名之曰'糖'，益复珍也。又煎而曝之，既凝，如冰，破如博棋，食之，入口消释，时人谓之'石蜜'者也。"

（十）枇杷
《太平御览》卷971《果部·枇杷》引《荆州记》云：

宣都出大枇杷。

又《齐民要术》卷10《五谷、果蓏、菜茹非中国物产者》云：

《风土记》曰："枇杷，叶似栗，子似蒳，十十而丛生。"

（十一）龙眼
《文选》卷5引晋左思《吴都赋》云：

龙眼橄榄，榵榴御霜。

又《太平御览》卷973《果部·龙眼》引《广雅》曰："益智，龙眼也。"

(十二) 橄榄

《齐民要术》卷 10《五谷、果蓏、菜茹非中国物产者》云：

《南方草物状》曰："橄榄子，大如枣，大如鸡子。二月华色，仍连着实。八月、九月熟。生食味酢，蜜藏乃甜。"

又《太平御览》卷 972《果部·橄榄》引《广志》载：

橄榄大如鸡子，交州以饮酒。

(十三) 槟榔

《南史》卷 15《刘穆之传》云：

(刘穆之) 其妻江嗣女，甚明识……穆之犹往，食毕必求槟榔。江氏戏之曰："槟榔消食，君乃常饥，何忽须此？"……及穆之为丹阳尹，将召妻兄弟……及至醉饱，穆之乃令厨人以金柈贮槟榔一斛以进之。

又《齐民要术》卷 10《五谷、果蓏、菜茹非中国物产者》云：

《南方草物状》曰："槟榔，三月花色，仍连着实，实大如卵。十二月熟，其色黄；剥其子，肥强可不食，唯种作子。青其子，并壳取实曝干之，以扶留藤、古贲灰合食之，食之即滑美。亦可生食，最快好。交趾、武平、兴古、九真有之也。"

(十四) 梨

《太平御览》卷 969《果部·梨》引魏何晏《九州岛岛论》云：

安平好枣，真定好梨。

又同上引晋左思《蜀都赋》云：

紫梨津润。

又《齐民要术》卷4《插梨》云：

别有朐山梨，张公大谷梨，或作"糜雀梨"也。
《荆州土地记》曰："江陵有名梨。"

（十五）石榴

古亦称安石榴。《齐民要术》卷4《安石榴》云：

《广志》曰："安石榴有甜、酸二种。"
《邺中记》云："石虎苑中有安石榴，子大如碗盏，其味不酸。"

又《北齐书》卷37《魏收传》云：

安德王廷宗纳赵郡李祖收女为妃，后帝幸李宅宴，而妃母宋氏荐二石榴于帝前。问诸人莫知其意，帝投之。收曰："石榴房中多子，王新婚，妃母欲子孙众多。"帝大喜。

（十六）葡萄

本作蒲萄，亦作蒲陶、蒲桃。《太平御览》卷972《果部·蒲桃》引钟会《蒲陶赋》云：

余植葡萄于堂前，嘉而赋之。

又《北齐书》卷21《李元忠传》云：

（元忠）曾贡世宗蒲桃一盘。世宗报以百练缣，遗其书曰："仪同位亚台铉，识怀贞素，出潘入侍，备经要重。……忽辱蒲桃，良深佩带。聊用绢百尺，以酬清德也。"

（十七）柿

《文选》卷16引晋潘岳《闲居赋》云：

> 张公大谷之梨，梁侯乌椑之柿。

又《齐民要术》卷4《种柿》云：

> 柿有树干者，亦有火焙令干者。
> 《食经》藏柿法："柿熟时取之，以灰汁澡再三度，干令汁绝，着器中，经十日可食。"

（十八）胡桃

今名核桃。其来源有二说。一说源于西域。《太平御览》971《果部·胡桃》引《博物志》云：

> 张骞使西域还，得胡桃。

另一说源于西羌。《太平御览》971《果部·胡桃》引刘滔母《答虞吴国书》曰：

> 咸和中，避苏峻乱于临安山。吴国遣使饷馈。乃答书曰："此果有胡桃、飞禳。飞禳出自南州。胡桃本生西羌，外刚内柔，质似贤，欲以奉贡。"

（十九）羌李、羌楂

晋葛洪《西京杂记》卷1《上林名果异木》云：

> 初修上林苑，群臣远方，各献名果异树……（有）羌李、燕李、蛮梨…蛮楂、羌楂。

（二十）椰子

《太平御览》972《果部·椰》引《广志》云：

椰树高六七丈，无枝条；有叶，如束蒲，乃在树末；实如大瓠瓜，悬在树头。实外有皮，中有核；皮里有汁升余，清水，美如蜜，可饮；核中肤，白如雪，厚半寸，味如胡桃而美，可食。出交趾，家家植之。

又《文选》卷5引晋左思《吴都赋》云：

槟榔无柯，椰叶无阴。

又《齐民要术》卷10《五谷、果蓏、菜茹非中国物产者》云：

《南方草物状》曰："椰，二月花色，仍连着实，房相连累，房三十或二十七、八子。十一月、十二月熟，其树黄实，俗名之为'丹'也。横破之，可作碗；或微长如栝蒌子，从破之，可为爵。"

（二十一）芭蕉

又称甘蕉。在我国各地广泛栽培，作为果品食用的芭蕉（亦称"粉芭蕉"、"灰芭蕉"）与本种及"香蕉"、"大蕉"不是同物。

《齐民要术》卷10《五谷、果蓏、菜茹非中国物产者》云：

《广志》曰："芭蕉，一曰'芭菹'，或曰'甘蕉'，茎如荷、芋，重皮相裹，大如盂升。叶广二尺，长一丈。子有角，子长六七寸，有蒂三四寸，角着蒂生，为行列，两两共对，若相抱形。剥其上皮，色黄白，味似葡萄，甜而脆，亦饱人。其根大如芋魁，大一石，青色。其茎解散如丝，织以为葛，谓之'蕉葛'。虽脆而好，色黄白，不如葛色。出交趾、建安。"

（二十二）枣

《齐民要术》卷4《种枣》云：

《广志》曰："河东安邑枣；东郡谷城紫枣，长二寸；西王母枣，大如李核，三月熟；河内汲郡枣，一名墟枣；东海蒸枣；洛阳夏白枣；安平信都大枣；梁国夫人枣。大白枣，名曰'蹙咨'，小核多肌，三星枣；骈白枣；灌枣。又有狗牙、鸡心、牛头、羊矢、猕猴、细腰之名。又有氏枣、木枣、崎廉枣，桂枣，夕枣也。"

按青州有乐氏枣，丰肌细核，多膏肥美，为天下第一。父老相传云："乐毅破齐时，从燕齐来所种也。"齐郡西安、广饶二县有名枣即是也。今世有陵枣、幪弄枣也。

又《魏书》卷110《食货志》云：

（太和）九年，下诏均给天下民田：
诸初受田者，男夫一人给田二十亩，课莳余，种桑五十树，枣五株，榆三根。非桑之土，夫给一亩，依法课莳榆、枣。

(二十三) 桑椹
《三国志》卷1《武帝纪》注引《魏书》云：

袁绍之在河北，军人仰食桑椹。

又同书卷15《贾逵传》注引《魏略列传》云：

杨沛字孔渠，冯翊万年人也。……兴平末，人多饥穷，沛课民益畜干椹，收䝁豆，阅其有余以补不足，如此积得千余斛，藏小仓。会太祖为兖州刺史，西迎天子，所将千余人皆无粮。过新郑，沛谒见，乃皆进干椹。太祖甚喜。

当时在富豪庄园中也种有很多果树，这于潘岳《闲居赋》中可见一斑。

《晋书》卷55《潘岳传》载其《闲居赋》曰：

爰定我居，筑室穿地，长杨映沼，芳枳树樆，游鳞瀺灂，菡萏敷披，竹木蓊蔼，灵果参差。张公大谷之梨，梁侯乌椑之柿，周文弱枝之枣，房陵朱仲之李，靡不毕植。三桃表樱胡之列，二柰耀丹之色，石榴蒲桃之珍，磊落蔓延乎其侧。梅杏郁棣之属，繁荣藻丽之饰，华实照烂，言所不能极也。

魏晋南北朝时期，随着农业生产的发展，蔬菜的生产也有很大进展。有些蔬菜食用地区甚广，无所谓南北之分，其主要品种有：

（二十四）韭

南、北方普遍种植。可反复刈之供蔬食，尤以春季所刈者为佳。

《晋书》卷33《石苞传附子崇传》曰：

> （石）崇为客作豆粥，咄嗟便办。每冬，得韭萍齑。……答云："豆至难煮，豫作熟末，客来，但作白粥以投之耳。萍齑是捣韭根杂以麦苗耳。"

又《南齐书》卷34《庾杲之传》云：

> 庾杲之字景行，新野人也。……清贫自业，食唯有韭菹、瀹韭、生韭杂菜，或戏之曰："谁谓庾郎食，食鲑常有二十七种。"

（二十五）葱

古作蔥。有大、小两种，南、北方均有种植。

《晋书》卷95《佛图澄传》云：

> （石）勒僭称赵大王，行皇帝事，敬（佛图）澄弥笃。时石葱将叛，澄诫勒曰："今年葱中有虫，食必害人，可令百姓无食葱也。"勒班告境内，慎无食葱。俄而石葱果走。

又《梁书》卷11《吕僧珍传》云：

> 僧珍在任，平心率下，不私亲戚。从父兄子先以贩葱为业，僧珍既至，乃弃业欲求州官。僧珍曰："吾荷国重恩，无以报效，汝等自有常分，岂可妄求叨越，但当速反葱肆耳。"

（二十六）蒜

有大蒜、小蒜之分。大蒜原产西域，名为胡蒜。小蒜原产于内地，由野生山蒜移栽驯化而来。又称䔉或卵蒜。

《太平御览》卷977《菜茹部·蒜》引崔豹《古今注》云：

> 胡国有蒜，十子共为一株，二箄裹之，名为胡蒜，尤辛于小蒜，俗又谓之大蒜。

又《齐民要术》卷3《种蒜》云：

> 《广志》曰："蒜有胡蒜、小蒜。黄蒜，长苗无科，出哀牢。"
> 《博物志》曰："张骞使西域，得大蒜、胡荽。"
> 崔寔曰："布谷鸣，收小蒜。六月、七月，可种小蒜。八月，可种大蒜。"

又《御览》977《菜茹部·蒜》引崔豹《古今注》云：

> 蒜，茆蒜也，俗语谓之小蒜。

（二十七）黄瓜

又称胡瓜、黄𤬩。隋大业四年（608），统一名称为"黄瓜"。

《齐民要术》卷2《种瓜》云：

> 种越瓜、胡瓜法：四月中种之。（胡瓜宜竖柴木，令引蔓缘之。）……收胡瓜，候色黄则摘。（若待色赤，则皮存而肉消也。）并如凡瓜，于香酱中藏之亦佳。

又《魏书》卷64《郭祚传》曰：

> （郭）祚曾从世宗幸东宫，肃宗幼弱，祚怀一黄𤬩出奉肃宗。……时人谤祚者，号为桃弓仆射、黄𤬩少师。

（二十八）葵

南北朝以前，在蔬菜中位居首位。

《齐民要术》卷3《种葵》云：

  《广雅》曰："蘬，丘葵也。"
  《广志》曰："胡葵，其花紫赤。"
  《博物志》曰："人食落葵，为狗所啮，作疮则不差，或至死。"
  按今世葵有紫茎、白茎二种，种别复有大小之殊。又有鸭脚葵也。

（二十九）莴苣

原产地中海沿岸。我国引种大约始于魏晋南北朝。

《齐民要术》序云：

  如去城郭近，务须多种瓜、菜、茄子等，且得供家，有余出卖。……其菜每至春二月内，选良沃地二亩熟，种葵、莴苣。……应空闲地种蔓菁、莴苣、萝卜等。

（三十）萝卜

亦称芦菔、莱服、萝蔔。魏晋南北朝时，南北各地大量栽培。

《齐民要术》卷3《蔓菁》云：

  种菘、芦菔法，与芜菁同。（《方言》）曰："芜菁，紫花者谓之芦服。"按芦菔，根实粗大，其角及根叶，并可生食，非芜菁也。
  《广志》曰："芦菔，一名雹突。"

（三十一）瓠

亦称扁蒲、葫芦，其叶微若，可作羹，亦可煮食。

《齐民要术》卷2《种瓠》云：

  《广志》曰："有都瓠子，如牛角，长四尺。有约腹瓠，其大数斗，其腹窈挈，缘带为口，出雍县；移植于他则否。朱崖有苦叶瓠，其大者受斛余。"

（三十二）芋

俗称芋艿、芋头。原产于东南亚，我国南方栽培较多。

《齐民要术》卷2《种芋》云：

> 《广雅》曰："渠，芋；其茎谓之䕸。"公杏反"借故，水芋也，亦曰乌芋"。
>
> 《广志》曰："蜀汉既繁芋，民以为资。凡十四等：有君子芋，大如斗，魁如杵簌。有车毂芋，有锯子芋，有旁巨芋，有青边芋：此四芋多子。有谈善芋，魁大如瓶，少子；叶如散盖，绀色；紫茎，长丈余；易熟，味长，芋之最善者也；茎可作羹臞，肥涩，得饮乃下。有蔓芋，缘枝生，大者次二三升。有鸡子芋，色黄。有百果芋，魁大，子繁多，亩收百斛；种以百亩，以养彘。有旱芋，七月熟。有九面芋，大而不美。有象空芋，大而弱，使人易饥。有青芋，有素芋，子皆不可食，茎可为菹。凡此诸芋，皆可干腊，又可藏至夏食。又百子芋，出叶俞县。有魁芋，无旁子，生永昌县。有大芋，二升，出范阳、新郑。"
>
> 《风土记》曰："博士芋，蔓生，根如鹅、鸭卵。"

（三十三）苜蓿

本为喂马饲料，但当时也作食用蔬菜。原产中亚，汉武帝时张骞出使西域，自后内地开始栽培。

晋葛洪集《西京杂记》卷1《乐游苑》载：

> 乐游苑自生玫瑰树，树下多苜蓿。苜蓿，一名"怀风"，时人或谓之"光风"。风在其间常萧萧然，日照其花有光彩，故名苜蓿为"怀风"。茂陵人谓之"连枝草"。

又《太平御览》卷996《百卉部·苜蓿》引《博物志》云：

张骞使西域，所得蒲桃、胡葱、苜蓿。

（三十四）芸苔

即油菜，一名胡菜。种子可榨油，主要供食用，为古代五荤之一。以长江流域及其以南地区为最多。

《太平预览》卷980《菜茹部·芸苔》引《通俗文》云：

> 芸苔谓之胡菜。

又《齐民要术》卷3《种蜀芥、芸苔、芥子》云：

> 蜀芥、芸苔取叶者，皆七月半种。地欲粪熟。蜀芥一亩，用子一升；芸苔一亩，用子四升。种法与芜菁同。……芸苔，足霜乃收。
> 种芥子及蜀芥、芸苔收子者，皆二三月好雨泽时种。（三物性不耐寒，经冬则死，故须春种。）旱则畦种水浇。五月熟而收子。芸苔冬天草复，亦得取子，又得生茹供食。

（三十五）茭白

亦称茭笋、菰菜、菰笋。一种栽培于河湖池泽边的水生作物。我国植菰历史悠久，最初为获取菰米做粮食，魏晋以后逐渐转以培育茭白作蔬菜。

《晋书》卷29《张翰传》云：

> （张）翰因见秋风起，乃思吴中菰菜、纯羹、鲈鱼脍，曰："人生贵得适志，何能羁宦数千里以要名爵乎！"遂命驾而归。

（三十六）茄

即茄子，原产于印度，汉代传入我国。

《齐民要术》卷2《种瓜附茄子》云：

> 种茄子法：茄子，九月熟时摘取，擘破，水淘子，取沉者，速曝干裹置。至二月畦种。

(三十七) 金针菜

以花芽作蔬菜，干、鲜皆可食用。干制剂即金针菜或黄花菜。古人认为此草可以忘忧，又迷信孕妇佩之可生男孩，故又别称忘忧、宜男。

《太平御览》卷996《百卉部·萱》引《风土记》云：

> 花曰宜男，妊妇佩之必生男；又名萱草。

又《玉台新咏》卷7引南朝梁武帝《古意》诗云：

> 云是忘忧物，生在北堂陲。（《博物志》：《神农经》曰："中药养性，谓合欢蠲忿，萱草忘忧也。"）

(三十八) 蕨

即蕨菜，亦称拳菜、紫蕨，多野生于荒山。

《晋书》卷92《张翰传》云：

> 吾亦与子采南山蕨，饮三江水耳。

又《文选》卷25引谢灵运《酬从弟惠连》云：

> 山桃发红萼，野蕨渐紫苞。

(三十九) 马齿苋

生于原野，各地均有分布，茎叶可作蔬菜，通常入夏采摘，沸水煮过晒干，以供冬季食用。

《颜氏家训》卷6《书证》云：

> 马苋堪食，亦名豚耳，俗名马齿。

三 调味品

魏晋南北朝的调味品非常丰富，有麻子油、胡麻油、羊脂膏、猪膏、牛脂膏、盐、酱、醋、豉、饴、酒、姜、蒜、葱、花椒、干梅、胡荽、紫草、马芹子、茱萸、橘皮、橘叶、蓼、安石榴汁、荜拔、胡芹、八和齑等。兹择其要者述之。

（一）芝麻油

亦称麻油，俗称香油，晋代麻油之名正式见诸文献记载。

《太平御览》卷863《饮食部·油》引《博物志》载：

煎油，水气尽，无烟，不复沸则还冷，得水而焰起飞散。

又同上书引《魏志》谓：

孙权至合肥，新城满宠驰往，赴募壮士数千人，折松为炬灌，以麻油从上风放火，烧贼攻具。

（二）食盐

习称盐，是人类使用最早的一种调味品，亦是人类饮食文明从单纯烧煮的熟食阶段开始进入烹（熟食）调（调味）结合的调制饮食阶段的一大标志。我国是世界上最早生产和使用食盐的国家之一。魏晋南北朝时期，我国的制盐技术已很先进。

《齐民要术》卷8《常满盐、花盐》云：

造常满盐法：以不津瓮受十石者一口，置庭中石上，以白盐满之，以甘水沃之，令上恒有游水。须时用，挹取，煎，即成盐，还以甘水添之，取一升，添一升。日曝之，热盛，还即成盐，永不穷尽。风尘阴雨则盖，天晴净，还仰。若用黄盐、咸水者，盐汁则苦，是以必须白盐、甘水。

造花盐、印盐法：五、六月中旱时，取水二斗，以盐一斗投水中，令消尽；又以盐投之，水咸极，则盐不复消融。易器淘治沙汰之，澄去垢土，泻清汁于净器中，盐滓甚白，不废常用。又一石还得八斗汁，亦无多损。

好日无风尘时，日中多曝令成盐，浮即接取，便是花盐，厚薄光泽似钟乳。久不接取，即成印盐，大如豆，正四方，千百相似。成印辄沈，滤取之。花、印二盐，白如珂雪，其味又美。

（三）酱

酱是魏晋南北朝时期常用的调味品，其种类有肉酱、鱼酱、虾酱、芥子酱、榆子酱等。其中关于肉酱、鱼酱及虾酱的制作方法，《齐民要术》卷8《作酱等法》有云：

> 肉酱法：牛、羊、獐、鹿、兔肉皆得作。取良杀新肉，去脂，细剉。晒曲令燥，熟捣，绢筛。大率肉一斗，曲末五升，白盐两升半，黄蒸一升，盘上和令均调，内瓮子中。泥封，日曝。寒月作之。宜埋之于黍穰积中。二七日开看，酱出无曲气，便熟矣。买新杀雉煮之，令极烂，肉销尽，去骨取汁，待冷解酱。……
>
> 作鱼酱法：（鲤鱼、鲭鱼第一好；鳢鱼亦中。鲚鱼、鲐鱼即全作，不用切。）去鳞，净洗，拭令干，如脍法披破缕切之，去骨。大率成鱼一斗，用黄衣三升，（一升全用，二升作末。）白盐二升，（黄盐则苦。）干姜一升，（末之。）橘皮一合。和令调均，内瓮子中，泥密封，日曝。（勿令漏气。）熟以好酒解之。
>
> 凡作鱼酱、肉酱，皆以十二月作之，则经夏无虫。（余月亦得作，但喜生虫，不得度夏耳。）……
>
> 作虾酱法：虾一斗，饭三升为糁，盐二升，水五升，和调。日中曝之。经春夏不败。

（四）醋

古称为酢。它是一种用酒或酒糟发酵制成的酸味调料。据《齐民要术》载，魏晋南北朝时期酿醋用的原料，有谷物（小米、高粱、糯米、大麦、淀粉以及大豆、小豆、小麦）、酒、酒糟和蜂蜜。所用发酵剂有麦䴷、黄蒸、笨曲等。酿醋的方法达三十余种，每一种方法都各有其特点。其中关于"作大酢法"、"粟米、曲作酢法"和"酒糟酢法"的制作方法，《齐民要术》卷8《作酢法》有云：

> 作大酢法：七月七日取水作之。大率麦䴷一斗，勿扬簸；水三斗；粟米熟饭三斗，摊令冷。任瓮大小，依法加之，以满为限。先下

麦䴷，次下水，次下饭，直置勿搅之。以绵幕瓮口，拔刀横瓮上。一七日，旦，着井花水一碗。三七日，旦，又着一碗，便熟。常置一瓠瓢于瓮，以挹酢；若用湿器、咸器内瓮中，则坏酢味也。……

粟米、曲作酢法：七月、三月向末为上时，八月、四月亦得作。大率笨曲末一斗，井花水一石，粟米饭一石。明旦作酢，今夜炊饭，薄摊使冷。日未出前，汲井花水，斗量着瓮中。量饭着盆中，或栲栳中，然后泻饭着瓮中。泻时直倾下，勿以手拨饭。尖量曲末，泻着饭上，慎勿挠搅，亦勿移动。绵幕瓮口。三七日熟。美酽少淀，久停弥好。凡酢未熟、已熟而移瓮者，率多坏矣；熟则无忌。接取清，别瓮着之。……

酒糟酢法：春酒糟则酽，颐酒糟亦中用。然欲作酢者，糟常湿下；压糟极燥者，酢味薄。做法：用石碨子辣谷令破，以水拌而蒸之。熟便下，掸去热气，与糟相拌，必令其均调，大率糟常居多。和讫，卧于酳瓮中，以向满为限，以绵幕瓮口。七日后，酢香熟，便下水，令相淹渍。经宿，酳孔子下之。夏日作者，宜冷水淋；春秋作者，宜温卧，以穰茹瓮，汤淋之。以意消息之。

（五）蔗糖

亦名蔗饧，以甘蔗制成的糖。古人称蔗糖粗制品为红糖或砂糖，精制品为白糖或糖霜。南朝齐梁间江南已能产生红糖。

南朝梁陶弘景《名医别录》云：

蔗出江东为胜……取汁为砂糖，甚益人。

（六）饴饧

魏晋南北朝时期，随着社会经济的发展，物质生活水平的提高，饮食中饴糖的消费量不断增加，而且饴糖生产工艺技术水平有很大提高，其饴糖质量更非前代可比。关于这时期饴糖的制作情况，《齐民要术》卷9《饧餔八十九》有详细记载，这里介绍其中的"煮白饧法"如下：

煮白饧法：用白芽散蘖佳；其成饼者，则不中用。用不渝釜，渝则饧黑。釜必磨治令白净，勿使有腻气。釜上加甑，以防沸溢。干蘖末五升，杀米一石。

> 米必细舾，数十遍净淘，炊为饭。摊去热气，及暖于盆中以蘖末和之，使均调。卧于酢瓮中，勿以手按，拨平而已。以被覆盆瓮，令暖，冬则穰茹。冬须竟日，夏即半日许，看米消减离瓮，作鱼眼沸汤以淋之，令糟上水深一尺许，乃上下水洽讫，向一食顷，使拔取汁煮之。

> 每沸，辄益两杓。尤宜缓火，火急则焦气。盆中汁尽，量不复溢，便下甑。

> 专以杓扬之，勿令住手，手住则饧黑。量熟，止火。良久，向冷，然后出之。

> 用粱米、稷米者，饧如水精色。

从中可看出，当时在饴糖制作方面已积累了丰富的经验。

（七）豉

一种经微生物发酵而成的豆制品，烹饪时可作调味品。魏晋时期有所谓的"胡豉"，系从外域传入中原，这种"胡豉"呈酸味。《太平御览》卷855《饮食部·豉》引《博物志》谓：

> 外国有豉法，以苦酒（醋）溲（浸）豆，暴（曝）令极燥，以油麻蒸，讫。复暴三过乃止。

《齐民要术》中称豆豉为豉，在该书的脯腊、羹臛、菹绿、炙法、素食、作菹藏生菜等有关烹饪的8篇记载中，共有70种食品是用豉作调味品的。关于豉的制作，《齐民要术》卷8《作豉法》有云：

> 《食经》作豉法："常夏五月至八月，是时月也。率一石豆，熟澡之，渍一宿。明日，出，蒸之，手捻其皮破则可，便敷于地——地恶者，亦可席上敷之——令厚二寸许。豆须通冷，以青茅覆之，亦厚二寸许。三日视之，要须通得黄为可。去茅，又薄搌之，以手指画之，作耕垄。一日再三如此。凡三日作此，可止。更煮豆，取浓汁，并秫米女曲五升，盐五升，合此豉中。以豆汁洒溲之，令调，以手抟，令汁出指间，以此为度。毕，纳瓶中，若不满瓶，以矫桑叶满

之，勿抑。乃密泥之中庭。二七日，出，排曝令燥。更蒸之时，煮矫桑叶汁洒溲之，乃蒸如炊熟久，可复排之。此三蒸曝则成。"……

作麦豉法：七月、八月中作之，余月则不佳。䏶治小麦，细磨为面，以水拌而蒸之。气馏好熟，乃下，掸之令冷，手挼令碎。布置覆盖，一如麦、黄蒸法。七日衣足，亦勿簸扬，以盐汤周遍洒润之。更蒸，气馏极熟，乃下，掸去热气，及暖内瓮中，盆盖，于囊粪中煨之。二七日，色黑，气香，味美，便熟。抟作小饼，如神曲形，绳穿为贯，屋里悬之。纸袋盛笼，以防青蝇、尘垢之污。用时，全饼着汤中煮之，色足漉出。削去皮粕，还举。一饼得数遍煮用。热、香、美，乃胜豆豉。打破，汤浸研用亦得；然汁浊，不如全煮汁清也。

（一）八和齑

一种复合调味品，其制法见载于《齐民要术》卷8《八和齑》中：

蒜一，姜二，橘三，白梅四，熟栗黄五，粳米饭六，盐七，酢八。

蒜：净剥，掐去强根，不去则苦。尝经渡水者，蒜味甜美，剥即用；未尝渡水者，宜以鱼眼汤银洽反半许半生用。朝歌大蒜，辛辣异常，宜分破去心——全心——用之，不然辣则失其食味也。

生姜：削去皮，细切，以冷水和之，生布绞去苦汁。苦汁可以香鱼羹。无生姜，干姜。五升齑，用生姜一两，干姜则减半两耳。

橘皮：新者直用，陈者以汤洗去陈垢。无橘皮，可用草橘子；马芹子亦得用。五升齑，用一两。草橘、马芹，准此为度。姜、橘取其香气，不须多，多则味苦。

白梅：作白梅法，在《梅杏篇》。用时合核用。五升齑，用八枚足矣。

熟栗黄：谚曰："金齑玉脍"，橘皮多则不美，故加栗黄，取其金色，又益味甜。五升齑，用十枚栗。用黄软者；硬黑者，即不中使用也。

粳米饭：脍齑必须浓，故谚曰："倍着齑"。蒜多则辣，故加饭，取其甜美耳。五升齑，用饭如鸡子许大。

先捣白梅、姜、橘皮为末，贮出之。次捣栗、饭使熟；以渐下生蒜，舂令熟；次下蒜。斋熟，下盐复舂，令沫起。然后下白梅、姜、橘末复舂，令相得。下醋解之。

（二）胡荽

即今天之芫荽，俗称香菜，属于辛香调味植物，由西域传入内地，可生食。

《齐民要术》卷3《种蒜》：

《博物志》：张骞使西域，得大蒜、胡荽。

（三）胡椒

一种辛香调味品，由西域引入中原。

《齐民要术》卷4《种椒》云：

《广志》："胡椒出西域。"

（四）茴香

又名蘹香、槐香，俗称小茴香。为五香之一。大约在汉代传入我国。《太平御览》卷983《香部·槐香》引三国魏嵇康《槐香赋》谓：

仰眺崇峦，俯视幽坂，乃睹槐香生蒙楚之间。

上述几种配制菜肴的调料，经过合理的搭配和烹饪，可以做出丰富多彩的菜肴。在这里，烹饪方法是很重要的。从《齐民要术》及其他史籍的记载中可以看出，魏晋南北朝时期食物的加工方法已相当完善，现代的煎、炒、烹、炸、蒸、煮、烧、烤等烹饪手段无不具备，更有带有鲜明特色的炙、鲊、脯、菹绿、脬、奥、苞等多种食品加工方法。由于掌握了多种加工方法，所以就可以根据食物的不同特性，随心所欲的对其加工，使食物风味各异，尽得其美。兹将魏晋南北朝时期几种主要的烹调法作一介绍。

炙

即将肉放在火上烤。

《齐民要术》卷9《炙法》中介绍了炙豚法、捧炙、腩炙、肝炙、牛胳炙、饼炙法等多种炙法：

> 炙豚法：用乳下豚极肥者，豮，牸俱得。治一如煮法，揩洗、刮削，令极净。小开腹，去五脏，又净洗。以茅茹腹令满，柞木穿，缓火遥炙，急转勿住。(转常使周匝，不匝则偏焦也。)清酒数涂以发色。(色足便止。)取新猪膏极白净者，涂拭勿住。若无新猪膏，净麻油亦得。色同琥珀，又类真金。入口则消，状若凌雪，含浆膏润，特异凡常也。
>
> 捧〔或作棒〕炙：大牛用脊，小犊用脚肉亦得。逼火偏炙一面，色白便割；割遍又炙一面。含浆滑美。若四面俱熟然后割，则涩恶不中食也。……
>
> 肝炙：牛、羊、猪肝皆得。脔长寸半，广五分，亦以葱、盐、豉汁腩之。以羊络肚䐃脂裹，横穿炙之。……
>
> 作饼炙法：取好白鱼，净治，除骨取肉，琢得三升。熟猪肉肥者一升，细琢。酢五合，葱、瓜菹各二合，姜、橘皮各半合，鱼酱汁三合，看咸淡、多少，盐之适口。取足作饼，如升盏大，厚五分。熟油微火煎之，色赤便熟，可食。

脟肉就是将驴肉、马肉、猪肉与调味品调和后藏入瓮中，用泥封口，暴晒14天即熟。

《齐民要术》卷9《作脟、奥、糟、苞》云：

> 作脟肉法：驴、马、猪肉皆得。腊月中作者良，经夏无虫；余月作者，必须覆护，不密则虫生。粗脔肉，有骨者，合骨粗锉。盐、曲、麦䴷合和，多少量意斟裁，然需盐、曲二物等分，麦䴷倍少于曲。和讫，内瓮中，密泥封头，日曝之。二七日便熟。煮供朝夕食，可以当酱。

奥肉

即冬天宰杀两年以上的肥猪，将皮烧黄，去内脏，煮熟，放入猪油、酒、盐中浸泡煮至半日，放入瓮中。食用时，用水将肉煮熟即可。

《齐民要术》卷9《作脾、奥、糟、苞》云：

> 作奥肉法：先养宿猪令肥，腊月中杀之。燅讫，以火烧之令黄，用暖水梳洗之，削刮令净，割去五脏。猪肪炒取脂。肉脔方五六寸作，令皮肉相兼，着水令相淹渍，于釜中炒之。肉熟，水气尽，更以向所炒肪膏煮肉。大率脂一升，酒二升，盐三升，令脂没肉，缓火煮半日许乃佳。漉出瓮中，余膏仍泻肉瓮中，令相淹渍。食时，水煮令熟（五），而调和之如常肉法。尤宜新韭"烂拌"。亦中炙噉。其二岁猪，肉未坚，烂坏不任作也。

糟肉
用水、酒和成稀粥，放盐，把烤过的肉放在糟中即可。
《齐民要术》卷9《作脾、奥、糟、苞》云：

> 作糟肉法：春夏秋冬皆得作。以水和酒糟，搦之如粥，着盐令咸。内捧炙肉于糟中。着屋下阴地。饮酒食饭，皆炙噉之。暑月得十日不臭。

苞肉
即十二月中杀猪，放一夜，割成条形，用茅草包起来。用泥封好，悬在屋外阴干即可。
《齐民要术》卷9《作脾、奥、糟、苞》云：

> 苞肉法：十二月中杀猪，经宿，汁尽沺沺时，割作捧炙形，茅、菅中苞之。无菅、茅，稻秆亦得。用厚泥封，勿令裂；裂复上泥。悬着屋外北阴中，得至七八月，如新杀肉。

鲊
即腌制的鱼。
《齐民要术》卷8《作鱼鲊》中记载了裹鲊法、鱼鲊法、长沙蒲鲊法和干鱼鲊法等腌制方法：

作裹鲊法：脔鱼，洗讫，则盐和糁。十脔为裹，以荷叶裹之，唯厚为佳，穿破则虫入。不复须水浸、镇迮之事。只三二日便熟，名曰"暴鲊"。荷叶别有一种香，奇相发起香气，又胜凡鲊。有茱萸、橘皮则用，无亦无嫌也。……

作鱼鲊法：锉鱼毕，便盐腌。一食顷，漉汁令尽，更净洗鱼，与饭裹，不用盐也。

作长沙蒲鲊法：治大鱼，洗令净，厚盐，令鱼不见。四五宿，洗去盐，炊白饭，渍清水中。盐饭酿。多饭无苦。……

作干鱼鲊法：尤宜春夏。取好干鱼——若烂者不中，截却头尾，暖汤净疏洗，去鳞，讫，复以冷水浸。一宿一易水。数日肉起，漉出，方四寸斩。炊粳米饭为糁，尝咸淡得所；取生茱萸叶布瓮子底；少取生茱萸子和饭——取香而已，不必多，多则苦。一重鱼，一重饭，手按令坚实。荷叶闭口，泥封，勿令漏气，置日中。春秋一月，夏二十日便熟，久而弥好。酒、食俱入。酥涂火炙特精，胵之尤美也。

（五）脯腊

即腌制后风干或熏干的鱼、肉、鸡、鸭等。关于其制法，《齐民要术》卷8《脯腊》中有详细介绍：

作五味脯法：正月、二月、九月、十月为佳。用牛、羊、獐、鹿、野猪、家猪肉。或作条，或作片，罢，各自别捶牛羊骨令碎，熟煮取汁，掠去浮沫，停之使清。取香美豉，用骨汁煮豉，色足味调，漉去滓。待冷，下盐；细切葱白，捣令熟；椒、姜、橘皮，皆末之，以浸脯，手揉令彻。片脯三宿则出，条脯须尝看味彻乃出。皆细绳穿，于屋北檐下阴干。条脯浥浥时，数以手搦令坚实。脯成，置虚静库中，纸袋笼而悬之。腊月中作条者，名曰"瘃脯"，堪度夏。每取时，先取其肥者。……

五味腊法：用鹅、雁、鸡、鸭、鸧、鸠、凫、雉、兔、鹌鹑、生鱼，皆得作。乃净治，去腥窍及翠上"脂瓶"。全浸，勿四破。别煮牛羊骨肉取汁，浸豉，调和，一同五味脯法。浸四五日，尝味彻，便出，置箔上阴干。火炙，熟捶。亦名"瘃腊"，亦名"瘃鱼"，亦名

"鱼腊"。

作脆腊法：白汤熟煮，接去浮沫；欲出釜时，尤须急火，急火则易燥。置箔上阴干之。甜脆殊常。

蒸炰

即将食物进行蒸煮或烹煮的方法。

《齐民要术》卷9《蒸炰法》云：

蒸肫法：好肥肫一头，净洗垢，煮令半熟，以豉汁渍之。生秫米一升，勿令近水，浓豉汁渍米，令黄色，炊作，复以豉汁洒之。细切姜、橘皮各一升，葱白三寸四升，橘叶一升，合着甑中，密覆，蒸两三炊久。复以猪膏三升，全豉汁一升洒，便熟也。

蒸熊、羊如肫法，鹅亦如此。

蒸鸡法：肥鸡一头，净治；猪肉一斤，香豉一升，盐五合，葱白半虎口，苏叶一寸围，豉汁三升，着盐。安甑中，蒸令极熟。……

胡炮肉法：肥白羊肉——生始周年者，杀，则生缕切如细叶，脂亦切如细叶，脂亦切。着浑豉、盐、擘葱白、姜、椒、荜拨、胡椒，令调适。净洗羊肚，翻之。以切肉脂内于肚中，以向满为限，缝合。作浪中坑，火烧使赤，却灰火。内肚着坑中，还以灰火覆之，于上更燃火，炊一石米顷，便熟。香美异常，非煮、炙之例。……

胜、䏑、煎、消

即煮鱼煎肉的烹调方法。

《齐民要术》卷8《胜、䏑、煎、消法》云：

胜鱼鲊法：先下水、盐、浑豉、擘葱，次下猪、羊、牛三种肉，䏑两沸，下鲊。打破鸡子四枚，泻中，如渝鸡子法。鸡子浮，便熟，食之。……

䏑鱼法：用鲫鱼，浑用。软体鱼不用。鳞治。刀细切葱，与豉、葱俱下，葱长四寸。将熟，细切姜、胡芹、小蒜与之。汁色欲黑。无酢者，不用椒。若大鱼，方寸准得用。软件之鱼，大鱼不好也。……

勒鸭消：细研熬如饼臛，熬之令小熟。姜、橘、椒、胡芹、小蒜，并细切，熬黍米糁。盐、豉汁下肉中复熬，令似熟，色黑。平满奠。兔、雉肉，次好。凡肉，赤理皆可用。勒鸭之小者，大如鸠、鸽，色白也。

鸭煎法：用新成子鸭极肥者，其大如雉。去头，燖治，却腥翠、五脏，又净洗，细剉如笼肉。细切葱白，下盐、豉汁，炒令极熟。下椒、姜末食之。

（六）菹绿

即将猪、鹅、鸭、鸡等煮或煎熟，然后加醋、豉汁等调味品浸泡的方法。

《齐民要术》卷8《菹绿》云：

《食经》曰："白菹：鹅、鸭、鸡白煮者，鹿骨，斫为准：长三寸，广一寸。下杯中，以成清紫菜三四片加上，盐、醋和肉汁沃之。"又云："亦细切，苏加上。"又云："准讫，肉汁中更煮，亦啖。少与米糁。凡不醋，不紫菜。满奠焉。"

菹肖法：用猪肉、羊、鹿肥者，䑌叶细切，熬之，与盐、豉汁。细切菜菹叶，细如小虫丝，长至五寸，下肉里。多与菹汁令酢。

蝉脯菹法："捶之，火炙令熟。细擘，下酢。"又云："蒸之。细切香菜置上。"又云："下沸汤中，即出，擘，如上香菜蓼法。"

绿肉法：用猪、鸡、鸭肉，方寸准，熬之。与盐、豉汁煮之。葱、姜、橘、胡芹、小蒜，细切与之，下醋。切肉名曰"绿肉"，猪、鸡、名曰"酸"。

（七）羹臛法

即将动物之肉煮熟，加入调味品，制成汤羹的方法。

《齐民要术》卷8《羹臛法》云：

作酸羹法：用羊肠二具，饧六斤，瓠叶六斤。葱头二升，小蒜三升，面三升，豉汁、生姜、橘皮，口调之。……

作胡羹法：用羊胁六斤，又肉四斤，水四升，煮；出胁，切之。葱头一斤，胡荽一两，安石榴汁数合，口调其味。……

食脍鱼莼羹：芼羹之菜，莼为第一。四月莼生，茎而未叶，名作"雉尾莼"，第一肥美。叶舒长足，名曰"丝莼"。五月六月用丝莼。入七月，尽九月十月内，不中食，莼有蜗虫着故也。虫甚微细，与莼一体，不可识别，食之损人。十月，水冻虫死，莼还可食。从十月尽至三月，皆食"瑰莼"。瑰莼者，根上头、丝莼下茇也。丝莼既死，上有根茇，形似珊瑚，一寸许肥滑处任用；深取即苦涩。

此外，魏晋南北朝时期蔬菜的腌渍技术亦颇为先进。腌渍蔬菜在我国已有两千多年的历史，《毛诗》、《周礼》中均有记载。但当时的腌渍方法很落后。腌渍技术的进一步发展，是在魏晋南北朝时期。《齐民要术》卷9《作菹藏生菜法》专门介绍蔬菜腌制方法，至为详备。这里介绍其中的几种制法：

葵、菘、芜菁、蜀芥咸菹法：收菜时，即择取好者，菅、蒲束之。作盐水，令极咸，于盐水中洗菜，即内瓮中。若先用淡水洗者，菹烂。其洗菜盐水，澄取清者，泻着瓮中，令没菜把即止，不复调和。菹色仍青，以水洗去咸汁，煮为茹，与生菜不殊。

其芜菁、蜀芥二种，三日抒出之。粉黍米，作粥清；捣麦作末，绢筛。布菜一行，以末薄坌之，即下热粥清。重重如此，以满瓮为限。其布菜法：每行必茎叶颠倒安之。旧盐汁还泻瓮中。菹色黄而味美。……

藏生菜法：九月、十月中，于墙南日阳中掘作坑，深四五尺。取杂菜，种别布之，一行菜，一行土，去坎一尺许，便止。以穰厚覆之，得经冬。须即取，粲然与夏菜不殊。……

木耳菹：取枣、桑、榆、柳树边生犹软湿者，（干即不中用。柞木耳亦得。）煮五沸，去腥汁，出置冷水中，净洮。又着酢浆水中，洗出，细缕切。讫，胡荽、葱白，（少着，取香而已。）下豉汁、酱清及酢，调和适口，下姜、椒末。甚滑美。

第三节 饮料

魏晋南北朝时期的饮料有酒、茶等。

一 酒

酒的酿造据传起子夏禹时的帝女仪狄,实则是人们在劳动生活实践中的发现。魏晋南北朝时,酿酒多用秫米(即高粱)。

《晋书》卷78《孔愉传附从弟群传》云:

> (群)仕历中丞。性嗜酒,导尝戒之曰:"卿恒饮,不见酒家复瓴布,日月久糜烂邪?"答曰:"公不见肉糟淹更堪邪?"尝与亲友书云:"今年田得七百石秫米,不足了曲糵事。"

又同书卷94《陶潜传》云:

> (陶潜)在县公田悉令种秫谷,曰:"令吾常醉于酒足矣。"妻子固请种秔,乃使一顷五十亩种秫,五十亩中秔(即粳米)。

值得重视的是,当时出现了多种名酒,兹分述于次。

乌程酒

魏晋时名酒。产于吴兴乌程县(今浙江吴兴),及豫章康乐县(今江西万载)。

《义选》卷35引张协《七命》云:

> 乃有荆南乌程、豫北竹叶。

注引盛弘之《荆州记》云:

> 绿水出豫章康乐县,其间乌程乡有酒官,取水为酒,酒极甘美,与湘东酃湖酒,年常献之,世称酃绿酒。

酃酒

三国名酒。产于吴国之湘东（今湖南东部）。

《文选》卷5左思《吴都赋》注引《湘州记》云：

> 湘州临水县有酃湖，取水为酒，名曰酃酒。

又《初学记》卷26引《吴录》云：

> 湘东有酃水，酒有名。

千里酒

相传为南朝名酒。产于桂阳程乡（今广东梅县）。

《梁书》卷49《刘杳传》云：

> （任）昉又曰："酒有千日醉，当是虚言。"杳云："桂阳程乡有千里酒，饮之至家而醉，亦其例也。"

骑驴酒

北魏名酒。为河东人刘百堕酿制。该酒饮之香美，致醉而数月不醒。京师贵人出郡登藩，多以此酒相赠。因其远至，故名骑驴酒。北魏永熙二年（533），南青州刺史毛鸿宾携此酒入藩，路遇盗贼，劫此酒饮之而醉，皆被擒获，故又名擒奸酒。

《洛阳伽蓝记》卷4《法云寺》云：

> 市西有退酤、治觞二里。里内之人多酝酒为业。河东人刘白堕善能酿酒。季夏六月，时暑赫晞，以罂贮酒，暴于日中，经一旬，其酒不动，饮之香美而醉，经月不醒。京师朝贵多出郡登藩，远相饷馈，逾于千里，以其远至，号曰"鹤觞"，亦名"骑驴酒"。永熙年中，南青州刺史毛鸿宾赍酒之蕃，逢路贼，盗饮之即醉，皆被擒获，因复命"擒奸酒"。游侠语曰："不畏张弓拔刀，唯畏白堕春醪。"

昆仑觞

北魏名酒。传为孝庄帝（528—530）时豪富贾璪家所酿。因酿酒之水取自黄河河源水，故名。

唐段成式《酉阳杂俎·酒食》云：

> 魏贾璪，家累千金，博学善著作。有苍头善别水，常令乘小艇于黄河中，以瓠瓟接河源水，一日不过七八升，经宿，器中色赤如绛，以酿酒，名"昆仑觞"。酒之芳味，世中所绝，曾以三十斛上魏（孝）庄帝。

桑落酒

北魏名酒。为河东人刘堕所酿。酒成于十月桑落之时，故名。

《水经注》卷4《河水注》云：

> （蒲坂县）魏秦州刺史治，太和迁都，罢州，置河东郡。郡多流离，谓之徙民。民有姓刘名堕者，宿擅工酿，采挹河流，酝成芳酎。悬食同枯枝之年，排于桑落之辰，故酒得其名矣。然香婿之色，清白若滫浆焉，别调氛氲，不与佗同，兰薰麝越，自成馨远，方士之贡选，最佳酌矣。自王公庶友，牵拂相招者，每云索郎有顾，思同旅语，索郎，反语为桑落也。

葡萄酒

葡萄是汉代从西域传入中原的，用葡萄酿酒的方法也逐渐传入内地。美味的葡萄酒，使汉族士人沉醉在一种新鲜具有异国风味的境界之中。

《艺文类聚》卷87《果部下·葡萄》引"魏文帝诏群臣"曰：

> 酿以为酒，甘于曲米，善醉而易醒。道之固以流涎咽唾，况亲食之耶！他方之果，宁有匹之者？

关于造酒之法，《齐民要术》第六十四篇至六十七篇载之甚详。据此可知，魏晋南北朝时期的造酒方法达十多种之多。其中"神曲"5种，"笨曲"3种，"白醪曲"、"女曲"、"黄衣"、"黄蒸"各一种。除"黄衣"、"黄蒸"两种曲由于酒化作用弱而用于做酱外，其余10种饼曲至今仍是酿造高粱酒最常用的曲。这时期的酿酒技术也大有进步。当时酒的种类除去浸泡酒不算，仅酿制酒就有39种之多，所用原料米有黍米、秫米、粱米、粟米、糯米、粳米等，除当时没有的高粱外，全部用到了。从技术上看，当时在水质选择、原料处理、温度调节及分批投料等方面，都有长足进步。

兹据《齐民要术》一书，介绍魏晋南北朝时期的"神曲"、"白醪"、"粟米炉酒"、"胡椒酒"、"粳米法酒"的造酒方法，以见当时制酒的水平。

《齐民要术》卷7《造神曲并酒》云：

又神曲法：以七月上寅日造。不得令鸡狗见及食。看麦多少，分为三分：蒸、炒二分正等；其生者一分，一石上加一斗半。各细磨，和之。溲时微令刚，足手熟揉为佳。使童男小儿饼之，广三寸，厚二寸。须西厢东向开户屋中，净扫地，地上布曲：十字立巷，令通人行；四角各造"曲奴"一枚。讫，泥户勿令泄气。七日开户翻曲，还塞户。二七日聚，又塞之。三七日出之。作酒时，治曲如常法，细锉为佳。

又同书卷7《白醪曲》云：

酿白醪法：取糯米一石，冷水净淘，漉出着瓮中，作鱼眼沸汤浸之。经一宿，米欲绝酢，炊作一馏饭，摊令绝冷。取鱼眼汤沃浸米泔二斗，煎取六升，着瓮中，以竹扫冲之，如茗渤。复取水六斗，细罗曲末一斗，合饭一时内瓮中，和搅令饭散。以毡物裹瓮，并口覆之。经宿米消，取生疏布漉出糟。别炊好糯米一斗作饭，热着酒中为汛，以单布覆瓮。经一宿，汛米消散，酒味备矣。若天冷，停三五日弥善。

一酿一斛米，一斗曲末，六斗水，六升浸米浆。若欲多酿，依法别瓮中作，不得并在一瓮中。四月、五月、六月、七月皆得作之。其曲预三日以水洗令净，曝干用之。

又同上书《笨曲并酒》云：

作粟米炉酒法：五月、六月、七月中作之倍美。受二石以下瓮子，以石子二三升蔽瓮底。夜炊粟米饭，即摊之令冷，夜得露气，鸡鸣乃和之。大率米一石，杀，曲末一斗，春酒糟末一斗，粟米饭五斗。曲杀若少，计须减饭。和法：痛挼令相杂，填满瓮为限。以纸盖口，砖押上，勿泥之，泥则伤热。五六日后，以手内瓮中，看冷无热气，便熟矣。酒停亦得二十许日。以冷水浇。筒饮之。醑出者，歇而不美。……

《博物志》胡椒酒法："以好春酒五升；干姜一两，胡椒七十枚，皆捣末；好美安石榴五枚，押取汁。皆以姜、椒末，及安石榴汁，悉内着酒中，火暖取温。亦可冷饮，亦可热饮之。温中下气。若病酒，苦觉体中不调，饮之，能者四五升，不能者可二三升从意。若欲增姜、椒亦可；若嫌多，欲减亦可。欲多作者，当以此为率。若饮不尽，可停数日。此胡人所谓荜拨酒也。"

又同上书《法酒》云：

粳米法酒：糯米大佳。三月三日，取井花水三斗三升，绢筛曲末三斗三升，粳米三斗三升——稻米佳，无者，旱稻米亦得充事——再馏弱炊，摊令小冷，先下水、曲，然后酘饭。七日更酘，用米六斗六升。二七日更酘，用米一石三斗二升。三七日更酘，用米二石六斗四升，乃止——量酒备足，便止。合醅饮者，不复封泥。令清者，以盆盖，密泥封之。经七日，便极清澄。接取清者，然后押之。

二 茶

魏晋南北朝时期，饮茶之俗主要盛于南方。

《三国志》卷65《韦曜传》云：

（孙）皓每飨宴，无不竟日，坐席无能否率以七升为限，虽不尽入口，皆浇灌取尽。曜素饮酒不过二升，初见礼异时，常为裁减，或密赐茶荈以当酒，至于宠衰，更见偪强，辄以为罪。

又《晋书》卷77《陆晔传》云：

> 谢安尝欲诣纳，而纳殊无供办。其兄子俶不敢问之，乃密为之具。安既至，纳所设唯茶果而已。俶遂陈盛馔，珍羞毕具。客罢，纳大怒曰："汝不能光益父叔，乃复秽我素业邪！"于是杖之四十。

又《太平御览》卷867《饮食部·茗》引《宋录》云：

> 新安王子鸾、豫章王子尚诣昙济道人于八公山，道人设茶茗。尚味之曰："此甘露也，何言茶茗焉。"

由于南方饮茶的盛行，当时还引发出一些与茶有关的神话故事。《太平御览》卷867《饮食部·茗》引《续搜神记》载：

> 桓宣武时，有一督将，因时行病后虚热，更能饮复茗，必一斛二斗乃饱。才减升合，便以为不足。非复一日，家贫。后有客造之，正遇其饮复茗，亦先闻世有此病，仍令更进五升，乃大吐，有一物出，如升大、有口，形质缩绉，壮如牛肚。客乃令置之于盆中，以一斛二斗复茗之。此物噏之都尽，而止觉小胀。又加五升，便悉混然从口中涌出。既吐此物，病逐差。

又同上《续搜神记》载：

> 晋孝武世，宣城人秦精，常入武昌山中采茗，忽遇一人，身长丈余，变体皆毛，从山北来。精见之，大怖，自谓必死。毛人径牵其臂，将至山曲，入大丛茗处，放之便去。精因采茗。须臾复来，乃探怀中二十枚橘与精，甘美异常。精甚怪，负茗儿归。

南方人民长期饮茶，对茶功能的认识有了进一步深化，意识到饮茶具有提神，助思考的作用。

《太平御览》卷867《饮食部·茗》引《博物志》云：

饮茶令少眠睡。

又同上引华佗《食论》云：

苦茗久食益意思。

魏晋南北朝时期，我国北方饮茶虽不如南方盛行，但也有记载。《太平御览》卷867《饮食部·茗》引刘琨与兄子到刘演书谓：

前得安州干茶二斤，姜一斤，桂一斤，皆所须也。

又同上引《世说》载：

任瞻少时有令名，自过江，失志，既不饮茗，问人云："此为茶为茗？"觉人有怪色，乃自申明之曰："向问饮为热为冷。"

同上又载：

晋司徒长史王蒙好饮茶，人至辄令饮之。士大夫皆患之，每欲往侯，必云："今日有水厄。"

最后，谈一下魏晋南北朝胡、汉饮食文化的相互交流和融合。

魏晋南北朝是我国古代第二次民族大融合时期，在黄河流域，胡、汉文化的相互交流与融合极其频繁，其中也包括饮食文化在内。

一方面，北方游牧民族的饮食习尚对汉族产生了较大的影响。早在两汉时期，西域的苜蓿、葡萄、石榴、葱、核桃、蚕豆、黄瓜、芝麻、蒜、香菜、胡萝卜等特产，以及大宛、龟兹的葡萄酒等，先后传入内地；魏晋南北朝时期北方游牧民族的甜乳、酸乳、干酪、漉酪和酥等食品和烹饪技术也相继传入中原，大大丰富了内地汉族地区的饮食生活。

晋代干宝《搜神记》卷7《翟器翟食》云：

> 羌煮、貊炙，翟之食也。自太始以来，中国尚之。贵人富室，必畜其器，吉享嘉宾，皆以为先。

另一方面，汉族的精美肴馔和烹调术，也为胡族所喜食和引进。《魏书》卷43《毛修之传》云：

> 及赫连屈丐破义真于青泥，修之被俘，遂设统万。世祖平赫连昌，获修之。……世祖亲待之，进太管尚书，赐爵南郡公，加冠军将军，常在太官，主进御膳。

又《宋书》卷98《张畅传》云：

> 明旦，（拓跋）焘又自上戏马台，复遣使至小市门……既开门，畅屏却人仗，出对孝伯，并进饷物。虏使云："貂裘与太尉，骆驼、骡与安北，蒲陶酒杂饮，叔侄共尝。"焘又乞酒并甘橘。畅宣世祖问："致意魏主，知欲相见，常迟面写。但受命本朝，过蒙藩任，人臣无境外之交，恨不暂悉。且城守备防，边镇之常，但悦以使之，故劳而无怨耳。太尉、镇军得所送物，魏主意，知复须甘橘，今并付如别。太尉以北土寒乡，皮绔褶脱是所须，今致魏主。螺杯、杂粽，南土所珍，镇军今以相致。"

对南方饮食喜好的鲜卑皇帝，绝非拓跋焘一人。《北齐书》卷24《陈元康传》云：

> 世宗（即文襄帝高澄）家苍头奴兰固成先掌厨膳，甚被宠昵。

关于兰固成其人，《北齐书》卷3《文襄记》云：

> 初，梁将兰钦子京（即兰固成）为东魏所虏，王命以配厨。钦请赎之，王不许。京再诉，王使监厨苍头薛丰洛杖之。

原来这个被高澄所"宠昵"的厨管师兰固成，也是一个南方人。

汉族饮食文化对胡族饮食的影响，还表现在某些胡族食物传入中原后，逐渐融入了汉族饮食文化的因子，如羊盘肠雌斛法，熔南北风味于一炉，使之更加鲜美可口。

《宋书》卷48《毛修之传》谓：

> 初，（毛）修之在洛，敬事嵩高山寇道士……迁于平城，修之尝为羊羹，以荐虏尚书，尚书以为绝味，献之于（拓跋）焘，焘大喜，以修之为太官令。

又如"貊炙"传入内地后，用托盘盛炙肉，以适应汉人的饮食习惯。《晋书》卷27《五行志上》谓：

> 泰始之后，中国相尚用胡床、貊盘。

需要指出的是，胡、汉的饮食文化相互交流与融合，并不是一帆风顺的，而是充满着曲折和斗争。

《晋书》卷27《五行志》云：

> 泰始之后，中国相尚用胡床、貊盘，及为羌煮炙，贵人富室，必畜其器，吉享嘉会，皆以为先。太康中，又以毡谓绔头及络带绔口。百姓相戏曰，中国必为胡所破。夫毡毳产于胡，而天下以为绔头、带身、绔口，胡既三制之矣，能无败乎！至元康中，氐羌互反，永嘉后，刘、石遂篡中都，自后四夷迭据华土，是服妖之应也。

这是汉族的例子，再来看看北方少数民族的情况。

《洛阳伽蓝记》卷3《正觉寺》云：

> （王）肃初入国，不食羊肉及酪浆等物，常饭鲫鱼羹，渴饮茗汁。京师士子，道肃一饮以斗，号为"漏卮"。经数年已后，肃与高祖（魏孝文帝）殿会，食羊肉酪粥甚多。高祖怪之，谓肃曰："卿中国之味也，羊肉何如鱼羹？茗饮何如酪浆？"肃对曰："羊者是陆产之最，鱼者乃水族之长。所好不同，并各称珍。以味言之，甚食优

劣。羊比齐、鲁大邦，鱼比邾、莒小国。唯茗不中与酪作奴。"高祖大笑……彭城王元勰谓肃曰："卿不重齐、鲁大邦，而爱邾、莒小国。"肃对曰："乡曲所美，不得不好。"彭城王重谓曰："卿明日顾我，谓卿设邾、莒之食，亦有酪奴。"因此复号茗饮谓奴酪。时给事中刘缟慕肃之风，专习茗饮，彭城王谓缟曰："卿不慕王侯八珍，好苍头水厄，海上有逐臭之夫，里内有学颦之妇，以卿言之，即是也。"其彭城王家有吴奴，以此言戏之。自是朝贵宴会虽设茗饮，皆耻不复食，唯江表残民远来降者好之。

对于鲜卑族这种站在本民族优越的立场上，歧视南人，贬低南食的做法，有学者指出：

这个故事充分说明了茶饮这种在南方普及的饮料，之所以当时未能在北方流行开来，不在于茶饮本身，完全是民族歧视观念在中间作梗①。

尽管在胡、汉的饮食文化交流过程中存在着阻力，但历史的主流是民族的融合，这是不以人们的意志为转移的，如唐代的饮食，就融入了北朝胡族的饮食因子。

瞿宣颖《中国社会史料丛钞·南北饮食风尚》②谓：

自汉以来，南北饮食之宜，判然殊异。盖北人嗜肉酪麦饼，而南人嗜鱼菜稻茗，如此者数百年。隋唐建都于北，饶有胡风，南食终未能夺北食之席。

又《旧唐书》卷45《舆服志》谓：

（开元以来）贵人御馔，尽供胡食。

---

① 吕一飞：《胡族习俗与隋唐风韵》，书目文献出版社1994年版，第77页。
② 瞿宣颖：《中国社会史料丛钞·南北饮食风尚》，商务印书馆1937年版，第142页。

第三十二章 居室与家具

为人们起居、待客等服务的居室和家具，同衣服、饮食一样，是社会生活中的重要构成部分。魏晋南北朝时期汉族与北方胡族，由于各自的地理环境和社会历史文化背景不同，不仅穿衣、饮食有很大差别，居室与家具也大相径庭。

第一节 居室

魏晋南北朝时期，汉族官僚士大夫的居室大都十分豪华，规模亦很大。

《晋书》卷43《山涛传》云：

（山涛）以太康四年薨，时年七十九。……左长史范晷等上言："涛旧茅屋十间，子孙不相容。"帝为之立室。

又同书卷39《王沈传》云：

（王）沈素清俭，不营产业。其使所领兵作屋五十间。

又《周书》卷31引《韦夐传》云：

时晋公护执政，广营第宅。尝召夐至宅，访以政事。夐仰视其堂，徐而叹曰："酣酒嗜音，峻宇雕墙，有一于此，未或弗亡。"护不悦。有识者以为知言。

一些士大夫还热衷于经营园囿，使自己的府第开始园林化。如北魏洛阳贵族官僚的园林见于《洛阳伽蓝记》者有：司农张伦园，清河王元怿园，侍中张钊园，河间王元琛园等。其中以张伦的园林山地最为华美，胜过诸王的园林。

《洛阳伽蓝记》卷2《正始寺》谓：

> 敬义里南有昭德里。里内有尚书仆射游肇、御史尉李彪、七兵尚书崔休、幽州刺史常景、司农张伦等五宅。彪、景出自儒生，居室俭素。惟伦最谓豪侈，斋宇光丽，服玩精奇，车马出入，逾于邦居。园林山池之美，诸王莫及。伦造景阳山，有若自然。其中重岩复岭，嵚崟相属；深溪洞壑，逦迤连接。高林巨树，足使日月蔽亏；悬葛垂萝，能令风烟出入。崎岖石路，似壅而同；峥嵘涧道，盘于复直。是以山情野兴之士，游以忘归。

东晋、南朝的官僚，治园之风亦很盛。

《晋书》卷64《简文三子会稽文孝王道子传》谓：

> （赵牙）为道子开东第，筑山穿池，列树竹木，功用巨万。道子使宫人谓酒肆，故卖于水侧，于素昵乘船就于之饮宴，以为笑乐。帝尝幸其宅，谓道子曰："府内有山，因得游瞩，甚善也。然修饰太过，非示天下以俭。"……帝还宫，道子谓牙曰："上若知山食版筑所作，尔必死矣。"牙曰："公在，牙何敢死！"营造弥甚。

又《宋书》卷71《徐湛之传》谓：

> （徐）湛之善于尺牍，音辞流畅。贵戚豪家，产业甚厚。室宇园池，贵游莫及。

又《南齐书》卷37《刘悛传》云：

> 刘悛字士操，彭城安上里人也。……历迁员外郎，太尉司徒二府参军……迁长兼侍中。车架数幸悛宅。宅盛治山池，造瓮牖。世祖着

鹿皮冠，被俊莬皮裘，于牖中宴乐，以冠赐俊，至夜乃去。

在官僚士大夫中，其居室亦有简陋者。
《魏书》卷88《良吏裴佗传》谓：

> （裴）佗性刚直，不好俗人交游，其投分者必当时名胜。清白任真，不事家产，宅不过三十步，又无田园。暑不张盖，寒不衣裘，其贞俭若此。

又《梁书》卷53《良吏孙谦传》云：

> 孙谦字长逊，东莞莒人也。……每去官，辄无私宅，常借官空车厩居焉。

这一时期平民的居室甚为简陋，与达官贵人的居所相比，其差别不啻霄壤。
《晋书》卷74《桓冲传》云：

> （桓冲之子）嗣字恭祖。少有清誉，与豁子石秀并为桓氏子侄之冠。冲既代豁西镇，诏以嗣督荆州之三郡豫州之四郡军事、建威将军、江州刺史。莅事简约，修所住斋，应作版檐，嗣命以茅代之，版付船官。

又《宋书》卷93《隐逸孔淳之传云》：

> 孔淳之字彦深，鲁郡鲁人也。……会稽太守谢方明苦要入郡，终不肯往。茅室蓬户，庭草芜径，唯床上有数卷书。

又同书卷55《臧焘传》云：

> 臧焘，字德仁，东莞莒人，武敬皇后兄也。……义熙十四年，陈侍中。元熙元年，以脚疾瞿职。高祖受命，徵拜太常，虽外戚贵显，

而弥自冲约，茅屋蔬飧，不改其旧，所得俸禄，与亲戚共之。

魏晋南北朝时期营造房屋的材料以土木为主。
《周书》卷18《王罴传》云：

> 王罴字熊罴，京兆霸城人，汉河南尹王遵之后，世为州郡著姓。罴刚直木强，处物平当，州郡敬惮之。魏太和中，除殿中将军。先是南岐、东益氐羌反叛，王师战不利，乃令罴领羽林五千镇梁州，讨平诸贼。还，授右将军、西河内史。辞不拜。时人谓之曰："西河大邦，俸禄殷厚，何为致辞？"罴曰："京洛材木，尽出西河，朝贵营第宅者，皆有求假。如其私办，即力所不堪，若科发民间，又违法宪。以此辞耳。"

又《南齐书》卷59《氐传》云：

> 氐阳氏，与苻氏同出略阳，汉世居仇池，地号百顷。……仇池四方壁立，自然有楼橹敌状，高并数丈。……氐于上平地立宫室果园仓库，无贵贱皆谓板屋土墙，所治处名洛谷。

当时，亦有凿窟为室者。
《晋书》卷94《隐逸孙登传》云：

> 孙登字公和，汲郡共人也。无家属，于郡北山谓土窟居之，夏则编草为裳，冬则被发自复。

又同上《郭瑀传》云：

> 郭瑀，字符瑜，敦煌人也。少有超俗之操，东游张掖，师事郭荷，尽传其业。……礼毕，隐于临松薤谷，凿石窟而居，服柏实以轻身，作春秋墨说、孝经错纬，弟子著录千余人。

又同上《瞿硎传》云：

瞿硎先生者，不得姓名，亦不知何许人也。太和末，常居宣城郡界文脊山中，山有瞿硎，因以为名焉。大司马桓温尝往造之。既至，见先生被鹿裘，坐于石室，神无忤色，温及僚佐数十人皆莫测之，乃命伏滔为之铭赞。

北方鲜卑族是个马背上的民族，迁徙无常，因而毡帐成为他们日常的住房。毡帐，又称毡房、百子帐、穹庐等。

《三国志》卷30《乌丸传》注引《魏书》曰：

乌丸者，东胡也。汉初，匈奴冒顿灭其国，余类保乌丸山，因以为号焉。俗善骑射，以穹庐为宅，皆东向。

又《梁书》卷54《诸夷·河南传》云：

河南王者，其先出自鲜卑慕容氏。……有青海方数百里，放牝马其侧，辄生驹，土人谓之龙种，故其国多善马。有屋宇，杂以百子帐，即穹庐也。

毡帐由上、下两部分组成，上部是隆起的顶盖，下部是围壁。制造毡帐的材料主要是柳条和毛毡。

《南齐书》卷57《魏虏传》云：

（永明）十年，上遣司徒参军萧琛、范云北使。宏西郊，即前祠天坛处也。宏与伪公卿从二十余骑戎服绕坛，宏一周，公卿七匝，谓之蹋坛。明日，复戎服登坛祠天，宏又绕三匝，公卿七匝，谓之绕天。以绳相交络，纽木枝枨，覆以青缯，形制平圆，下容百人坐，谓之为伞，一云"百子帐"也。于此下宴息。次祠庙及布政明堂，皆引朝廷使人观视。

第二节　家具

魏晋南北朝时期民族融合的潮流和佛教思想的传入，不断冲击着中原地区传统的生活习俗，更新了人们的观念，从而导致中国古代家具有了较大变化，其突出的表现是高度日趋增加和新品种不断产生。

兹将这一时期的主要家具作一介绍。

一　胡床

胡床从西方传入中国内地，它并不是床，而是一种交足折叠可张可合的坐具，汉末传入洛阳宫中。魏晋时，被时常行军作战的武将们当作便于携带的轻便坐具，南北朝时则在社会上流传开来。

《晋书》卷27《五行志上》云：

> 泰始之后，中国相尚用胡床、貊盘、及谓羌煮貊炙，贵人富室，必畜其器，吉享受嘉会，皆以为先。

又《资治通鉴》卷242《唐纪》穆宗长庆二年条"胡注"云：

> （胡床）以交木为足，足前后皆皆施横木，平其底，使错之地而安；足之上端，其前后亦施横木而平其上，横木列窍以穿绳条，使之可坐。足交午处夏为圆穿，贯之以铁，敛之可挟，放之可坐。

又《艺文类聚》卷70《服饰部下·胡床》引南朝梁庾肩吾《咏胡床》诗谓：

> 传名乃外域，入用信中京。
> 足敧形已正，文斜体自平。
> 临堂对远客，命旅誓初征。
> 何如淄馆下，淹留奉盛明。

二　床

魏晋南北朝时期的床，与今之床稍有不同，当时的床兼具坐与卧两方面的功能。

《三国志》卷7《陈登传》云：

> 陈登者，字元龙，在广陵有威名。……备问泛："君言豪，宁有事邪？"泛曰："昔遭乱过下邳，见元龙。元龙无客主之意，久不相语，自上大床卧，使客卧下床。"备曰："君有国士之名，今天下大乱，帝主失所，忘君忧国忘家，有救世之意，向君求田问舍，言无可采，是元龙所讳也，何缘当与君语？如小人，欲卧百尺楼上，卧君于此，何但上下床之间邪？"表大笑，备因言曰："若元龙文武胆志，当求之于古尔，造次唯得比也。"

又同书卷61《陆凯传附弟胤传》注引《吴录》曰：

> 太子自惧黜废，而鲁王凯觊益甚。（孙）权时见杨竺，辟左右而论（鲁王）霸之才，竺深述霸有文武之姿，宜为嫡嗣，于是权乃许立焉。有给使伏于床下，具闻之，以告太子。

又《晋书》卷65《王导传》云：

> 及帝登尊号，百官陪列，命（王）导升御床共坐。导固辞，至于三四，曰："若太阳下同万物，苍生何由仰照！"帝乃止。

三　榻

一种专供坐用的家具。其制多种多样，装饰也很丰富。

《世说新语》卷下之下《排调》云：

> 刘遵祖少为殷中所知，称之于庾公，庾公甚忻然，便取为左。既见，坐之独榻上，与语。

又《南史》卷34《颜延之传》云：

  时沙门释慧琳以才学为文帝所赏，朝廷政事多与之谋，逐士庶归仰。上每引见。常升独榻，延之甚疾焉。

又《北史》卷7《齐本纪·文宣帝纪》云：

  太后尝在北宫，坐一小榻，帝时已醉，手自举床，后便坠落，颇有伤损。

辽阳出土的几座墓葬壁画中男、女主人对坐宴饮时所坐的方榻，是当时较为普遍的一种①。

四　几、案

魏晋南北朝时期流行一种三条腿的几，专供凭倚所用；案在这一时期也很流行，它主要用以摆放餐具等。目前所见最早的三足几出土于三国时期东吴朱然墓，学者认为这是当时的实用器物，也是目前所见同类器物中唯一可供实用的一件。②

五　椅、凳、墩

椅、凳和墩在这一时期使用非常普遍，其质地有木质的，也有石质的，它们是受佛教生活影响而得以普及民间的。

六　帷帐

施帷挂帐，本是古人在长期生活中相沿积久成俗的一种社会风尚，魏晋南北朝的士族们将这种风气发展到了顶峰。他们的卧床、坐具、内厅与外厅无不施挂帷帐，并以此作为显示富贵的手段，所制帷帐极尽奢侈，使得帷帐的实用价值逐渐降低，而成为士族贵族奢侈生活的表征之一。

---

  ① 东北博物馆：《辽阳三道壕两座壁画墓的清理工作简报》，《文物参考资料》1955年第12期；王增新：《辽阳市棒台子二号壁画墓》，《考古》1960年第1期。
  ② 安徽省文物考古研究所等：《安徽马鞍山东吴朱然墓发掘简报》，《文物》1986年第3期。

《晋书》卷99《桓玄传》云：

（桓）玄入建康宫，逆风迅激，旍旗仪饰皆倾偃。及小会于西堂，设妓乐，殿上施绛绫帐，缕黄金为颜，四角作金龙，头衔五色的羽葆旒苏，群臣窃相谓曰："此颇似轜车，亦王莽仙盖之流也。"

又同书卷33《石苞传》云：

（石崇）财产丰积，室宇宏丽，后房百数，皆曳纨绣，珥金翠。丝竹尽当时之选，苞善穷水陆之珍。与贵戚王恺、羊琇之徒以奢靡相尚。恺以饴澳釜，崇以蜡代薪。恺作紫丝布步障四十里，崇作锦步障五十里以敌之。

第三十三章 交通

魏晋南北朝时期，由于马匹来源匮乏，牛车、驴车和羊车十分盛行；为适应山区运输需要，一些运输工具被复制，同时许多新的运输工具被发明创造出来；在桥梁建设及水运工具制造方面，比前代的也有提高。

第一节 牛车、驴车和羊车

魏晋南北朝以来，由于马匹多用于军事、驿传，尤其是南方，马匹来源甚少，王公、士庶竞乘牛车，一时形成风气。

清钱大昕《二十二史考异》云：

> 古之贵者，不乘牛车，后稍见贵，自灵献以来，天子至士，遂以为长乘。按古制：乘车、兵车、田车，皆曲辕驾驷马，惟平地任载之车驾牛，乃有两辕，《考工记》所谓大车之辕挚，其登又难者也。牛车本庶人所乘。《史记·平准书》：汉兴，接秦之敝，自天子不能具钧驷，而将相或乘牛车，则并施于卤簿。《隋书·阎毗传》言：属车八十一乘，以牛驾车，不足以益文物，是自晋至隋，属车皆驾牛也。《石崇传》：崇与王恺出游，争入洛城，崇牛车迅若飞禽，恺绝不能及。《王衍传》：衍引王导共载，在车中，揽镜自照，谓导曰："尔看吾，目光在牛背上矣。"《王导传》：导营别馆以处众妾，妻曹氏将往焉，导恐妾被辱，遽命驾，犹恐迟之，以所执麈尾驱牛而进。《世说》：刘尹临终，外请杀车中牛以祭，答曰："某之祷久矣。"《南史·刘瑀传》：与偃同从郊祀，时偃乘车在前，瑀策驷居后，相去数十步，瑀蹋马及之，谓偃曰："君辔何疾？"偃曰："牛骏驭精，所以疾尔。"《徐湛之传》：与弟淳之共乘车行，牛奔车坏。《朱修之传》：

至建业，奔牛坠车折脚。《刘德愿传》：善御车，尝立两柱，使其中劣通车轴，乃于百余步上，振驾长驱，来至数尺，打牛奔从柱前直过。《梁本纪》：尝乘折角小牛车。《萧琛传》：郡有项羽庙，前后两千石皆于听拜祠，以轭下牛充祭。《北史·高允传》：特赐允蜀牛一头，四望蜀车一乘。《彭城王勰传》：登车入东掖门，度一小桥，牛伤，人挽而入。《北海王详传》：宣武之亲政，详与咸阳王禧、彭城王勰并被召入，共乘犊车。《常景传》：齐神武以景清贫，特给车牛四乘，妻孥方得达邺。《元仲景传》：兼御史中尉，京师肃然。每向台，恒驾赤牛，时人号"赤牛中尉"。《尔朱世隆传》：今旦令王借牛车一乘，王嫌牛小，更将一青牛驾车。《毕义云传》：高元海遣犊车迎义云入北宫。《琅琊王俨传》：魏氏旧制：中丞出，清道，与皇太子分路行，王公皆遥住车，去牛，顿轭于地，以待中丞过，其或迟违，则赤棒棒之。《和士开传》：遣干宝业以犊车迎士开入内。《牛宏传》：弟弼，常醉射杀宏驾车牛。《艺术传》：天兴五年，牛大疫，舆驾所乘巨犗数百头，同日毙于路侧。此自晋至隋王公士大夫竞乘牛车之证也①。

魏晋南北朝社会上层乘坐牛车的风俗也得到文物考古的有力证实。有学者对《中国古代史参考图录·三国两晋南北朝分册》和《中国历史图说·魏晋南北朝分册》这两部搜集较为广博的图书进行统计，发现这一时期有关牛车的出土文物中，计有陶制模型10个，壁画4幅，画像砖石3方，详如表33—1至表33—3所示②：

表33—1　　　　　　　　　　　陶制牛车模型

文物时代	出土地点	出土时间	资料来源
吴	鄂城	1967	《图录》15页
西晋	南京	—	《图录》202页

---

① 钱大昕：《二十二史考异》（上），《嘉定钱大昕全集》，江苏古籍出版社1997年版，第457—459页。

② 刘盘修：《魏晋南北朝社会上层乘坐牛车风俗述论》，《中国典籍与文化》1998年第4期。

续表

文物时代	出土地点	出土时间	资料来源
西晋	洛阳	—	《图录》202 页
东晋	南京	1970	《图录》40 页
北魏	—	—	《图录》202 页
北魏	洛阳	1965	《图录》115 页
北齐	太原	1955	《图录》132 页
南朝	南京	1955	《图录》104 页
南朝	镇江	1973	《图录》105 页
北朝	呼和浩特	1975	《图录》108 页

表 33—2　　　　　　　壁画中的牛车

文物时代	出土地点	出土时间	资料来源
魏晋	嘉峪关	1972	《图说》彩页
公元 4 世纪	吐鲁番	—	《图说》181 页
东晋	朝阳	1982	《图录》40 页
东晋	朝鲜黄河北道	—	《图说》199 页

表 33—3　　　　　　　画像砖石中的牛车

文物时代	出土地点	出土时间	资料来源
南朝	邓县	1957	《图录》180 页
北朝	邓县	—	《图说》203 页
北魏	—	—	《图说》202 页

又有乘驴车之风。当时驴车主要用于运输及行军作战等。《资治通鉴》卷 146《梁纪》武帝天监六年条谓：

上命豫州刺史韦叡将兵救钟离，受曹景宗节度。……叡遣派昌义之，义之悲喜，不暇答语，但叫曰："更生！更生！"诸军逐北至濊水上，英单骑入梁城，缘淮百余里，尸相枕藉，生擒五万人，收其资粮、器械山积，牛马驴骡不可胜计。

乘羊车之习,在这一时期的社会上层亦颇为风行。
《晋书》卷31《后妃上胡贵嫔传》载:

> 时帝(晋武帝)多内宠……掖庭殆将万人。而并存者甚众,帝莫知所适,常乘羊车恣其所之,至便宴寝。

又《太平御览》卷775《车部·羊车》谓:

> 卫玠字叔宝,五岁风神秀异,总角乘羊车入市,见者以为玉人,观者倾都。

第二节 运输工具的创新与复制

魏晋南北朝创制与复制的交通工具有指南车、记里鼓车、鹿车、辇和肩舆等,其中指南车、记里鼓车是利用齿轮原理制成的。

(一)指南车

《通典》卷64《礼二十四·指南车》云:

> 后汉张衡始复创造。汉末丧乱,其器不存。
>
> 魏明帝青龙中,令博士马钧绍而作焉。车上有木仙人,举手常指南。车箱回转,所指微差。晋乱复亡。
>
> 东晋义熙十三年,刘裕平长安,始得此车,复修之。一名司南车。驾驷其下,制如楼,三级,四角金龙衔羽葆。刻木为仙人,衣羽衣,立车上,车虽回运,而手恒指南。大驾出行,为先启之乘,此车戎狄所制,机数不精,回曲频骤,犹须人力正之。
>
> 范阳人祖冲之,有巧思,常谓宜更造。
>
> 宋顺帝昇明中,齐高帝为相,命冲之造焉。车成,使抚军将军、丹阳尹王僧虔等试之。其制甚精,百屈千回,未尝移变。
>
> 齐因宋制,加饰四周,箱上施屋。指南人衣裙襦天衣,在箱中。上四角皆施龙子竿,悬杂色者孔雀#,布皂复幔,驾牛,皆铜铰饰。
>
> 梁复名司南车,大驾处,为先启之乘。
>
> 后魏太武帝嗜工人郭善明造之,弥年不就。扶风人马岳又造,垂

成，善明鸩杀之。

（二）记里鼓车

《通典》卷64《礼二十四·记里鼓车》云：

> 东晋安帝义熙十三年，刘裕灭后秦所获，唯详其所由来。制如指南车，驾驷，中木人执槌向鼓，行一里则打一槌。
> 宋因之不易，大驾卤簿，次指南车后。
> 齐因宋制，饰加华盖子，襻衣漆画，鼓机皆在内也。
> 梁因宋制，改驾以牛。

（三）鹿车

一种用人力推挽的轻便小车。它结构简单，特别适合乡村田野、崎岖小路和丘陵起伏地区使用。两晋南北朝，使用鹿车是穷人的标志。

《晋书》卷49《刘伶传》谓：

> 刘伶……不以家产有无介意。常乘鹿车。

又《北齐书》卷1《神武帝纪》谓：

> 时（高）干次弟（高）慎在光州……乃弊衣推鹿车归渤海。

（四）辇和肩舆

辇为人力两轮车，秦汉时为王后所乘，后改用肩扛，称为肩舆。关于辇和肩舆的形制及其演变，《通典》卷66《礼二十六·辇舆》谓：

> 秦以辇为人君之乘。
> 汉因之，以雕玉为之，方径六尺，或使人挽，或驾果下马。
> 魏晋小出则乘之，亦多乘舆。
> 东晋过江，亡其制度。至太元中，谢安率意造焉，及破苻坚于淮上，获京都旧辇，形制无差。义熙五年，刘裕执慕容超，获金钲辇。
> 宋因之。案小舆。軿车，今犊车之流也。

齐因之，而盛增其饰。竹蓬。箱外凿镂金箔，碧纱衣，织成苞，锦衣。箱里及仰顶隐膝后户，金涂镂面钉，玳瑁帖，金涂松精，登仙花纽，绿四缘，四望纱萌子，上下前后眉，镂牒。辕枕长角龙，白牙兰，玳瑁金涂校饰。漆障形板在兰前，金银花兽攫天代龙师子镂面，榆花钿，金龙虎。扶辕，银口带，龙板头。龙辕轭上，金凤凰铃锁，银口带，星后梢，玳瑁帖，金涂花沓，银星花兽幔竿杖，金涂龙牵，纵横长网。又制卧辇，校饰如坐辇，不甚服用。复制小舆，形如轺车，小行幸则乘之。

梁制，小舆似轺车，金装漆画，施八横。元正大会，乘出上殿。西堂举哀亦乘之。

行则从后。又制步舆，方四尺，上施隐膝，人舆上殿。天子至下贱，通得乘之。复制副辇，加笨如犊车，通幰朱络，谓之蓬辇。

后魏道武帝天兴初，始修轩冕。制干象辇，羽葆，圆盖，画日月、五星、二十八宿、天街、云𪃟、（星经曰："昴毕为天街。"天子出，旄头罕毕以前驱。）山林、奇瑞、游麟、飞凤、朱雀、玄武、驺虞、青龙，驾二十四马。又制大楼辇车，龙辀加玉饰，四毂六衡，方舆圆盖，金鸡树羽，宝铎旒苏，鸾雀立衡，螭龙衔轭，建太常，画升龙日月，驾二十牛。又制象辇，左右金凤白鹿，仙人，羽葆旒苏，金铃玉佩，初驾二象，后以六驼代之。

复有游观、小楼等辇，驾十五马。车等草创修制，多违旧章。

魏晋南北朝时期乘肩舆者颇多。与肩舆相类似的还有篮舆、板舆等。《晋书》卷80《王献之传》云：

王献之尝经吴郡，闻顾群疆有名园，光不相识，乘平肩舆径入。

又同书卷94《隐逸·陶潜传》云：

（刺史王弘）每令人候之，密知当往庐山，乃遣其故人庞通之等赍酒，先于半道要之。（陶）潜既遇酒，便引酌野亭，欣然忘进。弘乃出与相见，遂欢宴穷日。潜无履，弘顾左右为之造履。左右请履度，潜便于坐申脚令度焉。弘要之还州，问其所乘，答云："素有脚疾，向乘篮舆，亦足自反。"乃令一门生二儿共擧之至州，而言笑赏适，不觉其有羡于华轩也。

又《梁书》卷12《韦叡传》云：

（韦）叡素羸，每战未尝骑马，以板舆自载，督厉众军。

河南邓县画像砖中四人所抬肩舆之上有帐幕的舆装饰，颇为华丽。①

第三节　道路与驿站

魏晋南北朝时期，战乱频仍，驿路已不如汉时。
《晋书》卷68《贺循传》云：

时江东草创，盗贼多有，帝思所以防之，以问于循。循答曰："江道万里，通涉五州，朝贡商旅之所来往也。今议者欲出宣城以镇江渚，或使诸县领兵。愚谓令长威弱，而兼才难备，发惮役之人，而御之不肃，恐未必为用。以循所闻，江中剧地惟有阖庐一处，地势险奥，亡逃所聚。特宜以重兵备戍，随势讨除，绝其根带。沿江诸县各有分界，分界之内，官长所任，自可度土分力，多置亭行，恒使徼行，峻其纲目，严其刑赏，使越常科，勤则有殊荣之报，堕则有一身之罪，谓于大理不得不肃。所给人以时番休，役不至困，代易有期。案汉制十里一亭，亦以防禁切密故也。当今纵不能尔，要宜筹量，使力足相周。"

尽管如此，在局部地区驿道仍具有一定规模。
《晋书》卷113《苻坚载记上》云：

（苻）坚以境内旱，课百姓区种。……关、陇清晏，百姓丰乐，自长安至于诸州，皆夹路树槐柳，二十里一亭，四十里一驿，旅行者

---

① 河南省文化局文物工作队：《邓县彩色画像砖墓》，文物出版社1959年版，第27页。

取给于途，工商贸贩于道。百姓歌之曰："长安大街，夹树杨槐。下走朱轮，上有鸾栖。英彦云集，诲我萌黎。"

当时，由于官驿亭传的衰败，民间"逆旅之业"便兴盛起来。《曹操集·步出夏门行》云：

> 逆旅整设，以通贾商[①]。

又《晋书》卷55《潘岳传》云：

> 时以逆旅逐末废农，奸淫亡命，多所依凑，败乱法度，敕当除之。十里一官橘，使老小贫户守之，又差吏掌主，依客舍收钱。岳议曰："谨案：逆旅，久矣其所由来也。行者赖以顿止，居者薄收其直，交易贸迁，各得其所。官无役赋，因人成利，惠加百姓而公无末费。语曰：'许由辞帝尧之命，而舍于逆旅。'《外传》曰：'晋阳处父过宁，舍于逆旅。'魏武皇帝亦以为宜，其诗曰：'逆旅整设，以通商贾。'然则自尧到今，未有不得客舍之法。唯商鞅尤之，固非圣世之所言也。方今四海会同，九服纳贡，八方翼翼，公私满路。近畿辐辏，客舍亦稠。冬有温庐，夏有凉荫，刍秣成行，器用取给。疲牛必投，乘凉近进，发榻写鞍，皆有所憩。"

又《魏书》卷67《崔光传附弟敬友传》云：

> 敬友精心佛道，昼夜诵经。免丧之后，遂菜食终世。恭宽楼下，修身厉节。……又置逆旅于肃然山南大路之北，设食以供行者。

第四节 桥梁和船舰

魏晋南北朝时期，造桥技术已具有很高的水平，出现了石桥、木桥、竹桥、浮桥、索桥、阁桥等种类，其中以黄河上架设的河桥及渭河上的崔

[①] 曹操：《曹操集》，中华书局1974年版，第20—21页。

公桥最为有名。

关于河桥,《晋书》卷 34《杜预传》有云:

> 预以时历差舛,不应暑度,奏上《二元干度历》,行于世。预又以孟津渡险,有覆没之患,请建河桥于富平津。议者以为殷周所都,历圣贤而不作者,必不可立故也。预曰:"'造舟为梁',则河桥之谓也。"及桥成,帝从百僚临会,举觞属预曰:"非君,此桥不立也。"对曰:"非陛下之明,臣亦不得施其微巧。"周庙欹器,至汉东京犹在御坐。汉末丧乱,不复存,形制遂绝。预创意造成,奏上之,帝甚嘉叹焉。咸宁四年秋,大霖雨,蝗虫起。预上疏多陈农要,事在《食货志》。预在内七年,损益万机,不可胜数,朝野称美,号曰"杜武库",言其无所不有也。

关于崔公桥,《魏书》卷 66《崔亮传》有云:

> 崔亮,字敬儒,清河东武城人也。……除安西将军、雍州刺史。城北渭水浅不通船,行人艰阻。亮谓僚佐曰:"昔杜预乃造河梁,况此有异长河,且魏晋之日亦自有桥,吾今决欲营之。"咸曰:"水浅,不可为,浮桥泛长无恒,又不可施柱,恐难成立。"亮曰:"昔秦居咸阳,横桥渡渭,以像阁道,此即以柱为桥。今唯虑长柱不可得耳。"会天大雨,山水暴至,浮出长木数百根。借此为用,桥遂成立,百姓利之,至今犹名崔公桥。

这一时期的造船技术也很先进,已能造扁舟、艇、筏、鹝舟、舫(并两船)、舡(方舟)和舰等不同类型的船只。三国时期的孙权,对于船舰制造十分重视。当时不仅能制作用于水战的各种船只,还能建造远航夷州(今台湾省)及南洋群岛等地的大船。

《晋书》卷 42《王濬传》云:

> 武帝谋伐吴,诏濬修舟舰。濬乃作大船连舫,方百二十步,受二千余人。以木为城,起楼橹,开四出门,其上皆得驰马来往。又画鹢首怪兽于船首,以惧江神。舟楫之盛,自古未有。濬造船于蜀,其木

柿蔽江而下。吴建平太守吾彦取流柿以呈孙皓曰："晋必有攻吴之计，宜增建平兵。"

又《全唐诗》卷359引唐刘禹锡《西塞山怀古》诗云：

王璇楼船下益州，
金陵王气黯然收，
千寻铁锁沉江底，
一片降旛出石头。

南朝梁时，陆纳曾造三王舰，又造鹢艏舰、青龙舰等大舰。
《梁书》卷45《王僧辩传》云：

及王师次于南洲，贼帅侯子鉴等率步骑万余人于岸挑战，又以鹢艏千艘并载士，两边悉八十棹，棹手皆越人，去来趣袭，捷过风电。僧辩乃麾细船，皆令退缩，悉使大舰夹泊两岸。贼谓水军欲退，争出趋之，众军乃棹大舰，截其归路，鼓噪大呼，合战中江，贼悉赴水。

又《南史》卷63《王神念传附子僧辩传》云：

初，纳造大舰，一名曰三王舰者，邵陵王、河东王、桂阳嗣王三人，并为元帝所害，故立其像于舰，祭以太牢，加其节盖羽仪鼓吹，每战辄祭之以求福。又造二舰，一曰青龙舰，一曰白虎舰，皆衣以牛皮，并高十五丈，选其中尤男健者乘之。

第三十四章 丧葬礼俗

丧葬是人类社会生活的重要组成部分。随着社会的发展和人们经济、政治地位差距的扩大，统治阶层对丧葬表现出追求奢华丰厚的趋势；但在魏晋南北朝时期，却兴起了一股薄葬之风，这是此时期丧葬习俗的一个显著特点。

第一节 丧葬礼仪

魏晋南北朝时期的丧葬礼仪，多依古礼而行。这里主要叙述殡殓、治丧、守孝等方面的习俗。

吊祭之礼是治丧的重要内容之一。

《晋书》卷49《阮籍传》云：

> 籍虽不拘礼教，然发言玄远，口不臧否人物。性至孝，母终，正与人围棋，对者求止，籍留与决赌。既而饮酒二斗，举声一号，吐血数升。及将葬，食一蒸肫，饮二斗酒，然后临诀，直言穷矣，举声一号，因又吐血数升，毁瘠骨立，殆致灭性。裴楷往吊之，籍散发箕踞，醉而直视，楷吊唁毕便去。或问楷："凡吊者，主哭，客乃为礼。籍既不哭，君何为哭？"楷曰："阮籍既方外之士，故不崇礼典。我俗中之士，故以轨仪自居。"时人叹为两得。籍又能为青白眼，见礼俗之士，以白眼对之。及嵇喜来吊，籍作白眼，喜不怿而退。喜弟康闻之，乃赍酒挟琴造焉，籍大悦，乃见青眼。由是礼法之士疾之若仇，而帝每保护之。

又同书卷68《顾荣传》云：

荣素好琴，及卒，家人常置琴于灵座。吴郡张翰哭之恸，既而上床鼓琴数曲，抚琴而叹曰："顾彦先复能赏此不？"因又恸哭，不吊丧主而去。

魏晋时期，治丧仍循小殓大殓、小祥大祥之礼。
《晋书》卷33《王祥传》云：

（王祥）及疾笃，着遗令训子孙曰："……家人大小不须送葬，大小祥乃设特牲。"

又《魏书》卷20《文成五王列传广川王略传》云：

（广川王略之子）谐，字仲和，袭。十九年薨。诏曰："朕宗室多故，从弟谐丧逝，悲痛摧割，不能已已。古者，大臣之丧，有三临之礼，此盖三公已上。至于卿司已下，故应。自汉已降，多无此礼。朕欲遵古典，哀感从情，虽以尊降伏，私痛宁爽？欲令诸王有期亲者为之三临，大功之亲者为之再临，小功缌麻为之一临。广川王于朕大功，必欲再临。再临者，欲于大殓之日，为亲临尽哀，成服之后，缌衰而吊。既殡之缌麻，理在无疑，大殓之临，当否如何？为须抚柩于始丧，为应尽哀于阖棺？早晚之宜，择其厥中。"黄门侍郎崔光、宋弁，通直常侍刘芳，典命下大夫李元凯，中书侍郎高聪等议曰："三临之事，乃自古礼，爰及汉魏，行之者稀。陛下至圣慈仁，方遵前轨，志必哀戾，虑同宁戚。臣等以为若期亲三临，大功宜再。始丧之初，哀之至极，既以情降，宜从始丧。大殓之临，伏如圣旨。"诏曰："魏晋已来，亲临多阙，至于戚臣，必于东堂哭之。顷大司马、安定王薨，朕既临之后，复更受慰于东堂。今日之事，应更哭否？"光等议曰："东堂之哭，盖以不临之故。今陛下躬亲抚视，群臣从驾，臣等参议，以为不宜复哭。"诏曰："若大司马戚尊位重，必哭于东堂，而广川既是诸王之子，又年位尚幼，卿等议之，朕无异焉。"谐将大殓，高祖素服深衣哭之，入室，哀恸，抚尸而出。有司奏，广川王妃薨于代京，未审以新尊从于卑旧，为宜卑旧来就新尊？

诏曰："迁洛之人，自兹厥后，悉可归骸邙岭，皆不得就茔恒代。其有夫先葬在北，妇今丧在南，妇人从夫，宜还代葬；若欲移父就母，亦得任之。其有妻坟于恒代，夫死于洛，不得以尊就卑；欲移母就父，宜亦从之；若异葬亦从之。若不在葬限，身在代丧，葬之彼此，皆得任之。"

魏晋南北朝时期，殡葬之礼十分隆重。
《三国志》卷1《武帝纪》注引黄甫谧《逸士传》云：

及袁绍与弟丧母，归葬汝南，俊与公会之，会者三万人。

又《魏书》卷93《恩幸王叡传》云：

（王）叡之葬也，假亲姻义旧，衰绖缟冠送丧者千余人，皆举声痛以要荣利，时谓之义孝。

又同上《赵修传》谓：

（赵）修之葬父也，百僚自王公以下无不吊祭，酒犊祭奠之具，填塞门街。于京师为制碑铭，石兽、石柱皆发民车牛，传致本县。财用之费，悉自公家。凶吉车乘将百两，道路供给，亦皆出官。时将马射，世宗留修过之。帝如射宫，修又骖乘，略辂旒竿触东门而折。修恐不逮葬日，驿赴窆期，左右求从及特遣者数十人。

守孝，也是丧礼中的一项重要内容。由于它直接影响着居丧者的社会声誉，因此特别为人们所重视。
《三国志》卷6《袁绍传》注引《英雄记》云：

（袁）绍生而父死，二公爱之。幼使为郎，弱冠除濮阳长，有清名。遭母丧，服竟，又追行父服，凡在冢庐六年。礼毕，隐居洛阳，不妄通宾客，非海内知名，不得相见。

在西晋、南朝时期，社会上居丧守孝之礼发展到了极端。
《晋书》卷43《山涛传》云：

（山涛）曾遭母丧，归乡里。涛年逾耳顺，居丧过礼，员土成坟，手植松柏。

又《晋书》卷43《王戎传》云：

（戎）以母忧去职。性至孝，不拘礼制，饮酒食肉，或观弈棋，而容貌毁悴，杖然后起。裴頠往吊之，谓人曰："若使一恸能伤人，浚冲不免灭性之讥也。"时和峤亦居父丧，以礼法自持，量米而食，哀毁不逾于戎。帝谓刘毅曰："和峤毁顿过礼，使人忧之。"毅曰："峤虽寝苫食粥，乃生孝耳。至于王戎，所谓死孝，陛下当先忧之。"戎先有吐疾，居丧增甚。帝遣医疗之，并赐药物，又断宾客。

又《宋书》卷62《张敷传》云：

（张敷）父在吴兴亡，报以疾笃，敷往奔省，自发都至吴兴成服，凡十余日，始进水浆，葬毕不进盐菜，遂毁瘠成疾。世父茂度每止譬之，辄更感恸，绝而复续。

又《梁书》卷8《昭明太子传》云：

（普通）七年十一月，贵嫔有疾，太子还永福省，朝夕侍疾，衣不解带。及薨，步从丧还宫，至殡，水浆不入口，每哭辄恸绝。高祖遣中书舍人顾协宣旨曰："毁不灭性，圣人之制。《礼》，不胜丧比于不孝。有我在，那得自毁如此！可即强进饮食。"太子奉敕，乃进数合。自是至葬，日进麦粥一升。高祖又敕曰："闻汝所进过少，转就羸瘵。我比更无余病，正为汝如此，胸中亦圮塞成疾。故应强加饘粥，不使我恒尔悬心。"虽屡奉敕劝逼，日止一溢，不尝菜果之味。体素壮，腰带十围，至是减削过半。每入朝，士庶见者莫不下泣。

北朝也讲居丧守孝之礼,但不像两晋南朝那样讲究毁瘠过礼。
《魏书》卷72《阳尼传附阳固传》云:

（固）丁母忧,号慕毁病,杖而能起。练禫之后,犹酒肉不进。时饮年逾五十,而丧过于哀,乡党亲族咸叹服焉。

又《北齐书》卷45《文苑·樊逊传》云:

樊逊,字孝谦,河东北倚人士也。族琰,父衡,无官宦。而衡性至孝,丧父,负土成坟,植柏方数十亩,朝夕号慕。

又《周书》卷5《武帝纪上》云:

天和元年春正月己卯……八月己未,诏:"诸有三年之丧,或负土成坟,或寝苦骨立,一志一行,可称扬者,仰本部官司,随事言上。当加吊勉,以厉薄俗。"

第二节　薄葬与厚葬

两汉时代,厚葬成风。但此期的不少遗令,则反映出一股抗世矫俗的俭葬潮流。其中,汉武帝时的杨王孙,以裸葬的矫俗之举,开后代俭葬之新声。

《汉书》卷67《杨王孙传》记在回答友人祈侯谏阻他裸葬的信中称:

且夫死者,终生之化,而物之归者也。归者得至,化者得变,是物各反其真也。……夫饰外以华众,厚葬以隔真,使归者不得至,化者不得变,是使物各失其所也。且吾闻之,精神者天之有也,形骸者地之有也。精神离形,各归其真……其尸块然独处,有知哉？故圣王生易尚,死易葬也。不加功于亡用,不损财于亡谓。今费财厚葬,留归隔至,死者不知,生者不得,是谓重惑。于戏！吾不为也。

杨王孙这种"及真"思想对后世许多薄葬者有很大影响。如三国时期曹魏议郎沐并直接效法杨王孙身体力行裸葬。

《三国志》卷23《常林传》注引《魏略·清介传》云：

> （沐并）年六十馀，自虑身无常，豫作终制，戒其子以俭葬，曰："告云、仪等：夫礼者，生民之始教，而百世之中庸也。故力行者则为君子，不务者终为小人，然非圣人莫能履其从容也。是以富贵者有骄奢之过，而贫贱者讥于固陋，于是养生送死，苟窃非礼。由斯观之，阳虎玙璠，甚于暴骨，桓魋石椁，不如速朽。此言儒学拨乱反正、鸣鼓矫俗之大义也，未是夫穷理尽性、陶冶变化之实论也。若能原始要终，以天地为一区，万物为刍狗，该览玄通，求形景之宗，同祸福之素，一死生之命，吾有慕于道矣。夫道之为物，惟恍惟惚，寿为欺魄，夭为鬼没，身沦有无，与神消息，含悦阴阳，甘梦太极。奚以棺椁为牢，衣裳为缠？尸系地下，长幽桎梏，岂不哀哉！昔庄周阔达，无所适莫；又杨王孙裸体，贵不久容耳。至夫末世，缘生怨死之徒，乃有含珠鳞柙，玉床象衽，杀人以殉；圹穴之内，锢以纩絮，藉以蜃炭，千载僵燥，讬类神仙。于是大教陵迟，竞于厚葬，谓庄子为放荡，以王孙为戮尸，岂复识古有衣薪之鬼，而野有狐狸之啙乎哉？吾以材质浑浊，污于清流。昔忝国恩，历试宰守，所在无效，代匠伤指，狼跋首尾，无以雪耻。如不可求，从吾所好。今年过耳顺，奄忽无常，苟得获没，即以吾身袭于王孙矣。上冀以赎市朝之逋罪，下以亲道化之灵祖。顾尔幼昏，未知臧否，若将逐俗，抑废吾志，私称从令，未必为孝；而犯魏颗听治之贤，尔为弃父之命，谁或矜之！使死而有知，吾将尸视。"

西晋名士皇甫谧也全盘接受了杨王孙的"反真"思想。

《晋书》卷51《皇甫谧传》载：

> （皇甫谧）著论为葬送之制，名曰《笃终》，曰：玄晏先生以为存亡天地之定制，人理之必至也。故礼六十而制寿，至于九十，各有等差，防终以素，岂流俗之多忌者哉！吾年虽未制寿，然婴疢弥纪，仍遭丧难，神气损劣，困顿数矣。常惧奄陨不期，虑终无素，是以略陈至怀。夫人之所贪者，生也；所恶者，死也。……人之死也，精歇

形散，魂无不之，故气属于天；寄命终尽，穷体反真，故尸藏于地。是以神不存体，则与气升降；尸不久寄，与地合形。形神不隔，天地之性也；尸与土并，反真之理也。今生不能保七尺之躯，死何故隔一棺之土？……

夫葬者，藏也；藏也者，欲人之不得见也。而大为棺椁，备赠存物，无异于埋金路隅而书表于上也。虽甚愚之人，必将笑之。丰财厚葬以启奸心，或剖破棺椁，或牵曳形骸，或剥臂捋金环，或扪肠求珠玉。焚如之形，不痛于是？自古及今，未有不死之人，又无不发之墓也。故张释之曰："使其中有欲，虽固南山犹有隙；使其中无欲，虽无石椁，又何戚焉！"斯言达矣，吾之师也。夫赠终加厚，非厚死也，生者自为也。遂生意于无益，弃死者之所属，知者所不行也。《易》称"古之葬者，衣之以薪，葬之中野，不封不树"。是以死得归真，亡不损生。

故吾欲朝死夕葬，夕死朝葬，不设棺椁，不加缠敛，不修沐浴，不造新服，殡唅之物，一皆绝之。吾本欲露形入坑，以身亲土，或恐人情染俗来久，顿革理难，今故觕为之制，奢不石椁，俭不露形。气绝之后，便即时服，幅巾故衣，以邍除裹尸，麻约二头，置尸床上。择不毛之地，穿坑深十尺，长一丈五尺，广六尺，坑讫，举床就坑，去床下尸。平生之物，皆无自随，唯赍《孝经》一卷，示不忘孝道。……无问师工，无信卜筮，无拘俗言，无张神坐，无十五日朝夕上食。礼不墓祭，但月朔于家设席以祭，百日而止。临必昏明，不得以夜。制服常居，不得墓次。夫古不崇墓，智也。今之封树，愚也。若不从此，是戮尸地下，死而重伤。魂而有灵，则冤悲没世，长为恨鬼。王孙之子，可以为诫。死誓难违，幸无改焉！

由于薄葬思想的盛行，再加上魏晋南北朝时期皇权的卑落和封建的儒家礼教受到冲击等诸多因素的影响，这一时期的薄葬之风甚炽。而薄葬之风的先导者，当首推曹操。建安十年（205），曹操平定冀州后，随即令禁厚葬，并禁立碑。

《三国志》卷1《武帝纪》载：

十年春正月，攻谭，破之，斩谭，诛其妻子，冀州平。魏书曰：

公攻谭，旦及日中不决；公乃自执枹鼓，士卒咸奋，应时破陷。下令曰："其与袁氏同恶者，与之更始。"令民不得复私雠，禁厚葬，皆一之于法。

又《宋书》卷15《礼二》载：

汉以后，天下送死奢靡，多作石室石兽碑铭等物。建安十年，魏武帝以天下凋敝，下令不得厚葬，又禁立碑。

建安二十三年（218）六月，曹操为自己选定葬所，确定了葬地的基本格局。

《三国志》卷1《武帝纪》谓：

（建安二十三年）六月，（武帝）令曰："古之葬者，必居瘠薄之地。其规西门豹祠西原上为寿陵，因高为基，不封不树。周礼冢人掌公墓之地，凡诸侯居左右以前，卿大夫居后，汉制亦谓之陪陵。其公卿大臣列将有功者，宜陪寿陵，其广为兆域，使足相容。"

未及两年，曹操谢世于洛阳，死前再次强调薄葬。

《三国志》卷1《武帝纪》载：

（建安）二十五年春正月……庚子，王崩于洛阳，年六十六。遗令曰："天下尚未安定，未得遵古也。葬毕，皆除服。其将兵屯戍者，皆不得离屯部。有司各率乃职。敛以时服，无藏金玉珍宝。"谥曰武王。二月丁卯，葬高陵。

又《晋书》卷20《礼志中》载：

魏武以礼送终之制，袭称之数，繁而无益，俗又过之，豫自制送终衣服四，题识其上，春秋冬夏，日有不讳，随时以敛，金珥珠玉铜铁之物，一不得送。

魏文帝曹丕的葬事效其父而行之。

《三国志》卷2《文帝纪》载：

> （魏文帝黄初三年）冬十月甲子，表首阳山东为寿陵，作终制曰："礼，国君即位为椑，椑音扶历反。存不忘亡也。臣松之按：礼，天子诸侯之棺，各有重数；棺之亲身者曰椑。昔尧葬谷林，通树之，禹葬会稽，农不易亩，吕氏春秋：尧葬于谷林，通树之；舜葬于纪，市廛不变其肆；禹葬会稽，不变人徒。故葬于山林，则合乎山林。封树之制，非上古也，吾无取焉。寿陵因山为体，无为封树，无立寝殿，造园邑，通神道。夫葬也者，藏也，欲人之不得见也。骨无痛痒之知，冢非栖神之宅，礼不墓祭，欲存亡之不黩也，为棺椁足以朽骨，衣衾足以朽肉而已。故吾营此丘墟不食之地，欲使易代之后不知其处。无施苇炭，无藏金银铜铁，一以瓦器，合古涂车、刍灵之义。……自古及今，未有不亡之国，亦无不掘之墓也。丧乱以来，汉氏诸陵无不发掘，至乃烧取玉匣金缕，骸骨并尽，是焚如之刑，岂不重痛哉！祸由乎厚葬封树。'桑、霍为我戒'，不亦明乎？其皇后及贵人以下，不随王之国者，有终没皆葬涧西，前又以表其处矣。盖舜葬苍梧，二妃不从，延陵葬子，远在嬴、博，魂而有灵，无不之也，一涧之间，不足为远。若违今诏，妄有所变改造施，吾为戮尸地下，戮而重戮，死而重死。臣子为蔑死君父，不忠不孝，使死者有知，将不福汝。其以此诏藏之宗庙，副在尚书、秘书、三府。"（黄初七年）六月戊寅，葬首阳陵。自殡及葬，皆以终制从事。

此外，曹丕即位不久还曾令有司依旧制将曹操陵上设立的祭殿拆毁。《晋书》卷20《礼中》载：

> 魏武葬高陵，有司依汉立陵上祭殿。至文帝黄初三年，乃诏曰："先帝躬履节俭，遗诏省约。子以述父为孝，臣以系事为忠。古不墓祭，皆设于庙。高陵上殿皆毁坏，车马还厩，衣服藏府，以从先帝俭德之志。"

曹氏父子的薄葬之举，对曹魏的皇亲国戚和高位显宦的葬事产生了积极的影响和约束作用。如曹植、曹衮及曹丕妻郭后等皆葬身俭薄。

《三国志》卷19《陈思王植传》载：

> 又（曹）植以前过，事事复减半，十一年中而三徙都，常汲汲无欢，遂发疾薨，时年四十一。遗令薄葬。

又同书卷20《中上恭王衮传》载：

> （曹）衮疾困，敕令官属曰："吾寡德忝宠，大命将尽。吾既好俭，而圣朝着终诰之制，为天下法。吾气绝之日，自殡及葬，务奉诏书。"

又同书卷5《后妃郭皇后传》载：

> 及孟武母卒，欲厚葬，起祠堂，太后止之曰："自丧乱以来，坟墓无不发掘，皆由厚葬也；首阳陵可以为法。"青龙三年春，后崩于许昌，以终制营陵，三月庚寅，葬首阳陵西。

曹魏皇室之外葬身俭薄的官员颇多，见于记载的有司空王观、尚书令裴潜、光禄大夫徐宣、光禄勋高堂隆、太常韩暨、右将军徐晃、州刺史贾逵、兖州刺史司马朗、议郎沐并等人。如《三国志》卷22《徐宣传》载：

> （徐宣）青龙四年薨，遗令布衣疏巾，敛以时服。诏曰："宣体履至实，直内方外，历在三朝，公亮正色，有托孤寄命之节，可谓柱石臣也。常欲倚以台辅，未及登之，惜乎大命不永！其追赠车骑将军，葬如公礼。"

又同书卷15《司马朗传》载：

> 建安二十二年……（司马朗）遇疾卒，时年四十七。遗命布衣幅巾，敛以时服，州人追思之。

西晋是魏晋南北朝时期唯一的统一全国的政权。西晋开国皇帝司马炎的父祖辈在曹魏之世已权势倾国,但他们的葬事如同曹魏皇室和其他高官一样,亦力求俭薄。

《晋书》卷1《宣帝纪》载:

(嘉平三年)九月庚申,葬于河阴,谥曰文贞,后改谥文宣。先是,预作终制,于首阳山为土藏,不坟不树;作顾命三篇,敛以时服,不设明器,后终者不得合葬。一如遗命。

又同书卷20《礼志中》载:

景帝崩,丧事制度又依宣帝故事。景帝奉遵遗制。逮文明皇后崩,武皇帝亦承前制,无所施设,惟脯糒之奠,瓦器而已。昔康皇帝玄宫始用宝剑金舄,此盖太妃罔己之情,实违先旨累世之法。今外欲以为故事,臣请术先旨,停此二物。书奏,从之。

西晋帝室之陵,多从司马懿不坟不树的终制。

《晋书》卷30《刑法志》载:

尚书裴颜表之曰:大晋垂制,深为经远,山陵不封,园邑不饰,墓而不坟,同乎山壤,是以丘阪存其陈草,佼齐乎中原矣。

关于西晋其他社会上层人士对丧葬之事的态度,大致可归纳为如下几类:

第一类为生前较为清俭,临终遗命薄葬。

《晋书》卷33《石苞传》云:

(石)苞豫为《终制》曰:"延陵薄葬,孔子以为达礼;华元厚葬,《春秋》以为不臣,古之明义也。自今死亡者,皆敛以时服,不得兼重。又不得饭含,为愚俗所为。又不得设床帐明器也。定窆之后,复土满坎,一不得起坟种树。昔王孙裸葬矫时,其子奉命,君子不讥，况于合礼典者耶？"诸子皆奉遵遗令，又断亲戚故吏设祭。

第二类谓生前崇奢，临终遗命薄葬。
《晋书》卷55《夏侯湛传》载：

(夏侯)湛族为盛门，性颇豪侈，侯服玉食，穷滋极珍。及将没，遗命小棺薄敛，不修封树。论者谓湛虽生不砥砺名节，死则俭约令终，是深达存亡之理。

第三类谓生前崇奢，死亦厚葬。
《晋书》卷42《王浚传》载：

(王)浚平吴之后，以勋高位重，不复素业自居，乃玉食锦服，纵奢侈以自逸。其有辟引，多是蜀人，示不遗故旧也。后又转浚抚军大将军、开府仪同三司，加特进，散骑常侍、后军将军如故。太康六年卒，时年八十，谥曰武。葬柏谷山，大营茔域，葬垣周四十五里，面别开一门，松柏茂盛。

第四类为放达之士，对身后事看得极轻。
《晋书》卷49《刘伶传》云：

(刘伶)常乘鹿车，携一壶酒，使人荷锸而随之，谓曰："死便埋我。"其遗形骸如此。

东晋初，由于政权初建，皇室中的葬事大多依遵西晋制度。
《晋书》卷20《礼志中》云：

江左初，元、明崇俭，且百度草创，山陵奉终，省约备矣。

又同书卷6《明帝纪》云：

(明帝)诏曰："自古有死，贤圣所同，寿夭穷达，归于一概，亦何足特痛哉！朕枕疾已久，常虑忽然。仰惟祖宗洪基，不能克终堂构，大耻未雪，百姓涂炭，所以有慨耳。不幸之日，敛以食服，一遵先度，务从简约，劳众崇饰，皆勿为也。"

又同书卷32《后妃下杜皇后传》云：

（成帝司马衍葬其妻杜皇后）诏曰："吉凶典仪，诚宜备设；然丰约之度，亦当随之，况重壤之下，而崇饰无用邪！今山陵之事，一从节俭，陵中唯洁扫而已，不得施涂车灵。"

东晋高官中亦不乏薄葬之人。

《晋书》卷73《庾亮传附庾冰传》云：

（庾）冰性清慎，常以俭约自居。……临卒，谓长史江曰："吾将逝矣，恨保国之志不展，命也如何！死之约，敛以时服，无以官物也。"及卒，无涓为歛。

又同书卷78《孔愉传》云：

（孔愉）病笃，遗令敛以时服，乡邑义赠，一不得受。年七十五，咸康八年卒。赠车骑将军、开府仪同三司，谥曰贞。

南北朝时期，尽管魏晋时的薄葬之风至此已有所减弱，但主张薄葬并身体力行者仍有不少。先叙南朝。

《宋书》卷46《张邵传》云：

（张）邵临终，遗命祭以菜果，苇席为车，诸子从焉。

又《南齐书》卷43《江敩传》云：

建武二年，（江敩）卒，年四十四。遗令俭约葬，不受赙赠。诏赙钱三万，布百匹。子蒨启遵敩令，让不受。诏曰："敩贻厥之训，送终以俭，立言归善，益有嘉伤，可从所请。"赠散骑常侍、太常，谥曰敬子。

又《梁书》卷36《孔休源传》云：

（中大通）四年……五月，（孔休源）卒，时年六十四。遗令薄葬，节朔荐蔬菲而已。

又《陈书》卷24《周弘正传附弟弘直传》云：

太建七年，（弘直）遇疾而卒，乃遗疏其家曰："吾今年以来，筋力减耗，可谓衰矣，而好生之情，曾不自觉，唯务行乐，不知老之将至。今时制云及，将同朝露，七十余年，颇经称足，启手告全，差无遗恨。气绝已后，便买市中见材，材必须小形者，使易提携。敛以时服，古人通制，但下见先人，必须备礼，可着单衣裙衫故履。既应侍养，宜备纷悦，或逢善友，又须香烟，棺内唯安白布手巾、粗香炉而已，其外一无所用。"

再叙北朝。
《魏书》卷24《崔玄伯附族人宽传》云：

（崔宽）延兴二年卒，年六十三，遗命薄葬，敛以时服。

又《北齐书》卷26《薛琡传》云：

薛琡临终，敕其子敛以时服，逾月便葬，不听干求赠官。自制丧车，不加雕饰，但用麻为流苏，绳用网络而已。明器等物并不令置。

以上，我们叙述了魏晋南北朝时期的薄葬，而实际上，这一时期，薄葬与厚葬是并存的。下面我们对魏晋南北朝时期的厚葬作一介绍。
三国时期，孙吴的厚葬之风甚炽。
《三国志》卷55《陈武传》云：

建安二十年，（陈武）从击合肥，奋命战死。权衰之，自临其葬。

注引《江表传》云：

权命以其爱妾殉葬，复客二百家。

又同书卷50《妃嫔孙和何姬传》注引《江表传》云：

（孙）皓以张布女为美人，有宠……会夫人死，皓哀愍思念，葬于苑中，大作冢，使工匠刻柏作木人，内冢中以为兵卫，以金银珍玩之物送葬，不可称计。已葬之后，皓治丧于内，丰年不出。国人见葬太奢丽，皆谓皓已死，所葬者是也。

西晋皇帝躬行薄葬，而对僚属贵族的丧葬之事却予以丰厚的赏赐。《晋书》卷33《郑冲传》云：

嘉平十年（郑冲）薨。帝于朝堂发哀，追赠太傅，赐秘器，朝服，衣一袭，钱三十万，布百匹。谥曰成。咸宁初，有司奏，冲与安平王孚等十二人皆存铭太常，配食于庙。

又同书卷40《贾充传》云：

（贾冲）太康三年四月薨，时年六十六。帝为之恸，使使持节、太常奉策追赠太宰，加衮冕之服、绿綟绶、御剑，赐东园秘器、朝服一具、衣一袭，大鸿胪护丧事，假节钺、前后部羽葆、鼓吹、缇麾，大路、銮路、辒辌车、帐下司马大车，椎斧文衣武贲、轻车介士。葬礼依霍光及安平献王故事，给茔田一顷。与石苞等为王功配飨庙庭，谥曰武。追赠充子黎民为鲁殇公。

西晋的这种君王厚赐臣下葬事的做法，至东晋前朝仍是如此。

《晋书》卷65《王导传》云：

（王导）咸康五年薨，时年六十四。帝举哀于朝堂三日，遣大鸿胪持节监护丧事，赠襚之礼，一依汉博陆侯及安平献王故事。及葬，给九游辒辌车、黄屋左纛、前后羽葆鼓吹、武贲班剑百人，中兴名臣莫与为比。

又同书卷64《元四王琅邪悼王焕传》云：

琅邪悼王焕，字耀祖。……俄而薨，年二岁。帝悼念无已，将葬，以焕既封列国，加以成人之礼，诏立凶门柏历，备吉凶仪服，营起陵园，功役甚众。

东晋后期，厚葬之风发展到压倒薄葬的程度。
《宋书》卷56《孔琳之传》云：

（桓）玄好人附悦，而琳之不能顺旨，是以不见知。……琳之于众议之外……又曰："凶门柏装，不出礼典，起自末代，积习生常，遂成旧俗。爰自天子，达于庶人，诚行之有由，卒革必骇。然苟无关于情，而有愆礼度，存之未有所明，去之未有所失，固当式遵先典，厘革后谬，况复兼以游费，实为民患者乎！凡人士丧仪，多出闾里，每有此须，动十数万，损民财力，而义无所取。至于寒庶，则人思自竭，虽复室如悬磬，莫不倾产殚财，所谓葬之以礼，其若此乎。谓宜谨遵先典，一罢凶门之式，表以素扇，足以示凶。"……

又同书卷15《礼志二》云：

汉以后，天下送死奢靡，多作石室石兽碑铭等物。建安十年，魏武帝以天下凋敝，下令不得厚葬，又禁立碑。魏高贵乡公甘露二年，大将军参军太原王伦卒，伦兄俊作《表德论》，以述伦遗美，云"祗畏王典，不得为铭，乃撰录行事，就刊于墓之阴云尔"。此则碑禁尚严也，此后复弛替。

晋武帝咸宁四年，又诏曰："此石兽碑表，既私褒美，兴长虚伪，伤财害人，莫大于此；一禁断之。其犯者虽会赦令，皆当毁坏。"至元帝大兴元年，有司奏："故骠骑府主簿故恩营葬旧君顾荣，求立碑。"诏特听立。自是后，禁又渐颓。大臣长吏，人皆私立。义熙中，尚书祠部郎中裴松之又议禁断，于是至今。

在南朝，厚葬为常事。
《南齐书》卷3《武帝纪》云：

（永明七年）冬十月己丑，诏曰："三季浇浮，旧章陵替，凶吉奢靡，动违矩则。或裂锦绣以竞车服之饰，涂金镂石以穷茔域之丽。至斑白不婚，露棺累叶，苟相姱衒，罔顾大典。可明为条制，严勒所在，悉使画一。如复违犯，依事纠奏。"

又《南齐书》卷55《孝义吴达之传》云：

河南辛普明侨居会稽，自少与兄共处一帐，兄亡，以帐施灵座，夏月多蚊，普明不以露寝见色。兄将葬，邻人嘉其义，赙助甚多，普明初受，后皆反之。赠者甚怪，普明曰："本以兄墓不周，故不逆来意。今何忍亡者余物以为家财。"

在北方，厚葬亦大有人在。
《晋书》卷103《刘曜载记》云：

（刘）曜将葬其父及妻，亲如粟邑以规度之。负土为坟，其下周回二里，作者继以脂烛，怨呼之声盈于道路。……（曜）乃使其将刘岳等帅骑一万，迎父及弟晖丧于太原。疫气大行，死者十三四。上洛男子张卢死二十七日，有盗发其冢者，卢得苏。曜葬其父，墓号永垣陵，葬妻羊氏，墓号显平陵。大赦境内殊死巳下，赐人爵二级，孤老贫病不能自存者帛各有差。

又《魏书》卷48《高允传》云：

（高）允以高宗纂承平之业，而风俗仍旧，婚娶丧葬，不依古式，允乃谏曰：前朝之世，屡发明诏，禁诸婚娶不得作乐，及葬送之日歌谣、鼓舞、杀牲、烧葬，一切禁断。虽条旨久颁，而俗不革变。将由居上者未能悛改，为下者习以成俗，教化陵迟，一至于斯。……今国家营葬，费损巨亿，一旦焚之，以为灰烬。苟靡费有益于亡者，古之臣奚独不然？今上为之不辍，而禁下民之必止，此三异也。古者祭必立尸，序其昭穆，使亡者有凭，致食飨之礼。今已葬之魂，人直求貌类者事之如父母，燕好如夫妻，损败风化，渎乱情礼，莫此之甚。上未禁之，下不改绝，此四异也。

又《北齐书》卷28《元孝友传》云：

（元孝友）言："今人生为皂隶，葬拟王侯，存没异途，无复节制。崇壮丘陇，盛饰祭仪，邻里相荣，称为至孝。又夫妇之始，王化所先，共食合瓢，足以成礼。而今之富者弥奢，同牢之设，甚于祭盘，累鱼成山，山有林木，林木之上，鸾凤斯存。徒有烦劳，终成委弃。仰惟天意，其或不然。请自兹以后，若婚葬过礼者，以违旨论。官司不加纠劾，即与同罪。"

第三节　形式多样的葬法

葬法，指不同的安葬方法。魏晋南北朝时期主要实行土葬。但由于宗教信仰不同，也有其他一些葬法，诸如水葬、归乡葬、天葬、火葬、合葬等。

一　水葬

《晋书》卷100《孙恩传》云：

孙恩，字灵秀，琅邪人，孙秀之族也。世奉五斗米道。……恩逃于海。众闻泰死，惑之，皆谓蝉蜕登仙，故就海中资给。……其妇女有婴累不能去者，囊簏盛婴儿投于水，而告之曰："贺汝先登仙堂，我寻后就汝。"……及桓玄用事，恩复寇临海，临海太守辛景讨破之。恩穷戚，乃赴海自沉，妖党及妓妾谓之水仙，投水从死者百数。

又同上《卢循传》云：

（卢）循势屈，知不免，先鸩妻子十余人，又召妓妾问曰："我今将自杀，谁能同者？"多云："雀鼠贪生，就死实人情所难。"有云："官尚当死，某岂愿生！"于是悉鸩诸辞死者，因自投于水。

二 归乡葬
《三国志》卷54《鲁肃传》云：

（周）瑜之东渡，（鲁肃）因与同行，留家曲阿。会祖母亡，还葬东城。

又《南齐书》卷6《明帝纪》云：

（建武）三年……乙酉，诏"去岁索虏寇边，缘边诸州郡将士有临阵及疾病死亡者，并送还本土"。

三 天葬
《高僧传》卷8《释智贤传》云：

（南齐释智贤顺）遗命露骸空地，以施虫鸟。

四 火葬
《晋书》卷59《东海王越传》云：

永嘉五年，（越）薨于项。秘不发丧。以襄阳王范为大将军，统其众。还葬东海。石勒追及于苦县宁平城，将军钱端出兵距勒，战死，军溃。勒命焚越柩曰："此人乱天下，吾为天下报之，故烧其骨以告天地。"

又《北史》卷99《突厥传》云：

其俗：被发左衽……死者，停尸于帐……择日，取亡者所乘马及经服用之物，并尸俱焚之，收其余灰，侍时而葬。

五 合葬

《三国志》卷34《二主妃子先主甘皇后传》云：

先主甘皇后，沛人也。……后卒，葬于南郡。章武二年，追谥皇思夫人，迁葬于蜀，未至而先主殂陨。丞相亮上言："皇思夫人履行修仁，淑慎其身。大行皇帝昔在上将，嫔妃作合，载育圣躬，大命不融。大行皇帝存时，笃义垂恩，念皇思夫人神柩在远飘飘，特遣使者奉迎。会大行皇帝崩，今皇思夫人神柩以到，又梓官在道，园陵将成，安厝有期。臣辄与太常臣赖恭等议：礼记曰：'立爱自亲始，教民孝也；立敬自长始，教民顺也。'不忘其亲，所由生也。春秋之义，母以子贵。昔高皇帝追尊太上昭灵夫人为昭灵皇后，孝和皇帝改葬其母梁贵人，尊号曰恭怀皇后，孝愍皇帝亦改葬其母王夫人，尊号曰灵怀皇后。今皇思夫人宜有尊号，以慰寒泉之思，辄与恭等案谥法，宜曰昭烈皇后。诗曰：'谷则异室，死则同穴。'礼云：上古无合葬，中古后因时方有。故昭烈皇后宜与大行皇帝合葬，臣请太尉告宗庙，布露天下，具礼仪别奏。"制曰可。

又《魏书》卷70《傅永传》云：

（傅永）熙平元年卒，年八十三。赠安东将军、齐州刺史。永尝登北邙，于平坦处奋槊跃马，盘旋瞻望，有终焉之志。远慕杜预，近好李冲、王肃，欲葬附其墓，遂买左右地数顷，遗敕子叔伟曰："此吾之永宅也。"永妻贾氏留于本乡，永至代都，娶妾冯氏，生叔伟及数女。贾后归平城，无男，唯一女。冯恃子事贾无礼，叔伟亦奉贾不顺，贾常怼之。冯先永亡，及永之卒，叔伟称父命欲葬北邙。贾疑叔伟将以冯合葬，贾遂求归葬永于所封贝丘县。事经司徒，司徒胡国珍本与永同经征役，感其所慕，许叔伟葬焉。贾乃邀诉灵太后，灵太后遂从贾意。事经朝堂，国珍理不能得，乃葬于东清河。又永昔营宅兆，葬父母于旧乡，贾于此强徙之，与永同处，永宗亲不能抑。

第四节　陵墓

曹魏时期，社会上薄葬风气盛行，因而这一时期可以确定的墓葬数目寥寥。

据《洛阳16工区曹魏墓清理》一文载：

> 1956年，考古工作者在河南洛阳涧河西岸发掘了一座大型曹魏墓，这是目前所见规模最大、形制最复杂的一座曹魏墓葬。墓为砖构，具前、后室及二耳室，全长9米余，最宽处6米余。此墓早年被盗，但破坏并不十分严重，残存陶质生活用品和明器等共48件，还有少量铜、铁器和一件精美的白玉杯。此外，前室出有施帷帐用的一套铁钩件，其中一件刻有铭文"正始八年八月……"（即247年）。从墓葬的地望、规模和出土物看，墓主当属曹魏皇室[①]。

这座墓葬在行制规模和随葬品方面还部分地保存着东汉墓葬的遗风，与曹操、曹丕的薄葬要求有所差距，在曹魏墓中属奢华者。但这样的曹魏墓葬毕竟很少见。

蜀汉墓葬以往少有发现，近年来，这方面的考古工作有了一定的进展。较典型的蜀汉墓葬是四川忠县的一批崖墓。据《四川忠县涂井蜀汉崖墓》[②]一文可知，涂井蜀汉墓崖随葬品的种类、形式极其丰富程度与东汉几无差别，表明蜀汉墓葬较多地保留着东汉旧制。

孙吴墓葬发现较多，尤以孙吴初期都城武昌（今湖北鄂州）和都城建业（今江苏南京）两地最为集中。较大的孙吴墓葬为多室或前、后室

---

① 李宗道、赵国壁：《洛阳16工区曹魏墓清理》，《考古通讯》1958年第7期。
② 四川省文物管理委员会：《四川忠县涂井蜀汉崖墓》，《文物》1985年第7期。

形制，这类墓葬已发现几十座。多室墓如湖北武昌任家湾墓①、莲溪寺墓②、鄂州孙将军墓③、江西南昌高荣墓④等。前、后室墓更为多见，在鄂州和南京周围成批发现。这类墓葬的规模都较大，长度一般为 8 米左右，最小亦长 6 米，少数可长达 10 余米。孙吴墓葬的随葬品与汉代相比，除不见玉衣外，其余则应有尽有。汉代盛行的瘗钱习俗依存，墓葬中普遍埋葬铜钱币，武昌任家湾墓出土各式钱币 3600 余枚，而安徽马鞍山朱然墓⑤出土钱币达 6000 余枚之多，比汉代墓葬毫不逊色。较大墓葬出土随葬品的数量一般都在 50 件以上，多的可达一百多件。朱然墓出土随葬品140 多件，其中精美的漆器占近半数，达 60 余件。由此可见，孙吴墓葬在形制上和随葬品方面均继承了东汉旧制。

西晋墓葬在规模和形制上，南、北方有明显差异，北方一般较为简陋。据载，晋文帝崇阳陵墓地和晋武帝峻阳陵墓地已基本确定其位、址在洛阳东北的邙山南麓。勘察者初步考定，崇阳陵墓地 M1 为晋文帝陵，峻阳陵墓地 M1 为晋武帝陵。据铲探得知，文帝陵土坑墓道长约 46 米，宽约 11 米，墓室为土洞，仅底部铺砖，长约 4.5 米，宽约 3.7 米；武帝陵土坑墓道长约 36 米，宽约 10.5 米，土洞墓室长约 5.5 米，宽约 3 米。此二陵除墓道规模宏大外，墓室则与其他陪葬墓相当。若此考不误，文、武二帝之陵墓真是俭约到足以令人惊叹的地步⑥。

南方地区的西晋墓葬在形制上则承袭孙吴，大型多室和前、后室墓较为多见。

据《南京西岗西晋墓》一文载：

> 1974 年 2 月，在南京市东北郊西岗果牧场基本建设中，发现一座西晋时期大型砖室墓，出土一批制作精美的青瓷器。……该墓平面

---

① 白彬：《湖北武昌任家湾东吴初年"道士"郑丑墓再研究》，《江汉考古》2006 年第 4 期。
② 湖北省文物管理委员会：《武昌莲溪寺东吴墓清理简报》，《考古》1959 年第 4 期。
③ 熊寿昌：《论鄂城东吴孙将军墓与鄂钢饮料厂一号墓之墓主人身份及其相互关系》，《东南文化》2000 年第 9 期。
④ 《江西南昌东吴高荣墓的发掘》，《考古》1980 年第 3 期。
⑤ 安徽省文物考古研究所：《安徽马鞍山东吴朱然墓发掘简报》，《文物》1986 年第 3 期。
⑥ 中国社会科学院考古研究所洛阳汉魏故城工作队：《西晋帝陵勘察记》，《考古》1984 年第 12 期。

呈十字形，由甬道、前室、后室、东侧室、西侧一室、西侧二室六部分组成。这样的结构过去比较少见。墓葬坐北朝南，方向正北，南北长 8.15、东西宽 11.15 米。前室作方形，余各室均为长方形。前室与后室、东侧室、西侧二室有短甬道相连，与西侧一室直接相通。墓壁残高仅存 60—80 厘米，用常见的"一丁三顺"的方法砌筑。墓顶已塌陷，前室内堆土中出一些楔形砖，根据南京附近过去出土六朝墓的特点，可以推断：前室应是穹窿顶，其他各室则为券顶。每一墓室的四壁转角，距墓底 50 厘米处，嵌砌一块方砖作为灯台。墓底铺地砖作人字纹排列。……

根据出土遗物的情况大致判断：后室是该墓的主室，出土大小铁刀各一把、铜镜两面，还有金戒指等，应埋葬一男一女；前室出土青瓷洗、盘、谷仓罐、羊、镰斗盆、双耳杯盘、灶等随葬器物，应为后室墓主所备；西侧二室出土铜带钩、铜镜、金戒指、银手镯、银发钗、金片等，也应埋葬一男一女；西侧一室出金片、银发钗、铜镜、银手镯等，应埋葬一女性；东侧室出铜镜、金戒指、金发钗、金片等，推测应埋葬一男一女。总计埋葬三对夫妻和一个女性，他们应属于同一家族的不同辈分。六朝早期，像这种结构的多室墓和一个家族共同埋葬的习俗，在南京地区还比较少见，但在武汉地区早期六朝墓和河南巩县、河北石家庄晋墓中都已有发现[①]。

东晋诸帝的陵墓，大多在半山腰的南麓凿挖墓坑筑成，并不起坟，形制较为简单，据《南京富贵山东晋墓发掘报告》称，1964 年，南京富贵山发现了东晋恭帝之陵（亦有推测其为孝武帝或安帝之陵的），墓坑位置选在两山峡谷之间的凹地上，埋葬以后，填土使之与两旁山梁齐平。该墓形制为"凸"字形单室，全长 9.76 米，宽 5.18 米，甬道内设二道木门，甬道前设封门砖、封门墙，两侧设挡土墙，整座墓葬构筑得非常坚固[②]。

《建康实录》卷 8《康皇帝岳传》载：

> 建元……二年……九月丙申，立皇子聃为皇子。戊戌，（康）帝

[①] 南波：《南京西岗西晋墓》，《文物》1976 年第 3 期。
[②] 南京博物馆：《南京富贵山东晋墓发掘报告》，《考古》1966 年第 4 期。

崩于式乾殿。冬十月乙丑，葬崇平陵。在今县城东北十五里钟山之阳，不起坟。

南朝的陵墓大体上沿袭东晋的制度，依靠山麓、山腰筑成。或起坟，或不起坟，起坟的要比东晋的多。

《建康实录》卷 11《高祖武皇帝传》载：

> 永初……三年五月……癸亥，上崩于西殿，时年六十，葬丹杨建康县蒋山初宁陵。（在县东北二十里，周围三十五步，高一丈四尺。）谥曰武皇帝，庙号高祖。

又同书卷 12《太祖文皇传》载：

> （元嘉）三十年春……二月甲子，元凶劭构弑帝，崩于含章殿，时年四十七。谥曰景皇帝，庙号中宗。三月癸巳，葬长宁陵。陵在今县东北二十里，周回三十五步，高一丈八赤。孝武帝践祚，追谥为文皇帝，庙号太祖。

又同书卷 19《高祖武皇帝传》载：

> （永初三年五月）帝渐疾甚，诏迎临川王蒨入纂大业。丙午，高祖崩于璇玑殿。秋七月甲寅，大行皇帝迁殡于太极西阶。丙申，葬于万安殿，在今县东南三十里彭城驿侧，周六十步，高二长。

南朝诸帝陵墓的方向，都按山川的形势决定，在陵前平地上开设神道，布置有一封石兽麒麟或辟邪，以及一对石柱和石碑。

北方在十六国时期，入居中原的少数民族，为了防止盗掘墓葬，沿用其旧俗，多数采用"潜埋"方式而不起坟。

《晋书》卷 105《石勒载记下》载：

> （石勒）咸和七年死，时年六十，在位十五年。夜瘗山谷，莫知其所，备文物虚葬，号高平陵。

又同书卷127《慕容德载记》载：

> 义熙元年……（慕容德死），时年七十。乃夜为十余棺，分出四门，潜葬山谷，竟不知其尸之所在。

这种"潜埋"墓葬方式，不仅少数民族的君主采用，而且成为少数民族中的流行风尚。

《宋书》卷95《索虏传》载：

> 死则潜埋，无坟垅处所，至于葬送，皆虚设棺柩，立冢椁。

北方坟丘式墓葬重新多起来，始于北魏时期。北魏原来沿用鲜卑风俗，"凿石为祖宗之庙"称为"石庙"或"石室"，而把帝王的陵园称为"金陵"。北魏建造大规模的陵园，始于文成帝之妻文明皇后冯氏。关于文明皇后冯氏之墓，《大同方山北魏永固陵》一文载：

> 大同城北二十五公里镇川附近的西寺儿梁山（古称方山）的南部，有两个长满青草的大土丘，一南一北排列，相距不到一公里。南部的大土丘，就是埋葬北魏文成帝拓跋濬之妻文明皇后冯氏的永固陵；北边的土丘略小，是孝文帝元宏的寿陵即"万年堂"。永固陵于太和五年（481）开始营建，三年后即太和八年建成。

冯氏墓是见于文献记载（太和十四年）的北魏早期墓。墓的规模宏大，结构坚实，曾多次被盗。1976年4—5月，我们发掘清理了这座墓，出土了铜簪、骨簪、铁箭镞、铁矛头、残石俑等遗物。墓中特别是两道石券门门框、门拱上的石雕艺术品，更为珍贵。

万年堂和永固陵是同时期建造的两座陵墓，先修永固陵，后建万年堂（即寿陵），后者是陪葬性质的[①]。

[①] 大同市博物馆、山西省文物工作委员会：《大同方山北魏永固陵》，《文物》1978年第7期。

冯氏的永固陵是在北魏王朝全盛时期修建的，冯氏曾两度执政，握有实权，而陵墓又在她生前建造，因此，墓葬的建筑结构、建筑材料和精美的石雕艺术品，反映了北魏在建都平城时期的高度的工艺水平。

这一时期还有以佛窟为墓室的做法。如麦积山43窟，洞窟前为享堂，后为墓室，立面为三开间殿堂形式。其柱头及屋顶雕刻是麦积山石窟窟檐中最为精美的作品。据文献考证，此窟为西魏帝后乙佛氏墓。

北齐时，又出现将佛殿建筑形式移植于墓表石柱的做法。河北定兴太宁二年（562）的义慈惠石柱，柱高7米，下为莲瓣柱础，八角形柱身，柱顶上置一座造型精美、比例准确的小型石雕佛殿。佛殿面阔三间，当心间雕佛龛并坐佛一尊。屋顶为单檐庑殿顶，方形底座恰似佛殿的台基。这根造型奇特的墓表柱，表现了在人们心目中佛教建筑与传统纪念性建筑两种形式达成的完美统一。

第三十五章 娱乐习俗

娱乐活动是人们在闲暇时间，为了愉悦身心而进行的消遣性活动。魏晋南北朝虽然战乱频仍，社会动荡不安，但人们的娱乐活动并没有放弃，相反，此时期的娱乐活动也是丰富多彩的，既有围棋、象戏、猜谜等益智赛巧活动，也有投壶、樗蒲、弹棋等体育竞技活动，还有音乐欣赏、游览山水、吟啸等自娱自乐活动。

第一节 益智赛巧

益智赛巧活动主要是通过智力的角逐决出胜负，实现心理的满足，达到愉悦身心的目的。

一 围棋

围棋是我国一个很古老的棋种。春秋战国时，史籍中已有关于围棋活动的记载。魏晋南北朝是我国围棋发展的一个重要时期，它对我国围棋的发展具有承前启后的作用。

先叙三国两晋时期的围棋。

《三国志》卷44《费祎传》载：

> 延熙七年，魏军次于兴势，假祎节，率众往御之。光禄大夫来敏至祎许别，求共围碁。于时羽檄交驰。人马擐甲，严驾已讫，祎与敏留意对戏，色无厌倦。

又《晋书》卷49《阮籍传》载：

（阮籍）性至孝，母终，正与人围棋对者求止，籍留决赌。

又《世说新语》卷中之上《雅量》载：

嵇在周馥所，馥嵇在周馥所，馥设主人。嵇与人围棋。馥司马行酒。嵇正戏，不时为饮，司马恚，因曳嵇恚，因曳嵇坠地。嵇还坐，举止如常，颜色不变，复戏如故。

再叙南朝时期的围棋。
《宋书》卷42《徐羡之传》云：

（徐羡之）起自布衣……沉密寡言，不以忧喜见色。颇工弈棋，观戏常若未解，当世倍以此退之。

又《梁书》卷38《朱异传》载：

（朱异）既长，乃折节从师，遍治《五经》，尤明《礼》、《易》，涉猎文史，兼通杂艺，博弈书算，皆其所长。年二十，诣都，尚书令沈约面试之，因戏异曰："卿年少，何乃不廉？"异逡巡未达其旨。约乃曰："天下唯有文义棋书，卿一时将去，可谓不廉也。"

最后叙北朝时期的围棋。
《魏书》卷28《古弼传》载：

上谷民上书，言苑囿过度，民无田业，乞减太半，以赐贫人。弼览见之，入欲陈奏，遇世祖与给事中刘树棋，志不听事。弼侍坐良久，不获申闻。乃起，于世祖前捽树头，掣下床，以手搏其耳，以拳殴其背曰："朝廷不治，实尔之罪！"世祖失容放棋曰："不听奏事，实在朕躬，树何罪？置之！"弼具状以闻。世祖奇弼公直，皆可其所奏，以丐百姓。

又同书卷68《甄琛传》载：

（甄琛）入都积岁，颇以弈棋弃日，至乃通夜不止。手下苍头常令秉烛，或时睡顿，大加其杖，如此非一。奴后不胜楚痛，乃白琛曰："郎君辞父母，仕宦京师。若为读书执烛，奴不敢辞罪，乃以围棋，日夜不息，岂是向京之意？而赐加杖罚，不亦非理！"琛惕然惭感，遂从许叡、李彪假书研习，闻见益优。

二 象戏

亦称"象棋"，但非今之象棋，而为古弹棋之类。为北周武帝宇文邕所造。关于象戏形制、玩法等，《艺文类聚》卷74《巧艺部·象戏》引北周王褒《象经序》有云：

一曰天文，以观其象，天日月星，是也。二曰地理，以法其形，地水木金土，是也。三曰阴阳，以顺其本，阳数为先，本于天，阴数为先，本于地，是也。四时，以正其序，东方之色青，其余三色，例皆如之，是也。五曰算数，以通其变，俯仰则为天地日月星，变通则为水火金木土，是也。六曰律吕，以宣其气，在子取未，在午取丑，是也。七曰八卦，以定其位，至震取兑，至离取坎，是也。八曰忠孝，以惇其教，出则尽忠，入则尽孝，是也。九曰君臣，以事其礼，不可以贵凌贱，直而为曲，不可以卑畏尊，隐而无犯，是也。十曰文武，以成其务，武论七德，文表四教，是也。十一曰礼仪，以制其则，居上不骄，为下尽敬，进退有度可法，是也。十二曰观德，考其行，定而后求，义而后取，时然后言，乐然后笑，是也。

三 四维

有学者认为，四维是象棋的发展之源[①]，这一说法是言之有理的。关于四维，《艺文类聚》卷74《巧艺部·四维》引东晋李秀《四维赋》谓：

四维戏者，卫尉挚侯所造也，画纸为局，截木为棋，取象元，一分而为二。准阴阳之位，拟刚柔之策，而变动云为，成乎其中。世有

---

① 梁满仓：《中国魏晋南北朝习俗史》，人民出版社1994年版，第204页。

哲人，黄中通理，探赜索隐，开物建始，造四维之妙戏，邀众艺之特奇，尽盈尺之局。乃拟象乎两仪，立太极之正统，班五常之列位。刚柔异而作配，趋舍同而从类。或盘纡诘屈，连延骆驿，或间不容息，舍棋则获。围成未合，骄棋先出，九道并列，专都独毕。

四 猜谜

魏晋南北朝时期的猜谜活动颇为流行。

《世说新语》卷中之下《捷悟》载：

> 杨德祖为魏公主簿，时作相国门，始构榱桷，魏武自出看，使人题门作"活"字，便去。杨见，即令坏之，既竟，曰："'门'中'活'，'阔'字，王正嫌门大也。"
>
> 人饷魏武一杯酪，魏武啖少许，盖头上提"合"字以示众，众莫能解。次至杨修，修便啖，曰："公教人啖一口也，复何疑！"
>
> 魏武尝过曹娥碑下，杨修从。碑背上见题作"黄绢幼妇，外孙齑臼"八字，魏武谓修曰："解不？"答曰："解。"魏武曰："卿未可言，待我思之。"行三十里，魏武乃曰："吾已得。"令修别记所知。修曰："黄绢，色丝也，于字也'绝'；幼妇，少女也，于字为'妙'；外孙，女子也，于字为'好'；齑臼，受辛也，于字为'辞'；所谓'绝妙好辞'也。"魏武亦记之，与修同，乃叹曰："我才不及卿，乃觉三十里。"
>
> 魏武征袁本初，治装，余有数十斛竹片，咸长数寸。众并谓不堪用，正令烧除。太祖思所以用之，谓可为竹椑楯，而未显其言，驰问主簿杨德祖，应声答之，与帝心同。众伏其辩悟。

又《魏书》卷21上《咸阳王禧传》载：

> （咸阳王）禧自洪池东南走，僮仆不过数人，左右从禧者，唯兼防阁尹龙虎。禧忧迫不知所为，谓龙虎曰："吾愦愦不能堪，试作一谜，当思解之，以释毒闷。"龙虎欻忆旧谜云："眠则俱眠，起则俱起，贪如豺狼，赃不入己。"都不有心于规刺也。禧亦不以为讽己，因解之曰："此是眼也。"而龙虎谓之是箸。

第二节　体育竞技

人类最初的体育活动是以原始的生产技能、生活行为和军事手段的形式存在的，是人类生存和发展的需要。随着社会的发展进化，人类生存手段越来越多，体育活动作为人类生存手段的唯一功能已不复存在，当它们的功能主要体现在增强民众的体质、调节民众的身心、提高民众的生活质量，融参与、表演、观赏于一体时，即转化为一种娱乐活动。魏晋南北朝时作为体育竞技的娱乐活动，主要有以下诸种：

一　投壶

投壶之俗源于西周射礼，到春秋战国时期正是取代贵族射箭，而成为娱乐活动。经过秦汉时期的发展，到魏晋南北朝时，投壶游戏的娱乐化色彩更为浓厚。

《三国志》卷15《张既传》注引《魏略》载：

> 楚不学问，而性好游遨音乐。乃畜歌者，琵琶、筝、箫，每行来将以自随。所在樗蒲、投壶，欢欣自娱。

又同书卷28《钟会传》注引《何劭王弼传》载：

> （王）弼天才卓出，当其所得，莫能夺也。性和理，乐游宴，解音律，善投壶。

又《艺文类聚》卷74《巧艺部·投壶》引邯郸淳《投壶赋》载：

> 植兹华壶，兕氏所铸，厥高二尺，盘腹修颈，饰以金银，文以雕镂，象物必具。距筵七尺，杰焉植驻，矢维二四，或柘或棘，丰本纤末，调劲且直，执竿奉中，司射是职，曾孙侯氏，与之乎皆得，然后观夫投者，闲习察妙，巧之所极，骆驿联翩，爰爰兔发，翩翩隼集，不盈不缩，应壶顺入，何其善也。

又《太平御览》卷753《工艺部·投壶》引傅玄《投壶赋序》载：

投壶者所以矫懈而正心也。

二 樗蒲

樗蒲又名樗蒱，是一种供两人及数人一起玩的游戏。它出现于西汉时期，魏晋南北朝时，樗蒲活动的流行达到了极盛。

先叙三国两晋时期的樗蒲。

《三国志》卷52《诸葛瑾传附子融传》云：

（诸葛融）每会辄历问宾客，各言其能，乃合榻促席，量敌选对，或有博弈，后有樗蒲，投壶弓弹，部别类分。……

又《晋书》卷31《后妃上胡贵嫔》载：

胡贵嫔名芳。……然芳最蒙爱幸，殆有专房之宠焉，侍御服侍亚于皇后。帝常与之樗蒲，争矢，遂伤上指。

又《世说新语》卷中之上《方正》云：

王子敬数岁时，尝看诸门生樗蒲，见有胜负，因曰："南风不竞。"门生辈轻其小儿，乃曰："此郎亦管中窥豹，时见一斑。"子敬瞋目曰："远惭荀奉倩，近愧刘真长！"遂拂衣而去。

再叙南朝的樗蒲。

《宋书》卷42《王弘传》载：

（王）弘明敏有思致……少时尝摴蒱公城子野舍，及后当权，有人就弘求县，辞诉颇切。此人尝以蒲戏得罪，弘诘之曰："君得钱会戏，何用禄为！"答曰："不审公城子野何在？"弘默然。

又《南齐书》卷27《李安民》载：

晋安王子勋反，明帝除安民武士将军、领水军……事平，明帝大会新亭，劳接诸君主，樗蒲官赌，安民五掷皆卢，帝大惊，目安民曰："卿面方如田，封侯状也。"

又《梁书》卷12《韦睿传》载：

初，邵阳之役，昌义之甚德睿，请曹景宗与睿会，因设钱二十万官赌之，景宗掷得雉，睿徐掷得卢，遽取一子反之，曰"异事"，遂作塞。

最后叙十六国北朝的樗蒲。
《魏书》卷76《张烈传附弟僧晧传》载：

僧晧尤好蒲弈，戏不择人，是以获讥于世。

又《北齐书》卷39《祖珽传》载：

（祖）珽性疏率……与陈元康、穆子容、任胄、元士亮等为声色之游。诸人尝就珽宿，出山东大文绫并连珠孔雀罗等百余匹，令诸姬掷樗蒲赌之，以为戏乐。

三　弹棋

弹棋是一种运动量较小的体育游戏，一般认为起源于西汉。但在具体出现时间上有不同说法。一说出现于汉武帝之时。《太平御览》卷755《工艺部·弹棋》引《弹棋经序》曰：

弹棋者，仙家之戏也。昔汉武帝平西域，得胡人善蹴鞠者，盖炫其便捷跳跃，帝好而为之，群臣不能谏，侍臣东方朔因以此艺进之，帝就舍蹴鞠而上弹棋焉。

另一说出现于汉成帝之时。《太平御览》卷755《工艺部·弹棋》引晋傅玄《弹棋赋序》谓：

> 汉成帝好蹴鞠，刘向以为蹴鞠劳人体，竭人力，非至尊所宜，乃因其体而作弹棋，以解之。

弹棋在东汉时期的发展时断时续。
《太平御览》卷755《工艺部·弹棋》引《弹棋经序》谓：

> 弹棋……习之者多在官禁中，故时人莫得而传，故散落人间。及章帝御宇好诸伎艺，此艺乃盛于当时。

又同上引《弹棋经后序》谓：

> 自后汉冲、质已后，此艺中绝。至献帝建安中，曹公执政，禁兰幽密，至于博弈之具，皆不得妄置宫中。宫人因以金钗玉梳戏于奁之上，即取类于弹棋也。

关于弹棋在魏晋南北朝时的流行情况，《三国志》卷2《文帝纪》注引《博物志》谓：

> （文）帝善弹棋，能用手巾角。时有一书生，有能低头以所冠着葛巾撇棋。

又《宋书》卷56《孔琳之传》载：

> （孔）琳之强正有志力，好文义，解音律没能弹棋，妙善草隶。

又《同书》卷63《沈演之附沈勃传》载：

> （沈）勃好为文章，善弹琴，能围棋，而轻薄逐利。

关于弹棋的具体玩法，《艺文类聚》卷74引魏文帝《弹棋赋》有云：

局则荆山妙璞，发藻扬晖，丰腹高隆，庳根四颓，平如砥砺，滑若柔荑。棋则玄木北干，素树西枝，洪纤若一，修短无差。象筹列植，一据双螭，滑石雾散，云布四垂，然后直叩先纵，二八次举。

又同上引魏丁廙《弹棋赋》云：

　　文石为局，金碧齐精，隆中夷外，致理肌平，卑高得适，既安且贞。棋则象齿，选乎南藩。……列数二六，取象官军，微章采列，烂焉可观。于是二物既设，主人延宾，粉石雾散，六师列陈。

又同上引晋夏侯惇《弹棋赋》云：

　　局则昆山之宝，华阳之石，或烦蜿龙藻，或分带斑驳，或发色玄黄，或皦的鳞白，悉鲁匠之精能，倾工心于雕错，形方隆而应矩，炟煜霞以俢铄。尔乃延良人，洽坐际，隆局施，轻棋列。徐正控往来，必有中而告憩。相形投巧，左抚右拔，挥纤指以长邪，因偃掌而发八。陵超踰落，归趣援势，纷交务而踏合，乘流密以遥曳。若乃释正弹，循乱扬，滑石周散势纵横，——拨捶撒应无方。侈若天星之列，闪若流电之光。或擗柏散烂，挥霍便娟；或奋振唐唐，颏水参连。棋单局匮，等分纪残，胜者含和，负者丧颜。

四　藏钩

藏钩又称藏彄、行彄，是一种老少皆宜的竞技活动。这一活动多在夜晚进行，其技巧性甚高。

《艺文类聚》卷74《巧艺部·藏钩》引《风土记》载：

　　义阳腊日饮祭之后，叟姁儿童为藏钩之戏。分为二曹，以效胜负。若人偶即敌对；人奇，即人为游附，或属上曹，或属下曹，名为飞鸟，以齐二曹人数。一钩藏在数手中，曹人当射知所在。一藏为一筹，三筹为一都。

又同上引晋庾阐《藏钩赋》载：

叹近夜之藏钩，复一时之戏望。以道生为元帅，以子仁为佐相。思蒙笼而不启，目炯冷而不畅。多取决于公长，乃不容于大匠。钩运掌而潜流，手乘虚而密故。示微迹于可嫌，露疑似之情状。

又宗懔《荆楚岁时记》载：

俗云此戏令人生离，有物忌之家则废而不修。

按"此戏"指藏驱。

五　击剑

三国时期击剑之风盛行。
《全三国文》卷8引曹丕《典论·自叙》云：

余又学击剑，阅师多矣。四方之法各异，唯京师为善。桓、灵之间，有虎贲王越善斯术，称于京师。河南史阿，言昔与越游，具得其法，余从阿学之，精熟。尝与平虏将军刘勋、奋威将军邓展等共饮。宿闻展善有手臂，晓五兵，又称其能空手入白刃。余与论剑良久，谓言将军法非也，余顾尝好之，又得善术。固求与余对。时酒酣耳热，方食芊蔗，便以为杖，下殿数交，三中其臂，左右大笑。展意不平，求更为之。余言吾法急属，唯相中面，故齐臂耳。展言愿复一交。余知其欲突以取交中也，因伪深进，展果寻前，余却脚剿，正截其颡。坐中惊视。余还坐，笑曰："昔阳庆使淳于意去其故方，更授以秘术。今余亦愿邓将军捐弃故伎，更受要道也。"

六　戏射

戏射在魏晋南北朝时期，有朋射和单射两种形式。
关于朋射，《晋书》卷41《魏舒传》云：

（魏舒）累迁后将军钟毓长史，毓每与参佐射，舒常为画筹而已。后遇朋人不足，以舒满树。毓初不知其善射。舒容范闲雅，发无不中，举坐愕然，莫有敌者。毓叹而谢曰："吾之不足以尽卿才，有如此射矣，岂一事哉！"

又同书卷85《刘毅传》云：

初，江州刺史庚悦，隆安中为司徒长史，曾至京口。毅时甚屯窭，先就府借东堂与亲故出射。而悦后与僚佐径来诣堂，毅告之曰："毅辈屯否之人，合一射甚难。君于诸堂并可，望以今日见让。"悦不许。射者皆散，唯毅留射如故。

关于单射，《世说新语》卷下之下《汰侈》云：

王君夫有牛名八百里驳？常莹其蹄角。王武子语君夫："我射不如卿，今指赌卿牛，以千万对之。"君夫既恃手快，且谓骏物无有杀理，便相然可，令武子先射。武子一起便破的，却据胡床，叱左右速探心来。须臾炙至，一脔便去。

又《晋书》卷79《谢尚传》云：

时安西将军庚翼镇武昌，尚数诣翼咨谋军事。尝与翼共射，翼曰："卿若破的，当以鼓吹相赏。"尚应声中之，翼即以其副鼓吹给之。

七 爬杆

《全晋文》卷45引西晋傅玄《正都赋》云：

抚琴瑟，陈钟虡，吹鸣箫，击灵鼓，奏新声，理秘舞，乃有材童妙妓，都卢迅足，缘修竿而上下，行既变而景属。忽跟挂而倒绝，若将坠而复续，虬萦龙蜒，委随纡曲，杪杆首而腹旋，承严节之繁促。

八　相扑

相扑，古称角抵，又写作觳抵，是一种较力和技巧的体育活动，如同现代的摔跤。

《太平御览》引晋王隐《晋书》云：

> 襄城太守责功曹刘子笃曰："卿郡人不如颍川人相扑。"笃曰："相扑下技，不足以别两国优劣。"

九　蹴鞠

蹴鞠或称蹋鞠、踏鞠，是我国古代的一种足球运动。鞠用皮革制成。甲骨文中的"![字]"字，有人认为就是蹴鞠，"○"表示球，"∪∪"表示双脚，合之则为踢足球。足球活动早在商朝即以开始流行，到三国时期，军中和民间的蹴鞠活动更为普及。

《太平御览》卷754《工艺部·蹴鞠》引《会稽典录》云：

> 三国鼎峙，年兴金革，士以弓马为务，家以蹴鞠为学。

又《乐府诗集》卷63引曹植《名都篇》云：

> 连翩击蹴鞠，巧捷惟万端。

第三节　自娱自乐

魏晋南北朝时期除了益智赛巧、体育竞技这些通过与对方的较量来实现身心愉悦的文娱活动外，尚有一些自娱自乐活动。

一　游览山水

魏晋之际，玄学兴起，一些名士不愿受传统礼法束缚，而崇尚自然，放情于山水之间。

《晋书》卷49《阮籍传》载：

（阮）籍容貌瑰杰，志气宏放，傲然独得，任性不羁，而喜怒不形于色。或闭户视书，累月不出；或登临山水，经日忘归。……时率意独驾，不由径路，车迹所穷，辄恸哭而反。尝登广武，观楚汉战处，叹曰："时无英雄，使竖子成名！"登武牢山，望京邑而叹，于是赋豪杰诗。

又同书卷34《羊祜传》云：

（羊）祜乐山水，每风景，必造岘山，置酒言咏，终日不倦。尝慨然叹息，顾谓从事中郎邹湛等曰："自有宇宙，便有此山。由来贤达胜士，登此远望，如我与卿者多矣！皆烟飞无闻，使人悲伤。如百岁后有知，魂魄犹应登此也。"湛曰："公德冠四海，道嗣前哲，令闻令望，必兴此山俱传。至若湛辈，乃当如公言耳。"

东晋南朝名门大族忘情山水的人也很多。

《晋书》卷79《谢安传》载：

谢安字安石，（谢）尚从弟也。……初辟司徒府，除佐著作郎，并以疾辞。寓居会稽，与王羲之及高阳许询、桑门支遁游处，出则渔弋山水，入则言咏属文，无处世意。扬州刺史庾冰以安有重名，必欲致之，累下郡县敦逼，不得已赴召，月余告归。复除尚书郎、琅邪王友，并不起。吏部尚书范汪举安为吏部郎，安以书拒绝之。有司奏安被召，历年不至，禁锢终身，遂栖迟东土。尝往临安山中，坐石室，临浚谷，悠然叹曰："此去伯夷何远！"尝与孙绰等泛海，风起浪涌，诸人并惧，安吟啸自若。舟人以安为悦，犹去不止。风转急，安徐曰："如此将何归邪？"舟人承言即回。众咸服其雅量。……征西大将军桓温请为司马，将发新亭，朝士咸送，中丞高崧戏之曰："卿累违朝旨，高卧东山，诸人每相与言，安石不肯出，将如苍生何！苍生今亦将如卿何！"

又同书卷80《王羲之传》云：

羲之既去官，与东土人士尽山水之游，弋钓为娱。又与道士许迈共修服食，采药石不远千里，遍游东中诸郡，穷诸名山，追沧海，叹曰："我卒当以乐死。"

当时对山水眷恋最深的是那些隐居之士。他们为了脱俗往往要终生与山水为伴。
《晋书》卷94《隐逸郭文传》载：

（郭文）少爱山水，尚嘉遁。年十三，每游山林，弥旬忘反。父母终，服毕，不娶，辞家游名山，历华阴之崖，以观石室之石函。洛阳陷，乃步担入吴兴余杭大辟山中穷谷无人之地，倚木于树，苫复其上而居焉，亦无壁障。

又《宋书》卷93《隐逸宗炳传》载：

（宗炳）每游山水，往辄忘归。征西长史王敬弘每从之，未尝不弥日也。乃下入庐山，就释慧远考寻文义。……好山水，爱远游，西陟荆、巫，南登衡岳，叹曰："老疾俱至，名山恐难遍睹，唯当澄怀观道，卧以游之。"凡所游履，皆图之于室，谓人曰："抚琴动操，欲令众人皆响。"

当时人们纷纷出游，在愉心悦目的同时，留下许多出游诗。
《玉台新咏》卷5引沈约《初春》云：

扶道觅阳春，相将共携手。草色犹自菲，林中都未有。无事逐梅花，空中信杨柳，且复归去来，含情寄杯酒。

又《古诗源》卷10《宋诗》引谢灵运《登门最高顶》诗：

晨策寻绝壁，栖息在山栖。疏封抗高馆，对岭临回溪。长林罗户穴，积石拥阶基。连岩觉路塞，密竹伎径迷。来人忘新术，去子惑故蹊。活活夕流驶，噭噭夜猿啼。沉冥岂别理，守道自不携。心契九秋干，目玩三春荑。居常以待终，处顺故安排。惜无同怀客，共登青云梯。

又《先秦汉魏晋南北朝诗》（下）引北魏郑道昭《登云峰山观海岛》①诗载：

山游悦遥赏，观沧眺白沙。云路沉仙驾，灵章飞玉车。金轩接日彩，腾龙蔼星水。翻飞映烟家。往来风云道，出入朱明霞。雾帐芳宵起，蓬台植汉邪。流精丽旻部，低翠曜天葩。此嘱宁独好，斯见理如麻。秦皇非独家驾，汉武岂空嗟。

二 音乐欣赏

魏晋南北朝时期的音乐欣赏，梁满仓先生认为有两种表现形式，一是蓄养家妓；二是自操乐器②。

魏晋南北朝可以称得上是"家妓的时代"。蓄养家妓对于主人而言是自娱自乐的一种形式。

《晋书》卷33《石苞传》载：

（石）崇有妓曰绿珠，美而艳，善吹笛。孙秀使人求之。崇时在金谷别馆，方登凉台，临清流，妇人侍侧。使者以告。崇尽出其婢妾数十人以示之，皆蕴兰麝，被罗縠，曰："在所择。"使者曰："君侯服御丽则丽矣，然本受命指索绿珠，不识孰是？"崇勃然曰："绿珠吾所爱，不可得也。"

又《魏书》卷61《薛安都传附从祖弟真度传》载：

初，真度有女妓数十人，每集宾客，辄命奏之，丝竹歌舞，不辍于前，尽声色之适。庶长子怀吉居丧过周，以父妓十余人并乐器献之，世宗纳焉。

---

① 逯钦立辑校《先秦汉魏晋南北朝诗》（下），中华书局1988年版，第2207页。
② 梁满仓：《中国魏晋南北朝习俗史》，人民出版社1994年版，第213页。

魏晋南北朝时期，自操乐器更是上层社会许多人借以娱乐的一种形式。

《宋书》卷64《何承天传》云：

   承天又能弹筝，上又赐银装筝一面。

又《南齐书》卷7《东昏侯纪》云：

   王珍国、张稷惧祸及，率兵入殿，分军又从西上阁入后宫断之，御刀丰勇之为内应。是夜，帝在含德殿吹笙歌作《女儿子》，卧未熟。闻兵入，趋出此户，欲还后宫。

又《魏书》卷41《源贺传附子怀传》云：

   怀性宽容简约……好接宾友，雅善音律，虽在白首，至宴居之暇，常自操丝竹。

又《北齐书》卷8《幼主高恒纪》云：

   幼主……盛为无愁之曲，帝自弹胡琵琶而唱之，侍和之者以百数。人间谓之无愁天子。

三 吹啸

流行于士族社会中的诸多音乐形式中，最具有时代特点的莫过于"啸"了。"啸"，指吹口哨。用口哨吹奏曲调，由来已久，魏晋士族音乐思想家们却赋予它新的含义。玄学家认为"啸"比语言或其他音乐形式更能充分表达人的思想情感。《世说新语》卷下之上《栖逸》中阮籍与隐士苏门先生用吹口哨表达思想的故事，充分揭示了玄学家赋予"啸"的深刻意义。其文谓：

   阮步兵啸闻数百步。苏门山中，忽有真人，樵伐者咸共传说。阮籍往观，见其人拥膝岩侧，籍登岭就之，箕踞相对。籍商略终古，上陈黄农玄寂之道、下考三代盛德之美以问之，仡然不应。复叙有为之教、栖神道气之术以观之，彼犹如前，凝瞩不转。籍因对之长啸。良久，乃笑曰："可更作。"籍复啸。意尽，退，还半岭许，闻上口酋然有声，如数部鼓吹，林谷传响，顾看，乃向人啸也。

自阮籍之后，啸声很快流行于士族青年之中，成为最时髦的心性自由的象征。魏晋南朝史籍中的名士，大都擅长"啸"。其所表达的情绪，比以往的各个时期都丰富。

表示忧伤之啸。

《晋书》卷62《刘琨传》云：

琨少负志气，有纵横之才，善交胜己，而颇浮夸。与范阳祖逖为友，闻逖被用，与亲故书曰："吾枕戈待旦，志枭逆虏，常恐祖生先吾着鞭。"其意气相期如此。在晋阳，常为胡骑所围数重，城中窘迫无计，琨乃乘月登楼清啸，贼闻之，皆凄然长叹。中夜奏胡笳，贼又流涕歔欷，有怀土之切。向晓复吹之，贼并弃围而走。子群嗣。

又同书卷76《王廙传》云：

（王）廙性俊率，尝从南下，旦自寻阳，迅风飞帆，暮至都，倚舫楼长啸，神气甚逸。王导谓庾亮曰："世将为伤时识事。"亮曰："正足舒其逸气耳。"

表示内心愉悦之啸。

《晋书》卷80《王羲之传》云：

时吴中一士大夫家有好竹，欲观之，便出坐舆造竹下，讽啸良久。主人洒扫请坐，徽之不顾。将出，主人乃闭门，徽之便以此赏之，尽叹而去。尝寄居空宅中，便令种竹。或问其故，徽之但啸咏，指竹曰："何可一日无此君邪！"

又《世说新语》卷下之上《任诞》云：

> 刘道真少时，常鱼草泽，善歌啸，闻者莫不留连。有一老妪，识其非常人，甚乐歌啸，乃杀豚进之，了不谢。妪见不饱又进一豚。食半余半，乃还之。后为吏部郎，妪儿为小令史，道真超用之，不知所由，问母，母告之，于是赍牛酒诣道真。道真曰："去，去！无可复用相报。"

表示傲世超凡之啸。
《世说新语》卷下之上《简傲》云：

> 晋文王功德盛大，坐席严敬，拟于王者，唯阮籍在坐，箕踞啸歌，酣放自若。

又《晋书》卷49《谢鲲传》云：

> 邻家高氏女有美色，鲲尝挑之，女投梭，折其两齿。时人为之语曰："任达不已，幼舆折齿。"鲲闻之，敖然长啸曰："犹不废我啸歌。"

随着啸歌的流行，"啸"的技巧、音量、声色以及演奏范围日臻完善，具有了较高的欣赏价值。美妙的啸歌，使许多文人为之写下了大量的赞美诗赋。

《文选》卷18引西晋成公绥《啸赋》云：

> 逸群公子，体奇好异。傲世忘荣，绝弃人事。……于是曜灵俄景，流光蒙汜。逍遥携手，踟蹰步趾。发妙声于丹唇，激哀音于皓齿。响抑扬而潜转，气冲郁而熛起。协黄宫于清角，杂商羽于流征。飘游云于泰清，集长风乎万里。曲既终而响绝，遗馀玩而未已。良自然之至音，非丝竹之所拟。是故声不假器，用不借物。近取诸身，役心御气。动唇有曲，发口成音。触类感物，因歌随吟。大而不洿，细而不沈。清激切于竽笙，优润和于瑟琴。玄妙足以通神悟灵，精微足

以穷幽测深。收激楚之哀荒,节北里之奢淫。济洪灾于炎旱,反亢阳于重阴。唱引万变,曲用无方。和乐怡怿,悲伤摧藏。时幽散而将绝,中矫厉而慨慷。徐婉约而优游,纷繁骛而激扬。情既思而能反,心虽哀而不伤。总八音之至和,固极乐而无荒。……于时绵驹结舌而丧精,王豹杜口而失色。虞公辍声而止歌,宁子检手而叹息。钟期弃琴而改听,孔父忘味而不食。百兽率舞而抃足,凤皇来仪而拊翼。乃知长啸之奇妙,盖亦音声之至极。

又同书卷21引晋郭璞《游仙》诗云:

绿萝结高林,
蒙笼盖一山,
中有冥寂士,
静啸抚清弦。

第四节　其他活动

一　斗鸭

江南地区专门出产一种善斗的鸭子,人们用之相斗取乐。早在汉代即有斗鸭的记载。魏晋南北朝时期,斗鸭之风主要盛行于江南一带。

《三国志》卷58《陆逊传》云:

时建昌侯虑于堂前作斗鸭栏,颇施小巧,逊正色曰:"君侯宜勤览经典以自新益,用此何为?"

又《全晋文》卷81引西晋蔡洪《斗凫赋》云:

嘉干黄之散授,何气化之有灵。产羽虫之丽凫,惟斗鸭之最精。禀离午之淑气,体鸾凤之妙形。服文藻之华羽,备艳采之翠英。冠缘葩以曜首,缀素色以点缨。性浮捷以轻躁,声清响好鸣。感秋商之肃烈,从金气以出征。招爽敌于戏门,交武势于川庭。尔乃振劲羽,竦六翮。抗严趾，望雄敌。忽雷起而电发，赴洪波以奋击。

二　斗鸡

早在春秋战国时期即有了斗鸡之俗。到魏晋南北朝时期，斗鸡之习更为普遍。

据《邺中故事》载，三国魏明帝曹睿在太和年间曾筑斗鸡台。又据《南齐书》卷4《郁林王纪》云：

居尝裸袒，着红裈，杂采袒服。好斗鸡，密买鸡至数千价。

由于斗鸡之风盛行，许多人以此为题，写下了大量的斗鸡诗赋。《乐府诗集》卷64《杂歌辞四》引曹植《斗鸡诗》载：

游目极妙伎，清听厌宫商。主人寂无为，众宾进乐方。长筵坐戏客，斗鸡观闲房。群雄正翕赫，双翘自飞扬。挥羽邀清风，悍目发朱光。嘴落轻毛散，严距往往伤。长鸣入青云，扇翼独翱翔。愿蒙狸膏助，常得擅此场。

又同上引梁刘孝威《斗鸡诗》云：

丹鸡翠翼张，妒敌复专场。翅中含芥粉，距外耀金芒。气逾上党列，名愧下鞲良。祭桥愁魏后，食跖忌齐王。愿赐淮南药，一使云间翔。

三　斗草、斗凿

斗草或称采百草、蹋百草。魏晋南北朝时，此俗主要流行于南方。南朝宗懔《荆楚岁时记》云：

五月五日，谓之浴兰节。荆楚并蹋百草。又有斗百草之戏。

又《艺文类聚》卷4《岁时中·五月五日》引南朝梁王筠《五日望桑拾诗》云：

长丝表良节，金缕应嘉辰。
结庐同楚客，采艾异诗人。
折花竞鲜彩，拭露染芳津。
含娇起斜眄，敛笑动微嚬。
献珰依洛浦，怀佩似江滨。

斗凿为南朝时一种儿童游戏名。《南史》卷5《废帝海陵王纪》云：

永明世，市里小儿以铁相击于地，谓之"斗凿"。

第三十六章　岁时节令

中国古代的"节",是指节气而言的。在不同的季节和节气中,人们举行不同的仪式、庆典,以及各种各样的活动。随着时间的推移,这些仪式和庆典逐渐固定在具体的某一天,形成较为固定的传统节日,在魏晋南北朝时期被称为"岁时节令"。兹将魏晋南北朝时期一些较为重要的岁时节令叙述于次。

第一节　元日

魏晋南北朝时期人们把元日看作万象更新的开始,所以无论朝廷还是民间都极为重视,都要举行各种形式的活动迎接新年的到来。

朝廷每年元日都要举行朝会。

《太平御览》卷29《时序部·元日》引曹植《正会诗》云:

初岁元祚,吉日惟良。乃为嘉会,宴此高堂。尊卑列叙,典而有章。衣裳鲜洁,黼黻玄黄。清酤盈爵,中坐腾光。珍膳杂沓,充溢圆方。笙磬既设,筝瑟俱张。悲歌厉响,咀嚼清商。俯视文轩,瞻仰华梁。愿保兹善,千载为常。欢笑尽娱,乐哉未央。家室荣贵,寿若东王。

又《艺文类聚》卷4《岁时中·元正》引晋人傅玄《朝会赋》云:

考夏后之遗训,综殷周之典制,采秦汉之旧仪,肇元正之嘉会,于是先期戒事,众发允敕,万国咸享,各以其职,翼翼京邑,巍巍紫极,前三朝之夜中,庭燎晃以舒光,华灯若乎火树,炽百枝之煌煌。

除朝廷举行的朝会之外，一些地方军政要人也常常于元日举行元会。《晋书》卷66《陶侃传》云：

> 时造船，木屑及竹头悉令举掌之，咸不解所以。后正会，积雪始晴，听事前余雪犹湿，于是以屑布地。

民间也在正月一日这一天举行庆祝活动。
南朝宗懔《荆楚岁时记》云：

> 于是长幼悉正衣冠，以次拜贺。进椒柏酒，饮桃汤。进屠苏酒，胶牙饧。下五辛盘。

驱鬼避邪也是元日活动的内容之一。
宗懔《荆楚岁时记》云：

> 正月一日，是三元日也。……鸡鸣而起，先于庭前爆竹，以辟山魈恶鬼。

又《艺文类聚》卷89《木部下·椒》引晋人成公绥《椒花铭》云：

> 嘉哉芳椒，载繁其实，厥味惟珍，蠲除百疾。肇惟岁始，月正元日，永介眉寿，以祈初吉。

又同书卷88引晋人左九嫔《松柏赋》云：

> 赤松游其下而得道，文宾餐其实而长生。诗人歌其荣尉，齐南山以永宁。

第二节　人日

人日，即农历正月初七。在古代，这一天被看作是关系人的安危祸福的重要的日子。每逢此日，人们都盼望天气清明，并举行各种风俗活动，以寄托思念亲友、祈求亲人安康幸福的心愿。魏晋南北朝时期，过人日之俗遍及南北广大地区。

宗懔《荆楚岁时记》云：

> 正月七日为人日，以七种菜为羹。剪彩为人，或镂金箔为人，以贴屏风，亦戴之头鬓。又造华胜以相遗。登高赋诗。

又《玉烛宝典》卷1引东晋人张望《正月七日登高诗》云：

> 玄云敛夕煞，青阳舒朝倏。熙哉陵冈娱，眺盼肆回目。

又《艺文类聚》卷4《岁时中·人日》引隋朝阳休之《人日登高侍宴诗》云：

> 广殿丽年辉，上林起春色。风生拂雕辇，云迴浮绮翼。

第三节 元宵节

农历正月十五日，古代为"上元节"，因其夜名曰"无夜"、"元宵"、"元夕"，故又称"元宵节"或"元夕节"。在魏晋南北朝时，人们过正月十五要举行祭蚕神、游乐、打簇、做宜男蝉等活动。

宗懔《荆楚岁时记》云：

> 登高糜，挟鼠脑，欲来不来，待我三蚕老。

又《北史》卷77《柳彧传》云：

> 或见近代以来，都邑百姓每至正月十五日，作角抵戏，递相夸竞，至于糜费财力，上奏请禁绝之曰："窃见京邑，爰及外州，每以正月望夜，充街塞陌，鸣鼓聒天，燎炬照地，人戴兽面，男为女服，倡优杂伎，诡状异形。外内共观，曾不相避。竭赀破产，竞此一时。

尽室并孥，无问贵贱，男女混杂，缁素不分。"

又《北齐书》卷48《外戚·尔朱女畅传》云：

自魏氏旧俗，以正月十五夜为打竹簇之戏，有能中者，即为赏币。任胄令仲礼藏刀于袴中，因高祖临观，谋为窃发，事捷之后，共奉文畅位主。

第四节　修禊节

修禊节为先秦时期已有的习俗。古代以阴历三月上旬巳日为"上巳"。每逢此日，人们到水边进行沐浴，以祓除灾气，祈福免灾。进入魏晋时期，这个节日有了明显变化，一是节日时间固定在每年三月初三日；二是节日的内涵发生变化，即改原来的祓除灾气为临水作乐，王羲之著名的《兰亭序》充分地反映了这一点。

《晋书》卷80《王羲之传》引《兰亭序》云：

永和九年，岁在癸丑，暮春之初，会于会稽山阴之兰亭，修禊事也。群贤毕至，少长咸集。此地有崇山峻岭，茂林修竹；又有清流激湍，映带左右，引以为流觞曲水，列坐其次。虽无丝管弦之盛，一觞一咏，亦足以畅叙幽情。是日也，天朗气清，惠风和畅，仰观宇宙之大，俯察品类之盛，所以游目骋怀，足以极视听之娱，信可乐也。

又《艺文类聚》卷4《岁时中·三月三日》引沈约《三日率尔成篇》诗云：

丽日属元巳，年芳具在斯，开花已匝树，流津复满枝，洛阳繁华子，长安轻薄儿，东出千金堰，西临雁鹜陂。……清辰戏伊水，薄暮宿兰池。

三月三日在魏晋南北朝是一个盛大的节日，无论南方或北方，也无论哪个阶层，均过此节日，甚至连少数民族的首领也很重视。

东晋陆翙《邺中记》云：

> 石虎三月三日临水会公主妃嫔，名家妇女无不毕出。临水施帐幔、车服灿烂，走马步射，饮宴终日。

又《艺文类聚》卷4《岁时中·三月三日》引《夏仲御别传》云：

> 到三月三日，洛中公王以下，莫不方轨连轸，并至南浮桥边禊，男则朱服耀路，女则帐锦绮灿烂。

又宗懔《荆楚岁时记》云：

> 三月三日，士民并出江渚池沼间，为流杯曲水之饮。

第五节　端午节

农历五月初五为端午节。关于端午节的来历，说法不一，其中以纪念屈原的传说居多。

宗懔《荆楚岁时记》载：

> 屈原以是日死于汨罗，人伤其死。所以并将舟楫以拯之。今竞渡其迹。

又《艺文类聚》卷4《岁时中·五月五日》引吴均《续齐谐记》云：

> 屈原五月五日投汨罗而死，楚人哀之，每至此日，竹筒贮米，投水祭之。汉建武中，长沙欧回，白日忽见一人，自称三闾大夫，谓曰："君当见祭甚善，但常所遗，苦蛟龙所窃，今若有惠，可以楝树叶塞其上，以五彩丝缚之。此二物，蛟龙所惮也。"

至魏晋南北朝，飞舟竞渡、包粽子和插艾等成为端午节的传统性习俗。关于飞舟竞渡，宗懔《荆楚岁时记》有云：

竞渡，俗谓是屈原死汨罗日，伤其死所，并命将舟楫以拯之，至今为俗。

又《隋书》卷31《地理志下》云：

屈原以五月望日赴汨罗，土人追至洞庭不见，湖大船小，莫得济者，乃歌曰："何由得渡？"因而鼓棹争归，竞会亭上，习以相传，为竞渡之戏。其迅楫齐驰，棹歌乱响，喧振水陆，观者如云，诸郡率然，而南郡、襄阳尤甚。

关于包粽子，宗懔《荆楚岁时记》载：

民斩新竹笋为筒粽、楝叶插头，五彩缕投江，以为避水厄。

关于插艾，宗懔《荆楚岁时记》载：

五月五日……采艾以为人（形），悬门户上，以禳毒气。

第六节　七夕节

七月初七又称"乞巧节"、"女儿节"。这个节日大致开始于两汉时期。魏晋南北朝，牛郎织女七月七日相会的传说，广为流传。

《艺文类聚》卷4《岁时中·七月七日》引吴均《续齐谐记》云：

桂阳城武丁，有仙道，谓其弟曰："七月七日，织女当渡河，诸仙悉还宫。"弟问曰："织女何事渡河？"答曰："织女暂诣牵牛。"世人至今云织女嫁牵牛也。

又东晋葛洪《西京杂记》卷1《七夕穿针开襟楼》云：

汉彩女常以七月七日穿七孔针与开楼，俱以习之。

魏晋南北朝时期，人们在七月七日那天，要晒衣服和书，并于当天晚上守夜。

《世说新语》卷下之下《排调》云：

> 郝隆七月七日出日仰卧，人问与其故，答曰："我晒书。"

又《晋书》卷49《阮籍转》云：

> 七月七日，北阮盛晒衣，皆锦绮杰目。咸以竿挂大布犊鼻裈于中庭，人或怪之，答曰："未能免俗，聊复尔耳！"

又《太平御览》卷31引《时序部·七月七日》引周处《风土记》云：

> 七月初七日，其夜洒扫于庭，露施几筵，设酒脯时果、散香粉于筵上，以祈河鼓、织女，言此二星辰当会。守夜者咸怀私愿，咸云见天汉中有弈弈白气，有光耀五色，以此为征应。见者便拜而愿，乞富、乞寿、无子乞子，惟得乞一，不得兼求，三年乃得。

第七节　重阳节

古人认为"九"乃阳数之极，故将九月初九日称作"重阳"。
《艺文类聚》卷4《岁时中·五月五日》引曹丕《与钟繇书》载：

> 岁月往来，忽复九月九日。九为阳数，而日月并应，俗嘉其名，以为宜于长久，故以享宴高会。

魏晋南北朝时期，重阳节有登高、插茱萸、赏菊、饮菊花酒、吃花糕等风俗。

《艺文类聚》卷4《岁时中·五月五日》引吴均《续齐谐记》云：

汝南桓景，随费长房游学累年。长房谓之曰："九月九日，汝家当有灾厄，急宜去，令家人各作绛囊，盛茱萸以系臂，登高饮菊酒，此祸可消。"景如言，举家登山，夕还家，见鸡狗牛羊，一时暴死，长房闻之曰："代之矣。"今世人九日登山饮菊酒，妇人带茱萸囊是也。

又《晋书》卷98《桓温传》云：

九月九日，温燕龙山，僚佐毕集。时佐吏并着戎服，有风至，吹嘉帽堕落，嘉不之觉。温使左右勿言，欲观其举止。嘉良久入厕，温令取欢之，命孙盛作文嘲嘉，着嘉坐处。嘉还见，即答之，其文甚美，四座嗟叹。

又东晋葛洪《西京杂记》卷3《戚夫人侍儿言宫中乐事》云：

九月九日，佩茱萸，食蓬饵，饮菊花酒，令人长寿。菊花舒时，并采茎叶，杂黍米酿之，至来年九月九日始熟，就饮焉，故谓之菊花酒。

第八节　腊日

在民间，腊日起初是在腊月初八日，后又改为腊月二十四日。南北朝时，民间将腊日定在腊月初八日。

宗懔《荆楚岁时记》载：

十二月八日为腊八。谚语："腊鼓鸡，春早生。"村人并击细腰鼓、戴胡公头及作为金刚力士一逐疫，沐浴转除罪障。

腊日又是家人团聚的日子。《世说新语》卷上之上《德行》云：

王朗每以识度推华歆。歆腊日尝集子侄宴饮，王亦学之。

又《晋书》卷94《隐逸范粲传附子乔传》云：

初，乔邑人腊夕盗砍其树，人有告者，乔阳不闻，邑人愧而归之。乔往喻曰："卿节日取柴，欲与父母相欢娱耳，何以愧为！"

又《艺文类聚》卷5《岁时下·腊》引晋江伟《答贺腊诗》谓：

腊日之余，廓焉独处。晨风朝兴，思我慈父。我心怀恋，运首延伫。

第九节　除夕

除夕，指农历一年中的最后一个晚上。含旧岁至此而除，来年另换新岁之意。旧时又称"除日"、"岁除"、"岁暮"，民间多俗呼"大年三十"。

除夕的风俗活动颇多。

一是守岁。

晋周处《风土记》载：

终夜不眠，以待天明，称曰守岁。

又南朝梁徐君茜《共内人夜坐守岁》诗：

欢多情未极，赏至莫停杯。酒中喜桃子，粽里觅杨梅。帘开风入帐，烛尽炭成灰。勿疑鬓钗重。

二是吃年夜饭，饮屠苏酒。

年夜饭又称"团年饭"、"宿岁饭"。北方人吃年夜饭一定得有饺子，常有"更年交子"之称。南方人则多吃年糕。饺子呈元宝形，年糕有"年高"之谐音，均取其吉祥意。饮屠苏酒也是古人除夕守岁的一种普通风俗。据南朝梁人沈约的解释，屠苏是一种草房，传说有一隐士居其中，每至除夕夜，总会送给邻居街坊一帖草药，让投入井中，次日取水装入酒壶，全家饮用，便可祛除瘟疫。后人专制药酒，遂名之为"屠苏酒"。

三是驱邪避厉。

民间有镇宅之俗，即在十二月暮日，挖掘住宅四角，各埋一块石头用来驱邪避厉。北朝则在此日举行大傩仪式，以驱邪避厉。

《魏书》卷5《文成帝记》云：

（和平）三年……十有二月乙卯，制战陈之法十有余条。因大傩耀兵，有飞龙、腾蛇、鱼丽之变，以示威武。

又《隋书》卷8《礼仪志三》云：

齐制，季冬晦，选乐人子弟十岁以上十二以下为侲子，合二百四十人。一百二十人，赤帻、皁褠衣，执鼗。一百二十人赤布裤褶，执鞞角。方相氏黄金四目，熊皮蒙首，玄衣朱裳，执戈扬盾。又作穷奇、祖明之类，凡十二兽，皆有毛角。鼓吹令率之，中黄门行之，冗从仆射将之，以逐恶鬼于禁中。其日戌夜三唱，开诸里门，傩者各集，被服器仗以待事。戌夜四唱，开诸城门，二卫皆严。上水一刻，皇帝常服，即御座。王公执事官第一品已下、从六品已上，陪列预观。傩者鼓噪，入殿西门，遍于禁内。分出二上阁，作方相与十二兽儛戏，喧呼周遍，前后鼓噪。出殿南门，分为六道，出于郭外。

第三十七章 士人时尚

时尚是一种流行的风气,具有停留时间短,但影响却很大的特点。魏晋南北朝的士人时尚甚多,这里择其要者予以介绍。

第一节 从清议到清谈

清谈又称雅谈、玄谈、玄言,是一种思想交流方式,即知识分子的辩论会,不同观点的人,均可在这种辩论会上进行思想交锋。它给了学术思想界以一个朝气勃勃的生机,使士人们走出自己的书斋,进入一个相互辩论寻求真理的境界。因此,清谈促进了魏晋思想的觉醒,对整个文化习俗产生了不可估量的影响。

一 从汉末的清议到魏晋的清谈

东汉中期以后,清议之风兴起。清议是乡里或学校对士人的褒贬和对官吏的批评。它是汉代选举制度的产物,又是政府察举人才的依据。

顾炎武《日知录》卷13《清议》载:

> 两汉以来,犹循此制,乡举里选,必选考其生平,一玷清议,终身不齿。

又《资治通鉴》卷79《晋纪》武帝泰始元年条载:

> 初置谏官,以散骑常侍傅云、皇甫陶为之。……玄以魏末士风颓散,上疏曰:"臣闻先王之御天下,教化隆于上,清议行于下。近者魏武好法术而天下贵刑名,魏文慕通达而天下贱守节,其后纲维不

摄，放诞盈朝，遂使天下无复清议。"……上嘉纳其言。

然而，我们在思想史上所说的清议，并非这种被视为与教化并隆的清议，而是特指发生在东汉后期不以儒家礼教为标准的品评人物的社会风尚。当时，文人学士为与宦官外戚集团抗衡，把清议作为斗争手段，议论朝政，指斥宦官，赞颂节义，使之发挥舆论监督作用。

《后汉书》卷67《党锢列传序论》谓：

> 桓、灵之间，主荒政谬，国命委于阉寺，士子羞于为伍，故匹夫抗愤，处士横议，遂乃激扬名声，互相提佛，品核公卿，裁量执政，婞直之风，于斯行矣。

当时，善于以清议"品鉴人伦"的人，被看作是名士，受到人们的景仰甚至崇拜。

《后汉书》卷68《郭太传》载：

> 郭太……游于洛阳。始见河南尹李膺，膺大奇之，遂相友善，于是名震京师。后归乡里，衣冠诸儒送至河上，车数千辆。林宗唯与李膺同舟济，众宾望之，以为神仙焉。

又同传注引谢承《后汉书》云：

> （郭）太之所名，人品乃定，先言后验，众皆服之。……初，太始至南州，过袁奉高，不宿而去，从（黄）叔度，累日不去。或以问太。太曰："奉高之器，譬如汍滥，虽清而易挹。叔度之器，汪汪若千顷之波，澄之不清，扰之不浊，不可量也。"已而果然。太已是名闻天下。

又同卷《许邵传》云：

> 初，（许）邵与（许）靖俱有高名，好共核论乡党人物，每月辄更甚品题，故汝南俗有"月旦评"焉。

清议常采用风谣或题目的形式。东汉后期,用风谣标榜人物的风气十分盛行,兹试举两例。

《后汉书》卷67《党锢列传》谓:

> (太学)诸生三万余人,郭林宗、贾伟节为其冠,并与李膺、陈蕃、王畅更相褒重。学中语曰:"天下楷模李元礼,不畏强御陈仲举,天下俊秀王叔茂。"

有同书卷79下《许慎传》载:

> 许慎字叔重,汝南召陵人也。……时人为之语曰:"《五经》无双许叔重。"

题目是以简洁语言概括人物特点,或作出恰当的比喻。

《世说新语》卷上之上《德行》载:

> 李元礼尝叹荀淑、钟皓曰:"荀君清识难尚,钟君至德可师。"

又《后汉书》卷68《许邵传》载:

> 曹操微时,常卑辞厚礼,求为己目。(许)邵鄙其人而不肯对,操乃伺隙协邵,邵不得已,曰:"君清平之奸贼,乱世之英雄。"操大悦而去。

党锢之祸发生后,清议遭到禁锢。一些文人学士便收敛了"上议执政,下讥卿士"的锋芒,向往起明哲保身的名士风流来。于是在士林泰斗郭太等人带动下,清谈之风又悄然兴起,并愈演愈烈,成为魏晋南北朝时期士大夫阶层及其文人的一种时尚。

二 清谈的内容和特点

清谈有着与清议相同的品评人物的内容,所谓"清淡高论,嘘枯吹生"、"清谈平载"，以及"有累清谈"等，均可视为"清议"的同义语。但从主导方面来看，魏晋以后清谈主要是以《老子》、《庄子》和《周易》"三玄"之学为内容的玄谈。

清钱大昕《十驾斋养新录》卷18《清谈》载：

魏晋人言老庄，清谈也。

清谈时，往往采用互为问难的方式，有"主方"和"客方"，还有"听众"，颇类今天的学术辩论或课堂讨论。

《世说新语》卷上之下《文学》载：

何晏为吏部尚书，有位望，时谈客盈坐。王弼未弱冠，往见之。晏闻弼名，因条向者胜理语弼曰："此理仆以为极，可得复难不？"弼便作难，一坐人便以为屈。于是弼自为客主数番，皆一坐所不及。

清谈的内容即是辩论的主题或名理。
《世说新语》卷上之下《文学》载：

旧云，王丞相过江东，止道："《声无哀乐》、《养生》、《言尽意》三理而已，然宛转关生，无所不入。"

清赵翼《廿二史札记》卷8《六朝清谈之习》详细介绍了清谈的内容，谓：

清谈起于魏正始中，何晏、王弼祖述老庄，谓："天地万物，皆以无为本，无者也，开物成务，无往而不存者也。（王衍传）是时阮籍亦素有高名，口谈浮虚，不遵礼法。"（裴頠传）籍尝作大人先生传，谓："世之礼法君子，如虱之处裈。"（阮籍传）其后王衍、乐广慕之，俱宅心事外，名重于时。天下言风流者，以王、乐为称首。（乐广传）后进莫不竞为浮诞，遂成风俗。（王衍传）学者以老庄为宗而黜六经；谈者以虚荡为辨而贱名检；行身者以放浊为通而狭节信，仕进者以苟得为贵而鄙居正，当官者以望空为高而笑勤恪。（愍帝纪论）其时未尝无斥其非者。如刘颂屡言治道。傅咸每纠邪正，世反谓之俗吏。裴𬱖又着崇有论以正之。（𬱖传）江惇亦着通道崇检论以矫之。（惇传）卞壸斥王澄、谢鲲，谓："悖礼伤教，中朝倾覆，实由于此。"（壸传）范宁亦谓："王弼、何晏二人之罪，深于桀纣。"（宁传）应詹谓："元康以来，贱经尚道，永嘉之弊由此。"（詹传）熊远、陈頵各有疏论。莫不大声疾呼，欲挽回颓俗。而习尚已成，江河日下，卒莫能变也。今散见于各传者：裴遐善言元理，音词清畅，泠然若琴瑟。尝与郭象谈论，一座尽服。（遐传）卫玠善玄言，每出一语，闻者无不咨叹，以为入微。王澄有高名，每闻玠言，辄叹息绝倒。后过江与谢鲲相见，欣然言论终日。王敦谓鲲曰："昔王辅嗣吐金声于中朝，此子复玉振于江表。不意永嘉之末，复闻正始之音。"（玠传）王衍为当时谈宗，自以论易略尽，然亦有未了。每曰："不知此生当见有能通之者否？"及遇阮修谈易，乃叹服焉。（修传）王戎问阮瞻曰："圣人贵名教，老庄明自然，其指同异？"瞻曰："将毋同。"戎即辟之，时人谓之三语掾。（瞻传）郭象善老庄，时人以为王弼之亚。（庾敳传）桓温尝问刘惔"会稽王更进耶？"惔曰："极进，然是第三流耳！"温曰："第一流是谁？"惔曰："故是我辈。"（惔传）张凭初诣刘惔，处之下座，适王蒙来，清言有所不通，凭即判之，惔惊服。（凭传）此可见当时风尚大概也。其中未尝无好学者，然所学亦正以供谈资。向秀好老庄之学，尝批注之，读者超然心悟。郭象又从而广之，儒墨之迹见鄙，道家之风遂盛。（秀传）潘京与乐广谈，广深叹之，谓曰："君天才过人，若加以学，必为一代谈宗。"京遂勤学不倦。（京传）王僧虔戒子书曰："汝未知辅嗣何所道，平叔何所说，而便盛于麈尾，自称谈士，此最险事。"（僧虔传）是当是时父兄师友之所讲求，专推究老庄，以为口舌之助，五经中惟崇易理，其它尽阁束也。至梁武帝始崇尚经学，儒术由之稍振，然谈义之习已成。所谓经学者，亦皆以为谈辨之资。武帝召岑之敬升讲座，敕朱异执孝经唱士孝章，帝亲与论难之，敬剖释纵横，应对如响。（之敬传）简文为太子时，出士林馆，发孝经题，张讥议论往复，甚见嗟赏。其后周弘正在国子监，发周易题，讥与之论辨，弘正谓人曰："吾每登座，见张讥在席，使人凛然。"（讥传）简文使咸衮说朝聘仪，徐摛与往复，衮精采自若。（衮传）简文尝自升座说经，张正见预讲筵，请决疑义。（正见传）伏曼容宅在瓦官寺东，每升座讲经，生徒常数十百人。（曼容传）袁宪与岑文豪同侯周弘正，弘正将登讲座，适宪至，即令宪树义，时谢岐、何妥并在座，递起义端，宪辨论有余，到溉曰："袁君正有后矣！"（宪传）严植之通经学，馆在潮沟，讲说有区段次第，每登讲，五馆生毕至，听者千余。（植之传）鲍瞰在太学，有疾，请纪少瑜代讲。少瑜善谈吐，辩捷如流。（少瑜传）崔灵恩自魏归梁为博士，性拙朴无文采，及解析经义甚有精致，旧儒咸重之。（灵恩传）沈峻精周官，开讲时，群儒刘岩、沈熊之徒，并执经下座，北面受业。（峻传）是当时虽从事于经义，亦皆口耳之学，开堂升座，以才辩相争胜，与晋人清谈无异，特所谈者不同耳。况梁时所谈，亦不专讲五经。武帝尝于重云殿自讲老子，徐勉举顾越论义，越音响若钟，咸叹美之。（越传）简文在东宫，置宴元儒之士。（戚衮传）邵陵王纶讲大品经，马枢讲维摩、老子，同日发题，道俗听者二千人，王谓众曰："马学士论义，必使屈伏，不得空具主客。"于是各起辩端，枢转变无穷，论者咸服。（枢传）则梁时五经之外，仍不废老庄，且又增佛义，晋人虚伪之习，依然未改，且又甚焉。风气所趋，积重难返。直至隋平陈之后，始扫除之。盖关陕朴厚，本无此风，魏周以来，初未渐染，陈人之迁于长安者，又已衰不振，故不禁而自消灭也。

清谈家们为了显示自己的风流高雅，在清谈时，手中往往执着一种麈尾的道具以助谈锋。

《世说新语》卷上之下《文学》载：

孙安国往殷中军许共论，往反精苦，客祝无间。左右进食，冷而复暖者数四。彼我奋掷麈尾，悉脱落，满餐饭中，宾主遂至莫忘食。

又《廿二史札记》卷8《清谈用麈尾》云：

六朝人清谈必用麈尾。晋书：王衍善玄言，每捉白玉柄麈尾，与手同色。（衍传）孙盛与殷浩谈奋，麈尾尽落饭中。（盛传）宋书：王僧虔戒子，谓其"好捉麈尾，自称谈士。"（僧虔传）齐书：戴容着三宗论，智林道人曰"贫道捉麈尾三十年，此一途无人能解，今始遇之。"（容传）梁书：卢广发讲时，谢举屡折之，广愧服，以所执麈尾赠之，以况重席。（举传）张孝秀谈义，尝手执枡榈皮麈尾。（孝秀传）陈书：后主宴官僚，所造玉柄麈尾新成，曰："当今堪捉此者，惟张讥耳。"即以赐讥。又幸钟山开善寺，使讥竖义，时麈尾未至，命取松枝代之。（讥传）此皆清谈麈尾故事也。亦有不必谈而亦用之者。王浚以麈尾遗石勒，勒伪为不敢执，悬于壁而拜之。（勒载记。）何充诣王导，导以麈尾指其床曰"此是君坐也。"（充传）王蒙病笃，灯下视麈尾而叹，既没，刘惔以犀麈尾，纳之棺中。（蒙传）盖初以谈玄用之，相习成俗，遂为名流雅器，虽不谈亦常执持耳。

六朝清谈的特点是言简意赅，言约旨远。
《世说新语》卷上之下《文学》载：

张凭举孝廉，出都，负其才气，谓必参时彦。……长史诸贤来清言，客主有不通处，张乃遥于末坐判之，言约旨远，足畅彼我之怀，一坐皆惊。

又同上卷中之上《识鉴》注引《晋阳秋》载：

乐广善以约言厌人心，其所不知，默如也。太尉王夷甫、光禄大夫裴叔则能清言，常曰："与乐君言，觉其简至，吾等皆烦。"

又同上卷上之下《文学》载：

客问乐令"旨不至"者，乐亦不复剖析文句，直以麈尾柄确几曰："至不？"客曰："至。"乐因又举麈尾曰："若至者，那得去？"于是客乃悟服。乐辞约而旨达，皆此类。

三　对清谈的评析

前人对清谈的评价，毁誉参半。干宝《晋纪·总论》、裴颜《崇有论》、葛洪《抱朴子·刺骄》、《晋书·范林传》以及顾炎武《日知录》等都曾激烈抨击清谈玄论，指出清谈误国。

《晋书》卷98《桓温传》载：

> 桓温……过淮泗，践北境，与诸僚属登平乘楼，眺瞩中原，慨然曰："遂使神州陆沈，百年丘墟，王夷甫诸人不得不任其责！"袁宏曰："运有兴废，岂必诸人之过！"温作色谓四座曰："颇闻刘景升有千斤大牛，啖刍豆十倍于常牛，负重致远，曾不若一羸牸，魏武入荆州，以享军士。"意以况宏，坐中皆失色。

又同书卷5《孝愍帝纪》"史臣论"载：

> 干宝有言曰：……加以朝寡纯德之人，乡乏不二之老，风俗淫僻，耻尚失所，学者以老庄为宗而黜六经，谈者以虚荡为辩而贱名检，行身者以放浊为通而狭节信……

谢安以及清代以后的学者，如朱彝尊、钱大昕、章太炎、刘师培等，则对清谈玄论作了肯定的评价。

《世说新语》卷上之上《言语》载：

> 王右军与谢太傅共登冶城，谢悠然远想，有高世之志。王谓谢曰："夏禹勤王，手足胼胝；文王旰食，日不暇给。今四郊多垒，宜人人自效；而虚谈废务，浮文妨要，恐非当今所宜。"谢答曰："秦任商鞅，二世而亡，岂清言致患邪？"

又《太炎文录·五朝学》谓：

> 粤晋之东，下迄陈尽，五朝三百年，往恶日湔，而纯美不忒。此为江左有愈于汉。徒以江左劣弱，言治者必暴摧折之。不得其征，即以清言为状。……驰说者，不务综终始，苟以玄学为诟。其惟大雅推见至隐，知风之自。玄学者，固不与艺术文行悟，且翼扶之。昔者阮咸任达不拘，荀勖与论音律，自以弗逮。宗少文达死生分，然能为金

石弄。戴颙述庄周大旨，而制新弄十五部，合何尝、白鹄二声以为一调。殷仲堪能清言，善属文，医术亦究眇微。雷次宗、周续之，皆事沙门慧远，尤明《三礼》。关康之散发，被黄巾，申王弼《易》，而就沙门支僧纳学算，眇尽其能，又造《礼论》十卷。下逮文儒祖冲之，始定圆率，至今为绳墨。其缀术文最深，而史在《文学传》。谢庄善辞赋，顾尝制木方文图，山川土地，各有分理，离之则州郡殊，合之则宇内一。徐陵虽华，犹能草《陈律》，非专为美言也。夫经莫穹乎《礼》、《乐》，政莫要乎律令，技莫微乎算术，形莫急乎药石，五朝诸名士皆综之。其言循虚，其艺控实，故可贵也。凡为玄学，必要之以名，格之以分，而六艺方技者，亦要之以名，格之以分，治算、审形、度声则然矣。……

　　五朝有玄学，知与恬交相养，而和理出其性。故骄淫息乎上，躁竞弭乎下。……世人见五朝在帝位日浅，国又削弱，因遗其学术行义弗道。五朝所以不竞，由任世贵，又以言貌举人；不在玄学①。

第二节　药、酒和裸裎

魏晋名士文人强烈地渴望人性自由，但这种自由冲动不可能彻底突破封建伦理的樊篱。理想与现实的巨大冲突，使名士们不仅感情上矛盾痛苦，而且精神上也难以适应。他们犹如置身于一片空旷无垠的荒野上，孤立无倚，前途未卜，一种渺小、孤独、茫然、恐惧的心理油然而生。因此，酗酒服药、散发裸裎之风在士大夫中流行起来。

一　寒食散

寒食散又名五石散，配剂主要由紫石英、赤石脂、白石英、钟乳石和硫黄等矿石组成，据说服用此药后浑身发热难受，需要散发，宜吃冷食，故称寒食散。关于寒食散的详细配方，在《金匮要略》和《千金翼方》中均有载。

《金匮要略》卷上《中风历节病脉证并治第五》载：

---

①　章太炎：《章太炎全集·太炎文录初编·五朝学》，上海人民出版社1982年版，第75—77页。

侯氏黑散：治大风、四肢烦重、心中恶、寒不足者。

菊花四十分白术十分细辛三分茯苓三分牡蛎三分桔梗八分防风十分人参三分矾石三分黄芩五分当归三分穹穷三分桂枝三分

右十四味，杵为散，酒服方寸匕，日一服，初服二十日，温酒调服，禁一切鱼肉大蒜，常宜冷食，在腹中不下也，热食即下矣，冷食自能助药力。

又同书卷下《杂疗方》载：

治伤寒令愈不复，紫石寒食散方：

紫石英白石英赤石脂钟乳研炼栝蒌根防风桔梗文蛤鬼白各十分，烧干姜附子炮，去皮桂枝去皮，各四分

右十三味，杵为散，酒服方寸匕。

又孙思邈《千金翼方》卷22《五石更生散》载：

五石更生散，治男子五劳七伤、虚羸着床，医不能治，服此无不愈。唯久病者服之；其年少不识事，不可妄服之；明于治理能得药适，可服之；年三十勿服；或肾冷脱肛阴肿服之尤妙。

紫石英白石英赤石脂二两半钟乳二两半石硫黄二两半海蛤二两半防风二两半栝蒌二两半白术七分人参三两桔梗五分细辛五分干姜五分桂心五分附子炮（三分去皮）以上一十五味，捣筛为散，酒服方寸匕，日二，中间节量以意裁之。万无不起。热烦闷，可冷水洗面及手足身体，亦可浑身洗。若热欲去石硫黄、赤石脂，即名三石更生散。一方言是寒食散，方出何侯，一两分作三薄，日移一丈再服，二丈又服。

寒食散是一种剧毒药。如果服用得当，体内疾病将随热毒一起挥发掉，假如服用不当，则五毒攻心，后果严重。隋代巢元方《诸病源候论》卷6《寒食散发候》篇，大量引用了皇甫谧《寒食散论》关于如何服药的原文。文谓：

服寒食散，二两为剂，分作三帖。清旦温醇酒服一帖，移日一丈，复服一帖，移日二丈，复服一帖，如此三帖尽。须臾，以寒水洗手足，药气两行者，当小痹，便因脱衣，以冷水极浴，药势益行，周体凉了，心意开朗，所患即瘥。虽羸困着床，皆不终日而愈。

人有强弱，有耐药。若人羸弱者，可先小食，乃服；若人强者，不须食也。有至三剂，药不行者，病人有宿癖者，不可便服也，当先服消石大丸下去，乃可服之。……

服药之后，宜烦劳。若羸着床不能行者，扶起行之。常当寒衣、寒饮、寒食、寒卧，极寒益善。若药未散者，不可浴，浴之则矜寒，使药噤不发，令人战掉，当更温酒饮食，起跳踊，舂磨出力，令温乃浴，解则止，勿过多也。又当数令食，无昼夜也。一日可六七食，若失食，饥亦令人寒，但食则温矣。若老小不耐药者，可减二两，强者过二两。……

若夫伤寒者，大下后乃服之，便极饮冷水。若产妇中风寒，身体强痛，不得动摇者，便温服一剂，因以寒水浴即瘥。以浴后，身有痹处者，便以寒水洗，使周遍，初得小冷，当数食饮酒于意。后愦愦不了快者，当复冷水浴，以病甚者，水略不去体也。若药偏在一处，偏痛、偏冷、偏热、偏痹及眩烦腹满者，便以水逐洗，于水下即了了矣。如此昼夜洗，药力尽乃止。

凡服此药，不令人吐下也，病皆愈。若膈上大满欲吐者，便食即安矣。服药之后，大盒饭变于常，故小青黑色，是药染耳，勿怪之也。若亦温温欲吐，当遂吐之，不令极也。明旦当更服。

凡此诸救，皆吾所亲更也。

由于寒食散为剧毒之品，服食不当则留下不堪忍受，不可治愈的痼疾，因此而丧生者比比皆是。

隋巢元方《诸病源候论》卷6引西晋皇甫谧《寒食散论》载：

或心痛如刺，坐当食而不食，当洗而不洗，寒热相结，气不通，结在心中，口噤不得息，当校口，但与热酒，任本性多少，其令酒气两得行，气自通。得噫，因以冷水浇淹手巾，着所苦处，温复易之，自解。解便速冷食,能多益善。于诸痛之内,心痛最急,救之若赴汤火,乃可济耳。

或手足偏痛,诸节解、身体发痈疮硬结,坐寝处久不自移徙,暴热偏并,聚在一处,或硬结核痛,甚者,发如痈,觉便以冷水洗、冷石熨;微者,食顷散也;剧者,数日水不绝乃瘥。洗之无限,要瘥为期。若乃不瘥,即取磨刀石,火烧令热赤,以石投苦酒中,石入苦酒皆破裂,因捣以汁,和涂痈上,三即瘥。取粪中大蛴螬,捣令熟,以涂痈上,亦不过三再即瘥,尤良。

或饮酒不解,食不复下,乍寒乍热,不洗便热,洗复寒,甚者数十日,轻者数日,昼夜不得寐,愁忧恚怒,自惊跳悸恐,恍惚忘误者,坐犯温积久,寝处失节,食热作癖内实,使热与药并行,寒热交争。虽以法救之,终不可解也。吾尝如此,对食垂涕,援刀欲自刺,未及得施,赖家亲见迫夺,故事不行。退而自惟,乃强食冷、饮水,遂止。祸不成,若丝发矣。凡有寒食散药者,虽素聪明,发皆顽,告舍难喻也。以此死者,不可胜计。

又《宋书》卷62《王微传附弟僧谦传》载:

僧谦,亦有才誉,为太子舍人,遇疾,微躬自处治,而僧谦服药失度,遂卒。

以往学术界在探讨服寒食散的原因时,一般仅限于士大夫酒色过度,以此来滋补强身和士大夫留恋人生,希望通过食药行散来延长寿命数说而已。实际上服药行散是士大夫以此来宣泄内心的焦虑。这里以皇甫谧、何晏为例加以说明。

关于皇甫谧,《晋书》卷51《皇甫谧传》云:

夫人之所贪者,生也;所恶者,死也。虽贪,不得越期;虽恶,不可逃遁。人之死也,精歇形散,魂无不之,故气属于天;寄命终尽,穷体反真,故尸藏于地。是以神不存体,则与气升降;尸不久寄,与地合形。形神不隔,天地之性也;尸与土并,反真之理也。……

故吾欲朝死夕葬,夕死朝葬,不设棺椁,不加缠敛,不修沐浴,不造新服,殡含之物,一皆绝之。

可见皇甫谧对生死问题看得十分淡然。然而正是这位对生死如此超脱的人却十分贪恋服寒食散,其目的是通过痛苦的自我折磨来排遣心中的焦虑。

《晋书》卷51《皇甫谧传》载:

初服寒食散,而性与之忤,每委顿不伦,尝悲恚,叩刃欲自杀,叔母谏之而止。……又服寒食药,违错节度,辛苦荼毒,于今七年。隆冬裸袒食冰,当暑烦闷,加以咳逆,或若温虐,或类伤寒,浮气流肿,四肢酸重。于今困劣,救命呼嗡,父兄见出,妻息长诀。

关于何晏,《世说新语》卷上之上《言语》载:

何平叔(晏)云:"服五石散,非唯治病,亦觉神明开朗。"

又《三国志》卷29《管辂传》注引《辂别传》云:

管辂论云:"邓(飏)之行步,筋不束骨,脉不制肉,起立倾倚,若无手足,谓之鬼躁;何(晏)之视侯,魂不守宅,血不华色,精爽烟浮,容若槁木,谓之鬼幽,鬼幽者,为火所烧。"

二 酗酒

在魏晋士人中,饮酒之风十分盛行。其原因大概不外乎以杯酒烧胸中的块垒,在酒后的朦朦胧胧、混混沌沌的境界中寻求人生安慰。竹林七贤个个是此中高手。

《晋书》卷49《嵇康传》载:

嵇康……时时与亲旧叙离阔,陈说平生,浊酒一杯,弹琴一曲,志意毕矣。

又同上《刘伶传》载：

> 刘伶常乘鹿车，携一壶酒，使人荷锸而随之，谓曰："死便埋我。"其遗形骸如此。尝渴甚，求酒于其妻。妻捐酒毁器，涕泣谏曰："君酒太过，非摄生之道，必宜断之。"伶曰："善！吾不能自禁，惟当祝鬼神自誓耳。便可具酒肉。"妻从之。伶跪祝曰："天生刘伶，以酒为名。一饮一斛，五斗解酲。妇儿之言，慎不可听。"仍引酒御肉，隗然复醉。尝醉与俗人相忤，其人攘袂奋拳而往。伶徐曰："鸡肋不足以安尊拳。"其人笑而止。
>
> 伶虽陶兀昏放，而机应不差。未尝厝意文翰，惟着《酒德颂》一篇。其辞曰："有大人先生，以天地为一朝，万期为须臾，日月为扃牖，八荒为庭衢。行无辙迹，居无室庐，幕天席地，纵意所如。止则操卮执觚，动则挈榼提壶，惟酒是务，焉知其余。有贵介公子、搢绅处士，闻吾风声，议其所以，乃奋袂攘襟，怒目切齿，陈说礼法，是非蜂起。先生于是方捧罂承槽，衔杯漱醪，奋髯箕踞，枕曲藉糟，无思无虑，其乐陶陶。兀然而醉，恍尔而醒。静听不闻雷霆之声，熟视不睹泰山之形。不觉寒暑之切肌，利欲之感情。俯观万物，扰扰焉若江海之载浮萍。二豪侍侧焉，如蜾蠃之与螟蛉。"

又同上《阮籍传》载：

> （阮）籍尝诣饮，醉，便卧其侧……时率意独驾，不由径路，车迹所穷，辄恸哭而反。

魏晋南北朝时期，时局险恶，许多士族名士把饮酒作为全身避祸的韬晦之计。

《晋书》卷49《阮籍传》载：

> （阮）籍本有济世志……遂酣饮为常。文帝初欲为武帝求婚于籍，籍醉六十日，不得言而止。

又同上《阮籍传附裕传》载：

裕字思旷。……弱冠辟太宰掾。大将军王敦命为主簿，甚被知遇。裕以敦有不臣之心，乃终日酣觞，以酒废职。敦谓裕非当世实才，徒有虚誉而已，出为溧阳令，复以公事免官。

又《梁书》卷15《谢朏传》载：

永明元年……时明帝谋入嗣位，朝之旧臣皆引参谋策。朏内图止足，且实避事。弟𤅢，时为吏部尚书。朏至郡，致𤅢数斛酒，遗书曰："可力饮此，勿豫人事。"

致使酗酒之风炽烈的最重要的原因，还在于魏晋玄学的兴起。这种新哲学的诞生赋予饮酒以新的含义，饮酒后的朦胧感觉与他们所理解的玄学本体"无"即"自然"十分接近，所以醉酒的幸福体验，已不再是纯粹的感官愉快，而是带有理性愉快的感官享受①。

《世说新语》卷下之上《任诞》在：

王卫军云："酒正自引人着胜地。"

同上载：

王光禄云："酒正伎人人自远。"

皇帝的思想甚至也受到了玄学哲学的影响，他们在大醉之后的混沌状态中，不再为灾变等所谓上天谴责而惊慌失措了。

《世说新语》卷中之上《雅量》载：

太元末，长星见，孝武心甚恶之。夜，华林园中饮酒，举杯属星云："长星，劝尔一杯酒，自古何时有万岁天子！"

---

① 王晓毅：《放达不羁的士族》，陕西人民出版社1989年版，第143页。

有些人则的确是为了从酒中寻得无穷乐趣。
《晋书》卷98《孟嘉传》载：

> 嘉豪酣饮，愈多不乱。（桓）温问嘉："酒有何好，而卿嗜之？"嘉曰："公未得酒中趣耳。"

又《乐府诗集》卷87《杂歌谣辞》引陆瑜《独酌谣》：

> 独酌谣，芳气饶。一倾荡神虑，再酌动神飙。忽逢凤楼下，非待鸾弦招。窗明影乘入，人来香逆飘。杯随转态尽，钏逐画杯摇。桂宫非蜀郡，当垆也至宵。

又同上引沈炯《独酌谣》：

> 独酌谣，独酌谣，独酌独长谣。智者不我顾，愚夫余不要。不愚复不智，谁当余见招。所以成独酌，一酌一倾瓢。生涯本漫漫，神理暂超超。再酌矜许、史，三酌傲松、乔。频烦四五酌，不觉凌丹霄。倏尔厌五鼎，俄然贱《九韶》。彭、殇无异葬，夷、跖可同朝。龙蠖非不屈，鹏鷃本逍遥。寄语号咷侣，无乃太尘嚣。

在饮酒之风盛行之时，亦有一些人只图享乐，不顾一切地酣饮。
《世说新语》卷下之上《任诞》载：

> 山季伦为荆州，时出酣畅。人为之歌曰："山公时一醉，径造高阳池，日莫倒载归，酩酊无所知。复能乘骏马，倒着白接䍦，举手问葛强，何如并州儿？"高阳池在阳。强是其爱将，并州人也。

又《晋书》卷49《毕卓传》载：

> 毕卓字茂世，新蔡鲖阳人也。……太兴末，为吏部郎，常饮酒废职。……卓尝谓人曰："得酒满数百斛船，四时甘味置两头，右手持酒杯，左手持蟹螯，拍浮酒船中，便足了一生矣。"

由于酒有如此大的魅力，连名士的标准都与酒结了缘。
《世说新语》卷下之上《任诞》载：

> 王孝伯言："名士不必须奇才，但使常得无事，痛饮酒，熟读离骚，便可称名士。"

三　裸裎

竹林以降，晋人散发裸裎的风尚风靡一时。
《世说新语》卷下之上《任诞》载：

> 刘伶恒纵酒放达，或脱衣裸形在屋中。人见讥之，伶曰："我以天地为栋宇，屋室为裈衣，诸君何为入我裈中！"

又《晋书》卷49《光逸传》载：

> （光逸）寻以世难，避乱渡江，复依辅之。初至，属辅之与谢鲲、阮放、毕卓、羊曼、桓彝、阮孚散发裸袒，闭室酣饮已累日。逸将排户入，守者不听，逸便于户外脱衣露头于狗窦中窥之而大叫。辅之惊曰："他人决不能尔，必我孟祖也。"遽呼入，遂与饮，不舍昼夜。时人谓之八达。

同书卷75《王忱》载：

> （王忱）性任达不拘，末年尤嗜酒，一饮连月不醒，或裸体而游，每欢三日不叹，便觉形神不相亲。妇父尝有惨，忱乘醉吊之，妇父恸哭，忱与宾客十许人，连臂被发裸身而入，绕之三匝百而出。其所行多此类。

第三节　文人集会活动

魏晋南北朝时期，由于独尊儒术的局面被打破，中国文化开始走向自觉的时代。随着文化的发展，文人的群体意识开始形成，并出现文人的集会活动。兹参考万绳楠师《魏晋南北朝文化史》[1]将此时期的文人集会活动概述如下。

一　西园之会

东汉献帝建安年间，文士常在邺城邺宫的西园聚会，饮酒赋诗，进行文学活动。活动的倡导者、召集者多是曹氏父子。西园之会是建安文坛也是历史上文坛的盛事。建安诗文中有许多描述西园之游，以诗会友的场面。

《文选》卷20引王粲《公宴诗》云：

高会君子堂，并坐荫华榱。嘉肴充圆方，旨酒盈金罍。管弦发徽音，曲度清且悲。合坐同所乐，但诉杯行迟。常闻诗人语，不醉且无归。

又同上引刘桢《公宴诗》云：

月出照园中，珍木郁苍苍。清川过石渠，流波为鱼防。芙蓉散其华，菡萏溢金塘。

又同上引曹植《公宴诗》云：

公子爱敬客，终宴不知疲。清夜游西园，飞盖相追随。明月澄清景，列宿正参差。秋兰被长坂，朱华冒绿池。潜鱼跃清波，好鸟鸣高枝。神飙接丹毂，轻辇随风移。飘飘放志意，千秋长若斯。

二　金谷之会

西晋年间，贾谧曾领秘书监，掌国史，为当朝权贵。在他的门下，聚集了许多著名的文士，号曰"二十四友"。

《晋书》卷40《贾谧传》载：

---

[1] 万绳楠：《魏晋南北朝文化史》，黄山书社1989年版，第135—143页。

谧好学，有才思。……开阁延宾，海内辐辏，贵游豪戚及浮竞之徒，莫不尽礼事之。或着文章称美谧，以方贾谊。渤海石崇欧阳建、荥阳潘岳、吴国陆机陆云、兰陵缪征、京兆杜斌挚虞、琅邪诸葛诠、弘农王粹、襄城杜育、南阳邹捷、齐国左思、清河崔基、沛国刘瑰、汝南和郁周恢、安平牵秀、颍川陈、太原郭彰、高阳许猛、彭城刘讷、中山刘舆刘琨皆傅会于谧，号曰二十四友。

二十四友的聚会场所，是在石崇的金谷园中。金谷之会是继西园之会之后的又一次文人集合活动。关于金谷之会的活动情形，《晋书》卷62《刘琨》有云：

刘琨字越石……年二十六，为司隶从事。时征虏将军石崇河南金谷涧中有别庐，冠绝时辈，引致宾客，日以赋诗。琨预其间，文咏颇为当时所许。

又《世说新语》卷中之下刘孝标注引石崇《金谷诗叙》云：

石崇《金谷诗叙》曰：余以元康六年，从太仆卿出为使持节监青、徐诸军事、征虏将军。有别庐在河南县界金谷涧中，去城十里，或高或下，有清泉茂林，众果竹柏、药草之属。金田十顷，羊二百口，鸡猪鹅鸭之类，莫不毕备。又有水碓、鱼池、土窟，其为娱目欢心之物备矣。时征西大将军祭酒王诩当还长安，余与众贤共送往涧中。昼夜游宴，屡迁其坐。或登高临下，或列坐水滨。时琴瑟笙筑，合载车中，道路并作。及住，令与鼓吹递奏。遂各赋诗，以叙中怀。或不能者，罚酒三斗。感性命之不永，惧凋落之无期。故具列时人官号、姓名、年纪，又写诗着后。后之好事者，其览之哉。凡三十人，吴王师、议郎、关中侯、始平武功苏绍，字世嗣，年五十，为首。

又《文选》卷20引潘岳《金谷集作诗》云：

王生和鼎实，石子镇海沂。亲友各言迈，中心怅有违。何以叙离思?携手游郊畿。朝发晋京阳,夕次金谷湄。回溪萦曲阻,峻阪路威夷。绿池泛淡淡,青柳何依依。滥泉龙鳞澜,激波连珠挥。前庭树沙棠,后园植乌椑。灵囿繁若榴,茂林列芳梨。饮至临华沼,迁坐登隆坻。玄醴染朱颜,但愬杯行迟。扬桴抚灵鼓,箫管清且悲。春荣谁不慕?岁寒良独希!投分寄石友,白首同所归。

三　兰亭之会

东晋穆帝永和九年（353），以王羲之为首的东晋文人，以"修禊事"的名义，聚集在会稽山阴的兰亭。参与此次集会的，达41人之多，其中赋诗者有26人，被罚酒者有15人。这可谓是金谷诗会赋诗与罚酒的翻版。

《世说新语》卷下之上《企羡》载：

> 王右军（王羲之）得人以《兰亭集序》方《金谷诗序》，又以己敌石崇，甚有欣色。

可见时人已有将王羲之的兰亭之会，比方石崇的金谷之会的。《世说新语》卷下之上刘孝标注引王羲之《临河叙》交代了兰亭集会的时间、地点、原因、人物及乐趣等，其文谓：

> 永和九年，岁在癸丑，暮春之初，会于会稽山阴之兰亭，修禊事也。群贤毕至，少长咸集。此地有崇山峻岭，茂林修竹；又有清流激湍，映带左右，引以为流觞曲水，列坐其次。虽无丝竹管弦之盛，一觞一咏，亦足以畅叙幽情。是日也，天朗气清，惠风和畅，仰观宇宙之大，俯察品类之盛，所以游目骋怀，足以极视听之娱，信可乐也。虽无丝竹管弦之盛，一觞一咏，亦足以畅叙幽情矣。故列叙时人，录其所述，右将军司马太原孙丞公等二十六人，赋诗如左。前余姚会稽谢胜等十五人不能赋诗，罚酒各三斗。

在这次兰亭集会上，与会者共赋"曲水诗"37篇，从不同角度表达了参与修禊诸人的共同的理想和情绪。

《文选》卷20引颜延年《应召宴曲水作诗》载：

> 道隐未形，治彰既乱。帝迹悬衡，皇流共贯。惟王创物，永锡洪算。仁固开周，义高登汉。祚融世哲，业光列圣。太上正位，天临海镜。制以化裁，树之形性。惠浸萌生，信及翔泳。崇虚非征，积实莫尚。岂伊人和，寔灵所贶。日完其朔，月不掩望。航琛越水，辇贽逾障。帝体丽明，仪辰作贰。君彼东朝，金昭玉粹。德有润身，礼不愆器。柔中渊映，芳猷兰秘。昔在文昭，今惟武穆。于赫王宰，方旦居叔。有睟睿蕃，爰履酉牧。宁极和钧，屏京维服。胐魄双交，月气参变。开荣洒泽，舒虹烁电。化际无间，皇情爱眷。伊思镐饮，每惟洛宴。郊饯有坛，君举有礼。幕帷兰甸，画流高陛。分庭荐乐，析波浮醴。仰阅丰施，降惟微物。三妨储隶，五尘朝蠛。途泰命屯，恩充报屈。有悔可悛，滞瑕难拂。

兰亭修禊之会，对后世影响极大。在元代，禊会继续存在。
《秋涧先生大全集》卷70《禊约》载：

> 禊饮赋诗，修复兰亭故事……有事宜略具真率旧例。

入清，犹有禊会。
清初朱鹤龄《愚庵小集》卷5《禊日石湖社集》载：

> 祓除无异永和年，玉雪遗坡赏倍妍。高眺鸟从游舄度，醉吟人倚落花眼。

又清阮元《揅经室四集》卷2《兰亭秋禊诗序》载：

> 嘉宾在坐，薄领即彻，游情芸驰，再扬曲水之波，展修禊之礼。

四　乌衣集会

乌衣集会是南朝初年文人的又一次集会活动，它是谢氏家人的"以文义赏会"，这标志着文人集会开始进入家族。关于此次集会活动，《南史》卷20《谢弘微传》有云：

（谢）混风格高峻，少所交纳，唯与族子灵运、瞻、晦、曜、弘徽以文义赏会，常共宴处，居在乌衣巷，故谓之乌衣之游。混诗所言"昔为乌衣游，戚戚皆亲姓"者也。

又同上卷19《谢灵运传》载：

（谢）灵运既东，与族弟惠连、东海何长瑜。颍川荀雍、泰山羊睿之以文章赏会，共为山泽之游，时人谓之四友。

五　西邸之会

南齐武帝萧赜之子萧子良，"少有清尚，礼才好士"。永明五年（487），他移居鸡笼山（今南京市西北）西邸，招纳才俊之士，于是一群文人会集西邸，形成了萧子良"西邸"文人集团。

《南齐书》卷40《武十七五竟陵文宣王子良传》载：

（萧）子良少有清尚，礼才好士，居不疑之地，倾意宾客，天下才学皆游焉。……（永明）五年，正位司徒，给班剑二十人，侍中如故。移居鸡笼山邸，集学士抄《五经》、百家，依《皇览》例为《四部要略》千卷。招致名僧，讲语佛法，造经呗新声，道俗之盛，江左未有也。

西邸文人集团的主要成员为萧子良和"竟陵八友"，他们以文章赏会，与谢灵运四友山泽之游，谢混等人乌衣之游，情形相当。

《梁书》卷1《武帝纪上》载：

竟陵王子良开西邸，招文学，高祖与沈约、谢朓、王融、萧琛、范云、任昉、陆锤等并游焉，号曰八友。融俊爽，识鉴过人，尤敬异高祖。

西邸文人的一大贡献就是首倡声律论，并付诸文学创作实践。由此引发出一种史家称作"永明体"的新体诗。

《南史》卷48《陆慧晓传附厥传》载：

> 厥字韩卿，少有风概，好属文。……时盛为文章，吴兴沈约、陈郡谢朓、琅邪王融以气类相推毂，汝南周颙善识声韵。约等文皆用宫商，将平上去入四声，以此制韵，有平头、上尾、蜂腰、鹤膝。五字之中，音韵悉异，两句之内，角征不同，不可增减。世呼为"永明体"。

将诗歌与四声之学结合起来的永明体，对后世产生了深远的影响。先叙对梁、陈的影响。

《梁书》卷49《文学上·庾于陵传附弟肩吾传》载：

> 齐永明中，文士王融、谢朓、沈约文章始用四声，以为新变，至是转拘声韵，弥尚丽靡，复逾于往时。

再叙对北魏的影响。隋朝刘善经《四声指归》载：

> （孝明帝继位后）人才比肩，声韵抑扬，文情婉丽，动合宫商，韵皆金石。

至唐代，在总结永明体运用声律的经验教训的基础上，去粗取精，顺势定式，形成了五言、七言近体诗的完整的格律体系。由此可见，西邸文人群体在从古诗向律诗发展的道路上建立了开辟草莱的功绩。

第三十八章　重祀好鬼与宗教习俗

魏晋南北朝时期，由于社会、宗教等因素的影响，重祀好鬼以及崇拜自然、物等风气十分盛行。同时由于佛教、道教等宗教的发达，其习俗也呈现出五彩缤纷的态势。

第一节　"好鬼"与重祀

魏晋南北朝时期，重祀好鬼之俗十分盛行。
《隋书》卷31《地理志下》载：

> 江南之俗，火耕水耨，食鱼与稻，以渔猎为业，虽无蓄积之资，然而亦无饥馁。其俗信鬼神，好淫祀。

大约从晋代开始，南方特别尊崇蒋子文。
《晋书》卷64《简文三子会稽文孝王道子传》云：

> 会孙恩至京口，元显栅断石头，率兵拒战，频不利。道子无他谋略，唯日祷蒋侯庙为厌战之术。

又《搜神记》卷5《蒋子文成神》云：

> 蒋子文，广陵人也。嗜酒好色，挑达无度。常自谓之骨清，死当为神。汉末为秣陵尉，逐贼至钟山下。贼击伤额，因解绶缚之，有顷遂死。及吴先生之初，其故吏见文于道，乘白马，执白羽，侍从如平生。见者惊走，文追之，谓曰："我当为此土地神，以福尔下民。尔

告宣告百姓，为我立祠。不尔，将有大咎。"是岁夏，大疫，百姓窃恐动，颇有窃祠之者矣。文又下巫祝："吾将大启佑孙氏，宜为我立祠。不尔，将使虫入人耳为灾。"俄而小虫如尘虻，入耳皆死，医不能治。百姓愈恐。孙主未之信也。又下巫祝："若不祀我，将又以大火为灾。"是岁，火灾大发，一日数十处。火及公宫。议者以为鬼有所归，乃不为厉，宜有以抚之。于是使使者封子文为中都侯，次弟子绪为长水校尉。皆加印绶，为立庙堂。转号钟伟蒋山，今建康东北蒋山是也。自是灾厉止息，百姓遂大事也。

此后，这个在汉末为秣陵尉的人鬼蒋子文，其地位不断发生变化。刘宋为蒋子文加爵至相国、大都督、中外诸军事，并封钟山王。齐东昏侯又为之加帝号。陈高祖即位后，立即到钟山祷祠蒋帝庙。

《宋书》卷99《二凶元凶劭传》云：

（劭）以辇迎蒋侯神像于宫内，启颡乞恩，拜为大司马，封钟山郡王，食邑万户，加节钺。

又同卷17《礼志四》云：

蒋侯宋代稍加爵，位至相国、大都督、中外诸军事，加殊礼，钟山王。

除蒋子文以外，当时入庙配食成为一地社神的还有陆云和沈约等人。关于陆云，《晋书》卷54《陆云传》有云：

（陆）云到官肃然，下不能欺，市无二价。人有见杀者，主名不立，云录其妻，而无所问。十许日遣出，密令人随后，谓曰："其去不出十里，当有男子候之与语，便缚来。"既而果然。问之具服，云："与此妻通，共杀其夫，闻妻得出，欲与语，惮近县，故远相要候。"于是一县称其神明。郡守害其能，屡谴责之，云乃去官。百姓追思之，图画形象，配食县社。

关于沈约（字休父），宋洪迈《夷坚志》卷9《普静景山三异》有云：

> 湖州与乌镇普静寺，本梁沈休文父墓也。当武帝时，休父贵盛，每岁春一来拜扫，其反也，帝必遣昭明太子迎之远郊，因就筑馆宇。休文不自安，迁葬金陵，而舍墓域为寺。昭明亦以馆为密印寺。其后二寺各祀以为土地神。

当时人们还崇拜城隍神。
《南史》卷53《梁武帝诸子邵陵携王纶传》云：

> 大宝元年……（邵陵携王）纶与是置百官，改听事为正阳殿，内外齐省悉题署焉。而数有变怪，祭城隍神，将烹牛，有赤蛇绕牛出口。

又《北齐书》卷20《慕容俨传》云：

> 城中先有神祠一所，俗好城隍神，公私每有祈祷。

重祀给民众造成沉重负担，影响百姓的正常生活，有时也会冲击政治。因而不少清正官员上书痛陈其弊，呼吁禁绝之。
《宋书》卷82《周朗转》：

> 凡鬼道惑众，妖巫破俗，触木而言怪者不可数，寓采而称神者非可算。其原本是乱男女，合饮食，因之而以祈祝，从之而以报请，是乱不诛，为害未息。凡一苑始立，一神初兴，淫风辄以之而甚。今修堤以北，置园百里，峻山以右，居灵十房，糜财败俗，其可称限。

又《三国志》卷2《文帝纪》云：

> 黄初……五年……十二月，诏曰："先王制礼，所以昭孝事祖，大则郊社，其次宗庙，三辰五行，名山大川，非此族也，不在祀典。

叔世衰乱，崇信巫史，至乃宫殿之内，户牖之间，无不沃酹，甚矣其惑也。自今，其敢设非祀之祭，巫祝之言，皆以执左道论，着于令典。"

第二节 对自然的崇拜

魏晋南北朝时期，人们对自然的崇拜主要包括对山神、水神和动物、植物的崇拜四个方面。关于山神崇拜，《三国志》卷14《蒋济传》注引《列异传》云：

> 济为领军，其妇梦见亡儿涕泣曰："死生异路，我生时为卿相子孙，今在地下为泰山伍伯，憔悴困辱，不可复言。今太庙西讴士孙阿，今见召为泰山令，原母为白侯，属阿令转我得乐处。"言讫，母忽然惊寤，明日以白济。济曰："梦为尔耳，不足怪也。"明日暮，复梦曰："我来迎新君，止在庙下。未发之顷，暂得来归。新君明日日中当发，临发多事，不复得归，永辞于此。侯气强，难感悟，故自诉于母，原重启侯，何惜不一试验之？"遂道阿之形状，言甚备悉。天明，母重启侯："虽云梦不足怪，此何太适？适亦何惜不一验之？"济乃遣人诣太庙下，推问孙阿，果得之，形状证验悉如儿言。济涕泣曰："几负吾儿！"于是乃见孙阿，具语其事。阿不惧当死，而喜得为泰山令，惟恐济言不信也。曰："若如节下言，阿之原也。不知贤子欲得何职？"济曰："随地下乐者与之。"阿曰："辄当奉教。"乃厚赏之，言讫遣还。济欲速知其验，从领军门至庙下，十步安一人，以传阿消息。辰时传阿心痛，巳时传阿剧，日中传阿亡。济泣曰："虽哀吾儿之不幸，且喜亡者有知。"后月余，儿复来语母曰："已得转为录事矣。"

又《晋书》卷114《苻坚载记下附王猛传》云：

> （王猛）少贫贱，以鬻畚为业。尝货畚于洛阳，乃有一人贵买其畚，而云无直，自言："家去此无远，可随我取直。"猛利其贵而从之，行不觉远，忽至深山，见一父老，须发皓然，踞胡床而坐，左右

十许人，有一人引猛进拜之。父老曰："王公何缘拜也！"乃十倍偿 赍直，遣人送之。猛既出，顾视，乃嵩高山也。

关于水神崇拜，《晋书》卷15《地理志下》云：

徐州。……广陵郡……海陵有江海会祠。……江都有江水祠。

又晋干宝《搜神记》卷4《宫廷湖二女》云：

宫亭湖孤石庙，尝有估客至都，经其庙下，见二女子，云："可为买两量丝履，自相厚报。"估客至都，市好丝履，并箱盛之。自市书刀亦内箱中。既还，以箱及香置庙中而去，忘取书刀。至河中流，忽有鲤鱼跳入船内。破鱼腹，得书刀焉。

关于动物崇拜，晋干宝《搜神记》卷4《张成见蚕神》云：

吴县张成，夜起，忽见一妇人立于宅南亩。举手招成曰："此是君家之蚕室，我即此地之神。明年正月十五，宜做白粥，泛膏于上。以后年年大得蚕。今之作膏糜像此。"

2001年甘肃省高台县出土了魏晋壁画砖中的伏羲、女娲图像，伏羲人首蛇尾；2002年9月发掘的嘉峪关新城魏晋墓木棺盖上绘有伏羲、女娲图像，画像上伏羲、女娲相对而立；2003年高台县南华镇发掘了13座汉、晋古墓，其中10号墓出土棺板上画有伏羲、女娲像。从这些画像的内容来看，汉魏时期，伏羲、女娲神话故事仍然保留了上古宗教的遗迹。根据考古发掘的伏羲、女娲画像，我们可以进一步深入了解人类起源及其上古文明。[1]

又《宋书》卷63《王昙首传》云：

太祖镇江陵，自功曹为长史，随府转镇西长史。高祖甚知之，谓

---

[1] 赵莉：《甘肃考古发现的汉、魏晋时期伏羲、女娲图像》，《丝绸之路》2009年第22期。

太祖曰："王昙首，沉毅有器度，宰相才也。汝每事咨之。"景平中，有龙见西方，半天腾上，荫五彩云，京都远近聚观，太史奏曰："西方有天子气。"太祖入奉大统，上及议者皆疑不敢下，昙首与到彦之、从兄华固劝，上犹未许。昙首又固陈，并言天人符应，上乃下。率府州文武严兵自卫，台所遣百官众力，不得近部伍，中兵参军朱容子抱刀在平乘户外，不解带者数旬。既下在道，有黄龙出负上所乘舟，左右皆失色，上谓昙首曰："此乃夏禹所以受天命，我何德以堪之。"

关于植物崇拜，晋干宝《搜神记》卷18《树神黄祖》云：

庐江龙舒县陆亭，流水边有一大树，搞数十丈，常有黄鸟数枚巢其上。时久旱，长老共相谓曰："彼数常有黄气，或有神灵，可以祈雨。"因以酒脯往。亭中有寡妇李宪者，夜起，室中忽见一妇人，着绣衣，自称曰："我，树神黄祖也，能兴云雨。以汝为生。朝来父老皆欲祈雨，吾求之于帝，明日日中大雨。"至期果雨。遂为祠。宪曰："诸卿在此。吾居近水，当致少鲤鱼。"言讫，有鲤鱼数十头，飞集堂下，坐者莫不惊悚。如此岁余，神曰："将有大兵，今辞汝去。"留一玉环，曰："持此可以避难。"后刘表、袁术相攻，龙舒之民皆徙去，唯宪里不被兵。

又《洛阳伽蓝记》卷1《昭仪尼寺》云：

池西南有愿会寺，中书侍郎王翊舍宅所立也。佛堂前生桑树一株，直上五尺，枝条横绕，柯叶傍布，形如羽盖。复高五尺，又然。凡为五重，每重叶椹各异，京师道俗谓之神桑。观者成市，施者甚众。帝闻而恶之，以为惑众，命给事中黄门侍郎元纪伐杀之。其日云雾晦冥，下斧之处，血流至地，见者莫不悲泣。

2002年嘉峪关毛庄子出土了魏晋墓木版画大树图；2003年在河西走廊发掘了玉门蚂蟥河M3中的棺板彩绘大树图案。这些考古发现表明河西地区的民间崇拜主要表现为神树、社树崇拜，这也是原始宗教的一种形态。①

第三节 巫术、方术与禁忌

魏晋南北朝时期，佛道大行。道教借鉴了设坛祷告、念咒、服符等大量巫术的形式，民间巫祝市场缩小。厌诅之法却常被应用于政治斗争领域，巫祝成为争权夺势的工具。

《宋书》卷79《文五王庐江王祎传》云：

> 泰始五年……上乃下诏曰："……而公容气更沮，下帷晦迹，每觇天察宿，怀协左道，咒诅祷请，谨事邪巫，常被发跣足，稽首北极，遂图画朕躬，勒以名字，或加以矢刃，或烹之鼎镬。公在江州，得一汉女，云知吉凶，能行厌咒，大设供养，朝夕拜伏，衣装严整，敬事如神；令其祝诅孝武，并及崇宪，祈皇室危弱，统天称己；巫称神旨，必得如愿，后事发觉，委罪所生，徼幸觖，仅得自免。"

又《北齐书》卷11《文襄六王河间王孝琬传》云：

> 孝琬以文襄世嫡，骄矜自负。河南王之死，诸王在宫内莫敢举声，唯孝琬大哭而出。又怨执政，为草人而射之。

魏晋南北朝时期，卜筮、风角、相术、解梦等方术曾盛极一时。关于占卜，《三国志》卷29《管辂传》云：

> 时信都令家妇女惊恐，更互疾病，使辂筮之。辂曰："君北堂西头，有两死男子，一男持矛，一男持弓箭，头在壁内，脚在壁外。持矛者主刺头，故头重痛不得举也。持弓箭者主射胸腹，故心中县痛不得饮食也。昼则浮游，夜来病人，故使惊恐也。"于是掘徙骸骨，家

---

① 孙彦：《考古所见魏晋十六国时期的宗教信仰——以河西走廊为例》，《南京晓庄学院学报》2008年第4期。

中皆愈。

又《晋书》卷95《艺术韩友传》云：

  韩友，字景先，庐江舒人也。为书生，受《易》于会稽伍振，善占卜，能图宅相冢，亦行京费厌胜之术。
  龙舒长邓林妇病积年，垂死，医巫皆息意。友为筮之，使画作野猪着卧处屏风上，一宿觉佳，于是遂差。舒县廷掾王睦病死，已复魄。友为筮之，令以丹画版作日月置床头，又以豹皮马鄣泥卧上，立愈。

关于相术，《北史》卷89《艺术上来和传》云：

  来和，字弘顺，京兆长安人也。少好相术，所言多验。……和同郡韩则尝诣和相，和谓之："后四五当得大官。"人初不知所谓。则至开皇十五年五月终。人问其故，和曰："十五年为三五，加以五月为四五。大官，椁也。"和言多此类。著《相经》三十卷。

又《南齐书》卷42《江祏传》云：

  时新立海陵，人情未服，高宗胛上有赤志，常秘不传，祏劝帝出以示人。晋寿太守王洪范罢任还，上袒示之，曰："人皆谓此是日月相。卿幸无泄言。"洪范曰："公日月之相在躯，如何可隐。转当言之公卿。"上大悦。

关于风角，《晋书》卷95《艺术戴洋传》云：

  戴洋，字国流……及长，遂善风角。……元帝将登阼，使洋择日，洋以为宜用三月二十四日丙午。太史令陈卓奏用二十二日，言："昔越王用甲辰三月反国，范蠡称在阳之前，当主尽出，上下尽空，德将出游，刑入中宫，今与此同。"洋曰："越王为吴所囚，虽当时逊媚，实怀怨愤，蠡故用甲辰，乘德而归，留刑吴宫。今大王内无含咎，外无怨愤，当承天洪命，纳祚无穷，何为追越王去国留殃故事邪！"乃从之。

关于解梦，《三国志》卷29《周宣传》云：

尝有问宣曰："吾昨夜梦见刍狗，其占何也？"宣答曰："君欲得食耳！"有顷、出行，果遇丰膳。后又问宣曰："昨夜复梦见刍狗，何也？"宣曰："君欲堕车折脚，宜戒慎之。"顷之，果如宣言。后又问宣："昨夜梦见刍狗，何也？"宣曰："君家失火，当善护之。"俄遂火起。语宣曰："前后三时皆不梦也，卿试君耳。何以皆验邪？"宣对曰："此神灵助君使耳，故与真梦无异也。"又问宣曰："三梦刍狗，而其占不同，何也？"宣曰："刍狗者，祭神之物，故君始梦，当得余食也。祭祀既讫，则刍狗为车所轹，故中梦当堕车折脚也；刍狗既车轹之后，必载以为樵，故后梦忧失火也。"宣之叙梦，凡此类也。

又《南史》卷45《张敬儿传》云：

（张敬儿）性好卜术，信梦尤甚，初征荆州，每见诸将帅，不遑有余计，唯叙梦云："未贵时，梦居村中，社树欻高数十丈。及在雍州，又梦社树直上至天。"以此诱说部曲，自云贵不可言。……其妻尚氏亦曰："吾昔梦一手热如火，而君得南阳郡；元徽中，梦一髀热如火，君得本州岛岛；建元中，梦半体热，寻得开府；今复举体热矣。"

在中国古代，人们为了有一个好的命运，好的收成，从言语到行为都设置了许多禁忌条规，期望以此达到逢凶化吉，辟邪趋福之目的。这些忌讳大多具有迷信色彩。南北朝时期忌讳亦颇多。《南史》卷40《吴喜传》云：

初，喜东征，白明帝得寻阳王子房及诸贼帅即于东枭斩。东土既平，喜见南贼方炽，虑后翻覆受祸，乃生送子房还都。凡诸大主帅顾琛、王昙生之徒皆被全活。上以喜新立大功，不问而心衔之。及平荆州，恣意剽房，赃私万计。又尝对客言汉高、魏武本是何人。上闻之益不悦。后寿寂之死，喜内惧，因乞中散大夫。上尤疑之。及上有疾，为身后之虑，疑其将来不能事幼主，乃赐死。上召入内殿，与言谑酬接甚款，赐以名馔并金银御器。敕将命者勿使食器宿喜家。上素多忌讳，不欲令食器停凶祸之室故也。及喜死，发诏赙赠，子徽人袭。

又《北齐书》卷49《方伎宋景业传》云：

宋景业，光宗人。明《周易》，为阴阳纬侯之学，兼明历数。……显祖令景业筮，遇《干》之《鼎》。景业曰："《干》为君，天也。《易》曰：'时乘六龙以御天。'《鼎》，五月卦也。宜以仲夏吉辰御天受禅。"或曰："阴阳书，五月不可入官，犯之率于其位。"景业曰："此乃大吉，王为天子，无复下期，岂得不终于其位。"显祖大悦。

第四节　宗教习俗

魏晋南北朝时期，无论是域外传入的佛教，还是土生土长的道教，都得到广泛传播。佛、道的勃兴，使它们的某些仪式早已超出了宗教的范围而成为人们的一种习俗。符水和礼佛即如此。

先叙符水。

道教认为画符箓或烧符箓丁水中，饮之可以疗病。

《三国志》卷8《张鲁传》注引《典略》云：

太平道者，师持九节杖为符祝，教病人叩头思过，因以符水饮之，得病或愈者，则云此人信道，或其不愈，则为不信道。

又《宋书》卷62《羊欣传》云：

（羊欣）素好黄老，常手自书章，有病不服药，饮符水而已。

再叙礼佛。

四月初八日传说为佛的生日,这一天,全国都举行庆典。

宗懔《荆楚岁时记》云:

> 四月八日,诸寺各设斋,以五色香汤浴沸,共作龙华会,以为弥勒下生之征义。

又《南史》卷17《刘敬宣传》云:

> 敬宣八岁丧母,昼夜号泣,中表异之。辅国将军桓序镇芜湖,牢之参序军事。四月八日,敬宣见众人灌沸,乃下头上金镜为母灌像,因悲泣不自胜。

又《洛阳伽蓝记》卷3《景明寺》云:

> 时世好崇福,四月七日京师诸像皆来此寺,尚书祠部曹录像凡有一千余躯。至八日,以此入宣阳门,向阊阖宫前受皇帝散花。于时金花映日,宝盖浮云,幡幢若林,香烟似雾,梵乐法音,聒动天地。百戏腾骧,所在骈比。名僧德众,负锡为群,信徒法侣,持花成薮。车骑填咽,繁衍相倾。时有西域胡沙门见此,唱言佛国。

主要参考书目

一　历史文献

（汉）班固撰：《汉书》，中华书局 1962 年点校本。

（汉）刘歆撰，（晋）葛洪集，向新阳、刘克任校注：《西京杂记校注》，上海古籍出版社 1991 年版。

（三国）王弼、（晋）葛洪集，向新阳、刘克任校注：《西京杂记校注》，上海古籍出版社 1991 年版。

（三国）诸葛亮撰，段熙仲等编校：《诸葛亮集》，中华书局 1960 年版。

（三国）曹操撰：《曹操集》，中华书局 1974 年版。

（晋）阮籍撰，李志钧等点校：《阮籍集》，上海古籍出版社 1978 年版。

（晋）干宝撰，汪绍楹校注：《搜神记》，中华书局 1979 年版。

（晋）嵇康撰，戴明扬校注：《嵇康集校注》，人民文学出版社 1962 年版。

（晋）陈寿撰：《三国志》，中华书局 1959 年点校本。

（晋）葛洪撰：《抱朴子》，商务印书馆 1936 年版。

（刘宋）范晔撰：《后汉书》，中华书局 1965 年点校本。

（刘宋）刘义庆撰：《世说新语》，上海古籍出版社 1982 年版。

（萧梁）释僧祐撰：《出三藏记集》，中华书局 2008 年版。

（萧梁）萧统编著，（唐）李善校注：《文选》，中华书局 1981 年版。

（萧梁）沈约撰：《宋书》，中华书局 1974 年点校本。

（萧梁）萧子显撰：《南齐书》，中华书局 1972 年点校本。

（北魏）贾思勰撰，石声汉校释：《齐民要术今释》，科学出版社 1957 年版。

（北魏）王弼撰，（晋）韩康伯注：《周易注疏》，上海古籍出版社 1989 年版。

（北魏）郦道元撰：《水经注》，商务印书馆 1958 年版。

（北齐）魏收撰：《魏书》，中华书局1974年点校本。
（唐）房玄龄等撰：《晋书》，中华书局1974年点校本。
（唐）姚思廉撰：《梁书》，中华书局1973年点校本。
（唐）姚思廉撰：《陈书》，中华书局1972年点校本。
（唐）李百药撰：《北齐书》，中华书局1972年点校本。
（唐）令狐德棻撰：《周书》，中华书局1971年点校本。
（唐）魏征等撰：《隋书》，中华书局1973年点校本。
（唐）李延寿撰：《南史》，中华书局1975年点校本。
（唐）李延寿撰：《北史》，中华书局1975年简体字本。
（唐）许嵩撰，张忱石点校：《建康实录》，中华书局1986年版。
（唐）徐坚撰：《初学记》，中华书局1962年版。
（唐）魏征等撰：《群书治要》，上海古籍出版社1996年版。
（唐）李吉甫撰，贺次军点校：《元和郡县图志》，中华书局1983年版。
（唐）欧阳询撰，汪绍楹点校：《艺文类聚》，上海古籍出版社1982年版。
（唐）杜佑撰：《通典》，中华书局1984年影印本。
（唐）孙思邈撰，刘更生、张瑞贤等点校：《千金方》，华夏出版社1993年版。
（唐）虞世南撰：《北堂书钞》，中国书店1989年影印孔广陶校本。
（宋）郭茂倩撰：《乐府诗集》，中华书局1979年版。
（宋）司马光撰，（元）胡三省注：《资治通鉴》，中华书局1956年版。
（宋）洪迈撰，何卓点校：《夷坚志》，中华书局1981年版。
（宋）唐慎微撰：《重修政和经史证类备用本草》，北京图书馆出版社2004年版。
（宋）苏易简等撰：《文房四谱》，商务印书馆1936年版。
（宋）晁公武撰：《郡斋读书志校证》，上海古籍出版社1990年版。
（宋）郑樵撰：《通志》，中华书局1987年版。
（宋）叶得梦撰，宇文绍奕考：《石林燕语》，中华书局1984年版。
（宋）王钦若等撰：《册府元龟》，中华书局1960年影印本。
（宋）王应麟撰：《玉海》，台北"大化书局"1977年版。
（宋）李昉等撰：《太平广记》，中华书局1981年版。
（宋）李昉等撰：《太平御览》，中华书局1960年影印本。
（宋）祝穆撰：《方舆胜览》，上海古籍出版社1991年版。

（宋）乐史撰：《太平寰宇记》，文渊阁四库全书影印本。

（宋）史炤撰：《资治通鉴释文》，商务印书馆 1939 年版。

（元）马端临撰：《文献通考》，中华书局 1986 年版。

（元）王祯撰：《农书》，中华书局 1956 年版。

（明）陶宗仪撰：《说郛》，中国书店 1986 年版。

（清）杨晨撰：《三国会要》，中华书局 1956 年版。

（清）赵翼撰，王树民点校：《廿二史札记校证》，中华书局 1984 年版。

（清）钱大昕：《二十二史考异》，商务印书馆 1937 年版。

（清）董诰等撰：《全唐文》，中华书局 1983 年影印本。

（清）黄书霖辑：《二十四史九通政典类要合编》，北京图书馆出版社 2009 年版。

（清）朱鹤龄撰：《愚庵小集》，上海古籍出版社 1979 年版。

（清）顾炎武撰：《日知录》，商务印书馆 1929 年版。

（清）严可均辑：《全上古三代秦汉三国六朝文》，中华书局 1958 年影印本。

（清）严可均辑：《全晋文》，商务印书馆 1999 年版。

（清）贵泰修、武穆淳撰：《安阳县志》，北平文岚簃古宋印书局 1933 年版。

（清）顾祖禹撰：《读史方舆纪要》，中华书局 2005 年版。

（清）黄本骥编：《历代职官志》，上海古籍出版社 1980 年版。

（民国）章太炎：《太炎文录初编》、《太炎文录续编》，上海书店出版社 1992 年版。

二　今人著述

陈万里：《中国青瓷史略》，上海人民出版社 1956 年版。

段熙仲、闻旭初编校：《诸葛亮集》，中华书局 1960 年版。

戴明扬校注：《嵇康集校注》，人民文学出版社 1962 年版。

新疆维吾尔自治区博物馆等：《丝绸之路——汉唐织物》，文物出版社 1972 年版。

陈寅恪：《隋唐制度渊源略论稿》，中华书局 1977 年版。

李志钧、李昌华等点校：《阮籍集》，上海古籍出版社 1978 年版。

范祥雍校注：《洛阳伽蓝记校注》，上海古籍出版社 1978 年版。

潘吉星：《中国造纸技术史稿》，文物出版社1979年版。

南京中医学院校释：《诸病源候论校释》，人民卫生出版社1980年版。

陈寅恪：《金明馆丛稿初编》，上海古籍出版社1980年版。

万绳楠：《魏晋南北朝史论稿》，安徽教育出版社1983年版。

周一良：《魏晋南北朝史札记》，中华书局1985年版。

高敏：《魏晋南北朝社会经济史探讨》，人民出版社1987年版。

朱绍侯：《魏晋南北朝土地制度与阶级关系》，中州古籍出版社1988年版。

林甘泉主编：《中国封建土地制度史》（第一卷），中国社会科学出版社1990年版。

万绳楠：《魏晋南北朝文化史》，黄山书社1992年版。

梁满仓：《中国魏晋南北朝习俗史》，人民出版社1994年版。

冯尔康主编：《中国社会结构的演变》，河南人民出版社1994年版。

齐涛：《魏晋隋唐乡村社会研究》，山东人民出版社1995年版。

高敏：《魏晋南北朝经济史》（上、下册），上海人民出版社1996年版。

庄辉明、章义和译注：《颜氏家训译注》，上海古籍出版社1999年版。

万绳楠、庄华峰：《中国长江流域开发史》，黄山书社1997年版。

后　　记

　　本书从初稿完成到正式出版，用了十多年的时间。人生苦短，在学术上要做出点成绩来委实不易，特别是像我这种愚钝之人尤其如此。

　　说起本书的编写缘由，话就长了。那是1996年的暑假，我接到北京一位朋友的来信，告知他拟主编一套《中华五千年史》，并说已与一家出版社签了合同，令我在这套丛书中承担《魏晋南北朝卷》的编写任务，同时告知可以邓之诚的《中华两千年史》，以及吕思勉、萧一山等前辈学者以资料见长的著作作为蓝本，参考其形式和框架进行撰写，于是认定该丛书的发凡起例，出版社方面已经成竹在胸，我们几位分卷作者不过是"码字儿"而已，倘若写得不够充分，或许可以在其他分卷中得到补充。想到这些，我便欣然应承了。

　　领受任务后，除了教学工作外，我几乎把所有的精力都投入到本书的编写之中。当时计算机尚未普及，完全靠手爬格子。由于交稿时间比较紧，我"五加二、白加黑"地"奋笔疾书"，真是蛮拼的，有时午餐就一包方便面应付了事。几年的心血换来了满满的一纸箱书稿，我将它连同希望一起寄到了出版社。就在书稿进入编辑程序时，该社的领导层发生人事变动，整个丛书计划被撤销，我的书稿便被尘封起来，且一搁置就是十多年。

　　如今承蒙中国社会科学出版社厚爱，决定出版我的书稿，令我感动。在本书出版过程中，得到了中国社会科学出版社领导及责任编辑宋燕鹏先生的大力支持；同时本书获得了安徽省学术和技术带头人学术研究项目及安徽省名师工作室项目经费的资助。借此机会，谨向这些出版家们和相关部门深表谢意。第六章"北朝时期北方的民族融合与统一国家的再建"由陈小力撰写；第十六章"经济思想"由蔡小冬撰写；第十九章"文学的蓬勃发展"、第二十章"艺术的长足发展"、第二十一章"建筑的型制与风格"由庄唯撰写；第二十九章"社会等级结构"由王先进撰写；第三十一章"饮食生活"由张华撰写。在本书的资料查阅及校对过程中，我的博、硕研究生曾莹莹、朱争争、徐达标、汪燕萍、刘明月、曹牧瑶、龙兰、冯红、王枭诸君付出了很多心力。对于他们的诚挚相助，我在此表达真诚的谢意！

需要说明的是，近年来一直想对书稿做些修改和补充，但终因已"移情别恋"，无法集中精力于此，只好作罢。书稿送交出版社前所做的工作只是将文物考古领域中近十多年来有关魏晋南北朝时期的最新发现和研究成果吸收到书稿之中，以充实和提高我们对这一历史时期历史的全面认识和了解。

看完书稿清样已是深夜时分了，我习惯地倚在窗边仰望星空，它是那样的辽阔而深邃，又是那样的自由而宁静。大地一片静谧，辛劳了一天的人们早已进入梦乡。进行"文化苦旅"的我，面对此情此景，不由得想起王国维对苦涩的治学之道所给予的诗意般概括："古今之成大事业、大学问者，必经过三种之境界：'昨夜西风凋碧树，独上高楼，望尽天涯路。'此第一境界也。'衣带渐宽终不悔，为伊消得人憔悴。'此第二境界也。'众里寻他千百度，蓦然回首，那人正在灯火阑珊处。'此第三境界也。未有不阅第一、第二境界而能遽跻第三境界者。"可见做大学问，要具有"蓦然回首"的功夫，就一定要有"独上高楼"的勇气和"终不悔"的决心才行。王氏之说还告诉我们，唯有经过这三大境界，才能真正领略到治学的快乐和幸福。

庄华峰识于江城惜墨斋
2015 年 12 月 16 日